Universalgeschichte der Schrift

Harald Haarmann

Universalgeschichte der Schrift

Campus Verlag
Frankfurt/New York

CIP-Titelaufnahme der Deutschen Bibliothek

Haarmann, Harald:
Universalgeschichte der Schrift / Harald Haarmann. –
Frankfurt/Main ; New York : Campus Verlag, 1990
ISBN 3-593-34346-0

Das Werk einschließlich aller seiner Teile ist urheberrechtlich geschützt. Jede Verwertung ist ohne
Zustimmung des Verlags unzulässig. Das gilt insbesondere für Vervielfältigungen, Übersetzungen, Mikro-
verfilmungen und die Einspeicherung und Verarbeitung in elektronischen Systemen.
Copyright © 1990 Campus Verlag GmbH, Frankfurt/Main
Umschlaggestaltung: Atelier Warminski, Büdingen
Umschlagabbildung: Der Diskos von Phaistos (17. Jhdt. v. Chr.)
Gesamtherstellung: Friedrich Pustet, Regensburg
Printed in Germany

Für Suvi

Inhalt

Vorwort 11
Einleitung 13

Kapitel 1
Menschen, Bilder und Symbole
Von der Vielfalt der Techniken, Informationen zu fixieren 21

Anfänge der Bildtechnik 22
Die Felsbilder vom Onegasee 24
Die skandinavischen Bildsteine 30
Bilder im modernen Alltagsleben 36
Wampum und Kekinowin der Indianer Nordamerikas 38
Die aztekischen Faltbücher 44
Anfänge der Symboltechnik 50
Abstrakte Zeichen der Altsteinzeit 54
Die Quipuschnüre der Inka 56
Identifikationssymbole in Geschichte und Gegenwart 61
Moderne Kodierungen von Informationen 66

Kapitel 2
Schrift, Religion und Zivilisation
Das frühe Licht aus dem Westen, das späte Licht aus dem Osten 69

Der sakrale Schriftgebrauch in Alteuropa (ca. 5300–3500 v. Chr.) 70
Schrift und religiöse Symbolik in Altkreta 81
Schreiben in den theokratischen Stadtstaaten Altsumers 94
Hieroglyphen und Gottkönigtum in Altägypten 101
Die Schrift im Dienst der Orakelmagie – Altchina zur Zeit der Shang-Dynastie . . 106
Die Zeremonialschrift der Indus-Zivilisation 111

Kapitel 3
Schrift, Schreibtradition und Identität
Zur Entstehung und kulturellen Einbettung von Schriftsystemen 114

Einfaches und komplexes Schreiben 114
Schrift und Weltanschauung 116
Schriftwechsel in Vietnam – westliche und fernöstliche Tradition 118
Schrift und kulturelle Identität – Das Beispiel der Abur-Schrift der Syrjänen . 124
Schriftzeichen als Abbild der Kultur in China, Ägypten und Kreta 127
Zwei Welten im präkolumbianischen Mesoamerika – Die Mystik
der Maya-Hieroglyphen und der Naturalismus aztekischer Schriftzeichen . . . 135
Das Schreiben von Zahlen in Sumer, China und Mexiko 140
Eine Typologie der Schriftsysteme – Zu den Prinzipien der
Logographie und der Phonographie 147

Kapitel 4
Schrift, Begriff und Wort
Zur Verbreitung der Logographie in Geschichte und Gegenwart 150

Die altsumerische Piktographie und das Schlagwortprinzip 150
Das Schriftsystem der Indus-Zivilisation 161
Wortschrift, kretische Hieroglyphen und ein Schlüsseltext:
Der Diskos von Phaistos 167
Die Schrifttradition Chinas 171
Das entschlüsselte Geheimnis der Osterinselschrift 188
Logographische Schreibweisen in Mesoamerika –
Die Schriftsysteme der Maya und Azteken 191
Logogramme in der modernen Industriegesellschaft 207

Kapitel 5
Schrift, Wort und Silbe
Die schrifttechnische Leistung von Segmental- und Silbenschriften 211

Die ägyptische Segmentalschrift 212
Das sumerische Keilschriftsystem 223
Die Keilschrift der Akkader und Assyrer 225
Die hethitische Hieroglyphenschrift 233
Die Byblos-Schrift 242
Die kretische Silbenschrift Linear B 243
Die Silbenschriften nordamerikanischer Indianersprachen:
Cherokesisch, Cree, Chipewyan, Dene 258
Die Schriftart der kanadischen Eskimo 265

Kapitel 6
Schrift, Buchstabe und Laut
Die schrifthistorische Revolution des Alphabets 267

Die Anfänge der nordsemitischen Buchstabenschriften 268
Die ältesten Entwicklungsphasen des phönizischen Alphabets 269
Die europäische Tradition des Alphabets 282
    Das vollständige Alphabet der Griechen 282
    Die etruskische Schrift 289
    Das lateinische Alphabet 294
Die vorderasiatisch-afrikanische Tradition des Alphabets 299
    Die aramäische Schrift 299
    Die palmyrenische und syrische Schrift 302
    Die hebräische Quadratschrift 307
    Die arabische Schrift 319
    Die südsemitischen Schriftarten 324
    Die äthiopische Schrift 328
    Die Pehlevi-Schrift in Persien 331
Die südostasiatische Tradition des Alphabets 335
    Die Kharoṣṭhi-Schrift 335
    Die Brahmi-Schrift 338
Die armenische Schrift 342
Die georgische (grusinische) Schrift 350
Die koreanische Schrift (Hangul) 355

Kapitel 7
Schrift, Sprachkontakt und Kulturaustausch
Zur Ausbreitung und Rivalität von Schriftsystemen in der Welt . , , . . . 361

Der alteuropäisch-altmediterrane Schriftkulturkreis 365
Der Kulturkreis der vorderasiatischen Keilschriften 372
    Die elamische Keilschrift 372
    Die churritische (churrische) Keilschrift 376
    Die Keilschrift im hethitischen Kleinasien 376
    Die urartäische (chaldische) Keilschrift 379
    Die ugaritische Keilschrift 380
    Die altpersische Keilschrift 381
Der ägyptische Schriftkulturkreis 384
    Die meroitische Schrift 389
Der Kulturkreis der Indus-Schrift 393
Der chinesische Schriftkulturkreis 394
    Die chinesische Schrift außerhalb Chinas (Korea, Japan) 394
    Die chinesische Schrift innerhalb Chinas (bei Nichtchinesen) 404

Der phönizische Schriftkulturkreis 410
    Die punische Schrift 411
    Die numidische Schrift 412
    Die berberische Schrift 414
    Die iberische Schrift 419
Der griechische Schriftkulturkreis 423
    Die kleinasiatischen Abzweigungen der griechischen Buchstabenschrift 425
    Die westgotische Schrift 432
    Die koptische Schrift 436
    Die altnubische Schrift 442
    Die slavischen Schriften 443
Der etruskische Schriftkulturkreis 450
    Die altitalischen Schriften 452
    Die alpinen Schriften 455
    Die Runenschrift 458
Der lateinische Schriftkulturkreis 465
    Die irische Ogham-Schrift 467
    Die Lateinschrift in Europa 471
    Die Lateinschrift in Asien, Amerika und Afrika 476
Der kyrillische Schriftkulturkreis 478
Der arabische Schriftkulturkreis 493
Der aramäische Schriftkulturkreis 501
    Die manichäische Schrift 502
    Die soghdische Schrift 505
    Die uigurische Schrift 507
    Die mongolischen Schriften 509
    Die mandschurische Schrift 515
    Die alttürkische (sibirische) Schrift 516
    Die altungarische Schrift 519
Der indische Schriftkulturkreis 521
    Die nördliche Gruppe der indischen Schriften 523
    Die südliche Gruppe der indischen Schriften 542
Der altamerikanische Schriftkulturkreis 547

Ausblick 555
Bibliographie 558
Bildnachweis 570
Sachregister 571
Namenregister 574

Vorwort

Der Plan eines Buches über Schriftgeschichte reifte während eines langjährigen Aufenthalts als Stipendiat der Alexander von Humboldt-Stiftung (Bonn) in Japan. Der kulturelle Kontrast und die Fremdheit der Lebensumstände, mit denen ein Europäer in Fernost konfrontiert wird, wirken wie ein Schock. Der Europäer, der überzeugt ist, daß technischer Fortschritt an den Gebrauch der praktischen Alphabetschrift gebunden sei, wird in der modernen japanischen Industriegesellschaft eines Besseren belehrt. Im Computerzeitalter schreibt man in Japan wie seit über tausend Jahren mit chinesischen Schriftsymbolen und den einheimischen Silbenzeichen. Der alltägliche Umgang mit »exotischen« Schriftsystemen war für mich ein Schlüsselerlebnis, das auch meine Grundeinstellung zum Thema ›Schrift‹ geprägt hat. Derjenige, der sich mit wichtigen Fragen der allgemeinen Kulturgeschichte beschäftigt – und die Entwicklung von Schriftsystemen und der Schriftkultur gehört dazu –, muß kulturelle Kontraste *erleben*. Durch das reale Erleben kultureller Kontraste wächst im Betrachter kulturgeschichtlicher Zusammenhänge die nötige Sensibilität im Umgang mit seinem Thema, etwas, was ihm die Fülle des in der Sekundärliteratur gespeicherten Wissens nicht vermitteln kann.

Erst wenn sich persönliche Erfahrungen, gespeichertes Wissen und die Früchte eigener Forschung miteinander verbinden, wächst daraus das Verständnis, das erforderlich ist, um den Stellenwert von Schrift und Schreiben für die Identität einer Sprachgemeinschaft und deren Kultur zu begreifen. ALEXANDER VON HUMBOLDT (1769–1859), der zu Beginn des 19. Jahrhunderts seine strapaziöse Forschungsreise durch Amerika unternahm, weil ihm das in den europäischen Bibliotheken angesammelte Wissen über diesen Kontinent nicht genug war, ist mir immer Vorbild gewesen. In diesem Buch steckt also nicht nur das Wissen vieler früherer Studien, wozu ebenfalls ein guter Teil eigener Forschung gehört, sondern auch die lebendige Erfahrung mit vielen Schriftsystemen dieser Welt, die ich auf Reisen und bei Auslandsaufenthalten in Ländern gewonnen habe, in denen die Schriftkultur eine lange Tradition hat: von Ägypten bis in den Kaukasus und nach Mittelasien, von der Inselwelt des Mittelmeeres bis in die Länder des Fernen Ostens (China, Korea, Japan).

An dieser Stelle möchte ich meiner Frau, Pirkko-Liisa Haarmann danken. Wir haben zusammen zahlreiche anregende Reisen in »kulturträchtige« Länder unternommen, und in ihr habe ich eine aufgeschlossene Partnerin gefunden, mit der ich über viele Grundfragen von Schrift und Kultur diskutieren kann.

Helsinki, Februar 1990   Harald Haarmann

Einleitung

Wenn der Europäer heutzutage sein Alphabet benutzt, um zu schreiben, dann ist dies eine der größten Selbstverständlichkeiten seines Alltagslebens, und wenn er gefragt wird, was Schreiben bedeutet, glaubt er genau zu wissen, was das eigentlich ist: Wörter mit Buchstaben wiedergeben. Diejenigen, die etwas über die Geschichte der Schrift gelesen haben, wissen, daß es eine ganze Reihe von Schreibarten gibt und gab, die verschieden sind von dem, was man eine Alphabetschrift nennt. Die Ausbildung eines Alphabets war ein langwieriger und enorm komplizierter Prozeß, der sich über viele Jahrhunderte hinzog. Die Verwendung des Alphabets, heute weltweit die verbreitetste Art zu schreiben, hat schon eine lange Tradition, die bis ins Altertum zurückreicht. Die frühesten Zeugnisse von Buchstabenschriften stammen aus der ersten Hälfte des 2. Jahrtausends v. Chr.

Man denkt unwillkürlich an die Phönizier, und von diesen ist die erste Buchstabenschrift in der Tat ausgegangen. Weithin unbekannt ist die Tatsache, daß man im historischen Nubien (im heutigen Sudan) ägyptische Hieroglyphen wie Buchstaben verwendet hat, oder daß in der antiken Handelsstadt Ugarit (im heutigen Syrien) die alte mesopotamische Keilschrift wie ein Alphabet gebraucht wurde. Von diesen beiden Schriftsystemen weiß man ansonsten sehr wohl, daß sie in ihren Ursprungsländern keine Buchstabenschriften waren. Daß wir heute mit Alphabeten schreiben, die ursprünglich von der phönizischen Schrift abgezweigt worden sind (das lateinische, kyrillische, arabische, u. a.), beruht genau genommen auf einem Wechselfall der Geschichte. Genau so gut könnte man einen modernen deutschen Text in Hieroglyphen oder Keilschrift schreiben, und die betreffenden Schriftzeichen – wie in Nubien oder in Ugarit als Buchstaben verwendet – würden sich nicht besser oder schlechter zur Wiedergabe eignen als die Zeichen der Lateinschrift.

Derjenige, der Schrift besitzt, verherrlicht diese Errungenschaft, so wie man bis ins Industriezeitalter neue Technologien gepriesen hat. Kulturbeflissene Äußerungen über die Schrift und die, die sie verwenden, hat es schon in alter Zeit gegeben. »Unter allen, die da werken, gibt es keinen, dessen Arbeit gleicht der hohen Kunst des Schreibens, die Gott Enki einst erschuf« heißt es in einem spätsumerischen Lehrgedicht. Ein Kernstück ostasiatischer Mentalität steckt in dem folgenden japanischen Sinnspruch: »Meister der Schrift sein, heißt ein wahrer Mensch sein.« Es hat auch nicht wenige gegeben, die die Schriftkultur als unverzichtbar für den menschlichen Fortschritt bezeichnet haben. In die lange Reihe derer, denen die Schrift als ein Grundpfeiler menschlicher Zivilisation gilt, gehören Philosophen, Schriftsteller und Dichter wie Pindar, Kant, Carlyle oder Mirabeau. Ebensowenig hat es an vergleichenden Wertungen über den zivilisatorischen Stellenwert der Schrift gefehlt. Beispielsweise stellt der amerikanische Historiker James H. Breasted fest: »Die Erfindung der Schrift und eines bequemen Aufzeichnungssystems auf Papier hat einen weit größeren Einfluß auf die Weiterentwicklung des menschlichen Geschlechtes gehabt als irgendein anderer geistiger Fortschritt in der Geschichte der Menschheit.« (1926: 53 f.)

Auch heute noch ist der Gedanke weit verbreitet, daß das Menschsein eigentlich erst mit dem Schreiben beginnt. In der Geschichtswissenschaft hält man an der grundsätzlichen Trennung zwischen *Vor*geschichte und *Geschichte* fest, wobei man unter Vorgeschichte die Zeit versteht, als Schrift noch unbekannt war, und Geschichte als das Entwicklungsstadium der Menschheit gilt, in der der schriftlose »Barbar« kulturiert wird. Alle die Ansichten jedoch, die den zivilisatorischen Fortschritt direkt mit dem Besitz der Schrift und der »Kunst« des Schreibens verknüpfen, haben einen merkwürdigen Beigeschmack, sei es nun eine Portion naiver Unbefangenheit oder sogar eine gute Dosis von Kulturchauvinismus. Hinter einer einseitigen Hochachtung der Schrift verbirgt sich eine Geringschätzung des gesprochenen Wortes und der in vielen Teilen der Welt lebendigen mündlichen Überlieferung von Literatur (orale Tradition genannt). Außerdem unterschätzen diejenigen, die das sprachgebundene Schreiben verherrlichen, daß es viele sprachunabhängige Technologien gab und gibt, Gedanken mitzuteilen und Informationen zu fixieren.

So hat sich der Mensch seit altersher in Bildern mitgeteilt, eine Tradition, die mit den Felsbildern der Altsteinzeit begann. Die Bildtechnik der Informationsvermittlung ist aber keineswegs ausgestorben oder auf die darstellende Kunst beschränkt, denn wie soll man sich etwa das moderne Kommunikationswesen ohne die bildhaften oder abstrakten Symbole vorstellen, mit denen jeder Mensch in Form von Verkehrszeichen oder Hinweisschildern auf Bahnhöfen und Flughäfen konfrontiert wird. Ebenso alt wie die Bildtechnik ist die Symboltechnik, d. h. die Verwendung von Symbolen zur Fixierung von Informationen. Irgendwann während der Eiszeit hat der Mensch angefangen, Kerben in Holz und Knochen zu schneiden, die ihm als Zähleinheiten dienten. Auch in der Neuzeit verzichtet man nicht auf sprachunabhängige Symbole. Die moderne Marktwirtschaft kennt viele symbolhafte Markenzeichen, und in den Wissenschaften gibt es eine Fülle von abstrakten Zeichen, die mit sprachlichem Schreiben nichts zu tun haben. Der Mensch der heutigen Zeit verwendet alte und neue Techniken der Informationsübermittlung, und die Schrift ist nur eine von vielen Techniken, die dies leisten.

Wie relativ der Stellenwert der Schrift für den zivilisatorischen Fortschritt heutzutage ist, davon haben die meisten gar keine Vorstellung. Wir leben in einem Zeitalter, in dem Schrift nicht mehr das wichtigste Medium ist, um die Informationsflut der hochtechnisierten Industriegesellschaft zu bewältigen. Längst haben andere Technologien die Leistung der Schrift um ein Vielfaches überboten, und eine Gesellschaft, die noch heute nur mit Schrift operiert, ist hoffnungslos veraltet. Der größte Teil aller Informationen, die tagtäglich in den modernen Industriestaaten anfallen, werden elektronisch verarbeitet. Auch die wesentlichen Entscheidungsprozesse in der Verwaltung, im Verteidigungs- und Verkehrswesen, in Industrie, Wirtschaft und in den Wissenschaften werden bereits weitgehend von der elektronischen Datenverarbeitung gelenkt, oder sind doch wesentlich davon abhängig. Die Schrift spielt hinter den Kulissen der Alltagswelt die Rolle eines Aschenputtel, dessen Wichtigkeit sich auf die Übersetzung von Computerdaten in menschliche Sprache beschränkt. Der Mensch nämlich ist auch weiterhin auf seine traditionellen Kommunikationsmittel angewiesen.

Es gibt also heutzutage keinen Grund, die Rolle der Schrift überzubewerten und damit andere Technologien der Informationsverarbeitung zu unterschätzen. Darüber sollte man sich im klaren sein, besonders, wenn man sich mit Schriftgeschichte befaßt. Auch wenn hier die Relativität der Schrift als Errungenschaft für die zivilisatorische Entwicklung betont wird, so verliert dadurch die Geschichte dieses Kulturträgers nichts von ihrer Faszination. Wohl aber gewinnt man bei einer solchen ausgewogenen Betrachtungsweise ein besseres Verständnis für das Verhältnis von schriftlosen Kulturen und Schriftkultur, von der Dynamik kultureller und sprachlicher Kontakte und auch davon, daß die Übergänge vom Zustand des »Nichtschreibens« zum Schriftbesitz recht fließend waren.

Der Schriftbesitz als Kennzeichen des »zivilisierten« Menschen hat schon die Geister antiker Denker bewegt. Aus naheliegenden Gründen war für die Griechen und Römer, die Vertreter der klassischen Kulturnationen der Mittelmeerwelt, die Frage, woher ihr Alphabet kommt, von ganz besonderem Interesse. Aussagen dazu findet man bei bekannten Persönlichkeiten der griechischen und römischen Geisteswelt wie HERODOT, PLATON, PLINIUS, TACITUS u. a. Nun ist aber gerade der Entwicklungsprozeß des Alphabets sehr kompliziert, und bis ins 19. Jahrhundert verließ man sich mehr auf »mythologisierende« Spekulationen als auf sachorientierte Schriftvergleiche. Viele Zeugnisse, die die Geschichte des Alphabets erhellen, hat man erst im 19. und 20. Jahrhundert entdeckt, so daß es ziemlich spät möglich wurde, einiges Licht in das Dickicht der Entwicklung der Buchstabenschrift zu werfen.

»Eine Geschichte der Schrift ist bisher noch nicht geschrieben worden, sie hätte auch in früherer Zeit sehr unvollkommen bleiben müssen, da ihr das Material fehlte, welches zum größten und wichtigsten Theile erst in diesem Jahrhundert gesammelt worden ist.« (FAULMANN 1880: 1) So beginnt die Einleitung der ersten Gesamtdarstellung der Schriftgeschichte, die notwendigerweise beschränkt bleiben mußte auf das zeitgenössische Wissen. Damals wußte man noch nichts von den beschrifteten Orakelknochen aus China, von den kretischen Schriftsystemen, von der Indus-Schrift oder davon, daß es vor der Keilschrift in Sumer eine piktographische Schrift gegeben hat. Neue Schriftfunde und eine intensive wissenschaftliche Auseinandersetzung mit Problemen der Schriftentstehung haben unser Allgemeinwissen über Schrift im Lauf dieses Jahrhunderts erheblich erweitert. Kein Wunder also, daß immer wieder Geschichten der Schrift geschrieben werden, in denen der Versuch gemacht wird, neuere Erkenntnisse vorzustellen. Die Autoren der allermeisten Darstellungen folgen dabei einem von Faulmann eingeführten Grundmuster, indem sie nämlich die Schriftsysteme der Welt in Geschichte und Gegenwart nach Kontinenten ordnen. Es werden also die Schriften Europas, Asiens, Afrikas und Amerikas in eigenen Kapiteln beschrieben.

Dieses Buch könnte sich ohne weiteres darauf beschränken, die große Vielfalt an historischem Wissen, das in der früheren Forschung zusammengetragen worden ist, dem Leser in der Form auszubreiten, wie dies in den gängigen Handbüchern getan wird. Eine eigentliche *Geschichte* der Schrift kann sich aber nicht darauf beschränken, Schriftsysteme in einzelnen Teilen der Welt in chronologischer Abfolge, aber isoliert voneinander, wie exotische »Objekte« zur Schau zu stellen. Wir leben in einer kosmopolitischen Welt, in der dem Leser viel mehr vergleichende Hinweise auf die kulturelle Entwicklung in der Welt, auf die Rolle der Schrift für die kulturelle Identität, auf Frühstadien der Schriftverwendung, auf die Wanderwege von Schriftsystemen, auf Sprachkontakte und interkulturelle Beziehungen, und vor allem auf die Bedeutung der Schrift in einer modernen Gesellschaft gegeben werden müssen, als man früher angeboten hat. Die zu beschreibende Geschichte der Schrift reicht also von ihren Frühstadien im Altertum bis in die moderne »Landschaft« der Massenmedien. Außerdem erwartet der heutige Leser, daß ihm die neuesten Erkenntnisse der sprachwissenschaftlichen, historischen, archäologischen und ethnologischen Forschung vorgestellt werden, sofern sie für die Erforschung der Schrift von Belang sind. Dies sind wichtige Vorbedingungen, die überhaupt erst das Verständnis für die Rolle der Schrift für die allgemeine Kulturgeschichte der Menschheit ermöglichen, und dies heißt, die Geschichte der Schrift im Licht ihrer Evolutionsphasen zu begreifen. Und über solche Evolutionsphasen weiß man heutzutage viel mehr als noch vor wenigen Jahren.

Anders als die traditionellen Handbücher richte ich in diesem Buch meine Aufmerksamkeit auf die Beschreibung einzelner Evolutionsphasen der Schrift. In der ältesten Entwicklungsphase sind Schriftzeichen noch nicht mit der Lautstruktur der Sprache verbunden. Die Schrift dient zur Fixierung von begrifflichen Inhalten, und Zeichen stehen für einzelne Wörter. Da bei einer solchen Schreibweise keine Beziehung zu den Lauten der Sprache besteht, kann man altsumerische Inschriften vom Ende des 4. Jahrtausends v. Chr. oder altchinesische Texte auf Orakelknochen des 14. Jahrhunderts v. Chr. lesen, ohne zu wissen, wie das Sumerische oder Chinesische jener Zeit ausgesprochen wurde (s. Kap. 4). Eine wichtige Fortentwicklung der Schrift ist die von der Phase einer begrifflich orientierten Schreibweise zur Schreibung von Lautstrukturen wie Silben (z. B. die akkadische Keilschrift) oder von lautlichen Segmenten wie Konsonantengruppen (z. B. die ägyptische Hieroglyphenschrift). Die Verknüpfung von Schriftzeichen mit der Lautstruktur der Sprache ermöglicht eine größere Präzision in der Wiedergabe von Texten (s. Kap. 5). Am exaktesten ist die Wiedergabe von Sprache mit Hilfe von Buchstabenzeichen, die für Einzellaute stehen. Diese Evolutionsphase ist die chronologisch jüngste, und gleichzeitig die höchstspezialisierte Form des Schreibens, wenn man von sekundär entwickelten stenografischen

Schreibweisen absieht (s. FAULMANN 1880: 587 ff. zu deren Geschichte). Alphabetschriften sind zu verschiedenen Zeiten und in verschiedenen Teilen der Welt entwickelt worden. Die allermeisten von diesen Schriftsystemen gehen auf die Tradition der semitischen Buchstabenschrift zurück (s. Kap. 6). Die Gliederung, die der Dokumentation dieses Buches zugrundeliegt, soll die Essenz der Schriftgeschichte als die einer stufenweisen Annäherung von Schriftzeichen an die Lautstruktur des gesprochenen Wortes illustrieren.

Der Entwicklungsgang der Schrift folgt dem der allgemeinen Kulturgeschichte. Evolutionsphasen haben einander abgelöst, was aber nicht heißt, daß sich ältere Phasen immer und überall überlebt haben. Noch heute gibt es traditionelle Kulturen, in denen Menschen in Gemeinschaften von Jägern und Sammlern leben (z. B. die Pygmäen Zentralafrikas, die Buschmänner in Namibia und Botswana, oder verschiedene Indianerstämme im Amazonasbecken). Im Computerzeitalter ist also eine archaische Kulturstufe erhalten geblieben, von der vor vielen tausend Jahren jegliche höhere Zivilisation ihren Anfang nahm. Im Fall der Schrift verhält es sich ähnlich, und in einigen Teilen der Welt schreibt man noch heute nach demselben Prinzip, nach dem schon vor Tausenden von Jahren geschrieben wurde. Das beste Beispiel dafür bietet die chinesische Sprachgemeinschaft, in deren Schriftsystem sich die älteste Evolutionsphase der Schriftgeschichte konserviert hat. Auch Silbenschriften werden heute noch verwendet. Am besten bekannt ist deren moderner Gebrauch vielleicht aus Japan, aber auch bei verschiedenen Indianerstämmen in Nordamerika, so bei den Cree, Chipewyan und Dene, haben sich Silbenschriften bis heute gehalten. Erklärungen dafür, warum sich die Evolutionsphasen der Schrift in manchen Regionen früher, in anderen später abgelöst haben, und weshalb sich einige Schriftsysteme stärker, andere schwächer verbreitet haben, findet man in der Geschichte der interkulturellen Kontakte. Daher ist der Darstellung einzelner Schriftkulturkreise und ihrer chronologischen Entwicklung im vorliegenden Buch ein breiter Raum eingeräumt worden (s. Kap. 7).

In den vergangenen zwei Jahrzehnten hat sich der Erkenntnishorizont der Humanwissenschaften erheblich erweitert. Unter Berücksichtigung moderner Forschungsergebnisse ist auch das Bild der Schriftgeschichte heute ein wesentlich anderes als noch in den sechziger Jahren. Damit sich der allgemeine Leser eine Vorstellung davon machen kann, wie sehr sich der Wissensstand gewandelt hat, seien hier einige Allgemeinplätze über Schrift erwähnt, die bis heute in vielen Sachbüchern »herumgeistern«. Nach den heutigen Erkenntnissen über allgemein kulturhistorische und speziell schriftgeschichtliche Entwicklungen gelten die folgenden traditionellen Auffassungen entweder als überholt, oder sie sind so ungenau, daß man sie schon allein aus diesem Grund durch Inhalte neuen Wissens ersetzen sollte:

a) Die Schrift wurde als neue Technologie *erfunden;*
b) Die Schrift entwickelte sich in einer bestimmten Kulturregion (u. zw. Mesopotamien) und verbreitete sich von dort in die übrigen Hochkulturen des Altertums (These von der Monogenese der Schrift);
c) Das älteste Schriftsystem der Welt wurde vor etwa 5000 Jahren von den Sumerern in Mesopotamien erfunden;

d) Der Grund für die Verwendung der Schrift als neue Technologie im Altertum war die Erleichterung der Staatsverwaltung und des Wirtschaftslebens, d. h. der Schriftgebrauch entstand aus praktischen Überlegungen;
e) Das Chinesische ist die älteste, noch heute verwendete Schriftsprache der Welt;
f) Die Herkunft der auf Kreta gebrauchten Hieroglyphenschrift und des Systems Linear A ist unbekannt;
g) Das aus Kreta stammende Schriftsystem Linear B zur Schreibung des mykenischen Griechisch ist die älteste Schriftart des europäischen Kontinents vor der Ankunft des Alphabets;
h) Im Altertum bestand zwischen dem Vorderen Orient und Europa ein Kulturgefälle nach dem Motto »ex oriente lux« (›Licht aus dem Osten‹), und die Europäer, in erster Linie die Griechen, haben ihre wesentlichen Impulse von dort bezogen;
i) Das Alphabet stammt aus Ägypten, wurde von den Phöniziern übernommen und von diesen verbreitet;
j) Das germanische Runenalphabet ist eine Abzweigung aus der griechischen (oder lateinischen) Schrift;
k) Die ägyptischen Hieroglyphen wurden ausschließlich zur Schreibung des Ägyptischen und keiner anderen Sprache verwendet;
l) Von Schreiben kann man erst sprechen, seit Schriftzeichen zur Wiedergabe sprachlicher Laute verwendet wurden (z. B. Silben- oder Buchstabenschrift).

Zu den Anliegen dieses Buchs gehört es, solche veralteten Anschauungen durch eine Perspektive zu ersetzen, die der Schriftgeschichte eine neuartige historische und vergleichende Dimension erschließt. Eine der wichtigsten Neuerungen in der Forschung der letzten Jahre ist die Erkenntnis, daß die Anfänge der Schriftgeschichte um mindestens zwei Jahrtausende zurückverlegt werden müssen. Die Schriftkultur der Menschheit begann vor etwa 7000 Jahren. Verknüpft mit diesem neuen Wissen über Schrift sind viele historische Zusammenhänge neu zu interpretieren, und manche Beziehung zwischen Schriftsystemen, die früher im dunkeln lag, kann jetzt aufgeklärt werden. Nicht zufällig ist die Rolle Kretas und seiner Schriftarten besonders ausführlich behandelt worden. Kreta war eine kulturelle Drehscheibe seit dem Altertum, sowohl für alteuropäische Einflüsse von Westen nach Osten (»ex occidente lux«) als auch für die kulturellen Strömungen, die aus den Regionen des Alten Orients nach Europa einwirkten (»ex oriente lux«); (s. Kap. 2, 6 und 7).

Wer sich für die Schriften der Welt interessiert, will auch wissen, wie viele Sprachen es überhaupt gibt. Aber niemand hat bisher die genaue Zahl der Sprachen angeben können, die auf der Welt gesprochen werden. Dies liegt weniger am Unvermögen von Sprachwissenschaftlern, Anthropologen oder Ethnologen, als vielmehr daran, daß man bei der Sprachklassifikation vielfältigen Definitionsschwierigkeiten begegnet. Und niemand hat bisher die Frage schlüssig beantworten können, ob es überhaupt sinnvoll ist, die Sprachen der Welt »zählen« zu wollen. Als allgemeine Orientierung sei hier die größte Zahl an Sprachen erwähnt, die jemals aufgelistet worden ist. Nach GRIMES (1978) gibt es insgesamt 5103 lebende Sprachen. Zählt man die ausgestorbenen

Sprachformen hinzu, erhöht sich diese Zahl um mehrere Hundert. Allein in Indien sind 1652 Sprachen verbreitet, und in Südamerika und Afrika gibt es jeweils weit über 1000 Einzelsprachen. Die geringste Anzahl an Sprachen (weniger als 70) findet man in Europa. Allerdings haben die nach ihrer Sprecherzahl 100 größten Sprachen allein einen Anteil von über 90% an der Weltbevölkerung.

Von der Gesamtzahl aller lebenden Sprachen der Welt sind nur etwa 13% verschriftet, d. h. die große Mehrheit aller Einzelsprachen ist schriftlos. Zu den Schriftsprachen gehören alle Weltsprachen, deren Sprecher zusammen über 60% der Weltbevölkerung ausmachen. Allein die Sprachgemeinschaften des Chinesischen, Englischen, Spanischen, Russischen, des Hindi und des Deutschen stellen etwa die Hälfte der Bevölkerung auf der Erde dar. Dies bedeutet konkret, daß die Schriftkultur bei den meisten Bewohnern unseres Planeten verbreitet ist. In mehrsprachigen Gebieten haben auch viele von denen, deren Muttersprache nicht geschrieben wird, Anteil am Schriftgebrauch, sofern ihre Zweitsprache eine Schriftsprache ist (z. B. zweisprachige Kurden in der Türkei, die Türkisch lesen und schreiben). Nur ein vergleichsweise kleiner Teil der Weltbevölkerung bleibt ohne Zugang zur modernen Schriftkultur (z. B. Indianer im Amazonasbecken). Auch wenn die Gesamtzahl aller Schriftsprachen, die in Geschichte und Gegenwart in Gebrauch waren und noch sind, einigermaßen überschaubar bleibt (rund 660), ist es dennoch aus Platzgründen nicht möglich, sämtliche individuellen Schriftsysteme in diesem Buch zu behandeln. Wohl aber kann eine Darstellung aller Originalschriften und deren wichtigsten Abzweigungen geboten werden. Insgesamt enthält dieses Buch mehr Hinweise auf einzelsprachliche Schriftsysteme und eine größere Auswahl an Abbildungen, als sie jemals in einem Band über Schrift zusammengestellt worden sind.

Wer sich heutzutage mit Schriftgeschichte beschäftigt, dem stehen weit mehr Material und Erkenntnisse zur Verfügung als noch vor wenigen Jahrzehnten. Abgesehen davon, daß neue Schriftentdeckungen wie etwa die im alteuropäischen Zivilisationskreis (Vinča) und Fortschritte in der Entzifferung wenig bekannter Schriftsysteme wie der kretischen Hieroglyphen oder der Indusschrift den Erkenntnishorizont erweitern, hat es der moderne Betrachter mit einer ständig zunehmenden Fülle von Einzeldaten zu tun, die von Spezialisten in einem dichten Netz wissenschaftlicher Fachdisziplinen erarbeitet werden. Gerade die vielen Neuerkenntnisse und die Möglichkeit, die Schriftgeschichte in immer größere kulturhistorische Zusammenhänge einzubetten, fordern Forscher und interessierte Laien gleichermaßen heraus. Um die kulturhistorischen Zusammenhänge der Schriftgeschichte angemessen darzustellen, reicht es heute nicht mehr aus, sich nur mit Sprachen auszukennen. Es ist erforderlich, viele Informationen aus den Bereichen von Archäologie und Vorgeschichte, von Ethnologie und Kulturanthropologie, von Soziologie und Regionalgeschichte sinnvoll auszuwerten und in die Betrachtung einzubringen. Eine Universalgeschichte der Schrift zu schreiben, kann heute nicht mehr von jemandem geleistet werden, der Einzelfachwissenschaftler ist, dazu braucht man ein Humboldtsches Streben nach einer Gesamtschau.

Kapitel 1
Menschen, Bilder und Symbole
Von der Vielfalt der Techniken, Informationen zu fixieren

Informationen zu fixieren ist für den modernen urbanisierten Menschen im Zeitalter der Technik gleichbedeutend mit »etwas aufschreiben«, und dies wiederum ist gleichbedeutend mit »Wörter einer bestimmten Sprache in einer Alphabetschrift schreiben«. Dieses Aufschreiben kann ein handschriftliches Aufzeichnen sein, ein Schreiben mit einer Schreibmaschine, oder es handelt sich um das Eintippen eines Textes auf der Tastatur eines Computers, auf dessen Bildschirm das Geschriebene erscheint, was man nach Wunsch speichern kann. Eine solche Auffassung über das Wesen, Informationen zu fixieren, kommt nicht von ungefähr, denn die Verwendung der Schrift zur Wiedergabe von Wörtern, mit deren Hilfe Informationen und Nachrichten im weiteren Sinn vermittelt werden, hat den Menschen seit Jahrtausenden in seiner kulturellen Entwicklung begleitet. Auch im Computerzeitalter kommt der Mensch ohne Schrift nicht aus, denn obwohl die Speicherung im Computer selbst durch elektronische Impulse gesteuert wird, muß der Mensch die Informationen in »Normalschrift« eingeben.

 Die Verwendung der Schrift ist der Ausdruck einer kulturellen Spezialisierung, und bis ins Industriezeitalter ist die schriftliche Fixierung von Sprache das wichtigste Mittel des Menschen geblieben, die mit fortschreitender zivilisatorischer Entwicklung beständig anwachsende Informationsflut zu bewältigen. Der moderne Mensch ist auf die Schrift und das Schreiben ebenso angewiesen wie auf die gesprochene Sprache, sein wichtigstes Kommunikationsmedium. Der Mensch braucht die gesprochene Sprache, um Gemeinschaften zu bilden und ein Netzwerk kultureller Beziehungen zu schaffen. Das Schreiben von Sprache ist erforderlich, um eine kulturell höhere, d. h. zivilisatorische Organisationsform menschlicher Gemeinschaftsbildung zu ermöglichen, und um eine solche zu erhalten. Insofern verbindet sich im Bewußtsein des modernen Menschen der praktische Gebrauch der Schrift mit den Prestigewerten, die dem Begriff der Zivilisation anhaften, und der des Lesens und Schreibens kundige Mensch blickt mitleidig oder abschätzend auf den Analphabeten herab. Eine derartige Einstellung ist ebenso einseitig wie die Vorstellung, Informationen könnten sinnvoll nur in geschriebener Form für den Wiedergebrauch festgehalten werden.

Anfänge der Bildtechnik

Bevor der Mensch schreiben lernte, drückte er seine Gedanken in Bildern aus. Diese Aussage entspricht in etwa der Formel, auf die man sich in der Forschung über die Schriftentwicklung geeinigt hat. Auf den ersten Blick erscheint einleuchtend, daß es sich hier um eine entwicklungsmäßige Reihenfolge handelt: erst Bilder, dann Schrift. Am Anfang stehen in der Tat Bilder. Man denke nur an die zahlreichen Felszeichnungen und -malereien, die in allen Kontinenten gefunden wurden, und in denen dem heutigen Betrachter die Welt des Steinzeitmenschen entgegentritt. Bilder auf Stein, sei es auf Höhlenwänden oder auf freien Felsen, gehören zu den frühesten Manifestationen der menschlichen Kreativität, und der Homo sapiens malte viele Tausend Jahre Bilder, bevor er zu schreiben begann. Ohne die Vorlage von Bildern ist auch die Entwicklung der Schrift nicht denkbar. In der Tat sind die Zeichen der ältesten bekannten Schriftsysteme der Welt aus bildhaften Symbolen entstanden. Diese Feststellung bezieht sich auf die äußere, d. h. graphische Entwicklung von Schriftzeichen, nicht auf deren bedeutungsmäßigen Inhalt. Gerade ein Blick auf die inhaltliche Seite aber verdeutlicht, daß die Fixierung von Informationen in Bildern eine vom Schreiben unabhängige Technik ist. Während der Begriff des Schreibens und der Schrift eine Beziehung zur Sprache beinhaltet, drückt sich in Bildern etwas anderes aus, nämlich eine Beziehung zur Gedankenwelt des Menschen, ohne daß Sprache beteiligt ist. Diese Unterscheidung ist keine bloße Spitzfindigkeit, sondern sie ist erforderlich, um den Blick dafür zu öffnen, daß die bildhafte Darstellung einerseits und die Schrift andererseits zwei unterschiedliche Kulturträger mit eigenem Gewicht sind.

Wenn ein moderner Mensch die *steinzeitlichen Felsbilder* betrachtet, wenn er beispielsweise vor den Bildkompositionen in den *Höhlen von Altamira* in Spanien oder von *Lascaux* in Frankreich steht, zeigt er sich beeindruckt von der Ausdrucksstärke naturalistischer Darstellungen von Tieren und ist dabei ganz befangen in der künstlerischen Ästhetik seiner eigenen Welt. Sicherlich war auch der Mensch des Paläolithikums, der die Gelegenheit hatte, solche Bilder zu sehen, beeindruckt von deren Lebendigkeit, nur stand sein Verständnis in einem ganz anderen kulturellen Rahmen als das des heutigen Betrachters. Der moderne Mensch spricht von Eiszeit*kunst*, und die Bildkompositionen sind für ihn allein Objekte seines Kunstsinns. In den Gemeinschaften der Steinzeitmenschen spielten diese Bilder eine ganz andere Rolle. In einer Zeit, als es Begriffe wie Kunst, Schrift oder Literatur noch gar nicht gab, waren die Höhlenbilder ein Mittel der Gemeinschaftserhaltung, denn sie standen im Dienst magisch-religiöser Rituale (BIEDERMANN 1984). Fest steht, daß die Höhlenbilder nicht etwa dekorative Ausschmückungen von Wohnplätzen waren, denn die Menschen wohnten nicht in den tiefer gelegenen Höhlenkammern, sondern an deren Eingängen. Es gibt viele Anzeichen dafür, daß ausgemalte Höhlen Kultplätze waren, die unterschiedlichen Zwecken dienten. In manchen Höhlen wurden Initiationsriten abgehalten, also Riten aus Anlaß der Aufnahme von Jugendlichen in die Welt der Erwachsenen. Andere Höhlen waren der Schauplatz von Jagdritualen. Die Abbildungen von Tieren besaßen in einem solchen Zusammenhang nicht einfach den Wert, den der heutige Mensch in einem Bild sieht, sondern in einer animistischen Welt war das Bild gleichbedeutend mit dem abgebildeten Ding. Wenn der Magier das Bild eines Rentiers an die Höhlenwand malte, so bedeutete dies, daß er das abgebildete Tier bannte, und damit befand es sich in der Gewalt des Menschen. Man hat an vielen Stellen Bilder mit Absplitterungen gefunden, die von Pfeilschüssen herrühren. Daher weiß man, daß in den Höhlen rituelle »Jagden« stattfanden. Man »erlegte« das Bild, und dies war die beste Einstimmung auf das, was der moderne Mensch die »eigentliche Jagd« nennen würde. Außer naturalistischen Bildern gibt es in den eiszeitlichen Höhlen auch zahlreiche abstrakte Symbole, die man zum Teil als Clanzeichen deutet, mit ähnlicher Funktion wie Wappen.

Dem ungeschulten Betrachter bleibt der Inhalt der meisten Felsbilder verschlossen, weil er die Welt, in der sie entstanden sind, nicht kennt, und weil er sie nach seinen heutigen Maßstäben als bloße Bilder ansieht. Es ist nicht verwunderlich, daß viele Felsbildkompositionen verworren und ohne »Sinn« erscheinen. Oft ist es auch dem Spezialisten nicht möglich, den Sinn von Felsbildern zu erschließen, weil wichtige Informationen über das Leben der damaligen Menschen und ihre Glaubensvorstellungen fehlen. Allerdings gelingt es doch hin und wieder, einen Weg zum Verständnis steinzeitlicher Kulturen zu finden, und in einem solchen Fall sind Felsbilder wie ein Schlüssel zu verschollenen Daseinsformen der Menschen. Um in den Sinn von Felsbildern einzudringen, braucht man mehr als die Informationen, die die moderne Wissenschaft vermittelt. Der Wissenshorizont, den man sich aus vielfältigen Einzeldaten der archäologischen, anthropologischen, ethnologischen und sprachhistorischen Forschung aufbauen kann, reicht zumeist nicht aus, um Felsbilder zu verstehen. Man braucht zusätzlich ein gutes Maß an Einfühlungsvermögen und einen gesunden spekulativen Geist, um nicht nur die materielle sondern auch die spirituelle Welt der damaligen Zeit zu rekonstruieren, einer Zeit, in der sich das »Wissen« der Menschen in Mythen, Legenden und überwiegend animistischen Glaubensvorstellungen niederschlug. Wenn man also steinzeitliche Felsbilder verstehen will, muß man sich von modernen Anschauungen über das lösen, was »Information«, »Schreiben«, »logische Gedankenfolge«, »Sinn«, »Text« oder andere Begriffe assoziieren. Man kann Felsbilder nicht »lesen«, denn sie sind nicht an Sprache gebunden, man muß sie interpretieren, und zwar aus dem kulturellen Hintergrund heraus, in den sie zur Zeit ihres Entstehens eingebettet waren.

Bevor es dem modernen Menschen gelingen kann, in den Sinn von Felsbildern einzudringen, muß er sich mit deren Kompositionstechniken und mit ihren Motiven vertraut machen, d. h., er muß die Grundlagen der kulturellen *Bildtechnik* lernen. Die Mühe, die das kostet, ist durchaus mit der zu vergleichen, die Wörter und die Grammatik einer fremden Sprache zu lernen, um Texte zu verstehen, die darin geschrieben sind. Wer auf diese Weise dem Sinn steinzeitlicher Felsbilder näherkommt, ist erstaunt über den enormen Informationsgehalt, der in manchen Bildkompositionen steckt. Solche Beobachtungen regen zum Nachdenken über die Leistungsfähigkeit der Bildtechnik an, von der allgemein angenommen wird, daß sie der geschriebenen Sprache unterlegen ist. Man sollte vorsichtig mit solchen Wertungen sein, denn sie sind geeignet, die Perspektive zu verzerren, aus der kulturelle Entwicklungen betrachtet werden. Die Bildtechnik ist ein kulturelles Ausdrucksmittel, deren Kapazität, Informationen zu fixieren, kaum überschätzt werden kann. Um dies zu demonstrieren, möchte ich den Leser einladen, mir in die Welt des Neolithikums zu folgen, in eine Zeit, als der Norden Europas von Jägern und Fischern bevölkert war, die in Sippen und losen Stammesverbänden organisiert waren.

Die Felsbilder vom Onegasee

Die Jäger und Fischer Kareliens haben der Nachwelt keine Schriftdenkmäler hinterlassen, auch keine Skulpturen oder bemerkenswerten Bauwerke. Die Reste der gefundenen Tonware verraten, daß ihre materielle Kultur von der Tradition der Kammkeramik geprägt war. Wir kennen weder den Namen jenes Volkes – falls es ein solches nach dem Verständnis des heutigen Menschen überhaupt gab –, noch wissen wir, welche Sprache die damalige Bevölkerung gesprochen hat. Und doch ist sehr viel über die karelischen Jäger und Fischer bekannt, denn sie haben viele Einzelheiten über sich und ihre Welt mitgeteilt. Ihr wichtigstes Ausdrucksmittel dafür waren Felsbilder, die in großer Zahl gefunden wurden. Es gibt zwei Zentren karelischer Felsbilder, eines am Ostufer des Onegasees und ein anderes am Eismeer (*Abb. 1*). Die Vielzahl und Vielfalt der Motive in den Bildkompositionen vermittelt nicht nur einen nuancenreichen Eindruck von den alltäglichen Lebensbedingungen der damaligen Bevölkerung, sondern die Bilder gewähren auch wertvolle Einblicke in die mythischen und religiösen Vorstellungen jener Menschen. Die in den Felsbildern kristallisierten Erlebnisse, Erfahrungen und kulturellen Werte der karelischen Jäger sind Ausdruck einer Zeit, die weit zurückliegt. Die ältesten Bilder stammen aus dem 3. Jahrtausend v. Chr., die meisten Kompositionen sind im frühen 2. Jahrtausend v. Chr. entstanden. Die wohl beeindruckendsten Bildkomplexe findet man am Onegasee. Eine Felsbildkomposition ist darunter, die man zu den wertvollsten Bilddokumentationen der Steinzeit in Europa rechnet, der sogenannte »Dachstein« von der Halbinsel Peri Nos. Sein Wert wurde so hoch eingeschätzt, daß man die gesamte Bildfläche im Jahre 1934 vom Grundfelsen absprengte und in das Ermitage-Museum nach Leningrad brachte.

Der *Dachstein vom Onegasee* (*Abb. 2*) hat die Gemüter von Forschern und Laien schon seit vielen Jahrzehnten bewegt, aber bis heute ist es niemandem gelungen, eine inhaltlich schlüssige und widerspruchsfreie Interpretation des gesamten Bildkomplexes anzubieten. Die Fülle an Einzelmotiven erdrückt den Betrachter auf den ersten Blick, und es scheint keine Ordnung in diesem Chaos von Bildelementen zu geben. Daher ist es kaum verwunderlich, daß sich die Forscher bisher lediglich auf Teilausschnitte der Bildfläche und deren Interpretation beschränkt haben. Dies gilt insbesondere für die Bildsequenz im Zentrum, die offensichtlich spiralförmig angeordnet ist. Im Lauf der Zeit haben sich zwei verschiedene Anschauungen darüber gefestigt, wie die zentrale Bildsequenz auf dem Dachstein vom Onegasee zu interpretieren sei. Für

(1) Verbreitungsgebiet neolithischer Felsbilder in Ostkarelien

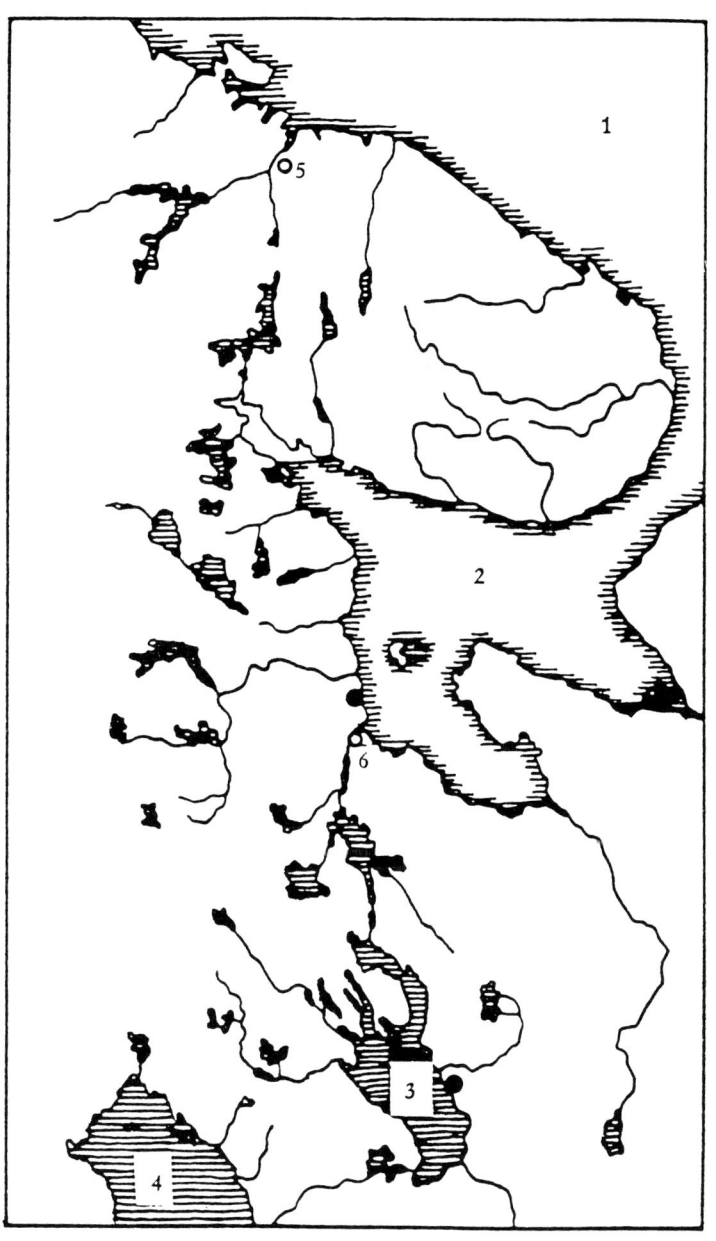

Felsbilder im Gebiet des Weißen Meers

1 Barentsee
2 Weißes Meer
3 Onegasee
4 Ladogasee
5 Murmansk
6 Belomorsk und Untere Wyg als Teil des Weißmeer-Ostsee-Kanals

● Fundplätze

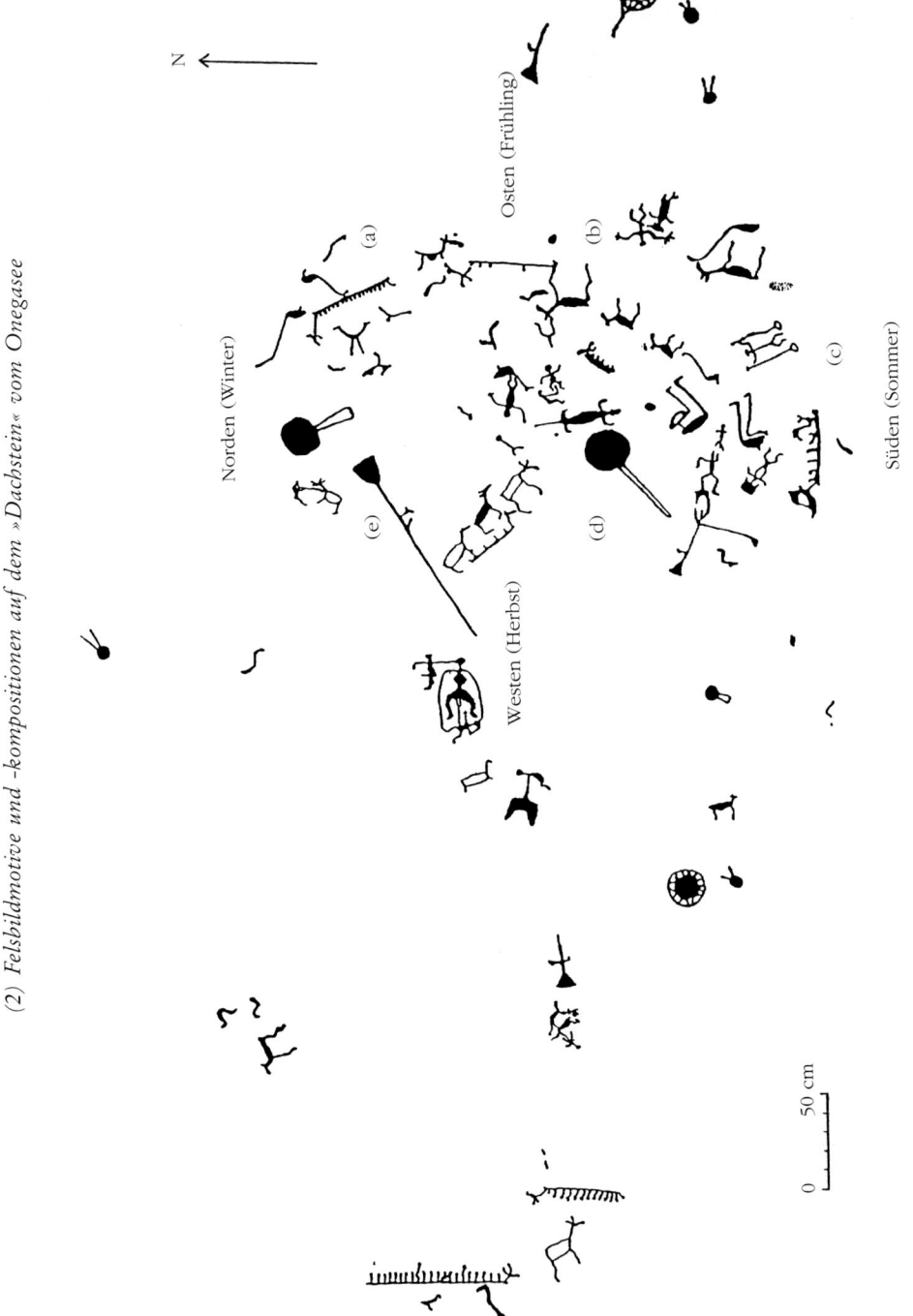

(2) *Felsbildmotive und -kompositionen auf dem »Dachstein« vom Onegasee*

den Außenstehenden mutet es verwirrend an, daß die beiden Standorte der Forschung sich zu widersprechen scheinen, und daß sich ihr Inhalt geradezu wechselseitig ausschließt. Die eine wie die andere Anschauung hat eine Reihe von Vertretern gefunden, und es haben sich zwei Forscherschulen gebildet, die mit ihren Interpretationen gegeneinander »streiten«. Einig ist man sich lediglich über *eine* Sache, nämlich darüber, daß der Bildkomplex auf dem Dachstein von besonderer Bedeutung für die steinzeitlichen Bewohner am Onegasee war, und daß er für den modernen Betrachter ein Schlüssel zum Verständnis ihrer Kultur ist.

In den dreißiger Jahren trat der sowjetische Gelehrte und Schriftsteller A. M. LINEVSKIJ (1939, 1940) mit seiner Interpretation der Bilder in der Spirale hervor, die er für eine Art Chronik von Ereignissen im Leben der Onegaleute hielt. Es hatte ihn viele Jahre vergebliche Mühe gekostet, in den Inhalt der Bilder einzudringen. Der Weg zu einer Interpretation öffnete sich, nachdem er auf die Idee gekommen war, die Himmelsrichtungen nach der ursprünglichen Position des Dachsteins am Seeufer bei Peri Nos zu markieren. Die Bilder ordnen sich dabei ganz natürlich in verschiedenen Zonen, die insgesamt einen Kreislauf erkennen lassen, wenn man die Himmelsrichtungen mit einzelnen Jahreszeiten gleichsetzt. Die Bilder in der östlichen Zone beziehen sich dabei auf Ereignisse im Frühling, mit deren »Aufzeichnung« die Chronik beginnt. Es folgen die Geschehnisse des Sommers, die im unteren Teil der Bildfläche dargestellt werden. Da nach der Reihenfolge der Herbst mit dem Westen identifiziert wird, gehören die Bilder im linken Teil zur Herbstsequenz der Chronik. In der oberen Zone, d. h. im nördlichen Teil der Bildkomposition, finden sich die Darstellungen von Ereignissen während des Winters. Folgt man Linevskijs Interpretation, haben die Bildsequenzen folgenden Inhalt:

Ereignisse des Frühlings
(a) Nach ihrer Ankunft zu Beginn des Frühlings wurden Wildschwäne gejagt, sowohl vom Boot aus als auch an Land. Dazu verwendete man Katapulte (Schleudern) oder Geräte in Form von Bumerangs.
(b) Wenn das Eis auf dem See schmolz, wurden schwimmende Elche gejagt, die Buchten und Flußläufe kreuzten. Ebenso wie im Fall der Wasservögel erfolgte die Jagd auf Elche vom Boot aus oder an Land.

Ereignisse des Sommers
(c) Die Haupttätigkeiten der Onegaleute im Sommer waren das Fischen und die Jagd auf verschiedene Arten von Wasservögeln. Wie im Frühling, so wurde auch während der Sommerzeit vom Boot aus und an Land gejagt.

Ereignisse des Herbstes
(d) Die Jäger stellten Fallen auf und jagten Elche, vom Boot aus und an Land.

Ereignisse des Winters
(e) Die wichtigsten Tätigkeiten scheinen die Jagd auf Elche und Rotwild sowie das Reparieren und die Herstellung von Tierfallen gewesen zu sein.

Ohne Zweifel ist LINEVSKIJS Interpretation ein wichtiger Schritt in Richtung auf das Gesamtverständnis des Dachsteins. Zudem ist die Deutung der Bildkomposition als Chronik der erste ernsthafte Versuch, die Felsbilder Kareliens in einen kulturellen Rahmen einzupassen. Seine Auffassungen haben auf Jahre hinaus die Richtung der Forschung über Felsbilder im Norden der Sowjetunion bestimmt. Vielleicht hängt die Popularität seiner Interpretation als der einer Art Wirtschaftschronik damit zusammen, daß damals eine »materialistische« Deutung der Felsbilder in der Sowjetunion auf breite Zustimmung rechnen konnte. Allerdings war die einseitig ökonomische Ausrichtung seiner Deutung der entscheidende Anstoß für die später vorgetragene Kritik. Es gibt eine Reihe von Symbolen, die nicht im Sinn einer Wirtschaftschronik interpretiert werden können. Zum Beispiel sind da die beiden radförmigen Sonnensymbole auf beiden Seiten der zentralen Bildkomposition, deren Beziehung zu den anderen Bildern ungeklärt bleibt. Zahlreiche Symbole, die Linevskij als Tierfallen deutet, erscheinen auch außerhalb des zentralen Komplexes, wo sie aber nicht mit Tierbildern in Verbindung stehen. Da seine Deutung zu viele Beziehungen zwischen den Zeichenkomplexen und Einzelsymbolen außer Acht läßt, hat sie eher den Wert einer Teilinterpretation.

Insbesondere mit der Ausdeutung solcher Bildbeziehungen, die bei Linevskij ungeklärt bleiben, hat sich der Leningrader Forscher K. D. LAUSCHKIN (1959, 1962) beschäftigt. Sein Interpretationsversuch der Bildfläche auf dem Dachstein führt in eine ganz andere Richtung. Er betont die Rolle mythologischer Elemente in den Bildkompositionen und lehnt beispielsweise die Interpretation von Linevskij ab, wonach die abgebildeten Boote eine wichtige Funktion in den Jagdszenen haben. Die Bootdarstellungen beziehen sich nach ihm nicht auf konkrete Objekte, vielmehr handelt es sich um Sonnenschiffe, die die Seelen der Ahnen tragen. Er sieht in den Tierfallen Linevskijs Variationen von Sonnensymbolen, wie überhaupt der gesamte Bildkomplex nach seiner Meinung ausschließlich mythisch-religiös motiviert ist. Eine solche Interpretation wird verständlich, wenn man bedenkt, daß viele der mythologischen Symbole, die Lauschkin zu finden glaubt, bis in die Neuzeit in den Mythen und Erzählungen ostseefinnischer Völker wie der Lappen, Karelier und Finnen weiterleben. Daher ist bekannt, daß der Elch und verschiedene Wasservögel nicht nur Tiere waren, die man jagte, sondern daß sie auch verehrt wurden, weil sie als Sendboten von Gottheiten oder Geistern galten. Folgt man Lauschkins Interpretation, bleibt nicht viel übrig von Linevskijs Auffassung einer Wirtschaftschronik.

In neueren Studien über die karelischen Felsbilder (z. B. AUTIO 1981, SAWWATEJEW 1984) kommt die Verunsicherung zum Ausdruck, die die kontroverse Interpretation von Lauschkin ausgelöst hat. Obwohl die von ihm vorgeschlagene Deutung verschiedener Symbole in mythologischem Sinn durchaus vorteilhaft ist, weil dadurch Schwächen der Interpretation von Linevskij ausgeglichen werden, entstehen neue Unklarheiten dadurch, daß die mythologische Auslegung verschiedener Bildsequenzen, die Linevskij sinnvoll erklärt, ungereimt bleibt.

Wenn man kulturelle Manifestationen früherer Zeitepochen, wie es die Felsbilder Kareliens sind, wissenschaftlich untersucht, sollte nie vergessen werden, daß der Standort des modernen Betrachters nicht der des Zeitgenossen ist, der in der damaligen Kultur lebte. Ein moderner Mensch trennt zwischen dem Bereich der Geschichtschronik, die aufgeschrieben wird, dem des Berichts über saisonale Wirtschaftsabläufe, die sich in Übersichten und kalendarischen Vermerken niederschlagen, dem der Mythologie, die sich inhaltlich in mythischen Erzählungen und Legenden erhalten hat, und dem der Religion mit ihrer Rolle als spirituellem Gegengewicht zur materiell-materialistischen Welt des Industriezeitalters. Eine solche Trennung und Klassifizierung ist für Menschen wichtig, die in einer Gesellschaft mit weit entwickelter Arbeitsteilung leben. In der neolithischen Jägerkultur Kareliens dagegen existierte keine für die moderne Zeit typische Funktionsteilung kultureller Bereiche. Das Alltagsleben der karelischen Jäger war weder ausschließlich durch Wirtschaftsabläufe noch durch mythisch-magische Rituale bestimmt. Was uns in den Felsbildern entgegentritt, ist eine Symbiose von Wirtschaftschronik, Kalender, mythologischen Vorstellungen und religiös-rituellen Komponenten.

Trotz mancher Fragezeichen, die auch heute noch über einigen Symbolen stehen, dürfte die Gesamtkomposition nach neueren Forschungen verständlich sein (s. HAARMANN 1990a, S. 207f.). Die Halbinsel Peri Nos am Ostufer des Onegasees war vermutlich ein für den Sonnenkult ausgewählter Ort, und der Dachstein das eigentliche Zentrum. Bildchronik, Kalenderzyklus und mythisch-religiös motivierte Bildkompositionen fügen sich zu einem symbiotischen Ganzen. Der Inhalt dessen, was in den Bildern des Dachsteins zum Ausdruck kommt, könnte mit Worten kaum eindrucksvoller »beschrieben« werden. Ohne die Felsbilder, und besonders ohne den Dachstein, wäre unsere Kenntnis der steinzeitlichen Jägerkultur in Karelien sehr begrenzt. Mit Hilfe der Bilder aber wissen wir mehr über die Onegaleute als vergleichsweise über irgendeine andere prähistorische Kultur Europas. Die Bildfläche des Dachsteins von Peri Nos ist aber nicht nur deshalb von besonderem Interesse, weil sich darin die Welt der Steinzeitjäger öffnet, sondern auch, weil sie dem modernen Betrachter im wahrsten Sinn des Wortes »vor Augen« führt, wie viele und vielfältige Informationen aus den verschiedensten kulturellen Bereichen in Bildern fixiert werden können, ohne daß man auf das geschriebene Wort angewiesen ist.

Es kommt hinzu, daß die Bestimmung des Dachsteins als Zentrum eines Sonnenheiligtums die bildhafte Darstellung eines Kalenderzyklus und der Symbolik des Sonnenjahres erforderte, so daß ein geschriebener Text gar keine Alternative wäre, weil er keine vergleichbare Funktion erfüllen könnte. Die Bilder stehen in einer bestimmten Beziehung zum Licht, ein Sachverhalt, den man in einer statischen Abbildung nicht wiedergeben kann. Da der Dachstein selbst im Museum aufbewahrt wird, sind Lichteffekte auf seine Bilder nicht mehr nachzuvollziehen. Aber an solchen Orten, wo die Bildfelsen als steinerne Zeugen der Onega- und Weißmeerkultur erhalten sind, kann man das Spiel des Sonnenlichts bis heute erleben. Die meisten Bildflächen sind nach Süden ausgerichtet. Im Lauf des Tages wechselt die Beleuchtung mit dem Kreislauf der Lichtquelle, und im Wechsel des Lichts scheinen sich die Bilder zu bewegen. An vielen Stellen ist es sogar schwierig, die Bildkonturen im Morgengrauen vor Sonnenaufgang und in der Abenddämmerung nach Sonnenuntergang auszumachen. An wolkigen Tagen kann man den Eindruck gewinnen, als gäbe es die Bilder auf den Felsen gar nicht. Das geschriebene Wort hat hier so wenig gleichzusetzen oder, anders ausgedrückt, die Welt der Felsbilder hat ihre eigenen Techniken, Informationen zu fixieren und für die Nachwelt aufzubewahren.

Die Fixierung von Gedanken und Ideenketten in Bildern ist eine Form der *Mnemotechnik*, ein Mittel der menschlichen Gedächtnisstütze, welches sich durch alle Zeiten hindurch behauptet hat, und zwar bis in die Moderne. Diese Feststellung überrascht eigentlich nur diejenigen, die sich vorstellen, daß das Aufzeichnen von Ereignissen in Bildern umständlich und wenig effektiv ist. Wenn es tatsächlich so wäre, daß die geschriebene Sprache unbedingt leistungsfähiger ist, dann hätte man bestimmt aufgehört, Erzählungen in Bildern zu schaffen, nachdem die Schrift und das Schreiben entwickelt worden waren. Dies ist aber keineswegs der Fall. Felsbilder beispielsweise sind die langlebigste Ausdrucksform in dieser Hinsicht. Bereits im Paläolithikum, d.h. vor über 30 000 Jahren, wurden die ersten Bildsequenzen mit

Mitteilungscharakter geschaffen, die sich zumeist – wie im Fall der Bildkompositionen auf dem Dachstein vom Onegasee – mit Elementen voller magischer und mythischer Symbolik verbinden. Noch im 20. Jahrhundert haben Menschen Felsbilder geschaffen. Dies ist von den Buschmännern in Namibia und Südafrika sowie von einigen Stämmen der australischen Ureinwohner im Nordwesten des Kontinents bekannt. Auf den ersten Blick scheint dies auf »vorsintflutliche«, d. h. steinzeitliche Verhältnisse hinzudeuten, und in der Tat sind sowohl die Buschmänner als auch die australischen Eingeborenen bis in unser Jahrhundert Träger einer Steinzeitkultur geblieben. Man sollte hierüber aber nicht vergessen, daß es gute Beispiele für Felsbilddarstellungen aus Zeiten und Kulturen gibt, in denen die Metallverarbeitung und die Schrift bekannt und verbreitet waren.

Die skandinavischen Bildsteine

In Skandinavien etwa hat die Tradition der *steinernen Bilderzählungen* bis ins hohe Mittelalter weitergelebt, eine Form der »Erzähltechnik«, die während der Wikingerzeit sehr beliebt gewesen zu sein scheint. Bis weit in die christliche Zeit hat man Sagen, Mythen und Erzählungen in Felsen, lose Felsplatten oder in Steine geritzt oder gemeißelt. In den sogenannten *skandinavischen Bildsteinen* schlägt sich die stoffliche Fülle der mündlich tradierten altnordischen Literatur nieder, von der nur ein Teil auch schriftlich fixiert worden ist. Besonders reich und langlebig war die Tradition der Bildsteine auf Gotland. Mehrere Jahrhunderte lang, und zwar vom 5. bis zum 11. Jahrhundert n. Chr., sind zahlreiche Bilddarstellungen entstanden, »die die gotländischen Bildsteine zu außerordentlich wertvollen Dokumenten der Heldensage, der Mythologie und des täglichen Lebens machen« (LINDQVIST 1968, 60). Es gibt solche Bilddarstellungen, in denen mythologische Symbole vorherrschen, und in denen keine Abbildungen von realen Lebewesen, weder Mensch noch Tier, vorkommen (*Abb. 3*). In Abhängigkeit vom Inhalt des abgebildeten Erzählstoffs überwiegen auf vielen Steinen auch realistische Darstellungen, wie etwa Kampfszenen im Zusammenhang mit der Beschreibung von Wikingerfahrten (*Abb. 4*).

Die Tradition der Bildsteine wurde auch dann fortgesetzt, als man schon angefangen hatte, Texte im altnordischen *Runenalphabet* in Stein zu meißeln. Es sind zwar viele Schriftsteine ohne Bilder und auch viele Bildsteine ohne Beschriftung erhalten, aber ebenso groß dürfte die Zahl der Steine sein, auf denen beide Techniken der Informationsfixierung zur Anwendung kommen. Beispiele dafür sind nicht nur von der Insel Gotland sondern auch vom schwedischen Festland bekannt (*Abb. 5*). Obwohl die aus losen Felsplatten behauenen Steine die bevorzugten Träger für Bilder und Runeninschriften waren, ritzte oder meißelte man auch weiterhin auf glatte Wände des gewachsenen Felsgesteins. Ein Beispiel hierfür ist die *Felsritzung von Ramsund* am Mälarsee westlich von Stockholm, die im 11. Jahrhundert entstanden ist (*Abb. 6*). Diese Felszeichnung ist in mehrfacher Hinsicht von besonderem Interesse.

(3) Bildstein von Bro, Insel Gotland (5. Jahrhundert n. Chr.)

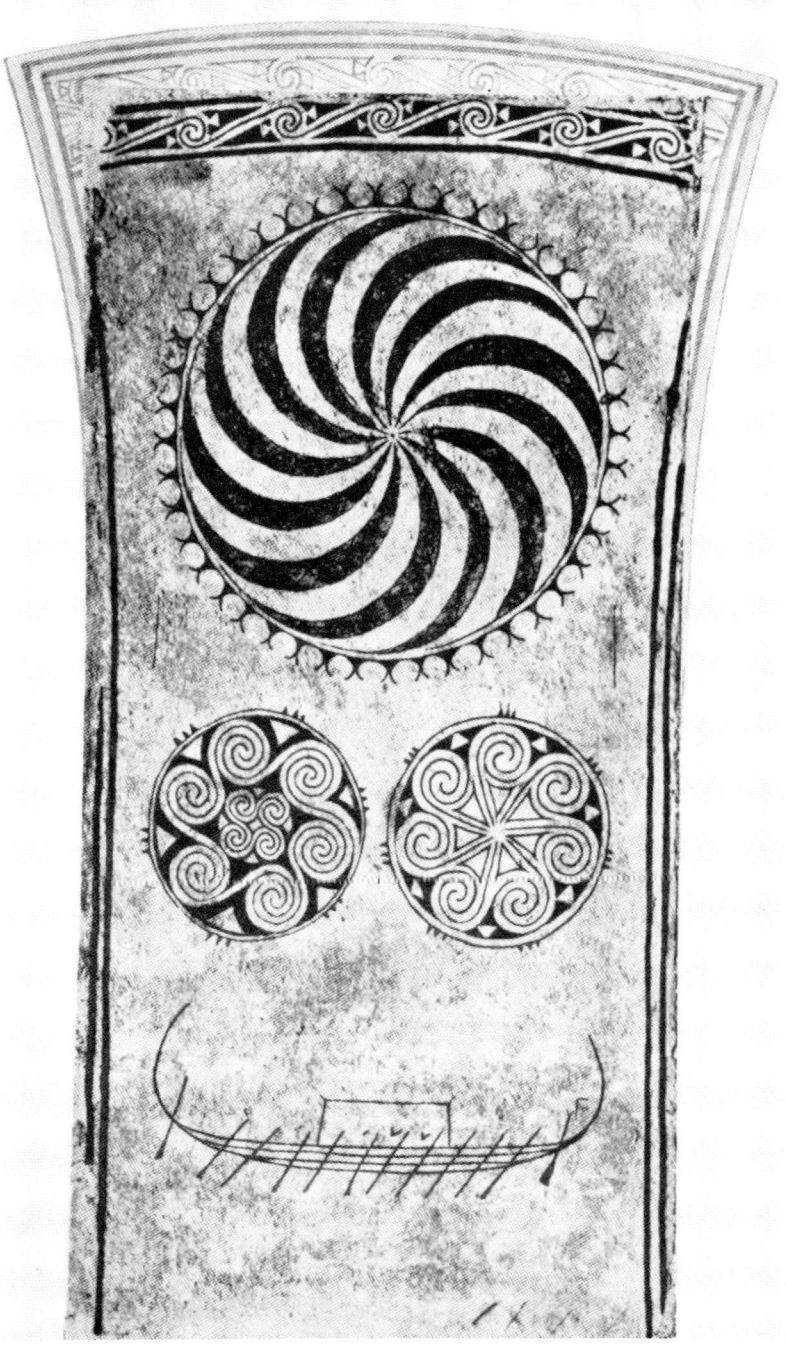

(4) Bildstein von Lärbro, Insel Gotland (7. Jahrhundert n. Chr.)

(5) Mittelalterlicher Runenbildstein von Sparlösa (schwedische Provinz Västergötland)

(6) Die Felszeichnung von Ramsund am Mälarsee (11. Jahrhundert)

In exemplarischer Weise sind in dieser Bildkomposition Elemente der »alten« und der »neuen« Welt miteinander verbunden. Die alte, vorchristliche Welt ist vertreten in dem Stoff der Heldensage, denn in der Bildfolge werden Ereignisse aus dem Leben Sigurds dargestellt. Die neue, christliche Welt kommt in der Inschrift zum Ausdruck, die im unteren Teil der Darstellung zu lesen ist: »Sigrid machte diese Brücke ... für Holmgeirs Seele, Sigröds Vater, ihren Mann.« Man erkennt hier die Gesinnungsänderung, denn es geht nicht mehr um die Verherrlichung von Waffentaten, sondern um gute Werke für das Seelenheil. Stoffe des »heidnischen« Sagenkreises blieben auch zu Beginn der christlichen Zeit so beliebt, daß sie sich in vielen bildlichen Darstellungen an den Portalen der frühen skandinavischen Kirchen finden, und die Helden der Sagen wurden erst im Verlauf des 12. Jahrhunderts von den kirchlichen Heiligen abgelöst. In der Felszeichnung von Ramsund ist die alte Welt aber nicht nur stofflich, sondern auch in der Bildtechnik vertreten, die neue Welt dagegen in der Kombination von christlicher Weltanschauung mit der Technik der Schriftkultur, beides Elemente, die die zivilisatorische Entwicklung Skandinaviens in der Folgezeit bestimmen sollten. Die Bildkomposition von Ramsund markiert also die Zeit des Umbruchs in jeder Beziehung (ELLMERS 1968, 160).

Es gibt ein sehr berühmtes Beispiel für die wikingische Tradition der Bilderzählkunst in einem anderen Land, nämlich in Frankreich. Als die Normannen im Jahre 1066 mit einer Flotte über den Ärmelkanal fuhren und in England landeten, veränderte dies den Lauf der politischen und kulturellen Geschichte dieses Landes entscheidend. Die denkwürdigen Ereignisse im Zusammenhang mit der normannischen Eroberung sind in dem 63 m langen *Bildteppich von Bayeux* überliefert, dessen Bildsequenzen sich vielleicht spannender anschauen lassen, als wenn man über das Geschehen in einer Kriegschronik lesen würde (*Abb. 7*). Der Teppich von Bayeux verdeutlicht, daß die skandinavische Vorliebe für plastische Bilderzählungen nicht abhängig war vom

(7) *Ausschnitt aus dem Bildteppich von Bayeux (um 1100; Bau der normannischen Invasionsflotte und Einschiffung)*

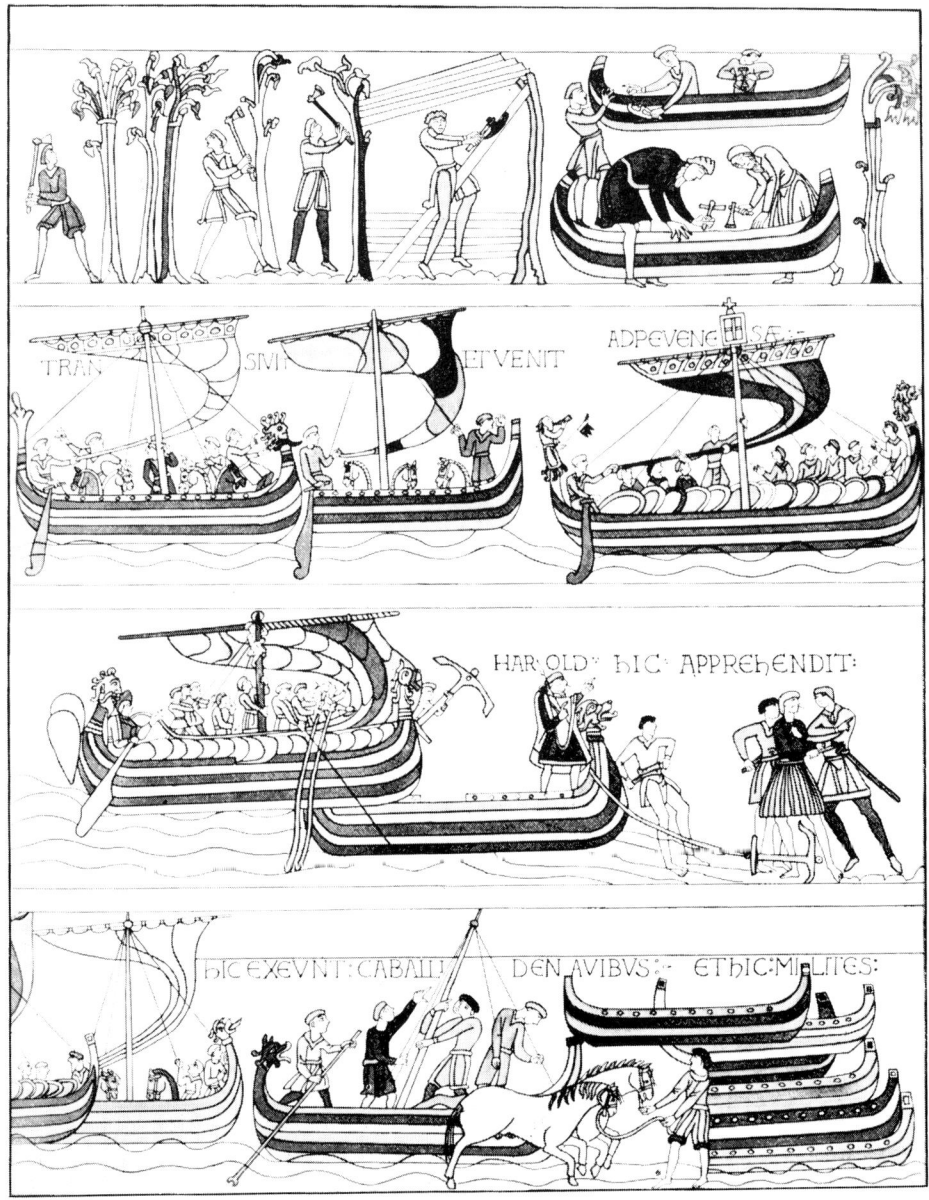

Material, auf das Bilder gebracht wurden. In Skandinavien ist Felsgestein das verbreitetste und gleichzeitig beständigste Naturmaterial, ein Rohstoff, der in vergleichbarer Güte und Menge in der Normandie fehlt. Die altgewohnte Tradition der steinernen Bilderzählung wurde übertragen auf einen anderen Bildträger, auf einen gewebten Stoff. In ähnlicher Weise hat man sich die Übertragung der Bildtechnik von Stein auf andere Bildträger (z. B. Holz, Pergament, Papier, Textilien, Metall) vorzustellen, zu Zeiten also, als man in der zivilisierten Welt der Neuzeit keine Bilder mehr in Felsgestein meißelte.

Bilder im modernen Alltagsleben

Wenn auch eine Felswand dem modernen Menschen als Bildträger antiquiert vorkommt, so bedeutet dies keineswegs, daß die Bildtechnik als solche antiquiert wäre. Wir leben nicht nur in einem Zeitalter, in dem die photomechanische Reproduktion von Bildern technisch möglich ist, sondern auch in einer Welt, die ohne die Bildtechnik zur Nachrichten- und Informationsvermittlung nicht auskommt. Man kann sich

(8) Wie faltet man einen Papiervogel?

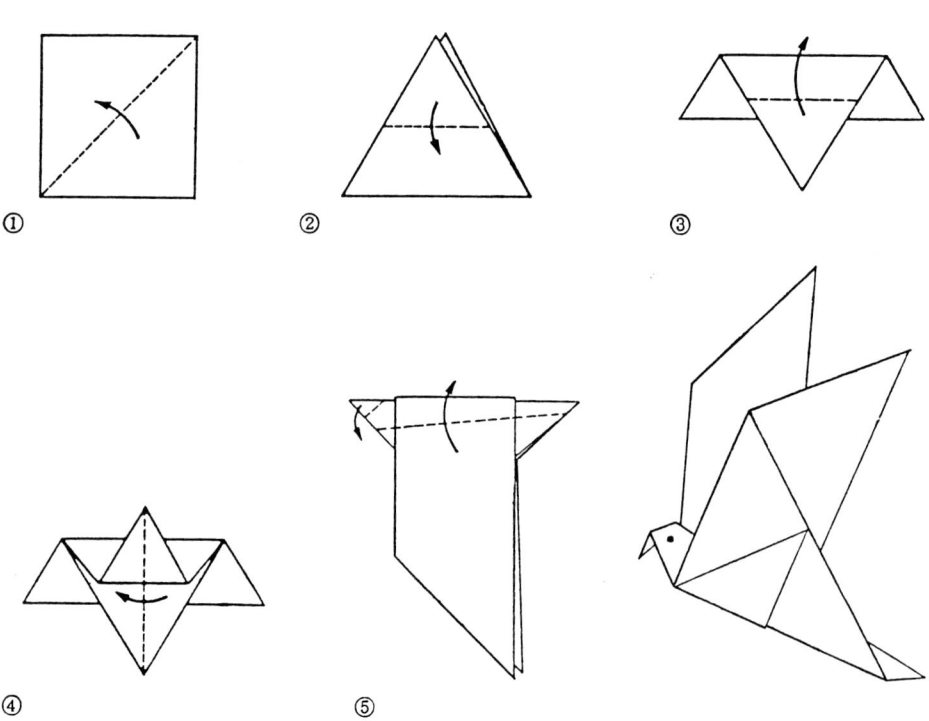

das moderne Verkehrswesen ohne bildliche Symbole ebensowenig vorstellen wie die Bereiche der Technik und Technologie. Denn Sprache, in gesprochener oder geschriebener Form, versagt häufig da, wo ein Bild sehr hilfreich sein kann. Wer möchte schon im Alltagsleben auf Bilderläuterungen zu Gebrauchsanweisungen oder Betriebsanleitungen technischer Geräte verzichten. Und auch sonst gibt es viele praktische und zeitlose Funktionen von Bildern (*Abb. 8*).

Es mag manchem atemberaubend vorkommen, wie hier von den Felsbildern der steinzeitlichen Onegakultur ein weiter Bogen bis zu technischen Bilderläuterungen der Moderne geschlagen wurde. Die Kulturgeschichte der Technik, Informationen mit Hilfe von Bildern zu fixieren, bietet eine Vielzahl von Variationen in Raum und Zeit, und statt der hier ausgewählten Beispiele könnten beliebige andere stehen. Dabei ist das Grundprinzip der Informationsfixierung jeweils das gleiche, es geht um Bildmotive und Bildsequenzen als ein mnemotechnisches Mittel in selbständiger Funktion, ohne daß die geschriebene Sprache beteiligt sein muß. Dies schließt wiederum nicht aus, daß Schrift beteiligt sein kann, wie dies bei vielen skandinavischen Bildsteinen der Fall ist (s. o.). Die Bildtechnik als solche funktioniert allerdings unabhängig von Sprache, ebenso wie sie unabhängig ist vom Material oder der Art des Bildträgers (z. B. Felsen im Vergleich zu Papier). Die Flexibilität der Bildtechnik zeigt sich auch darin, daß beliebige Inhalte dargestellt werden können. In den Bildkompositionen auf dem Dachstein vom Onegasee tritt uns die Darstellung von saisonalen Aktivitäten der steinzeitlichen Jäger entgegen, die sich zu einem Kalenderzyklus des Sonnenjahres fügen. Die Bildsequenzen auf den skandinavischen Bildsteinen geben mythischen Sagenstoff wieder. In den steinernen Bildkomplexen sind nicht nur konkrete Geschehnisse dargestellt, sondern hinter vielen Bildmotiven steht eine abstrakte, häufig mythologisch-religiös motivierte Symbolik. Die Bilder auf dem Teppich von Bayeux entsprechen inhaltlich den Aufzeichnungen einer mittelalterlichen Kriegschronik, und die Thematik technischer Bilderläuterungen ist sachlich-konkret ohne abstrakte Symbolik.

Trotz der inhaltlich-stofflichen Vielfalt ist die Motivation, solche bildlichen Manifestationen zu schaffen, ganz offensichtlich in allen Fällen ähnlich. Diejenigen, welche die Bildkompositionen schufen, waren daran interessiert, so viel wie möglich an Informationen in den Bildmotiven und -sequenzen zu verankern. Es stellt sich allerdings die Frage, ob die »Mitteilungsfreudigkeit« der hier vorgestellten Einzelfälle allgemeingültig ist. Ist der Mensch in allen Kulturen und zu allen Zeiten in gleicher Weise bereit gewesen, Informationen in Bildern festzuhalten? Ein Vergleich verschiedener Kulturkreise sowie ein Blick in die Kulturgeschichte vermitteln eine klare Antwort. Die Einstellung der Menschen zu dem, was aufzeichnungswürdig ist, und ihre Vorstellung davon, welche Auswahl aus der Fülle an verfügbaren Informationen zu treffen ist, sind kulturspezifisch. Dies bedeutet, daß es in den Kulturen der Welt recht unterschiedliche Auffassungen darüber gibt, warum man was und für wen aufzeichnet, ganz zu schweigen von den unterschiedlichen technischen Möglichkeiten, Informationen zu fixieren. Ich möchte diese Problematik am Beispiel eines Kulturkontrastes erläutern, wie man ihn sich größer kaum vorstellen kann.

Wampum und Kekinowin der Indianer Nordamerikas

Der Kulturkontrast, von dem hier die Rede ist, tat sich auf, als europäische Siedler nach Nordamerika einwanderten und auf die Welt der Indianer trafen. Auf beiden Seiten war man ziemlich hilflos, wie man die »Anderen« behandeln sollte. Die Weißen kannten keine Maßstäbe, die Indianer, ihre Kultur und Mentalität einzuschätzen, und die einheimischen Amerikaner wurden ungewollt in den Sog eines Kulturschocks hineingezogen, von dem sich die wenigsten unbeschadet erholten. Viele Weiße vertrauten auf die Macht der Waffen, die ihnen die beste Garantie für ihren »Siedlungsfrieden« zu sein schien. Es gab aber auch solche, die an die Macht des Wortes glaubten, und die mit den Indianern Handel trieben oder über Ländereien für die Weißen redeten. Einer von diesen war William Penn, der im Jahre 1682 mit den Delaware einen Vertrag aushandelte. Es ging dabei um nicht mehr oder weniger als die Gebiete, die später das Territorium des amerikanischen Bundesstaates Pennsylvania bildeten. Als ein Mann der zivilisierten Welt setzte William Penn einen Vertrag auf, der natürlich in englischer Sprache geschrieben wurde (*Abb. 9a*). Das ausgefertigte Stück Papier mit den schwarzen Strichen darauf hatte für die an der Verhandlung beteiligten Indianern keinerlei Bedeutung, was aber nicht heißt, daß nicht auch sie daran interessiert waren, das denkwürdige Ereignis der Vertragsschließung für ihre Nachkommen festzuhalten. Die Delaware fertigten ihre Vertragsversion aus, einen typisch indianischen Vertrag (*Abb. 9b*). Der indianische Vertrag wiederum sagte den Weißen wenig, für sie waren das drei Gürtel mit schmuckvollen Mustern.

Beide Seiten hatten ihre Vertragsversion, wobei jeder Vertragspartner den Traditionen seiner eigenen Kultur verpflichtet war und deren Gepflogenheiten folgte. Die Funktion und die Bedeutung des Schriftstücks, welches William Penn als Vertrag aufsetzte, braucht denjenigen nicht erläutert zu werden, die dieses Buch lesen können. Der Text des Vertrags enthält viele Floskeln, die mit der Sache selbst, d. h. mit dem Vertragsinhalt, wenig zu tun haben. Ganz anders ist der indianische Vertrag aufgebaut, abgesehen davon, daß er nicht geschrieben ist. Nach einem Algonkinwort werden diese Gürtel als *Wampum* bezeichnet. Sie bestehen aus mehreren zusammengesetzten Schnüren, an denen ovale Scheiben farbiger Muscheln aufgereiht worden sind. Die Muschelstücke sind in der Mitte durchbohrt und auf die Schnur aufgezogen. Der Vertrag mit Penn bestand aus drei Wampums. Auf dem ersten sind die Vertragspartner durch eingestickte Figuren dargestellt. Die geometrischen Motive auf den anderen Gürteln symbolisieren Berge und Flußläufe. In den Gürteln wird die Farbe Rot nicht verwendet, denn sie symbolisierte den Krieg. Die Anordnung der Schnüre, die Verteilung der Motive sowie die Farbauswahl dienen in diesen Wampums als Informationsträger. Die Darstellung von Bergen und Flüssen hatte keineswegs den Sinn, kartographische Details festzuhalten. Es ging allein darum, diese Motive als Gedächtnisstütze in die Gürtel aufzunehmen. Von welchen Bergen und Flüssen bei den Vertragsverhandlungen im einzelnen die Rede war, blieb der Erinnerung der Anwesenden anvertraut. Mit Hilfe der Wampums konnten Ereignisse wie Kriegserklärungen, Friedensverträge oder Stammeszusammenschlüsse in der Erinnerung wachgehalten werden. Die Tradition der Wampumgürtel oder -schnüre war insbesondere bei den Algonkin-Indianern und bei den Irokesen im Nordosten lebendig (PINNOW 1964, 105f.).

Vergleicht man die Vertragsversionen miteinander, so kann man sagen, daß sie äquivalent sind, was aber nicht bedeutet, daß die eine Ausfertigung eine »Übersetzung« der anderen Version wäre. Es handelt sich noch nicht einmal um eine inhaltliche Übertragung, denn beide Versionen sind originelle Fassungen. Der Vertrag, den William Penn mit den Delaware aushandelte, ist bikulturell, nicht aber bilingual (zweisprachig) überliefert, wobei der Umfang an Informationen sowie die Auswahl an Details über den Inhalt und das Ereignis des Vertragsabschlusses selbst, woran man sich erinnern wollte, auf beiden Seiten kulturell ganz anders gelagert waren. Den Indianern dienten die Wampums als Erinnerungsstütze, um über dieses wichtige Ereignis noch lange an den Lagerfeuern zu erzählen. Was man sich im einzelnen erzählte, und wie man diesen Vertragsschluß im Nachhinein bewerten mochte, dies alles hing davon ab, wie gut oder schlecht diejenigen, die als Augenzeugen teilgenommen hatten, sich daran erinnerten, und auch davon, wie diese Erinnerung von einer Generation an die nächste weitergegeben wurde. Denn die Wampum-Gürtel waren lediglich ein mnemotechnisches Hilfsmittel, und es bestand nicht die Möglichkeit – und offenbar auch gar nicht die Absicht –, Detailinformationen zu fixieren. Nichtsdestoweniger sind in der indianischen Vertragsversion sowohl die inhaltliche Essenz des Abkommens als auch – und insbesondere – dessen Geist festgehalten, und dieser besagte, daß das Ereignis von beiden Seiten positiv gewertet wurde.

Die Variation der Bildtechnik, wie sie in der Tradition der Wampum-Schnüre ausgeprägt ist, illustriert nicht nur exemplarisch die kulturelle Relativität in der Informationsselektion, sondern sie läßt auch ein weiteres Problem bei der Verwendung von Bildern zur Fixierung von Gedankeninhalten erkennen, das ebenso grundlegend ist. Wenn man die gedankliche Erinnerung, die mit den Bildmotiven in Wampums assoziiert ist, in Worte »faßt«, ergibt sich eine große Variationsbreite von Ausdrucksmöglichkeiten. Ein einzelnes Bildmotiv kann einem einzelnen Wort, einer aus mehreren Ausdrücken bestehenden Sinneinheit, einem ganzen Satz oder sogar mehreren Sätzen entsprechen. Obwohl im Fall der »Aufzeichnung« mit Hilfe von Wampums gar nicht intendiert war, sprachliche Ausdrücke an die Bilder zu »binden«, bestand gerade in dem Sachverhalt einer fehlenden Brücke zwischen Bild und Sprache die Schwierigkeiten, dargestellte Ereignisse exakt in Erinnerung zu rufen. Insofern konnte es immer neue Interpretationen der individuellen Erinnerung auf der mnemotechnischen Basis von Wampum-Motiven geben, und je weiter ein Ereignis zurücklag, desto mehr verschwanden konkrete Informationen im Nebel einer verblassenden Erinnerung. Es gibt allerdings Varianten der Bildtechnik auf dem amerikanischen Kontinent, deren Kapazität, Informationen linear zu fixieren, weitaus größer ist als die der Wampums. Ein Beispiel für eine flexible Mnemotechnik mittels Bildern ist die mit dem Ojibwa-Ausdruck *Kekinowin* benannte Form der Bildererzählung. Die bei den Ojibwa und anderen Algonkin-Stämmen verbreitete Bildtechnik bestand darin, Informationsketten durch Bildsequenzen auszudrücken.

(9) Der Vertrag William Penns mit den Delawaren aus dem Jahre 1682
a) Die Vertragsversion der Weißen

b) Die Vertragsversion der Indianer

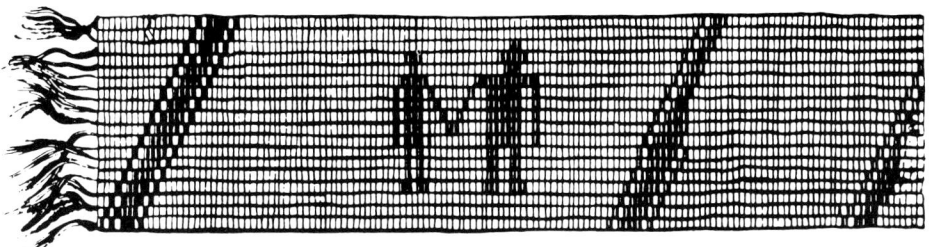

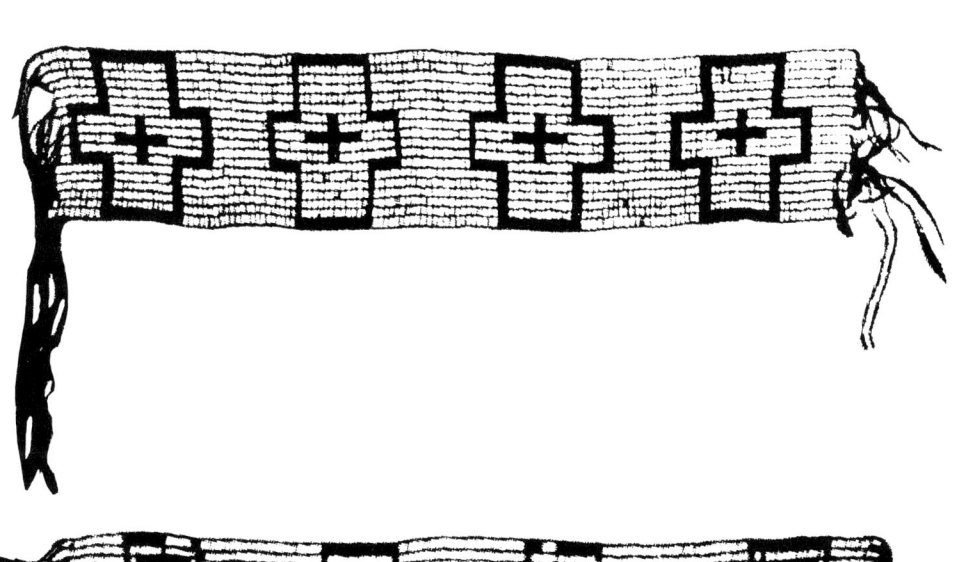

(10) Anfang der Stammeschronik (»Walam Olum«) der Delawaren

1. *Amangamek*	*makdopannek*	*alendyuwek*
Die -großen-Fische	die-zahlreichen	einige

metsipannek
fraßen sie.

2. *Manitodasin*	*mokol*	*witcemap "palpal!"*
Die-Mondfrau	mit-dem-Boot	sie-half "komm!"
payat	*payat*	*wemitcemap.*
sie-kam	sie-kam	half-allen.

3. *Nanabuc*	*nanabuc*	*wemimokom*
Nänäbusch	Nänäbusch	ist-der-Großvater-aller

wimimokom	*linnimokom*
der-Großvater-der-Wesen	der-Großvater-der-Menschen

tulamokom.
der-Großvater-des-Schildkrötenstammes

Interpretation:
(Als die große Flut hereingebrochen war,) fraßen große Fische (die Menschen) auf.
Aber die Mondfrau rettete die Menschen und nahm sie in ihr Boot.
Nanabuc ('das große Kaninchen') ist der Ahnherr und Kulturbringer (engl. culture hero) der Algonkin-Indianer.

Ein illustratives Beispiel dafür, wie Bilder und Ideen mittels Kekinowin miteinander verbunden werden, ist das *Walam Olum*, die Stammeschronik der Delawaren. Diese Chronik, die auf insgesamt fünf Blättern aus Birkenrinde überliefert ist, beginnt mit der Darstellung mythischer Vorstellungen über die Erschaffung der Welt (*Abb. 10*). Schon in den wenigen Ausschnitten, die hier abgebildet sind, erkennt man das Grundprinzip dieser Bildtechnik. Einzelne Bilder entsprechen ganzen Ideenbündeln, die sprachlich in Form von Sätzen wiederzugeben sind. Der Informationsgehalt einzelner Bilder ist somit sehr kompakt, die Verbindung mit sprachlichen Ausdrücken dagegen äußerst diffus. Wenn auch durch die Bildfolge eine Aneinanderreihung von Ideen in einer linear geordneten Gedankenkette gewährleistet ist, hängt die Art und Weise, wie memorisiert wird, ausschließlich vom Erinnerungsvermögen und vor allem von der Rezitierkunst des Erzählers ab, der den Inhalt der Stammeschronik mündlich vorträgt. Der auf der Grundlage der Bildfolge erzählte Text ist somit ein einmaliges Produkt der mündlichen Rede, dessen Form oder Gestalt von den Bildern nicht festgelegt werden. Daher ist es abwegig, von der Bildtechnik des Kekinowin als einer Ideen*schrift* zu sprechen, wie dies häufig getan wird (z. B. PINNOW 1964, 106 ff., FRIEDRICH 1966, 23 ff., JENSEN 1969, 40 ff.). Der Begriff ›Schrift‹ setzt die bewußte Verbindung von Schriftsymbolen mit sprachlichen Strukturen – sei es auf der Bedeu-

(11) Bildkompositionen mit mnemotechnischer Funktion bei den Cuna-Indianern in Panama

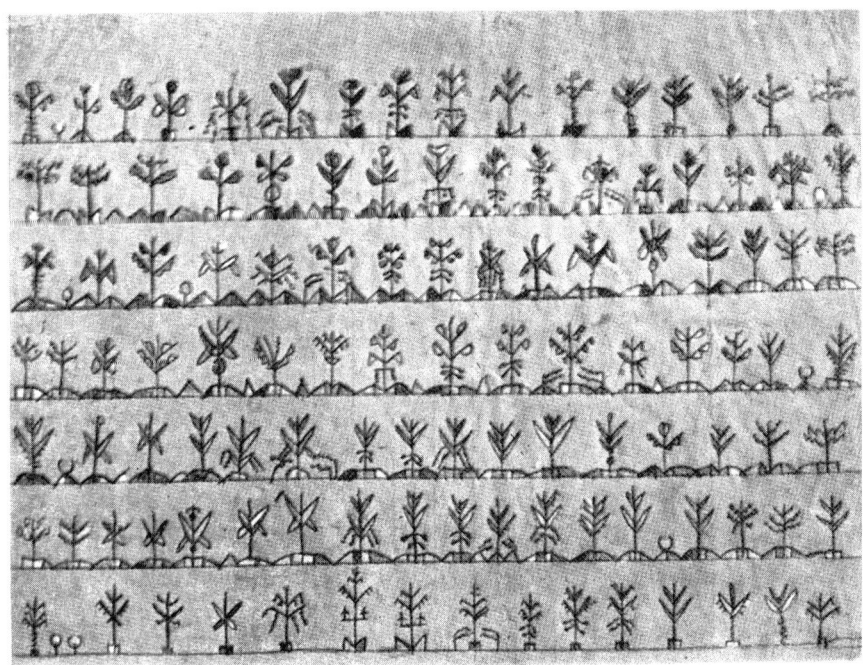

tungs- oder Lautebene – voraus, ein Sachverhalt der beim Kekinowin nicht gegeben ist (vgl. Kap. 3, S. 127ff.). Viel deutlicher aber als eine wissenschaftliche Erklärung stellt die indianische Beschreibung klar, was diese Bildtechnik eigentlich ist, denn *Walam Olum* heißt übersetzt ›die wahrheitsgemäße Malerei‹.

Die Tradition des Kekinowin bei den Algonkin-Indianern war kein kulturelles Allgemeingut, an dem alle Stammesangehörigen teilhatten. Vielmehr war diese Bildtechnik ein streng gehütetes Geheimnis der Medizinmänner, und die Bilderzählungen in Kekinowin blieben immer in der *Midewiwin* (Medizinhütte) aufbewahrt. Nach ihrem Inhalt zu urteilen, handelte es sich auch nicht um profane Erzählungen, sondern um magisch-religiöse Gesänge, mythische Überlieferungen, um Zauber- und Beschwörungsformeln. Als mnemotechnisches Mittel war das Kekinowin also ein esoterisches Kulturgut, mit dessen Hilfe sich die Medizinmänner die Kraft und Macht ihres *gesprochenen* Wortes erhielten. Als ein solches Mittel der Mnemotechnik hat das Kekinowin nurmehr historische Bedeutung, denn mit der Verdrängung der Indianer aus ihren früheren Siedlungsräumen und der Auflösung ehemaliger Stammesverbände verloren die magisch-religiösen Texte der Medizinmänner ihre gemeinschaftstragende Rolle. Das Kekinowin ist aber nicht die einzige Bildtechnik ihrer Art, die von den indianischen Zauberern als Geheimnis bewahrt wurden. Auch in anderen Indianerkulturen gab es ähnliche mnemotechnische Mittel, beispielsweise bei den Cuna in Panama. Bis ins 20. Jahrhundert hat sich bei ihnen die Tradition gehalten, den Inhalt magischer Texte in Bildern festzuhalten. Die von den Zauberern der Cuna-Indianer verwendete Bildtechnik ähnelt dem Kekinowin in der Art der Aneinanderreihung von Bildmotiven. Allerdings nähert sich die Cuna-Bildtechnik dem Prinzip der Schrift dadurch an, daß einzelne Zeichen für Einzelwörter stehen können (*Abb. 11*).

Die aztekischen Faltbücher

Die bekanntesten Beispiele für angewandte Bildtechnik stammen ohne Zweifel aus dem Bereich der klassischen, d. h. präkolumbianischen Kulturen Mittelamerikas. Die Aufzeichnung von religiösen Gesängen, Zeremonialtexten, Chroniken und Erzählungen in Faltbüchern, den mexikanischen Codices, war bei allen zivilisierten Indianern ein mnemotechnisches Mittel in den Händen der Priesterkaste. Mayas, Zapoteken, Azteken und Mixteken stellten *Faltbücher* her, deren allgemeine Bezeichnung »Bilder*handschriften*« leider recht mißverständlich ist. Bei ›Handschrift‹ denkt man unwillkürlich an die Aufzeichnung von Texten in geschriebener Sprache, wovon bei den mexikanischen Codices der klassischen Zeit aber keine Rede sein kann. Es ist zutreffender, von »Bilderbüchern« zu sprechen, und dies ist auch die Eigenbezeichnung der indianischen Chronisten, die unter anderem berichtet haben, daß es vor der Ankunft der Europäer viele »Häuser für Bilderbücher«, also Bibliotheken gab. Die meisten Faltbücher wurden von den Spaniern zerstört. Heute sind nur noch vierzehn präkolumbianische Codices erhalten, von denen sich die meisten in europäischen

Museen oder Bibliotheken befinden. Die Herstellung solcher Bücher erforderte großes handwerkliches Geschick, und die Spezialisten, die sie schufen, waren nicht nur handwerklich sondern auch künstlerisch begabt. Von den präkolumbianischen Faltbüchern gelten die mixtekischen Codices als die künstlerisch und ästhetisch schönsten. Auch im Hinblick auf die technische Seite der Herstellung haben die Mixteken die Tradition der Faltbücher zu höchster Blüte entwickelt.

Unser heutiges Wissen über die technische Herstellung der klassischen Faltbücher sowie über die Art und Weise, wie deren Bildkompositionen interpretiert wurden, verdanken wir zu einem großen Teil dem Betreiben des Franziskanerpaters BERNARDINO DE SAHAGUN, der 1529 nach Mexiko kam und sich bis zu seinem Tod im Jahre 1590 der Missionierung, aber auch der Erforschung der indianischen Kultur widmete. Ihm gelang es, die Reste der Faltbuchbestände zu retten, die der spanischen Zerstörungswut entgangen waren. Seine indianischen Helfer sammelten Informationen über den Inhalt nicht mehr vorhandener Faltbücher, soweit sich noch Spezialisten fanden, die deren Inhalt memorieren konnten. Das in vielen Jahren aus Bruchstücken rekonstruierte Wissen wurde in neuen Faltbüchern festgehalten, die außer Bildern auch Anmerkungen in spanischer Sprache enthalten. Die breit angelegte Dokumentation ist auf »indianisch« im *Codex Florentino* aufgezeichnet, auf spanisch in SAHAGUNs Werk *Historia General de las cosas de Nueva-España* (Allgemeine Geschichte der Angelegenheiten Neu-Spaniens). Aus dem Codex Florentino erfahren wird, wie der Inhalt der mexikanischen Codices in der vorspanischen Zeit mündlich interpretiert wurde:

»Sie wurden in voller Länge aufgeschlagen und der Inhalt von dem Interpreten in einer Art Sprechgesang vorgetragen. Dabei dienten ihm die Abbildungen als Notizen, aufgrund derer er seinen individuellen Text formulierte. Die Codices wurden von Spezialisten abgefaßt – den Tlacuilos – und von Spezialisten interpretiert und vorgetragen – den Tlamatinis. Ohne deren fundierte Kenntnisse war weder das Abfassen noch das Vortragen der Codices möglich. Der oben beschriebene Prozeß der Decodierung ist nicht mit unserem ›Lesen‹ zu verwechseln. (...) Insbesondere die Inhalte der vorspanischen Cocides waren größtenteils *sprachunabhängig*, also nicht automatisch lesbar wie unsere Schrift. Hinzu kam, daß der Interpret bei der Decodierung den Code ständig wechseln mußte. Um dennoch eine exakte Interpretation zu gewährleisten, hatten sich *Tlacuilos* und *Tlamatinis* vermutlich auf bestimmte Fachgebiete zu spezialisieren.« (KÖNIG 1986, 141)

Wie die sprachunabhängige Technik der Fixierung von Informationen in Bildsequenzen konkret funktioniert, soll am Beispiel einer Erzählung in einem aztekischen Faltbuch illustriert werden (*Abb. 12*). Es ist dies die Erzählung von der Vermählung eines jungen Mannes namens »Zwölf Wind« mit dem Mädchen »Drei Feuerstein«.

Die Interpretation der Bildkompositionen beginnt mit der Darstellung oben rechts. Dort sehen wir den Bräutigam in einer Art Einfriedung, die den Himmel symbolisiert, wo er sich mit zwei Schlangengottheiten bespricht (1). Nach den Beratungen steigt »Zwölf Wind« vom Himmel herab und begibt sich mit drei Begleitern auf die Reise (2), deren Symbol ein Seil ist. Später gelangen sie zu einem hohen Berg, an dessen Fluß vier Priester mit Geschenken auf »Zwölf Wind« warten (3). Darüber zeigen Fußspuren in einem bandförmigen Ornament die

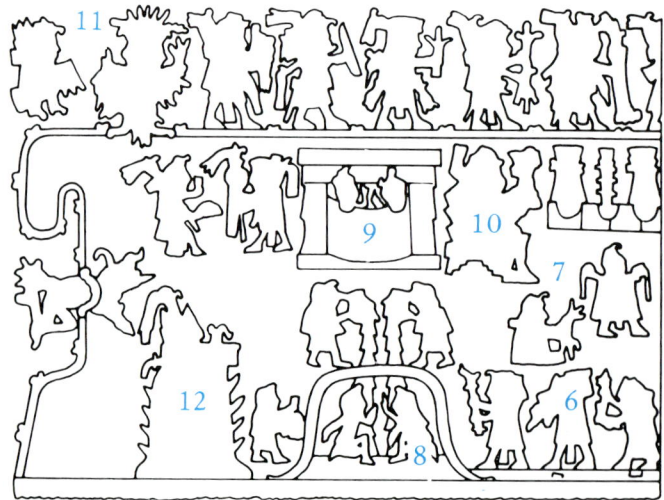

(12) Bilderzählung aus einem aztekischen Faltbuch

Reise von »Drei Feuerstein«, der Braut, an (4). Sie wird von einem Priester auf dem Rücken zur Hochzeit getragen (5). Von den Priestern, die »Zwölf Wind« begleiten, trägt einer eine Fackel, ein anderer macht Musik, indem er in eine Muschel bläst, und ein dritter verbrennt Weihrauch (6). Darüber sind Priester mit Geschenken dargestellt (7). Links davon sieht man die Braut und den Bräutigam in einer rituellen Badeszene (8). Das gemeinsame Bad hatte eine symbolische Bedeutung als Verlobungszeremoniell. Nach dem Baden gehen die beiden ins Hochzeitsbett, wo sie unter einer gemeinsamen Decke liegend dargestellt werden (9). Alle Handlungen, die zur Hochzeitszeremonie gehören, werden von einem Oberpriester geleitet (10), der mit einem Vogel in der Hand dasitzt. In der oberen Bildreihe sind Götter und Priester dargestellt, die die Zeremonie vom Himmel aus verfolgen (11). Zu den anwesenden Zeugen des Hochzeitsgeschehens gehört auch ein Mann mit prächtigem Kopfschmuck, der im linken Teil zu sehen ist (12).

Die hier gegebene Inhaltsangabe der Vermählung und ihrer Vorbereitungen ist in keiner Weise mit der Originalinterpretation der Bildsequenzen in klassischem *Nahuatl,* der präkolumbianischen Sprache der Azteken, zu vergleichen, deren Rede wahrscheinlich geprägt war durch eine feierlich-poetische Ausdrucksweise und durch eine Fülle ritueller Floskeln. Man kann sich vorstellen, daß der Tlamatini, der aztekische Interpret, geneigt war, in der blumenreichen Rede seiner mündlich vorgetragenen Interpretation mit der Farbenpracht der Bildkomposition zu wetteifern. Der Nachwelt ist aber nur das letztere bewahrt geblieben.

Obwohl die mexikanischen Codices nicht wie geschriebene Texte gelesen werden können, stecken in ihren Bildkompositionen viele wertvolle Informationen über die Lebensgewohnheiten, Sitten und Gebräuche sowie – und vor allem – über die Geschichte der mesoamerikanischen Indianerkulturen. Wenn man die Bildcodices unter diesem Gesichtspunkt auswertet, muß man in Rechnung stellen, daß sich Berichte über historisch reale Ereignisse mit mythischen Ausdeutungen und legendenhafter Verbrämung von Geschehnissen mischen. Exemplarisch tritt eine solche Verquickung verschiedenartiger Informationen in den Bildchroniken entgegen, in denen Berichte und Erzählungen über die Herkunft der Azteken aufgezeichnet worden sind. Die Stationen der Wanderung von sieben Stämmen, die unter der Führung von Priestern aus dem Nordwesten des Landes in das Tal von Mexiko zogen, sind Gegenstand vieler Bildcodices gewesen, aber nur wenige solcher Berichte sind erhalten geblieben (*Abb. 13*). Man nimmt an, daß die Azteken im Jahre 1111 n. Chr. ihre früheren Stammsitze verließen und nach einer etwa zweihundert Jahre dauernden Wanderung auf den Inseln des Texcocosees ansässig wurden. Die mythische Heimat der Azteken, Aztlan genannt, wird in den Codices als gebrochener Baum dargestellt (vgl. linke Bildhälfte). Die neue Heimat hieß Chapultepec, was soviel wie ›Heuschreckenhügel‹ bedeutet (vgl. Bildmotiv unten links).

In den klassischen, sprachunabhängigen Faltbüchern ist die Bildtechnik bis zur Perfektion ausgeformt. Viele Bildmotive besitzen symbolische Bedeutung. In den hier vorgestellten Bilderzählungen (vgl. *Abb. 12* und *13*) werden Begriffe wie ›Reise‹ oder ›Wanderung‹ durch eine Reihe von Fußspuren ausgedrückt. Die Richtung der Fortbewegung konnte außer durch die Linienführung der Spuren (wie in *Abb. 13*) durch ein seilförmiges Bildmotiv (wie in *Abb. 12*) gekennzeichnet werden. Mit Hilfe solcher

*(13) Bilderzählung von der Wanderung der Azteken
(Ausschnitt aus dem Codex Botturini)*

übertragener Bedeutung von konkreten Bildmotiven konnte eine Vielzahl abstrakter Beziehungen zum Ausdruck gebracht werden. Die klassische Bildtechnik veränderte sich nach dem kulturellen Umbruch, der durch die spanische Eroberung Mexikos ausgelöst wurde, grundlegend. Obwohl die meisten der präkolumbianischen Faltbücher verbrannt worden waren, lebte die Tradition ihrer Herstellung dennoch weiter. Während der spanischen Kolonialzeit, und zwar bis ins 18. Jahrhundert hinein, sind über 400 Codices und andere Bilddokumente entstanden. In ihnen tritt uns aber nicht mehr eine reine Bildtechnik entgegen, sondern die Bilder und Motive sind unter europäischem Einfluß umgeformt zu sprachgebundenen Ideogrammen, Silben- und Buchstabenzeichen (vgl. Kap. 4 zur Schrift der Azteken, S. 198 ff.).

Anfänge der Symboltechnik

Das Prinzip der Bildtechnik ermöglicht dem Menschen nicht nur, Einzelinformationen festzuhalten, sondern es erlaubt auch, Ideenketten mit Hilfe von Bildsequenzen in eine äußere Ordnung zu bringen und in einem sinnvollen Zusammenhang zu organisieren. Angesichts dieser Leistungsfähigkeit verwundert es nicht, daß gerade der Bildtechnik ein entscheidender Anteil an der Entstehung und Entwicklung von Schriftsystemen zuzuschreiben ist (vgl. Kap. 3). Allerdings darf darüber nicht vergessen werden, daß es noch eine andere »Schlüsseltechnik« der Informationsfixierung gibt, die ebenso wie die Bildtechnik sprachunabhängig funktioniert, und die ebenfalls seit den ältesten kulturellen Manifestationen des Menschen eine wichtige Rolle spielt. Ich möchte diese Form der Mnemotechnik hier als *Symboltechnik* bezeichnen. Das hinter dieser Technik stehende Grundprinzip, Symbole als solche zu erkennen, zu verstehen und zu verwenden, gehört zu den wichtigen organisatorischen Prinzipien, auf die sich die Kulturfähigkeit des Menschen gründet. Von Symbolen war bereits häufiger die Rede; bisher ging es aber um Bildsymbole, deren symbolischer Gehalt über das Maß an Information hinausgeht, das in der konkreten Bildgestalt vermittelt wird. Im Zusammenhang mit der Interpretation der Bildfläche auf dem Dachstein vom Onegasee habe ich auf die Rolle der als Sporenräder dargestellten Sonnensymbole aufmerksam gemacht (*Abb. 2*). Im Fall von Bildsymbolen wird der Inhalt eines Bildmotivs bereits durch dessen figurative Assoziation zu bekannten Dingen vorgegeben (Sporenrad), und der Symbolwert entsteht im Rahmen einer figurativen Ausdeutung, d. h. einer Übertragung auf einen figurativ ähnlichen Begriff (Sonne). Bei abstrakten oder stilisierten Symbolen dagegen ist der Inhalt nicht figurativ vorgegeben, und insofern kann man ein solches Symbol nicht erkennen, außer man kennt den Kode, nach dem es »verschlüsselt« ist.

Es bedarf einiger Erläuterungen, um klarzustellen, daß und warum die Symboltechnik ein von der Bildtechnik wie von der Sprache unabhängiges Mittel der Mnemotechnik ist, obwohl sie mit beiden kombiniert wirksam werden kann (vgl. Kap. 3). Im folgenden möchte ich näher auf das eingehen, was in der nächsten Zeile erwähnt wird:

•

Wahrscheinlich wird jeder Leser dieses Buches das obige Symbol – gleichsam automatisch – als einen Punkt identifizieren. Dies ist nicht verwunderlich, denn das betreffende graphische Symbol zur Kennzeichnung des Satzendes wird im vorliegenden Textzusammenhang leicht assoziiert. Genauer betrachtet erwächst die Auffassung des Symbols als Punkt aus einer Art Vorwertung, nämlich aus seiner Interpretation als ein bestimmtes Zeichen, das in geschriebenen Texten eine wohlbekannte orthographische Funktion erfüllt. Diese Interpretation allerdings ist nur denjenigen geläufig, die Lesen und Schreiben können. Der Punkt als orthographisches Symbol ist keine Selbstverständlichkeit für einen Analphabeten, denn für ihn besitzt der Punkt gar keine sinnvolle Funktion.

Die Interpretation des obigen Symbols als orthographisches Zeichen setzt ein Wissen über die Konventionen der Schriftkultur voraus. Daß ausgerechnet ein Punkt das Ende eines Satzes kennzeichnet, ist eine rein willkürliche Vereinbarung. Die gleiche Funktion könnte beispielsweise auch ein Schrägstrich erfüllen, wie etwa im Fall der Satztrennung altkretischer Hieroglyphentexte. Ohne eine Bindung an bestimmte Zeichensysteme ist das, was man Punkt nennt, überhaupt nichts Symbolhaftes, und es kann sich dabei optisch um Fliegendreck auf einer Fensterscheibe oder um ein dekoratives Element in einer Zeichnung handeln. Alle symbolhaften Funktionen, in denen der Punkt als graphische Konvention in den verschiedenen Kulturen der Menschheit zu verschiedenen Zeiten verwendet worden ist, sind willkürlich, und keine der Funktionen ist in diesem graphischen Gebilde vorgegeben. Ein Punkt stellt als solcher nicht schon etwas dar, sondern das, was er symbolisieren soll, wird von den Menschen aufgrund ihrer Fähigkeit, abstrakte Symbole zu verwenden, »hineininterpretiert«. Erst die Einbettung des Punktes in ein System von Symbolen vermittelt einen symbolischen Stellenwert. Und nur, wenn man weiß, zu welchem Zeichensystem der Punkt gehört, kann man seinen Symbolwert erschließen.

Als abstraktes Symbol hat der Punkt die Aufmerksamkeit der Menschen seit den Anfängen der visuellen Fixierung von Informationen auf sich gezogen. In *paläolithischen Felszeichnungen* und -malereien erscheinen nicht selten Punkte in enger Verbindung mit bildlichen Darstellungen, beispielsweise in der Höhle von Lascaux, wo sich Bilder von Bisons, Pferden oder Hirschen in Assoziation mit Punktreihen finden (*Abb. 14*). Die Bedeutung solcher Reihen, die häufig aus sechs bis sieben Einzelpunkten bestehen, ist nicht bekannt, denn bisher verfügt man über keinen »Kode«, nach dem man den Symbolgehalt der Punktreihen von Lascaux entschlüsseln könnte. Es ist daher ganz ungewiß, ob die Menschen der Altsteinzeit, die die Bilder von Lascaux schufen, den Punkt als Symbol in Verbindung mit Zahlenwerten gesetzt haben, wie dies in vielen Kulturen gemacht wird. Charakteristisch für die Schreibung von Zahlenbegriffen im präkolumbianischen Mittelamerika war die Verwendung von Punktsymbolen. Diese Tradition findet man bei den Maya und Azteken. Der Begriff ›eins‹ wurde geschrieben als · , ›zwei‹ als ·· , ›drei‹ als ··· , usw. Im antiken Kreta wurde der Punkt ebenfalls zur Wiedergabe von Zahlenwerten verwendet. In der Tradition des Schriftsystems Linear A diente der Punkt zur Schreibung von Zehnereinheiten. · bedeutete ›zehn‹, ·· ›zwanzig‹, ··· ›dreißig‹, usw. International verbreitet ist die Verwendung des Punktsymbols in der Geometrie, wo es das Ende einer Linie oder die Stelle markiert, an der sich Linien schneiden. Eine internationale Konvention ist auch die Punktmarkierung von Noten in der Zeichensymbolik der Musik. Hier fungiert der

(14) Punktreihen in den Bildkomplexen der Höhle von Lascaux

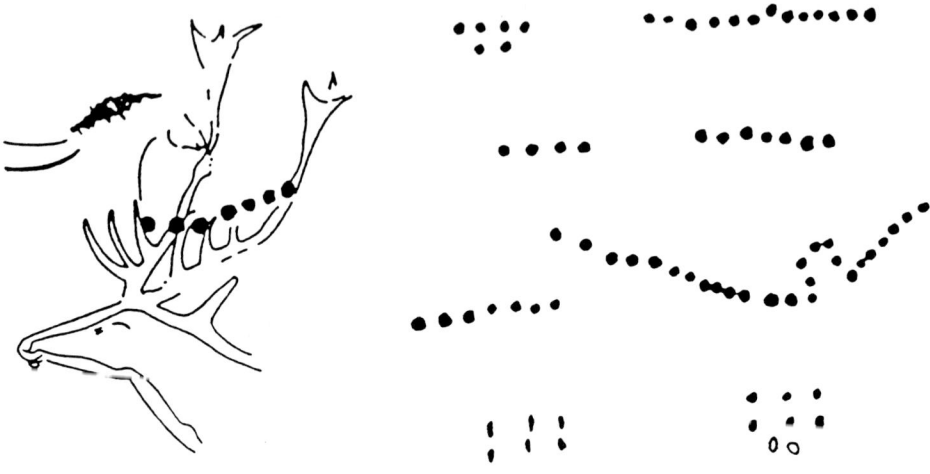

Punkt als ein hinter eine Note gesetztes Zeichen, das die Note um ihren halben Zeitwert verlängert.

Die Fähigkeit des Menschen, abstrakte Zeichen wie Punkte, Striche, gekreuzte Linien oder geometrische Figuren mit einer »Bedeutung« zu versehen und als Symbole in einem konventionellen Zeichensystem zu verwenden, ist praktisch unbegrenzt. Dies betrifft die Vielfalt abstrakter Formen und Gebilde ebenso wie die Vielschichtigkeit symbolischer Inhalte. Der Abstraktionsgrad von symbolhaften Gebilden kann sehr unterschiedlich sein. Wenn man zum Beispiel die Symbole miteinander vergleicht, die während der Altsteinzeit in Westeuropa in Felszeichnungen und -malereien festgehalten wurden, so fällt auf, daß einige stark bildhafte Ähnlichkeit zeigen, andere dagegen ein hohes Maß an Abstraktheit erkennen lassen (*Abb. 15*). Prinzipiell ist es schwierig, eine klare Grenze zwischen Bildsymbolen und abstrakten Zeichen zu ziehen, denn wir haben es mit fließenden Übergängen zu tun. Wenn man bei den paläolithischen Symbolen etwa von Tectiformen oder Penniformen spricht, so bezieht man sich auf deren bildhafte Ähnlichkeiten mit Gehäusen oder Federn. Die äußerliche Formähnlichkeit solcher Symbole sagt allerdings wenig über den symbolischen Inhalt aus, den sie für den Menschen der Altsteinzeit besaßen. Das hier angesprochene Problem des Abstraktionsgrades von Symbolen ist von besonderer Wichtigkeit für die Entstehung von Schriftsystemen, und der Leser dieses Buches wird hiermit noch häufiger konfrontiert werden.

Bei der Anwendung der Symboltechnik zur Fixierung von Informationen geht es nicht allein darum, abstrakte Zeichen mit symbolischen Inhalten zu versehen und als Einzelsymbole zu gebrauchen, sondern – und vor allem – darum, solche Symbole aneinanderzureihen und zu kombinieren. Denn aus der Kombination von Einzelsymbolen erwächst die Flexibilität, den Inhalt von Einzelinformationen zu assoziieren

(15) Symbole in Verbindung mit den paläolithischen Felsbildern Spaniens und Frankreichs (mit Angabe des Fundortes)

Federähnliche Formen (Penniformen)		Schlüsselähnliche Formen (Claviformen)		Linien	
	Lascaux		Niaux, Trois-Frères, La Pasiega		Niaux
					Cullalvera
	Marsoulas		Altamira, Pindal		Pech-Merle
	Lascaux				
					Ussat
	Lascaux		Bayol, Bayol		La Croze À Gontran
	Niaux				Les Combarelles
	Monedas, Monedas, Marsoulas				Lascaux
					Altamira
	El Castillo, Labastide				Bedeilhac
	Lascaux, Cougnac				Altamira
					Lascaux
	La Pasiega, La Pasiega				Arcy
					Niaux
					Niaux
					Pindal

und Informationsketten sinnvoll zu gliedern. Auch nimmt das Maß an Informationen zu, die man auf diese Weise bewältigen und fixieren kann. Wenn das Erkennen und Verwenden abstrakter Zeichen mit symbolhaftem Inhalt eine Grundfähigkeit des Menschen und als solche eine Voraussetzung der Symboltechnik überhaupt ist, dann ist die Kombination von abstrakten Symbolen eine daraus resultierende spezielle Fähigkeit. Es kann ohne Bedenken angenommen werden, daß der Mensch vom Anbeginn der Informationsfixierung an in der Lage war, Einzelsymbole sowie Kombinationen von abstrakten Zeichen zu verwenden. Aufgrund einer solchen Annahme kann man davon ausgehen, daß der Mensch bereits in der Altsteinzeit komplexe Informationsketten mit Hilfe von aneinandergereihten abstrakten Zeichen fixieren konnte und dies auch getan hat. Es hat nicht an Versuchen gefehlt, nach frühen Zeugnissen der Anwendung einer gleichsam komplexen Symboltechnik in der »dekorativen Kunst« des Paläolithikums zu suchen. Einige solcher Interpretationen sind zwar gewagt, sie vermitteln aber geradezu verblüffende Einblicke in die Kreativität des menschlichen Geistes, und man kann sie deshalb kaum als übertriebene Ausdeutungen abtun.

Abstrakte Zeichen der Altsteinzeit

In den paläolithischen Höhlen Frankreichs und Spaniens sind geheimnisvolle stabähnliche Gegenstände aus Knochen gefunden worden, über deren Verwendungszweck viele Forscher bis heute rätseln. Man hat solche Gegenstände als *»Kommandostäbe«* bezeichnet. Es herrscht Einigkeit darüber, daß es sich bei den Stäben nicht um alltägliche Gebrauchsgegenstände gehandelt hat, denn sie sind zumeist reich verziert mit bildhaften Darstellungen und abstrakten Zeichen. Daher liegt es nahe, die Kommandostäbe für Objekte zu halten, die von ganz besonderer Bedeutung für die Höhlenbewohner waren. Vielleicht waren es rituelle Objekte, deren Verwendung besonderen Personen, etwa Zauberern, vorbehalten war. Die meisten Forscher sehen in den Bildern und Symbolen der Kommandostäbe nichts anderes als dekorative Elemente, was die Stäbe somit zu Gegenständen einer paläolithischen »Kunst« im eigentliche Sinn macht. Eine ganz andere Einschätzung gewinnt man allerdings, wenn man den »dekorativen« Elementen einen symbolhaften Inhalt unterstellt. Man gelangt dabei unter Umständen zu weitreichenden Interpretationen über den Wissensstand der Menschen in paläolithischen Kulturen. Am Beispiel eines *Kommandostabs von Cueto de la Mina* in der spanischen Provinz Asturias, der von MARSHACK (1972, 213 ff.) interpretiert worden ist, soll dies veranschaulicht werden (*Abb. 16*).

Der in Cueto de la Mina gefundene Kommandostab stammt aus der Periode des Oberen Magdalénien, ist also mindestens 12 000 Jahre alt. Der Stab ist zerbrochen, und nur das vermutlich größere Stück ist erhalten. Die »dekorativen« Elemente lassen sich in zwei Gruppen einteilen. Es gibt solche Gravierungen, die eindeutig bildhaften Charakter haben (z. B. Köpfe von Steinböcken), andere, die ganz abstrakt sind (u. zw.

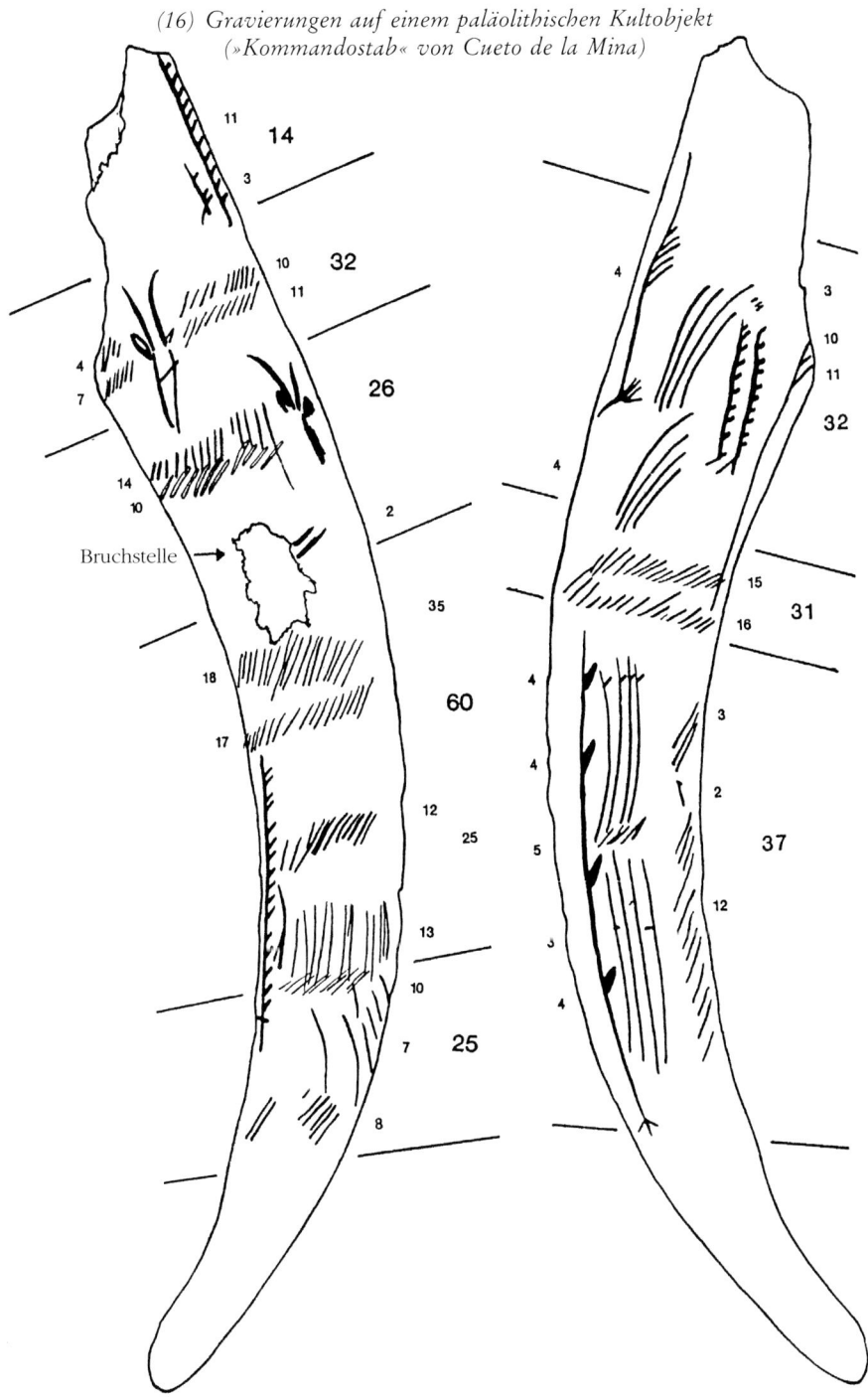

(16) Gravierungen auf einem paläolithischen Kultobjekt (»Kommandostab« von Cueto de la Mina)

strichförmige Einkerbungen). Die Anordnung insbesondere der abstrakten Zeichen in Gruppen legt die Vermutung nahe, daß wir es hier nicht mit schmuckhaftem Dekor, sondern mit Symbolen zur Fixierung bestimmter Informationen zu tun haben. Wenn es zutrifft, daß die Gravierungen auf dem Kommandostab Symbole sind, deren Inhalt interpretiert werden kann, müssen die dadurch ausgedrückten Informationen in einem gemeinsamen Zusammenhang stehen. Welcher inhaltliche Bezug ließe es zu, die Fülle an Markierungen aus einem gleichartigen Kontext zu deuten? MARSHACK bietet eine kühne Interpretation an. Er setzt die Gravierungen in Beziehung zu einem möglichen Phasenmodell des Mondumlaufs. Das Ergebnis ist die Aufzeichnung des Mondwechsels in der Zeit von Mitte Februar bis Oktober (*Abb. 17*). In seiner Schlußfolgerung gelang MARSHACK (1972, 216) zu der Feststellung, daß »der Knochen von Cueto de la Mina offensichtlich als ein ›Stein von Rosette‹ dient, der den allgemeinen Zweck und die Gliederung des Notationskodes veranschaulicht, und als Bestätigung für die notationell-symbolische Komplexität von Markierungen des Jungpaläolithikums dient«. In dieser Funktion weist der Kommandostab auf ein spezielles Wissen des Menschen der Altsteinzeit über Naturphänomene hin. Dieses Wissen war höchstwahrscheinlich auf die Zauberer beschränkt, die über die Einhaltung von Ritualen zur Beschwörung des Jagdzaubers und anderer zeremonieller Handlungen zu wachen hatten. Die letzten Zauberer nahmen ihr Wissen mit ins Grab, und niemand wird je erfahren, ob die moderne Interpretation der Gravierungen auf dem Kommandostab von Cueto de la Mina stichhaltig ist.

Die Quipuschnüre der Inka

Die Verwendung von Strichen zur Notierung von Zeitphasen veranschaulicht die Wirksamkeit der Symboltechnik, wobei Informationen sprachunabhängig fixiert werden. Die Markierungen auf dem Kommandostab aus Asturias haben somit nichts mit Schreiben zu tun, ein Ausdruck, der zweckmäßigerweise auf die intendierte Fixierung sprachlicher Elemente beschränkt bleiben sollte. Im Prinzip funktioniert die Symboltechnik unabhängig von Sprache, wie dies die obigen Beispiele veranschaulicht haben. Allerdings schließt diese Feststellung nicht aus, daß es nicht zu einer wirkungsvollen Verbindung von Symboltechnik und Sprache kommen kann. Es ist ganz sicher berechtigt, dabei spontan die Verwendung abstrakter Symbole (z. B. die Buchstaben eines beliebigen Alphabets) zur Aufzeichnung von Sprache zu assoziieren. Man sollte aber darüber nicht vergessen, daß es Verbindungen der Symboltechnik mit Sprache gibt, die außerhalb der Schriftkultur stehen. Eine solche Kulturvariante ist etwa die Verwendung von Knotenschnüren zur Fixierung von Zahlenwerten, oder auch von ganzen Rechengängen. Viele wissen, daß es eine derartige Tradition im präkolumbianischen Südamerika gegeben hat. Die Inkas sind bekannt für die Verwendung von Knotenschnüren, die bei ihnen Quipus genannt wurden, nach dem Quetchua-Wort für ›Knoten‹ (*quipu*). Den meisten modernen Betrachtern der Inkakultur

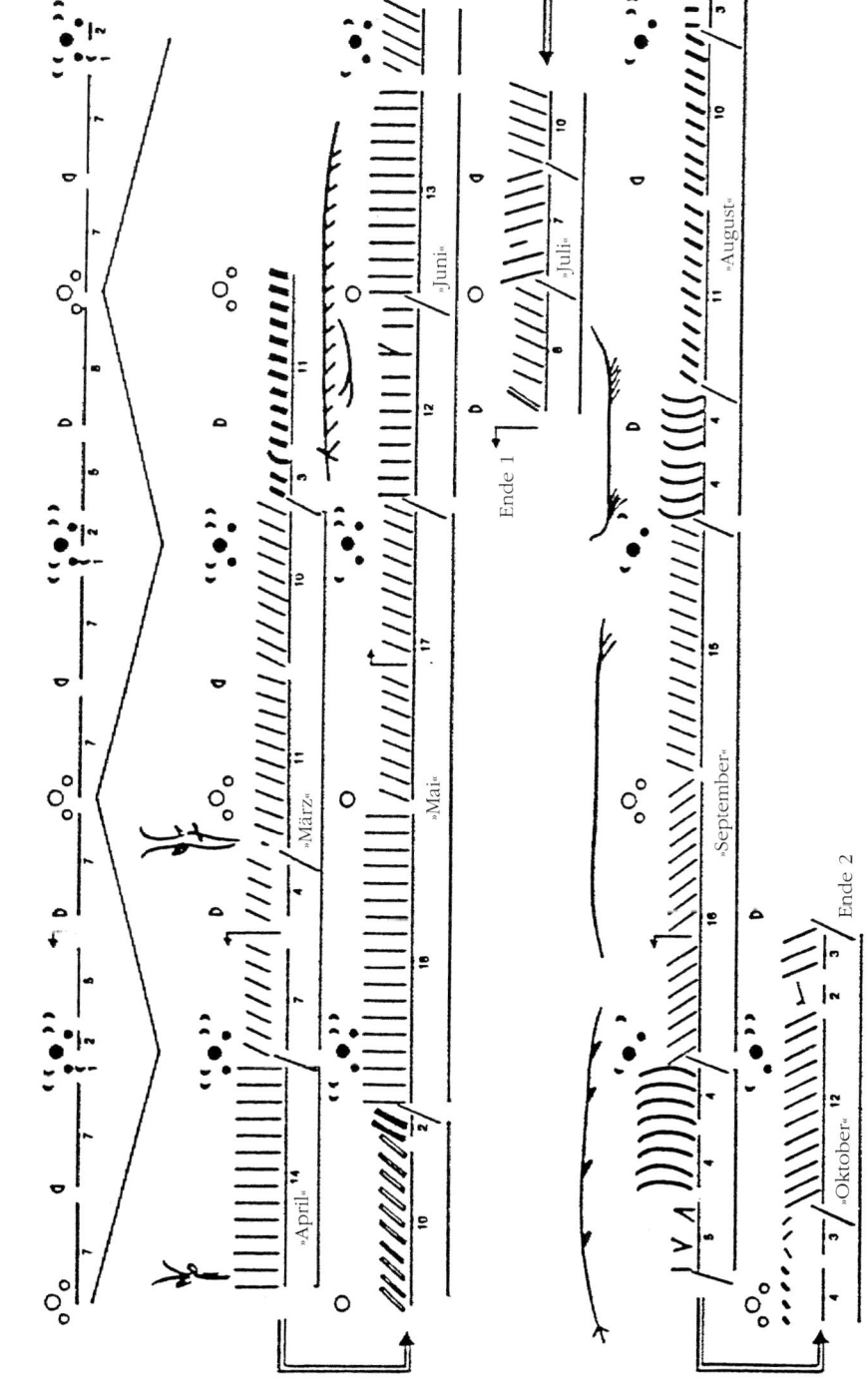

(17) Interpretation der Gravierungen auf dem Kommandostab als Notation eines Phasenmodells des Mondumlaufs

ist aber verschlossen geblieben, wie eigentlich die Technik der *Quipu-Schnüre* funktioniert hat, und in welchem Kontext man sie verwendete. Erst die neuere Forschung hat die entscheidenden Beiträge zum Verständnis für den kulturellen Zusammenhang geliefert.

Es hat nicht an Fehleinschätzungen darüber gemangelt, was die Quipu-Schnüre eigentlich darstellten. Man hat sie für literarische Aufzeichnungen von Mythen, Erzählungen und Gesängen der Inka gehalten, eine Auffassung, die ebenso irrig ist wie die Ansicht, es handelte sich dabei um »Rechenmaschinen«, mit deren Hilfe Rechenprozeduren ausgeführt worden wären. Mit den Quipu-Schnüren wurden chronologische oder statistische Daten festgehalten, und als solche waren sie ein wichtiges Instrument im Verwaltungsapparat des Inkastaates. Alles, was mit Zählen und Rechnen im indianischen Staatswesen zu tun hatte, wurde mit Quipu-Schnüren »aufgezeichnet« und archiviert. Es gab vielfältige Verwendungen wie die Ausfertigung von Geburts- und Sterberegistern, die Auswertung von Volkszählungen und von Ernteerträgen, die Festsetzung von Steuern und Tributen oder die Bestimmung der Zahl von Opfertieren bei religiösen Zeremonien. Man hat die bei den Inkas weit verbreitete und häufig angewendete Technik statistischer Aufzeichnungen mittels Quipu-Schnüren politisch ausgedeutet, obwohl diesbezüglich Vorsicht geboten ist. »Das Führen dieser Statistiken wurde als Beweis für den *sozialistischen Charakter des Inkareiches* gewertet. Aber man sollte sich nicht von einem solchen Schlagwort blenden lassen. Die Erfassung der Bevölkerung nach Altersklassen und der durch Zwangsarbeit produzierten Güter dienten lediglich der Information über die Ressourcen an Arbeitskraft und Material, ohne die die Eroberungen und die umfangreiche Bautätigkeit nicht möglich gewesen wären. Sicherlich wurden die Inka durch den Gebrauch der Knotenschnüre dazu verleitet, die Bevölkerung in ähnlicher Weise einzuteilen.« (MÉTRAUX 1976, 103)

Zahlenwerte wurden durch die Anzahl und die Position von Knoten auf einzelnen Schnüren sowie durch die Zahl der zu Gruppen zusammengefaßten Schnüre gekennzeichnet (*Abb. 18*). Ein Vorteil der Knotenschnüre bestand darin, daß nicht nur das Ergebnis eines Rechengangs sondern auch dessen einzelne Schritte festgehalten werden konnten. Zudem war es möglich, durch die Wahl bestimmter Farben auf den Kontext hinzuweisen, in dem eine statistische Aufzeichnung stand. Beispielsweise bedeutete die weiße Farbe von Schnüren, daß es um Geld oder allgemein um friedliche (d.h. nicht militärische) Dinge ging. Farben wie Gelb, Gold oder Rot setzten dagegen die Statistik in einen militärischen Zusammenhang. Solche Farbvariationen konnten allerdings nicht mehr als einen allgemeinen Hinweis auf den Kontext vermitteln. Ein volles Verständnis der Zahlenwerte und numerischen Aufzeichnungen von Quipu-Schnüren war jedoch nur dadurch gewährleistet, daß derjenige, der für die Herstellung von Knotenschnüren verantwortlich war, deren Zweck und inhaltlichen Bezug mündlich erläuterte. Der Inhalt von Knotenschnüren konnte also nur mittels der sprachlichen Erklärungen des *quipucamayoc* (Wächter der Knoten) erschlossen werden, der die Zahlenwerte in einen Zusammenhang stellte (*Abb. 19*). Königliche Beamte mit dem Titel quipucamayoc gab es in jeder Stadt und in

(18) Die Technik der Quipuschnüre

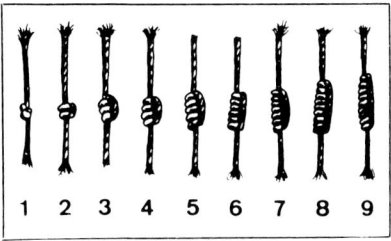

a) Darstellung der Zahlen 1 bis 9

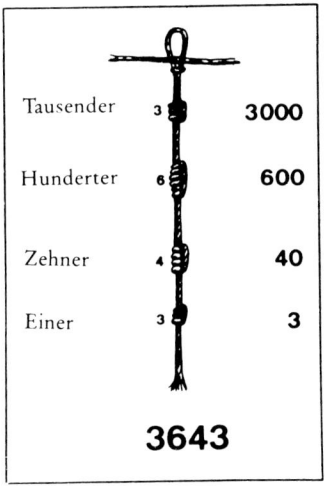

b) Darstellung der Zahl 3 643 auf einem Quipu

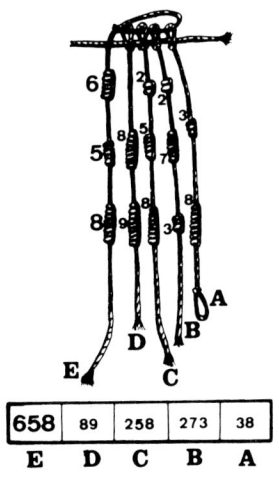

c) Darstellung einer Summe

jedem Dorf des Inkareiches, und sie waren die Buchhalter und Archivare des Andenstaates.

Die Abhängigkeit der Quipu-Aufstellungen vom Gebrauch der mündlichen Sprache wurde besonders spürbar, wenn Zahlenwerte und Berechnungen der Bestandteil von Nachrichten oder Mitteilungen waren, die an Dritte übermittelt wurden. Ohne mündliche Hinweise auf den Kontext hatten die in einer Quipu-Schnur gespeicherten Informationen nur bedingten Wert. Kein Wunder also, daß es in der Nachwelt, also in einer Zeit, als kein quipucamayoc mehr über den Inhalt und den Sachbezug der Statistiken Auskunft geben konnte, zu ausgedehnten Spekulationen über den Zweck von Quipu-Schnüren gekommen ist. Die Erschließung der Quipu-Technik durch die moderne Forschung gelang auch nur deshalb, weil bei den Indios in Bolivien und Peru eine Variante der Knotenschnurtechnik, *chimpu* genannt, bis heute verbreitet ist (IFRAH 1987, 124). Die südamerikanische Schnurtechnik findet Parallelen in anderen

(19) Der Inka-Interpret des Quipu (quipucamayoc)

Teilen der Welt, so in Ostasien und im Vorderen Orient. Am ältesten scheint die Aufzeichnung von Zahlenwerten und Rechnungsgängen mittels geknoteter Schnüre in China zu sein, wo diese Tradition wahrscheinlich in die vorliterarische Zeit der ersten Hälfte des 2. Jahrtausends v. Chr. zurückreicht. Auch im ostasiatischen Kulturkreis hat sich diese Tradition – ähnlich wie in Südamerika – bis in die Moderne erhalten. Obwohl heutzutage selten, findet man den Gebrauch von Knotenschnüren für kalendarische und finanzielle Berechnungen des Alltags bei den Bewohnern der Ryukyu-Inseln im Süden des japanischen Archipels, so bei den Bergbewohnern im Innern der Insel Okinawa.

Alle Varianten der Knotenschnurtechnik haben eine charakteristische Eigenart, nämlich die für die Quipu-Schnüre festgestellte Abhängigkeit von mündlich gegebenen Erläuterungen zum Kontext. Dies bedeutet, daß es sich in keinem Fall um das »Aufschreiben« von sprachgebundenen Inhalten handelt, sondern daß die Leistung der Knotenschnüre in der Fixierung numerischer Informationen besteht, die als solche sprachunabhängig sind. Die Verwendung der Knotenschnüre für diesen Zweck ist somit ein Verfahren der Mnemotechnik im eigentlichen Sinn des Wortes. Es geht um das Festhalten nichtsprachlicher Inhalte, deren Zusammenhänge durch die Kombination mit der gesprochenen Sprache zum Ausdruck gebracht werden. Dies ist eine Eigentümlichkeit, die die Symboltechnik der Knotenschnüre mit vielen Varianten der Bildtechnik teilt. Auch bei der Verwendung sprachunabhängiger Bilder und bildlicher Kompositionen zur Fixierung von Informationen ist der Sinnzusammenhang häufig nicht offensichtlich, und manche Detailinformation bleibt verdeckt.

Identifikationssymbole in Geschichte und Gegenwart

Der Mensch hat die Symboltechnik seit altersher – in jedem Fall seit dem Neolithikum – in seinen Dienst gestellt, um sich und sein Tun mit den unbelebten und belebten Dingen der Umwelt zu assoziieren, oder auch, um sich mit diesen zu identifizieren. Zu diesem Bereich gehört eine Vielfalt von Symbolen mit verschiedenartigen Funktionen (*Abb. 20*). Aus prähistorischer Zeit ist die Verwendung von *Töpferzeichen* bekannt, womit der Hersteller die von ihm geschaffene Tonware markierte. Diese Gewohnheit wurde in den historischen Gesellschaften aufrechterhalten und als Mittel der Wiedererkennung legalisiert. Bis heute sind Töpferzeichen üblich, und sie finden sich gleichermaßen auf maschinell und manuell hergestellten Produkten. Der kulturellen Identifizierung dienen *Sippen- oder Stammeszeichen*, deren Symbolik insbesondere bei den eurasischen Völkern mit ihren traditionellen Kulturen reich ausgeprägt ist (László 1974, 52 ff.). Besitztum wurde und wird durch Eigentumszeichen markiert, denen man in Form von Hausmarken, Brandzeichen oder in anderer Gestalt begegnet. Auch die moderne Industriegesellschaft hat ihren Anteil an dieser Entwicklung der Symbolbildung und -verwendung mit der Fülle ihrer *Warenzeichen*. Diese Symbolik mit ihrer Ausgliederung in mannigfaltige Funktionen der Identifizierung und Asso-

(20) Identifikationssymbole in Geschichte und Gegenwart

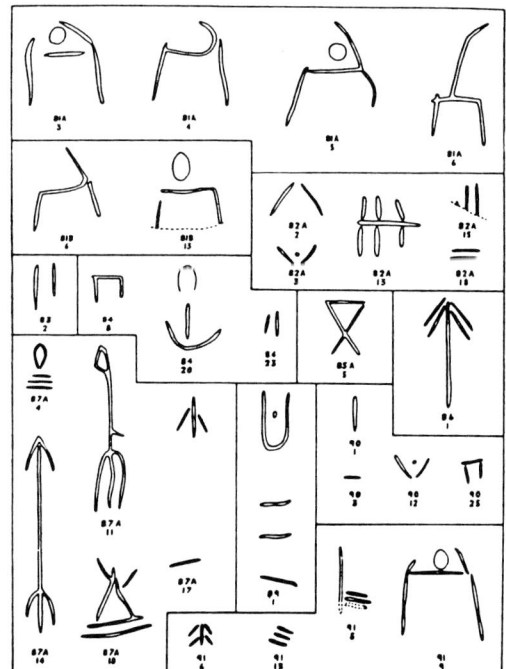

a) Töpferzeichen auf altkyprischer Keramik des 3. Jahrtausends v. Chr.

b) Sippenabzeichen (Tamgas) aus Ungarn (Awaren) und aus Westsibirien (Obugrier)

c) Eigentumsmarken aus Schwedisch-Lappland

d) Moderne Warenzeichen

ziation hat die Menschen in den entscheidenden Phasen ihrer kulturellen Evolution begleitet, aber ihre Kulturgeschichte gilt es noch zu schreiben.

Es gibt aber noch andere Arten der Identifizierung des Menschen mit seiner Umwelt, die ebenfalls durch Symbole angezeigt werden können. Auch magische und mystische Beziehungen besitzen ihre charakteristische Symbolik. In verschiedenen Gegenden der Welt wurden bei archäologischen Ausgrabungen Gegenstände mit bildähnlichen und auch abstrakten Symbolen entdeckt, die den Schriftexperten und Kulturinterpreten Rätsel aufgeben. Die Grundschwierigkeit, solche Gegenstände zu interpretieren, besteht gerade darin, daß man nicht weiß, ob man es mit fixierter

Sprache zu tun hat oder nicht. Ein aufsehenerregender Fund dieser Art sind die *bemalten Kieselsteine* aus der *Höhle von Mas d'Azil* (Département Ariège) im Vorland der Pyrenäen (*Abb. 21*). Da manche der Symbole den Buchstaben des späteren phönizischen, griechischen und lateinischen Alphabets ähnlich sehen (z. B. das E-förmige Zeichen), öffneten sich der Spekulation über einen schriftähnlichen Charakter der Symbole Tür und Tor. Der Finder der Kiesel, E. PIETTE, ging in seinem Enthusiasmus soweit, daß er die Steine nach der äußeren Gestalt ihres Dekors als »Zahlen-Kiesel« (linke Gruppe), »Symbolzeichen-Kiesel« (rechte Gruppe) und als »Buchstaben-Kiesel« (mittlere Gruppe) gruppierte. Diese Interpretation hat jedoch in der Forschung kein Echo gefunden. In der Tat ist die Verknüpfung einzelner Symbole mit Zahlzeichen oder gar Buchstaben zu gewagt, wenn man die Zeit der Entstehung der Kieselbemalung, nämlich die mittlere Steinzeit (Mesolithikum), in Rechnung stellt. Es hat sich für die Bemalung der Kiesel von Mas d'Azil und für ihre Funktion eine Deutung gefunden, die weitaus schlüssiger und plausibler ist als die Verknüpfung mit sprachlichen Inhalten. Aufgrund eines völkerkundlichen Vergleichs kann man annehmen, daß die steinzeitlichen Kiesel aus Frankreich im Dienst des Ahnenkults standen. Noch heute findet man beispielsweise die Sitte, dekorierte Hölzer oder Steine in einer Höhle zu verstecken, bei den Ureinwohnern in Zentralaustralien. Solche Gegenstände heißen bei den Aranda *Tschuringa*, und sie verkörpern die Seelen ihrer Vorfahren (*Abb. 22*). Vermutlich war auch die Höhle von Mas d'Azil eine Kultstätte, ein Hort der »Seelensteine« eines Stammesverbandes steinzeitlicher Jäger und Sammler.

Verwunderung haben beispielsweise auch die gravierten Steine aus Alvão (Portugal) ausgelöst, die etwa aus der Zeit um 4000 v. Chr. stammen (*Abb. 23*). Die Steine sind durchbohrt und waren ursprünglich in der Kammer eines Megalithgrabs aus der Jungsteinzeit (Neolithikum) an Stäbchen aufgehängt. Ihre Beziehung zum Totenkult steht damit außer Zweifel, obwohl gänzlich unklar ist, ob man es bei den Ritzzeichen mit magischen Symbolen oder etwa mit schriftähnlichen Zeichen zu tun hat. Da diese Steine kulturhistorisch isoliert dastehen, erübrigt es sich, Spekulationen zu folgen, wonach die Steine von Alvão Dokumente einer verschollenen Mittelmeerschrift seien. Wenn es sich bei den Symbolgruppen nicht um Schriftzeichen handelt, bleibt als

(21) Bemalte Kiesel der mittleren Steinzeit (Höhle von Mas d'Azil)

(22) Dekorierte Steine im Dienst des Ahnenkults (»Seelensteine«) bei den australischen Aranda

sinnvolle Deutungsalternative nur die Hypothese übrig, daß auf den Steinen rituell-kultische Symbole angebracht worden sind. Denn es ist ganz abwegig, der Meinung von JENSEN (1969, 32) zu folgen, der in den Ritzungen »spielerische Kritzeleien« sieht. Bedenkt man die Strenge des Totenkults, der in den Megalithgräbern entgegentritt, so kann man sich kaum vorstellen, ein Angehöriger dieser Kultur hätte in einer Grabkammer spielerisch Kritzeleien angebracht.

Auch bestimmte *Felszeichnungen* haben die Gemüter von Wissenschaftlern und Laien immer wieder bewegt, und dies vielleicht deshalb, weil die Bild- und Symbolkompositionen in ihrer Eindringlichkeit zu allerlei Deutungen herausfordern. So hat man einer Komposition bildhafter und abstrakter Symbole, die in der Höhle von La Pasiega in Nordspanien gefunden wurde, bilderschriftlichen Charakter zugesprochen, wohl wegen der linearen Anordnung der Einzelmotive (*Abb. 24*). Aufgrund von Gerätschaften, die in der Höhle lagen, wird angenommen, daß hier in der ausgehenden Altsteinzeit (Jungpaläolithikum) ein Kultplatz bestanden hat, dessen Blütezeit ungefähr ins 12. oder 11. Jahrtausend v. Chr. datiert werden kann. Die »Inschrift« befindet sich auf der linken Seite einer Felswand, wo sich der Zugang zur galerieartigen

(23) Steine mit eingeritzten Symbolen aus einem Megalithgrab in Portugal (Alvão)

Haupthöhle verengt. Wegen ihres besonderen Platzes haben manche den Inhalt der »Inschrift« als Verbot interpretiert, in den heiligen Bezirk des Kultraums einzudringen. Spekulationen über die »Lesung« der »Inschrift« von La Pasiega haben sich in Ausdeutungen niedergeschlagen, die ebenso mysteriös sind wie das Original selbst.

Die Unsicherheit bei der Interpretation erklärt sich zum Teil daraus, daß die Kombination der Bildtechnik mit der Symboltechnik ohne Sprachbezug weniger eindeutig ist als die Fixierung sprachlicher Inhalte durch Schriftsymbole. Wegen ihres höheren Grades an Präzision ist die Aufzeichnung sprachorientierter Informationen eine konsequente Weiterentwicklung der mnemotechnischen Kapazitäten des Menschen. Es ist nicht sinnvoll, von der »Erfindung« der Schrift zu sprechen, denn die Anwendung von bild- und symboltechnischen Verfahren zur Fixierung sprachlicher Inhalte ist lediglich eine mnemotechnische Spezialisierung, nicht aber eine neuartige Technik der Informationswiedergabe. Unter welchem Blickwinkel man auch die Evolution der Schrift und der Schriftkultur in den alten Zivilisationen Europas, Asiens, Afrikas und Amerikas betrachten mag, immer sollte man sich bewußt sein, daß der Mensch seit dem Paläolithikum daran gewöhnt ist, Informationen aufzuzeichnen, und daß die älteren Bild- und Symboltechniken nicht außer Gebrauch kamen, als man anfing, Sprache schriftlich festzuhalten. Die kulturelle Entwicklung der Menschheit

(24) Die mysteriöse »Inschrift« aus der Höhle von La Pasiega in Nordspanien

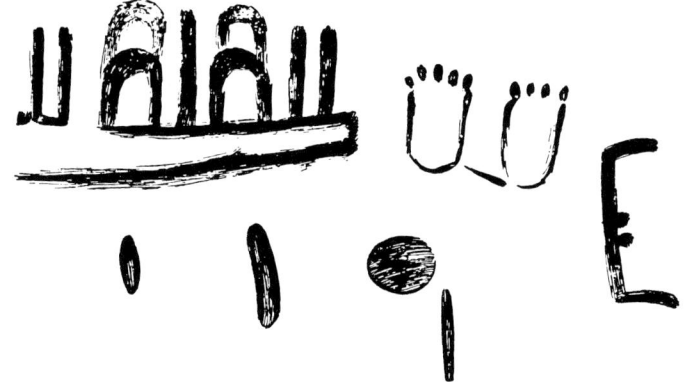

ist ein Kontinuum, das sich als eine fortschreitende Spezialisierung zivilisatorischer Fertigkeiten menschlicher Gemeinschaften darstellt. Die Variationsbreite sprachunabhängiger und sprachgebundener Techniken zur Fixierung von Informationen ist dabei eine konkrete Manifestation der Kulturfähigkeit des Menschen. Der Mensch des modernen Zeitalters ist in seinem Alltag so sehr auf die Verwendung der Schrift »fixiert«, daß er nicht erkennt, wie relativ der Stellenwert der Schrift als Kulturträger und der schriftlichen Fixierung von sprachlichen Inhalten als Variante der Mnemotechnik im Kontinuum der kulturellen Evolution ist. Der moderne Mensch tut aber sicher gut daran, die Relativität seiner zivilisatorischen Errungenschaften in Betracht zu ziehen. In dieser Hinsicht erscheint der Entwicklungsgang von der Vorgeschichte zur Geschichte, also von einer schriftlosen Periode zu einer Zeit der Schriftkultur, viel weniger »sprunghaft« oder »revolutionär« als weithin angenommen wird.

Moderne Kodierungen von Informationen

Der Eindruck, das moderne Alltagsleben sei beherrscht von der Flut geschriebener Informationen, und die Schrift unverzichtbar für die Organisation einer Industriegesellschaft, ist recht oberflächlich. Die rasante technologische Entwicklung der vergangenen Jahrzehnte hat den Menschen in die Lage versetzt, alle lebenswichtigen Bereiche im wesentlichen sprachunabhängig zu organisieren. Schon längst wird die Mehrzahl aller Informationen in den Industriestaaten von der elektronischen Datenverarbeitung bewältigt, und zwar in einem Umfang, für den das geschriebene Wort nicht mehr ausreicht. Wir leben in einem Zeitalter, in dem die für die Aufrechterhaltung der modernen Zivilisation erforderlichen Informationen digital verarbeitet und gespeichert werden. Die wesentlichen Entscheidungsprozesse der industriell-wirtschaftlichen und administrativen Abläufe sowie im Verteidigungswesen werden heutzutage digital gesteuert, und dies gilt auch für die Verarbeitung der Flut an akkumuliertem Wissen in allen Sektionen der Wissenschaften. Die Schrift ist gerade in den lebenswichtigen Bereichen, wo sie jahrhundertelang unverzichtbar war, von der Digitaltechnik ersetzt worden. Prinzipiell ist die Schrift für die Informationsverarbeitung und -fixierung nicht mehr erforderlich, wohl aber für den Menschen, der mit Computern und computergesteuerten Maschinen kommunizieren muß.

Der Mensch ist darauf angewiesen, Maschinensprachen – die Zivilisationssprachen des elektronischen Zeitalters – zu lernen, und er übermittelt einer Maschine schriftunabhängige Informationen in der Weise, daß sie ihm beispielsweise Produkte wie Zeitungen, Zeitschriften oder Bücher schafft (*Abb. 25a*). Denn der Mensch, dessen Kommunikationstechnik weiterhin traditionell festgelegt bleibt, ist auf das geschriebene Wort angewiesen. Die Computer verarbeiten Informationen in einer Technik, die vom Menschen zwar erfunden wurde, die das menschliche Gehirn aber nicht selbst praktisch anwenden kann. Die »Übersetzung« elektronisch gespeicherter Daten in die geschriebene Sprache ist – genau genommen – ein Zugeständnis einer überlegenen

(25) Moderne Kodierungen von Informationen

a) Kodierung für die Perforation eines Lochstreifens zur Bedienung von Setzmaschinen

b) Der IAN-Kode zur Identifizierung von Waren

Technologie an den Menschen mit seiner »unterentwikkelten« Kommunikationstechnik. Wie sehr der moderne Mensch von dieser Informationstechnologie ohne Schrift abhängig geworden ist, zeigt sich unter anderem darin, daß man im Alltagsleben mit allen möglichen kodierten Daten konfrontiert wird, die nicht ohne weiteres zu entschlüsseln sind. So findet sich auf den meisten Waren heutzutage der IAN-Kode (International Article Number-Code; *Abb. 25b*). Diese Warenkodierung wurde 1977 von der Brüsseler EG-Kommission eingeführt und enthält Angaben über das Herstellerland, den Produzenten und die Art des Produkts. Anhand des Kode kann man zurückverfolgen, um welches spezielle Produkt es sich in dem hier gegebenen Beispiel handelt.

Wenn Vorgeschichte als eine Zeit definiert wird, als der Mensch die Technologie ›Schrift‹ noch nicht besaß, und sich Geschichte davon unterscheidet als eine Periode, in der die Schrift zum unverzichtbaren Medium des zivilisatorischen Fortschritts wurde, dann leben wir heute in einem Zeitalter, in dem Schrift ersetzbar geworden ist, ein Luxusartikel der technologisch überzüchteten Industriegesellschaft. Nun wäre es aber übertrieben zu befürchten, daß die Schrift früher oder später als altmodische Einrichtung außer Gebrauch kommt. Das geschriebene Wort wird den Menschen auch weiterhin im Lauf seiner künftigen kulturellen Entwicklung begleiten. Es wird auch in der Zukunft Kinder geben, die mal eine Jugendzeitschrift oder ein Buch lesen, und Zeitungen werden sicher auch noch in hundert Jahren gedruckt. Und sofern der Mensch seinen Sinn für Ästhetik wach hält, wird er auch weiterhin ein gutes Buch, und keine »Lochstreifenbelletristik« bevorzugen. Es ist ebenfalls schwer vorstellbar, daß der Mensch auf einen gefällig aufgemachten Gedichtband verzichten wird und stattdessen zur »Digitallyrik« überwechselt. Das Bewußtsein aber, daß wir in einer Zeit des Umbruchs leben, wo sich die zivilisatorischen Leistungen bereits wesentlich vom Medium ›Schrift‹ abgelöst haben, sollte gerade bei denen gegenwärtig sein, die sich mit der Geschichte der Schrift und ihrem zivilisatorischen Stellenwert befassen.

Kapitel 2
Schrift, Religion und Zivilisation
Das frühe Licht aus dem Westen,
das späte Licht aus dem Osten

Die Verwendung der Schrift und die schriftliche Fixierung sprachlicher Texte haben etwas mit Zivilisation zu tun. Darüber ist man sich seit langem einig. In der Geschichtswissenschaft ist es Tradition, die Schrift als wesentliches Kriterium für die Unterscheidung zwischen Geschichte – also einer Zeit der Schriftverfügung – und Vorgeschichte anzusehen, einem Zeitraum, über den lediglich archäologische Fundstücke der materiellen Kultur Auskunft geben. Man hat sich daran gewöhnt, die alten Kulturen Vorderasiens und Ägyptens als »Hochkulturen« zu bezeichnen, weil die Schrift einer ihrer Kulturträger war, und man spricht von »schriftlosen« oder »traditionellen« Kulturen, wenn dieses Attribut fehlt. Es ist leicht einzusehen, daß die Verwendung von Schrift bestimmte gesellschaftliche Bedingungen voraussetzt. Dazu gehören der Aufbau einer kommunalen Organisation, eine fortgeschrittene Arbeitsteilung sowie eine daraus resultierende soziale Differenzierung der Bevölkerung, außerdem entwickelte spirituelle Vorstellungen, die es erlauben, alle kulturellen Aktivitäten in den Rahmen eines Weltbildes, einer Kosmogonie, einzuordnen. Dies sind jedenfalls die Bedingungen, die auf die Hochkulturen des Altertums zutreffen, in denen die Idee der Schrift entstanden ist, und in denen sich eine Schrifttradition entwickelt hat. In allen Fällen handelt es sich um eine ansässige, Ackerbau treibende Bevölkerung, die in festen Siedlungen lebte.

Der moderne Betrachter, der vom Standort der Entwicklungsstufe einer nachindustriellen Gesellschaft in die Geschichte zurückblickt, glaubt zu wissen, warum man in den antiken Hochkulturen irgendwann anfing zu schreiben. Denn hinter ihm liegt die lange Tradition einer jahrtausendealten Zivilisation, deren umfassende Errungenschaften und deren Akkumulation von Wissen ihm zur Verfügung stehen. Es ist naheliegend, eine »moderne« Begründung für die frühe Schriftverwendung in der Notwendigkeit zu suchen, eine beständig zunehmende Fülle an Informationen zu bewältigen, und vor allem darin, Informationen für den Zweck ihrer Wiederverwendung zu speichern. In den aufstrebenden Agrargesellschaften der Antike mußten Gesetzestexte und Urkunden aufgezeichnet werden, es mußten Chroniken geschrieben werden, um wichtige Ereignisse, z. B. Kriegszüge, festzuhalten, und in jedem Volk, das Schrift besitzt, werden die Texte von Erzählungen und Gesängen tradiert. Eine solche gesamtgesellschaftliche Begründung für die Einführung der Schrift in den frühen Hochkulturen der Welt ist in sich schlüssig, aber nur unter der Voraussetzung, daß man moderne Maßstäbe anlegt. Die historische Realität ist eine andere, denn die ersten Aufzeichnungen überlieferter Texte in den antiken Kultursprachen sind weder juridische Texte noch Chroniken, und in keiner der regionalen Schrifttraditionen stehen literarische Texte am Anfang. Die Motivationen, eine Schrift zu entwickeln und zu verwenden, sind nirgendwo weltlicher Art oder künstlerischer Natur.

Der sakrale Schriftgebrauch in Alteuropa (ca. 5300–3500 v. Chr.)

Wo ist dann aber der Schlüssel für die Anfänge des Schriftgebrauchs in den antiken Kulturen zu suchen, und warum sind die rationalen Überlegungen des modernen Betrachters nicht stichhaltig? Um diese Fragen zu beantworten, wenden wir uns am besten der ältesten Zivilisation der Welt zu, also der ältesten Regionalkultur des Altertums, in der Schrift nachweislich verwendet wurde. Dies ist nicht der Kulturkreis der Sumerer in Mesopotamien, von dem auch heute noch viele annehmen, er sei die »Wiege« der zivilisierten Menschheit. Auch in fachwissenschaftlichen Kreisen gewöhnt man sich sehr langsam an den Gedanken, daß die älteste Zivilisation, auf die die Bezeichnung zutrifft, in Europa zu suchen ist. Ihre Anfänge reichen bis ins 7. Jahrtausend v. Chr. zurück, und ihr Kerngebiet lag in Südosteuropa. Es ist der litauischen Archäologin M. Gimbutas, die in den USA lebt, zu verdanken, daß wir heutzutage ein übersichtliches und recht zuverlässiges Bild über diesen Kulturkreis besitzen, den sie als »Alteuropa« (Old Europe) bezeichnet. Daß es sich bei Alteuropa um eine Zivilisation im eigentlichen Sinn handelt, steht nach Gimbutas (1974, 17) außer Zweifel: »Wenn man Zivilisation als die Fähigkeit eines bestimmten Volkes definiert, sich an die Umwelt anzupassen und handwerkliche sowie technische Fertigkeiten, eine *Schrift* und soziale Beziehungen zu entwickeln, so ist offensichtlich, daß Alteuropa einen bemerkenswerten Grad an Erfolg zu verbuchen hat.« (Hervorhebung d. Verf.)

Die alteuropäische Zivilisation findet ihre Wurzeln im Neolithikum, also in der Periode der jüngeren Steinzeit. Damals war die Metallverarbeitung noch unbekannt, obwohl in der jüngeren Phase der Kulturentwicklung, nämlich im 4. Jahrtausend v. Chr., Schmuckstücke aus Kupfer und Gold hergestellt wurden. Um die Wende vom 7. zum 6. vorchristlichen Jahrtausend hatten sich bereits fünf Regionalkulturen herausgebildet, die sich durch fortgeschrittene Techniken in der Keramikherstellung und der Architektur sowie durch ihr religiöses Brauchtum vom übrigen Europa deutlich unterschieden. Hierzu gehören das Kulturareal der Ägäis und des mittleren Balkan, die Regionen der südlichen Adria, das Gebiet an der mittleren Donau, das Ostbalkangebiet und das Areal der Moldau, das bis in die westliche Ukraine reichte. Zu Beginn des Chalkolithikums (Steinkupferzeit), um die Mitte des 6. Jahrtausends v. Chr., tritt der Kulturkomplex des zentralen Balkangebiets mit seiner Vielfalt an

(26) Der Kulturkomplex der Vinča-Zivilisation (ca. 5300–3500 v. Chr.)

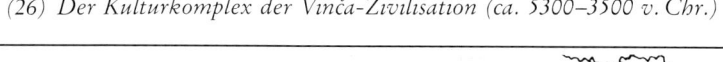

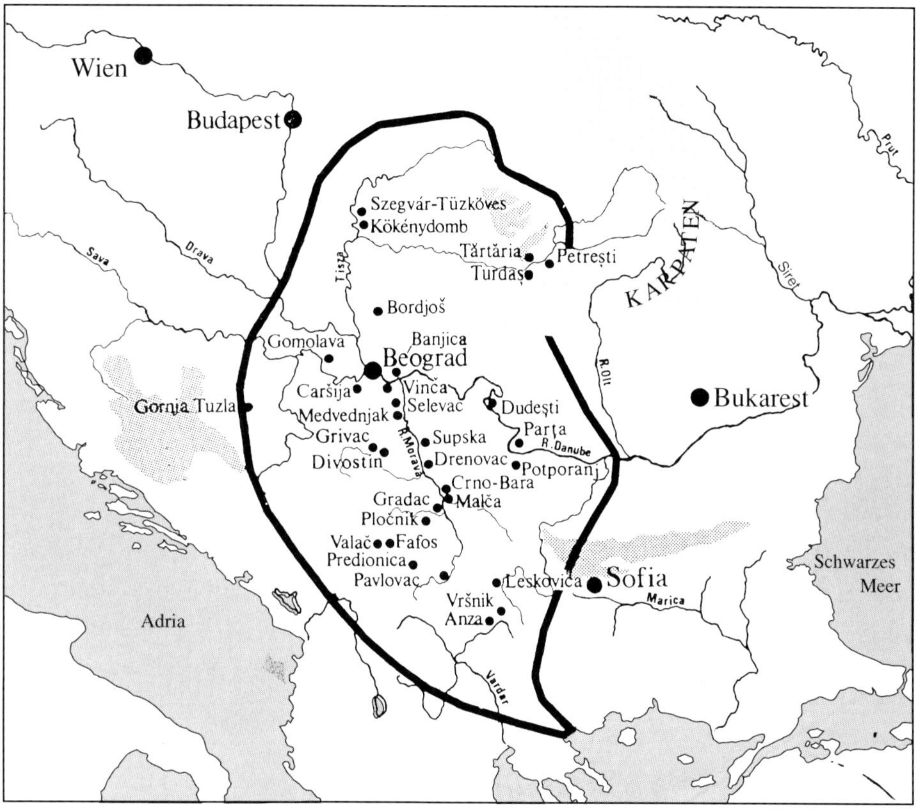

Kunstformen und Kultobjekten in den Vordergrund. Dieses Areal, dessen zivilisatorische Kontinuität bis zur Mitte des 4. Jahrtausends v. Chr. bewahrt bleibt, ist als *Vinča-Kultur* bekannt geworden, benannt nach einem Fundort 14 km östlich von Belgrad an der Donau (*Abb. 26*). An keinem anderen Grabungsort im zentralbalkanischen Areal sind so viele Objekte gefunden worden wie in Vinča. Dazu gehören fast 2000 Tonfiguren. Da Vinča der Ort mit der exaktesten und umfassendsten Grabungsstratigraphie ist, wurde er zum Kernstück der Kulturchronologie im gesamten Areal.

Bekanntlich tritt auch das Neolithikum in Kleinasien, insbesondere in Anatolien, im 7. vorchristlichen Jahrtausend mit stadtähnlichen Siedlungen und einem ausgeprägten religiösen Symbolismus in Erscheinung. Alteuropa, dessen Zivilisation sich gleichzeitig entfaltet, steht dieser Entwicklung qualitativ und chronologisch in nichts nach. Im Gegenteil zeigt sich in den alteuropäischen Siedlungen des 6. Jahrtausends eine stärkere Entwicklungsdynamik als in Anatolien. Dies mag ausschlaggebend gewesen sein für den bemerkenswerten Umstand, daß die Kulturformen des Vinča-Komplexes – wie auch der in den anderen Arealen – bodenständig sind und sich keine kleinasiatischen Einflüsse nachweisen lassen (RENFREW 1969). Die Siedlungen Alteuropas waren groß und bedeckten eine Fläche von zehn oder mehr Hektar. In diesen Städten fand man Häuser mit zwei oder drei Räumen, die in Straßenzügen aufgeteilt waren. Die materielle Kultur der Alteuropäer, die keine Indogermanen waren, weist auf frühen Ackerbau. In der Nachbarschaft der Ackerbau treibenden Bevölkerung lebten auch Fischer und Jäger, die ihre eigenen Bräuche aufrechterhielten. Fischer und Jäger besiedelten vor allem die Flußtäler im Norden des alteuropäischen Zivilisationskreises. Als die Regionalkulturen im 5. Jahrtausend v. Chr. ihre Blütezeit erlebten, gab es in Kleinasien kein Gebiet mit vergleichbar dichter Besiedlung, kein Volk mit einer so weit entwickelten handwerklichen und künstlerischen Tradition und auch keines, dessen religiöse Vorstellungen sich so reichhaltig in Kultobjekten manifestiert hätten wie bei den Bewohnern Südosteuropas.

Zwischen Anatolien und dem alteuropäischen Kulturkreis gibt es eine Reihe von Parallelen, die auf eine gemeinsame Entwicklungsperiode im Neolithikum hindeuten. Besonders auffällig sind konvergente Motive in der religiösen Symbolik. In Alteuropa wie in Anatolien sind weibliche Idole mit ausgeprägten Attributen (Brüste, Hüften) gefunden worden. Diese standen hier wie dort im Zusammenhang mit den Vorstellungen von der großen Muttergottheit. In Kleinasien und Alteuropa hatte der Stier eine religiös-kultische Bedeutung. Dies manifestiert sich in zahlreichen zoomorphen Plastiken, Modellierungen von Stierköpfen sowie in Darstellungen von Stierhörnern. Auch das Schlangenmotiv als Attribut der Muttergottheit gehörte zu den wichtigen religiösen Symbolen in beiden Kulturregionen. Es finden sich bis ins Detail gehende Parallelen, so beispielsweise Verzierungen auf Tonfiguren, die Frisuren und Textilmuster andeuten. »Während des 7. und 6. Jahrtausends v. Chr. gab es eine bemerkenswerte Ähnlichkeit zwischen der europäischen und anatolischen Keramikproduktion, einschließlich der figürlichen Kunst und der dazu gehörenden Bekleidungsmode« (GIMBUTAS 1974, 56). Bei solchen Parallelen handelt es sich um Charakteristika einer gemeinsamen Entwicklungsbasis ohne Abhängigkeiten in der einen oder anderen Richtung.

Zu den zahlreichen eigenständigen Entwicklungszügen des alteuropäischen Zivilisationskreises gehört die Verwendung der Schrift, wodurch sich Alteuropa deutlich von den zeitgenössischen Kulturen in Kleinasien unterscheidet. Beschriftete Tonware und Votivgaben sind in allen Regionalkulturen Alteuropas gefunden worden. Die meisten beschrifteten Objekte stammen allerdings aus Fundorten der Vinča-Kultur, insbesondere aus Vinča selbst sowie aus Turdaş und Tărtăria im heutigen Transsylvanien. Beschriftete Objekte der Vinča-Kultur sind bereits seit dem vergangenen Jahrhundert bekannt. Da allerdings lange Zeit die Datierung der alteuropäischen Kulturperioden unsicher war, wurden allerlei Spekulationen über die Herkunft der Schrift angestellt. Die phantastischste Annahme geht davon aus, daß irgendein sumerischer Kaufmann auf seinen Reisen die Kenntnis der sumerischen Schrift an die Alteuropäer vermittelt hätte. Auch als Radiokarbondaten für einzelne Fundstätten verfügbar waren, klärte sich das Gesamtbild noch nicht. Seit man in den sechziger Jahren festgestellt hatte, daß C 14-Werte fehlerhafte Datierungen verursachen –

(27) Beschriftete Idole (Tonstatuetten) der Vinča-Kultur

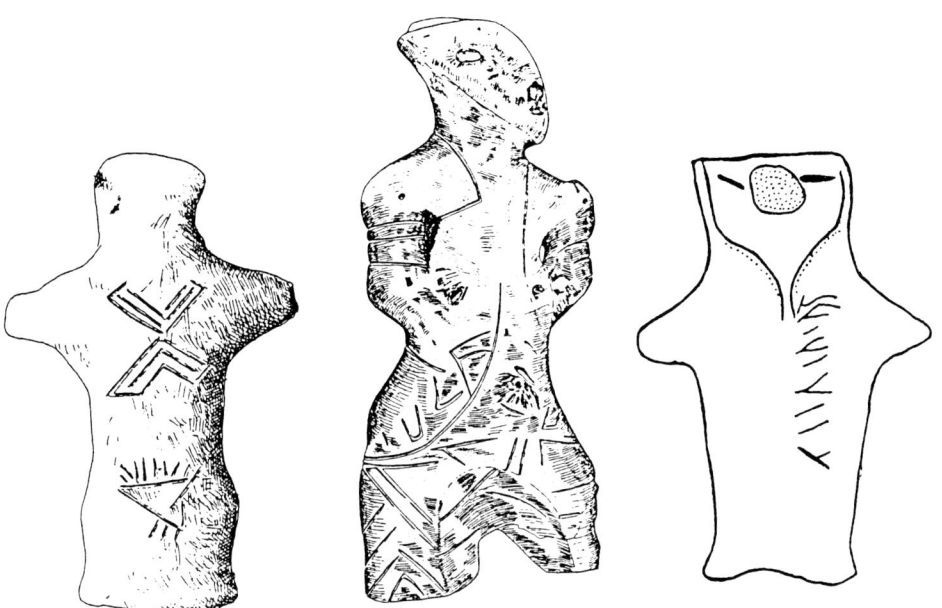

besonders, wenn es sich um Zeiträume handelt, die länger als dreitausend Jahre zurückliegen (GIMBUTAS 1974, 13 ff.) –, korrigierte man die Chronologie auf der Basis von Radiokarbondaten mit Hilfe von Kontrollwerten der Dendrochronologie. Daraufhin erwies sich das tatsächliche Alter vieler Kulturperioden als höher, und die Kulturchronologie wurde in den siebziger Jahren für Alteuropa und den ägäischen Raum neu erstellt.

Die Anfänge der Schriftverwendung in Alteuropa gehen auf das Ende des 6. Jahrtausends v. Chr. zurück. Damit steht fest, daß es sich bei der *altbalkanischen Schrift* nicht um einen sumerischen »Import« handeln kann, zumal die Zeichen dieser Schrift keine nennenswerte Ähnlichkeit mit den Symbolen der *altsumerischen Bilderschrift* haben (vgl. Kap. 4). Dank einiger Spezialstudien aus neuerer Zeit (WINN 1981, 1986, MASSON 1984, HAARMANN 1989b) ist inzwischen geklärt, daß die alteuropäische Schrift eine bodenständige Entwicklung ist, die in einem deutlichen zeitlichen Abstand zu den Anfängen der Schrift in Mesopotamien steht. Nicht weniger als zwei Jahrtausende liegen zwischen den ersten Schriftzeugnissen der Vinča-Kultur und den ältesten sumerischen Aufzeichnungen. Außergewöhnlich wie das Alter dieser Schrift ist auch ihre Bindung an die religiöse Sphäre. Sämtliche beschrifteten Objekte wurden außerhalb von Siedlungsplätzen an Kult- und Begräbnisstätten gefunden. Die Gegenstände, die Schriftzeichen tragen, standen offensichtlich im Zusammenhang mit der Anbetung und Anrufung von Gottheiten, und sie spielten eine Rolle für das kultische Ritual von Bestattungszeremonien. Häufig ist die rituelle Funktion der mit Inschriften versehenen Fundstücke direkt erkennbar, wenn es sich nämlich um Weihgefäße,

(28) Beschrifteter Spindelkopf aus Turdaş (Vinča-Kultur)

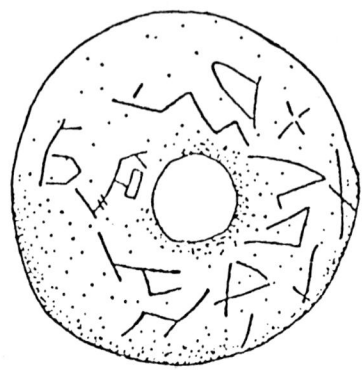

idolhafte Tonfiguren, verschiedenartige Votivgaben und kleine Votivtafeln handelt (*Abb. 27*). An den Kultstätten hat man auch zahlreiche Spindeln gefunden, die Inschriften tragen (*Abb. 28*). Für den modernen Menschen ist die Spindel ein praktischer Gebrauchsgegenstand, jedenfalls einer aus einer vergangenen Zeit. In der Antike jedoch gibt es viele Hinweise darauf, daß die Spindel kultische Bedeutung hatte. GIMBUTAS (1974, 199), die viele Parallelen zwischen Alteuropa und den klassischen griechischen Traditionen zieht, hebt hervor, daß in den Heiligtümern der Artemis Spindeln, Webstuhlgewichte, Weberschiffchen und andere Utensilien gefunden wurden, die zum Weben gebraucht werden. Aus Inschriften weiß man, daß unter den Weihgaben für Artemis auch Woll- und Leinenstoffe sowie auf Spulen gewickelte Fadenknäuel waren. Ähnlich hat man sich wohl die Bedeutung beschrifteter Spindeln als Weihgaben für die alteuropäische Muttergottheit vorzustellen, für die »Spinnerin« des Schicksals der Menschen.

Es lassen sich etwas mehr als zweihundert individuelle Zeichen unterscheiden, einschließlich solcher Symbole, von denen man annehmen kann, daß sie Zahlenwerte und Maßeinheiten angeben. Eine Anzahl dieser Zeichen finden sich auf dem Boden von Tongefäßen als isolierte Symbole eingeritzt, so daß man sie auf den ersten Blick für Töpfermarken halten könnte (*Abb. 29*). Daß solche Symbole aber eigentliche Schriftzeichen sind, wird in mehrfacher Hinsicht deutlich. Einerseits treten die isoliert verwendeten Zeichen auch in Kombination mit anderen Symbolen an verschiedenen Stellen auf, beispielsweise am oberen oder unteren Rand von Tongefäßen, und auch an deren Außenseite. Diese Kombinatorik von Zeichen in Gruppen sowie ihr Vorkommen an verschiedenen Stellen schließt bereits die Funktion von Töpfermarken aus. Andererseits sind nicht alle Gegenstände, die man an den Kultplätzen gefunden hat, beschriftet. Nur eine von hundert Tonfiguren trägt einzelne Schriftzeichen oder kurze Inschriften (GIMBUTAS 1974, 85). Töpfermarken würden mit größerer Regelmäßigkeit auftreten. Ein weiteres Argument für den Schriftcharakter ist das Fehlen beschrifteter Gegenstände an alteuropäischen Siedlungsplätzen, also gerade in einer Umgebung, wo die Herstellung von Tonware und die Verwendung von Töpfermarken – dort wo eine solche Tradition besteht – zum Alltagsleben gehört. Alles spricht dafür, daß in den alteuropäischen Regionalkulturen keine Töpfermarken in Gebrauch waren, und daß der kulturhistorische Stellenwert der verwendeten Symbole nur im Schriftgebrauch eine sinnvolle Erklärung findet.

Die meisten Inschriften sind sehr kurz und bestehen aus der Kombination einiger weniger Schriftzeichen. Aus dem Umstand, daß Beschriftungen, die nur zwei oder drei Zeichen umfassen, keine ganzen Sätze sondern lediglich einzelne Wörter wiedergeben können, haben einige Forscher die Schlußfolgerung gezogen, daß es sich bei der alteuropäischen Schrift um die entwicklungsmäßige Vorstufe einer eigentlichen schriftlichen Fixierung von Texten handelt. So spricht WINN (1981) von einem Vorläufer der Schrift (pre-writing) und MASSON (1984, 123) von einem Vorstadium der Schrift (stade précurseur de l'écriture). Aus verschiedenen Gründen ist eine solche Annahme nicht stichhaltig. Denn bei aller Kürze vieler Beschriftungen darf nicht übersehen werden, daß es auch eine ganze Anzahl längerer Inschriften gibt. Zu diesen gehören unter anderem die Texte auf den Votivtafeln von Tărtăria (Rumänien) aus dem ausgehenden 6. Jahrtausend v. Chr., die Inschrift auf einem Weihgefäß aus Vinča aus dem frühen 5. Jahrtausend v. Chr., der Text auf einer flachen Schale aus Gradešnica (Bulgarien) aus der Zeit des ausgehenden 5. vorchristlichen Jahrtausends und die Beschriftung einer Spindel aus Dikilitash (Nordostgriechenland) um 4000 v. Chr. (*Abb. 30*). Die Inschriften auf Spindeln und auf der Außenseite von Weihgefäßen sind im allgemeinen länger als solche auf Tonfiguren. Bei WINN (1986, 157ff.) sind Beispiele von Inschriften verzeichnet, die aus mehr als zehn Einzelsymbolen bestehen (*Abb. 31*).

Die Definition dessen, was Schrift ist, kann sich nur auf die Intention als solche zu schreiben, d. h. Schriftsymbole mit sprachlichen Zeichen zu verbinden, beziehen,

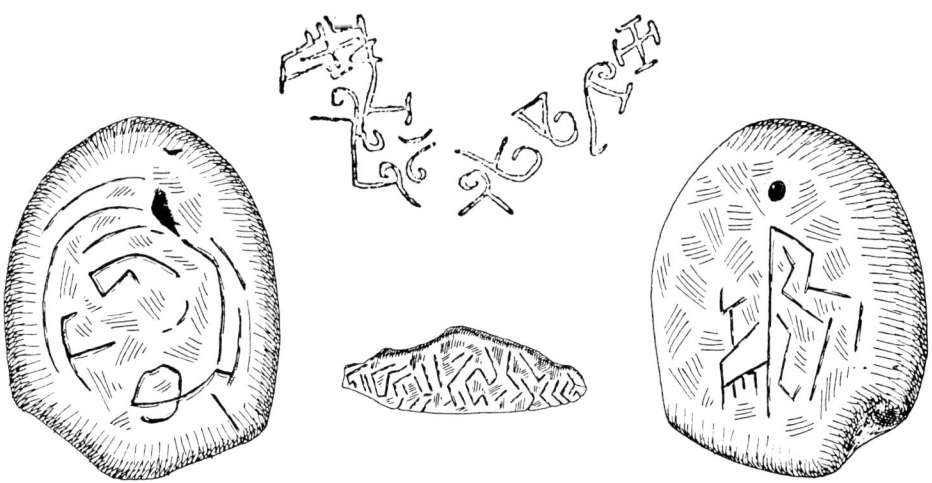

(29) *Schriftzeichen auf Tongefäßen der Vinča-Kultur*

(30) Inschriften auf verschiedenen Kultobjekten der Vinča-Kultur

 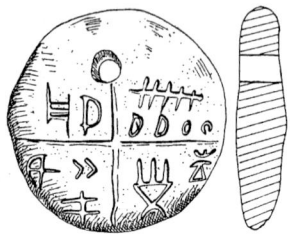 

a) Votivtafeln von Tărtăria

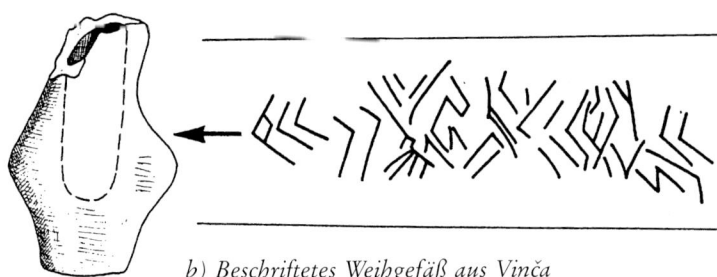

b) Beschriftetes Weihgefäß aus Vinča

   Außenseite   Innenseite

c) Schale aus Gradešnica

d) Beschriftete Spindel aus Dikilitash

(31) Lineare Zeichensequenzen auf beschrifteten Objekten der Vinča-Kultur

nicht aber auf den Umfang des Schriftgebrauchs. Offenbar war die Verwendung der Schrift im alteuropäischen Zivilisationskreis ein Mittel der Kommunikation zwischen Menschen und Gottheiten. Das Schreiben stand jeweils im Zusammenhang mit religiösen Zeremonien, so mit der Anrufung einer Gottheit, mit dem Weihen von Votivgaben für die Gottheit, mit Fruchtbarkeitsritualen, mit Opferhandlungen, Bestattungsriten und mit dem Ahnenkult. Die Beschränkung der Schriftfunde auf Kultstätten ist ein Indiz dafür, daß die alteuropäische Schrift eine Sakralschrift war, deren Verwendung religiös motiviert war. Insofern wird auch verständlich, warum die meisten Inschriften verhältnismäßig kurz sind. Wahrscheinlich handelt es sich dabei um kurze, formelhafte Widmungen. Auch wenn wir es also nicht mit einer praktischen Gebrauchsschrift zur Aufzeichnung von Urkunden, Kaufverträgen oder Gesetzestexten zu tun haben – Verwendungen, die vielleicht für den Entwicklungsstand der alteuropäischen Zivilisation zu spezialisiert waren –, ist der Sachverhalt des Schreibens und die Intention, Texte zu fixieren, eindeutig gegeben. Es ist nicht abwegig sich vorzustellen, daß die Kenntnis der Schrift in den alteuropäischen Regionalkulturen ein wohlbehütetes Privileg einer einflußreichen Priesterschaft war, deren Vertreter gar nicht daran dachten, das Monopol einer sakralen Schriftverwendung zu profanisieren. Man kann annehmen, daß die Inschriften von Priestern selbst in die geweihten Objekte eingeritzt wurden, so daß die Funktion des Schreibens die einer Intensivierung der von den Priestern vermittelten Kommunikation zwischen den Gläubigen und einer bestimmten Gottheit gleichkam. Für den einfachen Alteuropäer mag sich mit diesem sakralen Gebrauch der Schrift die Vorstellung verbunden haben, sie sei ein wesentlicher Schlüssel für die Neigung der Gottheiten, das Schicksal der Menschen günstig zu bestimmen.

Der sakrale Charakter der Schriftverwendung als Privileg einer priesterlichen Oberschicht macht auch plausibel, warum sich die äußere Gestalt der Schrift sowie

(32) Schriftzeichen aus der Epoche der Vinča-Zivilisation

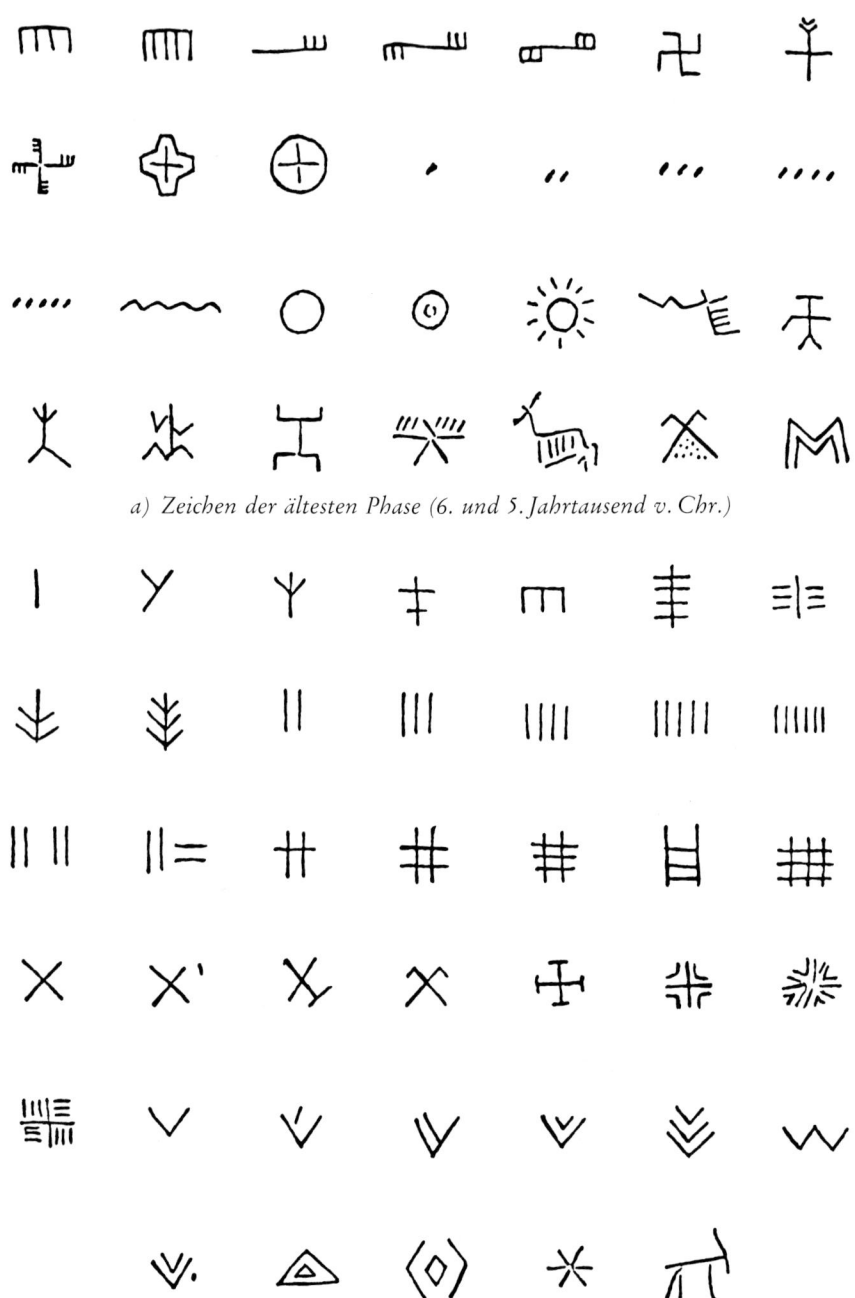

a) *Zeichen der ältesten Phase (6. und 5. Jahrtausend v. Chr.)*

b) *Zeichen, die zeitlich unbegrenzt verwendet wurden*

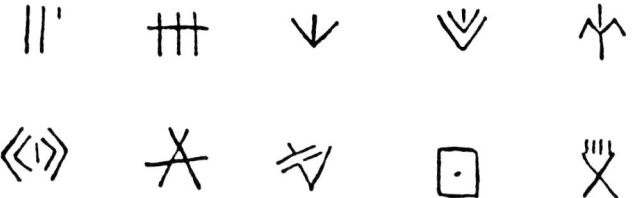

c) Zeichen der Spätphase (erste Hälfte des 4. Jahrtausends v. Chr.)

deren Zeichenbestand über einen bemerkenswert langen Zeitraum erhalten haben. Länger als eineinhalb Jahrtausende war die *alteuropäische Sakralschrift* in Gebrauch, und zwar vom ausgehenden 6. Jahrtausend bis zur Mitte des 4. Jahrtausends v. Chr. Trotz einer beachtlichen Stabilität in der Tradierung von Schriftsymbolen kann es nicht verwundern, daß es im Verlauf der Jahrhunderte zu Neuerungen im Schriftgebrauch kam. Dies zeigt sich unter anderem darin, daß die Verwendung bestimmter Symbole typisch für die Frühphase ist, der Gebrauch anderer Zeichen charakteristisch für die Spätphase. So lassen sich etwa die Zeichen, die auf beschrifteten Objekten des Vinča-Komplexes vorkommen, in drei Gruppen einteilen:

a) Symbole, die besonders häufig im ausgehenden 6. und frühen 5. Jahrtausend v. Chr. verwendet wurden (*Abb. 32a*);
b) Symbole, die zu allen Zeiten verwendet wurden (*Abb. 32b*);
c) Symbole, die seit etwa 4000 v. Chr. in Gebrauch waren (*32c*).

Im älteren Zeichenbestand finden sich insbesondere solche Symbole, deren stilisierte Form noch mehr oder weniger deutlich die Herkunft aus älteren bildhaften Darstellungen (Piktogrammen) erkennen läßt. Die Masse der Schriftzeichen jedoch besteht aus abstrakten Symbolen, deren Gestalt keine Aufschlüsse über ältere Vorformen gibt. Dies gilt insbesondere für die Schriftzeichen der Spätphase. Ein Blick auf den Zeichenbestand der Frühphase verdeutlicht, daß auch das Hakenkreuz zu den ältesten Symbolen der alteuropäischen Zivilisation gehört. Wir haben es hier also mit einem *vor*indogermanischen Symbol zu tun. Sein Gebrauch als Schriftzeichen findet eine interessante Parallele im Inventar chinesischer Schriftsymbole der archaischen Zeit. In China symbolisiert das Hakenkreuz die vier Himmelsrichtungen, und als Schriftzeichen hat es die Bedeutung ›überall‹.

Es wäre abwegig, wollte man der altbalkanischen Schrift irgendeine der aus Südosteuropa bekannten vorindogermanischen Sprachen zuordnen. Rekonstruktionsversuche, Substratsprachen aus dem Wortgut dunkler Herkunft in historischen und modernen Balkansprachen zu erschließen, reichen bestenfalls bis ins 2. Jahrtausend v. Chr. zurück (vgl. Katičić 1976, 33 ff. zur Rolle sogenannter »vorgriechischer« Sprachen). In der Namenforschung gibt es einige spärliche Hinweise auf Sprachzustände des 3. vorchristlichen Jahrtausends (Gindin 1981). Bereits zu jener Zeit war Südosteuropa überwiegend von *Indogermanen* bevölkert. Die großen kulturellen Umwälzungen, die durch die Einwanderung von indogermanischen Stämmen in die

Donauländer und Balkanregionen ausgelöst wurden, lassen sich nurmehr archäologisch rekonstruieren, denn es gibt darüber keinerlei Nachklänge in der griechischen Mythologie, die ansonsten voller vorgriechischer Motive steckt. Es sieht so aus, als ob wir niemals in der Lage sein werden, irgendeine der vorindogermanischen Sprachen aus der Periode der alteuropäischen Schriftkultur zu individualisieren, geschweige denn Lautwerte oder Silbenstrukturen einer solchen mit den Zeichen der altbalkanischen Schrift zu assoziieren. Die sakralen Inschriften der Alteuropäer werden also ihren Inhalt mit größter Wahrscheinlichkeit niemals dem Zugriff des modernen Forschers preisgeben. Die alteuropäische Zivilisation wird einen Teil ihrer Geheimnisse für immer bewahren. Dies ist vielleicht ein Ausdruck des Sakralen, denn die Inschriften waren für die Gottheiten bestimmt.

Noch im 5. Jahrtausend v. Chr. lebte die vorindogermanische Bevölkerung Südosteuropas getrennt von den Indogermanen, die weiter im Osten, in den pontischen Steppen nördlich des Schwarzen Meeres siedelten. Die Siedlungsräume waren allerdings benachbart, und schon vor 4000 v. Chr. kam es zu Kontakten zwischen der *moldauisch-westukrainischen Regionalkultur* und der *Kurgankultur* im südlichen Rußland. Es steht fest, daß die Träger der Kurgankultur – benannt nach den für sie so charakteristischen Kurganen (Hügelgräbern) – indogermanischer Herkunft waren, und im Kontakt mit der höher entwickelten alteuropäischen Zivilisation übernahmen sie einige von deren Eigenheiten (GIMBUTAS 1973, 13 f.). Erst nach der Wende vom 5. zum 4. vorchristlichen Jahrtausend aber drängten die Indogermanen in immer neuen Siedlungsschüben nach Westen in die Gebiete der alteuropäischen Bevölkerung. Die Existenz von archäologisch nachgewiesenen Brandschichten an vielen Siedlungsplätzen ist ein Beweis dafür, daß es zu kriegerischen Auseinandersetzungen zwischen den alteingesessenen Ackerbauern Südosteuropas und den viehhaltenden Nomaden aus den südrussischen Steppen kam. Die indogermanischen Reiternomaden waren den Städtern Alteuropas militärisch überlegen. Um die Mitte des 4. Jahrtausends v. Chr. beginnt die Ablösung der matriarchalisch orientierten Kulturtraditionen durch eine patriarchalische Gesellschaftsordnung, die Vorherrschaft weiblicher Gottheiten in den Glaubensvorstellungen wird durch einen Pantheon überwiegend männlicher Götter ersetzt. Im Osten (Rumänien) vollzieht sich die Indogermanisierung schneller als im Westen (Jugoslawien), im Norden (Südungarn) rascher als im Süden (Griechenland). Gegen Ende des 4. vorchristlichen Jahrtausends, zu Beginn der Bronzezeit, ist Südosteuropa bereits überwiegend geprägt durch die Kultur der indogermanischen Eindringlinge.

Auch die Tradition der Sakralschrift Alteuropas bricht ab, und Europa fällt um 3500 v. Chr. in ein schriftloses Stadium, also in die Vorgeschichte zurück. Mehr als zwei Jahrtausende liegen zwischen den letzten Inschriftenfunden der Vinča-Kultur und den frühesten schriftlichen Zeugnissen des mykenischen Griechisch auf dem Festland. Es ist schwer vorstellbar, daß sich irgendetwas von der alteuropäischen Schrift erhalten hat, denn die Indogermanen haben erst viel später ihre eigene Schriftkultur entwickelt. Sehr eindrucksvoll ist der »Verlust« der alteuropäischen Schrift von WINN (1986, 303) beschrieben worden: »Aber am wichtigsten ist, daß die charakteristischen Tonfiguren, welche ein fundamentales Bindeglied zur Schrift der chalkolithischen Zivilisation darstellten, ihre Bedeutung verloren und in Vergessenheit gerieten. Eine Folge davon war, daß auch die Schrift, die mit früheren religiösen Vorstellungen verbunden war, verloren ging, vielleicht wegen der Unkenntnis des Gebrauchs ihrer Zeichen, wahrscheinlicher aber deshalb, weil die Zeichen – ob als mystisch angesehen oder für Tabusymbole gehalten – mit Begriffen in Verbindung gebracht wurden, die der indogermanischen Oberschicht fremd waren und nicht geduldet wurden.« Ging die Schrift Alteuropas tatsächlich spurlos verloren, und geriet die Symbolik der vorindogermanischen religiösen Vorstellungen vollständig in Vergessenheit? Wie will man dies mit Sicherheit in der einen oder anderen Weise beantworten, da die Indogermanisierung Südosteuropas so lange zurückliegt?

Schrift und religiöse Symbolik in Altkreta

Es gibt eine Reihe von Indizien und auch konkrete Beweise dafür, daß die Kultur Alteuropas nicht vollständig verloren gegangen ist, denn wenn sich kulturelle Traditionen einmal gefestigt haben, brechen sie nicht einfach ab. Zweifellos brachte die indogermanische Bevölkerung neue Glaubensvorstellungen und eine patriarchalische Sozialstruktur mit sich. Bei der alteingesessenen Bevölkerung aber lebten deren frühere Bräuche fort, auch wenn die Kultur der Kurgan-Leute das öffentliche Leben bestimmte. Obwohl zwischen der Ankunft der Indogermanen in Südeuropa und deren erster Hochkultur auf dem Festland (Mykene) ein langer Zeitraum liegt, und sich die alteuropäische Bevölkerung früher oder später kulturell und sprachlich assimilierte, leben doch alte religiöse Symbole und Motive der frühen Keramik fort, wie etwa die Fortsetzung der mit der Schlangen- und Vogelgöttin Alteuropas verbundenen Symbolik in der *mykenischen Kultur* zeigt. »Die mykenische Kunst ist reich an Vogel-Frau-Kulturbildern und schlangenköpfigen Figuren mit runden Augen, die auf einem Thron stehen oder sitzen und häufig eine Krone tragen; während der spätmykenischen (späthelladischen) Zeit sind kleine Tonfiguren mit zylinderförmigen Körpern und Flügeln ganz verbreitet. (...) Da diese Formen und dekorativen Motive keine direkten Vorläufer in der früheren mykenischen (indogermanischen) Periode haben, kann ihr Auftreten kaum anders denn als ein Wiedererscheinen der langlebigen, lokalen vorindogermanischen Tradition erklärt werden. Es ist davon auszugehen, daß diese Formen, die für die Zwischenzeit archäologisch nicht nachweisbar sind, ohne Unterbrechung nachgebildet wurden, allerdings in vergänglichem Material. Zum anderen hat man die Schlangengöttin und die Vogelgöttin wahrscheinlich insgeheim auch nach der Ankunft der Indogermanen eine Zeitlang verehrt, bevor sich diese erneut in bildlicher und gestalterischer Form zu einem späteren Zeitpunkt manifestieren.« (GIMBUTAS 1974, 147)

Die Wiederbelebung alteuropäischer Motive und Symbole in der mykenischen Kultur weist ohne Zweifel auf eine direkte Tradierung auf dem europäischen Festland.

In der Inselwelt der Ägäis jedoch sind die Verbindungen mit der alteuropäischen Zivilisation, vor allem in der Breitenwirkung, noch viel deutlicher zu erkennen. Gegen Ende des 4. Jahrtausends v. Chr. tauchen Motive wie der Mäander, die Spirale sowie schlangen- oder wellenförmige Muster in der *Kykladenkultur* auf Delos, Syros, Melos, Keros, Naxos und anderen Inseln auf. Bereits in Alteuropa war die Spirale das Symbol des kosmischen Wassers in seinem zeitlosen Fluß. Die Schlangengöttin, zu deren Attributen das Spiralmotiv gehörte, wurde mit dem Wasser und nicht mit der Erde assoziiert. Diese Symbolik findet sich auch in der Kykladenkunst. Auf einem der bekanntesten Objekte von der Insel Syros, einer pfannenförmigen Palette (*Abb. 33*), ist das heilige Wasser durch eine Vielzahl miteinander verbundener Spiralen dargestellt, in deren Mitte ein Schiff mit Fischverzierung zu erkennen ist (heilige Barke?). Auf den Kykladen sind auch weibliche Idole aus Ton und Marmor gefunden worden, die in ihrer Form sehr denen des Vinča-Komplexes und anderer alteuropäischer Regionalkulturen der älteren Zeit ähneln. Die Archäologen haben sich darüber gewundert, daß die Kykladenkultur gleichsam »unvermittelt« um 3200 v. Chr. aus der Bedeutungslosigkeit auftaucht, in die sie nach 2000 v. Chr. wieder versinkt. Wenn man die alteuropäische Zivilisation in Betracht zieht, versteht man, daß die Kykladenkultur ihrerseits eine organische Fortsetzung älterer Traditionen ist, eine lokale Variante eines frühen Kulturerbes.

(33) Pfannenförmige Palette der Kykladenkultur mit mythischen Symbolen (3. Jahrtausend v. Chr.)

Am eindrucksvollsten manifestiert sich die alteuropäische Kulturtradition auf *Kreta,* wo im 3. Jahrtausend v. Chr. kulturelle Umwälzungen stattfinden, die man auf die Einwanderung von Siedlern unbekannter Herkunft zurückführt (SAKELLARAKIS 1985, 7). Die Einwanderer bringen nicht nur die Kenntnis der Bronzeverarbeitung mit und eröffnen damit das Metallzeitalter auf Kreta, mit ihnen gelangen auch viele Elemente aus dem alteuropäischen Zivilisationskreis des Festlandes auf die Mittelmeerinsel. Man kann sich vorstellen, daß unter dem ständigen Druck immer neuer indogermanischer Siedlungsschübe ein Teil der vorindogermanischen Bevölkerung nach Süden ausgewichen ist. Als im 3. Jahrtausend v. Chr. ebenfalls in Griechenland Indogermanen seßhaft werden, bleiben den Alteuropäern nurmehr die ägäischen Inseln als Zufluchtsorte. Auch aus Anatolien kamen Siedler in die Ägäis, und insbesondere nach Kreta, wo sich der kleinasiatische Einfluß in der besonderen Form der *minoischen Schnabelkannen* niederschlägt. Am vielfältigsten aber sind die alteuropäischen Impulse, die die Entwicklung der altkretischen Kultur bis ins 2. vorchristliche Jahrtausend bestimmen. Frappierend ist, daß es bei dem Fortleben des festländischen Kulturerbes nicht allein um einzelne Motive oder Elemente der darstellenden Kunst, oder um Einzelsymbole im Zusammenhang mit religiösen Vorstellungen geht, sondern daß das Wesen der alteuropäischen Zivilisation im Netzwerk ganzer altkretischer Kulturmuster in Erscheinung tritt.

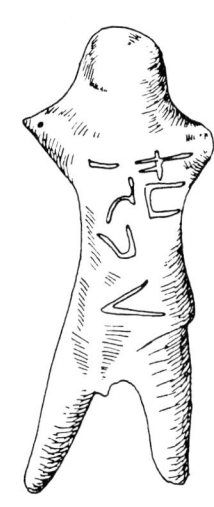

(34) Kretische Tonfigur mit Schriftzeichen vom Typ Linear A (Anfang des 2. Jahrtausends v. Chr.)

Auf Kreta sind zahlreiche, zumeist aus gebranntem Ton hergestellte, weibliche Idole aus der Zeit des 3. und 2. Jahrtausends v. Chr. gefunden worden. Die *altkretischen Idole* sind nicht nur deshalb interessant, weil sie in ihrer Form den Tonfiguren der alteuropäischen Regionalkulturen, insbesondere der *Vinča-Kultur*, sehr ähnlich sind. Es zeigen sich auch bemerkenswerte Parallelen zwischen dem Festland und Kreta im Hinblick auf die Einteilung solcher Idole in drei Gruppen. Die meisten Idole haben eine glatte Oberfläche ohne jeden Dekor. Zur zweiten Gruppe gehören solche Figuren, auf denen dekorative Motive eingeritzt sind. Von besonderem Interesse sind die Idole der dritten Gruppe, denn diese sind beschriftet (*Abb. 34*). Die auf den ersten Blick unscheinbaren Figuren dieser letzten Gruppe sind äußerst bedeutsam, weil sie uns wesentliche Hinweise auf die Anfänge der Schriftverwendung in Kreta geben. Mehr als tausend Jahre nach dem »Verlust« der alteuropäischen Sakralschrift lebt die Sitte auf Kreta wieder auf, weibliche Idole zu beschriften. Es kann kein Zweifel daran bestehen, daß die Inschriften auf den kretischen Figuren dieselbe Funktion hatten wie die Beschriftungen der Vinča-Figuren: sie standen im Zusammenhang mit religiösen Ritualen, insbesondere mit dem auf dem Festland wie auf Kreta so bedeutenden Ahnenkult. Die Zeichen auf den beschrifteten kretischen Tonfiguren gehören zum Schriftsystem Linear A, es sind also keine Symbole der kretischen Hieroglyphenschrift, auf die ich weiter unten zu sprechen komme. Es liegt nahe, sich nach Parallelen zwischen Alteuropa und Kreta auch bezüglich des Charakters der Schriftsysteme zu fragen, und zwar nicht nur wegen der konkreten historischen Bezüge, sondern auch weil beide Systeme Linearschriften sind.

Über Linear A ist viel gerätselt worden, und die Entzifferung dieser Schriftform ist trotz eines mutigen Versuchs von BEST (1972) bis heute umstritten. Auch hinsichtlich des Ursprungs sind keine handgreiflichen Forschungsergebnisse erzielt worden. Dies liegt wohl in erster Linie daran, daß man bemüht war, die historischen Wurzeln auf Kreta und in der minoischen Kultur selbst zu suchen, denn bei einem Vergleich zwischen dem Zeichenschatz von Linear A mit dem der Indusschrift, mit den Symbolen der altsumerischen Schrift oder denen der altägyptischen Hieroglyphen lassen sich kaum mehr als eine Handvoll nennenswerter graphischer Parallelen ermitteln, die zumeist als universelle Symbole erkennbar sind (z. B. stilisierte Darstellung eines Baumes, eines Tierkörpers oder -kopfes, u. ä.). Zwar ist einigen Forschern aufgefallen, daß verschiedene Symbole Alteuropas in den Zeichen der altkretischen Schriftsysteme wiederzuerkennen sind (z. B. GEORGIEV 1969, MASSON 1984, 119), ein systematischer und vor allem umfassender Vergleich ist aber bislang nicht unternommen worden. Dabei fordern die zahlreichen Parallelismen im religiösen Symbolismus sowie im Bereich der dekorativen Motive einen Vergleich geradezu heraus. Der Forscher, der sich die Mühe macht, den Zeichenschatz der alteuropäischen Schrift mit dem der altkretischen Linearschrift vergleichend zu untersuchen, wird in der Tat belohnt. Denn das Ergebnis ist eine lange Liste von ähnlichen oder fast identischen Zeichen. Mehr als sechzig Einzelsymbole finden sich sowohl in Alteuropa als auch auf Kreta (vgl. Zeichenauswahl in *Abb. 35*). Dies bedeutet, daß etwa ein *Drittel* des alteuropäischen Zeicheninventars in der kretischen Schirft Linear A »weiterlebt«. Selbst wenn man kritischen Abstand hält und argumentiert, daß die Parallelismen im Bereich der Zahlzeichen (Verwendung von Punkten und Strichen) auf universelle Ähnlichkeiten hindeuten und nicht unbedingt historische Zusammenhänge erkennen lassen, so gilt dies in jedem Fall für die mehr als fünfzig anderen Zeichen (HAARMANN 1990b).

Es wäre voreilig, wollte man behaupten, daß das Schriftsystem Linear A aus Alteuropa »stammt«. Man kann allerdings sagen, daß die alteuropäische Schrifttradition bei der graphischen Herausbildung des Zeicheninventars von Linear A auf Kreta eine entscheidende Rolle gespielt hat. Vergleicht man die Liste der Parallelismen mit der chronologischen Gruppierung der Schriftzeichen aus der Vinča-Kultur (*Abb. 32*, S. 78 f.), so fällt auf, daß vor allem solche graphischen Symbole tradiert worden sind, die in Alteuropa am häufigsten und zeitlich unbegrenzt verwendet wurden. Dazu gehören auch solche Zeichen, die in der Spätphase, also nach 4000 v. Chr., auftreten. Nur wenige Parallelismen sind dem Zeichenbestand der Frühphase zuzuordnen. Es liegt auf der Hand, daß insbesondere diejenigen Zeichen in der Erinnerung der Alteuropäer blieben, die während der Blütezeit der Schriftverwendung regelmäßig gebraucht wurden. Der Schriftvergleich bringt somit ans Licht, daß die alteuropäische Schrift keineswegs im Dunkel der Vergessenheit versunken ist. Auf Kreta setzt sich die Tradition fort, in der Sitte, Idole zu beschriften, in der sakralen Funktion der Schrift und im Zeichenbestand. Das altkretische System Linear A stützt sich auf einen »Grundstock« alteuropäischer Schriftsymbole, der durch eine Anzahl einheimisch kretischer Zeichen ergänzt worden ist. Im Schriftsystem Linear A spiegelt sich

(35) Alteuropäisch-altmediterrane Schriftkonvergenzen in Auswahl

Zeichen der alteurop. Schrift	Zeichen von kret. Linear A	Zeichen der alteurop. Schrift	Zeichen von kret. Linear A

(36) Minoische Kultschale mit Inschrift in Linear A (Troullos-Archanes)

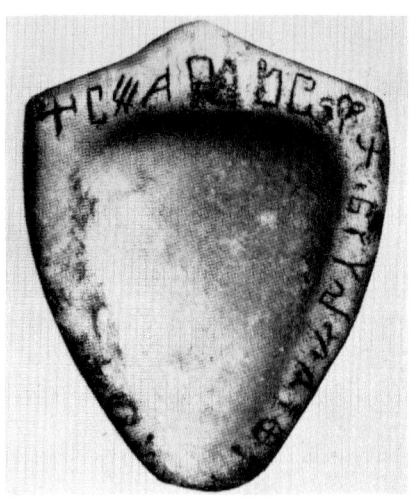

exemplarisch die symbiotische Verschmelzung von alteuropäischem Kulturerbe und spezifisch kretischen Zügen, ein Charakteristikum vieler Bereiche der minoischen Kultur. Auf dem Hintergrund solcher Beobachtungen bleibt die Entzifferung von Linear A zwar weiterhin problematisch, aber es sind jetzt die historischen Wurzeln dieses Schriftsystems bekannt, nach denen man so lange vergeblich gesucht hatte.

Außer durch beschriftete Tonfiguren wird der religiöse Gebrauch von Linear A dadurch bewiesen, daß man auch Kultobjekte mit Inschriften in diesem Schriftsystem gefunden hat *(Abb. 36)*. Umstritten ist allerdings, ob auch die Texte auf Tontafeln, soweit sie in Linear A geschrieben sind, religiösen Inhalt haben. Die meisten Forscher nehmen an, daß es sich bei solchen Aufzeichnungen eventuell um Inventarlisten der Palastschreiber handelte, also um Texte im Dienst der »Verwaltungsbürokratie« *(Abb. 37)*. Eine solche profane Funktion der ursprünglich sakralen Schrift paßt aber nicht in das Bild der minoischen Zivilisation, von der man weiß, daß der Lebensrhythmus der Menschen ganz im Zeichen der Beachtung ritueller Handlungen stand. Von besonderer Bedeutung war

(37) Tontafeln mit Text in Linear A aus den minoischen Palastarchiven

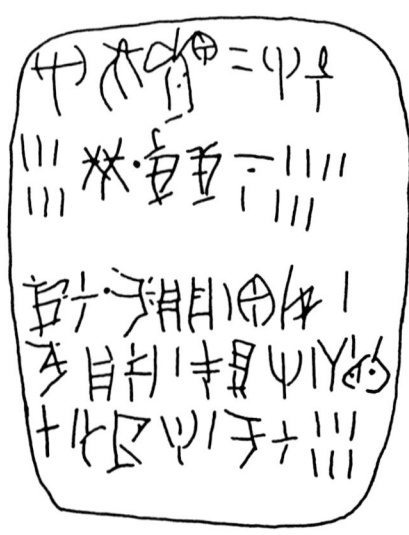

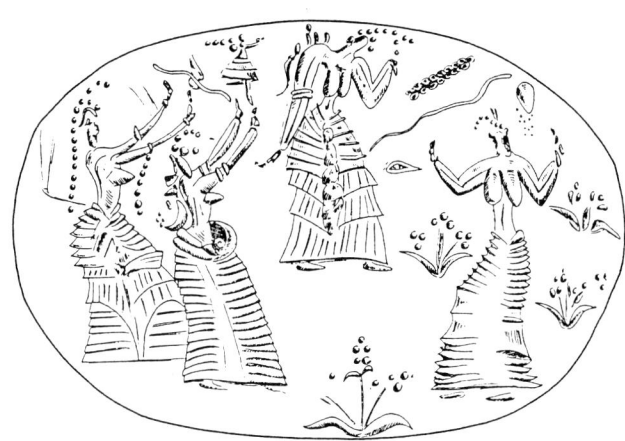

(38) Kretische Siegel und Schmuckstücke mit religiösen Bildmotiven aus dem 2. Jahrtausend v. Chr.

der Stierkult, der in einer typisch kretischen Zeremonie, dem rituellen Stierkampf, zum Ausdruck kam. Der Stier gehörte wie die Schlange, die Biene, der Schmetterling und die Taube zu den göttlichen Attributen, und diese Tiermotive sind zentrale Elemente im zeitlosen Repertoire der sakralen Kunst. Die kretischen Priesterinnen wachten über die Einhaltung der Riten zur Anbetung und Anrufung der mit dem Wasser verbundenen Muttergottheit, und der Lebensweg eines jeden war bestimmt von den regelmäßig wiederholten Ritualen im Zusammenhang mit dem Ahnenkult. Die bei solchen Zeremonien abgehaltenen feierlichen Prozessionen, kultischen Tänze und Opferhandlungen fanden nicht in abgeschlossenen Heiligtümern statt, sondern in den weiten heiligen Bezirken der kretischen Paläste (z. B. Knossos, Phaistos, Mallia). Da die minoischen Paläste nicht nur die Zentren der weltlichen Macht sondern auch die der sakralen Kultur waren, wurde in der Forschung die Meinung vertreten, daß es sich eigentlich um »Totenstädte« gehandelt habe, in denen die Ahnen verehrt wurden (WUNDERLICH 1983). Diese Auffassung ist sicherlich überspitzt und beruht auf einem Mißverständnis der Rolle der Anrufung der Ahnen im Ritual. Denn die angerufenen Ahnen »erschienen« lediglich für die Dauer der Zeremonien, und ihre Rolle war nicht die allgegenwärtiger »lebender Toter«. Obwohl die kretischen Paläste nicht mit Totenstädten zu verwechseln sind, hatten sie bestimmt den Rang von Kultstätten zur Demonstration der königlichen und priesterlichen Macht.

Bedenkt man die Bedeutung religiöser Zeremonien und den Umfang der damit verbundenen Opferhandlungen, kann man die sogenannten Inventarlisten der Palastschreiber ohne weiteres als priesterliche Bestandsaufnahmen von Votiv- und Opfergaben sowie als Aufstellungen oder Vorschriften über die Menge bestimmter Weihgaben für bestimmte Rituale interpretieren. Im Licht einer solchen Interpretation bleibt die

(39) Kretische Siegel mit Hieroglyphenschrift aus dem 3. und 2. Jahrtausend v. Chr.

sakrale Funktion von Linear A viele Jahrhunderte erhalten. Man könnte sagen, daß Linear A – als Linearschrift leicht zu handhaben – für praktische Zwecke verwendet wurde, die aber nichtsdestoweniger religiös motiviert waren. Neben dieser praktischen priesterlichen Schrift gab es auch eine *Zeremonialschrift,* das System der *kretischen Hieroglyphen,* deren Verwendung ebenfalls im sakralen Bereich zu suchen ist. Die ältesten Zeugnisse in hieroglyphischer Schrift sind altkretische Siegel vom Ende des 3. Jahrtausends v. Chr. Soweit solche Siegel bildhafte Darstellungen tragen, treten dem Betrachter religiöse Motive (z. B. Doppelaxt, Stierhörner – Bukranien genannt –) und rituelle Szenen entgegen *(Abb. 38).* Man erkennt auch insektenartig gestaltete Priesterinnen und Gottheiten. Die Biene war das Attribut der weiblichen Wassergottheit, deren Darstellung der des Tieres ähnelte. Die beschrifteten Siegel *(Abb. 39)* standen thematisch sicherlich ebenfalls in enger Beziehung zur religiösen Symbolik. Selbst wenn die Inschriften der kretischen Siegel noch nicht entziffert worden sind, kann man aus den religiösen Bezügen folgern, daß sie sakralen Inhalts sind. Die Hieroglyphenschrift der Siegel diente sicherlich nicht praktischen sondern zeremoniellen Zwecken, eine Eigenschaft, die die kretische Siegelschneidekunst oder Glyptik mit der sumerischen teilt (s. u.).

Die meisten Texte, die in kretischen Hieroglyphen geschrieben wurden, sind sehr kurz. Außer auf Siegeln findet man Inschriften in Hieroglyphen auch auf anderen Objekten, beispielsweise auf Bronzeäxten oder auf Tontafeln. Der längste Hieroglyphentext, der bisher gefunden wurde, stammt aus dem Archiv des alten Palastes von Phaistos in Südkreta. Es handelt sich um den berühmt gewordenen *Diskos von Phaistos,* eine Scheibe aus gebranntem Ton, die beidseitig mit einem spiralförmigen Text beschriftet ist *(Abb. 40).* Die Entstehungszeit des Diskos ist unsicher. Neuere Untersuchungen gelangen zu dem Ergebnis, daß die Tonscheibe zwischen 1850 v. Chr. (Beginn der Periode Mittelminoisch II) und etwa 1600 v. Chr. (Ende der Periode Mittelminoisch IIIb) hergestellt und beschriftet wurde (DUHOUX 1977, 6 ff., insbesondere S. 12). Der Diskos von Phaistos ist eines der rätselhaftesten Objekte der minoischen Kultur, und bis in die heutige Zeit ist es niemandem gelungen, die

(40) Der Diskos von Phaistos (18. oder 17. Jahrhundert v. Chr.)

Hieroglyphen zu entziffern und den Inhalt des Textes in eine moderne Sprache zu übersetzen. Die meisten Forscher, die sich mit dem Diskos beschäftigt haben, sind der Ansicht, daß man den Text nicht entziffern kann. Denn es fehlt eine sogenannte Bilingue, ein zweisprachiger Text in Altkretisch (Minoisch) und in einer bekannten Sprache der Antike, sozusagen ein »Schlüssel« zur Entzifferung der kretischen Hieroglyphen, der in seiner Rolle mit dem Stein von Rosette vergleichbar wäre (*Abb. 46*, S. 102), mit dessen Hilfe es gelang, die altägyptischen Hieroglyphen zu lesen. Diejenigen, denen die Entzifferung des Textes auf dem Diskos von Phaistos unmöglich erscheint, sind Epigraphiker, die mit rein sprachwissenschaftlichen Methoden arbeiten. Wendet man aber eine semiotische Methode an, und konzentriert sich auf die Ermittlung des Symbolgehalts einzelner Hieroglyphen sowie auf die Analyse von deren Wechselbeziehungen, gelangt man zu einer durchaus sinnvollen Interpretation des bislang geheimnisvollen Textes (vgl. Einzelheiten in Kap. 4).

Erschwert wird die Entzifferung der kretischen Hieroglyphen dadurch, daß nicht bekannt ist, welche Sprache die Minoer sprachen. Es ist viel darüber spekuliert worden, und es wurden fast sämtliche Sprachen des östlichen Mittelmeeres mit Kreta in Verbindung gebracht. So dachte man an eine Variante des Westsemitischen, an das indogermanische Luwisch und sogar an das Etruskische. Das Besondere einer semiotischen Rekonstruktion eines Textes besteht darin, daß man seinen Inhalt auf der Grundlage des Bildgehalts der Hieroglyphen interpretiert, obwohl die grammatische und lautliche Struktur der zugrundeliegenden Sprache unbekannt ist. Eine solche Interpretation geht davon aus, daß die Hieroglyphen jeweils einzelne Wörter repräsentieren, denn vieles weist darauf hin, daß die Schrift des Diskos die Sprache der Minoer nicht lautlich wiedergibt. Eine mit dieser Methode ausgearbeitete Interpretation steht allerdings so lange »in der Luft«, wie keine Beweise dafür gefunden werden können, daß der interpretierte Inhalt schlüssig und kulturell plausibel ist. Es kann also nicht von Dingen die Rede sein, die es in der minoischen Zivilisation gar nicht gab. Diese Grundbedingung einer jeglichen Textinterpretation blieb in den Entzifferungsversuchen einiger Außenseiter unbeachtet, deren ungenauen Textversionen der Bezug zur minoischen Kultur fehlt. Glücklicherweise wird die von mir vorgeschlagene Interpretation, die in HAARMANN (1990a, Kap. 5) vorgestellt worden ist, nicht nur dadurch gestützt, daß sie sich inhaltlich zwanglos den kulturellen Gegebenheiten Kretas im frühen 2. Jahrtausend v. Chr. einfügt, sondern auch dadurch, daß die im Text beschriebene Zeremonie durch archäologische Fundstücke bekannt ist.

Der Hieroglyphentext auf dem Diskos von Phaistos enthält die Beschreibung eines minoischen Rituals im Zusammenhang mit dem zentralen Ahnenkult. Vordergründig geht es um eine Begräbniszeremonie, deren eigentliche kultische Bedeutung aber in der Anrufung der Ahnen liegt. Es ist die Rede von zahlreichen Weihgaben, die von den Gläubigen herbeigetragen werden, von Opfertieren wie Vögeln oder Schafen, von Getreide oder wohlriechenden Kräutern, von Öl und Wein für die Weihgefäße. Ein moderner Betrachter, dem die minoischen Riten nicht vertraut sind, könnte geneigt sein, in dieser Textinterpretation bloßen Humbug zu vermuten, besonders, wenn es noch um Hunde und eine Barke geht. Und doch finden sich die archäologischen Beweise, die den Inhalt des Textes bis ins Detail bestätigen, noch dazu im selben Museum, in dem der kostbare Diskos von Phaistos aufbewahrt wird. Im Saal Nr. 14 des

(41) Seitenansicht des Sarkophags von Hagia Triada (Südkreta)

Museums von Iraklion steht der *Sarkophag von Hagia Triada*, der ebenso berühmt ist wie der Diskos. Seine Außenwände sind mit Fresken bemalt, und deren Bildsequenz ist wie ein figürliches Pendant zum Inhalt des Hieroglyphentextes (*Abb. 41*). Man sieht die Gläubigen, die ihre Opfergaben zum Kultplatz bringen, und man erkennt, daß zwei von ihnen Hunde tragen. Im Text ist zu lesen, daß diese wie die anderen Tiere für das Opfer bestimmt sind. Vor der Schar der am Begräbnis teilnehmenden Menschen ist die Erscheinung des Verstorbenen dargestellt, der bis zum Hals in einem langen Gewand steckt. Der vor ihm stehende Mann trägt einen bootähnlichen Gegenstand. Als Erklärung dieser Darstellung drängt sich die Überlegung auf, daß dem Verstorbenen – gleichsam symbolisch – die heilige Barke überreicht wird, die ihn über das heilige Wasser in die andere Welt bringen soll. Aus der anderen Welt werden die Ahnen herbeigerufen, deren Erscheinung auf den Seitenwänden des Sarkophags dargestellt ist. Die »Anwesenheit« der Ahnen beschrankt sich, ebenso wie die des Verstorbenen, auf die Dauer der Zeremonie, während der ihnen Opfer dargebracht werden.

Der Inhalt des Textes auf dem Diskos von Phaistos und die bildlichen Darstellungen der Fresken auf dem Sarkophag von Hagia Triada bilden eine symbiotische Einheit. Der Tenor des Textes, welcher durch rhythmische Wiederholungen charakterisiert ist, läßt darauf schließen, daß er möglicherweise zur feierlichen Rezitation diente, um die Prozession der Gläubigen mit ihren Weihgaben zu lenken, und um die Ahnen anzurufen, damit diese an der zu ihren Ehren stattfindenden Zeremonie »teilnehmen« sollten. Es bedarf keines Übermaßes an Phantasie, um sich vorzustellen, daß eine der Priesterinnen, die auf den Fresken zu sehen ist, den Text rezitiert hat, und der Diskos diente als Gedächtnisstütze. Wenn man weiß, daß der Inhalt von höchster religiöser Bedeutung für die Minoer war, verwundert nicht, daß die Hieroglyphen in einem

Spiraltext aneinandergereiht wurden. Die Spirale ist ein wichtiges religiöses Motiv, das bereits in den alteuropäischen Regionalkulturen des Festlandes häufig auftritt. Die religiöse Symbolik wird erhellt aus dem Sachverhalt, daß sich die Spiralform aus einer Stilisierung des Schlangenmotivs herleitet. Das Motiv der Spirale ist in jedem Fall sakral, ob nun als allgemeines Attribut einer Gottheit oder, in seiner speziellen Funktion, als Symbol des kosmischen oder heiligen Wassers. Dieser letztere Aspekt der speziellen Symbolik wäre ein idealer Bezug zur Vorstellung vom ewigen Leben der Ahnen in der anderen Welt. Kaum anders ist die Rolle des Spiralmotivs an den Seiten des Sarkophags von Hagia Triada zu verstehen.

Wenn man sich bewußt ist, wie wichtig dieser Ritualtext für die Durchführung der Zeremonien des Ahnenkults war, und daß die Wahl der Spirale als äußere Form des Hieroglyphentextes nicht auf Zufall beruht, sondern im Dienst der religiösen Symbolik steht, drängt sich unwillkürlich die Frage auf, weshalb der Text auf ein so alltägliches Material wie Ton geschrieben wurde. Auch hierüber ist viel gerätselt worden. Zunächst muß man bedenken, daß die Erhaltung der Tonscheibe reiner Zufall ist, sozusagen eine Laune der Natur. Der Text wurde in feuchten Ton gestempelt, und die ungebrannte Tonscheibe diente lediglich als Vorlage, um die sorgfältig auf beide Seiten verteilte Hieroglyphensequenz auf einen anderen Schriftträger zu übertragen. Nach einem großen Erdbeben zerstörte ein Brand den alten Palast von Phaistos, und diese Katastrophe »rettete« die in den Archivräumen befindlichen Tontafeln, darunter auch den Diskos, dadurch vor der Zerstörung, daß sie in der Hitze gehärtet wurden. Sehr wahrscheinlich wurde der Ritualtext auf eine ähnlich geformte Scheibe aus wertvollem Metall, vielleicht Gold, übertragen, und diese wurde dann als Kleinod in priesterlichem Besitz gehütet. Ein solcher Gegenstand aus Edelmetall ist allerdings bisher nicht gefunden worden. Es ist immerhin denkbar, daß eine Metallscheibe existierte, die irgendwann in nachminoischer Zeit ans Licht kam, und die eingeschmolzen wurde.

Die Vorstellung von der Übertragung des Ritualtextes auf eine Scheibe aus Edelmetall ist vielleicht weniger spekulativ, als man auf den ersten Blick vermuten würde. Es sind zwar außer goldenen Siegelringen wenige beschriftete Gegenstände aus wertvollem Material erhalten geblieben, es gibt aber doch einige Museumsstücke, die die Tradition dokumentieren, Inschriften in Metall einzugravieren. Ein Beispiel hierfür ist eine Goldfibel aus spätminoischer Zeit mit einer Brombeerranke als Dekor, auf deren Innenseite eine achtzehn Zeichen von Linear A umfassende Inschrift zu lesen ist. Die Fibel ist das einzige Stück seiner Art im Museum von Hagios Nikolaos. Diejenigen, die Vermutungen über den Charakter des Diskos von Phaistos als Textvorlage für eine kunstvolle Ausführung auf einem wertvollen Schriftträger angestellt haben, werden überrascht sein, daß es eine Parallele eines Sakraltextes in Spiralform in einer anderen antiken Mittelmeerkultur gibt, und daß dieser Text auf Metall geschrieben wurde. Dieser Vergleichsfall, der wegen seiner erstaunlichen Ähnlichkeit mit dem minoischen Diskos besondere Aufmerksamkeit verdient, stammt aus Italien, und zwar aus dem Bereich der etruskischen Kultur. In der italienischen Ortschaft Magliano (Provinz Grosseto) wurde eine beidseitig beschriftete Platte aus Blei gefunden, die in das 5. Jahrhundert v. Chr. datiert wird, und die einen Spiraltext in etruskischer Sprache trägt (*Abb. 42*). Ebenso wie der Diskos von

Phaistos der einzige Gegenstand seiner Art mit Spiraltext in der minoischen Kultur ist, gilt dies auch für den Spiraltext auf der Bleiplatte im Kontext der etruskischen Kultur.

Die Bleiplatte von Magliano gehört zu den wichtigsten Schriftdenkmälern des Etruskischen (STACCIOLI 1967, 26). Einerseits ist der Text der einzige, der nicht – wie üblich – in Zeilen, sondern in Spiralform geschrieben ist. Zum anderen ist der Text wegen seiner Länge beachtenswert, da er sich mit über siebzig Einzelwörtern deutlich von den zahlreichen kurzen etruskischen Grabinschriften unterscheidet. Auch die Tatsache, daß der Schriftträger eine Metallplatte ist, gehört zu den Besonderheiten dieses Spiraltextes, denn es sind nur wenige Schriftdenkmäler des Etruskischen auf

(42) Bleiplatte mit Spiraltext in etruskischer Sprache aus Magliano (5. Jahrhundert v. Chr.)

Goldblech oder Bleiplatten überliefert. Der Text bezieht sich inhaltlich auf Opfergaben für verschiedene Gottheiten, und es finden sich Vorschriften, zu welchen Zeiten und an welchen Orten Opfer darzubieten sind. Obwohl also der etruskische Spiraltext wegen seines sakralen Bezugs dem des Diskos von Phaistos inhaltlich sehr ähnelt, wäre es zum gegenwärtigen Zeitpunkt verfrüht, über irgendwelche historischen Verbindungen zwischen beiden Kulturdenkmälern zu spekulieren. Immerhin haben die Vorfahren der Etrusker Italiens das Spiralmotiv aus ihrer Heimat im ägäischen Raum mitgebracht (s. TORELLI 1988, 29 ff. zur Herkunft der Etrusker). Allerdings liegen zeitlich mehr als tausend Jahre zwischen dem minoischen und etruskischen Spiraltext. Es bleibt damit ein Anreiz für die zukünftige Forschung, diese beiden Spiraltexte, die bisher nicht Gegenstand eines wissenschaftlichen Vergleichs gewesen sind, auf mögliche kulturhistorische Zusammenhänge hin zu untersuchen.

Schreiben in den theokratischen Stadtstaaten Altsumers

In den obigen Abschnitten wurde recht ausführlich über die Anfänge der Schriftkultur in den europäischen Kulturen des Altertums berichtet, da die kulturhistorischen Bezüge zwischen der Zivilisation Alteuropas und dem altmediterranen Kulturkreis erst in neuerer Zeit gründlicher erforscht worden sind, und die Erkenntnisse und Ergebnisse der archäologischen, epigraphischen, sprachwissenschaftlichen und kunstgeschichtlichen Forschung waren bislang einem breiteren Leserkreis nicht zugänglich. Die neuen Erkenntnisse zwingen auch zu einer Neuorientierung in der kulturgeschichtlichen Betrachtung. Denn das alte Axiom der zivilisationsbewußten Europäer »Ex oriente lux« kann heute nicht mehr aufrecht erhalten werden. Die Anfänge der Schriftkultur liegen in Europa, nicht in Mesopotamien, obwohl von dort die entscheidenden Impulse für die Schriftentwicklung Europas in späterer Zeit ausgingen. Die frühe Schriftverwendung in Alteuropa und Altkreta ist bemerkenswert wegen ihrer festen Bindung an religiöse Funktionen. Eine lange Zeitspanne von rund viertausend Jahren liegt zwischen den Anfängen der sakralen Schrifttradition um die Mitte des 6. Jahrtausends v. Chr. im Gebiet der Vinča-Kultur und ihrer Nachblüte während des 2. Jahrtausends v. Chr. in Altkreta. Erstaunlich ist die Wiederbelebung der alteuropäischen Tradition in der altkretischen Schriftkultur, was auf eine beachtliche Resistenz der vorindogermanischen religiösen Symbolik sowie der Schriftverwendung in sakralen Funktionen hindeutet.

Bedenkt man, daß die Blütezeit der alteuropäischen Schriftkultur in eine Periode fällt, die mehr als tausend Jahre vor den Anfängen des Schriftgebrauchs im altsumerischen und altelamischen Kulturkreis liegt, kann die Frage nach möglichen historischen Beziehungen zwischen den Balkanländern und Mesopotamien nicht abwegig erscheinen. Prinzipiell ist davon auszugehen, daß die Idee, Schrift zu verwenden, unabhängig in verschiedenen Kulturen und zu verschiedenen Zeiten entstehen kann. Dies gilt in jedem Fall für Alteuropa, Altchina und für das präkolumbianische Mittelamerika, wo

(43) Tonmodell einer alteuropäischen Tempelanlage an der unteren Donau (Căscioarele)

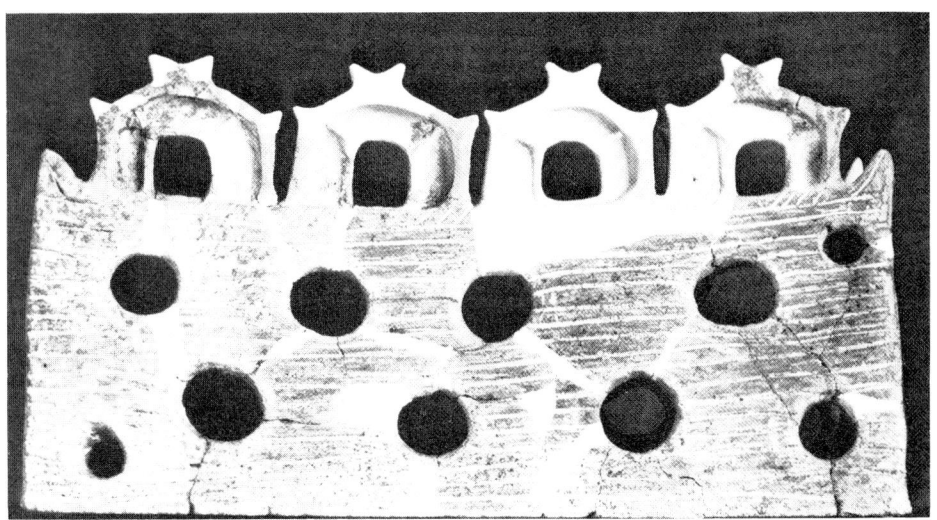

eine Schrifttradition aus eigenem kulturellen Antrieb einsetzte. So ist es auch ohne weiteres denkbar, daß die Anfänge der Schrift in Mesopotamien von denen in Alteuropa unabhängig sind. Es gibt allerdings einige Kriterien, die historische Beziehungen nicht von vornherein ausschließen. Auffällig sind eine Reihe von Parallelismen in der religiösen Symbolik. Die aus der sumerischen Kultur wohlbekannten Symbole der Spirale, des Lebensbaums oder des Stiers als göttlichem Attribut, von vogelköpfigen Gottheiten oder einer weiblichen Gottheit, die ein Kind in den Armen hält, gehören auch zum sakralen Repertoire der alteuropäischen Zivilisation, wo sie aber mehr als tausend Jahre früher auftreten als im Zweistromland. Auffällige Parallelen gibt es auch zwischen der altelamischen und und altkretischen Kultur (z. B. die Motive des Stiermenschen und des Greifvogels als göttliches Attribut; s. Kap. 7 zu den Kontakten zwischen dem altelamischen und altsumerischen Kulturkreis). Von den Sumerern nimmt man an, daß sie als erste die Idee gehabt hätten, Tempelanlagen terrassenförmig zu bauen, und daß die Sumerer die ersten Bauten dieser Art ausgeführt hätten. Aus Alteuropa sind aber Tonmodelle von Tempeln und Heiligtümern bekannt, in denen eben dieses Konstruktionsprinzip zu erkennen ist (GIMBUTAS 1974, 67 ff.). Ein Beispiel dafür ist ein Modell aus dem späten 5. Jahrtausend v. Chr., das vier Tempel zeigt, die auf einem ausgedehnten terrassenförmigen Unterbau stehen (*Abb. 43*).

Im Hinblick auf das chronologische Gefälle zwischen der älteren Zivilisation Alteuropas und der jüngeren Kultur Sumers kann die Fragestellung nach möglichen historischen Beziehungen zwischen den Schrifttraditionen zwangsläufig nur in eine Richtung weisen. Hatten die Sumerer Kenntnis von der alteuropäischen Schrift? Lassen sich im Zeichenbestand der *altsumerischen Schrift* graphische Parallelismen mit der *alteuropäischen Schrift* aufzeigen? Ein systematischer Schriftvergleich steht noch aus. Unabhängig von der Anzahl potentieller graphischer Parallelen im Zeichenbestand gibt es Ähnlichkeiten in der Entwicklung der alteuropäischen und altsumerischen Schrift, die zum Nachdenken über Abhängigkeiten anregen. Es hat schon viele Forscher in Erstaunen versetzt, daß bereits die ältesten bekannt gewordenen Bildsymbole (Piktogramme) der *sumerischen* Schrift hochgradig stilisiert sind und sehr bald abstrakte Formen annehmen. Dies ist recht ungewöhnlich, wenn man etwa an die Entwicklung der chinesischen Schriftzeichen denkt, deren Anfänge in fast naturalistischen Bildern zu finden sind, wobei sich der Prozeß der Stilisierung über einen längeren Zeitraum hinzog (s. u.). Weshalb die altsumerischen Schriftzeichen schon zu Beginn der Überlieferung in stark stilisierter Form erscheinen, darauf hat man in der Forschung noch keine schlüssige Antwort gefunden (SAMPSON 1987, 57 ff.). Sollte sich irgendwann nachweisen lassen, daß Kontakte zwischen Alteuropa und Sumer bestanden haben, wäre die besondere Entwicklungstendenz der sumerischen Schrift damit zu erklären, daß sie in der alteuropäischen Schriftentwicklung ihr Vorbild findet. Auch hier ist die rasche Stilisierung ursprünglicher Bildzeichen bereits in der Frühphase erkennbar. Dies wiederum erschwert eine mögliche Deutung der meisten europäischen Schriftzeichen, selbst der ältesten, weil die Stilisierung deren ursprünglichen Bildgehalt verdeckt. Derzeit gibt es keine konkreten Anhaltspunkte für Kontakte zwischen Alteuropa und Sumer, und deshalb muß die Frage nach Beziehungen zwischen dem alteuropäischen und altsumerischen Schriftsystem offen bleiben. Auch über eine mögliche Beziehung der altelamischen Schriftkultur zu Alteuropa kann derzeit nur spekuliert werden.

Was die frühe Schriftverwendung im *sumerischen Kulturkreis* betrifft, so erklärt man diese aus den Bedürfnissen einer sich beständig ausweitenden und spezialisierenden Bürokratie. Zu den ältesten Aufzeichnungen gehören Listen und Aufstellungen, die im Zusammenhang mit der Buchführung des Stadtstaates Uruk stehen. Es sind dies kleine *Tontäfelchen mit Schriftsymbolen,* deren bildhafte Gestalt noch weit vom Entwicklungsstadium der späteren Keilschrift entfernt ist (*Abb. 44*). »So unglaubwürdig es auch klingen mag, die geniale Leistung der Schrifterfindung verdanken wir der Bürokratie, einer Bürokratie, die man sonst gemeinhin für unproduktiv oder gar ungeistig zu halten geneigt ist.« (KIENAST 1969, 45) Wenn man moderne Maßstäbe für das anlegt, was man unter Bürokratie versteht, ist diese Verwunderung sicher berechtigt. Es fehlt auch nicht an Vergleichen zwischen dem Schriftgebrauch der Sumerer und Formen der Informationsverarbeitung in der heutigen Zeit. »Das Schreiben in Sumer war eine fortgeschrittene Technologie, die – wie dies bei neuen Technologien allgemein der Fall ist – entwickelt wurde, um drängende materielle Probleme zu bewältigen; so können wir wohl ohne Übertreibung eine Analogie ziehen zwischen dem Schreiben in Sumer und der Datenverarbeitung in unserer eigenen Kultur, und den sumerischen Schreiber, der ein respektierter ›white-collar worker‹ war, mit dem Systemanalytiker oder dem Techniker für Datenverarbeitung vergleichen.« (SAMPSON 1987, 48) Dieser Vergleich ist faszinierend, und doch gleichzeitig bedenklich, denn es wird das Problem der Informationsverarbeitung in zwei Kulturkreisen verglichen, die

*(44) Tontafel aus Uruk mit altsumerischen piktographischen Schriftzeichen
(Ende des 4. Jahrtausends v. Chr.)*

nicht nur chronologisch, sondern auch im Hinblick auf ihre gesellschaftlich-kulturelle Entwicklung voneinander getrennte Welten sind. Die Welt, in der die Computertechnologie entstand, ist nüchtern, im wesentlichen materialistisch orientiert und rationalisiert. Die Welt des Altertums in den Flußtälern des Euphrat und Tigris, wo die sumerische Kultur in den ältesten Städten Uruk und Ur im 4. Jahrtausend v. Chr. aufzublühen begann, war dies nicht.

Um die zivilisatorische Leistung des sumerischen Staatswesens zu verstehen, muß sich der moderne Beobachter von vertrauten Vorstellungen über die Organisation heutiger Staaten lösen. Die staatspolitische Zentralgewalt in den sumerischen Städten ging vom Tempelbezirk und dessen Verwaltung aus. Praktisch das gesamte gesellschaftliche Leben stand im Zeichen der Verehrung des Stadtgottes, dessen irdischer Vertreter, der oberste Herrscher eines jeden Stadtstaates, die Funktionen eines Oberpriesters und die eines weltlichen Regenten in sich vereinigte. Als solcher war der Herrscher der Stadt Vermittler zwischen den Belangen der ihm dienenden Bevölkerung und den rituellen Rahmenbedingungen des Dienstes für die Gottheit, d. h. für die höchste Autorität der gesamten Lebensordnung. In einer solchen Gesellschaft war das Leben des Einzelmenschen geprägt vom religiösen Dienst zur Erhaltung des Staatswesens, was gleichbedeutend war mit einer bedingungslosen Bereitschaft, dem irdischen Herrscher in Ergebenheit zu dienen und sämtliche Anstrengungen zur Erhaltung seiner Vormachtstellung zu unternehmen. Kaum ein Bereich der kunstschaffenden Aktivitäten ist so gut geeignet wie die *Glyptik* oder *Siegelschneidekunst*, diese religiösen Grundvoraussetzungen der sumerischen Gesellschaft zu veranschaulichen. »Zu Tausenden sind die Abdrücke der Rollsiegel auf Ton und die Siegelzylinder selbst wieder aufgetaucht; sie begleiten das sumerische Jahrtausend von seinem Aufgang bis zum Ende und illustrieren gleichsam sein religiöses Leben. Denn es kann kein Zweifel bestehen, daß die meisten Bildgedanken der Glyptik aus dem Bereich des Glaubens stammen, wie ja denn das meist aus einem Halbedelstein geschnittene Siegel selbst ursprünglich die Aufgaben eines Amuletts hatte.« (SCHMÖKEL 1974, 112)

In der Vielfalt der Motive auf den sumerischen Siegeln spiegelt sich die reiche mythologisch-religiöse Tradition dieser antiken Kultur. Es gibt viele Siegel mit ausschließlich bildlichen Darstellungen (*Abb. 45a*), auf anderen tritt die Schrift in Verbindung mit Bildsymbolen (*Abb. 45b*). Thematisch sind sowohl die Bildkompositionen als auch die Inschriften religiös gebunden. Seit den ältesten Dokumenten sumerischer Texte auf den Siegeln steht die Schriftverwendung in religiösen Funktionen, und dieses Kulturerbe hat sich bis zum Ende der sumerischen Vorherrschaft in Mesopotamien erhalten. Älter als die Schriftbelege auf Siegeln sind aber zweifellos die Listen verwaltungstechnischen Inhalts, die man der staatlichen Bürokratie zuschreibt. Wenn man die gesellschaftlichen Rahmenbedingungen in Rechnung stellt, unter denen die Administration in den sumerischen Stadtstaaten zum Tragen kam, so ergibt sich auch für die praktischen Bedürfnisse der sumerischen Buchführung ein religiöser Hintergrund. In einer theokratischen Ordnung wie der Uruks, Urs, Eridus und anderer sumerischer Tempelstädte war der Tempelbesitz und damit die Konzentration der wirtschaftlichen Produktivkraft im Tempel ein entscheidender Faktor für die

(45) Abdrücke sumerischer Rollsiegel

a) Siegel mit mythisch-religiösen Bildmotiven (der Vegetationsgott Dumuzi füttert Ziegen)

*b) Siegel mit mythisch-religiösen Bildmotiven und Inschrift
(Dumuzi führt Arnibüffel zur Tränke)*

Organisation des Wirtschaftslebens. Dem höchsten Ziel der Wahrung und Mehrung des Tempelbesitzes war die Schaffung von privatem Eigentum deutlich untergeordnet. Die Bürokratie Sumers war somit allumfassend. »Die Tempelverwaltung hatte die Bestellung der Felder und die lebenswichtige Instandhaltung der Bewässerungsanlagen zu beaufsichtigen; sie mußte Rechenschaft geben über die kopfstarken Herden, die Lagerhaltung von Lebensmitteln und die Bestände an Gütern aller Art; sie mußte die Handwerker anweisen und die zahlreichen Bautrupps überwachen, die mit der Errichtung öffentlicher Gebäude beschäftigt waren; die Verwaltung mußte schließlich auch die Versorgung aller Arbeiter und Funktionäre mit Nahrung und Kleidung regeln.« (KIENAST 1969, 45)

Das besondere der frühen Schriftverwendung in Sumer liegt darin, daß sie den praktischen Zwecken der Buchführung in einem nicht-säkularen Staatswesen diente. Der Vergleich des sumerischen Schriftgebrauchs mit der modernen Datenverarbeitung trifft also nur auf den speziellen Aspekt der administrativen Zweckbestimmung zu, nicht aber auf die Einbettung der Buchführung in eine theokratische Gesellschaftsordnung. Denn die moderne Computertechnologie ist nicht entwickelt worden, um die Kirchenverwaltung irgendeines Staates zu erleichtern, sondern die primäre Zielsetzung war und ist die Bewältigung von Problemen der Datenverarbeitung im Verteidigungswesen, in Bereichen der Wissenschaften und im Geschäftsleben. Der Vergleich hinkt auch mit Bezug auf das Personal der neuen Technologie. Computerspezialisten werden nicht in Klosterschulen oder anderen kirchlichen Ausbildungsstätten geschult. Die damals moderne Technologie der Schriftverwendung wurde aber in Sumer vollständig von der Tempelverwaltung kontrolliert, und auch die sumerischen Schreiber wurden vom Tempelpersonal ausgebildet (Gelb 1958, 67). Es entstanden Schreiberschulen, in denen regionale Schreibtraditionen geschaffen wurden. Berühmt war die Tempelschreiberschule der Stadt Nippur, die der Nachwelt viele Texte mythisch-religiösen Inhalts hinterlassen hat.

Die gesellschaftlichen Bedingungen der frühen Schriftverwendung im sumerischen Kulturkreis ähneln in mancher Hinsicht denen im antiken Kreta, nur sind sie in Mesopotamien aufgrund der Fülle überlieferter Texte besser bekannt. In Sumer wie auf Kreta war das Leben eingebunden in eine religiös bestimmte Weltordnung. In beiden Kulturen dient die Schrift magischen sowie rituell-religiösen Zwecken. Dies betrifft auf Kreta die Verwendung der Hieroglyphenschrift (z. B. auf dem Diskos von Phaistos) und von Linear A auf Kultobjekten. In Sumer spiegelt sich die magisch-religiöse Funktion in der Beschriftung der Siegel, während die zahlreichen Weihinschriften an Tempeln und öffentlichen Bauten sakralen Inhalt haben. Daneben gab es den Gebrauch der Schrift für praktische Zwecke der Verwaltung, und die Ähnlichkeit zwischen der sumerischen Buchführung in den Tempelstädten und dem Rechnungswesen in den minoischen Palästen besteht gerade darin, daß es sich in beiden Fällen um die Administration eines nicht-säkularen Staatswesens handelt. Aus Mesopotamien ist bekannt, daß die Ausbildung von Schreibern und die Kontrolle der Buchführung zu den verantwortungsvollen Aufgaben der Priester gehört. Obwohl die archäologische Forschung in Kreta noch keine genauen Informationen über den sozialen Status der Palastschreiber vermitteln kann, darf man annehmen, daß die Verhältnisse im minoischen Kulturkreis denen in Sumer auch in dieser Hinsicht ähneln. Denn die kretischen Paläste waren nicht nur Zentren der weltlichen Herrschaft sondern gleichzeitig Tempelbezirk und Mittelpunkte ritueller Zeremonien. Daher ist es naheliegend, daß wichtige administrative Tätigkeiten – wozu auch die Verwendung der Schrift für die Buchführung gehörte – von Priestern sowie durch von diesen geschultes Personal ausgeführt wurden.

Hieroglyphen und Gottkönigtum in Altägypten

Die Schlüsselrolle des Priestertums für den anfänglichen Gebrauch von Schrift und die Entstehung einer Schriftkultur begegnet uns auch in einer anderen Zivilisation des Altertums, deren Anfänge fast ebenso weit zurückreichen wie die Sumers, nämlich in Altägypten. Für den modernen Menschen assoziiert die altägyptische Schrift den Ausdruck *Hieroglyphen*. Diese Charakteristik altägyptischer Schriftsymbole stammt von Clemens Alexandrinus, der um 210 n. Chr. starb. Der Ausdruck Hieroglyphe ist griechischer Herkunft und setzt sich zusammen aus den Komponenten (h)ierós ›heilig‹ (griech. ἱερός) und glýphein ›einritzen, schnitzen‹ (griech. γλύφειν). Die treffendste Übersetzung von Hieroglyphe ist ›heiliges Schnitzwerk‹, und darin kristallisiert sich einerseits viel Wahres über die Schriftkultur Ägyptens, andererseits mysteriöse Unwissenheit über die Funktionen der Schrift. Die Griechen erkannten sehr wohl, daß die Hieroglyphen repräsentativ-zeremonialen Zwecken dienten, denn man fand die dekorativen Symbole an den Wänden von Tempeln, Grabanlagen und vielen öffentlichen Gebäuden. Aber sowohl die Sprache als auch die Schriftzeichen waren den Griechen unbekannt, und man hielt sie für eine Geheimschrift der Priester, in der rituelle Texte aufgezeichnet worden waren. Die altägyptischen Hieroglyphen sind in der Tat eine Zeremonialschrift, allerdings trifft es nicht zu, daß sie ausschließlich religiösen Zwecken gedient hätten. Dies weiß man erst, seit 1822 der Franzose François Champollion den Hieroglyphentext auf dem *Stein von Rosette* (Abb. 46) mit Hilfe von dessen griechischem Paralleltext entzifferte, und damit der Weg frei war für eine sinnvolle Übersetzung anderer Texte in Hieroglyphenschrift.

Die Anfänge der Schriftverwendung in *Altägypten* liegen im Dunkeln. In den Handbüchern der Schriftkunde ist allgemein zu lesen, daß die ersten Schriftzeugnisse gegen Ende des 4. Jahrtausends v. Chr. entstanden und in die Zeit des Beginns der sogenannten dynastischen Periode Altägyptens fallen. Dies ist die Zeit des geheimnisumwobenen ersten Regenten Menes (Narmer), von dem die moderne Forschung nicht einmal genau weiß, ob er jemals gelebt hat. Menes wird die Einigung Ober- und Unterägyptens zugeschrieben, ein Vorgang, der aber wahrscheinlich bereits zwei oder drei Jahrhunderte vor seiner angeblichen Regentschaft stattgefunden hat. Dieser erste ägyptische Pharao ist möglicherweise eine ›Erfindung‹ der Ramessidenzeit. Unter Rames II., der sich selbst den Beinamen ›der Grosse‹ gab, wurde im 13. Jahrhundert v. Chr. der Beginn der dynastischen Periode festgelegt und Menes an den Anfang gestellt. Der Beginn der schriftsprachlichen Überlieferung erscheint ebenso unsicher wie die Figur des Menes oder Narmer selbst. Allgemein wird auf die sogenannte Narmer-Palette (*Abb. 120*, S. 213) als das erste Dokument verwiesen, in der bildhafte Motive die Rolle von Schriftsymbolen spielen (vgl. Kap. 5). Es gibt aber in den altägyptischen Texten Hinweise darauf, daß man lange vor Menes mit der Schrift und mit Schriftträgern experimentierte. »Wann dies aber gewesen ist, läßt sich nicht feststellen. Deutlich aber ist, daß man mindestens in Ägypten erkennen kann, daß das

(46) Der »Stein von Rosette« aus dem Jahre 196 v. Chr. mit Inschriften in drei Sprachformen (Neuägyptisch, Demotisch, Griechisch) und in drei Schriftarten (Hieroglyphen, demotische Schrift, griechisches Alphabet)

Schreiben auf Papyrus (der älteste Papyrus ist vom Beginn der 1. Dyn. erhalten) ein Ergebnis langer technischer Versuche gewesen ist, um einen haltbaren Schriftträger zu entwickeln. Aus alten Ritualen wissen wir, daß man vorher auf (Baum-)Blättern geschrieben hat, die aber so wenig haltbar waren, daß man sie ersetzen mußte.« (HELCK 1979, 358)

Wie in Sumer, so ist auch in Ägypten die Schrift eine zivilisatorische Errungenschaft, die im Dienst einer theokratischen Gesellschaftsordnung steht. Im Unterschied aber zum praktischen Einsatz der Schrift für die Zwecke der sumerischen Tempelverwaltung dienen die Hieroglyphen als Zeremonialschrift der Verherrlichung des Gottkönigtums in Ägypten. Die Versuche der Priester in vordynastischer Zeit, geeignete Schriftträger zu finden, und die Normierung eines Zeichenbestandes für den Schriftsprachengebrauch sind eingebunden in die allgemeine Zweckbestimmung der Lebenden, nämlich die des Gottesdienstes. Dabei hat dieser Ausdruck eine doppelte Bedeutung. Zum einen drückt sich die Götterverehrung in vielfältigen, streng formalen Ritualen aus, und der Einsatz der Schrift erfüllt diesbezüglich zeremoniell-sakrale Funktionen. Der Gottesdienst dehnt sich zum anderen auf die Verehrung und Verherrlichung des weltlichen Regenten als irdischem Vertreter des höchsten Gottes aus. Die Verwendung geschriebener Sprache dient hierbei zeremoniell-repräsentativen Zwecken. In der ältesten Periode bildeten beide Formen des Gottesdienstes noch eine gleichsam symbiotische Einheit. Der *Pharao* repräsentierte den Weltgott, der die Geschicke seiner Untertanen als irdischer Vertreter im Diesseits und als Herrscher des Totenreichs im Jenseits lenkte. Die Verehrung des obersten Herrschers in der Rolle des Weltgottes findet ihre klassische Ausprägung in der 3. Dynastie (um 2635–2570 v. Chr.) – mit Djoser als deren wichtigsten Regenten – und in der 4. Dynastie (um 2570–2450 v. Chr.) des Alten Reiches, von deren Pharaos insbesondere Snofru, Cheops und Chephren hervortreten.

Die aufwendige Arbeitsleistung, die sich in der Organisation und Errichtung der alten Monumentalbauten, insbesondere der Grabanlagen mit den Pyramiden, ausdrückt, ist nur vorstellbar, wenn man die Zwänge bedenkt, unter denen die damaligen Menschen mit ihrem Jenseitsglauben und Ahnenkult standen. Der Weltgott konnte seine wichtige Aufgabe, die Toten im Jenseits zu lenken und zu versorgen, nur erfüllen, wenn sein Körper erhalten und vor Zerstörung bewahrt wurde. Hier liegt die ursächliche Motivation der Mumifizierung. Der Körper des Weltgottes war nach altägyptischer Vorstellung der Sitz des Ka, womit die unzerstörbaren Lebens- und Schöpferkräfte des Königs bezeichnet wurden. »Aus dieser Überlegung heraus entsteht die Pyramide als schützender Berg für die Mumie, dazu die Kultanlagen um sie herum, zu denen unter Djoser bezeichnenderweise noch riesige Magazine für Vorräte gehören – um die Ernährung der ihm anvertrauten Toten seiner Zeit zu gewährleisten. Die Menschen sahen in ihrer erzwungenen Arbeit für den Staat eine Art »Gottesdienst« am König, der jedem von ihnen ganz persönlich als einzige bestehende Macht eine Versorgung im Leben wie im Tode garantieren konnte« (EGGEBRECHT 1986a, 12). Pharao Cheops war in diesem Sinn der letzte Weltgott, denn sein Sohn Djedefre führt als erster den Titel »Sohn des Re«. Die übergeordneten Aufgaben des bisherigen

(47) Textproben in hieroglyphischer und hieratischer Schrift

a) Hieroglyphisch

b) Hieratisch

Weltgottes sind nun vereint im Sonnengott Re, dessen Macht und Bestand von ewiger Dauer ist. Die Inkarnation des Re ist der Pharao als sein irdischer Vertreter, der die Weltordnung aufrecht hält und die Toten schützt.

Die Hieroglyphen verdienen ihren Namen mit voller Berechtigung, denn die Inschriften und Texte in dieser Zeremonialschrift waren in der Tat heiliges Schnitzwerk. Die zeremoniellen Funktionen sind allerdings nur mit der Hieroglyphenschrift selbst assoziiert, nicht aber mit der altägyptischen Sprache als solcher. Das Ägyptische wurde seit dem Beginn der dynastischen Periode auch für Alltagszwecke als Schriftsprache verwendet, allerdings in einer anderen Schriftart geschrieben. Die Schrift für den alltäglichen Gebrauch war das *Hieratische*, das sich als Kursive aus den Hieroglyphen entwickelt hat. Texte in hieratischer Schrift findet man auf Papyri und Ostraka,

(48) Text in demotischer Schrift

d. h. Keramik- oder Kalksteinscherben. Vergleicht man den Schrifttyp der Hieroglyphen mit dem Hieratischen, fällt auf, wie sehr die kursive Schreibweise die ursprüngliche Form der Schriftzeichen verändert (*Abb. 47*). Die Bezeichnung der ägyptischen Kursivschrift als Hieratisch geht auf griechisch (h)ieratikà grámmata (ἱερατικὰ γράμματα) zurück, was soviel wie »heilige oder priesterliche Schrift« bedeutet. Diese Funktion erfüllte das Hieratische allerdings erst zu einer Zeit, als eine noch stärker kursivierte Schreibschrift, das *Demotische (Abb. 48)*, in Gebrauch kam. Dies geschah während der Periode der 25. Dynastie, um die Mitte des 7. Jahrhunderts v. Chr. Die hieratische Schrift wurde rasch vom Demotischen aus dem Alltagsleben verdrängt und behielt ihre Bedeutung als Kursive nur in Kreisen der Priesterschaft bei. Die Ablösung des Hieratischen vom Demotischen im Alltagsleben war nicht nur ein Wechsel von Schriftarten, sondern auch von sprachlichen Entwicklungsstufen. In Hieratisch wurde das Neuägyptische geschrieben, das Demotische dagegen diente dazu, eine davon verschiedene, jüngere Sprachvariante des Ägyptischen zu schreiben (STÖRK 1981, 149f.). Ein weiterer Wechsel der Schriftsysteme erfolgt im 3. Jahrhundert n. Chr., als die *koptische Schrift (Abb. 49)* neben die demotische tritt. Da das Koptische der Kulturträger des ägyptischen Christentums war, verlor das Demotische als Sprache und Schrift der nicht christlichen Gemeinschaft mit zunehmender Ausbreitung des Christentums seine ehemalige Rolle. Die koptische Schrift, über die weiteres in Kap. 7 gesagt wird, war die Alltagsschrift Ägyptens bis zur arabischen Invasion.

(49) Text in koptischer Schrift

Die Schrift im Dienst der Orakelmagie – Altchina zur Zeit der Shang-Dynastie

Weitab von den alteuropäischen, mesopotamischen und ägyptischen Zentren der Zivilisation, und chronologisch gleichsam als ein Nachzügler im Kreis der ältesten Hochkulturen der Welt, entwickelt sich aus den Frühformen des neolithischen Bauerntums die altchinesische Feudalgesellschaft. Zu den zivilisatorischen Errungenschaften Altchinas gehört bekanntlich auch die Verwendung der Schrift. Man ist sich heute in der Forschung darüber einig, daß die Entwicklung der Schrift in China nicht von außen beeinflußt worden ist, und daß es sich bei der frühen Aufzeichnung von Texten um eine selbständige zivilisatorische Leistung handelt. Die ältesten Dokumente des Schriftgebrauchs in China stammen aus dem 13. Jahrhundert v. Chr., und es hat nicht an Versuchen gefehlt, altchinesische Schriftzeichen mit den Symbolen der sumerischen Bilderschrift oder der Indusschrift (vgl. Kap. 4) in Verbindung zu bringen. Es sind aber keine stichhaltigen Argumente vorgebracht worden, die auf historische Kontakte zwischen dem chinesischen Kernland und den älteren asiatischen Kulturkreisen schließen lassen, so daß die Eigenständigkeit der Schriftentwicklung in China außer Frage steht (s. SAMPSON 1987, 46f.).

Bis in die vierziger Jahre dieses Jahrhunderts folgte man in China der Tradition der chinesischen Geschichtsschreibung, wie sie sich während der Han-Dynastie (206 v. – 220 n. Chr.) herausgebildet hatte. Und man ließ die Geschichte des »Landes der Mitte« mit der Epoche der sogenannten mythischen Kaiser (2953–2205 v. Chr.) beginnen. Die eigentliche, auch durch neuere archäologische Ausgrabungen faßbare Geschichte jedoch setzt mit der Xia-Dynastie (2205–1751 v. Chr.) ein, deren Begründer und erster Einiger des Reiches der Große Yu war. Umwoben von Legenden ist der Beginn der auf die Xia-Dynastie folgenden Shang-Dynastie (1751–1111 v. Chr.), wobei die Herkunft der Shang selbst unbekannt ist. In dem chinesischen *Shijing*, dem klassischen »Buch der Lieder«, steht zu lesen: »Eine Schwalbe flog herab, und ihr verdankt die Shang-Familie ihren Ursprung. Die Shang bewohnten das Land Yin und wurden mächtig.« Nach einer anderen Version soll Jian Di, die Gemahlin des Kaisers Ku, aus Versehen ein Vogelei verschluckt haben. Neun Monate später hätte sie ein Kind geboren, dem der Titel »Herrscher der Shang« beigelegt wurde. Es kann bis heute nichts Sicheres über die Herkunft der Shang gesagt werden. Einiges spricht dafür, daß sie vom Westen her, vielleicht sogar von außerhalb Chinas, eingewandert sind. Denn die Shang bringen einige Neuerungen nach China, unter anderem den Streitwagen und die Kunst des Bronzegusses (s. WATSON 1966, 45ff.).

Eine weitere Neuerung ist die Verwendung von Schrift, die allerdings nicht nach China eingeführt wurde, sondern sich dort während der Periode der Shang-Dynastie entwickelte. Genauer gesagt fällt der Beginn der Schrifttradition Chinas in die zweite Hälfte der Shang-Zeit. Der 19. Kaiser Pan Geng verlegte die Hauptstadt des Reiches nach Yin, das 1384 v. Chr. im Gebiet des heutigen Anyang (etwa 450 km südöstlich

(50) Beschriftete Orakelknochen aus der Shang-Zeit (Archiv von Yin)

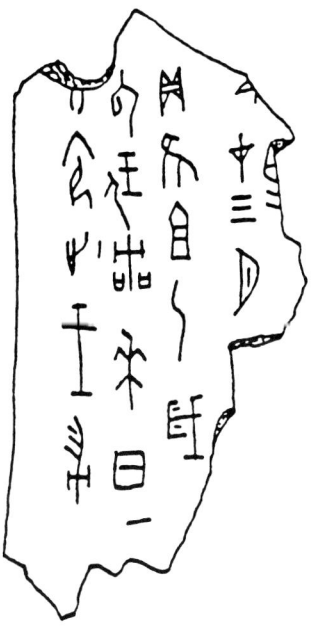

von Peking) gegründet wurde. Die Ruinen von Yin sind seit den zwanziger Jahren dieses Jahrhunderts von Archäologen der Academia Sinica systematisch ausgegraben und erforscht worden. Unter anderem fand man in Yin Magazine mit Tausenden von beschrifteten Knochen und Schildkrötenschalen. Schon gegen Ende des vergangenen Jahrhunderts hatte man in dieser Gegend Knochenbruchstücke mit unbekannten Zeichen gefunden. Man nannte sie *Drachenknochen,* und in zerstoßener Form verwendete man sie als magisches Heilmittel.

In der Tat hatten diese Knochen, zumeist Schulterblätter von Hirschen oder Ochsen, etwas mit magischen Ritualen zu tun. Die beschrifteten Knochen aus den Magazinen von Yin (*Abb. 50*) – dies weiß man heute mit Sicherheit – waren Orakelknochen, mit deren Hilfe männliche und weibliche Priester der Shang-Periode, die Auguren Chinas, die Geschicke des Landes und seiner Herrscher vorauszusagen hofften. Jahrhundertelang blieb die Kenntnis und Verwendung der Schrift ein behütetes Geheimnis priesterlicher Schreiber, die ihre Augurendienste ausschließlich für die Angehörigen des Herrscherhauses ausübten. Das Wahrsagewesen war also nicht, wie man früher fälschlich vermutete, öffentlich, denn es stand Privatpersonen nicht zur Verfügung. Man muß sich vergegenwärtigen, daß »zwischen der Epoche der Inschriften auf Knochen und Panzern gegen Ende der Shang-Dynastie und dem siebten Jahrhundert v. Chr. die Schrift allein Sache der Schreiberkollegien war; diese waren mit der Wahrsagerei und der Zahlenmagie vertraut und mußten den Fürsten bei ihren religiösen Zeremonien assistieren. Die wesentliche Funktion der Schrift bestand darin, in der Wahrsagerei und der Religion Verbindung mit den Göttern und Geistern herzustellen. Die Schrift wurde als furchtbare Macht betrachtet und den Schriftkundigen begegnete man mit Mißtrauen. Sicherlich hat diese Macht des Geschriebenen lange Zeit verhindert, daß die Schrift in einer Gesellschaft, die in ihren Handlungen und Gedanken Gefangene ihrer eigenen Riten war, auch für weltliche Dinge verwendet wurde.« (GERNET 1963, 36)

Bei ihrem Orakel stützten sich die Priester auf Beobachtungen des Knochenmaterials, wobei nicht dessen natürliche Beschaffenheit, sondern die Reaktion des Knochenstücks im Kontakt mit einem heißen Gegenstand von entscheidender Bedeutung war. Auf die flache Seite des Knochens wurde ein heißer Bronzestift gepreßt, und dabei entstanden Risse und Furchen an der Oberfläche. Die Linienmuster wurden daraufhin von dem Priester, der die Prozedur ausführte, gedeutet. Bestimmte Risse und Wendungen in bestimmten Zonen waren glückverheißend, andere wurden als »Unglückslinien« interpretiert. Die Beschriftung hatte die Funktion einer magischen Verstärkung der Knochenbeschau. Gleichzeitig aber diente die schriftliche Fixierung dem Priester als mnemotechnische Stütze in seiner Erinnerung an früher ausgeführte Voraussagen. Auf den Knochen sind in der Regel jeweils eine Fragestellung (Hauptformel) und eine Antwort schriftlich fixiert, wobei der Text in einer anderen als der mit Rißmustern versehenen Sektion eingeritzt ist. Im Fall von Schildkrötenpanzern wurden auch die natürlichen Linien der Schuppenbildung mit in die Orakelausdeutung einbezogen (*Abb. 51*). In diesem Beispiel sind einzelne Abteilungen durch Zahlzeichen markiert. Dies deutet vermutlich auf die Reihenfolge hin, in der die

(51) Interpretation einer Orakelbefragung aus der Shang-Zeit anhand eines beschrifteten Schildkrötenpanzers

ÜBERSETZUNG

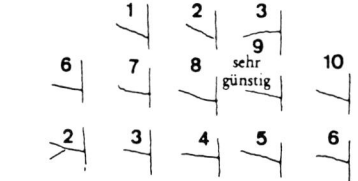

HAUPTFORMEL Orakelbefragung des Tages Wuwu durch den Wahrsager Ke: »Werden wir in Gui (Ortsname) jagen? Wird es Beute geben?«

ANTWORT Heute (nach Befragung der Ahnen) haben wir gejagt und Beute gemacht, nämlich:
1 Tiger, 40 Hirsche, 164 Füchse (?), 159 Hirschkälber, 18 Fasanen mit einem Doppelpaar roter Streifen (?)

AUFZÄHLUNG DER BEUTE

	HIRSCH	FUCHS ?	HIRSCHKALB	FASAN?
TIGER		1×100	1×100	ROT und 2 Streifen?
1	40	$+$ 10×6 $+$ 4	$+$ 10×5 $+$ 9	ROT $\begin{array}{c}8\\+\\10\end{array}$
»Tiger«	»Hirsch«	»Fuchs (?)«	»Hirschkalb«	»Fasan mit Doppelpaar roter Streifen«
1	40	164	159	18

Linien zu untersuchen waren. In der Abteilung (9) steht neben dem Zahlsymbol ein Wortzeichen (›sehr günstig‹).

Die Knochenbeschau als Grundlage des Orakelwesens, *Scapulomantik* (auch Scapulomantie) genannt, ist nicht auf den chinesischen Kulturkreis beschränkt. In prähistorischer Zeit sind Orakelknochen auch in Japan verbreitet gewesen, allerdings ohne Schriftgebrauch. Archäologische Zeugnisse dafür stammen aus der sogenannten Yayoi-Periode (ca. 300 v. Chr. – ca. 300 n. Chr.), in der sich Festlandeinflüsse verstärken (GRAPARD 1983, 125). Bis in unser Jahrhundert hat sich die Scapulomantik als Element der Jagdmagie bei verschiedenen Völkern in Ostsibirien und bei den Indianern in Nordwestkanada erhalten. China allerdings bietet für diese Art des Augurentums die ältesten Beweise. Es ist derzeit unbekannt, ob etwa die Scapulomantik bereits in der Altsteinzeit praktiziert wurde. So sind zwar beispielsweise in der Höhle von Lascaux in Frankreich viele Rentierknochen gefunden worden, dies deutet aber lediglich darauf hin, daß das Ren ein bevorzugtes Jagdtier war. Es gibt jedenfalls keine Anzeichen dafür, daß die paläolithischen Bewohner der Höhle Rentierknochen für die Zwecke eines magischen Orakelwesens verwendet hätten.

Die chinesische Tradition der Scapulomantik ist nicht nur die älteste, sondern sie ist auch die einzige ihrer Art, bei der Schrift eine Rolle spielt. Die Symbole sind stark bildhaft und in der Anfangszeit noch wenig stilisiert. Deutlich offenbart sich in den Inschriften der Orakelknochen ein Frühstadium in der Entwicklung der chinesischen Schrift (s. Kap. 4). Die geschriebene Sprache war ein Mittel des Priesters, die Aufmerksamkeit der schicksalbestimmenden Geister zu beschwören. Dies gilt für die Frage, die an das Orakel gestellt wurde, ebenso wie für die darauf gefundene Antwort. Die Fragestellung wurde durch ihre schriftliche Fixierung eindringlicher, und das Ergebnis der Knochenbeschau klarer und bestimmter. Diese Funktion der Schrift als Verstärkung des gesprochenen Wortes war im eigentlichen Sinn des Wortes magisch-rituell. Das chinesische Orakelwesen bestimmte die Schriftentwicklung in China bis ins 7. Jahrhundert v. Chr., d. h. die Tradition der Wahrsagerei durch die Knochenbeschau setzte sich weit über die Shang-Zeit hinaus bis in die Periode der Zhou-Dynastie hinein fort. Als sich die Scapulomantik überlebt hatte, verlor auch die Schrift ihre ursprüngliche Bedeutung als magisches Kommunikationsmittel der Priester. Ein großer Teil der Schriftsymbole, die noch in der Shang-Periode verwendet worden waren, kam außer Gebrauch. Für viele ältere Bildsymbole wurden neue Zeichen geschaffen. Nur eine begrenzte Anzahl von Zeichen aus der Shang-Zeit wird auch später noch verwendet. Wenn man also von der Kontinuität der chinesischen Schriftkultur spricht, muß man sich vergegenwärtigen, daß dies ein sehr relativer Begriff ist.

Von all den Anfängen einer Schrifttradition, wie sie hier beschrieben worden sind, ähneln die Verhältnisse der beschrifteten Orakelknochen in China denen des Sakralgebrauchs der Schrift im alteuropäischen Kulturkreis am meisten. Hier wie dort ist die frühe Schriftverwendung magisch verklärt, und die Symbole der Schrift sind dem sakralen Zweck der Kommunikation mit Geistern und Gottheiten vorbehalten. Diese gleichsam archaische Entwicklungsstufe der Schriftverwendung als zivilisatorische Errungenschaft in einer aufstrebenden Agrargesellschaft läßt sich in reiner Form nur für die älteste Zivilisation der Welt, d. h. die alteuropäische, sowie für die »jüngste« im Altertum entstandene Hochkultur, d. h. die chinesische, nachweisen. Bedenkt man, daß zwischen dem Beginn der Schriftverwendung im alteuropäischen Kulturkreis und dem in China rund vier Jahrtausende liegen, mutet die ausschließlich sakrale Funktion der altchinesischen Schrift im Dienst des Orakelwesens wie das Relikt einer Epoche in der Kulturrevolution der Menschheit an, die in anderen zeitgenössischen Hochkulturen längst vergangen war. Zur gleichen Zeit, als man in China auf Orakelknochen schrieb, existierte in Mesopotamien eine reiche *Keilschriftliteratur*, die sich schon viele Jahrhunderte vorher in den Bereichen eines sakral-religiösen und profanen Schrifttums verzweigt hatte. Auch in Ägypten waren die Zeiten längst vorbei, als die Schrift noch sakralen und zeremoniell-rituellen Funktionen vorbehalten war. Die Verwendung von Schrift war in China eine vergleichsweise späte Errungenschaft, und im Hinblick auf ihre gesellschaftlichen Funktionen war die Entwicklung der Schrifttradition lange Zeit retardierend. Überhaupt ist die Geschichte der Schrift in China geprägt durch ein konservatives Festhalten an alten Traditionen, und dies ist einer der Gründe, weshalb sich die chinesische Schriftkultur in ungebrochener Kontinuität bis in die Moderne behauptet hat.

Die Zeremonialschrift der Indus-Zivilisation

Auch Indien ist ein Land mit alter Schriftkultur, die sogar weiter zurückreicht als im Fall Chinas. Zwischen etwa 2600 v. Chr. bis etwa um die Mitte des 2. Jahrtausends v. Chr. blühte die Induskultur, zu deren wichtigsten Kulturzentren die Städte Harappa und Mohenjo-Daro gehörten. Seit langem ist bekannt, daß es eine altindische Schrift gab, *Indus-Schrift* genannt. Es sind Hunderte von Inschriften erhalten, die sich alle auf Siegeln finden (*Abb. 52*). Noch in den sechziger Jahren war unbekannt, zu welchem Volk die Träger der Induskultur gehörten, und welche Sprache sie sprachen (s. DIRINGER 1962, 63ff.). Inzwischen hat sich in der Forschung die Meinung durchgesetzt, daß die Altinder Draviden, d. h. Nicht-Indogermanen, waren, die von Westen her ins Industal einwanderten und an bereits bestehenden Siedlungsplätzen der Urbewohner ihre Machtzentren errichteten. Es gilt als gesichert, daß ihre Sprache zur dravidischen Sprachfamilie gehörte und damit verwandt ist mit den modernen dravidischen Sprachen Indiens (z. B. Tamilisch, Telugu, Malayalam; vgl. AALTO 1984). In der Schreibung wurden die Wörter im Hinblick auf ihre Aneinanderreihung im Satz berücksichtigt. Grammatische Endungen sowie andere Beziehungselemente (z. B. Konjunktionen, Präpositionen) wurden dagegen nicht geschrieben. Aus diesem Grund hat man bisher weder die Grammatik oder den Wortschatz dieser Sprache noch die darin verfaßten Inschriften inhaltlich rekonstruieren können (s. Kap. 4). Daher kann auch nichts Genaues über die sozialen Funktionen der Indusschrift, insbesondere im Anfangsstadium ihrer Verwendung, gesagt werden. Allerdings läßt ihr Gebrauch auf Siegeln darauf schließen, daß die Schriftsprache nicht profanen Zwek-

(52) Siegel der Indus-Zivilisation

ken diente. Vergleicht man die Rolle von Siegeln in anderen Hochkulturen wie Mesopotamien, Ägypten oder Kreta, kommen für den Schriftgebrauch eigentlich nur zwei Grundfunktionen in Betracht: eine zeremoniell-repräsentative oder eine mythisch-religiöse. Es scheint so, daß die mit der Indusschrift auf den Siegeln assoziierten Bildsymbole in den mythisch-religiösen Bereich weisen. Auch die zeremoniell-repräsentative Funktion der Schriftverwendung dürfte vertreten gewesen sein, und zwar vermutlich in religiöser Bindung wie die Zeremonialschrift in Altägypten. Wie lange sich religiöse Funktionen der Indusschrift behauptet haben, kann niemand sagen, denn die Induszivilisation und ihre Schriftkultur verlieren sich nach der Invasion der indoarischen Barbaren um 1500 v. Chr. im Dunkeln.

Wo immer man auf die Zeugnisse der Schriftverwendung in den früheren Kulturen des Altertums stößt, sind diese in irgendeiner Weise an die religiöse Lebenssphäre gebunden. Nur wer die Schriftentwicklung in den alten Zivilisationen unter rein technischen Gesichtspunkten betrachtet, d.h. ohne Berücksichtigung ihrer gesellschaftlichen Einbettung, mag zu der Ansicht neigen, daß der Gebrauch der Schrift aus den profanen Bedürfnissen des Alltagslebens erwachsen ist. Wir haben gesehen, daß die kulturellen Gegebenheiten andere waren. Die Schrift war in allen Kulturen des Altertums im Anfangsstadium ihrer Verwendung ein privilegiertes Mittel der gesellschaftlichen Elite. Die Priesterschaft im alteuropäischen Kulturkreis besaß mit der Schrift ein Privileg von fundamentaler Bedeutung, nämlich das Vorrecht, über das Medium der geschriebenen Sprache mit den Gottheiten zu kommunizieren. Ähnlich einflußreich wie in Alteuropa waren die Priester in China, wo sie das für die Staatsgeschäfte so wichtige Orakelwesen kontrollierten. Auch in Mesopotamien kann der praktische Gebrauch der frühen sumerischen Schrift für verwaltungstechnische Zwecke nicht darüber hinwegtäuschen, daß die Schriftverwendung im Dienst einer theokratischen Lebensordnung stand, deren höchste Autorität der Priesterkönig der Tempelstadt war. In Altägypten drückt sich die Bindung an die religiöse Sphäre darin aus, daß die zeremoniell-rituellen Funktionen der Hieroglyphenschrift ohne die elementare Motivation des Dienstes der Lebenden für den Weltgott undenkbar wären. Die Schrift als zivilisatorische Errungenschaft konnte sich nur dort entfalten, wo sich agrarische Gemeinschaften mit fortgeschrittener sozialer Arbeitsteilung formierten, die durch ein starkes religiöses Bewußtsein zusammengehalten wurden. Zu den charakteristischen Eigenschaften eines solchen Bewußtseins gehörte die Ausbildung eines differenzierten Jenseitsglaubens und eines eng damit verbundenen, hochentwickelten Ahnenkults, sowie einer theokratisch bestimmten Lebensordnung. Überall dort, wo die Schrift in ihren Anfängen im Dienst der religiös-rituellen oder sakralen Sphäre steht, ist ihre Profanisierung zur Schaffung einer weltlichen Literatur oder zur Aufzeichnung von Gesetzestexten eine *sekundäre* Entwicklung. Die ursprüngliche Motivation, Schrift zu schaffen und zu verwenden, ist magisch-religiös begründet und speist sich damit aus der gleichen Quelle, die auch für die Entstehung steinzeitlicher Felsbilder verantwortlich war.

Kapitel 3
Schrift, Schreibtradition und Identität
Zur Entstehung und kulturellen Einbettung von Schriftsystemen

Einfaches und komplexes Schreiben

Wenn man die Schriftsysteme, die für die Sprachen der Welt in Geschichte und Gegenwart geschaffen und verwendet worden sind, miteinander vergleicht, so fällt auf, daß die Anzahl der Schriftsymbole in einzelnen graphischen Systemen recht verschieden sein kann. Die Sprache der *Maori* auf Neuseeland kommt beispielsweise mit einem Minimum von dreizehn Schriftzeichen des lateinischen Alphabets aus (KRUPA 1967, 14):

a e h l k m n o p r t u w
(+ zwei Buchstabenkombinationen, ng und wh)

Stellt man daneben den Reichtum der *chinesischen Schriftsymbole*, nimmt sich die Zahl von dreizehn Buchstaben für das Maori verschwindend gering aus. Rechnet man die rezenten, d.h. heute gebräuchlichen, und historischen Schriftzeichen, die jemals in China in Gebrauch waren, zusammen, kommt man auf eine Zahl von fast 50 000 Einzelsymbolen und Symbolkombinationen. Es ist kaum vorstellbar, daß ein einzelner Mensch jemals alle diese Symbole lesen oder schreiben kann. In der Chinesischen Volksrepublik und in Taiwan sind nur wenige Tausend Schriftzeichen in Gebrauch. Mehrere Tausend chinesische Schriftzeichen wurden auch bis zum Ende des Zweiten Weltkriegs in Japan verwendet. Im Jahre 1946 veröffentlichte das japanische Kultusministerium eine Liste von 1850 Schriftzeichen, *Tōyō Kanji* (Chinesische Schriftzeichen für den Alltagsgebrauch) genannt. Diese Liste wurde revidiert und im Jahre 1981 durch eine neue ersetzt, die fast hundert Zeichen mehr umfaßt, nämlich 1945. Diese Auswahllisten entsprechen Vorschlägen über Richtlinien, welche Schriftzeichen in der Schulausbildung unterrichtet werden und und in Druckwerken verwendet werden sollen, die für die Öffentlichkeit bestimmt sind.

Die Europäer sind seit den Zeiten der klassisch-griechischen und römischen Kultur mit dem Vorurteil behaftet, daß Sprachen mit Hilfe des Alphabets geschrieben werden, und sie haben im Verlauf der Geschichte ihre Gewohnheit beibehalten, mit einer verhältnismäßig geringen Zahl von Schriftzeichen auszukommen (s. Kap. 6 zu den Alphabetschriften). Europäer tun sich schwer mit der bloßen Vorstellung, daß man zum Schreiben von alltäglichen Texten in Chinesisch viele Hundert Schriftzeichen braucht. Jeder Europäer, der sich daran macht, chinesische Schriftzeichen zu lernen, wird bestätigen, daß es mühevoll, zeit- und energieraubend ist, auch nur einige Hundert Symbole so zu beherrschen, daß man sie passiv zum Lesen, aber auch aktiv zum Schreiben verwenden kann. Man geht wohl nicht fehl in der Annahme, daß die Asiaten, die seit vielen Generationen im Bereich der chinesischen Schriftkultur gelebt haben – dies gilt für die beiden China, Korea (seit 1945 nur noch Südkorea) und Japan (vgl. Einzelheiten zur Verbreitung der chinesischen Schrift in Kap. 7) –, von Anbeginn ihrer Erziehung daran gewöhnt waren, eine Masse von Schriftsymbolen zu bewältigen, und daß in vielen Jahrhunderten des Erziehungstrainings die spezielle Gedächtnisfunktion, Schriftzeichen zu memorieren, geschult worden ist. Aus eigener Erfahrung weiß ich, daß viele japanische Kinder, wenn sie eingeschult werden, bereits die Zeichen von drei Schriftsystemen beherrschen, nämlich die Symbole der beiden einheimischen Silbenschriften *Hiragana* und *Katakana* sowie die *lateinische Alphabetschrift*. Dies sind mehr als hundert Schriftzeichen. Dabei wird die Lateinschrift eigentlich gar nicht für »voll genommen«, deren Zeichen lernt man so nebenbei. Europäische Pädagogen wären sprachlos, wenn sie die Lernanforderungen zu rechtfertigen hätten, die an japanische Kinder gestellt werden. Denn in der Schule lernt man dann erst »richtig«, nämlich viele Jahre lang, bis man die fast zweitausend chinesischen Zeichen im Gedächtnis gespeichert hat.

Allerdings sind die obigen Bemerkungen nicht aufzufassen als Ausdruck meiner Bewunderung der Gedächtnisleistung der Asiaten, eine so enorme Zahl an Schriftzeichen zu bewältigen. Nach meiner Einschätzung wird die Gedächtniskapazität, Schriftzeichen zu memorieren, einseitig überbelastet, während gleichzeitig andere Gedächtnisleistungen von diesem Lernprozeß unberührt bleiben. Es ist also nicht so, daß ein Asiate grundsätzlich ein besseres Gedächtnis hätte als ein Europäer. Denn ein Chinese oder Japaner kann Adressen, Telefonnummern oder Geschichtsdaten genau so schlecht oder gut behalten wie irgendein Europäer. Wenn man zudem bedenkt, daß es viele Jahre Schulausbildung und eine ungeheure Gesamtenergie kostet, über zweitausend Zeichen zu lernen, bevor man an der chinesischen Schriftkultur teilhat, so drängt sich dem Europäer unwillkürlich der Gedanke auf, daß bei einer solchen Ausbildung viel kreative Energie verloren geht, die zur Entwicklung der Persönlichkeitsstruktur des Individuums benötigt wird. Dieses Denken aber ist typisch europäisch. Individualismus ist bis heute eher eine Randerscheinung fernöstlicher Gesellschaften. Die Erziehung zum Kollektivbewußtsein, zum Bewußtsein, daß das Individuum seine eigentliche Erfüllung und seinen Daseinssinn in der Gruppe findet, ist in China und Japan wie eh und je pädagogisches Ideal. Im Fall des modernen Japan ist dies bemerkenswert, in einer Industriegesellschaft, die sich seit Jahrzehnten in steigendem Maß westlichen Einflüssen geöffnet hat. Nach neueren Untersuchungen ist individuelles Denken unter Japanern verbreiteter als früher, aber in ihrem Verhalten sind die meisten traditionell-gruppenorientiert.

Von Europäern wird immer wieder die Frage gestellt, warum man in China oder Japan nicht zum lateinischen Alphabet überwechselt, vor allem in Japan, wo der Gang der industriellen Entwicklung vom praktisch-organisatorischen Denken der Menschen gelenkt wird. Denn ohne ein solches praktisches Denken wäre es Japan kaum gelungen, seine supermoderne hochtechnologisierte Gesellschaft aufzubauen. Es ist ohne Zweifel recht umständlich, die Masse chinesischer Zeichen sowie die Symbole der japanischen Silbenschriften im Alltag des technischen Zeitalters zu verwenden, wo doch Amerika oder Europa beste Beispiele dafür bieten, wie man die Flut geschriebener Information mit einer begrenzten Anzahl von Buchstabensymbolen bewältigen kann. Vom rein technischen oder kostenmäßigen Standpunkt betrachtet, hätten auch die Japaner keine Argumente dagegen, daß das Drucken mit einer Buchstabenschrift einfacher und billiger ist. Trotzdem ist Japan noch heute ein Land, in dem die altererbte chinesische Schriftkultur floriert. Dieses Kulturerbe hat auch der Computertechnologie getrotzt. Noch in den sechziger Jahren gab es viele westliche Experten, die einen Schriftwechsel für Japan voraussagten, weil nach ihrer Meinung die Anforderungen der modernen Datenverarbeitung die Japaner einfach zwingen würden, ihre umständliche und technisch aufwendige Schreibweise aufzugeben. Die Entwicklung lief aber ganz anders. Es ist den japanischen Technikern und Ingenieuren tatsächlich gelungen, Software-Programme auszuarbeiten, die mit den Symbolen der drei Schriftsysteme operieren. Diese flexible Anpassung alter Schreibtraditionen an die Technologie der Moderne ist ein wichtiger Faktor, der die chinesische Schriftkultur bis weit ins nächste Jahrtausend tradieren wird.

Schrift und Weltanschauung

Selbst wenn die Schaffung von Software-Programmen für eines der komplexesten Schriftsysteme der Welt als technische Leistung alle Anerkennung verdient, bleibt die Frage bestehen, weshalb man in der Schulausbildung Japans und Chinas weiterhin die enorme Lernenergie fordert, in der Schulausbildung jahrelang Zeichen zu memorieren. Offensichtlich sind praktische Überlegungen in dieser Hinsicht wenig geeignet, eine althergebrachte Sitte und Gewohnheit, wie es ein Schriftsystem nun einmal ist, über kurz oder lang abzuschaffen. Das was die Menschen in einer Sprachgemeinschaft an ihrer Schrifttradition festhalten läßt, ist die Gewohnheit und Vertrautheit mit einem Kulturmuster, in dem die Angehörigen aller Generationen ihre Identität finden. Schrift ist nur äußerlich betrachtet ein praktisches Mittel, Sprache in geschriebener Form festzuhalten. Für den Benutzer – insbesondere wenn es um die eigene Muttersprache und die damit verbundene Schriftkultur geht – ist das Schriftsystem mit seinen Symbolen, also im wahrsten Sinn des Wortes das Schrift*bild* ebenso prägend wie andere Kulturmuster (z. B. das Netz der Beziehungen zwischen Familienmitgliedern und Verwandten, die Religion und deren ethischer Moralkodex). In einer Sprachgemeinschaft, die die freie Wahl hat, ihr altes Schriftsystem beizubehalten oder dieses zugunsten eines anderen aufzugeben, wird aller Wahrscheinlichkeit nach die Gewohnheit siegen, und das traditionelle Kulturerbe wird weiterleben. Ebenso wie sich japanische Buddhisten nicht ohne weiteres zum Christentum bekehren lassen, werden sich die Japaner auch nicht von westlichen Ausländern überzeugen lassen, zum Alphabet überzuwechseln. Denn kein Ausländer kann nachempfinden, welche wichtige Rolle das chinesische Schriftsystem als Teil des in Japan heimisch gewordenen Kulturerbes Chinas und als Identitätssymbol für die Menschen in der modernen japanischen Industriegesellschaft spielt.

Wenn aber in einer Sprachgemeinschaft dennoch ein Schriftwechsel stattfindet, gibt es dafür zwingende gesellschaftliche sowie auch politische Gründe. Als man in der Türkei in den zwanziger Jahren dieses Jahrhunderts vom arabischen zum lateinischen Alphabet überwechselte, stand dieser Vorgang symbolisch für die Überwindung einer veralteten, streng islamisch orientierten Gesellschaftsordnung, die das Leben im Osmanischen Reich bestimmt hatte, und für den Aufbruch in eine moderne Zeit, in der sich die moderne Türkei nach den Vorbildern europäischer Staaten ausrichtete. Gegen die Modernisierungspläne gab es erheblichen Widerstand in konservativen Kreisen, und die gesellschaftlichen Neuerungen – einschließlich des Schriftwechsels – gelangen nur aufgrund des energischen und mitunter diktatorischen Handelns des legendären Kriegshelden und ersten Präsidenten der jungen Republik Kemal Atatürk (1880–1938). Der Name Atatürk bedeutet ›Vater der Türken‹, und es bedurfte in der Tat einer patriarchalischen Autorität, um die türkische Gesellschaft zu erneuern. Die Annahme der Lateinschrift war nicht nur gleichbedeutend mit einer symbolischen Öffnung der türkischen Kultur und Gesellschaft nach Europa, sie hatte auch erhebliche Konsequenzen für die Abgrenzung des öffentlichen Lebens von der religiösen Sphäre. In der türkischen Republik herrschte die Lateinschrift im öffentlichen Leben vor und symbolisierte damit die profane Sphäre. Die *arabische Schrift* verschwand aus dem öffentlichen Leben und blieb allein in der islamischen Geistlichkeit in Gebrauch. Denn die Sprache und Schrift des Koran war und blieb arabisch.

Wenn vom Arabischen die Rede ist, assoziieren die meisten die Sprache mit dem charakteristischen Alphabet und beides mit dem Islam. In der Tat hat sich eine solche Symbiose von Sprache, Schrift und Weltanschauung als Produkt der Islamisierung arabischer und nichtarabischer Länder Asiens und Afrikas herausgebildet, und man könnte diese Kombination für eine historisch gewachsene, untrennbare Einheit halten. Es gibt allerdings eine ebenfalls historisch gewachsene Realität des Arabischen, die nichts mit der arabischen Schrift oder dem Islam zu tun hat, und diese findet man auf Malta.

Das *Maltesische*, die Sprache der Inselbevölkerung, ist eine Variante des Neuarabischen. Obwohl die Malteser das Arabische, das in Nordafrika gesprochen wird, verstehen, können sie es nicht lesen. Denn das Maltesische, das seit der Unabhängigkeit des Inselstaates im Jahre 1964 dessen Amtssprache ist, wird mit lateinischen Buchstaben geschrieben, und dies bereits seit dem 18. Jahrhundert (*Abb. 53*). Die Malteser und die arabisch-sprachige Bevölkerung Nordafrikas trennen Welten voneinander. Seit Jahrhunderten ist die maltesische Kultur durch christliche, genauer gesagt römisch-katholische Traditionen geprägt. Die Sitten und Gebräuche der arabisch sprechenden Menschen sowie ihr Verhalten im Alltagsleben sind denen der Christen in Sizilien oder Süditalien sehr ähnlich. Dorthin bestehen auch seit langem die wichtigsten Kontakte.

(53) Zeitungstext in maltesischer Sprache

Tax-Xandir ikomplu jaħbu

Il-gazzetti Maltin ta' nhar is-Sibt irrappurtaw li l-ħajja f'Malta matul Settembru li għadda, skond statistika pubblikata mill-Gvern stess, kienet għoliet bi tliet punti. Qabża kbira. Anzi l-ikbar waħda reġistrata f'pajjiżna f'dawn l-aħħar snin.

Għal Xandir Malta din ma kenitx tikkostitwixxi aħbar. It-tajba hi li meta l-ħajja torħos imqar b'bicċa punt arahom idumu jxandru dan il-fatt għal numru kbir ta' drabi u bi prominenza, u jibdew bil-famuzi kelmiet "il-ħajja reġgħet roħsot matul ix-xahar ta'......"

Dan hu l-mod kif tax-xandir jistmaw lis-semmiegħa tagħhom.

Die Malteser fühlen sich als Europäer, und als man die Unabhängigkeit proklamierte, wurde hervorgehoben, daß Malta der jüngste unabhängige Staat Europas sei. Die arabische Bevölkerung Maltas hat allen Grund, die Bindungen an Europa zu betonen, denn von der islamischen Welt sind die Malteser schon lange getrennt. Nur etwa ein Jahrhundert lang war Malta von den Arabern besetzt, bevor es 1090 von den Normannen erobert wurde. Damals waren die meisten Einwohner Moslems, und noch im 13. Jahrhundert bestanden einige islamische Gemeinden auf Malta. Seit der normannischen Zeit aber bestimmten christliche Gebräuche das kulturelle Leben, und das Christentum wurde zur politischen Weltanschauung in den kriegerischen und ideologischen Auseinandersetzungen des Malteserordens, der von 1530 bis 1800 die Geschicke Maltas lenkte, mit den Arabern Nordafrikas und den Türken. Der ideologisch verfemte Islam hatte zu Zeiten des Ordens keinen Platz auf Malta, von der arabischen Schrift ganz zu schweigen. Das lateinische Alphabet hatte nicht nur praktischen Wert für die Schreibung der auf Malta verwendeten Kultursprachen, und zwar Lateinisch und Italienisch, sondern es symbolisierte auch die christliche Welt, die im maltesischen Inselarchipel ihr wohl bedeutendstes Bollwerk gegen den Islam in der Neuzeit fand. Sozusagen zwangsläufig war das lateinische Alphabet die einzige Alternative zur schriftlichen Fixierung des gesprochenen Arabisch. Für die christlichen Malteser ist die Schreibung ihrer Sprache mit lateinischen Buchstaben ebenso selbstverständlich wie für die arabischen Moslems Nordafrikas die Verwendung des arabischen Alphabets.

Schriftwechsel in Vietnam – westliche gegen fernöstliche Tradition

Die Unterschiede in den Symbolwerten zwischen der ›christlichen‹ Lateinschrift der Malteser und dem arabischen Alphabet als Ausdruck einer islamischen Weltanschauung mögen beachtlich sein, vom rein schrifttechnischen Standpunkt aus betrachtet unterscheiden sich beide Schriftarten aber nur geringfügig, denn beides sind Buchstabenschriften, deren Zeichen die Laute der Sprache wiedergeben. Es gibt aber Fälle, wo der Wechsel von einem Schriftsystem zum anderen einen radikalen Wechsel des

Schrifttyps einschließt. Ein Beispiel dafür ist die Entwicklung der *vietnamesischen Schriftsprache*, die sich von anderen Schriftsprachen in Südostasien dadurch unterscheidet, daß sie in lateinischen Buchstaben geschrieben wird. Die historischen Wurzeln der Schrifttradition in Vietnam sind aber ganz andere, denn die Lateinschrift ist von den Europäern dorthin ›exportiert‹ worden. Die wichtigsten historischen Kontakte Vietnams in älterer Zeit sind die zu China, dessen Machtbereich sich unter der Han-Dynastie bis weit nach Nordvietnam hinein ausdehnte. Während der Zeit der ältesten Kolonialphase der vietnamesischen Geschichte zwischen 111 v. Chr. bis 939 n. Chr. wurde ausschließlich Chinesisch in Vietnam geschrieben, und das Vietnamesische selbst wurde von der chinesischen Verwaltung bewußt im Status einer nur gesprochenen Sprache gehalten. Obwohl Vietnam nach 939 n. Chr. nominell eine selbständige Monarchie war, blieb die politische Entwicklung des Landes auch weiterhin abhängig vom mächtigen Nachbarn im Norden, zu dem die Herrscher Vietnams zwischenzeitlich in einem Vasallenverhältnis standen.

Mit dem Buddhismus breitete sich in Vietnam auch die chinesische Schriftkultur aus, die seit dem 11. Jahrhundert durch buddhistische Mönche der einheimischen Bevölkerung zugänglich gemacht wurde. Im Lauf der Zeit entwickelte sich eine reiche Schrifttradition in chinesischer Sprache, die von Vietnamesen geschrieben wurde. Dieses Schrifttum nennt man *sino-vietnamesisch*. Daneben gab es aber auch früher Versuche, die chinesischen Zeichen zur Schreibung des Vietnamesischen selbst zu verwenden. Man findet historische Anzeichen dafür, daß diese Schreibweise des Vietnamesischen, die als *ideographisches Vietnamesisch* (vietn. Nom) bezeichnet wird, bereits im 13. Jahrhundert fest etabliert war (DeFrancis 1977, 23). Die Tradition des zweisprachigen Schrifttums in der sino-vietnamesischen und ideographisch vietnamesischen Schriftsprache hielt sich lange Zeit, bis im 17. Jahrhundert die Kenntnis der *Lateinschrift* durch französische, italienische, spanische und portugiesische Missionare in Vietnam verbreitet wurde. Besonders erfolgreich waren französische Priester, die zusammen mit den französischen Handelsniederlassungen den französischen Kultureinfluß verstärkten. Für die praktische Missionsarbeit war es erforderlich, daß die europäischen Geistlichen mit der gesprochenen Volkssprache vertraut waren. Viele Missionare beherrschten das Vietnamesische in gesprochener Form, sie konnten es aber nicht in chinesischer Schrift lesen. Der Zugang zur vietnamesischen Schriftsprache war auch für die Europäer ohne großen Belang, da in ihr nur nichtchristliche Texte verfaßt waren. Die Verwendung der lateinischen Graphie zur Wiedergabe des Vietnamesischen war für die Missionare ein praktisches Mittel, Predigttexte und liturgische Formeln aufzuzeichnen. Gleichzeitig bedeutete die neue Schriftart die Bindung des darin verfaßten Schrifttums an eine neue, u. zw. christliche Weltanschauung. Die Missionare gingen mit der Lateinschrift gleichsam auf Distanz gegenüber der buddhistisch geprägten Schrifttradition Vietnams in chinesischer Schrift.

Als der französische Missionar Alexandre de Rhodes sein »Dictionarium annamiticum« (*Abb. 54*) verfaßte, verwendete er zur Wiedergabe der vietnamesischen Wörter ausschließlich lateinische Buchstaben und knüpfte damit an eine Tradition an, die bereits einige Jahrzehnte alt war. Obwohl sein im Jahre 1651 gedrucktes Wörter-

(54) Das vietnamesische Wörterbuch (1651) von Alexandre de Rhodes

DICTIONARIVM
ANNAMITICVM

Seu Tunkinenſe cum Luſitana, & Latina declaratione.

A

ã, chị ả: *Irmãa primogenita*: Soror primogenita.

ác, dư. *mao*. malus, a, um. ác nghiệp: *fazer mal* malum agere. ác tâm, laõ dư: *maos boſes*: nequam. đại ác, dư lắm: *cruel*: crudelis, le. ác, chơi ác: *brincar*, *folgar*: ludo, is. hay ác, ác nghiệp: *brincador*, *brincão*. luſor, oris.

ác qua, cái ác: *coruo*: coruus, i. ác mỏ, dai ác: *os cornos te comão*: corui te rodant, maledictum.

ác, thâm: *preto*: niger, a, um. gà ác: *galinha preta*: gallina nigra. mèo ác: *gato preto*: fellis niger.

ác mỏ *papagaio*: pſittacus, i. ác, mỏ ác: *boca do eſtamago*: os ventriculi.

ách, nạn: *deſaſtre*: infortunium, ii. ngày ách: *dia*

A

aziago ou azinhago: dies ater. tóủ ách, đưa nạn: *deſuiar*, ò *deſaſtre*: declinare infortunium; hoc apud Ethnicos fit conuiuium faciendo diabolo &c.

ách: *iugo*: iugum, i. ách tlâu: *iugo da buſara*: iugum bubali.

ai: *quem*: quis. ai đây: *quẽ eſtà ahy*: quis eſt ibi. ai đi: *quem vai*: quis it. ſi addatur vox, có, tunc, ai, ſignificat aliquis, vt; có, ai, đi: *eſtà alguem que và*: aliquis ne eſt qui eat? ai là ai, ai nây: *quemquer*: quiſquis. chảng có ai: *nao ha ninguem*: nullus eſt.

ai, bua hán ai đẻ: *nome do Rey da China, em cuio tempo naceo Chriſto Noſſo Senhor*: nomen Regis Sinarum qui regnạbat cum natus eſt Chriſtus

A

buch das erste Lexikon des Vietnamesischen mit Übersetzungen in europäische Sprachen ist, war der Verfasser de Rhodes nicht der erste, der die einheimische Sprache auf diese Weise schrieb. Wie er selbst im Vorwort zu seinem Wörterbuch erwähnt, stützte er sich auf die Wortsammlungen anderer Missionare und folgte deren Schreibweise. Offenbar waren die Grundlagen der lateinischen Graphie für das Vietnamesische bereits von einem Priesterkollegium ausgearbeitet worden, bevor de Rhodes diese Schreibnormen anwendete (TABOULET 1955, 12). Bei der Anpassung der Lateinschrift an die Lautung des Vietnamesischen reichte der Bestand an Buchstaben nicht aus, und man war auf den Gebrauch *diakritischer Zeichen* (z. B. ´, ˆ, ') angewiesen. Solche Zeichen, deren Verwendung aus dem Portugiesischen und Französischen bekannt war, dienten zur Wiedergabe spezifischer Laute des Vietnamesischen sowie zur Markierung der Tonunterschiede dieser Sprache. Das Verdienst von de Rhodes besteht darin, daß durch sein Wörterbuch und einen im gleichen Jahr erschienenen »Cathechismus« die lateinische Graphie normiert und vor allem populär gemacht wurde.

Zunächst blieb die Lateinschrift auf die Kreise katholischer Christen beschränkt. Daneben wurden weiterhin die Schriftsysteme des Sino-Vietnamesischen und des ideographischen Vietnamesisch verwendet. Die Schreibung des Vietnamesischen mit lateinischen Buchstaben war zwar in erster Linie ein Kulturträger des Christentums römisch-katholischer Prägung, in späterer Zeit aber kristallisierte sich darin auch europäischer, insbesondere französischer Kultureinfluß. Die Lateinschrift war ein wichtiges Bindeglied zwischen der einheimischen Bevölkerung und den fremden Europäern. Diese Rolle der Schrift kam vor allem nach dem Beginn der französischen Kolonialzeit im Jahre 1861 zum Tragen. In den Auseinandersetzungen über die Vereinheitlichung der Schriftsysteme im Lande wurde die Lateinschrift, deren vietnamesische Bezeichnung *Quoc Ngu* lautet, zum Politikum, denn mit ihr identifizierten sich außer der französischen Kolonialverwaltung die Vietnamesen, die mit den Franzosen kollaborierten. Die sprachliche Situation Vietnams war in der zweiten Hälfte des 19. Jahrhunderts und zu Beginn des 20. Jahrhunderts sehr verwickelt, wenn man bedenkt, daß drei Sprachen (u. zw. Vietnamesisch, Chinesisch und Französisch) mit insgesamt vier Schriftsystemen (u. zw. Sino-Vietnamesisch, Nom, Quoc Ngu und die lateinische Graphie des Französischen) in Gebrauch waren (*Abb. 55*). Nach 1905 bekamen die Befürworter der Lateinschrift immer stärkeren Auftrieb, und als Vietnam im Jahre 1945 unter Ho Chi Minh die Unabhängigkeit proklamierte, wurde Quoc Ngu als alleiniges Schriftsystem des neuen Staates anerkannt (DEFRANCIS 1977, 223 ff.).

Seit 1945 hat man sich im Norden des Landes und seit 1975 auch im Süden um eine antikolonialistische Politik bemüht, deren Zielsetzung die Ausmerzung des kolonialen, insbesondere französischen Kulturerbes ist. Vietnamesische Sprachplaner haben viele lexikalische Neuschöpfungen durchsetzen können, die ältere französische, chinesische oder englische Lehnwörter ersetzen und den Wortschatz des Vietnamesischen modernisieren. Allerdings hat sich eine Anzahl von Lehnwörtern behaupten können, wozu selbst allgemeine Ausdrücke wie vietn. *săm* ›Zimmer‹ (von franz.

chambre), *ga* ›Bahnstation‹ (von franz. gare) oder *mít-tinh* ›Treffen, Zusammenkunft‹ (von engl. meeting) gehören (HAARMANN 1986b). Ironie des Schicksals: niemand in Vietnam hat sich für die Abschaffung des im wahrsten Sinn des Wortes ›augenfälligsten‹ französischen Kulturerbes ausgesprochen, die Lateinschrift. Die Schreibung des Vietnamesischen mit lateinischen Buchstaben ist heutzutage für die Vietnamesen ein Symbol der nationalen Identität. Als ein solches ist die Schrift weltanschaulich gebunden, nämlich als Ausdrucksmittel für soziale und politische Vorstellungen einer

(55) Schriftsysteme Vietnams im 20. Jahrhundert

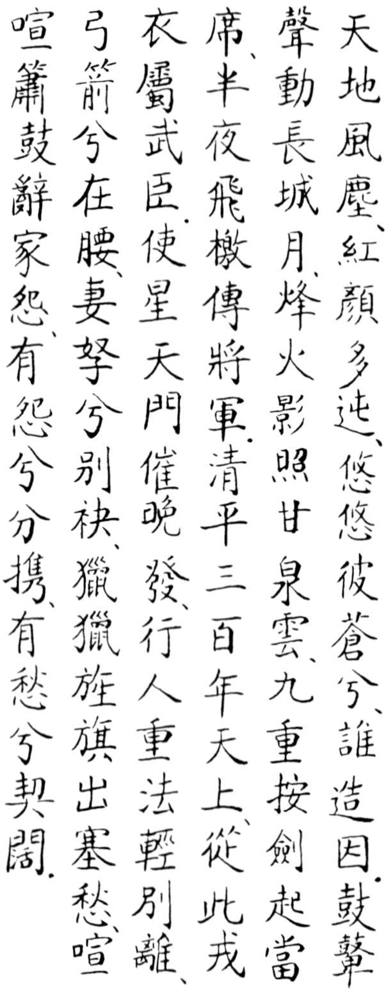

天地風塵紅顏多迍悠悠彼蒼兮誰造因鼓鼙
聲動長城月烽火影照甘泉雲九重按劍起當
席半夜飛檄傳將軍清平三百年天上從此戎
衣屬臣使星天門催曉發行人重法輕別離
弓箭兮在腰妻弩兮別袂獵獵旌旗出塞愁喧
喧簫鼓辭家怨有怨兮分攜有愁兮契闊

a) Chinesischer Originaltext
(»Klage der Frau eines Soldaten«)

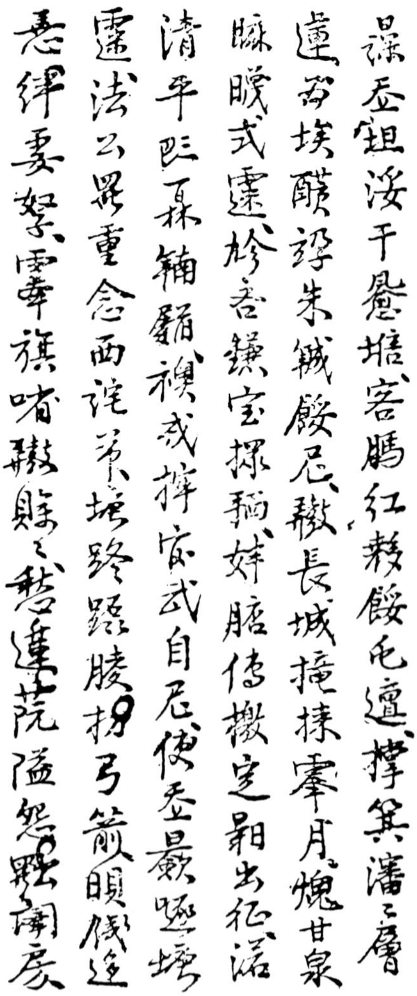

b) Vietnamesische Übersetzung (Nom)

Vì ai gây-dưng cho nên nỗi này (3×).
Trống Tràng - thành 長城 lung-lay bóng
nguyệt, (3)
Khói Cam-tuyền 甘泉 mờ-mịt thức mây. (4)
Chín từng gươm báu trao tay (5)
Nửa đêm truyền hịch 傳檄 định ngày xuất -
chinh 出征 (6)
Nước thanh - bình 清平 ba trăm năm cũ (7)
Áo nhung 戎 trao quan vũ từ đây (8)
Sứ trời sớm giục đường mây (9)
Phép công là trọng, niềm tây sá nào. (10)
Đường giong ruổi lưng đeo cung tiễn 弓箭
Buổi tiễn đưa lòng bận thê-noa 妻孥 (11)
Bóng cờ tiếng trống xa xa, { 14+15
Sầu lên ngọn ải, oán ra cửa phòng { 16+17

Thủa trời đất nổi cơn gió bụi, (1)
Khách má hồng nhiều nỗi truân-chiên (2)
Xanh kia thăm-thẳm tầng trên, (3×)

  c) Vietnamesischer Text (Quoc Ngu)

Dans les temps où s'élève une tourmente de sable,
Combien d'épreuves atteignent les jeunes femmes!
O bleu profond des cieux supérieurs,
Qui donc est cause d'une telle infortune?

Les tambours de Tràng-an ébranlent le clair du lune,
Les feux de Cam-tuyên empourprent les nuages.
Du haut des Neuf Degrés, l'Empereur, s'appuyant sur son épée,
Au milieu de la nuit rend l'édit qui fixe le départ.

Trois cents années durant, le pays a joui de la paix;
A partir de ce jour, il faut revêtir la cuirasse.
Dès l'aube, l'envoyé impérial presse les combattants;
Devant le bien public, que comptent les sentiments privés!

Sur la route, ils se hâtent, l'arc et les flèches au dos;
Au moment des adieux, leur cœur s'attache à leur famille...
Les silhouettes des bannières et le bruit des tambours diminuent:
Vers la frontière monte la tristesse, le chargin demeure sur les seuils...

  d) Französische Übersetzung (lateinische Graphie)

sozialistischen Gesellschaftsordnung vietnamesischer Prägung. Nunmehr ist die Lateinschrift ein Werkzeug in den Händen derer, die offen oder verdeckt gegen den Einfluß der katholischen Kirche in Vietnam agitieren, gegen eine Institution also, der Vietnam die Einführung seiner Schrift verdankt. Als Kulturträger ist Quoc Ngu gleichsam neutral, denn dieses Schriftsystem dient vietnamesischen Kommunisten, Buddhisten und Katholiken in gleicher Weise zum Lesen und Schreiben ihrer Muttersprache.

Die Entwicklung des Schriftwechsels in Vietnam ist nicht nur deshalb von besonderem Interesse, weil die Wandlungen aus der Rivalität extrem unterschiedlicher Kulturströmungen erwachsen sind, sondern insbesondere deshalb, weil deutlich wird, wie willkürlich die Wahl und Anwendung eines Schriftsystems für eine Sprache sein können. Die chinesische Schrift und das lateinische Alphabet gehören zu ganz verschiedenen Schrifttypen. Während chinesische Schriftzeichen in erster Linie den Bedeutungsgehalt von Wörtern symbolisieren, wird durch eine Buchstabenschrift wie die lateinische Graphie die Aussprache von Wörtern – und zwar ganz unabhängig von deren Bedeutung – wiedergegeben. Ganz offensichtlich spielt die Struktur der Sprache keine Rolle, wenn es um die Eignung eines Schriftsystems geht. Die Schreibung des Vietnamesischen mit chinesischen Zeichen (Nom) ist nicht besser oder schlechter geeignet als die lateinische Graphie (Quoc Ngu), es handelt sich lediglich um eine Schriftart nach anderen Prinzipien. Unter diesem Gesichtspunkt ist die Schrift ein äußerliches Merkmal der Sprache, und die Verwendung eines bestimmten Schriftsystems sagt nichts über den grammatischen Bau oder lautliche Besonderheiten einer Sprache aus. Das Kriterium der Äußerlichkeit betrifft aber nur die schreib*technische* Verbindung zwischen Symbolen eines Schriftsystems und sprachlichen Elementen. Andererseits ist jedes Schriftsystem eindeutig *kulturell* mit der darin geschriebenen Sprache verbunden. Denn die Schrift ist, wie wir gesehen haben, ein historischer Kulturträger, und als solcher übernimmt sie die Funktion eines Kulturmusters wie die gesprochene Sprache für die Mitglieder einer Sprachgemeinschaft.

Schrift und kulturelle Identität – Das Beispiel der Abur-Schrift der Syrjänen

Wenn man der Schrift die Eigenschaft zuschreibt, ein Kulturträger zu sein, besagt dies, daß die kulturelle Bindung ein zeitloses Merkmal ist, unabhängig von der Entwicklungsstufe eines Schriftsystems und von den Prinzipien, nach denen geschrieben wird. Die Lateinschrift im modernen Vietnam ist ein historisches Produkt des europäischen Kultureinflusses, obwohl die Assoziation mit dem Christentum nurmehr für eine Minderheit der Vietnamesen Symbolwert besitzt. Für die Malteser dagegen ist die religiöse Bindung in geschichtlicher Perspektive wie auch in der heutigen Zeit ausschlaggebend für die Identifizierung mit der lateinischen Schrift. Die kulturhistorische Bedeutung des lateinischen Alphabets in den erwähnten Ländern ist mit dem

Schriftsystem zwar assoziiert, kulturelle Werte liegen aber nicht im Schriftbild selbst begründet. Anders ausgedrückt: die Form und Gestalt von lateinischen Buchstaben wie a, m oder v sind keine immanenten Träger des lateinisch-römischen Kulturerbes. Die Gestalt der Buchstaben ist so abstrakt, daß man darin nicht mehr die ihnen ursprünglich zugrunde liegenden Bildsymbole erkennen kann (vgl. Kap. 6 zur historischen Entwicklung). Zum Produkt des römischen Kulturerbes wird die Lateinschrift erst durch ihre Verwendung und Geschichte im betreffenden Kulturkreis. Der Umstand, daß kulturelle Werte zwar mit der Schrift assoziiert werden, solche aber nicht den Schriftzeichen selbst inhärent sind, gilt im Fall der meisten Alphabetschriften, von denen die lateinische Graphie eine Variante ist. Es gibt nur wenige Ausnahmen in der Kulturgeschichte der Schrift, wo die kulturelle Bindung eines Alphabets an eine Sprachgemeinschaft selbst in der abstrakten Gestalt seiner Zeichen zum Ausdruck kommt. Ein solcher Fall ist die sogenannte Abur-Schrift, die bei den Syrjänen in Gebrauch war.

In vieler Hinsicht einzigartig und unvergleichbar mit historischen Abläufen in anderen Gebieten ist die Geschichte der Christianisierung bei den Syrjänen, einem finnisch-ugrischen Volk im Nordosten des europäischen Kontinents, und der damit verknüpften Entstehung eines Schrifttums in altsyrjänischer Sprache. In den Jahren zwischen 1373 und 1395 lebte der russische Missionar Stephan, den man später auch Stephan von Perm oder Stephan den Heiligen nannte, bei den Syrjänen und bekehrte den größten Teil der Bevölkerung mit ihren schamanistischen Traditionen zum Christentum. Das Besondere an dieser Missionsbewegung, für die es keine Parallele in der russischen Kolonisation des nördlichen und östlichen Europa gibt, ist der Umstand, daß sie nicht auf dem Hintergrund einer militärischen und kolonisatorischen Erschließung der betreffenden Region zum Tragen kam. Während im Wolgagebiet sowie im nördlichen Europa die Christianisierung entweder gleichzeitig mit oder nach der militärischen Eroberung erfolgte, verlief die Entwicklung bei den Syrjänen gerade umgekehrt. Das von Stephan begründete Episkopat erlangte sogar gegenüber dem von Novgorod und Moskau eine gewisse Selbständigkeit. Erst gegen Ende des 15. Jahrhunderts wurde schließlich das Siedlungsgebiet der Syrjänen – sowie die Wohngebiete der nahverwandten Permjaken – dem Machtbereich Moskaus angeschlossen. Um 1375 schuf Stephan von Perm das altsyrjänische Alphabet, die sogenannte Abur-Schrift, in der religiöse Literatur bis ins 17. Jahrhundert aufgezeichnet wurde (*Abb. 56*). Es ist anzunehmen, daß das griechische wie auch das kyrillische Alphabet Stephan von Perm für die Schaffung der Abur-Schrift als Modell dienten. Die meisten Zeichen der Schrift sind allerdings typisch syrjänische Symbole. Es handelt sich dabei um ältere Eigentumsmarken, sogenannte *Tamga-Zeichen*, die bei den Syrjänen bereits vor der Christianisierung in Gebrauch waren. Die Tamga-Zeichen waren also Elemente der syrjänischen Kulturgeschichte, bevor sie als Schriftzeichen umgedeutet wurden, und als solche sind sie Bestandteil eines Schriftsystems mit unverwechselbarer kultureller Identität.

(56) Die Abur-Schrift (altsyrjänisches Alphabet)

Schrift-zeichen	Lautwert (vereinfacht)	Schrift-zeichen	Lautwert (vereinfacht)
⟨a⟩	a	⟨n⟩	n
⟨b⟩	b	⟨ô⟩	ô
⟨g⟩	g	⟨p⟩	p
⟨d⟩	d	⟨r⟩	r
⟨e⟩	e	⟨s⟩	s
⟨ž⟩	ž	⟨t⟩	t
⟨dž⟩	dž	⟨u,v⟩	u, v
⟨z⟩	z	⟨č⟩	č
⟨dź⟩	dź	⟨š⟩	š
⟨i,j⟩	i, j	⟨y⟩	y
⟨k⟩	k	⟨ê⟩	ê
⟨l⟩	l	⟨v⟩	v
⟨m⟩	m	⟨o,ö⟩	o, ö

Schriftzeichen als Abbild der Kultur in China, Ägypten und Kreta

Während die inhärente Kulturbindung von Schriftsymbolen in Alphabetschriften eine seltene Erscheinung ist, verhält es sich bei solchen Schriftsystemen gerade umgekehrt, in deren Zeichenbestand bildhafte Symbole erhalten geblieben sind, oder in deren Gestalt ursprüngliche Bildformen erkennbar bleiben. In den bildhaften Darstellungen, aus denen Schriftsymbole entstanden, spiegeln sich mehr oder weniger deutlich materielle Elemente des kulturellen Umfelds wider, in denen die Sprachgemeinschaft lebt und für deren Sprache das betreffende Schriftsystem geschaffen wurde. Beispiele hierfür finden sich vor allem in älteren Entwicklungsstufen der Schrift, so etwa in den Schriften der frühen Zivilisationen des Altertums. Denkt man an das Anfangsstadium der Schriftverwendung, wovon im vorangegangenen Kapitel die Rede war, so trifft sicherlich die verallgemeinernde Feststellung zu, daß damals noch die Rolle der Schrift darin bestand, die Begriffswelt, die der gesprochenen Sprache zugrunde liegt, im wahrsten Sinn des Wortes »abzubilden«. In den Bildsymbolen *der ältesten Originalschriften* kommen die regionalen Charakteristika der antiken Zivilisationen am besten zum Ausdruck.

China hat eine lange Tradition der *Keramikherstellung,* die in ihren Anfängen bis ins 5. Jahrtausend v. Chr. zurückreicht (BEURDELEY 1974, 11 f.). Angesichts der Reichhaltigkeit der Keramikware und ihrer Rolle im chinesischen Kulturkreis ist es nicht verwunderlich, daß in einer Anzahl früher chinesischer Schriftzeichen die Gefäßformen neolithischer Keramik zu erkennen sind (*Abb. 57*). Auch in der *ägyptischen Hieroglyphenschrift* findet man Zeichen, die frühe Formen von Stein- und Tongefäßen wiedergeben (*Abb. 58*). Vergleicht man die Übersichten miteinander, so fällt auf, daß nicht nur die Gefäßformen selbst voneinander abweichen, sondern daß auch die Art und Weise ihrer Wiedergabe in den Schriftsymbolen recht verschieden ist. Die frühen chinesischen Schriftzeichen sind in ihrem Ursprung fast naturalistische

(57) Frühe chinesische Schriftzeichen (obere Reihe) und Gefäßformen neolithischer Keramik

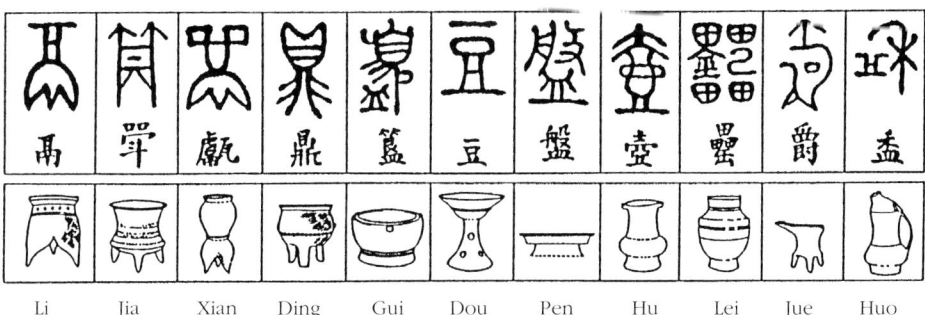

(58) Die Abbildung von Stein- und Tongefäßen in der ägyptischen Hieroglyphenschrift

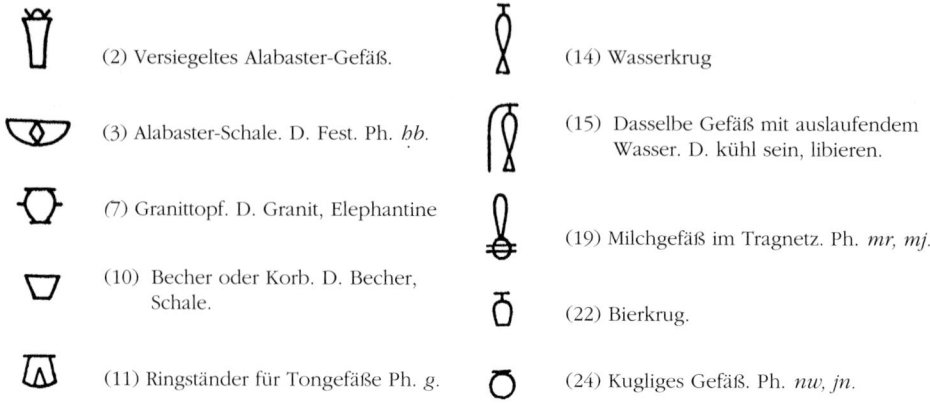

(2) Versiegeltes Alabaster-Gefäß.

(3) Alabaster-Schale. D. Fest. Ph. ḥb.

(7) Granittopf. D. Granit, Elephantine

(10) Becher oder Korb. D. Becher, Schale.

(11) Ringständer für Tongefäße Ph. g.

(14) Wasserkrug

(15) Dasselbe Gefäß mit auslaufendem Wasser. D. kühl sein, libieren.

(19) Milchgefäß im Tragnetz. Ph. *mr, mj*.

(22) Bierkrug.

(24) Kugliges Gefäß. Ph. *nw, jn*.

Erläuterung (vgl. auch Abb. 59-61):

D. = Determinativ, womit eine Klasse von Wörtern bezeichnet wird (s. Kap. 4 und 5)

Id. = Ideogramm (Wortzeichen), das für ein Wort steht

Ph. = Phonetischer Wert (Lautwert)

Darstellungen der betreffenden Gefäßformen, die später zu abstrakteren Zeichen stilisiert wurden. Die ägyptischen Hieroglyphen dagegen zeichnen sich durch eine fortgeschrittene Stilisierung aus, wobei bemerkenswerterweise der Grad der Abstraktion gering bleibt. Obwohl in den Schriftsymbolen nur Grundlinien vertreten sind, kann man die Formen der Gefäße und deren Teile klar erkennen.

Die ägyptischen Hieroglyphen sind in diesem Zusammenhang von besonderem Interesse, weil sie sich als Zeremonialschrift fast drei Jahrtausende lang in beinahe unveränderter Form erhalten haben. Es ist ohne weiteres möglich, die Kulturgeschichte Ägyptens aus einer Interpretation der Hieroglyphenschrift und ihres Zeicheninventars abzuleiten. In den Schriftsymbolen spiegelt sich beispielsweise die reiche Fauna des alten Ägypten, wozu vor allem viele Wasservögel gehörten (*Abb. 59a*). Dagegen umfaßt das Inventar der Zeichen, die sich bildhaft auf die Flora beziehen, vergleichsweise weniger Elemente als der Bestand an Symbolen mit Bezug zur Fauna (*Abb. 59b*). Die Darstellung der Pflanzen ist aber nicht weniger typisch als die von Tieren, denn auch im Fall der Flora begegnen uns charakteristische und wohlbekannte Dinge wie der Papyrus, das Schilf oder das Korn. Weit verzweigt ist die Abbildung von Gegenständen der materiellen Kultur des alten Ägypten. Man kann Zeichengruppen mit Darstellungen von Gerätschaften für die verschiedensten Anwendungsbereiche zusammenstellen. In den hier beigefügten Übersichten kann die reiche Vielfalt der Hieroglyphensymbole lediglich in Auswahl veranschaulicht werden. Der Bestand an Zeichen, deren Motive mit den beiden Großbereichen der Landwirtschaft sowie des

(59) Bildmotive der ägyptischen Hieroglyphenschrift

a) Die Fauna Ägyptens

SÄUGETIERE

🐂	(1) Stier, Id.	🐺	(17) Schakal. Id.
🐂	(3) Kalb. D. Kalb, Rind.	🐺	(18) Wolf (? „Canide") auf Standarte.
🐴	(6) Pferd. Id.		(20) Das Tier des Gottes Seth. Id. D. Seth, Aufruhr, Gewitter, Donner.
🐴	(7) Esel. D. Esel.		(21) Dasselbe Tier liegend. D. Aufruhr, stürmen.
🐐	(8) Junge Ziege. D. Kleinvieh. Ph. D und Ph. *jb*.	🦁	(22) Löwe. Id.
🦌	(9) Neugeborene Antilope. Ph. *jw*.	🦁	(23) Liegender Löwe. Id.
🐕	(14) Windhund. D. Hund.	🦒	(27) Giraffe. D. vorhersagen.
🐕	(15) Liegender Schakal oder Hund.	🐐	(31) Ziege mit Rollsiegel am Halsband Id.
🐕	(16) Dasselbe Tier auf einem Schrein.	🐇	(34) Wüstenhase. Ph. *un*.

TEILE VON SÄUGETIEREN

	(3) Nilpferdkopf. Ph. D.		(20) Zunge. Id.
	(4) Vorderteil eines Löwen. Id.		(22) Hinterteil eines Löwen, Id.
	(5) Antilopenkopf. Ph. oder Ph. D.		(23) Vorderschenkel eines Ochsen. Id
	(10) Kopf und Hals eines Tieres. D. Kehle, schlucken.		(25) Bein eines Ochsen. Id.
	(13) Rindergehörn. Id.		(27) Rinderfell. D. Fell, Leder, Säugetier.
	(16) Horn. Id.		
	(18) Elefantenzahn. D. Zahn, beissen, lachen.		(29) Rinderfell, von Pfeil durchbohrt. Id. und D.

VÖGEL

 (1) Ägyptischer Geier („Adler").

 (4) Langbeiniger Bussard. Ph. *tjw*.

 (5) Falke. Id.

 (7) Falke auf der Standarte. D. Gott.

 (14) Geier. D. Geier. Ph. *nrw, mwt, mt*.

 (17) Eule. Ph. *m*.

 (22) Wiedehopf.

 (23) Kiebitz. Id.

 (24) Kiebitz mit geknickten Flügeln.

 (25) Schopfibis. Id.

 (27) Flamingo. D. Flamingo

 (28) Schwarzer Ibis. Ph. *gm*.

 (29) Storch. Id.

 (37) Sperling. D. klein, schlecht, unvollständig, leer, krank.

 (38) Gans oder Ente (in manchen Texten unterschieden). D. Gans, Vogel, fliegendes Tier (z.B. Heuschrecke). Ph. *gb*

 (40) Fliegende Ente.

 (41) Sich niederlassende Ente. D. sich niederlassen, Vogel.

 (43) Wachtel-Küken. Ph. *w*.

 (47) Nestling.

 (49) Drei Entenköpfe überm Wasser.

 (51) Fischender Reiher. D. fischen.

 (54) Gebratene Gans oder Ente. D. Vögel opfern.

TEILE VON VÖGELN

 (2) Kopf eines Vogels mit Schopf.

 (6) Feder.

 (8) Ei. D. Ei.

FISCHE

 (1) Bulti-Fisch. D. Fisch. Ph. *jn*.

 (2) Ein Fisch. Ph. D. in *bwt* „Abscheu, Tabu".

 (4) Oxyrhynchus-Fisch.

AMPHIBIEN UND REPTILE

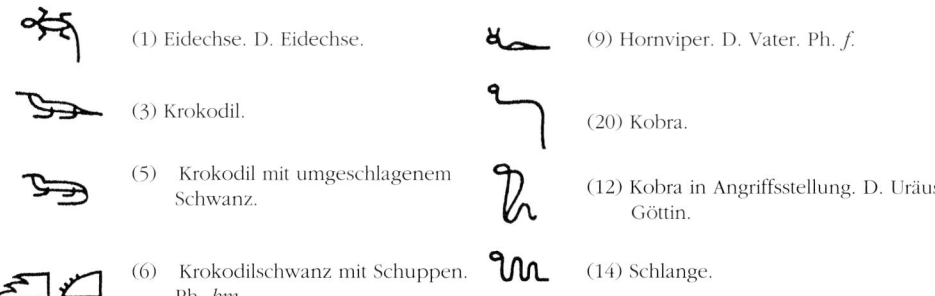

- (1) Eidechse. D. Eidechse.
- (3) Krokodil.
- (5) Krokodil mit umgeschlagenem Schwanz.
- (6) Krokodilschwanz mit Schuppen. Ph. *km*.
- (9) Hornviper. D. Vater. Ph. *f*.
- (20) Kobra.
- (12) Kobra in Angriffsstellung. D. Uräus. Göttin.
- (14) Schlange.

INSEKTEN UND KLEINE TIERE

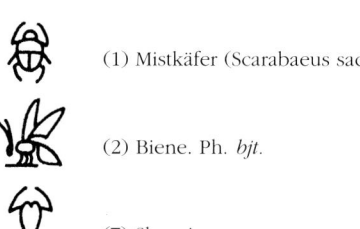

- (1) Mistkäfer (Scarabaeus sacer).
- (2) Biene. Ph. *bjt*.
- (7) Skorpion.

b) Die Pflanzenwelt Ägyptens

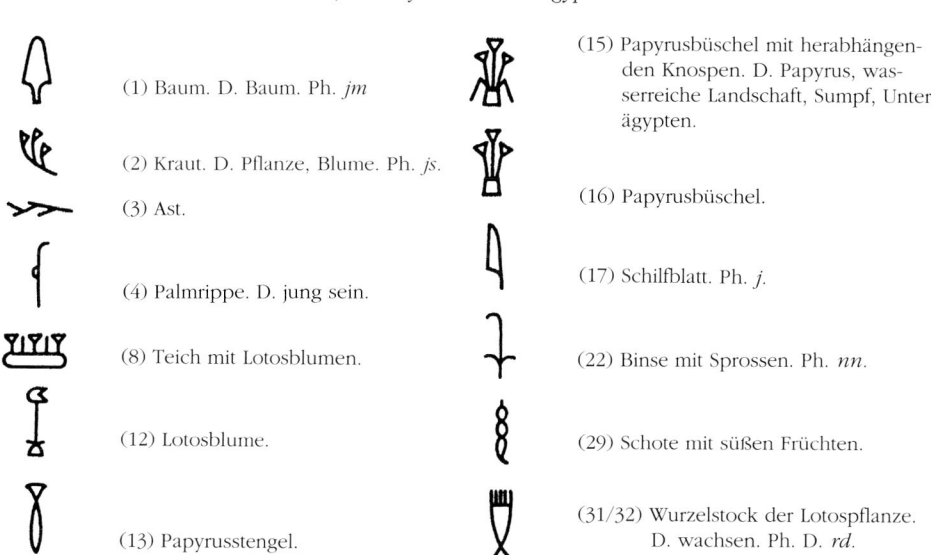

- (1) Baum. D. Baum. Ph. *jm*
- (2) Kraut. D. Pflanze, Blume. Ph. *js*.
- (3) Ast.
- (4) Palmrippe. D. jung sein.
- (8) Teich mit Lotosblumen.
- (12) Lotosblume.
- (13) Papyrusstengel.
- (15) Papyrusbüschel mit herabhängenden Knospen. D. Papyrus, wasserreiche Landschaft, Sumpf, Unterägypten.
- (16) Papyrusbüschel.
- (17) Schilfblatt. Ph. *j*.
- (22) Binse mit Sprossen. Ph. *nn*.
- (29) Schote mit süßen Früchten.
- (31/32) Wurzelstock der Lotospflanze. D. wachsen. Ph. D. *rd*.

132　Schrift, Schreibtradition und Identität

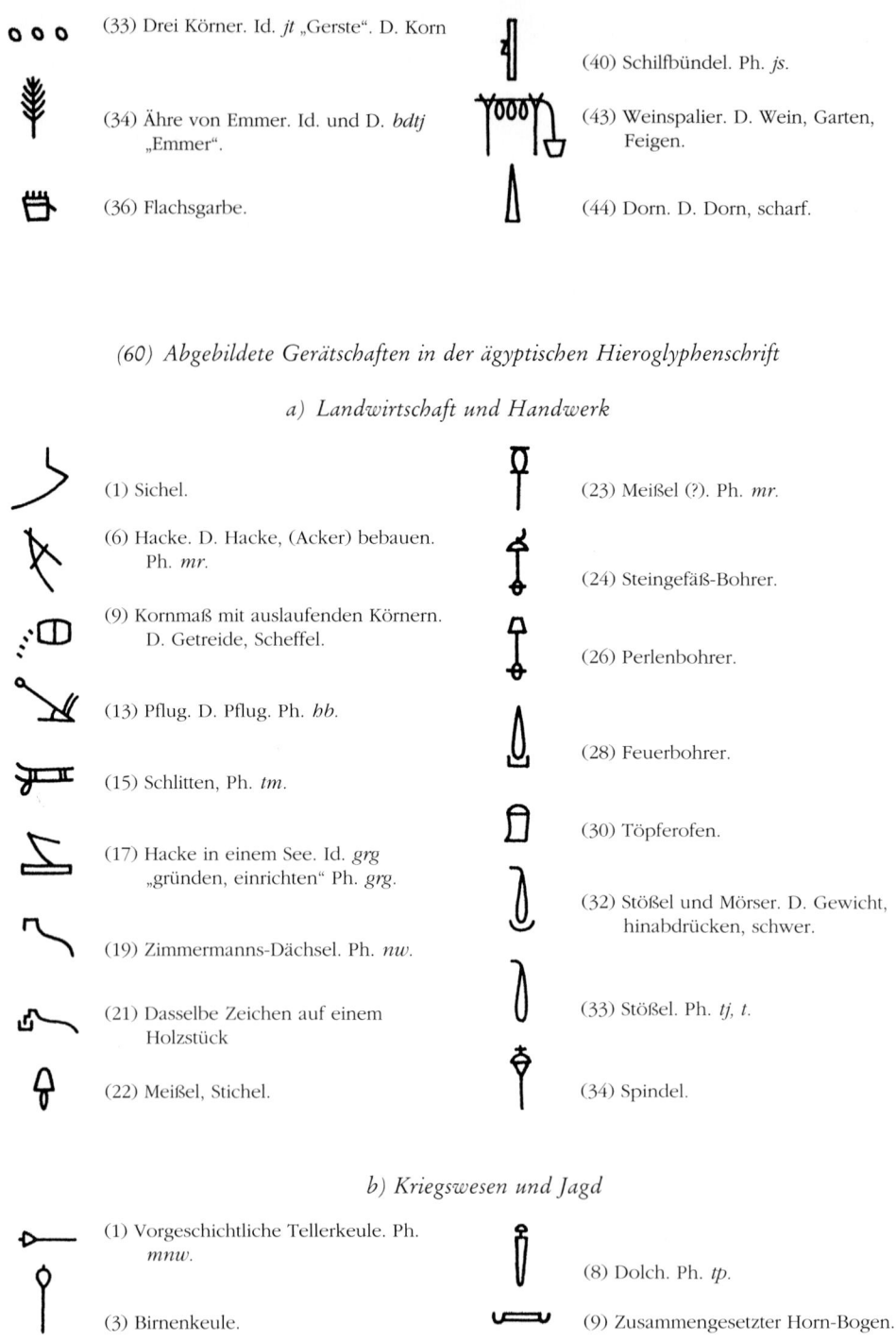

(33) Drei Körner. Id. *jt* „Gerste". D. Korn

(34) Ähre von Emmer. Id. und D. *bdtj* „Emmer".

(36) Flachsgarbe.

(40) Schilfbündel. Ph. *js*.

(43) Weinspalier. D. Wein, Garten, Feigen.

(44) Dorn. D. Dorn, scharf.

(60) Abgebildete Gerätschaften in der ägyptischen Hieroglyphenschrift

a) Landwirtschaft und Handwerk

(1) Sichel.

(6) Hacke. D. Hacke, (Acker) bebauen. Ph. *mr*.

(9) Kornmaß mit auslaufenden Körnern. D. Getreide, Scheffel.

(13) Pflug. D. Pflug. Ph. *hb*.

(15) Schlitten, Ph. *tm*.

(17) Hacke in einem See. Id. *grg* „gründen, einrichten" Ph. *grg*.

(19) Zimmermanns-Dächsel. Ph. *nw*.

(21) Dasselbe Zeichen auf einem Holzstück

(22) Meißel, Stichel.

(23) Meißel (?). Ph. *mr*.

(24) Steingefäß-Bohrer.

(26) Perlenbohrer.

(28) Feuerbohrer.

(30) Töpferofen.

(32) Stößel und Mörser. D. Gewicht, hinabdrücken, schwer.

(33) Stößel. Ph. *tj, t*.

(34) Spindel.

b) Kriegswesen und Jagd

(1) Vorgeschichtliche Tellerkeule. Ph. *mnw*.

(3) Birnenkeule.

(8) Dolch. Ph. *tp*.

(9) Zusammengesetzter Horn-Bogen.

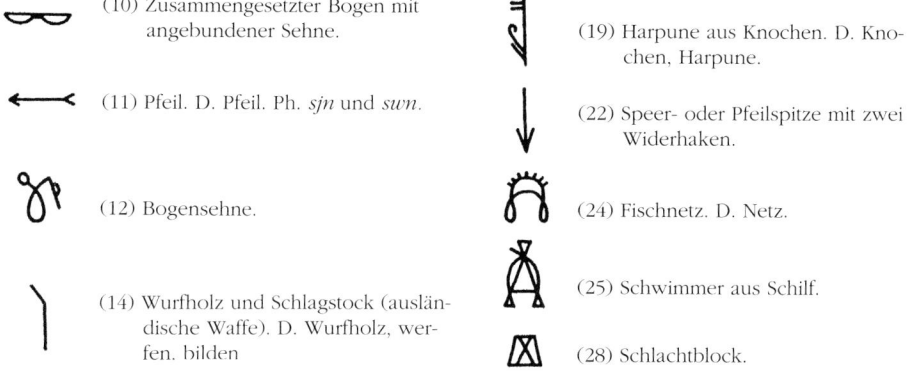

(10) Zusammengesetzter Bogen mit angebundener Sehne.

(11) Pfeil. D. Pfeil. Ph. *sjn* und *swn*.

(12) Bogensehne.

(14) Wurfholz und Schlagstock (ausländische Waffe). D. Wurfholz, werfen. bilden

(19) Harpune aus Knochen. D. Knochen, Harpune.

(22) Speer- oder Pfeilspitze mit zwei Widerhaken.

(24) Fischnetz. D. Netz.

(25) Schwimmer aus Schilf.

(28) Schlachtblock.

(61) Abbildungen von Schiffen und deren Teilen in der ägyptischen Hieroglyphenschrift

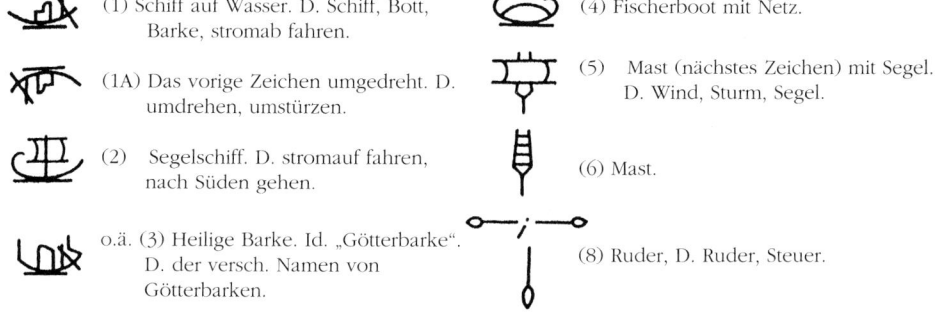

(1) Schiff auf Wasser. D. Schiff, Bott, Barke, stromab fahren.

(1A) Das vorige Zeichen umgedreht. D. umdrehen, umstürzen.

(2) Segelschiff. D. stromauf fahren, nach Süden gehen.

o.ä. (3) Heilige Barke. Id. „Götterbarke". D. der versch. Namen von Götterbarken.

(4) Fischerboot mit Netz.

(5) Mast (nächstes Zeichen) mit Segel. D. Wind, Sturm, Segel.

(6) Mast.

(8) Ruder, D. Ruder, Steuer.

Handwerks (*Abb. 60 a*) und des Kriegswesens sowie der Jagd (*Abb. 60 b*) assoziiert sind, ist viel umfangreicher. Es fällt auf, daß in den stilisierten Symbolen selbst viele Details der Geräte und Werkzeuge zu erkennen sind, die benutzt wurden. Zahlreiche Details sind auch in solchen Hieroglyphen zu erkennen, in denen von Menschen geschaffene Konstruktionen oder deren Teile abgebildet werden. In den Schriftsymbolen treten beispielsweise die Formen von Booten und Flußschiffen Altägyptens klar hervor (*Abb. 61*).

In den sozial streng hierarchisch geordneten Gemeinschaften des Altertums mit früher Schriftkultur spielten Status- und Herrschaftssymbole sowie solche Objekte eine große Rolle, die religiöse Vorstellungen symbolisierten. Insbesondere gab es in allen antiken Kulturen bestimmte herrschaftliche und/oder religiöse Hauptsymbole, deren Motive sich in sämtlichen Bereichen der Kunst verbreiteten und auch in der Schrift vertreten waren, sofern diese bildhafte Symbole verwendete. Beispielsweise umfaßt der Bestand an ägyptischen Hieroglyphen Dutzende von Zeichen, die Szepter, Geißeln, Stöcke und Stäbe mit der Funktion von Statussymbolen wiedergeben. Hierzu gehören ebenfalls die zahlreichen Attribute von ägyptischen Gottheiten mit

(62) Die kretische Doppelaxt als religiöses Symbol und als Schriftzeichen

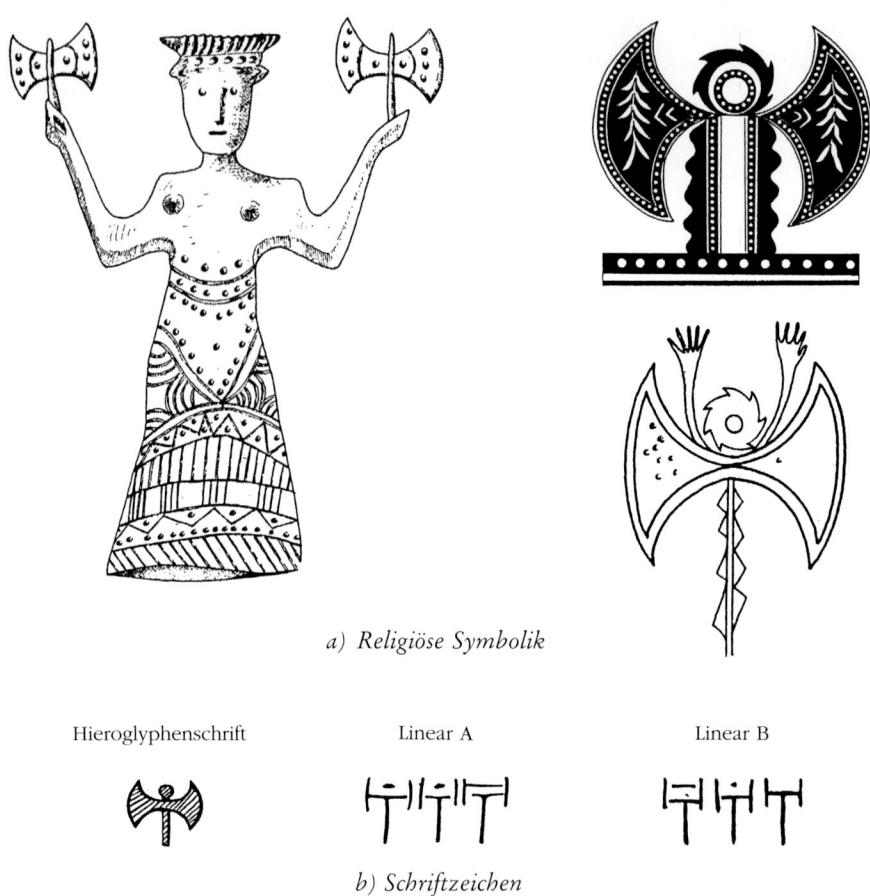

a) Religiöse Symbolik

Hieroglyphenschrift   Linear A   Linear B

b) Schriftzeichen

ihren speziellen Symbolwerten. Außer Gegenständen sind in der religiösen Symbolik Ägyptens besonders Tiere von Bedeutung. In der Übersicht mit Motiven der ägyptischen Fauna findet sich daher das Bild des Mistkäfers, des *scarabaeus sacer*, über den weiteres in Kapitel 5 gesagt wird, und eine stilisierte Abbildung des göttlichen *Horusfalken* (s. Abb. 59a, S. 130).

    Das vielleicht am besten bekannte Motiv der kretischen Kunst ist die sogenannte *Doppelaxt*, die in zahlreichen Variationen wiedergegeben worden ist. Die Doppelaxt war im minoischen Kreta sowohl ein herrschaftliches als auch ein religiösen Symbol. Daher tritt dieses Bildmotiv auch in Verbindung mit den Stierhörnern (Bukranien) auf, oder man findet es als Attribut einer Gottheit (s. Abb. 38 und Abb. 62a, S. 87 u. oben). Als religiöses Symbol hat die Doppelaxt eine lange Vorgeschichte, deren Ursprünge mit den Attributen vorindogermanischer Wassergottheiten in Verbindung stehen. Es finden sich auf Kreta Darstellungen von Göttinnen mit Schmetterlingsflügeln, wie überhaupt Göttinnen selbst in Gestalt von Schmetterlingen oder Bienen auftreten. Einige Darstellungen sind naturalistisch, andere weitgehend stilisiert.

Gerade in den stilisierten Bildern kann man gut erkennen, wie die Gestalt der Schmetterlingsflügel zu der für die Doppelaxt charakteristischen Form abstrahiert wird. Das, was die Doppelaxt mit den Flügeln des Schmetterlings als göttlichem Attribut zu tun hat, ist die Formassoziation, nicht aber die Funktion als Werkzeug oder Statussymbol. Die Identifizierung der Wassergottheit mit dem Schmetterling ist nicht auf Kreta beschränkt oder dort entstanden. Vielmehr reicht diese Tradition bis weit in die religiöse Symbolik des altbalkanischen Kulturkreises zurück (vgl. GIMBUTAS 1974, 186 ff.). In Anbetracht der Bedeutung des Motivs der Doppelaxt verwundert es nicht, daß dieses Symbol in allen drei Schriftsystemen Altkretas auftritt, und zwar in der Hieroglyphenschrift, im System von Linear A – wo es als Einzelsymbol oder in Zeichenkombinationen verwendet wurde – und in Linear B zur Schreibung des Mykenisch-Griechischen (*Abb. 62b*).

Zwei Welten im präkolumbianischen Mesoamerika – Die Mystik der Maya-Hieroglyphen und der Naturalismus aztekischer Schriftzeichen

Tiergestalten haben zu allen Zeiten eine wichtige Rolle in der Wappenkunde gespielt. Darunter sind solche, die auch in der Moderne nichts von ihrer Attraktivität verloren haben, wie etwa der Löwe, der das Staatswappen Finnlands schmückt, oder der *Adler*, der seit alten Zeiten bei den Deutschen beliebt war und noch heute, in einer weniger national gestimmten Zeit »Bundesadler« genannt, als Wappentier lebendig ist. Der Adler ist als Herrschafts- oder religiöses Symbol ein verbindendes Element in allen *präkolumbianischen Hochkulturen*, von Mexiko bis Peru. Bei den *Azteken* spielte der Adler in der Mythologie eine bedeutende Rolle, war es doch nach ihrer Vorstellung ein Adler, der ihnen den Weg ins Tal von Mexiko wies und ihnen den Platz zeigte, wo Tenochtitlan, die Hauptstadt ihres Reiches, gegründet wurde. Die aztekische Kunst ist reich an Darstellungen des Adlermotivs in den verschiedensten Versionen (*Abb. 63a*). Alle mythologischen Symbole, einschließlich der göttlichen Attribute, entwickelten sich zu Zeichen der aztekischen Hieroglyphenschrift. Der Adlerkopf symbolisiert den Namen des 15. Tages (azt. cuauhtli) im insgesamt zwanzig Tage umfassenden Monat des *aztekischen Kalenders* (*Abb. 63b*). Dieser Tag war dem Gott Xipe geweiht, der Gottheit der Zeit der Aussaat (VAILLANT 1965, 188). Auch der *Jaguar* spielte in Mittel- und Südamerika eine wichtige Rolle in der mythologisch-religiösen Symbolik. Seine Darstellung findet sich ebenso in der ornamentalen Kunst wie in den präkolumbianischen Schriftsystemen (*Abb. 64*). Die Azteken nannten den Jaguar *ocelotl*, ein Ausdruck, der auch in die europäischen Kultursprachen entlehnt

(63) Das Adlermotiv in der aztekischen Kultur

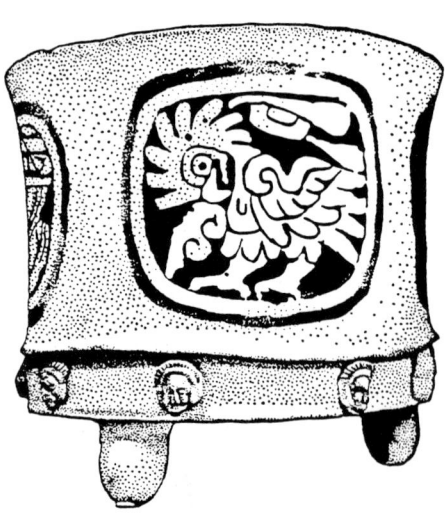

a) Stilisierte Adlerdarstellungen auf Tonstempeln und -gefäßen

b) Der Adlerkopf als Namenglyphe

worden ist (z. B. deutsch Ozelot). Als Namenglyphe symbolisiert der Jaguarkopf den 14. Tag des aztekischen Kalenders, den man der Göttin Tlazoltéotl, der »Erdmutter«, geweiht hatte. Zu den Elitetruppen der aztekischen Armee gehörte eine Einheit von Soldaten, die im Orden der Adler- und Jaguarkrieger zusammengeschlossen waren, und die rituelle Tänze mit Tiermasken vollführten.

Während sich die meisten Symbole der aztekischen Schrift durch eine naturalistische Bildtechnik auszeichnen, verhält es sich mit der Mehrzahl der *Maya-Hieroglyphen* anders. Deren äußere Erscheinung ist eher mystisch-verklärt, und der Bildgehalt ist häufig nicht auszumachen. Ein Beispiel dafür sind etwa die Hieroglyphen zur Schreibung der *Monatsnamen (Abb. 65)*. Die kulturelle Spezifik drückt sich also nicht nur darin aus, daß zur Schreibung hieroglyphische Symbole verwendet werden, sondern auch – und gerade – darin, daß der Bildcharakter typisch für eine bestimmte Kultur ist. Unverwechselbar ist der Stil der einfachen Linienführung ägyptischer Hieroglyphen, so daß man die Symbole dieser Schrift allein aufgrund ihrer Schreibweise als typisch ägyptisch bezeichnen kann. Nicht weniger eigenwillig ist die Schreibweise der Maya-Hieroglyphen, deren Gestalt und Ausführung einem europäischen Betrachter nicht selten »skurril« vorkommt. Als solche sind diese Namenszeichen charakteristisch für die mayanische Kultur, aus deren Symbolschatz sie entstanden. Ebenso unverwechselbar wie die Schreibweise ist auch die Zusammensetzung des

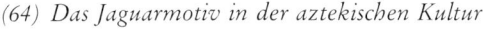

(64) Das Jaguarmotiv in der aztekischen Kultur

a) Jaguardarstellung auf einem Relieffries (Teotihuacan)

b) Der Jaguarkopf als Namenglyphe

(65) Hieroglyphen zur Bezeichnung der Monate im Maya-Kalender

POP	XUL	ZAC	PAX
UO	YAXKIN	CEH	KAYAB
ZIP	MOL	MAC	CUMKU
ZOTZ	CHEN	KANKIN	
TZEC	YAX	MUAN	

Zeichenbestandes. Der Skarabäus, die Papyrusstaude oder der Horusfalke sind typisch altägyptische Motive, so wie die Eidechse, das Ozelot oder das Opfermesser aus Obsidian charakteristische Dinge sind, die auf die aztekische Kultur weisen. Das, was die kulturelle Einbettung der bildhaften Schriftsymbole ausmacht, ist demnach nicht allein deren assoziative Bindung an eine bestimmte Kultur, sondern die kulturelle Spezifik ist bereits ein inhärentes Merkmal der Zeichengestalt. Unter diesem Gesichtspunkt ist die kulturelle Bindung von Bilderschriften oder solchen Schriftsystemen, in denen bildhafte Symbole vorkommen, weitaus stärker und intensiver als im Fall von Alphabetschriften mit ihren abstrakten Zeichen.

Die kulturelle Spezifik ist nicht nur daran erkennbar, wie Gegenstände der materiellen Kultur oder lebende Dinge dargestellt werden, die als solche charakteristische Elemente einer Regionalkultur sind, sondern auch daran, wie ganz alltägliche Begriffe in der Schrift wiedergegeben werden. Jeder Mensch, der gelernt hat, die Dinge der Umwelt begrifflich zu unterscheiden, weiß, was Wasser ist, was eine Blume von einem Busch oder einem Baum unterscheidet, und welches die Unterschiede zwischen einem Mann und einer Frau sind. Wenn es um das Schreiben solcher Begriffe mit universeller Verbreitung geht, könnte man geneigt sein anzunehmen, daß es nur wenige Alternativen gibt, Elemente der allgemeinen Begriffswelt wiederzugeben. »Da die Menschen auf dem ganzen Erdball und die sie umgebenden Gegenstände viel Gemeinsames haben, ist anzunehmen, daß auch die für ihre Schrift gewählten Abbilder große Ähnlichkeiten aufweisen. So werden eben Menschen, Körperteile, Tiere und Pflanzen, Werkzeuge und Waffen, Gebäude und Bauten, Himmel, Erde,

(66) Ideographische Zeichen für ›Frau‹ und ›Mann‹ in verschiedenen Schriftsystemen

Sprache	Ideogramm	Erläuterungen
Sumerisch	▽	Umriß der weiblichen Scham
Ägyptisch	𓁐	sitzende Frau
Mykenisch-Griechisch	𐂁	stehende Frau, mit einem Rock bekleidet
Chinesisch	女	㚣 → 女

a) *Schriftzeichen für ›Frau‹*

Sprache	Ideogramm	Erläuterungen
Sumerisch		Umriß eines Penis
Ägyptisch		sitzender Mann
Mykenisch-Griechisch		Torso eines Mannes mit Beinen
Chinesisch	男	田 ein Reisfeld / 力 ein arbeitender Mann ⟶ 男

b) *Schriftzeichen für ›Mann‹*

Wasser und Feuer überall durch einander sehr ähnliche Bilder wiedergegeben, weil diese Dinge eben tatsächlich in Wirklichkeit ähnliche Formen haben.« (GELB 1958, 214) Wenn man aber die Schreibkonventionen für Grundbegriffe in den Kulturen vergleicht, in deren Schrifttum bildhafte Symbole verwendet wurden, trifft man auf eine erstaunliche Vielfalt an Ausdrucksformen. Beispielsweise sind die Symbole zur Wiedergabe der Begriffe ›Mann‹ und ›Frau‹ in den Originalschriften des Altertums kulturell spezifisch. In den bildhaften Schriftsymbolen Mesopotamiens, Ägyptens, Altkretas und Chinas treten dem modernen Betrachter unterschiedliche Vorstellungen darüber entgegen, welche Merkmale als typisch ›männlich‹ oder ›weiblich‹ hervorzuheben sind (Abb. 66).

In den altsumerischen Bildsymbolen kommt eine gleichsam radikale Unterscheidung zwischen den beiden Grundbegriffen zum Ausdruck. Das typisch Männliche reduziert sich auf die Abbildung des Penis, und das grundlegend Weibliche findet seine bildhafte Darstellung im Schamdreieck. Die Idee, das Merkmal der Männlichkeit durch das Bild eines Penis wiederzugeben, ist nicht auf den sumerischen Kulturkreis beschränkt. In der altchinesischen Bilderschrift bezeichnete ein senkrecht aufgerichteter stilisierter Penis den Begriff ›Vorfahre, Ahne‹. Dieses Schriftsymbol ist aus Inschriften auf Orakelknochen bekannt. Zum Bestand der ägyptischen Hieroglyphen gehörte auch das Bild eines waagerecht gestreckten Penis, ein Zeichen, das in der Bedeutung ›männlich‹, also adjektivisch verwendet wurde. Die bildlichen Darstellungen für die Begriffe ›Mann‹ und ›Frau‹ sind in der ägyptischen Hieroglyphenschrift zum einen typisch wegen ihrer Wiedergabe einer sitzenden Gestalt, zum anderen wegen der Abbildung der Frau in dem charakteristischen, den ganzen Körper einhüllenden Gewand. In der kretisch-mykenischen Schrifttradition (Linear B) werden stehende Figuren abgebildet. Kulturell spezifisch sind ebenfalls die Schriftzeichen für ›Mann‹ und ›Frau‹ in China. Auf den ersten Blick fällt auf, daß es sich bei dem Symbol für ›Mann‹ um ein zusammengesetztes Zeichen handelt. Die beiden Komponenten haben ganz unterschiedliche Bedeutung, nämlich ›Reisfeld‹ und ›arbeitender Mann‹. Erst in ihrer Zusammensetzung drücken sie die spezifisch chinesische Vorstellung aus, daß der Wert eines Mannes an seiner Arbeitskraft beim Reisanbau gemessen wird. Das Zeichen für ›Mann‹ ist eines von vielen Beispielen im Bestand der chinesischen Schriftsymbole, die auf die Lebensbedingungen der frühen Agrargesellschaft in China hinweisen.

Das Schreiben von Zahlen in Sumer, China und Mexiko

Es ist hier viel über die kulturelle Spezifik von bildhaften Schriftzeichen gesagt worden. In der Tat sind solche Beobachtungen ein wichtiger Schlüssel, um zu verstehen, daß die Symbole der alten Schriftsysteme der Menschheit aus dem Bildmaterial geschaffen wurden, das sich den Benutzern der Schrift in deren Umgebung bot. Gemeinsam ist den Schriftentwicklungen in Alteuropa, Mesopotamien, Ägypten, im Industal, in China und in Mittelamerika, daß der jeweilige Bestand an Schriftzeichen entweder ausschließlich oder doch zum überwiegenden Teil in bildhaften Darstellungen seinen Ursprung findet, wobei die Auswahl der Motive sowie die Art und Weise ihrer Abbildung für den konventionellen Gebrauch als Schriftsymbole in den einzel-

(67) Die Schreibung der sumerischen Zahlzeichen im 4. und 3. Jahrtausend v. Chr.

		1	10	60	600	3 600	36 000	216 000
ARCHAISCHE ZIFFERN (seit ca. 3200-3100 v.Chr. bis ca. 2000 v.Chr.)	senkrechte Stellung	▽	○	◗	◗	◐	◉	?
	waagerechte Stellung (seit ca. 2800 v. Chr.)	▷	○	◗	◗ ◗ ◗ ◗	○	◉	?
KEILSCHRIFT- ZIFFERN (seit 2600 v.Chr. bekannt)		𒁹 𒁹 𒁹	𒌋 𒌋 𒌋	𒁹 𒁹 𒁹	𒐕 𒐕 𒐕	◇ ◇ ◇ ◇ ◇	◇ ◇ ◇ ◇ ◇	◇ ◇ ◇ ◇ ◇

nen Kulturkreisen sehr unterschiedlich ist. Es wäre aber ungenau zu sagen, daß die Entstehung der Schrift überall und zu allen Zeiten an das Medium des Bildes als Vermittler eines Begriffsinhalts gebunden wäre. Die bildhaften Motive der frühen Schriftsysteme fallen nach ihrer Zahl ohne Zweifel ins Gewicht. Dabei kann aber nicht übersehen werden, daß selbst in den ältesten Entwicklungsstufen von Schriftsymbolen abstrakte Zeichen vorkommen, die nicht aus Bildern entstanden sind. Ein Beispiel für die frühe Verwendung abstrakter Zeichen sind die *sumerischen Zahlzeichen* (*Abb. 67*), bei denen es sich um einfache Einkerbungen handelt und die zur gleichen Zeit wie die Bildzeichen der *altsumerischen Piktographie* verwendet wurden (s. Kap. 4).

Grundsätzlich ist davon auszugehen, daß bei der Entstehung von Schriftsystemen die gleichen Fähigkeiten des Menschen zum Tragen kommen, die bei der Verwendung von Zeichensystemen im allgemeinen eine wichtige Rolle spielen. Unabhängig davon, ob es sich um sprachunabhängige oder sprachgebundene Zeichensysteme handelt, der Mensch muß bei ihrer Benutzung zwei seiner Grundfähigkeiten einsetzen. Diese bereits im ersten Kapitel erwähnten Fähigkeiten sind die *Bildtechnik*, d. h. die Kapazität, den Informationsgehalt einer Abbildung als mit einem konkreten Objekt der Umwelt identisch zu erkennen, und die *Symboltechnik*, die den Menschen befähigt, begriffliche Inhalte mit abstrakten Zeichen zu assoziieren, und zwar ohne jegliche Beziehung zum Bildmaterial der Umwelt. Die Bildtechnik und die Symboltechnik sind in den Kulturen, in denen Originalschriften ohne Beeinflußung von außen entstanden, in unterschiedlicher Kombination zur Auswirkung gekommen. Mit Bezug auf die Entwicklung von China ist auffällig, daß die Bildtechnik im Anfangsstadium der Schrift deutlich dominierte. Auch die Schreibweise der chinesischen Zahlen weist auf eine ältere Stufe hin, als die Zahlzeichen noch mehr oder weniger deutlich die Position der Hand beim Fingerzählen wiedergaben (*Abb. 68*). Die Symboltechnik trat zu einem späteren Zeitpunkt hervor, dann nämlich, als sich aus den ursprünglichen bildhaften Symbolen im Verlauf jahrelanger Schreibgewohnheiten konventionelle Schriftzeichen in stark stilisierten und abstrakten Formen ausbildeten. Eine rasche Entwicklung zu stilisierten Zeichen ist auch kennzeichnend für Mesopotamien, obwohl dort von Anfang an die Symboltechnik neben der Bildtechnik wirksam war (s. o. zu den sumerischen Zahlzeichen). Eine frühzeitige und weit fortgeschrittene Stilisierung ursprünglich bildhafter Schriftsymbole ist aus den Donauländern bekannt, wobei der hohe Grad an Abstraktheit im Zeichenbestand der alteuropäischen Linearschrift in Erscheinung tritt.

Die allgemeine Kulturfähigkeit des Menschen ist universell, und der Einsatz sowohl der Bildtechnik als auch der Symboltechnik ist nicht abhängig von einem bestimmten Kulturkreis oder von einer spezifischen zivilisatorischen Entwicklungsstufe. Der Leser hatte schon verschiedentlich Gelegenheit, die Exotik der Bildmotive aus mittelamerikanischen Kulturen auf sich wirken zu lassen (s. *Abb. 12* und *13* in Kap. 1, *Abb. 63–65* in diesem Kapitel). Die bildliche Darstellung und die Auswahl von Motiven aus der umgebenden Natur und der materiellen Kultur sind bei den Maya und den Azteken unverwechselbar. Dies gilt für den Bereich der bildenden Kunst ebenso wie für den Bestand an Schriftsymbolen der Hieroglyphenschrift. Trotz solcher Eigenarten in der bildhaften Wiedergabe von Dingen und Lebewesen, wodurch sich der mittelamerikanische Kulturkreis von den Zivilisationen in Europa, Asien oder Afrika unterscheidet, gilt auch für die Kulturleistung der Indianer Mittelamerikas, daß diese auf den gleichen Prinzipien aufbaut wie anderswo in der Welt. Im Hinblick auf die Ausbildung einer Schrift besagt dies, daß auch die Maya und Azteken die Bildtechnik mit der Symboltechnik kombiniert und auf diese Weise ihre Schriftsysteme geschaffen haben. Die Besonderheit der präkolumbianischen Schriftentwicklung in Amerika liegt darin, daß zwar die kulturschaffenden Prinzipien die gleichen wie überall auf der Welt sind, daß aber deren Kombinatorik und wechselweise Wirksamkeit typisch mayanische und aztekische Züge trägt (s. Kap. 4).

Wenn wir uns beispielsweise das *System der Zahlzeichen* anschauen, fällt auf, daß die Bild- und Symboltechnik bei den Maya und Azteken in ganz anderer Weise wirksam werden als im sumerischen oder chinesischen Kulturkreis. Während sich die Zahlzeichen in China aus naturalistischen Bildern des Fingerzählens entwickelt haben – dort also die Bildtechnik dominierte –, und in der sumerischen Schreibweise der Zahlen allein die Symboltechnik zur Auswirkung kommt, sind bei den Zahlzeichen der Maya und Azteken beide Techniken beteiligt. Die Wirksamkeit der Symboltech-

(68) Die chinesischen Zahlzeichen und ihr bildhafter Ursprung aus Positionen des Fingerzählens

Chinesisches Zeichen	Zahlbegriff	Erläuterungen
一	1	ein Finger
二	2	zwei Finger
三	3	drei Finger
四	4	Handfläche / Stellung der vier Finger / gebogener Daumen
五	5	die Drei-Finger-Stellung gekreuzt mit der schrägen Zwei-Finger-Stellung
六	6	Daumen / Faust / Handgelenk
七	7	
八	8	
九	9	
十	10	zwei gekreuzte Arme

(69) Die verbreitetste Schreibweise der Zahlen 1–19 bei den Maya

1	•	11	≐ oder •‖
2	•• oder :	12	≐ oder :‖
3	••• oder ⋮	13	≐ oder ⋮‖
4	•••• oder ⋮	14	≐ oder ⋮‖
5	— oder │	15	≡ oder ‖│
6	± oder •│	16	≡ oder •‖│
7	⋮ oder :│	17	≡ oder :‖│
8	⋮ oder ⋮│	18	≡ oder ⋮‖│
9	⋮⋮ oder ⋮│	19	≡ oder ⋮‖│
10	= oder ‖		

Andere graphische Varianten

○ ◉ ◎   ⬭ ⬭ ⬬
   1   5

nik ist offensichtlich im Fall der Kennzeichnung von Zahlen durch Punkte und Balken (*Abb. 69*). Daneben existieren auch Bildsymbole, d. h. Hieroglyphen, als Schreibvarianten (s. Kap. 4, *Abb. 103*). Eine Besonderheit des Zahlensystems bei den Maya ist die Schreibung des Zahlensymbols für 0. Es ist immer wieder behauptet worden, die Maya hätten das 0-Symbol nicht gekannt. Dies trifft nicht zu, denn es gibt verschiedene Hieroglyphen der Maya-Schrift, die diesen Begriff bezeichnen (*Abb. 70*). Die Maya-Hieroglyphen für den 0-Begriff illustrieren in exemplarischer Weise die Kombinatorik der Bild- und Symboltechnik, und zwar in einem Zusammenhang, wo der Europäer dies nicht erwarten würde. So drückt sich etwa in dem Symbol, das aus zwei anthropomorphen Gestalten besteht, der Grundbegriff »das Fehlen der Tage« aus, wobei die rechte sitzende Figur den Maya-Ausdruck *kin* ›Tag‹ repräsentiert. Die gleichsam »szenische« Darstellung (eine Person weist auf das Fehlen der Tage hin) dient aber nicht zur Benennung der Ausdrucksweise »Fehlen der Tage«, sondern assoziiert den 0-Begriff damit. Die Hieroglyphe ist somit ein echtes *Symbol,* denn die Abbildung symbolisiert etwas, was nicht als begrifflicher Inhalt im Bild selbst steckt.

Eine eigenwillige Kombinatorik von Bild- und Symboltechnik zeigt sich auch im System der aztekischen Zahlzeichen. Die Azteken rechneten und zählten nach dem

Zwanziger-System. Dies bedeutet, daß die Zahl 20 als eine Basiseinheit aufgefaßt wurde, und daß die Zehnerzahlen über 20 Zusammensetzungen mit 20 waren (30 = 20 + 10, 40 = 2 × 20, usw.). Nach diesem Prinzip sind ebenfalls die höheren Zahlenwerte 400 (20 × 20) und 8000 (20 × 400) Basiseinheiten, wodurch das Zählen und Rechnen recht kompliziert wurde. So kommt es zumindest jemandem vor, der an das Dezimalsystem gewöhnt ist. Die Basiseinheiten des Zahlensystems haben in der Schreibung eigene Symbole. Das Zeichen für 20 ist eine Fahne, das Symbol für 400 ein Zeichen, welches ein Haarbüschel darstellt, und das Zeichen für 8000 ist eine dekorierte Tasche (Abb. 71). Diese Zeichen sind Bildsymbole im eigentlichen Sinn des Wortes. Die bildliche Darstellung symbolisiert etwas, was in der Abbildung eines bestimmten konkreten Gegenstandes nicht erkennbar ist. Die Assoziation der Fahne, des Haarbüschels oder der Tasche mit den betreffenden Zahlenbegriffen ist willkürlich, und man muß diesen Bezug kennen, ansonsten kann man den Sinn der aztekischen Zahlzeichen nicht verstehen oder sie sinnvoll verwenden.

Es liegt auf der Hand, daß die Bildtechnik allein nicht ausreicht, damit ein vollständiges und umfassendes Schriftsystem für eine Sprache entsteht. Erst in der Kombination mit der Symboltechnik ist es möglich, ein flexibles System von Schriftzeichen zu schaffen. Die Flexibilität in der Handhabung von Schriftzeichen, die durch die Symboltechnik vermittelt wird, besteht gerade darin, daß einerseits bildhafte Zeichen nicht-bildliche Inhalte symbolisieren können (vgl. die aztekischen Zahlzeichen), und daß andererseits beliebige begriffliche Inhalte oder auch Lautstrukturen der Sprache mit abstrakten Zeichen assoziiert werden können. Kennt man diese Zusammenhänge, sind die Prinzipien der Schriftentstehung und der Anwendung von Schriftsystemen kein Geheimnis mehr. Die Wirksamkeit der Bild- und Symboltechnik als Triebkräfte der menschlichen Kulturfähigkeit ist dabei universell, ihre Realisierung jedoch ist kulturell spezifisch. Bei der kulturellen Spezifik geht es nicht nur darum, daß Schriftsymbole in Abhängigkeit von den besonderen regionalen Gegeben-

(70) Varianten von Maya-Hieroglyphen zur Schreibung des Begriffs 0

heiten einer Zivilisation entstehen, wo sich eine Schriftkultur entfaltet, sondern sie betrifft auch den Sachverhalt, daß die Anwendung eines Schriftsystems und seiner Zeichen typisch ist für eine bestimmte Kultur. Dieser zuletzt genannte Aspekt soll im folgenden näher beleuchtet werden.

(71) Zahlzeichen der aztekischen Schrift

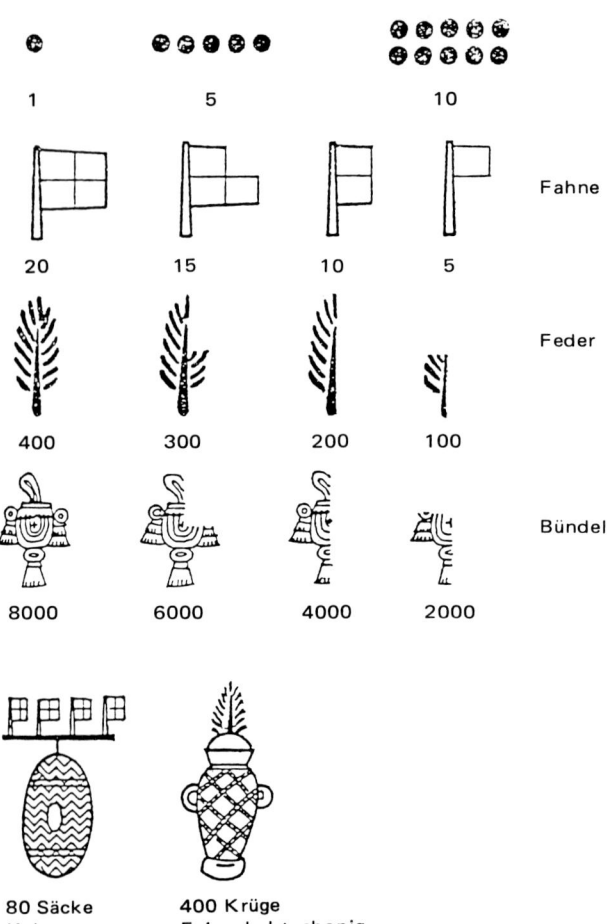

Eine Typologie der Schriftsysteme –
Zu den Prinzipien der Logographie und der Phonographie

Das Problem, wie die Zeichen der Schrift mit sprachlichen Elementen verbunden werden, ist in den Zivilisationen der Welt in unterschiedlicher Weise gelöst worden. Es gibt grundsätzlich zwei Alternativen, Schrift mit Sprache zu verbinden. Entweder man orientiert sich am Inhalt dessen, was durch Sprache ausgedrückt wird, also an der Wortbedeutung, oder man schreibt, unabhängig von der Bedeutung, die Laute der Sprache. Die Wiedergabe sprachlicher Inhalte, also von Wortbedeutungen, mit Hilfe von Schriftzeichen ist die Schreibweise mit der längsten Tradition in der Schriftgeschichte. Hier steht jeweils ein Zeichen für ein Wort (z. B. die chinesische Schrift). Die Bindung von Schriftzeichen an die Lautstruktur der Sprache ist eine Lösung, die sich chronologisch später aus der Entwicklungsstufe einer inhaltbezogenen Schreibweise herausgebildet hat. Die Orientierung der Schreibung an der Lautstruktur ist jedem Leser wohl bekannt, denn auf diese Weise ist das vorliegende Buch geschrieben. Die inhaltorientierte Schreibweise nennt man *Logographie* (griech. logos ›Gedanke‹ + graphein ›schreiben‹), die Varianten der Lautschriften werden als *Phonographie* (griech. phonē ›Ton, Laut‹ + graphein ›schreiben‹) bezeichnet. Wenn man die Verbindung von Schriftzeichen mit Elementen der Sprache in den verschiedenen Zivilisationen miteinander vergleicht, stellt sich heraus, daß es eine Reihe von Varianten sowohl

(72) Typologie der Schriftsysteme

Schrifttypen	Schriftvarianten	Schriftprinzipien		
		Fixierung einer Äußerung (Gedankensequenz)	Fixierung eines Begriffs (Einzelbegriffs)	Fixierung der Lautstruktur
	(Bilderzählung)	+	-	-
Logographie	1. Piktographische Symbole	-	+	-
	2. Ideographische Symbole	-	+	-
	3. Abstrakt-logographische Symbole	-	+	-
Phonographie	4. Segmentalschrift (Zeichen für Lautsegmente)	-	-	+
	5. Syllabische Schrift (Silbenschrift)	-	-	+
	6. Alphabetische Schrift (Buchstabenschrift)	-	-	+

der Logographie als auch der Phonographie gibt. In den Regionalkulturen ergeben sich nämlich unterschiedliche Korrelationen zwischen dem Schriftbild und der Struktur der Sprache, die geschrieben wird (*Abb. 72*).

Die Logographie orientiert sich an der Wortbedeutung, wobei ein Schriftzeichen für ein Wort steht. Damit unterscheiden sich logographische Schreibweisen eindeutig von solchen bildlichen Darstellungen, bei denen der Bezug zur Sprache nicht festgelegt ist. Dies ist der Fall bei den indianischen Bilderzählungen in der Art der Kekinowin. Das Bild dient dem Erzähler lediglich als Gedächtnisstütze, und der zitierte Beispielsatz aus dem Walam Olum der Delawaren bietet nur eine von mehreren Alternativen an, den Inhalt des Bildes wiederzugeben. Genausogut könnte ein anderer Satz mit anderer Wortwahl diese Funktion erfüllen. Ist jedoch die Bindung zwischen Schriftzeichen und Einzelwort fest, haben wir es mit der Entwicklungsstufe des eigentlichen Schreibens zu tun, d. h. mit einer Variante der Logographie. Die ältesten logographischen Symbole sind Piktogramme, die das bezeichnete Ding direkt und konkret abbilden. Zum Bestand der alten Schriftsysteme gehören ebenfalls ideographische Symbole, die sich von den Piktogrammen dadurch unterscheiden, daß zwischen dem Bild und dem bezeichneten Begriff keine direkte Beziehung, wohl aber eine natürliche assoziative Verbindung besteht. Wenn beispielsweise die Abbildung eines Fußes in der altsumerischen Schrift den Begriff ›gehen‹ bezeichnet, so bedarf diese Assoziation keiner weiteren Erläuterung. Als Schreibkonvention ist die Verbindung kulturell spezifisch, denn der Ausdruck ›gehen‹ kann auch durch ein anderes Zeichen wiedergegeben werden, beispielsweise im Ägyptischen durch ein Symbol, mit dem zwei laufende Beine abgebildet werden. Die dritte Variante des logographischen Schreibens, und zwar die Verwendung abstrakter, willkürlicher Symbole, ist jedem Leser gut bekannt, denn solche Symbole sind in allen modernen Schriftsystemen verbreitet (vgl. & = und, § = Paragraph, + = plus, u. a.).

Entwicklungsmäßig jünger sind phonographische Schreibweisen, wobei Alphabetschriften am spätesten ausgebildet worden sind (s. Kap. 6). Somit stellen Alphabetschriften die am weitesten fortgeschrittene Stufe in der Schriftentwicklung dar. Im Fall der Phonographie spielt die Wortbedeutung keine Rolle. Vielmehr ist die Differenzierung der Laute, aus denen sich einzelne Wörter zusammensetzen, entscheidend für die Anwendung von Schriftzeichen. Wie die Existenz einer Reihe von phonographischen Systemen in den Sprachen der Welt beweist, gibt es verschiedene Alternativen, die Lautstruktur der Sprache in der Schreibung wiederzugeben. Beispielsweise kann die Lautfolge auf die Weise schriftlich fixiert werden, daß man lediglich bestimmte Segmente beim Schreiben berücksichtigt. Diese Schreibweise ist charakteristisch für die Tradition der ägyptischen Hieroglyphenschrift (s. Kap. 5). In der Schreibung des Ägyptischen wurde nur das Konsonantengerüst der Wörter wiedergegeben, Vokale wurden nicht geschrieben. Diese Laute wurden beim Lesen ergänzt. Die Schreibkonventionen der ägyptischen Segmentalschrift sind ohne weiteres geeignet, Texte aufzuzeichnen. Das Lesen bereitet auch für denjenigen keine Schwierigkeiten, der die Grammatik des Ägyptischen beherrscht. Ohne die Kenntnis der Vokalstruktur allerdings erscheint das Lesen von Hieroglyphentexten einem Menschen der heutigen

Zeit recht umständlich. Im Unterschied zum System einer Segmentalschrift, dessen Zeichen einzelne Konsonanten, aber auch Konsonantengruppen wiedergeben, sind die Strukturen einer Silbenschrift einfacher und klarer. Dies ist vielleicht einer der Gründe, weshalb es in den Kulturen der Welt viele Varianten von Silbenschriften, aber nur wenige Segmentalsysteme gibt. Das Wesen einer Silbenschrift besteht darin, daß ganze Silben, und nicht einzelne Laute, schriftlich fixiert werden. Zumeist handelt es sich um Strukturen, wo ein Schriftzeichen für eine bestimmte Verbindung von Konsonant(en) und Vokal(en) steht, obwohl es auch Zeichen für solche Silben gibt, die ausschließlich aus einem Vokal bestehen.

In den folgenden Kapiteln werden die wichtigsten Varianten der Logographie und der Phonographie näher erläutert. Dabei wird vor allem schrifttechnischen Aspekten besondere Beachtung geschenkt. Die in diesem Zusammenhang vermittelten Informationen sollen dazu dienen, das Funktionieren von Schriftsystemen verständlich zu machen. Außerdem sollen die Entwicklungsgänge von einer Schriftstufe zur anderen plausibel gemacht werden. Bei allen Überlegungen zu technischen Fragen der Korrelation von Schrift und Sprache und zum praktischen Gebrauchswert einzelner Schriftsysteme für die Wiedergabe sprachlicher Strukturen darf man die sozialen und kulturellen Bedingungen nicht übersehen, die für die Entstehung, Anwendung und Weiterentwicklung von Schriftsystemen maßgeblich sind. Letztlich sind es Bedingungen des kulturellen Umfelds, die über die Beibehaltung oder den Wechsel eines Schriftsystems entscheiden, sowie darüber, welches Schriftsystem aus welchen Gründen weitere Verbreitung findet als andere.

Kapitel 4

Schrift, Begriff und Wort

Zur Verbreitung der Logographie in Geschichte und Gegenwart

Die ältesten Entwicklungsstufen der Logographie, wie sie beispielsweise aus dem sumerischen Kulturkreis überliefert sind, lassen noch deutlich die Beziehungen zur Bildtechnik als Mittel der Fixierung von Informationen erkennen, wie sie im Kekinowin der Delawaren oder in den Bilderhandschriften der Azteken und Maya angewendet wurde. Im Anfangsstadium der Schrift gab es sozusagen fließende Übergänge zwischen der schriftlichen Fixierung von Gedanken, die unter Umständen durch mehrere Wörter ausgedrückt wurden (Typ der *Ideenschrift*), und der Schreibung von Einzelwörtern (Typ der *Wortschrift*). Was die Übergangsform einer kombinierten Ideen- und Wortschrift mit dem Typ der Bildererzählung verbindet, ist der Umstand, daß eine genaue Kenntnis der Grammatik der Sprache, die geschrieben wird, nicht erforderlich ist. »Um eine solche Schrift ›lesen‹ zu können, ist es auch nicht in jedem Falle nötig, die betreffende Sprache zu kennen, da der allgemeine Sinn aus den Bildern selbst einigermaßen deutlich zu entnehmen ist. Allerdings ist es möglich, daß einzelne, für den Sinn des Ganzen besonders wichtige Wörter als besondere Wesenheiten erfaßt und durch besondere Zeichen kenntlich gemacht werden. Jedenfalls besteht keine unüberwindliche Schwierigkeit, das Wort als Element der Rede zu erfassen und je nach Notwendigkeit bildlich besonders zu bezeichnen« (FRIEDRICH 1966, 25). Diese hier beschriebene archaische Entwicklungsstufe der Schrift, sozusagen die Urform des eigentlichen Schreibens als Ansatz einer Verbindung zwischen Schriftzeichen und sprachlichen Elementen, hat sich bis ins 20. Jahrhundert in Randkulturen erhalten, so etwa bei den Cuna-Indianern in Panama (s. *Abb. 11*, S. 43)

Die altsumerische Piktographie und das Schlagwortprinzip

Die Anfänge der alteuropäischen Schriftkultur liegen ganz im Dunkeln, so daß man wohl nie genauer bestimmen kann, wann in den Donauländern die Urform des Schreibens entstand, und wie sich die Übergänge von der älteren Hieroglyphenschrift zur Linearschrift der Vinča-Kultur im einzelnen abgespielt haben. Archaische Ent-

(73) Sumerische Buchungstafel aus der Zeit um 3100 v. Chr.

wicklungsstufen der Wortschrift sind aber durch zahlreiche archäologische Funde für *Mesopotamien* dokumentiert, wobei die ältesten beschrifteten Tontafeln aus dem ausgehenden 4. Jahrtausend v. Chr. stammen. Bereits in der ältesten Phase der Verwendung von piktographischen und ideographischen Zeichen fällt die hochgradige Stilisierung der Schriftsymbole auf. Auf einer der sogenannten *Buchungstafeln* aus der Zeit um 3100 v. Chr. erkennt man die Assoziation von Ideogrammen (Wortbildzeichen) mit Einheiten des sumerischen Zahlensystems (*Abb. 73*). Die zusammengehörigen Zeichen sind auf der Vorderseite der Tontafel durch senkrechte und waagerechte Striche getrennt, die älteste bekannte Form der Abgrenzung von Sinneinheiten durch Satzzeichen. Inhaltlich handelt es sich bei dem Text auf der Vorderseite um eine Aufstellung von Waren in Verbindung mit Zahlen- oder Mengenangaben. Auch auf der Rückseite sind Bildzeichen mit den abstrakten Zahlsymbolen assoziiert. Die Übertragung dieser Zeichengruppe ins Deutsche entspricht ›54 Stiere und Kühe‹. Die Schriftsymbole geben bildlich den Inhalt von Wörtern wieder, sie bezeichnen aber weder die Laute noch grammatische Endungen der Sprache. Da die Zahlenwerte der abstrakten Kerbsymbole bekannt sind, kann man die Aufstellungen auf der Buchungstafel lesen. Es ist also ohne weiteres möglich, die sumerischen Schriftzeugnisse der ältesten Periode zu verstehen, ohne die Grammatik oder den Wortschatz der Sprache zu kennen.

(74) Einfache altsumerische Bildzeichen (Piktogramme)

	Kopf		Garten
	Hand		Hohlmaß
	Frau		Krug
	Rind		Gebirge
	Vogel		Himmel, Gott
	Fisch		aufgehende Sonne
	Schilf		Schilfbündel
	Getreide		Pfeil

Wenn aber die Sprachstruktur in den Schriftsymbolen nicht zu erkennen ist, woher weiß man dann, daß diese und viele andere Buchungstafeln von Sumerern geschrieben wurden? Denn die Tatsache, daß die Tafeln in der untersten Grabungsschicht der sumerischen Stadtsiedlung Uruk (heute: Warak), in Uruk IV, gefunden wurden, reicht als Beweis für die sprachliche Identität nicht aus. Es gibt allerdings einige Besonderheiten im Zeichenbestand, die eindeutig auf das *Sumerische* hinweisen. Man hat beispielsweise festgestellt, daß in manchen Texten die Abbildung des Schilfs nicht zur Bezeichnung dieser Pflanze verwendet wird – dies ist die ursprüngliche Bedeutung dieses Bildzeichens –, sondern daß damit auch das Verb ›zurückkehren‹ geschrieben wird. Diese zunächst verwirrend anmutende Übertragung klärt sich auf, wenn man weiß, daß der sumerische Ausdruck für Schilf (*gi*) gleichlautend mit dem Wort für ›zurückkommen‹ ist. Da es in keiner der Sprachen des alten Mesopotamien, außer im Sumerischen, eine solche Gleichlautung (Homophonie) der beiden Ausdrücke gab, steht mit Sicherheit fest, daß nur ein sumerischer Schreiber auf die Idee kommen konnte, das betreffende Piktogramm in zweifacher Bedeutung zu gebrauchen (vgl. THOMSEN 1984, 20).

Selbst ein flüchtiger Blick auf die Schriftzeichen der altsumerischen (oder protosumerischen) Periode vermittelt den Eindruck, daß diese Symbole noch keine Ähnlichkeit mit den Zeichen der Keilschrift zeigen, die sich, wie man weiß, daraus entwickelt haben. Trotz starker Stilisierung ist die Bildgestalt der altsumerischen Piktogramme gut erkennbar. Einfache Bildzeichen machten den größten Teil des Bestandes der alten Schriftsymbole aus (*Abb. 74*). Diese Zeichen dienten in erster Linie zur Bezeichnung dessen, was sie abbildeten. Darunter waren auch solche Schriftsymbole, die mehrere Bedeutungen haben konnten. Auf den besonderen Fall der Schreibung von *gi* 1. ›Schilf‹, 2. ›zurückkehren‹ wurde bereits hingewiesen. Ein anderes Beispiel ist das Zeichen für Frau, das je nach dem Kontext als *sal* ›Scham (der Frau), weibliche Schamteile‹ oder als *munus* ›Frau‹ gelesen werden konnte. Die letztere Bedeutung ist die allgemein in den Texten der Buchungstafeln übliche. Etliche Ausdrücke wurden auch mit Hilfe zusammengesetzter Zeichen geschrieben (*Abb. 75*). Weshalb das Schriftsymbol für sum. *geme* ›Sklavin‹ aus den Symbolen für *munus* ›Frau‹ und *kur* ›Berg‹ zusammengesetzt ist, versteht man erst, wenn man das kulturelle Umfeld der sumerischen Zivilisation in die Betrachtung einbezieht. Es war allgemeine Sitte, bei den Kämpfen gegen die kriegerische Bevölkerung des östlichen Berglandes junge Männer und Frauen gefangen zu nehmen, die als Sklaven in den sumerischen Stadtstaaten gehalten wurden.

Mehrere hundert Jahre lang, genauer gesagt bis etwa 2550 v. Chr., wurden die Symbole der altsumerischen *piktographisch-ideographischen Schrift* verwendet. Dies bedeutet, daß bis zur Perfektionierung der Schreibtechnik und bis zur Ausbildung solcher Zeichenformen, die man als Keilschrift bezeichnet, ein halbes Jahrtausend verging. In dieser langen Zeit schrieb man nach dem Prinzip der *Wortschrift,* was aber nicht heißt, daß jedes Wort im Satz schriftlich festgehalten worden wäre. Vielmehr wurden nur diejenigen Ausdrücke geschrieben, die der Schreiber für den gegebenen Kontext als die wichtigsten betrachtete. Zwar war diese Art des Schreibens in

(75) Zusammengesetzte altsumerische Bildzeichen (Ideogramme)

A	B	C	D
Mund / Brot	Mund / Wasser	Mund / Hand	Auge / Wasser
ESSEN VERSCHLINGEN	TRINKEN	BETEN	TRÄNE WEINEN

E	F	G	H
Frau / Gebirge	Mann / Gebirge	Himmelsgewölbe (Schraffierungen drücken den Einbruch der Dunkelheit aus)	Ei / Geflügel
DIENERIN SKLAVIN	SKLAVE	NACHT SCHWARZ	GEBURT

Altsumer den Schriftkundlern seit längerem bekannt, aber erst DIAKONOFF (1976) ist es gelungen, die Hintergründe dafür aufzuklären. Während man früher davon ausging, die unvollständige oder defektive Schreibung sei ein Beweis dafür, daß man in Altsumer lange Zeit mit der Schrift experimentiert habe und sie nur unvollkommen beherrschte (vgl. hierzu FRIEDRICH 1966, 46 und JENSEN 1969, 76f.), war der Hauptgrund offensichtlich der, daß die sumerischen Schreiber gar nicht die Absicht hatten, die Wortfolge im Satz oder die Laute der Sprache wiederzugeben. Solange das Sumerische gesprochen wurde, d. h. eine lebende Sprache war, konnte man die gleichsam selektive Schreibweise, Schlagwortprinzip (engl. catchword principle) genannt, aufrechterhalten.

Die Erklärung, wonach das *Schlagwortprinzip* eine bewußt praktizierte Schreibweise war, die nicht auf eine unvollkommene Beherrschung der Schrift schließen läßt, findet einen wichtigen Rückhalt in der Beobachtung, daß dieses Schreibprinzip noch zu einer Zeit beibehalten wurde, als mit den Keilschriftzeichen die Silbenstruktur fixiert werden konnte. »Dieses Prinzip (d. h. Schlagwortprinzip) wurde in der Schreibung des Sumerischen niemals vollständig aufgegeben, obwohl mehr und mehr grammatische Elemente und Lautbezeichnungen nach und nach ergänzt wurden. Das ursprüngliche Schlagwortprinzip darin zeigt sich auch, daß beispielsweise in den Inschriften von Lagasch die Zeichen nicht in der Reihenfolge geschrieben wurden, in der sie bis ca. 2470 (Regierungszeit von Eanatum) zu lesen waren.« (THOMSEN 1984, 20) Das Sumerische ist eine agglutinierende Sprache wie das Türkische, Ungarische oder Indonesische. Die Schreibweise nach dem Schlagwortprinzip bedeutete, daß grammatische Endungen oder Bindewörter wie Präpositionen oder Konjunktionen in der Regel nicht bezeichnet wurden. Vergleicht man Texte der älteren Zeit mit solchen, die aus der Spätphase der sumerischen Schriftkultur stammen, besteht der entscheidende Unterschied darin, daß in den jüngeren Texten weitaus mehr Wörter und Endungen in der Schrift fixiert werden als in der archaischen Periode. Eine gute Basis für einen solchen Vergleich bieten die sogenannten »Unterweisungen des Šuruppak für seinen Sohn Ziudsudra«, die in einer älteren Version aus der Zeit um 2600 v. Chr. (archaischer Text von Abū Ṣalābīkh) und in einer altbabylonischen Version aus der Zeit um 1850 v. Chr. erhalten sind *(Abb. 76)*

Die Handhabung von einfachen und zusammengesetzten Bildzeichen ist verhältnismäßig umständlich, wenn man bedenkt, daß zur Schreibung der Einzelwörter einer Sprache eine große Anzahl von Schriftsymbolen erforderlich ist. Aus dem Anfangsstadium der Schriftverwendung in Sumer sind 1600 bis 1800 Einzelsymbole bekannt, deren Zahl sich aber bis um etwa 2700 v. Chr. auf rund 800 Zeichen reduziert hat. »Da mit einer so bescheidenen Zahl von reinen Wortbildzeichen keine kultivierte Sprache auszukommen vermag, so ist der Schluß unabweisbar, daß sich in der Zwischenzeit bereits eine weitgehende Phonetisierung vollzogen hat, sei es in rebusartiger Anwendung von ursprünglichen Wortbildzeichen, sei es in der Form der Bildung von reinen Silbenzeichen.« (JENSEN 1969, 76 f.) Das Schreiben nach dem *Rebusprinzip* besagt, daß einem Piktogramm ein Bildzeichen beigefügt wird, welches dessen Lautwert kennzeichnet. Über die Rebusschreibung werden weitere Einzelheiten im Zusammenhang mit der chinesischen Schrift erläutert (s. u.). In der Tat sind die Texte aus der letzten Periode der Verwendung piktographischer Symbole schon weitgehend phonetisiert, d. h. die Schriftzeichen geben bereits Grundelemente der sumerischen Lautstruktur wieder.

(76) Beispiel für die Schreibweise des Sumerischen nach dem Schlagwortprinzip

a) [g̃eš] tug$_2$ inim zu kalam
b) ud-ba (...) Šuruppak g̃eštug$_2$ tuku inim galam inim zu-a kalam-ma

a) til-la Šuruppak dumu na [n] a-mu- ri
b) ti-la-àm, Šuruppak^{ki}-e dumu-ni-ra na na-mu-un-ri-ri

a) Archaischer Text aus der Zeit um 2600 v. Chr.
b) Altbabylonischer Text aus der Zeit um 1850 v. Chr.

Übersetzung:
„(An jenem Tag) gab (Šuruppak), der weise, der, der sich wohl auszudrücken weiß, der in Sumer lebte, Šuruppak gab (seinem) Sohn Unterweisungen".

Ein Beispiel für einen solchen Text der Spätzeit ist eine *Inschrift des Königs Eannatum* aus der 1. Dynastie von Lagasch, die um 2470 v. Chr. entstand (*Abb. 77*). Die Bildzeichen der Inschrift sind schon fast bis zur Unkenntlichkeit stilisiert, so daß man die ursprüngliche Bildgestalt bei den meisten Symbolen kaum mehr erahnen kann. Die Zeichengruppen müssen von links nach rechts und von oben nach unten gelesen werden. In der Nachzeichnung der Originalinschrift sind einige Symbole eingekreist. Diese Elemente sind sogenannte Determinative (Deutezeichen), die nach der üblichen Transliteration (Umschrift) sumerischer Texte durch hochgestellte Buchstaben bezeichnet werden. Von den Determinativen der Inschrift sind zwei den zu deutenden Lautzeichen vorangestellt (vgl. *sa* ›Netz‹ in Sinnabschnitt 2, *d* ›Stern‹ in Abschnitt 3), eines ist nachgestellt (vgl. *ki* ›Ort‹ in Abschnitt 5). Die Determinative deuten auf bestimmte Kategorien oder Klassen hin, denen Substantive oder Namen zugeordnet werden. Sum. *sa* ist ein Determinativ für Waffen der verschiedensten Art, *d* (ursprünglich *dingir* ›Gott‹) tritt in Verbindung mit Götternamen auf, und *ki* kennzeichnet Orte, Städte und deren Namen. Die Zahl der im Sumerischen verwendeten vorangestellten Determinative (Prädeterminative) ist größer als die der nachgestellten Deutezeichen (Postdeterminative).

Die Reduzierung der Zahl verwendeter Schriftsymbole durch deren fortschreitende Phonetisierung ist ein zwangsläufiger Prozeß, denn die Zahl der Laute, seien es Einzellaute oder Silben, einer Sprache ist relativ gering, wenn man sie mit dem großen Bestand an Ausdrücken vergleicht, aus denen sich der Wortschatz zusammensetzt. Die Vereinfachung des Inventars an Schriftzeichen zur Schreibung des Sumerischen lief parallel zu einem anderen Prozeß, und zwar dem der »Revolutionierung« der Schreibtechnik. In der archaischen Phase der Schriftverwendung wurde mit einem spitzen Griffel geschrieben. Das Einritzen runder Formen in Ton ist aber nicht nur umständlich, sondern auch unpraktisch. Denn beim Ziehen von Linien häuft sich Ton an und deckt womöglich bereits gezogene Linien zu. Der erste Schritt in Richtung auf ein bequemeres Schreiben war, daß man die Tontafel, auf die geschrieben wurde, um etwa 90° drehte. Wenn nämlich die Schreibunterlage schief in der Hand liegt, braucht man weniger Kraft aufzuwenden, um die Tafel festzuhalten. Dies ist vor allem wichtig, wenn es um das Schreiben längerer Texte geht. Wird die Tontafel nach dem Schreiben aufrecht hingelegt oder -gestellt, liegen die Schriftsymbole schief (*Abb. 78*, Kolumne II).

Der zweite Schritt in Richtung auf eine schreibtechnische Modernisierung erfolgte erst einige Jahrhunderte später. Offenbar experimentierte man um die Mitte des 3. Jahrtausends v. Chr. eine Zeitlang mit verschiedenen Formen des Schreibgriffels, und es setzte sich ein Griffel mit stumpfer Form durch. Mit dessen Hilfe wurden keine Zeichen mehr in den Ton geritzt, sondern durch Schrägstellen des Griffels eingedrückt. Der charakteristische Abdruck des Griffels war ein Keil, und nach ihren keilförmigen Elementen wird dieser Schrifttyp als *Keilschrift* bezeichnet. Eine direkte Folge dieser neuen Schreibtechnik war, daß es nur noch eckige Formen von Schriftzeichen gab, und daß Rundungen ganz aufgegeben wurden. Trotz dieser durchgreifenden Wandlungen in der äußeren Gestalt der sumerischen Schriftzeichen blieben manche Symbole der ältesten Keilschriftperiode (seit etwa 2450 v. Chr.) noch in ihrer Ähnlichkeit mit früheren Bildzeichen erkennbar (*Abb. 78*, Kolumne III). In der Folgezeit wurden die älteren Keilschriftzeichen im Verlauf einer noch stärkeren

(77) Inschrift des Königs Eannatum von Lagasch (um 2470 v. Chr.)

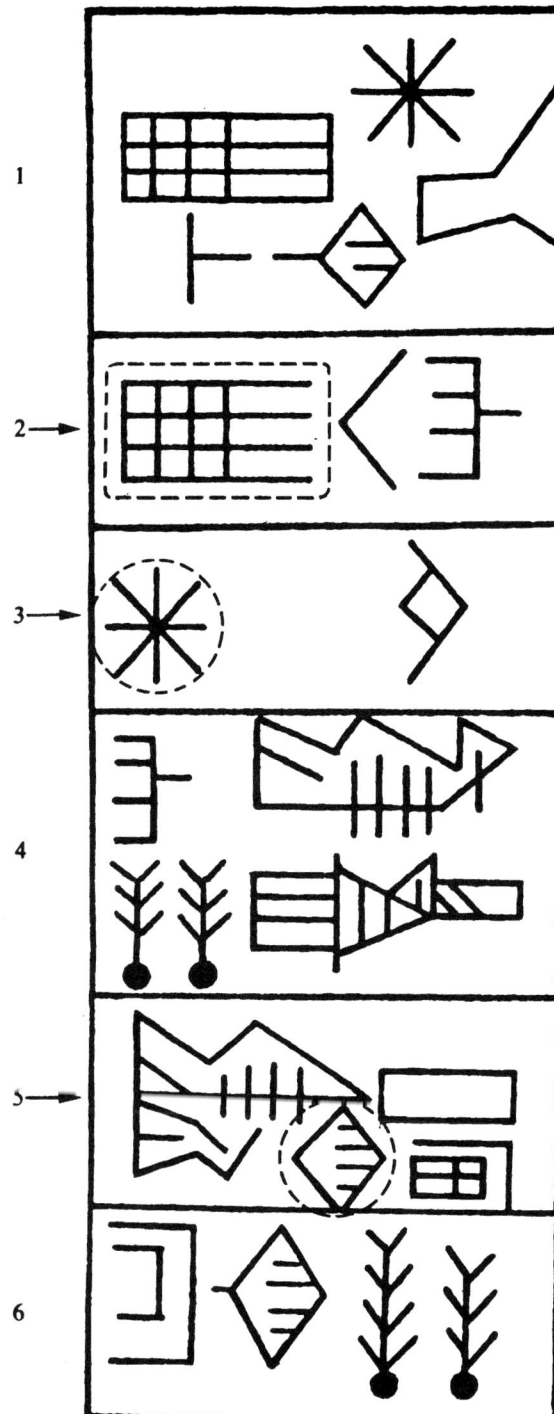

Umschrift:
1. E-an-na-túm-me
2. sašuš-gal
3. dbabbar
4. lugal zal-ší(g)-ga-ka
5. lù giš-HÚ^ki-ra
6. e-ma-sum

Übersetzung:
>Ich (me), Eannatúm, das große (gal) Netz (sašuš, eine göttliche Waffe) des Babbar (Sonnengott) des Königs, des lichterfüllten, über die Bewohner (lù) von Umma^ki (giš-HÚ^ki) warf ich es.<

Stilisierung soweit abstrahiert, daß deren Gestalt keine figürlichen Assoziationen mehr zuläßt. Diese Entwicklungsstufe der Schrift ist zwischen 1800 und 1700 v. Chr. erreicht, als die meisten literarischen Texte in altbabylonisch-sumerischer Sprachform aufgezeichnet wurden (*Abb. 78,* Kolumne IV). Mit der Entwicklung zur eigentlichen Silbenschrift ist die ältere Stufe der Verwendung von Wortbildzeichen überwunden, und die Keilschrift entwickelt sich als eigener Schrifttyp weiter (vgl. Kap. 5).

Es hat Spekulationen darüber gegeben, ob die »defektive« Schreibweise des Sumerischen nach dem Schlagwortprinzip in der archaischen Periode nicht ein Indiz ist, daß die Schrift gar nicht von den Sumerern selbst sondern von einem Volk eingeführt wurde, das vor der Ankunft der Sumerer im Zweistromland siedelte. Immerhin ist durch archäologische Funde geklärt, daß die Sumerer nicht die ersten waren, die dort Siedlungsplätze schufen (JACOBSEN 1988, 72f.). Auch ist eine Reihe von Ortsnamen erhalten, die nach ihrem Ursprung nicht sumerisch sind. Es ist denkbar, daß die Urbewohner Mesopotamiens das Schlagwortprinzip für ihre eigene Sprache anwandten, die vielleicht für die Schreibung mit Wortbildzeichen besser geeignet war. Dies wäre der Fall bei einer isolierenden oder monothetischen Sprache ohne morphologische Elemente (d. h. grammatische Endungen). Das Chinesische oder Vietnamesische sind Beispiele für diesen Sprachtyp. Von der Ursprache Mesopotamiens ist allerdings nichts erhalten, was eine Identifizierung ihrer Zugehörigkeit erlauben oder auf die Verwendung der Schrift in vorsumerischer Zeit hinweisen würde. DIRINGER (1962, 36) weist auch auf die Möglichkeit hin, daß die Schrift von außerhalb nach Mesopotamien »importiert« worden sein könnte. Da aber bis heute nicht feststeht, ob die Sumerer von Osten her, d. h. aus den Regionen des iranischen Berglandes, oder über den Seeweg des Persischen Golfs in die fruchtbaren Ebenen zwischen Euphrat und Tigris einwanderten, bleiben Überlegungen zum Fremdimport der Schrift gänzlich spekulativ. Aller Wahrscheinlichkeit nach wird auch die sagenumwobene Urheimat der Sumerer, Dilmun genannt, unbekannt bleiben, denn die sumerischen Tempelruinen im Gebiet des Golfanrainerstaates Bahrain stammen aus einer Zeit, als zwischen den Stadtstaaten Sumers und den Zentren der Zivilisation im Industal der Seehandel intensiviert wurde. Auch sind die Plätze in Bahrain von den Sumerern selbst nicht mit Dilmun identifiziert worden.

Die Entstehung der sumerischen Schrift, die möglicherweise eine vorsumerische Entdeckung ist, steht neuerdings im Kreuzfeuer einer Diskussion, die durch eine in ihrer Radikalität abenteuerlich wirkende Theorie ausgelöst wurde. Bereits AMIET (1966) hatte die Vermutung geäußert, daß nicht die Buchungstafeln von Uruk IV die ältesten Zeugnisse für den Schriftgebrauch in Mesopotamien seien, sondern Gegenstände aus Ton, auf denen sich Ritzungen und Einkerbungen finden. Solche Gegenstände unterschiedlicher Form (Scheiben, Tetraeder, konisch und sphärisch geformte Objekte) sind in den ältesten Grabungsschichten zutage getreten, und sie wurden vorwiegend in Speichern und Vorratsräumen der Siedlungen gefunden. Die Archäologen haben bis heute keine vernünftige Erklärung für die Funktion dieser Tonobjekte gegeben, und man hat sie als Steine für irgendwelche Spiele oder als Amulette abgetan. Zur letzteren Funktion passen aber die abstrakten Formen gar nicht. Handelt es sich

(78) Die Entwicklung altsumerischer Bildzeichen zu Keilschriftzeichen

Periodisierung:
I - Ende des 4. Jahrtausends v. Chr.
II - Anfang des 3. Jahrtausends v. Chr.
III - etwa 2500 v. Chr.
IV - etwa 1800 v. Chr.

vielleicht bei solchen Gegenständen um Dokumente eines archaischen Rechnungswesens, bei dem die Form der Objekte bestimmte Güter symbolisierte, deren Anzahl und Zusammensetzung zusätzlich durch Ritzbilder und Kerben gekennzeichnet wurde? Dies ist der Grundgedanke in der Theorie von SCHMANDT-BESSERAT (insbesondere 1979 und 1981), die in der Verwendung von möglichen Bildsymbolen auf den Tonobjekten die Anfänge des Schriftgebrauchs überhaupt erkennen will.

SCHMANDT-BESSERAT bemüht sich zu zeigen, daß man bildhafte Symbole, die von ihr als frühe Schriftzeichen gedeutet werden, auf Tonobjekten aus den verschiedensten Gegenden Mesopotamiens und des Nahen Ostens findet. Angeblich stammen die ältesten Gegenstände mit Bildzeichen aus dem 8. Jahrtausend v. Chr., obwohl LIEBERMAN (1980) eingewendet hat, daß die Datierung nach der Lage der archäologischen Funde unsicher bleibt. Es kann derzeit nicht als bewiesen gelten, daß die Verwendung von Bildsymbolen auf Gegenständen eines frühen Rechnungssystems in jedem Fall der Ausgangspunkt für die Entstehung eines Schriftsystems gewesen ist. Denn die Anzahl der feststellbaren Symbole ist viel zu gering, um in ihnen das Potential einer Buchführung erkennen zu wollen, wie sie uns in den Tontafeln von Uruk entgegentritt. Immerhin gehört zu den frühen Symbolen das in seiner hochgradigen Abstraktion auffällige Zeichen für ›Schaf‹, das einem Kreis mit Kreuz darin entspricht (vgl. Originalritzung in Abb. 44). Wenn auch die Beweisführung von Schmandt-Besserat mit ihrem Anspruch, in den bildhaften Zeichen der Tonobjekte den Ursprung des mesopotamischen Schriftwesens erkannt zu haben, wenig überzeugend wirkt, sind ihre Beobachtungen dennoch für die Entwicklung des Rechnungswesens von Belang.

Es ist bekannt, daß die *sumerischen Zahlwörter* ursprünglich keine Adjektive waren, sondern Zählwörter in substantivischer Funktion, etwa nach dem Muster wie deutsch Zwilling, Drilling, Dutzend, Schock (älterer Ausdruck, Zählwort für 60). Die Bildsymbole auf den besagten Tonobjekten könnten die Verbindung zwischen älteren Zahlwortbegriffen und der Zählweise mit Hilfe von Einkerbungen anzeigen. Somit wären die Ritzungen und Kerben auf den Gegenständen die ältesten Dokumente für eine archaische Buchführung, insbesondere für die Anfänge des Zahlzeichensystems, dessen Symbole bereits in der sumerischen Schreibweise vollständig abstrahiert sind (vgl. *Abb. 67*, S. 141). Da die mit Kerben versehenen Tonobjekte zumeist älter als die ältesten sumerischen Siedlungsschichten sind, steht damit außer Zweifel, daß es in vorsumerischer Zeit ein Rechnungswesen der Ackerbau treibenden Bevölkerung Mesopotamiens gegeben hat, das von den Sumerern übernommen und vereinfacht wurde. Dafür spricht unter anderem, daß der Bestand vorsumerischer Kerbsymbole vielfältiger als das sumerische Inventar der Zahlzeichen ist. Die Sumerer haben die Tradition der Kerbsymbole fortgesetzt, wobei sie deren System nach den Konventionen ihres eigenen Zähl- und Rechnungswesens standardisierten. Die Schriftentwicklung findet somit im vorsumerischen System der Zahlzeichen (= Kerbsymbole) ältere Wurzeln als andere Bereiche der Schriftkultur, die nicht mit den Zahlwörtern in Verbindung stehen. Das Schreiben von Zahlen ist also älter als das Schreiben von Wörtern. Jedenfalls trifft dies auf die Verhältnisse in Mesopotamien zu. Wenn man die Schreibung von Kerbsymbolen auf den Tonobjekten der vorsumerischen Periode im

Licht ihrer Vermittlerrolle für die Entstehung des sumerischen Zahlzeichensystems betrachtet, ist sicher SAMPSON (1987, 61) Recht zu geben, wenn er sagt, daß »ein Teil der Menschheit zum ersten Mal in der Geschichte den Übergang schaffte von einem Stadium, als es eindeutig war, daß man die Institution des Schreibens noch nicht kannte, zu einem Stadium, als die Menschen die Schrift ganz klar besaßen«.

Das Schriftsystem der Indus-Zivilisation

Zwischen den sumerischen Stadtstaaten und den Zentren der Induszivilisation gab es frühe Kontakte, deren Anfänge bis in die erste Hälfte des 3. Jahrtausends v. Chr. zurückreichen. Obwohl über den Beginn der Schriftkultur im Industal nichts Näheres bekannt ist, darf man wohl annehmen, daß die *Idee* des Schreibens als solche von Sumer vermittelt worden ist. Dieser Hinweis ist nicht dahingehend mißzuverstehen, als ob die sumerische Schrift, d. h. die altsumerische Piktographie, die Entwicklung der Indus-Schrift beeinflußt hätte. Dies wäre ein abwegiger Gedanke, zumal die Symbole der Indus-Schrift mit den sumerischen Bildzeichen wenig gemein haben. Als vollausgebildetes Schriftsystem tritt die Indus-Schrift seit etwa 2600 v. Chr. auf. Sie ist also einige Hundert Jahre jünger als die Schrifttradition in Mesopotamien. Und alles deutet darauf hin, daß die Indus-Schrift eine entwicklungsmäßige Stufe bewahrt hat, wie sie charakteristisch für die Anfangsphase der altsumerischen Schrifttradition vor 2600 v. Chr. ist (s. o.). Bis heute allerdings kann man die Inschriften von Harappa und Mohenjo-Daro nicht lesen, und auch die Bildgestalt der Schriftsymbole ist so hochgradig stilisiert, daß eine inhaltliche Interpretation nach der äußeren Form undenkbar ist. Trotzdem ist man derzeit in der Lage, den Bestand der Schriftzeichen aufgrund einer kritischen Sichtung der Texte, die ausgegraben wurden, mit einiger Sicherheit abzugrenzen. Besondere Beachtung ist in diesem Zusammenhang dem Entzifferungsprojekt eines finnischen Forscherteams unter der Leitung von A. PARPOLA und K. KOSKENNIEMI zu schenken, die auf der Basis einer Computeranalyse der vorhandenen Inschriften einen Bestand von insgesamt 401 Basiszeichen und weiteren 286 Zeichenvarianten ermittelt haben (*Abb. 79*).

Sämtliche Schriftsymbole sind stark stilisiert, und zwar stärker als die ältesten Bildzeichen der altsumerischen Piktographie oder der altägyptischen Hieroglyphen. In wieweit dies ein Anzeichen dafür ist, daß die Indus-Schrift einen längeren Prozeß der Stilisierung ursprünglicher naturalistischer Symbole durchgemacht hat, für dessen Periode es keine archäologischen Funde gibt, bleibt der Spekulation überlassen. Jedenfalls reicht das bildmäßige Potential im Zeichenbestand der Indus-Schrift aus, um verschiedene Gruppen von Symbolen, die offensichtlich Motive lebender Dinge darstellen, von solchen Zeichen zu unterscheiden, die unbelebte Objekte abbilden oder ganz abstrakt sind. In der Übersicht ist eine Gruppe von Zeichen mit anthropomorphen Motiven zu erkennen, d. h. von Zeichen mit menschlichen Gestalten (vgl. Rubrik 1 und 2). Eine weitere Gruppe von Symbolen beinhaltet zoomorphe Motive,

(79) Zeichenbestand der Indus-Schrift

Das Schriftsystem der Indus-Zivilisation

(80) Charakteristische Zeichenkombinationen in den Texten des Indus-Schrifttums

also bildliche Darstellungen von Tieren oder deren Teilen (vgl. Rubrik 3 und 4). In der Rubrik 5 und 6 sind pflanzliche Motive zu erkennen. Im übrigen sind die Zeichen schwerlich zu identifizieren. Der hohe Grad an Abstraktheit erlaubt bei den meisten Symbolen keinen Vergleich mit den Gegenständen der materiellen Kultur, soweit sie durch Grabungen bekannt geworden sind, obwohl solche assoziativen Bindungen für die Entstehungsperiode der Symbole der Indusschrift anzunehmen sind. Bei all dem, was über das bildmäßige Potential dieser Zeichen gesagt werden kann, ist allerdings immer zu bedenken, daß die Ähnlichkeit mit lebenden Dingen oder mit Motiven der gegenständlichen Kultur allein die äußere Form betrifft. Die Feststellungen zur äußeren Form der Schriftzeichen sind in keinem Fall Vorgaben für die Interpretation ihres Inhalts. Derzeit läßt sich der Inhalt von keinem einzigen Zeichen der Indusschrift näher bestimmen.

Damit sind aber die Möglichkeiten eines Entzifferungsversuches noch nicht erschöpft. Das finnische Forscherteam hat sich insbesondere mit solchen Problemen der Indusschrift auseinandergesetzt, die sich aus der Aneinanderreihung von Einzelzeichen sowie der Formierung von Zeichengruppen in den Inschriften ergeben. Die Analyse der Zeichensequenzen vermittelt wichtige Erkenntnisse über die Kombinatorik einzelner Symbole. Man hat festgestellt, daß beispielsweise die Zeichen Nr. 85 und

86 in der Zeichenliste sehr häufig vorkommen, und zwar regelmäßig in Verbindung mit einer Reihe anderer Symbole (*Abb. 80*). Auch zur Position und Frequenz von Symbolen lassen sich Beobachtungen anstellen. In den Texten der Inschriften, die linksläufig, d. h. von rechts nach links, zu lesen sind, treten beliebige Zeichen am Anfang auf, das häufigste Zeichen am Ende jedoch ist Nr. 324. Dies kann ein Hinweis darauf sein, daß die meisten Inschriften durch eine formelhafte Wendung abgeschlossen wurden (*Abb. 81*).

Zeichensequenzen lassen ebenfalls darauf schließen, in welcher Ordnung die Wörter im Satz stehen, das heißt, die Kenntnis der Strukturen regelmäßiger Zeichenfolgen erlaubt Aussagen über die Syntax der Sprache, in der die Inschriften verfaßt sind. Hier liegt der eigentliche Schlüssel zum Verständnis der Indus-Schrift mit ihrem Charakter einer Wortschrift. Man hat herausgefunden, daß der Satzbau der Sprache, deren Sprecher die Induszivilisation geschaffen haben, von der Syntax indogermanischer Sprachen deutlich abweicht. Ein deutscher Satz wie »Silke liest das Buch, das ihre Großmutter gekauft hat« müßte folgendermaßen umgeformt werden, damit seine Wortfolge den syntaktischen Regeln der Indussprache entspricht: »Silke-ihre-Großmutter-hat-ein-Buch-gekauft-(sie)-liest-(es)«. Im Deutschen wird die inhaltliche Ergänzung (d. h. »..., das ihre Großmutter gekauft hat«) als ein Nebensatz dem Hauptsatz mit Hilfe eines Relativpronomens angeschlossen. Diese Konstruktion ist charakteristisch für die Sprachen der *indogermanischen Sprachfamilie*, wozu auch das Sanskrit, die mittelindischen Sprachen (Prākrit, Pāli) und die neuindischen Sprachen (z. B. Hindi, Bengalisch) gehören. Die Syntax des Deutschen und anderer indogermanischer Sprachen ist, wie man dies sprachwissenschaftlicher ausdrückt, rechts-verzweigt (engl. right-branching). Der Satzbau der Indussprache dagegen ist links-verzweigt (engl. left-branching), denn die syntaktischen Komplemente werden nicht durch ein Relativpronomen dem Hauptsatz nach rechts angeschlossen, sondern sie werden als Ergänzung vor das Verb gestellt, welches selbst am Ende des Satzes steht. Von den modernen Sprachen, für die eine links-verzweigte Syntax typisch ist, sei hier das Japanische erwähnt. Bemerkenswerterweise gibt es in Indien nur eine Sprachfamilie, in deren Sprachen eine linksverzweigte Syntax vorkommt, und dies sind die dravidischen Sprachen (KRISHNAMURTI 1969).

(81) Inschriften der Indus-Kultur mit formelhaftem Abschluß

Nach dem heutigen Stand der Forschung werden 22 *dravidische Sprachen* unterschieden, die von mehr als 120 Millionen Menschen in Pakistan, Indien und Bangladesh gesprochen werden. Es ist allerdings damit zu rechnen, daß nicht alle dravidischen Sprachen bekannt sind. Im Jahre 1964 beispielsweise wurde Maṇḍa »entdeckt«, eine dravidische Sprache im indischen Bundesstaat Orissa (Ostindien); Voegelin – Voegelin 1977, 125. Vier Sprachen, und zwar Tamilisch, Malayalam, Kannaḍa (Kanaresisch) und Telugu, besitzen unabhängig voneinander entwickelte Schriftsysteme und eine teilweise lange Schrifttradition. Das Tamilische ist die älteste Schriftsprache, ihr Schrifttum reicht bis ins 8. Jahrhundert n. Chr. zurück. Keines der modernen Schriftsysteme dravidischer Sprachen zeigt irgendwelche Ähnlichkeiten – und seien es nur äußerliche Züge – mit der Indus-Schrift, und es gibt keinerlei historische Anhaltspunkte dafür, daß die älteste dravidische Schriftsprache, deren Identität bisher nicht festgestellt werden konnte, in irgendeiner Weise auf die Neuentstehung einer Schriftkultur, etwa im Fall des Tamilischen, Einfluß genommen hätte. Vielmehr ist davon auszugehen, daß sich die Spuren der Indus-Schrift nach 1500 v. Chr. verlieren, und daß die Kenntnis des Schreibens in Vergessenheit geriet. Denn auch die Schriftkultur des vedischen Sanskrit knüpft nicht an die Tradition der Indus-Schrift an, und alle späteren Schriftsysteme Indiens leiten sich von der aramäischen Buchstabenschrift ab (s. Kap. 6, C).

Da der Satzbau der Industsprache, der ältesten schriftlich belegten dravidischen Sprache, bekannt ist, kann man diese Erkenntnisse auswerten für die nähere Bestimmung der Funktion von Symbolen der Indus-Schrift. Mit ziemlicher Sicherheit repräsentiert die Indus-Schrift einen logographischen Schrifttyp, wobei die Schreibweise nach dem Schlagwortprinzip eine auffällige Parallele zur altsumerischen Schreibweise erkennen läßt. »Während sowjetische und andere Forscher annehmen, die Indus-Schrift wäre ein logosyllabisches System, in welchem die Kasusendungen regelmäßig markiert wurden, ist unsere Ansicht die, daß die Indus-Schrift aller Wahrscheinlichkeit nach ein ziemlich grobes, Bedeutungseinheiten fixierendes (morphemographic) Schriftsystem war. Die Grapheme gaben gewöhnlich ganze Wörter (lexical morphemes) wieder. Obwohl wir es für möglich und selbst wahrscheinlich halten, daß Kasusendungen zumindest gelegentlich markiert wurden, so gehen wir dennoch davon aus, daß die Schreibweise grammatischer Elemente auf die allerwichtigsten Endungen beschränkt blieb. Wahrscheinlich mußte vieles aus dem Textzusammenhang erschlossen werden. Diese Hypothese stützt sich auf die ungefähre Zeitperiode, in der dieses Schriftsystem geschaffen wurde (ca. 26. Jahrhundert v. Chr.), auf die Parallele des zeitgenössischen sumerischen Schriftsystems (die Fara-Texte des 26. Jahrhunderts), auf die Kürze der sich wiederholenden Kombinationen und auf die Anzahl der verschiedenen Schriftzeichen« (Koskenniemi – Parpola 1982, 10f.). Die Indus-Schrift hat ihren Grundcharakter als Wortschrift und die Schreibweise nach dem Schlagwortprinzip während ihrer tausendjährigen Geschichte bewahrt. Dies bedeutet, daß zu einer Zeit, als sich in der sumerischen Schriftkultur der durchgreifende Wandel von der Wortschrift zur Silbenschrift, d. h. von der reinen Logographie zur Phonographie, vollzogen hatte, die Indus-Schrift ihre ursprüngliche Tradition fortsetzt.

Wortschrift, kretische Hieroglyphen und ein Schlüsseltext: Der Diskos von Phaistos

Die logographische Variante der Indus-Schrift steht chronologisch zwischen der altsumerischen Piktographie, deren Grundprinzipien möglicherweise den Entstehungsprozeß des Schriftwesens in der Induszivilisation beeinflußt haben, und der Logographie chinesischer Prägung, zu deren Entwicklung es keinerlei historische Berührungen von außen gab. Die chinesische Tradition setzt ein, als die Indus-Schrift bereits außer Gebrauch gekommen war. Und doch steht die Indus-Schrift mit ihren logographischen Prinzipien nicht isoliert da, denn es gibt eine zeitgenössische Parallele aus der Periode nach 2000 v. Chr.: die Tradition der *altkretischen Schriftkultur,* insbesondere des hieroglyphischen Schrifttums. Mit großer Wahrscheinlichkeit hat es zu keiner Zeit zwischen der Induszivilisation im Osten und der minoischen Kultur Altkretas irgendwelche Kontakte gegeben. Die logographische Schreibweise, wie sie uns in den kretischen Hieroglyphentexten entgegentritt, ist somit sicherlich eine Eigenentwicklung. Eine Beeinflussung von außen muß auch gar nicht angenommen werden, denn die Logographie ist auch in China als einheimische Schreibweise entstanden. Im Fall Altkretas ist die Anwendung logographischer Prinzipien ein eigenwilliger Zug der Schriftkultur, und zwar eigenwillig deshalb, weil in den zeitgenössischen Kulturen des Nahen Ostens und in Mesopotamien Silbenschriften in Gebrauch waren, sowie in Ägypten die hieroglyphische Segmentalschrift. Anders ausgedrückt, die Logographie der altkretischen Hieroglyphen unterschied sich deutlich von den zeitgenössischen phonographischen Systemen. Die Bewahrung einer entwicklungsmäßig archaischen Schreibweise paßt allerdings sehr gut zum konservativen Charakter einer Sakralsprache, und diese Funktionen übernimmt, wie bereits erläutert wurde (s. Kap. 2), die Hieroglyphenschrift im minoischen Kreta.

Es muß an dieser Stelle betont werden, daß die hier vertretene Identifizierung der kretischen Hieroglyphenschrift als logographische Schreibweise auf eigenen Untersuchungen des Textes auf dem *Diskos von Phaistos* beruht, immerhin des längsten Textes in Hieroglyphen, der erhalten ist. Da sich Experten bislang auf schrift- und schreibtechnische Kriterien beschränkt haben und zu keiner Deutung gelangt sind, war es von vornherein wichtig, den Entzifferungsversuch auf neuartige methodische Grundlagen zu stützen. Hilfreich dabei sind ohne Zweifel die erst in neuerer Zeit gewonnenen Erkenntnisse über die Rolle des Schlagwortprinzips, dessen Bedeutung in den siebziger Jahren für die altsumerische Piktographie (s. o.) und in den achtziger Jahren für die Indus-Schrift (s. o.) herausgestellt worden ist. Damit ist abgeklärt, daß das Schlagwortprinzip in Verbindung mit einer Wortschrift durchaus keine schwer faßbare archaische Vorstufe der Logographie ist, und ebenso wenig eine »defektive«, gleichsam unterentwickelte Schreibweise, sondern ein Prinzip, welches – ganz im Gegensatz zu älteren Auffassungen – zu den charakteristischen Zügen der Logographie in den Kulturen des Altertums zählt. Ebenfalls neuartig an der hier vorgestellten Entzifferungsmethode ist die konsequente Beachtung des Kriteriums der kulturellen Spezifik bei der inhaltlichen Interpretation des Zeichenbestandes kretischer Hieroglyphen.

Der Hieroglyphentext des Diskos besteht aus insgesamt 61 Abschnitten, die durch Schrägstriche gegeneinander abgegrenzt sind. 31 dieser Abschnitte mit 122 Schriftsymbolen verteilen sich in der Spirale der Vorderseite (A), 30 Abschnitte mit 119 Symbolen auf der Rückseite (B). Die Abschnitte des Textes sind als Sinnabschnitte zu verstehen. Dies besagt, daß ihr Inhalt gleichbedeutend sein kann mit selbständigen Sätzen wie etwa in A 5, A 8 oder B 5, aber auch mit Satzteilen wie zum Beispiel in A 6, A 13 oder B 17. In ähnlicher Weise wie auf dem Diskos von Phaistos sind die Sinnabschnitte in der altsumerischen Inschrift des Königs Eannatum (vgl. *Abb. 77, S. 157*) abgegrenzt. Von den 241 Symbolen des Hieroglyphentextes sind 45 verschieden. Die Häufigkeit, mit der einzelne Hieroglyphen verwendet werden, ist sehr unterschiedlich. Einige Hieroglyphen kommen mehr als fünfzehnmal vor, andere Symbole nur wenige Male. Es ist sicher kein Zufall, daß gerade diejenigen Symbole häufig auftreten, die für die inhaltliche Interpretation dieses Ritualtextes von besonderer Wichtigkeit sind (s. u.). Die Bildgestalt der kretischen Hieroglyphen ist auffällig naturalistisch und, verglichen mit altsumerischen Piktogrammen, ägyptischen Hieroglyphen oder Zeichen der Indusschrift, relativ wenig stilisiert. Dies ist von besonderem Vorteil für die Rekonstruktion ihres logographischen Inhalts. Nach ihrem inhaltlichen Bezug lassen sich die Hieroglyphen in verschiedenen Begriffsgruppen zusammenfassen, von denen einige in direktem Zusammenhang mit der religiösen Sphäre stehen, andere dagegen allgemeine Begriffe beinhalten. Die Interpretation einiger zentraler Begriffe, die durch charakteristische Symbole zum Ausdruck gebracht werden, soll Gegenstand der folgenden Diskussion sein.

Das Symbol, welches den Kopf eines Menschen mit einer schmuckartigen Bedeckung (Frisur ?) zeigt (*Abb. 82*), ist in mehrfacher Hinsicht auffällig. Von allen Hieroglyphen im Text des Diskos kommt dieses Symbol am häufigsten vor, und zwar in insgesamt 19 Sinnabschnitten. Eine weitere Besonderheit ist der Umstand, daß es jeweils am Ende eines Sinnabschnitts auftritt. Läßt man den Bezug zum kretischen Kulturkreis außer Betracht und betrachtet allein den Bildgehalt dieser Hieroglyphe, so öffnet sich der menschlichen Phantasie ein weites Feld bildlicher Assoziationen. Das Bild könnte die Darstellung eines indianischen Kriegers mit Federschmuck sein. In der Tat haben Forscher die kretische Hieroglyphe allein aufgrund ihrer äußeren Ähnlichkeit mit Darstellungen libyscher Soldaten in ägyptischen Wandgemälden verglichen, und man hat sich sogar zu Spekulationen darüber verstiegen, ob der Diskos von Phaistos nicht überhaupt ein Fremdimport von Übersee wäre. Man könnte bei dem Bild ebenso gut an die Darstellung eines eingeborenen Jägers denken oder an die Abbildung eines Mannes mit skurriler Haartracht. Bei der letzteren Interpretation braucht man seine Phantasie nicht sonderlich anzustrengen, denn solche Frisuren kennt wohl jeder als Erkennungszeichen einer modernen städtischen Subkultur.

Die Assoziation des Kopfschmucks mit einer besonderen Haartracht ist nun weniger abenteuerlich, als es auf den ersten Blick scheinen mag. Es gab diese Haartracht im antiken

(82) Kretische Hieroglyphe für ›Verstorbener; Vorfahre; Ahn‹

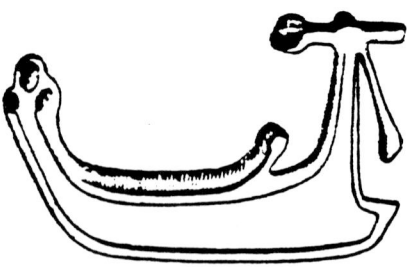

(83) Kretische Hieroglyphe für ›heilige Barke, Totenschiff‹

(84) Kretische Hieroglyphe für ›gehen, eilen; (feierlich) schreiten‹

(85) Kretische Hieroglyphe für ›Wasser‹

Kreta, und zwar in einem ganz spezifischen kulturellen Kontext, dem minoischen Totenkult. Das Bild des Mannes mit seiner eigenwilligen Frisur findet sich in verschiedenen Variationen in Darstellungen des Verstorbenen oder der Ahnen, die für die Dauer einer Begräbniszeremonie denjenigen erscheinen, die den Totenkult zelebrieren. Es gibt Siegelabdrücke mit diesem Motiv, ebenso Tonfiguren, deren modellierte Haartracht der Abbildung in der Hieroglyphe frappierend ähnlich sieht. Am besten erkennt man die Rolle der Erscheinung des Verstorbenen vielleicht in den Fresken auf dem *Sarkophag von Hagia Triada* (s. Kap. 2, Abb. 40). Auf der Basis dieser begrifflichen Assoziation ist es sinnvoll, die Wortbedeutung der kretischen Hieroglyphe mit ›Verstorbener, Vorfahr, Ahn‹ zu umschreiben. Je nach dem Kontext, bezieht sich das hieroglyphische Symbol entweder auf den kürzlich Verstorbenen, dessen Übergang ins Reich der Toten im Begräbnisritual zelebriert wird, oder auf die Erscheinung des Vorfahren, der kurzfristig das Totenreich verläßt. Die Interpretation dieses zentralen Symbols ist nicht nur der Schlüssel zum Verständnis der kulturellen Einbettung des gesamten Textinhalts, sondern auch ein Anhaltspunkt für die begriffliche Bindung anderer Symbole an die religiöse Sphäre.

Es gibt ein anderes Symbol der kretischen Hieroglyphen, über das schon viel gerätselt wurde. Die meisten Forscher stimmen in ihrer Ansicht dahingehend überein, daß es sich dabei wohl um das Bild eines Bootes oder Schiffes handelt (*Abb. 83*). Bei einer solchen bildlichen Assoziation scheint es eine Ungereimtheit zu geben, denn es fehlen in der Darstellung ein Mast und auch ein Segel. Einerseits wären diese typischen Schiffsmerkmale wegen der naturalistischen Wiedergabe von Bildmotiven in den Hieroglyphensymbolen zu erwarten, und andererseits gehörten mit Segeln ausgerüstete Schiffe zur minoischen Handelsflotte, der Kreta seine Vorherrschaft im östlichen Mittelmeer verdankte. Im Hinblick auf die Bindung des Hieroglyphentextes an die religiöse Sphäre liegt eine begriffliche Interpretation des Symbols als ›Totenbarke‹ nahe, eine Bedeutungsumschreibung, die vom Kontext ebenso wie von der Abbildung eines Bootsmodells in den Fresken des Sarkophags gestützt werden. Abgesehen davon, daß dem Schiff in den Fresken Mast und Segel fehlen, gibt es Darstellungen von Totenbarken in Nachbarkulturen Kretas, die den minoischen Vorstellungen sehr ähneln. Es wurde bereits früher auf das Motiv der Totenbarke in Verbindung mit dem Spiralmotiv, welches das kosmische Wasser symbolisierte, in der Kykladenkunst hingewiesen (s. *Abb. 33*, S. 82). Auch die ägyptische Hieroglyphe für ›heilige Barke‹ unterscheidet sich von der Abbildung konkreter Schiffstypen darin, daß Mast und Segel fehlen, und daß die Totenbarke mit einem hohen Heckaufbau, ganz wie im Fall der kretischen Hieroglyphe, versehen ist (vgl. ägyptische Hieroglyphen mit Boots- und Schiffsmotiven in *Abb. 61*, S. 133).

Eine kretische Hieroglyphe, die nur im Text des Diskos von Phaistos in einem speziellen religiösen Zusammenhang steht, aber mit großer Wahrscheinlichkeit eine sehr allgemeine Wortbedeutung symbolisierte, ist die Darstellung eines gehenden Mannes (*Abb. 84*). Aus den verschiedenen Zusammenhängen, in denen dieses Symbol auftritt – es kommt in insgesamt 11 Sinnabschnitten des Hieroglyphentextes vor –, läßt sich als allgemeine Bedeutung ›gehen; sich (eilig) bewegen‹ ermitteln. Im speziellen Zusammenhang des vorliegenden Textes, bei dem es um eine Begräbniszeremonie geht, ist der Bedeutungsgehalt am besten mit ›(feierlich) schreiten, sich (ehrfurchtsvoll) nähern‹ zu umschreiben. Für das Wellenlinien darstellende Symbol (*Abb. 85*) ist wohl von einer allgemeinen Bedeutung ›Wasser, Flüssigkeit‹ auszugehen. Im speziellen Kontext, in dem Opferhandlungen beschrieben werden, ist die Bedeutung ebenfalls spezialisiert, nämlich ›Flüssigkeit für das Trankopfer‹.

Einige Hieroglyphensymbole übernehmen im Satzzusammenhang auch die Funktion von Determinativen (Deutezeichen). Dies scheint der Fall zu sein mit Verbindungen, in denen bestimmte Kombinationen von Einzelsymbolen wiederholt auftreten. In verschiedenen Sinnabschnitten beispielsweise ist das Symbol für ›Wasser‹ assoziiert mit einer Hieroglyphe, die offensichtlich einen Behälter darstellt. Obwohl man diesen Behälter nach seiner Form kaum näher bestimmen kann, läßt sich seine Funktion aus der Verbindung der beiden Symbole erschließen (*Abb. 86*). Als sinnvolle Interpretation für den Rahmen dieses religiösen Textes kommt ›Behälter mit einer Flüssigkeit, die für das Trankopfer bestimmt ist (Libationsgefäß)‹ in Betracht. Die Kennzeichnung der speziellen Funktion des Behälters hängt von dem Symbol für ›Wasser, Flüssigkeit‹ als Deutezeichen ab. Eine andere Kombination von Hieroglyphensymbolen, die wiederholt auftritt, ist die Darstellung einer Flamme in Verbindung mit dem Bildmotiv eines Vogels (*Abb. 87*). Das Bild der Flamme ist ein Ideogramm, und zwar bezeichnet es das Feuer im Zusammenhang mit der Opfertätigkeit. Die Interpretation dieses Symbols als ›Brandopfer‹ paßt ohne weiteres zum Kontext der Begräbniszeremonie, insbesondere auch in der Assoziation mit dem Vogelmotiv. Die Kombination der Hieroglyphensymbole ist als

(86) Kombination kretischer Hieroglyphen für ›Libationsgefäß‹

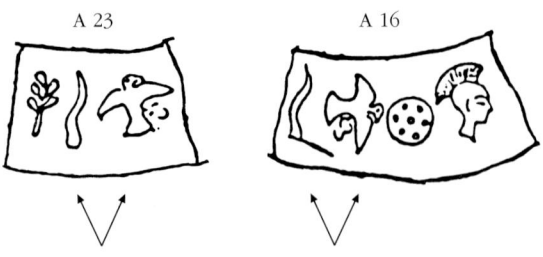

(87) Kombination kretischer Hieroglyphen für ›Brandopfer‹

›Vogel für das Brandopfer‹ zu umschreiben, wobei die Hieroglyphe für ›Brandopfer‹ die nähere Bestimmung angibt. Nach ihrer Position entweder hinter dem Beziehungswort (vgl. *Abb. 86*) oder vor diesem (vgl. *Abb. 87*) haben wir es in den kretischen Hieroglyphentexten – ähnlich wie im Sumerischen – mit Prä- und Postdeterminativen zu tun. Über die Rolle der Determinativsymbole in minoischen Texten kann derzeit nur das gesagt werden, was zum Ritualtext auf dem Diskos von Phaistos bekannt ist.

Die altkretische Logographie, wie sie als Schriftprinzip des Hieroglyphensystems vorgestellt worden ist, teilt das Schicksal der anderen, hier verglichenen Schriftkulturen. Wie die altsumerische Piktographie in Mesopotamien und die Schrift in der Induszivilisation kommt die kretische Hieroglyphenschrift außer Gebrauch, und ihr Schrifttum gerät in Vergessenheit. Die Auflösung der Schriftkultur, soweit sie die kretischen Hieroglyphen betrifft, fällt etwa in dieselbe Periode wie der gewaltsame Bruch in der indischen Schrifttradition. Um 1500 v. Chr. werden auf Kreta keine Hieroglyphen mehr verwendet, Indien fällt in ein schriftloses Entwicklungsstadium zurück, und in Mesopotamien wissen die Babylonier, die um jene Zeit schon fast tausend Jahre lang die Keilschrift verwendet haben, nichts mehr von der altsumerischen Wortschrift. Es scheint, die Logographie, die viele für eine archaische und »veraltete« Schreibweise halten, überlebt das Ende das Altertums nicht. Und doch entsteht sie neu und zwar unabhängig von ihren Vorläufern in Mesopotamien, Indien und auf Kreta. Die Logographie in China ist zwar die jüngste der Wortschriften, die im Altertum entstanden sind, sie ist aber gleichzeitig diejenige mit der längsten ungebrochenen Tradition in der Welt. Diese Feststellung darf aber nicht mißverstanden werden, wie dies leider viele tun, die glauben, das Chinesische sei die älteste, noch heute verwendete Schriftsprache. Dies trifft nicht zu, denn diese Sonderstellung muß dem Griechischen eingeräumt werden (vgl. Kap. 5 zum Schriftsystem Linear B und Kap. 7). Für die chinesische Schrift gilt jedenfalls, daß sie im Altertum entstanden ist und heutzutage von mehr als einer Milliarde Menschen verwendet wird. Allein der Sachverhalt, daß etwa ein Fünftel der Weltbevölkerung nach dem Prinzip der Logographie schreibt, macht diesen Schrifttyp im Kreis der modernen Schriftsysteme bedeutend.

Die Schrifttradition Chinas

Die Entwicklungszüge der chinesischen Schrift illustrieren in einer für China charakteristischen Weise das Zusammenwirken der für die Fixierung von Sprache grundlegenden Techniken, der Bild- und Symboltechnik. Wie in Mesopotamien herrschten auch in China im Anfangsstadium der Schriftkultur Bildsymbole als Äquivalente für Wortbedeutungen vor. In beiden Kulturkreisen veränderte sich die Bildgestalt der Schriftsymbole jahrhundertelang wenig. Während aber in Mesopotamien gleichzeitig mit dem Prozeß der Stilisierung und Abstraktion älterer piktographischer und ideographischer Symbole zu Keilschriftzeichen ein Wandel des Schriftprinzips stattfand, nämlich von der Wortschrift zur Silbenschrift, wurde die Logographie in China beibehalten, obwohl die äußere Form der Schriftzeichen ihren ursprünglichen Bildcharakter im Lauf der Zeit weitgehend aufgegeben hat. Dies trifft in jedem Fall auf die allermeisten chinesischen Schriftzeichen zu, die durch Schreibgewohnheiten und Schriftreformen hochgradig stilisiert sind. Für einen Außenstehenden ist das Lernen chinesischer Schriftzeichen in der heutigen Zeit gleichbedeutend mit dem Sich-Gewöhnen an mehr oder weniger willkürliche Strichkombinationen, die für einzelne Wörter stehen. Dies bedeutet, daß – vom praktischen Standpunkt des Schriftgebrauchs aus betrachtet – die Beziehung zwischen chinesischen Schriftzeichen und der Bedeutung chinesischer Wörter zumeist eine abstrakt-symbolische und keine bildlich-assoziative mehr ist.

Von diesen Wandlungen im Schriftbild der chinesischen Zeichen kann man sich leicht eine Vorstellung machen, wenn man den Bestand älterer Schriftsymbole mit modernen Zeichenformen vergleicht (*Abb. 88*). In den meisten Fällen hat sich die Gestalt der Schriftzeichen sozusagen bis zur Unkenntlichkeit abstrahiert, so daß der moderne Betrachter auf Erklärungen angewiesen ist, aus welcher ursprünglichen Form die jetzige Strichkombination eines Zeichens entstanden ist. Als Ausnahmen von dieser allgemeinen Beobachtung kann man vielleicht die äußere Form des Zeichens für ›Baum‹ ansehen, worin man immer noch die Pflanzenteile erkennen kann, oder des Zeichens für ›Tür‹, dessen Darstellung zweier Türflügel sich gegenüber dem alten Bildsymbol kaum verändert hat. Bereits seit der archaischen Zeit der Schriftkultur, d. h. seit der Periode der Verwendung von Bildsymbolen auf Orakelknochen und Schildkrötenplatten, wurden nicht nur Ausdrücke für konkrete Dinge bildlich dargestellt, sondern auch abstrakte Begriffe mit Hilfe von Bildzeichen wiedergegeben. Jede Sprachgemeinschaft, deren Mitglieder eine Zivilisation mit sozialer Differenzierung und Arbeitsteilung schaffen, ist in ihrer Schriftkultur darauf angewiesen, außer Gegenständlichem auch eine Masse abstrakter Begriffe zu kennzeichnen. China macht da keine Ausnahme. Während aber die altsumerische Piktographie unter dem Druck, eine große Zahl von abstrakten Ausdrücken bildlich fixieren zu müssen, in Richtung auf eine Phonetisierung auswich, wurde in China das konventionelle Schriftprinzip beibehalten, und man hat selbst für die komplexesten Abstraktionen Bildsymbole geschaffen.

Einen Außenstehenden muten viele der ursprünglichen Bilddarstellungen für abstrakte Begriffe umständlich oder geradezu willkürlich in den gewählten Assoziationen an. Je mehr man sich aber mit der Herkunft moderner Schriftzeichen beschäftigt, desto stärker wird der Eindruck, daß sich im Bestand der alten Schriftsymbole die Kulturgeschichte und Sozialordnung der chinesischen Agrargesellschaft spiegelt. Im Fall der Wiedergabe abstrakter Begriffe wird dies ebenso deutlich wie bei der Kennzeichnung konkreter Begriffe, denn in der schriftlichen Fixierung abstrakter Ausdrücke haben wir es meistens mit der Kombination einzelner konkreter Bildmotive zu tun, und deren Korrelationen sagen viel aus über die Verhältnisse in der alten chinesischen Gesellschaft. Von besonderer Bedeutung in jeder Kultur sind die Familienbindungen. In China scheint aber die Beziehung zwischen Mutter und Kind in

(88) Die graphische Entwicklung chinesischer Schriftzeichen von der Shang-Periode bis in die Zeit der Han-Dynastie (202 v. Chr. – 220 n. Chr.); daher Bezeichnung der Standardzeichen als han-zi ›Han-Zeichen‹

⊙	⊖	⊟	日	RÌ	'Sonne'
☽	☽	☾	月	YUÈ	'Mond'
𠆢	𠆢	人	人	RÉN	'Mensch'
木	木	木	木	MÙ	'Baum'
山	山	山	山	SHĀN	'Berg'
👁	👁	目	目	MÙ	'Auge'
火	火	火	火	HUǑ	'Feuer'
∪	∪	⌣	口	KǑU	'Mund'
子	子	子	子	ZǏ	'Kind'
馬	馬	馬	馬	MǍ	'Pferd'
鳥	鳥	鳥	鳥	NIǍO	'Vogel'
牛	牛	牛	牛	NIÚ	'Kuh'
犬	犬	犬	犬	QUǍN	'Hund'
魚	魚	魚	魚	YÚ	'Fisch'

vielen Zusammenhängen wichtiger zu sein als die zwischen Vater und Kind. Man findet deren bildliche Darstellung selbst in solchen Schriftsymbolen, wo ein westlicher Beobachter dies nach seinem eigenen kulturellen Hintergrund nicht erwarten würde. In dem Zeichen für ›lernen‹ findet man nach der modernen Schreibweise nur wenig, was bildlich an seinen Ursprung erinnert, weil der Grad der Abstraktion zu groß ist (*Abb. 89a*). Hinter diesem Zeichen verbirgt sich ein Stück visualisierter Kulturgeschichte, denn im ursprünglichen Bildsymbol ist die Mutter dargestellt, die Dinge zwischen ihren Händen hält und auf diese Weise ihr Kind mit seiner Umwelt vertraut macht. Die Mutter-Kind-Beziehung steht auch im Mittelpunkt der Schreibung des Begriffs ›Zuneigung‹ (*Abb. 89b*). Nach chinesischer Auffassung ist demnach Zuneigung eine im wahrsten und reinsten Sinn »seelisch-emotionale« Beziehung.

Es gibt abstrakte Ausdrücke, die durch äußerst komplexe Bildzeichen wiedergegeben werden. Beispielsweise gilt dies für den Ausdruck ›Herbst‹, der nach seinem begrifflichen Inhalt eine Zeitabstraktion ist. Es ist nicht verwunderlich, daß das moderne chinesische Schriftzeichen in seiner stark abstrahierten Form keine bildliche Assoziation mit seinem Ursprung erkennen läßt (*Abb. 89c*). Auch ein Chinese muß sich mit der Geschichte seiner Schrift befaßt haben, um in der Lage zu sein, die ursprüngliche Bildgestalt dieses Zeichens zu rekonstruieren. Genauer gesagt, das moderne Zeichen ist nicht aus einer Kombination weniger konkreter Bildmotive entstanden, wie etwa im Fall der oben beschriebenen Beispiele. Vielmehr haben wir es bei dem Schriftzeichen für ›Herbst‹ gleichsam mit der Abstraktion eines »Stillebens« zu tun, eines Stimmungsbildes dessen, was der Herbst für einen Chinesen der alten Agrargesellschaft bedeutete. Wenn man die bildhafte Beschreibung, wie sie uns in der ursprünglichen Bildkomposition entgegentritt, in Worte fassen will, so ist der Herbst die »Jahreszeit, wenn die Felder abgeerntet sind, wenn das Stroh in Haufen aufgeschichtet und verbrannt wird, so daß der Rauch der Feuer auf den Feldern in den Himmel steigt«. Diese verbale Umschreibung einer Bildkomposition erinnert stark an die Technik der Bilderzählung bei den Ojibwa-Indianern. Der Ausdruck für Herbst im Chinesischen und seine Fixierung im Schriftzeichen ist sicher ein exemplarischer Fall inhaltlicher Komprimierung, aber auf ähnliche Weise sind manche moderne Schriftzeichen aus früheren Bildkompositionen entstanden.

Auch ohne Kenntnisse der historischen Entwicklung des chinesischen Schriftsystems kann man die in modernen Schriftzeichen verankerte Begriffsumschreibung abstrakter Ausdrücke erkennen, sofern deren Einzelkomponenten als selbständige Zeichen in Gebrauch sind (s. *Abb. 92/3*, S. 179 ff.). Jedem Chinesen ist verständlich, daß der Ausdruck für ›zanken, streiten‹ aus der Zeichenkombination »zwei Frauen zusammen« besteht oder der Ausdruck für ›sehr heiß‹ begrifflich mit dem Feuer assoziiert wird, und zwar in der Weise, daß das Zeichen für ›Feuer‹ zweimal, nämlich übereinander gestellt, erscheint. In solchen Schriftzeichen, die aufgrund der Kombination ihrer Einzelkomponenten analysierbar sind, und deren begriffliche Assoziationen trotz des hohen Abstraktionsgrades ihrer modernen äußeren Form transparent bleiben, ist unter Umständen ein Stück sehr alter Kulturgeschichte Chinas erhalten. Dies trifft beispielsweise auf die Schreibweise für den Ausdruck ›lügen‹ zu (*Abb. 90*).

(89) Der Ursprung einiger chinesischer Schriftzeichen

a) Der Ausdruck ›lernen‹

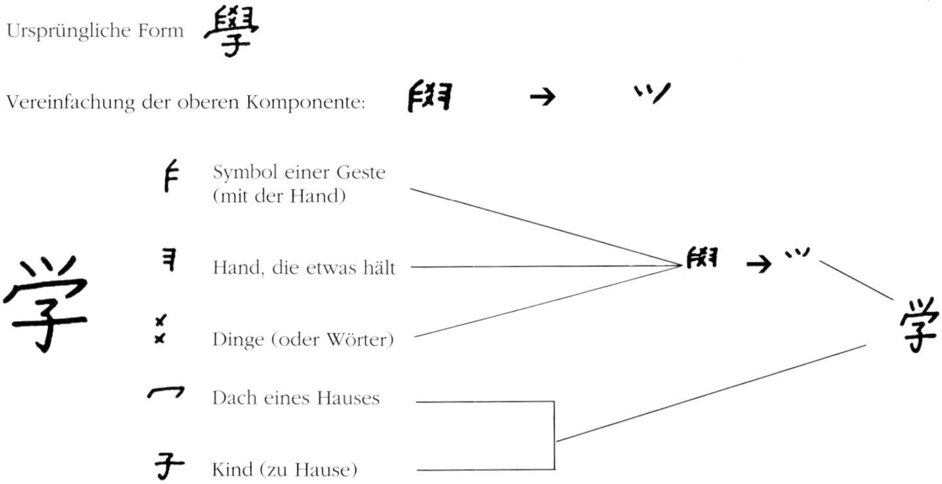

Ursprüngliche Form 學

Vereinfachung der oberen Komponente: 臼 → ⿱

- ⺉ Symbol einer Geste (mit der Hand)
- ㄥ Hand, die etwas hält
- ˣ Dinge (oder Wörter)
- ⼌ Dach eines Hauses
- 子 Kind (zu Hause)

学

b) Der Ausdruck ›Zuneigung‹

(alte Schreibung)

好 (heutige Schreibung)

'Zuneigung' = Verhältnis von 𠮷 → 女 'Frau' + ⼦ → 子 'Kind'

c) Der Ausdruck ›Herbst‹

秋

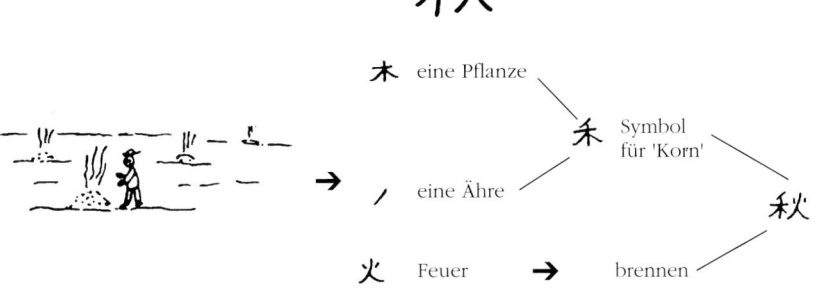

- 木 eine Pflanze
- ノ eine Ähre
- 禾 Symbol für 'Korn'
- 火 Feuer → brennen

秋

(90) Die Schreibung des Ausdrucks ›lügen‹ im Chinesischen

誣 wū ›lügen‹ aus   巫 ›Zauberer‹ und   言 ›reden‹

Das betreffende chinesische Schriftzeichen setzt sich aus zwei Komponenten zusammen, dem Zeichen für ›Zauber‹ und dem für ›reden‹. Die begriffliche Assoziation zwischen diesen Elementen liegt auf der Hand. Die Wahrsagerei war seit altersher in China verbreitet. Man vertraute sich den Zauberern an, die die Zukunft voraussagten, diese wurden aber auch mit ihrem Tun zum Gespött der Leute, denn nur zu häufig traten die Voraussagen nicht ein. Kein Wunder also, daß sich irgendwann eine begriffliche Ausdeutung verbreitete, wonach ›lügen‹ gleichbedeutend war mit ›reden wie ein Zauberer‹. Es gibt auch in anderen Sprachen bildhafte Vergleiche im Zusammenhang mit dem Begriff ›lügen‹, so im Deutschen, wenn man sagt »er lügt wie gedruckt«. Hier spiegelt sich in der Ausdrucksweise eine volkstümliche Geringschätzung für den Wahrheitsgehalt des gedruckten Wortes. Im chinesischen Kulturkreis spiegelt sich die Begriffsbildung in der Schrift. Die Schreibung des Ausdrucks für ›lügen‹ hat sich aber sicherlich erst zu einer Zeit durchgesetzt, als das während der Shang- und Zhou-Dynastie hoch angesehene Orakelwesen seine ehemalige Rolle verloren hatte und die Kaste der priesterlichen Schreiber ihr sakrales Privileg des Schriftgebrauchs aufgeben mußte. Erst als das Schriftwesen volkstümlicher geworden war, konnte sich die volkstümliche Schreibweise für den Begriff ›lügen‹ durchsetzen.

Wenn auch die passive Handhabung (Lesen) und das aktive Operieren (Schreiben) mit mehreren Tausend Zeichen, die sich in ihrer modernen Gestalt vielfach als komplexe Strichkombinationen darstellen, eine enorme Lernenergie erfordert, gibt es eine Reihe von Vorteilen, die für den praktischen Nutzen des chinesischen Schriftsystems sprechen. Das Chinesische ist wie das Vietnamesische eine *isolierende Sprache*, die keine grammatischen Endungen oder Bindeelemente (z. B. Präpositionen) kennt. Wichtigste Komponente des Satzes ist das Wort, das meist aus einer Silbe besteht. Dies gilt in jedem Fall für die klassische Zeit, denn das moderne Chinesisch kennt auch zahlreiche zweisilbige Wörter (DeFrancis 1984). Die Einsilbigkeit ist ein Grund dafür, weshalb es im Chinesischen so viele Wörter gibt, die gleich ausgesprochen werden, aber ganz verschiedene Bedeutung haben. Da sich die logographische Schreibweise des Chinesischen an der Wortbedeutung und nicht an der Lautung orientiert, können die zahlreichen homophonen (d. h. gleichlautenden) Wörter in der Schreibung voneinander unterschieden werden. Dies ist ohne weiteres eine Erleichterung für die Orientierung beim Lesen oder Schreiben von Texten.

Genau genommen gibt es zwei Arten von homophonen Wörtern im gesprochenen Chinesisch. Die Bedeutungsunterschiede zwischen den Ausdrücken mit gleicher Lautung werden beim Sprechen durch verschiedene Stimmtöne gekennzeichnet. Das Chinesische kennt vier solcher Töne, einen hohen Ton, einen steigenden Ton, einen tiefen (genauer: leicht fallend-steigenden) Ton und einen fallenden Ton. In der Schrift werden die Töne der gesprochenen Sprache nicht markiert. Dies ist auch nicht notwendig, da die Bedeutung klar durch die Verschiedenheit der Schriftzeichen zum Ausdruck kommt (*Abb. 91 a*). Für das hier als Beispiel gewählte *ma* mit seinen vier Stimmtonunterscheidungen (vgl. *mā* ›Mama‹, *má* ›Hanf‹, *mǎ* ›Pferd‹, *mà* ›fluchen‹) stehen in der Schrift vier verschiedene Zeichen. Auf ähnliche Weise unterscheiden sich die Tonvariationen von *shu, hu, sha* und anderer homophoner Ausdrücke durch individuelle Schriftzeichen voneinander. Es gibt außerdem eine ganze Reihe gleichlautender Wörter, die den gleichen Ton haben. Chin. *mā* mit hohem Ton bedeutet nicht nur ›Mama‹ sondern auch ›fegen, wischen‹, *má* mit steigendem Ton hat ebenfalls zwei Bedeutungen, und zwar ›Hanf‹ sowie ›was (Fragewort)‹. Auch in diesen Fällen unterscheidet die Schrift individuelle Wortbedeutungen durch individuelle Zeichen (*Abb. 91 b*).

Die Vorzüge der logographischen Schreibweise, die nicht nur die Stimmtonunterschiede bei homophonen Ausdrücken des gesprochenen Chinesisch in der Schrift ausgleicht, sondern auch die Bedeutungsverschiedenheit bei Wörtern mit gleicher Lautung und gleichem Ton durch individuelle Schriftzeichen klar markiert, werden von Laien und Schriftexperten in gleicher Weise als solche empfunden. Und immer dann, wenn die Diskussion darüber auflebt, warum denn die Chinesen nicht zum lateinischen Alphabet überwechseln, treten die genannten Besonderheiten des chinesischen Schriftsystems als Argumente in den Vordergrund. Es fehlt auch nicht an Stellungnahmen von chinesischer Seite, daß ein Wechsel zur Alphabetschrift im Fall der chinesischen Sprache geradezu unmöglich sei, da die homophonen Ausdrücke in der Buchstabenschrift nicht mehr unterschieden würden. Dieses Argument scheint noch mehr Gewicht zu bekommen, wenn man die Besonderheiten der chinesischen

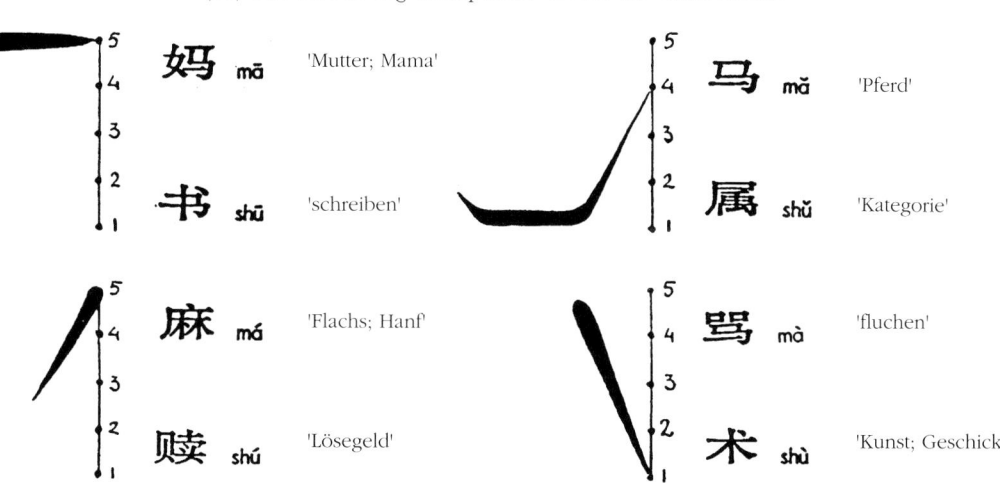

(91) Die Schreibung homophoner Wörter im Chinesischen

a) Homophone Wörter mit Stimmtonunterscheidung

Beispiele mit ma (s. Grundbedeutungen unter a):

抹 mā 'fegen; wischen'

吗 má 'was (Fragepronomen)'

码 mǎ 'Zahlenanzeiger'

Beispiele mit shu (s. Grundbedeutungen unter a):

殳 shū 'Waffe aus Bambusholz (veraltet)'

抒 shū 'ausdrücken; übermitteln'

枢 shū 'Zentrum'

叔 shū 'Onkel (jüngerer Bruder des Vaters)'

殊 shū 'verschieden'

倏 shū 'schnell'

梳 shū 'Kamm'

舒 shū 'ausstrecken'

输 shū 'Transport'

蔬 shū 'Gemüse'

孰 shú 'wer (Fragepronomen)'

塾 shú 'Privatschule'

熟 shú 'reif'

暑 shǔ 'Hitze'

数 shǔ 'zählen'

鼠 shǔ 'Ratte'

薯 shǔ 'Kartoffel'

曙 shǔ 'Tagesanbruch'

束 shù 'binden'

树 shù 'Baum'

述 shù 'erzählen, mitteilen'

b) Die Unterscheidung von homophonen Wörtern mit gleichem Stimmton in der Schrift

Syntax in Betracht zieht. Die Satzbedeutung wird ausschließlich durch die Position der Wörter zueinander, also durch die Wortfolge bestimmt. Obwohl bei Beachtung der Regeln der chinesischen Wortfolge das Verstehen und Bilden sinngemäß eindeutiger Sätze gewährleistet ist, gibt es trotzdem zahlreiche Zusammenhänge, in denen die Satzbedeutung ambivalent bleibt. In solchen Fällen ist eine eindeutige Schreibung zweifellos von Nutzen.

Die hier erwähnte Argumentation ist aber wenig stichhaltig, wenn man das Vietnamesische als Vergleichsfall heranzieht. Die sechs Töne dieser Sprache werden in der Schrift durch diakritische Zeichen markiert (vgl. Kap. 3), ebenso wie dies in der wissenschaftlichen Transliteration chinesischer Wörter in Lateinschrift regelmäßig getan wird. Die Tonunterschiede stellen also für die Lateinschrift kein Problem dar, wohl aber die Schreibung homophoner Ausdrücke mit gleichem Ton. Solche Fälle von Homophonie machen allerdings den kleineren Teil gleichlautender Elemente des chinesischen Wortschatzes aus.

Auf Xu Shen (Hsü Shen), der während der Zeit der späten Han-Dynastie (25–220 n. Chr.) lebte, geht die Einteilung der chinesischen Schriftzeichen in sechs Kategorien zurück (*Abb. 92*). Die erste Kategorie umfaßt piktographische Zeichen, wobei jeweils die Bild*gestalt* den Bedeutungs*inhalt* versinnbildlicht. Zur zweiten Kategorie werden diejenigen Zeichen gerechnet, die symbolisch den Bedeutungsgehalt eines Wortes wiedergeben. Diese beiden Kategorien der chinesischen Schriftzeichen repräsentieren exemplarisch die Grundtechniken der Logographie in China, nämlich die Bildtechnik (Kategorie 1) und die Symboltechnik (Kategorie 2). Die dritte Kategorie besteht aus zusammengesetzten Zeichen, bei denen jeweils mehrere einfache Bildzeichen (meist zwei, manchmal auch drei) kombiniert werden. Die Bedeutung der Zeichenkombination ist nicht einfach die »Summe« der Bedeutung(en) der Einzelzeichen, sondern es handelt sich bei der Kombination der Einzelkomponenten um eine symbolische Versinnbildlichung.

(92) Die historische Kategorisierung chinesischer Schriftzeichen (Han-Dynastie)

Alte Form	Mod. Form	Lautwert	Bedeutung	Erläuterungen
	子	tsǐ	Kind	
	木	mù	Baum	oben Zweige unten Wurzeln
	門	mén	Tor, Tür	zwei Türflügel
	矢	shǐh	Pfeil	
	心	hsīn	Herz	der Herzmuskel
	雨	yǔ	Regen	Himmelsgewölbe mit herabfallenden Regentropfen
	犬	ch'ǔan	Hund	Kopf, Leib Füße und Schwanz
	巴	pā	große Schlange	
	手	shǒu	Hand	Vorderarm mit fünf Fingern
	貝	pèi	Kostbarkeit, Reichtum	Kaurimuschel
	田	t'íen	Feld	in Parzellen eingeteiltes

1. Ursprüngliche einfache Bildzeichen (Piktogramme; chines. hsiang hsing)

Altes Zeichen	Mod. Form	Lautwert	Bedeutung	Erläuterungen
㔕	方	fāng	Gegend	Andeutung der vier Himmelsrichtungen
勿	勿	wù	nicht (im Verbot)	Fähnchen zum Abwinken
言	言	yén	reden, Wort	Mund mit ausströmendem Atem
中	中	chūng	Mitte	Scheibe mit Pfeil
畺	畺	chiāng	Grenze	Strich zwischen zwei Feldern

2. Einfache symbolische Bildzeichen (Ideogramme; chines. chih-shih)

Altes Zeichen	Mod. Zeichen	Lautwert	Bedeutung	Erläuterung
孖	孖	tsï	Zwillinge	2 × Kind
覞	見見	yao	zusammensehen	2 × sehen
竝	立立	ping	nebeneinander, zusammen	2 nebeneinander stehende Menschen
巛	巛	ch'uan	Strom	3 × Wassergraben
東東	東東	tung	überall	2 × Osten
炎	炎	yen	sehr heiß	2 × Feuer
驫	馬馬馬	ch'êng	galoppieren	3 × Pferd
奻	女女	wan	Zank	2 × Weib

3. Zusammengesetzte symbolische Bildzeichen (chines. hui-i)

煌	›glänzend‹ aus	皇	›erhaben‹ +	火	›Feuer‹
瞽	›blind‹ aus	鼓	›Trommel‹ +	目	›Auge‹
訜	›Geschwätz‹ aus	分	›teilen‹ +	言	›sprechen‹ ›reden‹
堂	›Halle‹ aus	尙	›schätzen‹ +	土	›Erde‹

4. Zeichenkombinationen mit phonetischem Element (Lautrebus; chines. hsing-sheng)

Bei der Übertragung eines Zeichens auf einen Ausdruck mit ähnlicher Bedeutung nimmt es dessen Lautwert an; z.B.

Schriftzeichen	Lautwert	Bedeutung
樂	yüeh	'Musik (übertragen auf den Ausdruck:)
	le	' Vergnügen, Unterhaltung'
惡	wu	'hassen' (übertragen auf den Ausdruck:)
	e	'schlecht'

5. Schriftzeichen mit phonetischer Ergänzung (chines. chuan-chu)

Bei der Übertragung eines Zeichens auf einen Ausdruck mit gleicher oder ähnlicher Aussprache nimmt es dessen Bedeutung an; z.B.

Schriftzeichen	Lautwert	Bedeutung
萬	wan	'Skorpion'
	wan	'zehntausend'
豆	dou	'eine tiefe Schüssel'
	dou	'Bohne (n)'

6. Schriftzeichen mit semantischer Ergänzung (chines. chia-chieh)

Die Schriftzeichen der dritten Kategorie eignen sich besonders dafür, in die Denkweise und Mentalität der Chinesen in der Frühphase ihrer Kultur einzudringen.

Von besonderer Bedeutung für die schriftgeschichtliche Entwicklung sind die Zeichen der vierten Kategorie, die zwar wie die Zeichen der dritten Kategorie zusammengesetzt sind, aber auf einem ganz anderen Konstruktionsprinzip beruhen. Die Zeichen der vierten Kategorie werden auch als phonetische Symbole bezeichnet. Dies ist eine etwas ungenaue Ausdrucksweise, um zu kennzeichnen, daß eines der beiden Zeichen in der Zusammensetzung phonetischen Wert besitzt. Das Basiszeichen gibt in jeder Zusammensetzung den Bedeutungsgehalt des betreffenden Wortes wieder, während ein Zusatzzeichen den genauen Lautwert angibt. Das komplexe Zeichen besteht somit aus einem Bedeutungsträger (semantisches Determinativ) und einem Lautwertzusatz, Lautrebus genannt. Der Begriff ›glänzend‹ (chines. *huáng*) setzt sich in der chinesischen Schreibweise zusammen aus dem semantischen Determinativ *huŏ* ›Feuer‹ und dem Lautrebus *huáng* ›erhaben‹. Die Position von Determinativ und Lautrebus ist nicht festgelegt. Im obigen Beispiel ›glänzend‹ sind die Komponenten horizontal aneinandergereiht, wobei das Determinativ links und der Lautrebus rechts daneben steht. Das komplexe Zeichen zur Schreibung des Begriffs ›blind‹ (chines. *kŭ*) zeigt den Lautrebus *kŭ* (Zeichen für ›Trommel‹) oberhalb des Determinativs *mù* (Zeichen für ›Auge‹). Die komplexen Zeichen der vierten Kategorie lassen sich nach ihrer Schreibweise jeweils einem der beiden Kompositionstypen zuordnen. Die Schreibung von *fēn* ›Geschwätz‹ folgt dem Prinzip, wie es für das Beispiel ›glänzend‹ erläutert wurde (Determinativ *yén* ›sprechen‹ links, Lautrebus *fēn* ›teilen‹ rechts). Das Wort *tʻáng* ›Halle‹ dagegen wird in der Schrift ähnlich »konstruiert« wie der Ausdruck ›blind‹ (s. o.), u. zw. mit dem Lautrebus *shàng* ›hinzufügen‹ (ursprünglich das Zeichen für den Dachfirst mit Wetteranzeiger) über dem Determinativ *tʻŭ* ›Erde‹.

Die Zeichen der vierten Kategorie sind auch deshalb von besonderem Interesse, weil sie schrifttypologisch ein klares Bindeglied zwischen einer reinen logographischen und einer phonetischen Schreibweise darstellen. Die Mehrzahl der Zeichen aus der Zeit der Orakelknochen (seit dem 14. Jahrhundert v. Chr.) sind solche der ersten und zweiten Kategorie. Die alten Inschriften zeigen aber bereits die Verwendung des Lautrebus, obwohl sich Beispiele dafür erst in der Zhou-Periode häufen. Die chinesische Schrift kombiniert also eine logographische Hauptkomponente mit einer phonetischen Zusatzkomponente. Diese Art der Kombinatorik verschiedener Schreibprinzipien ist charakteristisch für die chinesische Schrifttradition, wie sie sich im chinesischen Schriftkulturkreis (s. Kap. 7) ausbreitet und in China, Japan und Südkorea bis heute fortlebt. Die beiden anderen Kategorien chinesischer Schriftzeichen sind eigentlich spezielle Klassifizierungen für einen erweiterten Gebrauch von Symbolen der Hauptkategorien (1–4). Zur fünften Kategorie gehören solche Zeichen, die mehrere ähnliche Bedeutungen haben, wobei diese durch unterschiedliche Aussprache gegeneinander abgegrenzt werden. Bei den Zeichen der sechsten Kategorie handelt es sich um besondere Fälle von Phonetisierung, nämlich um die Übertragung des Schriftzeichens für eine bestimmtes Wort auf ein anderes, lautidentisches Wort mit ganz anderer Bedeutung.

Die chinesische Schrift war im Lauf ihrer Geschichte zahlreichen Wandlungen unterworfen. So hat sich die Zusammensetzung des Zeichenbestandes ebenso verändert wie der Schreibstil. Die Veränderung der Schreibstile in China erklärt sich nicht allein aus der besonderen Aufmerksamkeit, die die Schrift als ästhetischer Ausdruck der Schreibkunst seit jeher genossen hat, sondern auch durch die Beschaffenheit des Beschreibstoffes. Die chinesische Schriftgeschichte bietet vielfältige Techniken der Beschriftung von Knochenmaterial, Stein, Metall, Holz, Bambus, Textilien (insbesondere Seide) und Papier, wobei auch die Werkzeuge sehr unterschiedlich waren. Vor der Erfindung des Papiers zu Beginn des 2. Jahrhunderts n. Chr. wurde viel mit einer

(93) Die Entwicklung chinesischer Schreibstile

Musik	Herz	Frau	
楽	心	女	Moderne Druckformen
(Orakel)	(Orakel)	(Orakel)	Zeichen auf den Orakelknochen
(Bronze)	(Bronze)	(Bronze)	Zeichen der Bronzeinschriften
(Stein)	(Stein)	(Stein)	Zeichen auf den Steintrommeln
(gr. Siegel)	(gr. Siegel)	(gr. Siegel)	Zeichen der großen Siegelschrift
(kl. Siegel)	(kl. Siegel)	(kl. Siegel)	Zeichen der kleinen Siegelschrift
樂	心	女	Klerikaler Stil
樂	心	女	Standardstil
樂	心	女	halbkursiver Stil
樂	心	女	kursiver Stil („Grasstil")

(94) Inschrift auf einer Pekinger Steintrommel

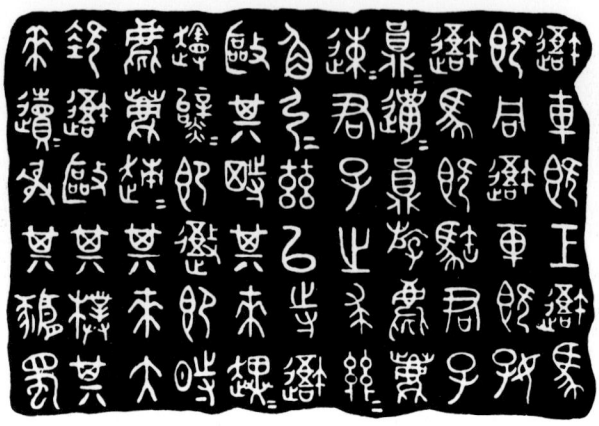

Bambusfeder auf Bambustafeln geschrieben. Der für die spätere Schrifttradition so wichtige Haarpinsel wurde gegen Ende des 3. Jahrhunderts v. Chr. erfunden, entfaltete seine technischen Möglichkeiten aber erst zur Zeit der Papierherstellung (BAYERL/PICHOL 1986). Vergleicht man die Zeichenformen, wie sie charakteristisch sind für einzelne Schreibstile, so ist es manchmal schwierig, die Identität einzelner Zeichen zu erkennen. Dies gilt insbesondere für einen Vergleich der Formen alter Schriftzeichen (z. B. auf den Orakelknochen der Shang-Zeit) mit solchen des kursiven Stils, der sich im frühen Mittelalter ausbildete (*Abb. 93*).

Der Bestand und die Formen der Zeichen der ältesten Stilart werden während der Periode der Zhou-Dynastie (1027–256 v. Chr.) standardisiert. Eine besonders ausgewogene Schreibweise findet sich in den Texten auf den sogenannten Pekinger Steintrommeln (*Abb. 94*). Eine wichtige Schriftreform fand während der Regierungszeit des berühmt-berüchtigten Kaisers Shih Huang-ti (221–206 v. Chr.) statt, dem einzigen Vertreter der Qin- (bzw. Ch'in-) Dynastie. Ihm gelang es, die chinesischen Reichsteile zu einigen, und für die Verwaltung des riesigen Territoriums wurde unter anderem ein normierter Schreibstil eingeführt, die sogenannte *kleine Siegelschrift*. Berüchtigt wurde der Kaiser durch die von ihm angeordnete Bücherverbrennung, wonach alle Schriften zu vernichten waren, in denen sein Name nicht lobend hervorgehoben wurde. Die danach neu entstandenen Texte wurden alle in der kleinen Siegelschrift geschrieben. Im 4. Jahrhundert n. Chr. wurde die sogenannte *Modellschrift* (bzw. Normalschrift) ausgebildet. »Nach der Tradition ist sie die Erfindung des Kalligraphen Wang-hsi Chih (321–379 u. Z.). Sie ist die bis zum heutigen Tage maßgebende Schriftform geblieben, hat auch durch das Aufkommen der Buchdruckerkunst nur wenige Änderungen erlitten, höchstens im Sinne der Herausbildung einer etwas mehr linearen, steiferen und zugleich völlig einheitlichen Form; (...)« (JENSEN 1969, 169). Für die Tradition der kalligraphischen Schreibtradition ist der teilweise schwer lesbare kursive Stil (auch »Grasstil« genannt) von besonderer Bedeutung (*Abb. 95*) Die Zahl der Schreibvarianten für einzelne Zeichen erhöht sich

(95) Textprobe des chinesischen »Grasstils« aus dem 8. Jahrhundert

(96) Die vierundsechzig Arten, den Ausdruck shou ›langes Leben‹ *zu schreiben*

beachtlich, wenn man außer den Hauptstilen verschiedene kalligraphische Sonderstile und Schreibweisen nach dem Prinzip der sogenannten phonetischen Entlehnung (s. Kategorie 6) berücksichtigt (*Abb. 96*).

Die Schreibung von *Eigennamen* stellt ein besonderes Problem dar. Jeder chinesische Name, sei es ein Orts-, Länder-, Familien- oder Eigenname, setzt sich aus Elementen zusammen, die alle eine bestimmte Bedeutung haben. Die kleinste bedeutungstragende Einheit ist das Morphem, das in der chinesischen Sprache ausnahmslos einer Silbe entspricht. Während chinesische Namen im Hinblick auf die Bedeutung ihrer silbischen Komponenten eindeutig sind, haben ausländische Namen für einen Chinesen den Wert »bedeutungsloser Geräusche« (SAMPSON 1987, 166). Selbstverständlich ist es wichtig, nichtchinesische Namen zu verwenden, und man hat dafür in China zwei Lösungen gefunden. Viele Ländernamen sind beispielsweise sinisert worden. England wird auf Chinesisch īŋ-kuó genannt, was ›Nation der Helden‹ bedeutet. Frankreich heißt fà-kuó (›Nation des Rechts‹). Nur das erste Element in diesen Namen hat eine gewisse lautliche Ähnlichkeit mit den Originalnamen. Das Namensproblem von Ausländern, die in China leben, wird dadurch umgangen, daß ihnen rein chinesische Namen gegeben werden. Schwieriger ist dies im Fall von Personen, die weltweit bekannt sind, sei es als Schriftsteller, Komponisten, Politiker oder historische Figuren der Weltgeschichte, außerdem bei speziellen ausländischen Ortsnamen. Solche Namen werden nicht sinisiert, sondern ihnen werden lautähnliche Morpheme des Chinesischen zugeordnet. Das Ergebnis ist zwar eine lautliche Annäherung der chinesischen Aussprache, die Aneinanderreihung einzelner Silben schafft aber eine geradezu »verrückte« Bedeutungskette (*Abb. 97*)

(97) Die Schreibung ausländischer Namen im Chinesischen

迭更斯 tié-kə̄ŋ-sū̄   Dickens
('wiederholt-ändern-dieses')

柴霍甫斯基 zʰái-xuò-fǔ-sū̄-cī   Tschaikovsky
('Feuerholz-plötzlich-anfangen-dieses-Grundlage')

里約熱內盧 lĭ-yē-ɽɤ̀-nèi-lú   Rio de Janeiro
('Dorf-zustimmen-heiß-drinnen-Kohlenpfanne')

利奧波德維爾 lì-àu-pō-tɤ́-wéi-ɚ̌ɽ   Léopoldville
('Gewinn-geheimnisvoll-Welle-Tugend-anbinden-du')

Das entschlüsselte Geheimnis der Osterinselschrift

Bisher sind die Schriftprinzipien der Logographie an Sprachen in den Regionen archaischer Hochkulturen wie Mesopotamien, Kreta, Indus-Tal und China aufgezeigt worden. Allerdings findet man diese Art zu schreiben auch in anderen Teilen der Welt, unter anderem in Polynesien und Amerika. Eine der geheimnisvollsten Kulturen in Ostpolynesien ist die der Osterinsel, und nur dort hat sich im weiten pazifischen Raum eine originelle Schrifttradition ausgebildet. Da die Anfänge der Schriftverwendung bei den Bewohnern dieser Insel unbekannt sind, hat man viel über eine mögliche Beeinflussung von außen spekuliert. Dabei scheuten sich weder Dilettanten noch Fachleute, die Schrift der archaischen Indus-Zivilisation oder die Piktographie im alten China als Stimulus für die Entstehung eines eigenen Schriftsystems auf der Osterinsel verantwortlich zu machen. Die Fachwelt hat sich allerdings in der Moderne darauf geeinigt, daß es keine archäologisch feststellbaren Spuren irgendeines Kontakts zwischen der östlichen Peripherie der polynesischen Inselwelt und einer der beiden alten Schriftkulturen Ostasiens gibt. »Alle Vorschläge für eine außerpolynesische Herkunft sind deshalb mit guten Gründen abzulehnen. Dies gilt ebenso für die Versuche der 30er Jahre, einen Anschluß zu der Indus-Schrift herzustellen, wie gegenüber Heyerdahls These von einem Import aus dem andinen Raum.« (BARTHEL 1969, 159 f.)

Wenn man also von spekulativen Annahmen über eine nicht nachweisbare Einflußnahme der alten indischen oder chinesischen Schrift auf die Tradition des Schreibens in Ostpolynesien Abstand nimmt, ist davon auszugehen, daß die Osterinselschrift eine bodenständige Originalschrift ist. Allerdings gibt es Anzeichen dafür, daß der Schriftgebrauch früher (d. h. vor dem 18. Jahrhundert) auch auf einigen der westlich gelegenen Gesellschaftsinseln (z. B. Raiatea, Raivavae) bekannt war. Darauf deuten Schriftzeichen, in denen ein Doppelboot, ein Tanzpaddel, Brustschmuck und polynesische Nutzpflanzen wie der Brotfruchtbaum oder der Kawastrauch bildhaft wiedergegeben werden. Auch werden verschiedene polynesische Orts- und Götternamen in den Texten der Osterinsel erwähnt. Bei dem Schrifttum sind *drei* verschiedene Textgattungen und entsprechend viele Schriftsysteme zu unterscheiden. In der Eigenbezeichnung der ehemaligen »Schriftexperten« der Osterinsel, von denen niemand mehr am Leben ist, handelt es sich um die *kohau taʾu* (›Stäbe des Jahres‹), die *kohau mama* (›Stäbe der Tabuaufhebung‹) und die *kohau rongorongo* (›Stäbe der Rezitation‹). Von den Texten der ersten und zweiten Kategorie ist nur wenig erhalten. Ihr Zeichenschatz weicht entscheidend sowohl untereinander als auch im Vergleich mit den Zeichen des *Rongorongo-Schriftsystems* ab, das man auch als »klassische Osterinselschrift« kennt. Die Schriftzeichen der *kohau taʾu* und der *kohau mama* sind bis heute nicht entziffert worden.

Die meisten Texte der dritten Kategorie finden sich auf hölzernen Schrifttafeln, den *Rongorongo-Hölzern,* von denen nur insgesamt 21 erhalten sind. Diese werden in verschiedenen Museen Amerikas und Europas aufbewahrt. Die größte Holztafel ist die aus dem Museum von Braine-le-Comte in Belgien, mit einer Länge von 90 cm und

(98) Text der größten Holztafel (Rongorongo-Holz) von der Osterinsel (Original im Museum von Braine-le-Comte, Belgien)

einer Breite von 10 cm. Darauf sind insgesamt 1547 Zeichen eingeritzt, die in jeweils acht Zeilen auf beiden Seiten aneinandergereiht sind *(Abb. 98)*. Die Zeilenanordnung der Schriftzeichen ist jedoch kein Hinweis auf eine inhaltliche Untergliederung des Textes, denn alle Zeichen stehen wie in einem endlosen Band nebeneinander. In jeder zweiten Zeile stehen die Zeichen auf dem Kopf. Beim Lesen muß man also die Tafel nach jeder Zeile um 180° drehen, um die richtige Zeichenfolge zu bewahren. Rongorongo-Schriftzeichen findet man auch auf anderen Gegenständen, beispielsweise auf Schmuckstücken, wo sich der Text ausgewogen auf die Grundfläche verteilt *(Abb. 99)*. Als die hölzernen Schrifttafeln noch auf der Osterinsel in Verwendung waren, bewahrten sie die Schriftkundigen sorgfältig verpackt auf. Die Tafeln wurden nur bei besonderen Anlässen ausgepackt und die rituellen Texte rezitiert. Die letzten Rezitationsmeister starben im 19. Jahrhundert und nahmen das Geheimnis der Osterinselschrift mit ins Grab. Das einzige, was man danach von den Rongorongo-Hölzern noch wußte, war, daß ihre Texte mythisch-religiösen Inhalts sind.

Nach zahlreichen vergeblichen Versuchen gelang erst in den fünfziger Jahren dieses Jahrhunderts dem deutschen Forscher T. S. BARTHEL der entscheidende Durch-

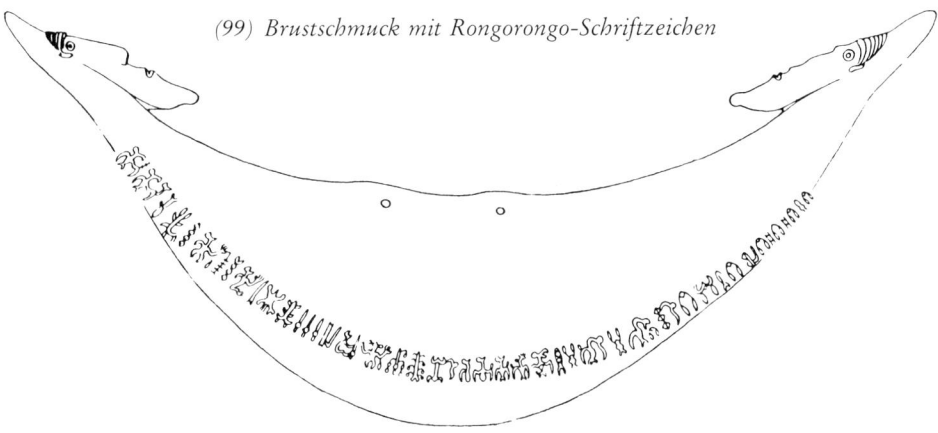

(99) Brustschmuck mit Rongorongo-Schriftzeichen

bruch in Richtung auf eine Entzifferung des Rongorongo-Schriftsystems. »Das Rongorongo-System ist eine Wortzeichen-Schrift, enthält also weder Silben noch Buchstaben. Nur ein begrenzter Bestand an polynesischen Wurzelwörtern ist mit den Graphemen verknüpft. Vollständig fehlen die in der gesprochenen Sprache so wichtigen Partikel wie Subjektanzeiger, Attributanzeiger, Verbalaffixe, desgleichen die Pronomina. Rongorongo-Texte sind folglich »entgrammatisiert«, wenn man davon absieht, daß ein Restbestand an Syntax wenigstens durch die Reihenfolge von Rongorongo-Zeichen gewahrt blieb. Es handelt sich also um eine stark kondensierte Form der Mitteilung. Ein »Telegrammstil« in Gruppierungen von »Stichwörtern« kennzeichnet die Inschriften« (BARTHEL 1969, 156). Selbst wenn damit das Schriftprinzip geklärt ist, kann man auf dieser Basis Rongorongo-Texte nicht ohne weiteres »lesen«. Einzelne Zeichen können ebenso wie Zeichenkombinationen vieldeutig sein und in unterschiedlichen Kontexten verschiedenes bezeichnen. Trotzdem erlauben die derzeit verfügbaren Erkenntnisse eine weitgehende Interpretation einzelner Texte im Hinblick auf deren Strukturierung und Inhalt.

(100) Rongorongo-Schriftzeichen

	Zeichen	Aussprache	Bedeutung
Einfache Zeichen		toki	Axt
		vai	Wasser
		tangata	Mensch
Kombinierte Zeichen		ruhite paku	die Trommel schlagen
		kohau rongo-rongo	sprechende Hölzer
Qualitäten anzeigende Zeichen		koti	schneiden, zerschnitten
		moe	schlafend, tot
		tea	weiß
Metaphorische Ausdrücke		pua	1) Blume 2) Weib
		rei kura	1) kostbarer Schmuck 2) erstgeb. Sohn

(101) Verwendung des Lautrebus in der Osterinselschrift

	Zeichen	Aussprache	Bedeutung
Rebus-schreibung	( )	pure	1) Art Muschel 2) Gebet
	◯	tapa	1) Stoff aus Baumrinde 2) zählen

Zum Zeicheninventar des Rongorongo-Schriftsystems gehören etwa 120 Grundbestandteile, von denen 80 überwiegend geometrisch-abstrakte Formen und 40 stark bildhafte Motive sind. In den Texten treten die Komponenten des Basisinventars als Einzelzeichen oder in Gestalt komplexer Zeichen (d. h. Zeichenkombinationen) auf *(Abb. 100)*. Die Untersuchung der Texte hat ergeben, daß zwischen 1500 und 2000 Kompositionen aus den Bestandteilen des Basisinventars gebildet worden sind. Das aus anderen logographischen Systemen (z. B. altsumerische Piktographie, chinesische Schrift) bekannte Verfahren der phonetischen Übertragung eines Schriftzeichens auf ein lautlich identisches (homophones) oder lautähnliches Wort, d. h. die Verwendung des Lautrebus, tritt auch in den Rongorongo-Texten auf *(Abb. 101)*. Auch die klassische Osterinselschrift zeigt damit den Entwicklungsschritt zu einer teilweisen Phonetisierung, wobei man allerdings immer an der logographischen Schreibweise nach dem Schlagwortprinzip festgehalten hat. Dem Schriftkundigen, der Rongorongo-Texte anläßlich religiöser Zeremonien rezitierte, blieb bei dieser Schreibweise ein nicht geringer kreativer Spielraum, den Inhalt in die situationsgebundenen Worte der gesprochenen Sprache »umzusetzen«.

Logographische Schreibweisen in Mesoamerika – Die Schriftsysteme der Maya und Azteken

Im Bereich einer für mythisch-kultische Zwecke bestimmten Schriftverwendung bewegt man sich auch bei der Betrachtung der Schriftzeugnisse aus den *präkolumbianischen Kulturen* Mittelamerikas, soweit diese nicht dem kulturellen Genozid der spanischen Konquistadoren zum Opfer gefallen sind. Trotz aller Unsicherheit in der konkreten Entzifferung von Zeichensystemen und in der Beantwortung der Frage, in wieweit einzelne Schriftsymbole bereits phonetischen Wert besaßen, kann heutzutage nicht mehr daran gezweifelt werden, daß sich die klassischen Kulturen der Mayas, Azteken und anderer mesoamerikanischer Indianer durch den Gebrauch der Schrift als eigentliche Zivilisationen darstellten. Nach der Ansicht von Experten handelt es sich bei der Hieroglyphenschrift der Maya um den entwickeltsten Zweig des mesoamerikanischen Schriftkulturkreises (s. Kap. 7 zu dessen Ausgliederung und chronologischer Entwicklung). Die Welt der mesoamerikanischen Schriften spiegelt eine unvergleichliche Exotik wider. Das Besondere der Schriftkultur besteht unter anderem darin, daß sie sich neben der Tradition der sprachunabhängigen Bildererzählungen in Gestalt der Faltbücher (s. Kap. 1) entfaltet, ohne diese zu verdrängen oder etwa in eine direkte Abhängigkeit zur bildhaften Darstellung zu geraten. Es gibt daher Werke der reinen Bildererzählung (ohne die Beteiligung von Schriftsymbolen), solche der reinen Verwendung von Schriftsymbolen (ohne bildhafte Darstellungen) und Dokumente, in denen sowohl Bildkompositionen als auch sprachgebundene Hieroglyphen gemeinam verwendet werden.

Die *Hieroglyphenschrift* selbst zeigt eine eigenwillige Kombinatorik von bildhaften Hieroglyphen und abstrakten Zeichen (*Abb. 102*). »Maya-Hieroglyphen sind kunstvolle Gebilde: ›Hauptzeichen‹ treten mit ›Kleinzeichen‹ zusammen; Affixe lagern sich an die äußeren Konturen oder werden in das Hauptzeichen selbst eingeschrieben; ein Graphem zeigt sich bald in einer geometrischen Form, bald als Portraitkopf von Menschen oder Tieren. Das äußere Bild ist also von einer schillernden Kompliziertheit; die ästhetische Komponente drückt sich in barocken Spielformen aus.« (BARTHEL 1969, 161) Das Grundprinzip der Maya-Schrift, die sich bereits in den Steininschriften der klassischen Periode (250–600 n. Chr.) als vollständig ausgebildetes System darstellt, ist logographisch. Einzelne Hieroglyphen (d. h. Hauptzeichen), von denen rund 450 bekannt sind, stehen für einzelne Ausdrücke. In wieweit die Zusatzzeichen (Kleinzeichen), deren Zahl sich auf etwa 250 beläuft, den Wert von Silben oder den von Einzellauten haben, ist umstritten. Die frühere Forschung war der Ansicht, es könne sich bei der Maya-Schrift um eine Silben- oder Buchstabenschrift handeln. Eine Bestätigung dafür schien das Werk »Relacion de las cosas de Yucatán« (1565) des Franziskaners DIEGO DE LANDA zu bieten, der Bischof von Mérida auf der Halbinsel Yucatán war, und auf dessen Betreiben die meisten wertvollen Bilderhandschriften vernichtet wurden. De Landa hatte Zeichnungen von Hieroglyphen mit einzelnen Buchstaben des lateinischen Alphabets assoziiert. Es stellte sich aber heraus, daß eine Lesung von Maya-Texten auf der Basis des Landa-Alphabets keinen Sinn ergab. Auch der Versuch GOCKELS (1988), die Maya-Hieroglyphen mit Morphemen des modernen Maya-Yukatekischen zu assoziieren und auf diese Weise klassische Texte zu lesen, ist mehr spekulativ als verläßlich.

Eine auffällige Eigenart im Schrifttum der Maya ist die Mehrfachschreibung für eine Reihe von Einzelbegriffen, d. h. die Wiedergabe desselben Begriffs durch verschiedene Schriftzeichen. Diese Gewohnheit tritt deutlich im Bereich der *Zahlschrift* sowie im Zeicheninventar für Begriffe der Astronomie und des Kalenderwesens in Erscheinung. Auf die Varianten von Hieroglyphensymbolen zur Wiedergabe der Monatsnamen ist schon an anderer Stelle hingewiesen worden (s. Kap. 3, *Abb. 65*). Bei der Schreibung von Zahlen wird von zwei verschiedenen Zeicheninventaren Gebrauch gemacht, wobei für jede Zahl mindestens zwei Zeichen existieren. Einer hauptsächlich mit Hilfe von Punkten und Balkensymbolen wiedergegebenen Zahlen-

(102) Bildhafte und abstrakt-geometrische Formen von Maya-Hieroglyphen

GOTTHEITEN DER MAYA

Hunab Ku
Der große
Schöpfer der Welt;
oberste Gottheit
der Maya

Ah Puch
Gott des Todes

Yum Kax
Gott des Maises

Chac
Gott des Regens

»EMBLEME«
einiger Mayastädte

Piedras
Negras

Tikal

Copán

HIMMELSRICHTUNGEN

likin
Osten

cikin
Westen

ANDERE SCHRIFTZEICHEN

kin »Tag«
Das stilisierte Bild der
Sonnenscheibe erweckte
die Vorstellung der Sonne
und assoziativ des
»Tages«

uinal
»Monat von 20 Tagen«
Dieses Zeichen ist eine
abstrakte Darstellung des
Mondes als Zahlzeichen
für 20

GEWÖHNLICHE FORM	KOPFFORM	ANTHROPOMORPHE FORM

Verschiedene Schriftzeichen für kin (»Tag«).

(103) Maya-Hieroglyphen zur Schreibung der Zahlen 1 bis 19

reihe für den praktischen Gebrauch (s. Kap. 3, *Abb. 69*) stand eine Zahlenreihe gegenüber, die in Hieroglyphen geschrieben wurden (*Abb. 103*). Die Zeichen zur Schreibung der Zahlen 1 bis 13 sind bildhafte Darstellungen von den Köpfen der dreizehn Hauptgottheiten (von den Maya Oxlahuntiku genannt), die in der Oberen Welt herrschten und für die Aufrechterhaltung des religiösen Kalenders verantwortlich waren. Zur Wiedergabe der Zahlen ab 14 wurden »Zusammensetzungen« gewählt, die aus den Zeichenformen der Zahlen 4 bis 19 und der Hieroglyphe für 10 (Kopf des Totengottes) gebildet wurden. Der Unterkiefer in den Kopfhieroglyphen für 4 bis 9 wurde jeweils ausgewechselt durch den des Totengottes (*Abb. 104*). Dies ist vielleicht die »exotischste« Art der Wiedergabe des Ausdrucks »Basis 10 + 4, ...«, die man in den Schriftkulturen der Welt finden kann.

Die Schreibweise der Zahlen mit Hieroglyphen, die nach dem Bild der obersten Gottheiten gestaltet wurden, verdeutlicht die mythisch-religiöse Verwurzelung des Zahlen- und Kalenderwesens in der Maya-Kultur. Dessen Grundelemente sind entziffert worden, und außer den Zahlenwerten kennt man auch die Götterbilderhieroglyphen zur Wiedergabe von Recheneinheiten (*Abb. 105*). Daher kann man die Datumsangaben auf den Steinstelen und in den Inschriften der Bauwerke entschlüsseln (*Abb. 106*). Außer den Hieroglyphen werden aber auch seit der ältesten Zeit die einfacheren Zahlensymbole in den ornamentalen Inschriften auf Stein verwendet

(104) Die Maya-Hieroglyphe zur Schreibung der Zahl 19

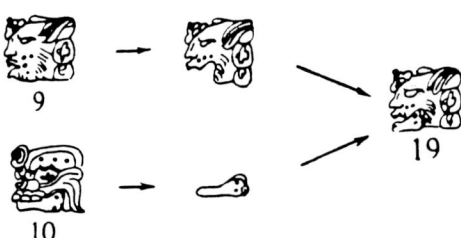

(105) Recheneinheiten des Maya-Kalenders

Ord-nungen	Name und Bedeutung	Entsprechungen	Anzahl der entsprechenden Tage
1.	kin TAG		1
2.	uinal »MONAT« MIT 20 TAGEN	20 kin	20
3.	tun »JAHR« MIT 18 »MONATEN«	18 uinal	360
4.	katun ZYKLUS VON 20 »JAHREN«	20 tun	7 200
5.	baktun ZYKLUS VON 400 »JAHREN«	20 katun	144 000
6.	pictun ZYKLUS VON 8.000 »JAHREN«	20 baktun	2 880 000
7.	calabtun ZYKLUS VON 160.000 »JAHREN«	20 pictun	57 600 000
8.	kinchiltun ZYKLUS VON 3.200.000 »JAHREN«	20 calabtun	1 152 000 000
9.	alautun ZYKLUS VON 64.000.000 »JAHREN«	20 kinchiltun	23 040 000 000

(106) Anfangsreihe der sogenannten »Hieroglyphentreppe« von Palenque (mit Datumsangabe für das Jahr 603 n. Chr.)

9 Baktun

8 Katun   9 Tun

13 Uinal   0 Kin

```
9 Baktun  = 9 × 144.000 Tage  . . . . . . .   1.296.000 Tage
8 Katun   = 8 × 7.200 Tage    . . . . . . .      57.600 Tage
9 Tun     = 9 × 360 Tage      . . . . . . .       3.240 Tage
13 Uinal  = 13 × 20 Tage      . . . . . . .         260 Tage
0 Kin     = 0 × 1 Tag         . . . . . . .           0 Tage
                                                ─────────────
                                                1.357.100 Tage
```

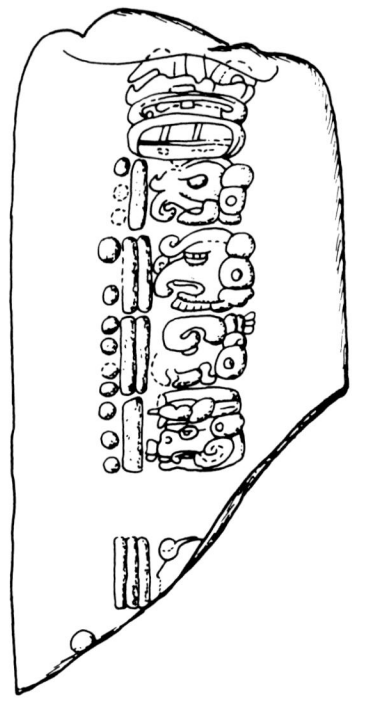

(107) Stele 29 von Tikal (Guatemala) mit Zahlenangaben in der Punkt-Balken-Technik aus dem Jahr 292 n. Chr. (vgl. auch Abb. 69)

(Abb. 107). Dank der Kenntnis der meisten Begriffe, die in Beziehung zum Ritualkalender der Maya stehen, und deren Schriftzeichen ist es möglich, einzelne beschriftete Steindenkmäler auf den Tag genau zu datieren *(Abb. 108)*. Sämtliche Datumsangaben wurden nach dem mythischen Anfang der Welt berechnet, der nach den Kalenderberechnungen auf den 12. August des Jahres 3113 v. Chr. im Gregorianischen Kalender fällt (MORLEY 1956). Aus diesem Grund ist die Zahl der Tage bei der Berechnung von Daten, die Tausende von Jahren später liegen als die »Erschaffung der Welt«, so auffällig hoch.

Die steinernen Zeugen der Maya-Schriftkultur blieben wie die Bauwerke ihrer Zivilisation größtenteils erhalten. Von der einst blühenden Tradition der Codices, der Bilderhandschriften, in denen neben Bildkompositionen auch Texte in Hieroglyphen aufgezeichnet werden, sind nur wenige Exemplare in den Museen bewahrt. Es handelt sich um insgesamt drei präkolumbianische Originalhandschriften der Maya, um den *Dresdener Codex (Codex Dresdensis)*, den *Codex Tro-Cortesianus* (bzw. *Madridensis*) und den *Codex Peresianus* (bzw. *Parisiensis*). Von diesen ist der Dresdener Codex der älteste und am besten ausgeführte *(Abb. 109)*. »Der Dresdener Kodex, ein schönes Beispiel für die Zeichenkunst der Maya, ist die wahrscheinlich um 1200 n. Chr. hergestellte Neuausgabe eines während der klassischen Periode angefertigten Originals. Er behandelt Astronomie – Sonnenfinsternis und Venustafeln – und Wahrsagerei. Der Madrider Kodex, weit gröber in der Ausführung, stammt mit ziemlicher Sicherheit aus dem 15. Jahrhundert. Er enthält Weissagungen und Zeremonien, verbunden mit verschiedenen Tätigkeiten und Ritualen von allgemeiner Bedeutung, wie sie anläßlich des Jahreswechsels üblich waren. Der Pariser Kodex, ebenfalls spät und nicht sehr gut in seiner Ausführung, illustriert auf der einen Seite Zeremonien und wahrscheinlich Prophezeiungen im Zusammenhang mit dem Abschluß einer Folge von Katun und Tun. Weissagungen füllen die Rückseite.« (THOMPSON 1968, 310)

Nach der Eroberung Mexikos durch die Spanier machten sich die Missionare eifrig daran, den Indianern das Lesen und Schreiben der Lateinschrift und des Spanischen beizubringen. In erster Linie ging es bei dieser Unterweisung um die möglichst rasche Verbreitung der christlichen Lehre. Die schriftkundigen Indianer wurden aber auch

(108) Ausschnitt der Stele E von Quirigua mit einer Datumsangabe, die dem 24. Januar 771 n. Chr. entspricht

INTERPRETATION UND ÜBERSETZUNG

Das erste Schriftzeichen der Anfangsreihe
Der groteske Kopf in der Mitte steht für den Namen Gottes (CUMKU), in dessen Monat der letzte Tag der Anfangsreihe fällt.

9 BAKTUN			17 KATUN
9 × 144 000 Tage (= 1 296 000 Tage)			17 × 7 200 Tage (= 122 400 Tage)

0 TUN			0 UINAL
0 × 360 Tage (= 0 Tage)			0 × 20 Tage (= 0 Tage)

0 KIN			13 AHAU
0 × 1 Tag (= 0 Tage)			

Name der Gottheit, die über den 9. Tag in der Reihe der Tage der neun Götter der Unterwelt wacht.			Nicht entziffertes Zeichen

Mondphasen am letzten Tag der Anfangsreihe (hier »Neumond«)			Position des laufenden Mondmonats im Mondhalbjahr (hier »2. Stelle«)

Nicht entziffertes Zeichen			Nicht entziffertes Zeichen

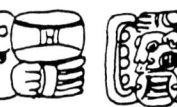

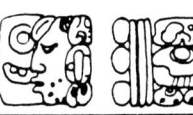

Der laufende Mondmonat (der hier 29 Tage umfaßt)			18 CUMKU

(109) Detail aus dem Dresdner Codex

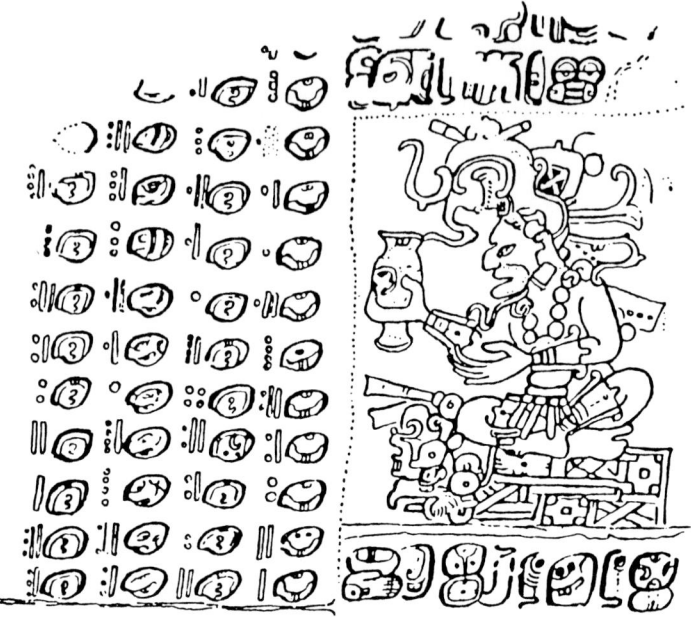

angehalten, allerlei Wissenswertes über ihre Sitten und Bräuche zu sammeln und aufzuschreiben. Auf diese Weise entstand in der frühen Kolonialzeit eine Sammlung von Handschriften, die in verschiedenen Gegenden aufgezeichnet wurden. Einige von ihnen wie das »*Popol Vuh*« aus dem Hochland von Guatemala (mit Hinweisen auf die Mythen, Riten und der Kosmologie der Quiché-Maya), die »*Annalen der Cakchiquel*« oder die »*Bücher der Chilam Balam*« enthalten Angaben über sehr alte Begebenheiten. »Vierzehn dieser Handschriften, die jeweils den Namen der Stadt tragen, in der sie geschrieben wurden, reichen weit in die Vergangenheit zurück und behandeln vor allem Überlieferungen, Kalender, Astrologie und Medizin; drei von ihnen befassen sich mit historischen Ereignissen aus der Zeit um das Jahr 1000 v. Chr. Zuweilen wird die Ansicht vertreten, daß einige Teile des Chilam Balam direkte Übersetzungen alter Codices sind; diese aufregende Hypothese konnte in einigen Einzelheiten über Städte, Herrscher und politische Bündnisse tatsächlich verifiziert werden.« (GALLENKAMP 1961, 33f.)

Viele Jahrhunderte später als die Maya begannen die *Azteken* zu schreiben. Von allen mesoamerikanischen Völkern, die vor der Ankunft der Europäer die Schrift verwendeten, waren die Azteken die letzten (s. Kap. 7). Die Schriften der Maya und Azteken waren recht verschieden. Dies erkennt man sofort, wenn man die komplexe äußere Gestalt der Maya-Hieroglyphen mit den aztekischen Schriftzeichen vergleicht (*Abb. 110*). Die graphische Struktur der *aztekischen Hieroglyphen* ist wesentlich einfacher, und die Bildgestalt der wiedergegebenen konkreten Objekte ist im allgemeinen deutlich erkennbar. Zu den erhaltenen Dokumenten des ehemals reichen azteki-

(110) Schriftzeichen der Maya und Azteken zur Schreibung der zwanzig Tage des mesoamerikanischen Kalenders

	Bezeichnungen im Maya		Bezeichnungen im Aztekischen	
Schriftsymbol	Name	Tag	Name	Schriftsymbol
	Imix	1.	Cipactli (Krokodil)	
	Ik	2.	Ehecatl (Wind)	
	Akbal	3.	Calli (Haus)	
	Kan	4.	Cuetzpallin (Eidechse)	
	Chicchan	5.	Coatl (Schlange)	
	Cimi	6.	Miquiztli (Totenkopf)	
	Manik	7.	Mazatl (Hirsch	
	Lamat	8.	Tochtli (Kaninchen)	
	Muluc	9.	Atl (Wasser)	
	Oc	10.	Itzcuintli (Hund)	

(110) Fortsetzung

	Bezeichnungen im Maya		Bezeichnungen im Aztekischen	
Schriftsymbol	Name	Tag	Name	Schriftsymbol
	Chuen	11.	Ozomatli (Affe)	
	Eb	12.	Malinalli (Gras)	
	Ben	13.	Acatl (Schilf)	
	Ix	14.	Ocelot (Ozelot)	
	Men	15.	Cuauhtli (Adler)	
	Cib	16.	Cozcaquauhtli (Geier)	
	Caban	17.	Ollin (Bewegung)	
	Eznab	18.	Tecpatl (Obsidianmesser)	
	Cauac	19.	Quiahuitl (Regen)	
	Ahau	20.	Xochitl (Blume)	

(111) Der aztekische Kalenderstein aus dem Templo Mayor in Tenochtitlan

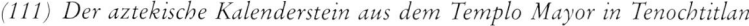

schen Schrifttums gehören Inschriften und zahlreiche Namenglyphen auf Skulpturen und Kleinkunstwerken der vorspanischen Zeit, beispielsweise der *Kalenderstein* aus der Hauptstadt des Aztekenreichs, Tenochtitlan (*Abb. 111*). Von den präkolumbianischen Bilderhandschriften sind nur Fragmente erhalten. In der Hauptsache sind dies reine Bildkompositionen, und nur einige Kodexfragmente beinhalten daneben auch Schriftzeichen. Bei den überlieferten Texten in aztekischer Schrift handelt es sich nicht um längere Aufzeichnungen sondern um Bestandteile von Personennamen, Stammes- und Völkernamen (Ethnika), Ortsnamen und kalendarischen Daten. Auch bei den Azteken spielte das Kalenderwesen eine überragende Rolle für die Entwicklung des Weltgeschehens, die Abfolge der religiösen Zeremonien und die Ordnung des Alltagslebens. Daher konzentriert sich der Schriftgebrauch – ähnlich wie bei den Maya – auf die Bereiche der Mythologie (Ursprungslegenden, Wahrsagerei), religiöser Rituale, des Rechen- und Kalenderwesens.

(112) Aztekische Piktogramme

Wasser   Haus   Stein   Habicht   irdenes Gefäß   Höhle   Mauer

Die Hieroglyphenschrift der Azteken beruhte wie die der Maya auf dem Prinzip der Logographie. Viele aztekische Schriftsymbole sind piktographische Zeichen, die den abgebildeten Gegenstand benennen (*Abb. 112*). Ein anderer Typ hieroglyphenartiger Zeichen sind Ideogramme. Deren Inhalt ist nicht gleichbedeutend mit dem, was abgebildet wird – wie im Fall eines piktographischen Zeichens –, sondern das, was gemeint ist, wird assoziiert (*Abb. 113*). Das Bild eines brennenden Tempels steht für die Idee ›Zerstörung‹, ein Totenkopf assoziiert den Begriff ›Tod‹, das Bild eines tränenden Auges bedeutet ›verwitwet‹. Zur Wiedergabe des Ausdrucks ›Krieg‹ dienten verschiedene Schriftsymbole, etwa die Darstellung von Pfeil und Bogen, die Verbindung von Feuer und Wasser in einer Bildkomposition, oder die Abbildung eines Speers in einem fontänenhaft schießendem Wasserstrahl (*Abb. 114*). Das Motiv des Widerstreites von Feuer und Wasser war bei den Azteken das Urbild der antagonistischen Weltkräfte und besaß eine tief religiös und mythisch verwurzelte Bedeutung.

Ideographischen Charakter besitzen auch viele Eigennamen, wobei das Bildmotiv des Namenzeichens den Namen assoziiert. Diese Art der Namenschreibung begegnet uns beispielsweise in einem der seltenen erhaltenen Codices aus vorspanischer Zeit, im *Codex Humboldt* (*Abb. 115*). Diese Tributliste wurde auf einem papierähnlichen Beschreibstoff (Pseudopapier) aufgemalt, den die Azteken aus den Fasern von Feigen-

(113) Aztekische Ideogramme

 ›Eroberung‹ (Bild eines brennenden Tempels)

 ›verwitwet‹ (Bild eines tränenden Auges)

 ›singen‹ oder ›sprechen‹ (Luftwellen vor dem Mund in Form einer Sprechblase)

 ›verlassen sein‹ (menschliche Gestalt mit übereinandergelegten Armen)

 ›Tod‹ (Bild eines Totenkopfes)

 ›Nacht‹ (Bild des Mondes, Nachtgestirns)

(114) Aztekische Hieroglyphe (Speer in einem Wasserstrahl) zur Schreibung des Ausdrucks ›Krieg‹

bäumen herstellten. Der Codex Humboldt wurde nach Alexander von Humboldt benannt, der ihn 1804 von Mexiko nach Europa mitbrachte. Die Handschrift ist vierzehnmal gefaltet, und seine Beschriftung ist von unten nach oben zu lesen. In der Kolumne B treten bestimmte Bildmotive in regelmäßiger Wiederholung auf. Dies sind Namenglyphen, wobei die assoziative Verbindung zum Namen nicht aus dem dargestellten Bild selbst ersichtlich ist, sondern aus dem Kontext interpretiert werden muß. Das erste Bildmotiv (Reihe 1), das sich in den Reihen 5 und 9 wiederholt, stellt den Kopf des Gottes Xipe Totec dar. Als Hieroglyphe dient es aber nicht zur Benennung dieses Gottes, sondern es gibt den Namen des Festes *Tlacaxipehualiztli* (das Menschenschinden) wieder, dessen Schutzgottheit Xipe Totec war. Die Hieroglyphe der zweiten Reihe (mit Wiederholung in Reihe 6 und 10) zeigt bildlich das Kopfprofil des Regengottes Tlaloc und steht für die Benennung des Festes *Etzalqualiztli* (das Bohnenspeise-Essen). In der dritten Reihe steht die Namenglyphe für *Ochpaniztli* ›das Besenfest‹, die sich in Reihe 7 und 11 wiederholt. Das Schriftzeichen ist kein Piktogramm, vielmehr ein Ideogramm, denn es bezeichnet nicht den konkreten Gegenstand ›Besen‹, sondern einen damit assoziierten Begriff. Das fahnenartige Motiv in Reihe 4 und 8 dient als Namenglyphe zur Benennung des Festes *Panquetzaliztli* (das Aufrichten der Fahnen).

(115) Ausschnitt aus einer aztekischen Tributliste (Codex Humboldt)

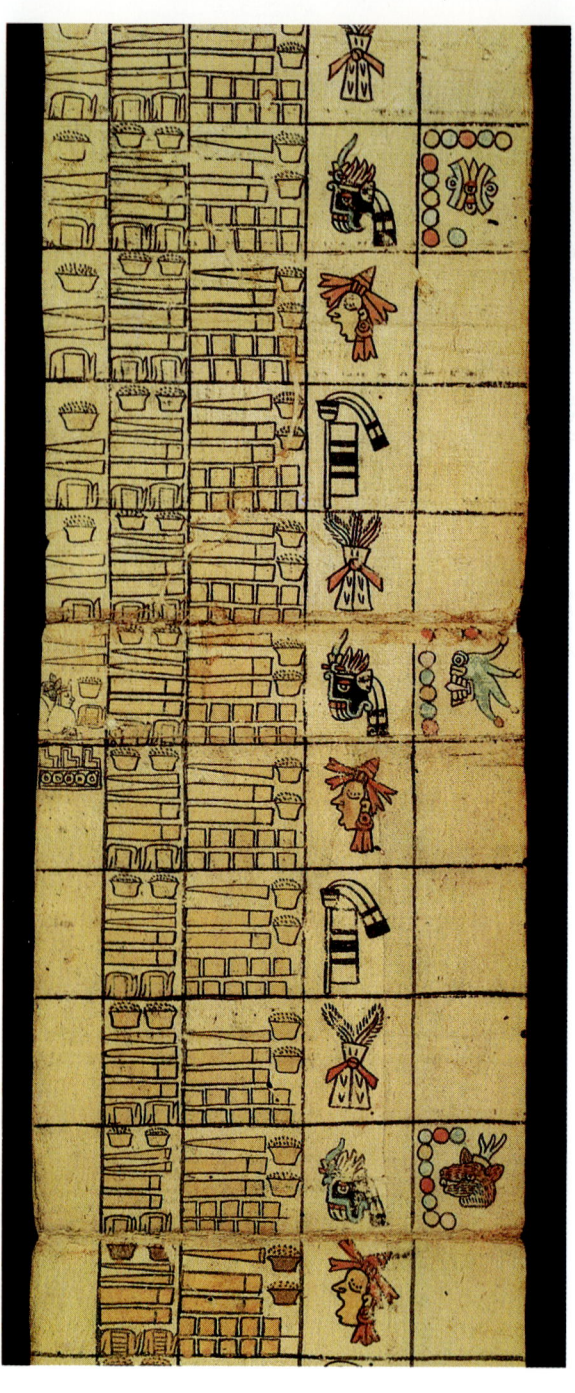

(116) Schreibung aztekischer Namen nach dem Prinzip des Lautrebus

In der Mitte der Bildkomposition sitzt ein Adler, der mythische Vogel, auf einem Feigenkaktus, der aus einem Stein »sprießt«. Schreibung der beiden ersten Silben des Städtenamens *Tenochtitlan* nach dem Prinzip des Lautrebus (*te*(tl) ›Stein‹ + *nocht*(li) ›Feigenkaktus‹)

Die Schreibweise nach dem ideographischen Prinzip ist nur eine Variante der Wiedergabe von Eigennamen. In der Namenschreibung zeigt sich daneben auch eine phonetisierende Entwicklungstendenz der aztekischen Schrift nach dem Rebusprinzip *(Abb. 116)*. Beispielsweise wird der Name der Hauptstadt Tenochtitlan in der Weise geschrieben, daß in der Namenglyphe ein Stein abgebildet ist, von dem ein Nopalkaktus sprießt. Ohne Kenntnis des klassischen *Nahuatl* ist diese Namenschreibung unverständlich. Auf der Basis des Prinzips einer phonetischen Schreibweise kann man die Komposition aus dem Steinmotiv (für *tetl*: ›Stein‹, übertragen auf die erste Silbe des Namens Tenochtitlan) und aus dem Kaktusmotiv (für *nochtli*: ›Kaktus‹, übertragen auf die zweite Silbe des Namens) als Übertragung auf lautähnliche Silben des Namens erklären. Bei dieser Lautübertragung handelt es sich allerdings um eine recht grobe Anpassung an die Lautstruktur aztekischer Silben. Die Vielzahl der Namen, in denen dieses rebusartige Verfahren zur Anwendung kommt, verdeutlicht den Entwicklungsgang der aztekischen Schrift vom Stadium einer logographischen (d. h. piktographisch-ideographischen) zu dem einer phonographischen (d. h. silbenmäßigen) Schreibweise.

Die aztekische Schrift war zur Zeit der spanischen Eroberung Mexikos, d. h. in der ersten Hälfte des 16. Jahrhunderts, im Umbruch begriffen, denn das Prinzip einer phonographischen Schreibweise erscheint in der Namenschreibung immer häufiger. Die Missionare erkannten bald, daß die Verwendung der einheimischen Schrift zur Aufzeichnung lateinischer und spanischer Texte der raschen Verbreitung des Christentums dienlich sein konnte, und so machten sie sich die Teilphonetisierung der hieroglyphischen Symbole zu Nutzen. Etwa hundert Jahre lang wurde die aztekische »Rebusschrift« verwendet, und einige der darin geschriebenen Texte sind erhalten geblieben. In der Stadtbibliothek von Mexico City wurde beispielsweise das Fragment eines Vaterunser in silbenähnlicher Schreibweise gefunden *(Abb. 117)*. Das erste Zeichen steht für *pamitl* (›Fahne‹), das zweite und vierte für *tetl* (›Stein‹), das dazwischen für *nochtli* (›Feigenkaktus‹). In der rebusartigen Lesung wurden die Endsilben weggelassen, ebenso die mittlere Silbe im Wort *pamitl*, so daß die Aneinanderreihung der Schriftzeichen die Lautfolge *pa-te noch-te* ergab, das zumindest ähnlich klingt wie lateinisch Pater noster.

(117) Anfang des Vaterunser (Pater noster) mit aztekischen Hieroglyphen in phonetisierter Schreibweise

Logogramme in der modernen Industriegesellschaft

Einem modernen Europäer muten die Techniken einer logographischen Schreibweise, wie sie in diesem Kapitel für verschiedene alte Schriftkulturen Europas, Asiens und Amerikas beschrieben worden sind, vielleicht altertümlich und im höchsten Maße exotisch an. Der Leser versucht sich klar zu machen, daß die Logographie auch heute noch ein wesentliches Fundament der chinesischen Schrift ist, also bis in die Moderne fortlebt. Dem Europäer ist dabei gar nicht bewußt, daß das logographische Prinzip der Schrift auch in Europa gilt, ja als Zusatzkomponente aller modernen Alphabetschriften geradezu unverzichtbar ist. Wir verwenden allerlei Symbole, die aus dem alltäglichen Schriftgebrauch nicht wegzudenken sind, etwa das Zeichen &, das im Deutschen und, im Englischen and, im Französischen et gesprochen wird. Auf der Tastatur jeder Schreibmaschine findet sich dieses und eine Reihe anderer logographischer Symbole, die jeder zum Schreiben braucht (!, ", $, %, /, (,), =, ?, +, ', –, ., u. a.). Diese Beispiele sind nur ein Bruchteil des Inventars an bildlichen oder auch abstrakt-geometrischen Symbolen, mit denen man tagtäglich in der modernen Industriegesellschaft zu tun hat.

Es kann sich dabei um bildhafte oder bildähnliche Logogramme handeln, wobei die Beteiligung sprachgebundener Schriftzeichen oder Ziffern minimal ist (*Abb. 118*). Bei den Bildsymbolen unter (16, 17, 24, 29, 67 und 77) spielen Schriftzeichen für das Verständnis des Zusammenhangs eine Rolle, in den Symbolen unter (131, 175 und 176) sind Ziffern beteiligt. Die Mehrzahl der Symbole vermittelt die gewünschte Information allerdings ohne die Beteiligung von Sprache. Auf den modernen Menschen mit seiner Alphabetkultur wirken zudem viele abstrakte Symbole ein, beispielsweise beim Mathematikunterricht in der Schule, bei der Wettervorhersage im Fernsehen oder im Berufsalltag (kaufmännisches Rechnungswesen, Industrie, usw.). In vielen Fällen ist die Kenntnis solcher Symbole an eine bestimmte fachliche Ausbildung gebunden, und einem Nichtfachmann bleibt der Inhalt vieler Logogrammzeichen daher verschlossen (*Abb. 119*).

(118) Bildhafte Logogramme (Piktographische Zeichen) in der modernen Industriegesellschaft

85 Post, 86 Postinformation,
87 Telefon, 87 A Notruf,
88 Briefe,
89 Telegramme,
90 Briefkasten

91 Telex, 92 Telefoto,
93 Sonderstempel,
94 Pakete,
95 Briefmarken, 96 Postausgabe,
97 Rauchen verboten

98 Berühren verboten,
99 Tiere verboten,
100 Feuerlöscher, 101 Elektrizität,
102 Durchgang verboten,
103 Abfall, 104 Information

105 Fundstelle,
106 Kinderbetreuungsstelle,
107 Datensichtstation, 108 Fernseh-
station, 109 Toiletten, 110 Toiletten,
Damen, 111 Toiletten, Herren

112 Waschraum,
113 Trinkwasser,
114 Bad, 115 Dusche,
116 Sauna, 117 Club,
118 Golf

119 Großseglertreffen,
120 Freilichtmuseum,
121 Restaurant,
122 Bar, 123 Café,
124 Lebensmittel, 125 Küche

126 Obst, 127 Lebensmittelautomat,
128 Trinkautomat,
129 Selbstbedienung,
130 Kellnerbedienung,
131 Kasse, 132 Reinigung

133 Wäscherei, 134 Drogerie,
135 Friseur, 136 Hallenbad,
137 Bademeister,
138 Tischtennisraum,
139 Billardraum

140 Kino, 141 Leseraum,
142 Tanzraum,
143 Fernsehraum, 144 Diskothek,
145 Theater,
146 Andachtsraum

147 Lagerraum,
148 Gepäckaufbewahrung,
149 Trockenraum, 150 Bügelraum,
151 Stromanschluß,
152 Wasseranschluß, 153 Werkstatt

154 Kioske,
155 Programme, 156 Kartenverkauf,
157 Souvenirs, 158 Fotoartikel,
159 Zeitungen, Bücher,
160 Blumen

161 Bücher, 162 Schreibwaren,
163 Tabakwaren,
164 Getränke,
165 Süßwaren,
166 Milchprodukte, 167 Eis

168 Schnellimbiß,
169 Medaillenverkauf,
170 Touristik, 171 Filmentwicklung,
172 Bootsverleih, 173 Biergarten,
174 Regen- und Sonnenschutz

175 Bank, Geldwechsel,
176 Ersttagsbriefe, 177 Schießanlage,
178 Kanuanlage,
179 Haltestelle,
180 Regattaanlage, 181 Hotel

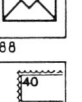
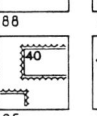
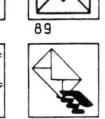

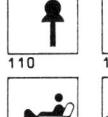
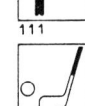
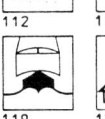

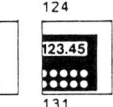
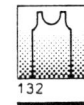
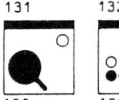

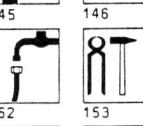

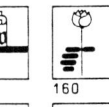
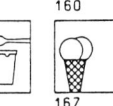

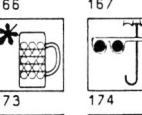

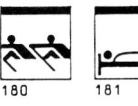

(119) Abstrakte Logogramme in den modernen Fachsprachen

Mathematische Zeichen

Elektronische und Rundfunk-Zeichen

Astronomische Zeichen

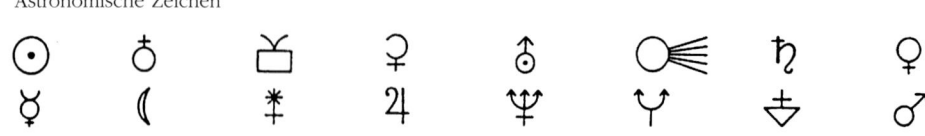

Kapitel 5
Schrift, Wort und Silbe
Die schrifttechnische Leistung
von Segmental- und Silbenschriften

Silben- und Segmentalschriften sind spezielle Varianten der Phonographie, also einer Schreibweise, die sich an der Lautung von Wörtern orientiert. Gleichzeitig handelt es sich, vom schrifttypischen Standpunkt, um eine Form der Schrift, die spezialisierter ist als irgendeine logographische Schreibweise. Die Spezialisierung von Silben- und Segmentalschriften gegenüber der Logographie besteht grundsätzlich darin, daß man mit einem viel geringeren Bestand an Schriftzeichen auskommt, um eine Sprache schriftlich zu fixieren. Auch historisch läßt sich der Prozeß der Spezialisierung phonographischer Schreibweisen rekonstruieren. Überall dort, wo im Altertum Silbenschriften entstanden sind, waren bereits Varianten der Logographie in Gebrauch. Anders ausgedrückt: nirgendwo auf der Welt ist eine phonographische Schreibweise die Vorstufe. In Mesopotamien ist die Ablösung der älteren Ideen- und Wortschrift (altsumerische Piktographie) und ihre Evolution zur Lautschrift (sumerische und akkadische Keilschrift) in ihren wesentlichen Phasen zu beobachten. In Ägypten ist das logographische Anfangsstadium der Schriftverwendung noch wenig erforscht, aber es ist sicher, daß die ägyptische Segmentalschrift aus einer logographischen Vorstufe entwickelt worden ist. Dort, wo sich im Altertum kein solcher Entwicklungsgang von der Logographie zur Phonographie nachweisen läßt – dort nämlich, wo die Schrifttradition direkt mit einer Silbenschrift einsetzt und die Entwicklungsstufe der Wortschrift gleichsam übersprungen wird –, handelt es sich ohne Ausnahme um eine Beeinflussung von außen. Ein Beispiel dafür ist die phonographische Schreibung des Hethitischen in Kleinasien mit einer Hieroglyphenschrift (nach ägyptischem Muster) und einer Variante der Keilschrift (nach mesopotamischem Muster).

Auch hinsichtlich der ältesten Schriftverwendung der Welt im alteuropäischen Kulturkreis kann man annehmen, daß sich die derzeit bekannten Formen einer Linearschrift aus einer noch älteren Vorstufe, nämlich einer piktographisch-ideographischen Schreibweise, entwickelt haben. Ob es sich bei den alteuropäischen Linearzeichen um die Symbole einer Silbenschrift handelt, kann nur vermutet, aber nicht bewiesen werden. Denn keine der Sprachen in den Balkanländern, die während des Altertums mit dieser Schrift geschrieben wurden, ist näher bekannt. Für eine Silbenschrift (oder Segmentalschrift) spricht einerseits die im Vergleich zu einem logographischen Schriftsystem geringe Zahl linearer Schriftzeichen (etwa 210) und andererseits deren hoher Abstraktionsgrad (vgl. Abb. 32 a–c, S. 78 f.). Eine weitere Stütze für die Annahme, die alteuropäische Linearschrift sei eine phonographische Schreibweise gewesen, mag man darin finden, daß ein erheblicher Bestand der Zeichen des altkretischen Schriftsystems Linear A auf Parallelen zu den alteuropäischen Schriftsymbolen hinweist. Und niemand hält Linear A für eine logographische Schriftvariante.

Sieht man von der alteuropäischen Tradition ab, läßt sich die Frage, welche der phonographischen Schreibweisen zuerst verwendet wurde heutzutage eindeutig beantworten. Die *Phonographie in Ägypten* ist älter als die in Mesopotamien, oder anders ausgedrückt: die hieroglyphische Segmentalschrift wurde früher verwendet als die Keilschrift in den sumerischen Stadtstaaten. Es ist bekannt, daß die frühesten Schriftzeugnisse aus Mesopotamien älter sind als die ältesten Dokumente einer Schriftverwendung in Ägypten (s. Kap. 4). Wie erklärt sich dann, daß die Phonographie in Ägypten älter ist als in Mesopotamien? Die Antwort ist leicht zu finden. Das Entwicklungsstadium der Logographie, das sowohl im sumerischen als auch im ägyptischen Kulturkreis der Phonographie vorausging, dauerte in Mesopotamien wesentlich länger als in Ägypten. Der Übergang von der älteren logographischen zur phonographischen Schreibweise vollzog sich in Ägypten rascher als in Sumer, so daß die ägyptischen Schriftzeichen eher phonetisiert wurden als die Symbole der altsumerischen Piktographie. Es trifft zwar zu, daß die Idee zu schreiben – gleichsam als Kulturgut – von Mesopotamien aus nach Ägypten importiert worden ist, wegen des Zeitgefälles aber muß man die Annahme fallen lassen, auch die Phonetisierung der ägyptischen Hieroglyphen sei nach dem Modell der sumerischen Schrift eingeführt worden. Eine solche Beeinflussung der Schriftentwicklung in Ägypten nahm noch GELB (1958, 78, 211 f.) an. Die Phonetisierung der hieroglyphischen Symbole erfolgte zu Beginn des 3. vorchristlichen Jahrtausends, also zu einer Zeit, als in Mesopotamien die logographische Schreibweise der altsumerischen Piktographie noch in Gebrauch war, und es die Keilschriftzeichen noch nicht gab.

Die ägyptische Segmentalschrift

Bevor die *ägyptische Hieroglyphenschrift* ihre Eigenart als Segmentalschrift ausgeprägt hatte, wurden Bildsymbole verwendet, deren Aneinanderreihung in auffälliger Weise der Bildtechnik ähnelt, wie sie uns aus mittelamerikanischen Faltbüchern bekannt ist (vgl. Abb. 12, S. 46–47). Die ältesten Zeugnisse der ägyptischen Bildtechnik stammen aus Hierakonpolis, das etwa 85 km südlich der Stadt Theben in Oberägypten liegt. Dort wurden Schiefertäfelchen gefunden, auf denen Bildmotive in zusammenhängenden Kompositionen eingeritzt waren. Die wohl berühmteste dieser kleinen Tafeln ist die sogenannte *Narmer-Palette* (*Abb. 120*), deren Inhalt trotz intensiver Erforschung noch etliche Geheimnisse birgt. Gänzlich hypothetisch ist die Beziehung zu einer Person namens Narmer und deren Identifizierung mit Menes, dem

(120) Die Narmer-Palette (Anfang des 3. Jahrtausends v. Chr.)

a) Vorderseite b) Rückseite

legendären Begründer der 1. Dynastie. Diese Annahme stützt sich auf die Symbole, die in der obersten Reihe sowohl auf der Vorderseite als auch auf der Rückseite erscheinen und im Spätägyptischen angeblich als »Narmer« zu lesen sind (GELB 1958, 77f.). Narmer ist als historische Persönlichkeit unbekannt und wird in den ägyptischen Annalen nirgends erwähnt. Die Verbindung mit Menes scheint sich aus dem Inhalt dessen zu ergeben, was in den Bildkompositionen dargestellt ist.

In dieser Hinsicht ist die Rückseite der Palette von besonderem Interesse (*Abb. 120b*). In der Mitte steht eine männliche Figur, die wegen ihrer Übergröße sowie wegen der königlichen Insignien wohl zu Recht als ägyptischer Herrscher interpretiert wird. Der König hält einen vor ihm knienden Mann an den Haaren gepackt. Die Szene symbolisiert vielleicht den Triumph des Siegers über den besiegten Feind. Wer der Besiegte ist, geht möglicherweise aus der Bildkomposition darüber hervor. Der Horusfalke als göttliches Symbol sitzt auf einem Bündel Papyrusstauden und hält einen Mann – nur als Kopf dargestellt – an einem Strick. Das auf der Rückseite der Narmer-Palette abgebildete Ereignis wird allgemein als der Anschluß Unterägyptens – was geographisch dem Gebiet des Nildeltas entspricht – an Oberägypten interpretiert, wodurch die Einigung des altägyptischen Reiches erreicht wurde. Die Eroberung des Nildeltas wird Menes zugeschrieben, weshalb man die Narmer-Palette mit diesem Herrscher in Verbindung gebracht hat. Es gilt allerdings inzwischen als bewiesen, daß die Einigung Ober- und Unterägyptens wenigstens zwei Jahrhunderte vor Menes stattgefunden hat. Sollte das Ereignis, das auf der

Narmer-Palette dargestellt ist, tatsächlich die Eroberung Unterägyptens sein, so kann es sich nur um die Beschreibung einer militärischen Aktion handeln, mit der Menes ein Rückzugsgebiet im westlichen Delta der Botmäßigkeit ganz Ägyptens unterstellte und damit das Ende der sogenannten Papyrusdynastie besiegelte. Diese Begebenheit ist aber ein historisch vergleichsweise unerhebliches Ereignis, dessen Bedeutung auf der Narmer-Palette in glorifizierender Referenz für den Herrscher übertrieben wird.

Über die ganze Tafel sind vielerlei Symbole verstreut, die man nicht genau deuten kann. Möglicherweise handelt es sich um Namen und Titel, d. h. um ehrerbietige Attribute für den Herrscher. Die Narmer-Palette ist ein illustratives Beispiel für den Stil der ältesten erhaltenen Aufzeichnungen mit ihrer eigenwilligen Kombination von Elementen der Bilderzählung und der Bilderschrift (s. auch Kap. 7 zum ägyptischen Schriftkulturkreis). Schon bald aber erhielten die bildhaften Symbole phonetischen Wert, und in relativ kurzer Zeit bildete sich das System der Hieroglyphen aus, das fast drei Jahrtausende verwendet wurde. Der Prozeß der Phonetisierung der alten Bildsymbole liegt noch im dunkeln, denn die Texte vom Anfang des 3. Jahrtausends v. Chr. sind schwer zu lesen und ihre inhaltliche Interpretation bereitet erhebliche Schwierigkeiten. Fest steht jedenfalls, daß die Hieroglyphenschrift keineswegs aus dem Nichts entstanden ist, sondern sich aus älteren Phasen – sozusagen aus einer Periode des Experimentierens mit der Bild- und Symboltechnik – entwickelt hat. Erstaunlich ist die Perfektion dieses phonographischen Schriftsystems, das bereits seit etwa 2750 v. Chr. voll ausgebildet ist. Was macht die Hieroglyphenschrift zu einer Variante der Phonographie, und weshalb nennt man sie eine Segmentalschrift?

Die Entwicklung der Phonetisierung, d. h. der Verbindung von Schriftzeichen mit den Lauten der Sprache, ist in Ägypten eigene, von der sumerischen Tradition (s. u.) unnabhängige Wege gegangen. Die Zeichen der Hieroglyphenschrift geben nur die Konsonanten ägyptischer Wörter wieder, die Vokale dagegen bleiben unbezeichnet. Im Hinblick auf die Lautstruktur der Sprache bedeutet dies, daß lediglich bestimmte Segmente der Wörter in der Schrift wiedergegeben werden. Das Lesen und Verstehen von Hieroglyphentexten ist dadurch zwar nicht sonderlich erschwert, der moderne Leser erhält aber keinerlei Hinweise auf die Vokale. Somit bleibt jede Laut- und Formenlehre des Ägyptischen lückenhaft, denn die Verbindungen von Konsonanten und Vokalen, also auch die Silbenstrukturen, sind unbekannt.

Was man kennt, ist das Konsonantengerüst der Wörter. Entsprechend der Anzahl der Konsonanten und ihrer Position in ägyptischen Wörtern werden drei Gruppen hieroglyphischer Zeichen unterschieden. Die sogenannten Einkonsonantenzeichen (*Abb. 121a*) stehen für einzelne Konsonanten, sofern diese Bestandteil einer Silbe sind. Besteht eine Silbe aus mehreren Konsonanten, werden nicht etwa die Zeichen von Einzelkonsonanten hintereinander geschrieben, sondern dazu dienen besondere Zweikonsonantenzeichen (*Abb. 121b*) und Dreikonsonantenzeichen (*Abb. 121c*). Die Zwei- und Dreikonsonantenzeichen dienen auch zur Schreibung von Wörtern, die entsprechend viele Konsonanten beinhalten. Die Zweikonsonantenzeichen sind selbständige Schriftzeichen und stehen nach ihrer Bildgestalt in keiner Beziehung zu den Einkonsonantenzeichen. Dies kann man leicht feststellen, wenn man beispiels-

(121) Ägyptische Hieroglyphen und ihre Lautwerte

Hieroglyphe	Bildbedeutung	Umschrift	ägyptolog. Aussprache	Hieroglyphe	Bildbedeutung	Umschrift	ägyptolog. Aussprache
	Geier	ꜣ	a		Strick	ḥ	ch (wie in ach)
	Schilfblatt	i	i oder j		?	ḫ	ch (wie in ich)
	zwei Schilfblätter	j	i		Tierleib mit Zitzen	ẖ	ch (wie in ach)
	Unterarm	ʿ	a		Türriegel	s	stimmhaftes s
	Wachtelküken	w	w oder u		gefalteter Stoff	ś	stimmloses s
	Bein	b	b		Teich (Grundriß)	š	sch
	Hocker	p	p		Sandböschung	ḳ	k (weit hinten im Gaumen gesprochen)
	Viper	f	f				
	Eule	m	m		Korb	k	k
	Wasser	n	n		Krugständer	g	g
	Mund	r	r		Brotlaib	t	t
	Hof	h	h		Seil	ṯ	tj (wie in Nation)
					Hand	d	d
					Kobra	ḏ	dj (wie in englisch journal)

a) Einkonsonantenzeichen

weise das Schriftzeichen für (w) mit dem für (jw), das für (m) mit dem für (mn), oder das für (n) mit dem für (nn) vergleicht. Für die Dreikonsonantenzeichen, deren Anzahl begrenzt ist, gilt Entsprechendes: sie stehen in keinerlei Beziehung zur Bezeichnung konsonantischer Laute durch Ein- und Zweikonsonantenzeichen.

Auf den ersten Blick erkennt man keine Beziehung zwischen Schrift und Lautstruktur, und die Verbindung von Schriftzeichen und Konsonanten mutet willkürlich an. In den meisten Fällen verhält es sich jedoch anders: die Verbindung zwischen Schriftzeichen und Laut ist ursprünglich motiviert. So ist beispielsweise die Bezeichnung der Konsonantenkombination (pr) durch das Bildsymbol eines Hauses nicht zufällig, denn der Ausdruck ägypt. *pr* bedeutet ›Haus‹. Als konventionelles Schriftzeichen zur Wiedergabe einer bestimmten Lautverbindung konnte es auch auf gleichlautende (homophone) oder ähnlich lautende Wörter übertragen werden. Dies trifft etwa auf ägypt. *prj* ›hinausgehen‹ zu, dessen Halbkonsonant (j) in der Schreibung wegfiel, und das ebenfalls mit dem Haussymbol geschrieben wird. Ein stilisierter Korb steht als Schriftzeichen zur Wiedergabe der Konsonantenkombination (nb). Mit diesem Zeichen werden die gleichlautenden Wörter nb_1 ›Korb‹, nb_2 ›Herr‹ und nb_3 ›jeder‹

(121) Fortsetzung

Zweikonsonantenzeichen	Umschrift	ägyptolog. Aussprache	Zweikonsonantenzeichen	Umschrift	ägyptolog. Aussprache
	ꜥꜣ	aa		św	su
	wꜣ	wa		nb	neb
und	pꜣ	pa		ḥp	hep
	mꜣ	ma		ḥm	hem
	hꜣ	ha		tm	tem
	ḫꜣ	cha		in	in
	sꜣ	sa		wn	wen
	šꜣ	scha		mn	men
	kꜣ	ka	und	śn	sen
und	tꜣ	ta		ir	ir
	dꜣ	dja		wr	wer
	mj	mi		pr	per
	tj	ti	und	mr	mer
und	dj	di		ḥr	her
	ḫꜥ	cha		ḫr	cher
	ꜣw	au		mś	mes
	nw	nu		ḥḏ	hedj
	rw	ru			

b) Zweikonsonantenzeichen

	ḫpr	werden, entstehen		ḫrw	Stimme
	nfr	schön (sein)	oder auch	ḫnt	vorn
	ḥtp	zufrieden sein			
	śtp	auswählen		śꜣḥ	sich nähern

c) Dreikonsonantenzeichen

sowie die betreffende Konsonantenverbindung in mehrsilbigen Wörtern wie *nbś* ›Baum‹ oder *nbw* ›Gold‹ geschrieben. Eine besondere Rolle als religiöses Symbol spielt der Scarabäus, hinter dessen wohlklingendem griechischen Namen nichts anderes als der gemeine Mistkäfer steckt. Wie kommt aber Ungeziefer in die religiöse Symbolik Ägyptens? Dieser Umstand erklärt sich aus einer Besonderheit der ägyptischen Sprache. Der Ausdruck *ḫprr* (Silbenstruktur: ḫ + Vokal + pr + Vokal + r) klingt ähnlich wie *ḫpr* (Silbenstruktur: ḫ + Vokal + p + Vokal + r). Ägypt. *ḫprr* bedeutet ›Käfer‹, *ḫpr* ›werden‹. Beide werden mit dem Bildsymbol des Mistkäfers geschrieben (*Abb. 122*). Wegen der ähnlichen Lautung beider Ausdrücke wurde der Mistkäfer bei

(122) *Die Schreibung von lautgleichen und lautähnlichen Wörtern mit ägyptischen Hieroglyphen*

Schrift-zeichen	Lautgleiche oder -ähnliche Ausdrücke	Bedeutung₁	Bedeutung₂
	wr	‚Schwalbe‘	‚groß‘
	nfr	‚Laute‘	‚hübsch‘
	ḥtp	‚Opfermatte‘	‚opfern‘
	ḫpr (r)	‚Scarabäus‘	‚werden‘
	smʒ	‚Lunge‘	‚sich anschließen‘
	s.t / sʒ	‚Gans‘	‚Sohn‘
	ir.t / irj	‚Auge‘	‚machen, tun‘
	wśr.t / wśr	‚Nacken‘	‚stark‘
	mn.t / mn	‚Brettspiel‘	‚bleiben‘
	mr.t / mrj	‚Axt‘	‚lieben‘
	mś.t / mśj	‚Fächer‘	‚gebären‘
	nb.t / nb	‚Korb‘	‚jeder‘

den Ägyptern schlechthin zum Symbol der Erneuerung, der Wiedergeburt und des zukünftigen Seins. Die Idee der Wiedergeburt und des Lebens nach dem Tod war von zentraler Wichtigkeit für die Orientierung der Ägypter im Diesseits und für ihre Vorbereitungen auf das Jenseits (s. Kap. 2).

Der Umstand, daß Zeichen der hieroglyphischen Schrift zum einen für ganze Wörter stehen können (z. B. das Korbsymbol zur Bezeichnung von *nb* ›Korb‹), zum anderen bestimmte Konsonantenkombinationen wiedergeben (z. B. das Korbsymbol zur Schreibung der Kombination *nb* in Wörtern wie *nbś* oder *nbw*), zeigt, daß wir es bei der in Ägypten gebräuchlichen Schreibweise nicht ausschließlich mit einem phonographischen System zu tun haben. Will man die Eigenart der Hieroglyphenschrift exakter bestimmen, so wird man sie als eine spezielle Variante der Phonographie mit logographischer Komponente bezeichnen müssen. Die allgemeingültigen *Lautzeichen* (Phonogramme) veranschaulichen das Hauptprinzip, nach dem die ägyptische Schrift organisiert ist. Die logographische Komponente der Hieroglyphenschrift kommt in den zahlreichen *Sinnzeichen* (Ideogrammen) zum Ausdruck. Diese

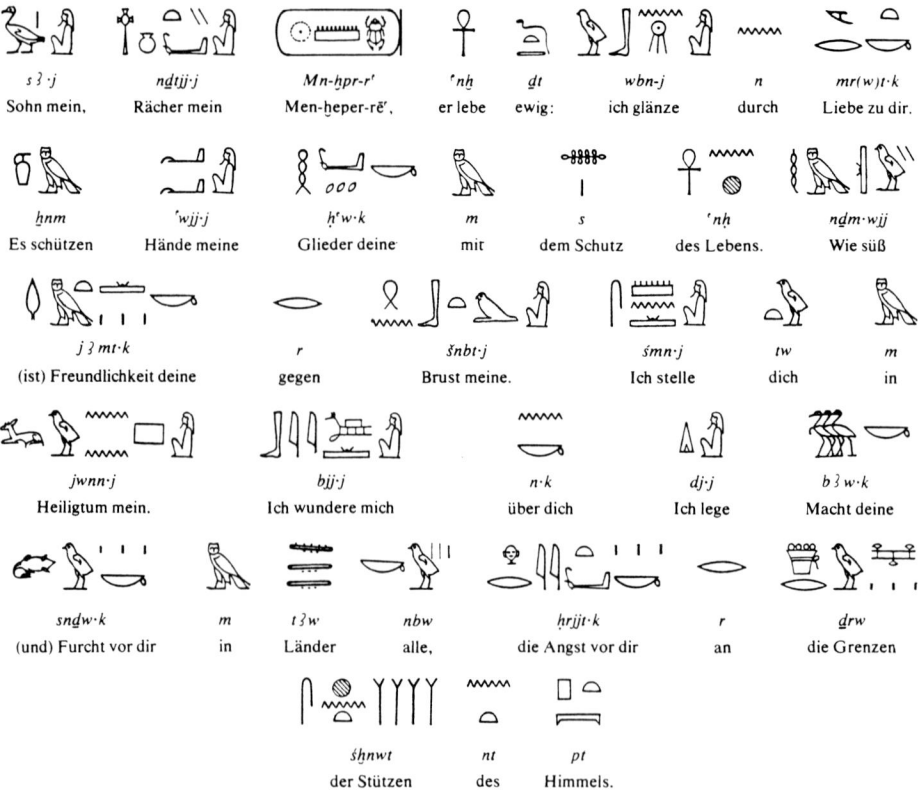

(123) Text in Hieroglyphenschrift mit der Markierung von Wortzeichen durch Striche

(124) Beispiel für die Verwendung von Determinativzeichen

Determinativ zur Charakteristik von Tätigkeiten in Verbindung mit dem Kopf
(Bild eines Mannes, der die rechte Hand am Kopf hält)

Schrift- zeichen	Lautwert	Bedeutung
	mrj	‚lieben'
	śn	‚küssen'
	swr	‚trinken'
	mśdj	‚hassen'

können entweder reine Wortzeichen sein, wie die oben erwähnten Beispiele, oder es handelt sich um Deutezeichen (Determinative), von denen bereits im Zusammenhang mit der altsumerischen Schrift die Rede war (s. Kap. 4). Der Gebrauch hieroglyphischer Symbole als Wortzeichen und Lautzeichen wird dadurch unterschieden, daß man die Wortzeichen mit einem Strich versieht *(Abb. 123)*. Das Besondere an den Determinativen ist, daß sie zwar geschrieben, nicht aber gelesen werden. Es handelt sich also um »stumme« Schriftzeichen.

Mit Hilfe von Determinativen werden Substantive und Verben kategorisiert *(Abb. 124)*. So wird etwa das Zeichen eines sitzenden Mannes oder einer sitzenden Frau hinter solchen Ausdrücken geschrieben, die Personen bezeichnen. Verben der Bewegung sind von einem Zeichen begleitet, das zwei laufende Beine darstellt. Tätigkeiten, die mit dem Kopf zu tun haben (z. B. essen, trinken, sprechen, küssen, denken), haben ein Determinativ, das einen Menschen darstellt, der mit der rechten Hand auf den Kopf weist. Determinative können auch doppelt verwendet werden, so im Fall der Schreibung des Ausdrucks für ›pflügen‹. Hier fungieren die Darstellung eines schlagenden Mannes (Determinativ zur Kennzeichnung von Tätigkeiten, die mit Gewalt oder Anstrengung verbunden sind) und eines Pflugs (Determinativ zur Kennzeichnung von Gerätschaften für den Ackerbau) als Elemente der Kategorisierung. Außer der reinen Deutfunktion haben Determinative in vielen Fällen einen ganz praktischen Wert als Lesehilfe, denn mit ihrer Hilfe können gleichlautende und identisch geschriebene Ausdrücke unterschieden werden *(Abb. 125)*.

In den hieroglyphischen Zeremonialtexten fallen bestimmte Zeichenkombinationen dadurch auf, daß sie von anderen Hieroglyphen durch eine Umrandung abge-

(125) Determinative zur Unterscheidung von Ausdrücken mit identischer Konsonantenstruktur in der hieroglyphischen Schreibweise

Differenzierung der Lautfolge *wn*

🜔	»öffnen«	Determinativ: eine Tür
	»eilen«	Determinativ: laufende Beine
	»Fehler«	Determinativ: ein kleiner Vogel, der bei allen schlechten Dingen geschrieben wird
	»kahl werden«	Determinativ: eine Haarlocke
	»Stadt Hermupolis«	Determinativ: eine Stadt mit Straßen
	»Licht«	Determinativ: Sonne mit Strahlen.

grenzt sind. Diese Umrandung wird allgemein als Kartusche bezeichnet. Die darin aneinandergereihten Symbole geben Königsnamen wieder (*Abb. 126*). Obwohl man die Kartusche mit ihrer besonderen Funktion in der Tradition der Ägyptologie als graphisches Mittel gesondert betrachtet, besitzt sie eigentlich den gleichen Deutewert wie andere Determinative und ist daher zweckmäßigerweise der Gruppe der Determinative zuzuordnen. Glücklicherweise finden sich in dem Hieroglyphentext auf dem *Stein von Rosette* (s. *Abb. 46*, S. 102) Kartuschen mit Königsnamen. Die Namen der ägyptischen Pharaonen waren überliefert und bekannt zu einer Zeit, als man die Hieroglyphen nicht mehr lesen konnte. Als sich Jean François CHAMPOLLION an Hand des Steins von Rosette an die Entzifferung machte, die ihm schließlich auch im Jahre 1822 gelang, begann er mit den hieroglyphischen Symbolen in den Königsnamen. Da er mit Hilfe des griechischen Paralleltextes wußte, welcher Name zu welcher Kartusche gehört, ging es bei den ersten Schritten der Entzifferung darum, welche Konsonantenverbindung mit welchem Symbol der Namenschreibung assoziiert ist. Die Königsnamen in den Kartuschen wurden damit zum Schlüssel für eine erfolgreiche Entzifferung. Genau genommen haben zwei Zufälle dazu beigetragen, daß die ägyptischen Hieroglyphen seit dem 19. Jahrhundert kein Geheimnis mehr sind. Hätte der Feldzug Napoleons nach Ägypten nicht stattgefunden, hätte man womöglich nie den Stein von Rosette entdeckt. Hätte es in dem Hieroglyphentext keine Kartuschen gegeben, hätte auch dessen griechische Übersetzung keine Klarheit über die Lautwerte einzelner Zeichen schaffen können.

Die Hieroglyphenschrift kennt keine Zeichen, die einzelne Wörter oder Sätze voneinander trennen. Einzelne hieroglyphische Symbole können beliebig aneinandergereiht werden. Dies bedeutet, daß die Schriftrichtung grundsätzlich frei ist, obwohl es bei der Verwendung der Hieroglyphen als Zeremonialschrift bestimmte Vorlieben gab. Sehr häufig wurde von rechts nach links geschrieben. Daneben findet man in vielen Texten auch eine rechtsläufige Schreibung, wie man sie von den europäischen Alphabetschriften gewohnt ist. Die Schreibweise von links nach rechts wird auch in den ägyptologischen Publikationen bevorzugt. Diese Konvention ist hilfreich, wenn es um die Transliteration von Hieroglyphentexten und deren Übersetzung geht. In vielen Schriftdenkmälern ist die Schreibweise der Hieroglyphen von oben nach unten gebräuchlich, wie beispielsweise in der Inschrift auf einem der Eingeweidesärge Tutanchamuns (Tut-ench-Amuns), die hier als Beispiel für einen Hieroglyphentext transliteriert, übersetzt und kommentiert werden soll (*Abb. 127*).

Tutanchamun, der von 1347 bis 1339 v. Chr. regierte, war eigentlich ein ganz unbedeutender Pharao. Weltberühmt wurde sein Name, nachdem der Archäologe Howard CARTER im Jahre 1922 die unversehrte Grabkammer geöffnet und einen unvorstellbar reichen Goldschatz ans Tageslicht befördert hatte. Die prunkvollen Grabbeigaben, die heute größtenteils im Ägyptischen Museum in Kairo aufbewahrt werden, vermitteln einen lebendigen Eindruck vom Reichtum der Ausstattung in den Pharaonengräbern, die im Lauf der Geschichte überwiegend

(126) Kartuschen mit ägyptischen Königsnamen

	Imn-ḥtp	Amenophis
	Ḏḥwtj-ms	Thotmosis
	Ḥꜣ.t-špś.wt	Ḥatschepsut
	ꜣḫ-n-Itn	Echnaton
	Twt-ʿnḫ-Imn	Tutanchamun
	Rʿ-mś-ś	Ramses

(127) Text in Hieroglyphenschrift auf einem der Eingeweidesärge Tutanchamuns

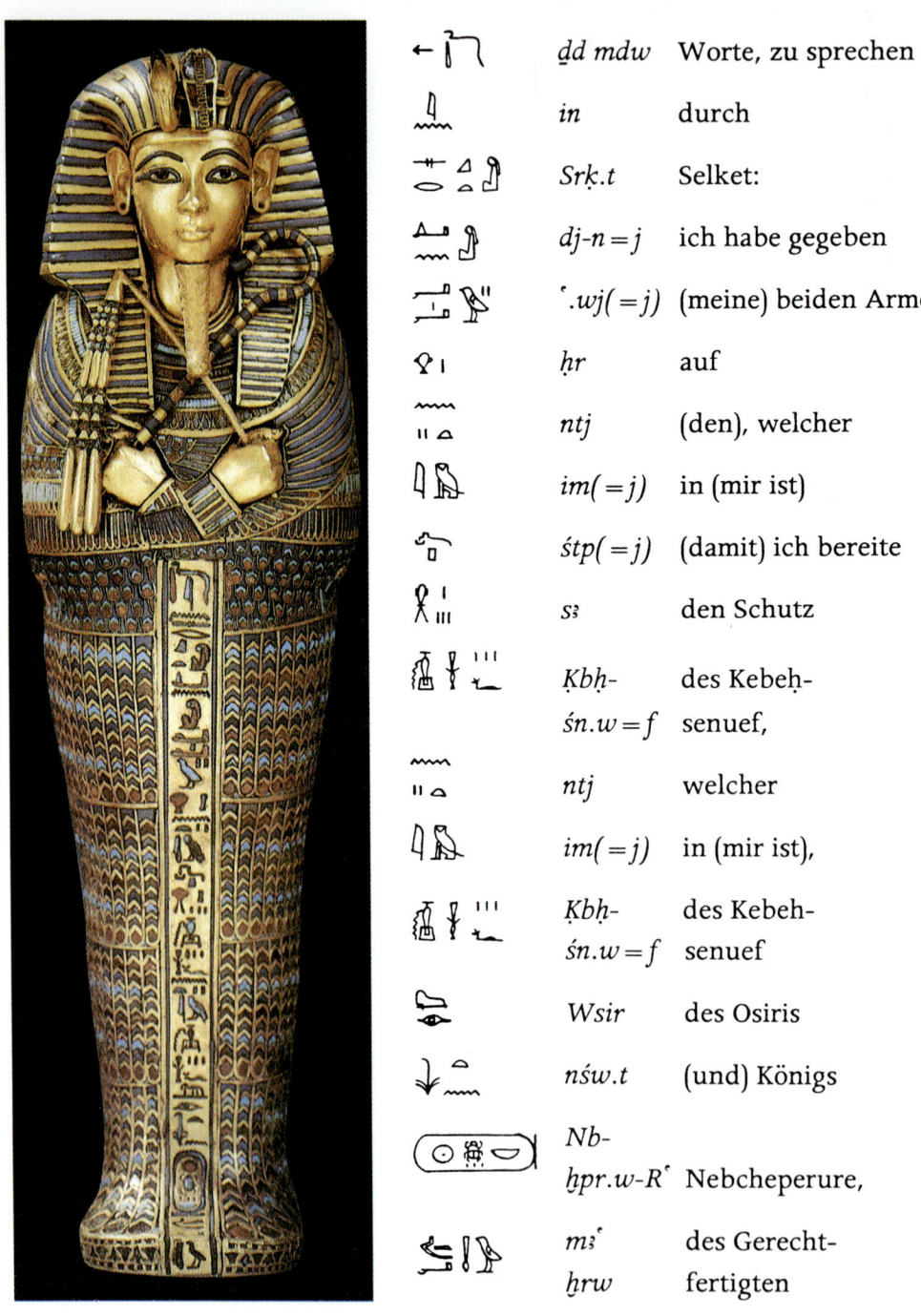

	ḏd mdw	Worte, zu sprechen
	in	durch
	Srḳ.t	Selket:
	dj-n=j	ich habe gegeben
	ʿ.wj(=j)	(meine) beiden Arme
	ḥr	auf
	ntj	(den), welcher
	im(=j)	in (mir ist)
	śtp(=j)	(damit) ich bereite
	s₃	den Schutz
	Ḳbḥ-śn.w=f	des Kebeh-senuef,
	ntj	welcher
	im(=j)	in (mir ist),
	Ḳbḥ-śn.w=f	des Kebeh-senuef
	Wsir	des Osiris
	nśw.t	(und) Königs
	Nb-ḫpr.w-Rʿ	Nebcheperure,
	m₃ʿ ḫrw	des Gerechtfertigten

beutegierigen Grabräubern zum Opfer fiel. Als man den Leichnam Tutanchamuns mumifizierte, wurden dessen Eingeweide nicht, wie sonst üblich, in vier sogenannten Kanopenkrügen untergebracht, sondern in vier reich geschmückten Miniatursärgen beigesetzt. Die Eingeweide des Pharao wurden als »Söhne des Horus« vergöttlicht, und man gab ihnen Namen: Imsti, Ḥapi, Duamutef und Kebeḥsenuef. Den »Söhnen des Horus« ordnete man bestimmte Schutzgöttinnen zu, und zwar Isis dem Imsti, Nephthys dem Ḥapi, Neith dem Duamutef und Selket (oder: Serket) dem Kebeḥsenuef, dessen Name in wörtlicher Übersetzung ›Reiniger seiner Brüder‹ bedeutet. Der Sarg dieses zuletzt erwähnten Horussohns ist hier abgebildet und die Inschrift enthält einen Hinweis auf die Schutzgöttin Selket.

Selbst wenn die Worte übersetzt werden, bleibt der Sinn vieler hieroglyphischer Texte für denjenigen, der mit der ägyptischen Kultur nicht vertraut ist, geheimnisvoll. Mysteriös muten insbesondere solche Texte an, die im Zusammenhang mit dem Jenseitsglauben der Ägypter und ihrem Ahnenkult stehen. Die Inschrift auf dem Eingeweidesarg Tutanchamuns gehört zu dieser Textgattung. Die erste Zeile besteht aus einer Abkürzung, nämlich *dd*, die als *dd mdw* zu lesen ist, und die als »Sagen von Worten (durch den Gott X)« oder »Worte, zu sprechen (durch den Gott X)« zu übersetzen ist. Diese Ausdrucksweise wird häufig verwendet, wenn man wörtliche Rede als von einem Gott gesprochen kennzeichnen will. In der viertletzten Zeile wird auf den Totengott Osiris hingewiesen. In den Grabinschriften werden den Toten verschiedene Namen gegeben, die sich auf deren »Existenz« im Jenseits beziehen. Ein solcher Name ist die Identifizierung mit Osiris, dem Herrscher des Totenreiches. In dieser Inschrift wird also Tutanchamun mit Osiris identifiziert. Dahinter steckt die Vorstellung oder besser der Wunsch der im Diesseits verbleibenden Angehörigen, der Verstorbene möge mit dem Herrscher der Toten Eins werden. Eine solche »vergöttlichte Existenz« nach dem Tod blieb natürlich solchen Personen vorbehalten, die bereits im Diesseits einen hohen sozialen Rang innehatten.

In der letzten Zeichengruppe der Inschrift finden wir ebenfalls einen Beinamen oder Ehrentitel für den Verstorbenen. Die Lautfolge *mꜢʿ-ḫrw* ist als ›der Ehrwürdige, der im Totengericht Gerechtfertigte, der (hinsichtlich seiner Stimme) Wahre‹ zu übersetzen. Nach ägyptischer Vorstellung hatte nur derjenige die Berechtigung, ins Reich der Toten einzugehen, der in einem Totengericht für wahr und würdig befunden wurde. Dies war eine ebenso wichtige Voraussetzung für ein Leben nach dem Tod wie die Abbildung des Verstorbenen in Reliefs und seine Darstellung in Skulpturen, die ebenfalls zur Grabausstattung gehörten. Die naturalistische Darstellung des Verstorbenen war dessen Ersatzkörper, der durch das vom Priester ausgeführte Mundritual »beseelt« wurde und damit seine Identität für die jenseitige Welt erhielt. Da lebensnahe Skulpturen und Büsten ein wesentliches Requisit in ägyptischen Gräbern waren, wissen wir heute ziemlich genau, wie viele Pharaonen zu ihren Lebzeiten ausgesehen haben. Auch die Darstellungen im Grab Tutanchamuns, die einen jungen Mann abbilden, sind als seine lebensnahen Porträts zu verstehen.

Das sumerische Keilschriftsystem

Während die älteste Segmentalschrift in Ägypten ausgebildet wurde, entstand die älteste, lesbare Silbenschrift in Mesopotamien. Hier wie dort handelt es sich nicht um »reine« Formen der Phonographie, denn im Sumerischen wie im Ägyptischen wurden Ideogramme verwendet, die entweder als Wortzeichen oder als Determinative fungierten. Im Fall der Schreibung des Ägyptischen ist die Wiedergabe von Konsonanten und Konsonantenverbindungen durch einzelne Hieroglyphensymbole eindeutig das wichtigste Organisationsprinzip, und der Gebrauch von Ideogrammzeichen ist eine zusätzliche Komponente. Die sumerische Schreibweise hat das logographische Grundprinzip in Verbindung mit dem Schlagwortprinzip (s. Kap. 4) nie gänzlich aufgegeben, und die zunehmende Phonetisierung war gleichbedeutend mit der notgedrungenen Anwendung einer phonographischen Schreibweise, soweit dies den Schriftgebrauch erleichterte. Wenn man ausschließlich die sumerische Tradition der Verwendung von anfänglichen Piktogrammen und späteren Keilschriftzeichen betrachtet, ist es reine Ansichtssache, ob man das sumerische System als logographische Schreibweise mit phonographischer Zusatzkomponente oder als eine Schriftverwendung nach dem phonographischen Prinzip mit logographischer Zusatzkomponente charakterisiert. Selbst in der Spätphase der sumerischen Schriftkultur um 1800 v. Chr. spielte die Schreibung von Ideogrammen und von Phonogrammen eine gleichermaßen wichtige Rolle für die Aufzeichnung von Texten.

Einige Forscher tendieren sogar zu der Auffassung, daß selbst die sumerische Keilschrift in ihrem Wesen eine logographische Schreibweise war, deren phonographische Komponente ein in seiner Wirksamkeit und Anwendung recht begrenzter

(128) Perioden der sumerischen Schriftkultur

	Historische Periode	Sprachstadium	Textmaterial
2600	Frühdynastisch III oder		Archaische Texte von Fara and Abū Ṣalābīkh ca. 2600-2500
2500	Zeit vor Sargon	Alt-Sumerisch	
2400			Inschriften der 1. Dynastie von Lagaš, ca. 2500-2350
2340	Zeit des Sargon oder Altakkadisch		Dokumente und Inschriften
2200	Gutian		Inschriften von Gudäa ca. 2140-2120
2100		Neo-Sumerisch	
	3. Dynastie von Ur		Verwaltuns- und Rechtsdokumente, ca. 2100-2000
2000			
1900	Alt-babylonisch { Isin-Dynastie	Altbabylonisches Sumerisch	Königsinschriften
	Larsa-Dynastie	oder	Literarische Texte
1800			
1700	1. Dynastie von Babylon	Nach-Sumerisch	
1600			

Zusatzfaktor gewesen sei. »Wörter, die eine logographische Schreibung hatten, wurden weiterhin logographisch geschrieben, und viel mehr Wörter wurden in logographischen Symbolen ausgedrückt als die wenigen, die für die Buchführung zu Beginn der Schriftverwendung ausgereicht hatten. Die Sumerer neigten zum phonetischen Gebrauch von Zeichen nur dann, wenn die Grenzen ihres logographischen Systems sie dazu zwangen.« (SAMPSON 1987, 55) Die zahlreichen Verweise auf eine frühe Phonetisierung der sumerischen Schriftsymbole, denen man in der Sekundärliteratur begegnet, beziehen sich primär auf Übertragungen von Zeichen zur Schreibung homophoner Ausdrücke. Wenn beispielsweise das Bildsymbol eines Pfeils schon in den alten Texten sowohl für die Wiedergabe von sumer. ti_1 ›Pfeil‹ als auch von sumer. ti_2 ›Leben‹ verwendet wurde, so deutet dies ohne Zweifel auf eine Phonetisierung. Allerdings hat sich aus solchen Übertragungen kein Prinzip entwickelt, das den Schriftgebrauch so konsequent wie in Ägypten organisiert hätte. Denn die Schreibung homophoner Ausdrücke im Sumerischen mit demselben Zeichen blieb eben auf entsprechende Fälle von Homophonie beschränkt.

Trotz der Revolutionierung der Schreibtechnik im Wechsel vom älteren Ritzen bildhafter Symbole zum späteren Eindrücken pfeilförmiger Kerben blieb die überwiegend logographische Schreibweise in ihrem Wesen erhalten. Im Ganzen stellt sich also die Entwicklung der sumerischen Schrift von ihren Anfängen bis in die ersten Jahrhunderte des 2. Jahrtausends v. Chr. äußerst kompliziert dar. Bezogen auf eine vergleichende chronologische und historische Tabelle, in der die wichtigsten Phasen und Daten der sumerischen Schriftkultur zusammengestellt sind (*Abb. 128*), findet der wichtigste Umschwung gleich nach der Mitte des 3. vorschriftlichen Jahrtausends (etwa um 2450 v. Chr.) statt, nämlich die Umstellung der Schreibtechnik und der Wechsel zu neuen stilisierten Schriftzeichen, den Zeichen der Keilschrift. Dieser Umschwung war im wesentlichen ein solcher der äußeren Gestalt des Schriftbildes und bedeutete keinen radikalen Bruch mit älteren Schriftprinzipien.

Die Keilschrift der Akkader und Assyrer

Nun wird aber die Keilschrift ganz allgemein als ein Paradebeispiel für eine Silbenschrift angesehen und als solche in den Handbüchern über Schrift beschrieben. Dies trifft auch zu, aber nicht, wenn man an die sumerische Keilschrift denkt. Die charakteristischen Eigenschaften der Keilschrift als Variante der Phonographie hat man außerhalb des sumerischen Kulturkreises zu suchen (oder besser: bei den Nichtsumerern, die sich der Keilschrift bedienten). Die unmittelbaren Teilhaber an der sumerischen Schriftkultur waren die Akkader, die bereits in den ersten Jahrhunderten des 3. Jahrtausends v. Chr. in die Gebiete des Zweistromlandes eingewandert waren. Die Akkader kamen aus den Wüstenregionen der arabischen Halbinsel und Syriens. Während die ethnische Zugehörigkeit der Sumerer unbekannt ist, weiß man von den Akkadern, daß sie Semiten waren. Ihre Sprache ist damit eine der vielen *semitischen* Sprachen und gehört zur großen Familie der *afro-asiatischen* Sprachen. Andere Zweige dieser Sprachfamilie sind die *hamitischen* Sprachen (z. B. Ägyptisch) und die *Tschadsprachen.* Im Unterschied zum agglutinierenden Sumerisch ist das Akkadische eine flektierende Sprache wie das Deutsche oder Russische (vgl. einen Abriß der Grammatik bei GRANDE 1972, 312 ff.). Das Verhältnis zwischen Akkadern und Sumerern war wechselhaft, zeitweise gekennzeichnet durch ein friedliches Zusammenleben, zeitweise zerrüttet in kriegerischen Auseinandersetzungen. Immer hat ein Kulturgefälle bestanden, und die sumerische Kultur hat zu allen Zeiten des sumerisch-akkadischen Kontaktes das kulturelle Schaffen der Akkader geprägt. Zu den wichtigsten Kulturgütern, die Sumer zu bieten hatte, gehörte die Schrift, und die Akkader haben – bald nachdem das System der Keilschrift in den sumerischen Schreiberschulen ausgebildet worden war – diese zur Aufzeichnung von Texten in ihrer Muttersprache übernommen. Die Akkader haben nicht wie die Sumerer mit den Prinzipien der Logographie und der Phonographie »experimentiert«, sondern die Keilschrift den lautlichen Bedürfnissen ihrer Sprache angepaßt. Die Konsequenz dieser Anpassung war, daß die Keilschrift zu einem phonographischen System entwickelt wurde, und zwar in einer Vollkommenheit, die sie als Silbenschrift nie erreicht hat, solange damit das Sumerische geschrieben wurde.

Das System der Keilschrift ist also erst – und nur dadurch – zu einer leistungsfähigen Variante der Phonographie ausgebildet worden, als es zur Schreibung einer Sprache verwendet wurde, für die diese Schrift ursprünglich gar nicht konzipiert worden war. Erst im Rahmen ihrer Anpassung an die Lautstrukturen des *Akkadischen* erlebte die Keilschrift einen Entwicklungssprung, durch den sie zum Prototyp einer Silbenschrift wird. Exemplarisch ist auch der Umfang des Schrifttums, das in akkadischer Sprache aufgezeichnet wurde. Archäologische Grabungen haben viel mehr Texte der akkadischen Keilschriftliteratur ans Tageslicht gebracht, als insgesamt an Keilschrifttexten in sumerischer Sprache erhalten gelieben ist. Dies begründet sich teilweise dadurch, daß die Zeitspanne, in der Akkadisch geschrieben wurde, bedeutend länger war als die nur einige Jahrhunderte dauernde Periode der Aufzeichnung sumerischer Texte in Keilschrift.

Bald nach der Mitte des 3. Jahrtausends v. Chr. gliedert sich das vorher einheitliche *Altakkadische* in zwei Hauptdialekte aus, das *Babylonische* im Süden und das *Assyrische* im Norden. Beide Dialekte werden geschrieben und entwickeln mit ihren lautlichen, grammatischen und lexikalischen Eigenheiten eine eigene Schrifttradition. Der Schriftgebrauch der beiden Dialekte untergliedert sich in verschiedene, voneinander unabhängige Perioden (nach LIPIN 1973, 16 ff.):

Babylonisch
1. Altbabylonisch (20.–17. Jahrhundert v. Chr.; vom Ende der 3. Dynastie von Ur bis zum Ende der 1. Babylonischen Dynastie)
   Textdokumente aus Larsa, Mari und Elam
   Das Altbabylonische wird auch als Klassisch-Babylonisch bezeichnet, weil diese Sprachvariante die »korrektesten« grammatischen Formen bewahrt.

2. Mittelbabylonisch (16.–12. Jahrhundert v. Chr.; fällt chronologisch zusammen mit der kassitischen Herrschaft über Babylonien)
3. Neubabylonisch (11.–7. Jahrhundert v. Chr.; insbesondere von ca. 1000 v. Chr. bis zum Untergang des Assyrischen Reiches im Jahre 605 v. Chr.)
4. Spätbabylonisch (6. Jahrhundert v. Chr. bis zur Zeitenwende; vom Beginn der chaldäischen Herrschaft in Babylonien bis zum Aussterben des Akkadischen)

Assyrisch
1. Altassyrisch (ca. 2000–1750 v. Chr.)
   Königsinschriften und andere kurze Texte aus dem Gebiet des eigentlichen Assyrien; Geschäftskorrespondenz und offizielle Dokumente aus frühen assyrischen Handelskolonien in Kleinasien (Gegend des heutigen Kül-Tepe in der Türkei)
2. Mittelassyrisch (ca. 16. Jahrhundert v. Chr. – ca. 1000 v. Chr.)
   Mittelassyrische Gesetzestexte, andere juridische Dokumente, Königsinschriften, literarische Texte (die meisten Königsinschriften sowie der größte Teil der literarischen Produktion wurden in Babylonisch verfaßt).
3. Neuassyrisch (10. – Ende 7. Jahrhundert v. Chr.)

Als gesprochene Sprache, d. h. als gesprochenes Babylonisch und Assyrisch, war das Akkadische länger als zweieinhalb Jahrtausende in Gebrauch. Davon entfallen auf die Zeit der schriftlichen Verwendung rund 2000 Jahre. Keine andere Sprache Mesopotamiens besitzt eine so lange Schrifttradition, und dies gilt für die gesamte Periode des Altertums und der Antike. Das babylonisch-assyrische System der Keilschrift war logiko-syllabisch (bzw. syllabo-logographisch). Im Unterschied zur sumerischen Schreibweise war der Charakter der Keilschrift als Silbenschrift bei den Akkadern voll entwickelt. Dies geht allein daraus hervor, daß alle Ausdrücke, die nach dem logographischen Prinzip als Ideogramme wiedergegeben wurden, auch mit Hilfe von Silbenzeichen geschrieben werden konnten. Dies ist eine Eigenart der akkadischen Keilschriftverwendung, die im sumerischen Schrifttum unbekannt war. Das Prinzip der silbischen Schreibweise dominierte also in der akkadischen Keilschrift gegenüber dem Prinzip der logographischen Schreibung, d. h. der Verwendung von Ideogrammzeichen. Man kann sagen, daß sich mit der Adaption der sumerischen Keilschrift durch die Akkader auch die Dominanz des Schreibprinzips verschiebt. Während noch bei den Sumerern das Grundprinzip der Logographie vorherrscht, ist das wichtigste Organisationsprinzip der Schrift bei den Akkadern die phonographische Schreibweise.

Diese Äußerungen über einen Wechsel des Schriftprinzips und die Weiterentwicklung der syllabischen Schreibweise sollten aber nicht dahingehend mißverstanden werden, als ob sich die Akkader bewußt bemüht hätten, sich von der sumerischen Schriftkultur »abzusetzen« oder sich von deren Eigenheiten zu lösen. Das Gegenteil war der Fall. Die sumerische Sprache hat das Akkadische stark beeinflußt, vor allem dessen Wortschatz und Satzbau, und auch im Schriftgebrauch zeigt sich die Einwirkung des Sumerischen. Viele sumerische Ideogrammzeichen wurden in der akkadischen Tradition zur Schreibung von Silben verwendet, die die Lautung entsprechender sumerischer Wörter wiedergaben. Das sumerische Ideogramm für sumer. *an* ›Himmel‹ diente im Akkadischen zur Schreibung der Silbe *an*. Sollte das Zeichen auch im Akkadischen als Ideogramm (akkad. *šamû* ›Himmel‹) gelesen werden, wurde das Silbenzeichen für *u* hinzugefügt. Ein anderes Beispiel ist das sumerische Ideogramm für sumer. *dam* ›Ehefrau‹, mit dem im Akkadischen die Silbe *dam* bezeichnet wurde. Zur Kennzeichnung des akkadischen Ausdrucks *aššatum* ›Ehefrau‹ fügte man das Silbenzeichen für *tum* als Lesehilfe hinzu.

Von wenigen Ausnahmen abgesehen konnten die sumerischen Ideogrammzeichen in der akkadischen Schreibweise als Silbenzeichen geschrieben und gelesen werden (*Abb. 129*). Da das Sumerische mit dem Akkadischen nicht verwandt ist, ergaben sich jeweils andere Lesungen in den Fällen, wo ein sumerisches Ideogrammzeichen als solches im Akkadischen zu lesen war (s. o.). Die enge Verwobenheit von sumerischer und akkadischer Schriftverwendung ist ein typisches Beispiel dafür, daß eine symbiotische Gemeinsamkeit in der Schreibtechnik (Keilschrift) und in der Anwendung von Schriftzeichen (syllabischer Wert) bestehen kann, selbst wenn die Sprachen der in Kontakt stehenden Gemeinschaften von unterschiedlicher Herkunft und Struktur sind. Unter diesen schrifttechnischen Gesichtspunkten ist es berechtigt, bei der Tradition der Verwendung der Keilschrift von einer sumerisch-akkadischen Kontinuität zu sprechen.

Bekanntlich hat die von Sumer geprägte altorientalische Kultur einen bemerkenswerten Einfluß auf die Ausbildung kultureller Traditionen des Abendlandes gehabt, aber nicht direkt, sondern über Vermittlung. Die Akkader waren wichtige Vermittler, und im Schmelztiegel ihrer Kultur haben sich die Elemente des sumerischen Erbes als beständig erwiesen, die an die Nachbarvölker tradiert wurden. »Als unsterbliches Vermächtnis des letzten vorchristlichen Jahrtausends ragt das vom Urchristentum übernommene heilige Buch Israels, das *Alte Testament*, in unsere Zeit hinein – jene Sammlung religiöser oder zum mindesten religiös motivierter Texte aus dem südlichen Syrien, in deren edelsten Werken echtes Gotteswort aufgeklungen ist. Das geschah vor der Folie, vor dem Hintergrund der geläufigen und nur gradweise abgewandelten altorientalischen Frömmigkeit, die das unbedeutende Israel-Juda natürlich mit der gleichen unwiderstehlichen Mächtigkeit erfüllte, wie das in Syrien, Obermesopotamien oder Babylonien selbst der Fall war. Es kann uns daher nicht wundernehmen, wenn uns dieses Bibelbuch als einzige Urkunde der Weltgeschichte ungebrochene, gleichsam lebendig gebliebene Kunde von jener fernen, durch Jahrtausende vergessenen Welt Sumers erhalten hat – eine Kunde, die es nun freilich erst wiederzuerkennen gilt. Ja, da dieses ganz fromme Werk israelisch-jüdischer Jahweverehrer als heiliges Buch galt und weithin auch heute noch gilt, wirkten die in ihm erhaltenen sumerischen Gedanken fort und geradewegs bis zu uns hin.« (SCHMÖKEL 1974, 166f.) Ohne die Vermittlerrolle der Akkader, insbesondere der babylonisch-assyrischen Schriftkultur, in der viele Texte tradiert wurden, deren sumerische Originale verschollen sind, wäre viel weniger Kunde über Altmesopotamien in das Alte Testament gelangt. Die akkadischen Texte belehren uns moderne Betrachter auch darüber, daß vieles, was an

(129) Sumerische Ideogrammzeichen mit logographischer und silbischer Lesung im Akkadischen

	Vertikale Form der alten Piktogramme	Horizontale Form der alten Piktogramme	Lineare Form der Piktogramme	Alte Keilschriftzeichen	Spätere assyrische Zeichen	Logographische Lesung im Akkadischen	Gewöhnliche silbische Lesung
‚Vogel'						issūrum	ḫu
‚Fisch'						nūnum	ḫa
‚Ähre'						šeʾum ‚Korn'	še
‚grün' ‚Gras'						(w)arqum	sar, šar
‚Fuß'						alākum ‚gehen'	du
‚Pflug'						epennum	pin
‚Sonne'						šamšum	ud
‚Esel'						imērum	keine silbische Lesung im Akkadischen
‚Ochse'						alpum	
‚Baum'						isum	is, iṣ

moralisch-ethischen Lebensanweisungen in der *Bibel* steckt, gar nicht so einmalig und unverwechselbar israelisch-jüdisch ist, wie man gemeinhin annimmt. Vielmehr stellt sich die Bibel – dies trifft auf das Alte wie auf das Neue Testament zu – als ein Konglomerat altorientalischer Sitten und Gebräuche, mesopotamischer Rechtsauffassungen und von Vorstellungen über eine im wesentlichen patriarchalisch ausgerichtete Sozialordnung dar. Ein herausragendes Beispiel für die akkadische Vermittlung altorientalischer Kulturelemente an die Nachwelt soll hier näher beleuchtet werden.

Die meisten materiellen Zeugen der mesopotamischen Kulturen muß man mit dem Spaten aufspüren. Im Jahre 1902 gelang französischen Archäologen ein sensationeller Fund im Ruinenfeld von Susa, mehrere Hundert Kilometer entfernt von Babylon. Man fand eine 2,25 m hohe Stele aus schwarzem Basalt, auf der in Keilschrift der babylonische Text der *Gesetzessammlung Hammurabis* (reg.: ca. 1792–1750 v. Chr.) eingemeißelt ist. Dieser Rechtskodex entstand um 1760 v. Chr. Seine Entstehungszeit fällt in die späten Jahre der über vierzigjährigen Regentschaft dieses babylonischen Königs, dessen Name übersetzt lautet »Der Gott Hammu ist groß«. Das Besondere an der in Susa gefundenen Basaltstele ist, daß auf ihr der Originaltext der Gesetze eingemeißelt wurde; die Stele trägt also die »Urschrift« des Rechtskodex. Hammurabi ließ zahlreiche Kopien des Textes auf Tonzylindern anfertigen, die in allen Gegenden seines Reiches aufgestellt wurden. Den Stein mit dem Originaltext nahm der siegreiche Elamiterkönig Sutruk-Nahunte im Jahre 1160 v. Chr. aus Babylon mit nach Susa, in die Hauptstadt seines Reiches.

Die Beschriftung der Stele ist besonders sorgfältig, ja kunstvoll-ästhetisch ausgeführt. Der Text der insgesamt 282 Gesetze ist durch senkrechte und waagerechte Linien in Felder eingeteilt. In jedem Feld wird ein Gesetz gesondert aufgezeichnet (*Abb. 130a*). Nach heutigen juristischen Gesichtspunkten verteilen sich die Gesetze und Vorschriften in den Bereichen des Strafrechts, Zivilrechts und des Wirtschaftsrechts. In insgesamt dreißig Zusammenhängen wird für ein Vergehen die Todesstrafe angedroht. Während die Sprache der Gesetze den typischen Stil der babylonischen Verwaltungssprache repräsentiert, die sich während der Regierungszeit Hammurabis ausgebildet hatte, sind eine Einführung und ein Nachwort zu dieser Gesetzessammlung in dichterischer Sprache gehalten. Der Rechtskodex Hammurabis ist mit seiner Kombination von nüchternem Amtssprachenstil und ausdrucksstarker Literatursprache ein im wahrsten Sinn des Wortes »beredtes« Beispiel für die Flexibilität des Akkadischen, das schon zu Beginn des 2. Jahrtausends v. Chr. sämtliche kultursprachlichen Funktionen des Sumerischen übernommen hatte und sich seither als ebenbürtige Kultursprache weiterentwickelte.

Die Einführung oder der Prolog, der dem Kodex vorangestellt ist, zieht wegen seiner religiös-mythischen Bezüge besonderes Interesse auf sich. Dem Text des Prologs zufolge wäre dem König Hammurabi vom Stadtgott Babylons, Marduk, die Aufgabe übertragen worden, »Gerechtigkeit im Lande sichtbar zu machen, den Ruchlosen und Bösen zu vernichten und den Schwachen vom Starken nicht entrechten zu lassen«. Die göttliche Legitimation der Gesetzgebung wird zusätzlich dadurch unterstrichen, daß die Tätigkeit Hammurabis im Einvernehmen mit dem Wohlwollen des Gottes des Lichts und des Rechts, Schamasch, steht. Im oberen Teil der Stele ist Schamasch, auf dem Thron sitzend, dargestellt. Er hält die Insignien seiner göttlichen Macht, Ring und Stab, in den Händen. Hammurabi steht, die Hände ehrfurchtsvoll erhoben, vor ihm (*Abb. 130b*). Das Nachwort (bzw. der Epilog) beinhaltet formelhafte Wendungen, Segenswünsche für die, die ihr Leben nach den gegebenen Gesetzen einrichten, Verfluchungen derer, die gegen sie verstoßen.

(130) Basaltstele mit dem Rechtskodex des Hammurabi (um 1760 v. Chr.)

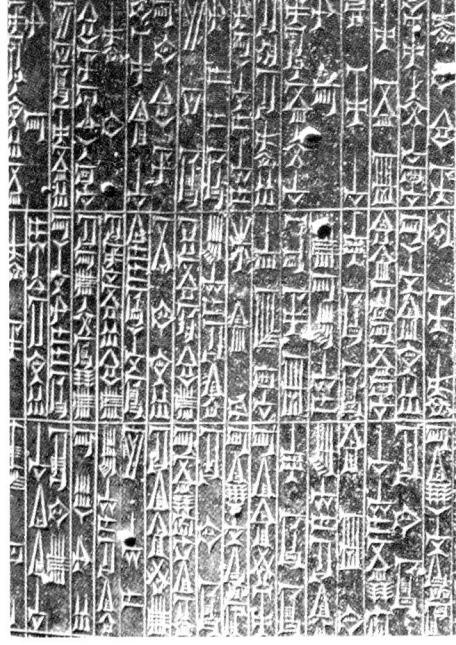

a) Detail des mittleren Teils der Stele mit Keilschrift

b) Oberer Teil der Stele mit Bildkomposition

Lange Zeit herrschte die Meinung vor, bei dieser Gesetzessammlung Hammurabis handle es sich um den ältesten Rechtskodex der Welt. Inzwischen weiß man, daß der Inhalt der Gesetze größtenteils nicht von Hammurabis Rechtsexperten konzipiert worden ist, sondern sich diese auf ältere, sumerische Vorlagen stützten. Die Rechtsauffassungen der Sumerer sind nur lückenhaft überliefert, da entsprechende Originaltexte verschollen sind. Ihr Inhalt tritt uns jedoch in Hammurabis Gesetzessammlung entgegen. Neu an diesem Rechtskodex ist die Aufnahme der sogenannten *Lex talionis* (»Auge um Auge, Zahn um Zahn«), die von den Amoritern stammt.

Bekanntlich gibt es einen Parallelfall von Rechtsschutz im Alten Orient, der sich in der Formulierung von Grundwerten und -rechten ausdrückt: die zehn Gebote des Alten Testaments. Unter Einschluß des Aspekts der Rechtgläubigkeit (1. Gebot) begegnet uns in den Geboten eine volkstümlich vereinfachte Version grundlegender Rechtsauffassungen, die nicht erst von den israelischen Juden geschaffen wurden. Denn der Inhalt dessen, was Moses mit göttlicher Legitimation vom Berg Sinai mitbrachte, war in seinen Grundzügen bereits bekannt, also nichts Neues. Auch das Motiv der Beteiligung des höchsten Gottes an der Gesetzgebung ist im Fall der Zehn Gebote nicht originell. Die Legitimation des Rechtskodex von Hammurabi ist dafür direktes oder indirektes Vorbild. Moses und die Zehn Gebote stehen in jeder

(131) Ausschnitt aus dem Rechtskodex des Hammurabi (§§ 122–23, Kolumne IV, Zeilen 31–52)

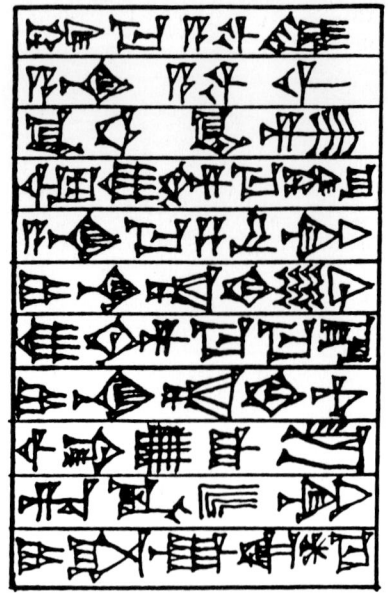

a) Altbabylonischer Originaltext

b) Neuassyrische Parallelversion

Šum-ma a-wi-lum a-na a-wi-lim kaspam ḫurāsam ù mi-im-ma šum-šu a-na ma-ṣa-ru-tim
i-na-ad-di-in mi-im-ma ma-ia i-na-ad-di-nu ši-bi ú-kállam ri-ik-sa-tim i-ša-ak-ka-an-ma a-na
ma-ṣa-ru-tim i-na-ad-di-in šum-ma ba-lum ši-bi ù ri-ik-sa-tim a-na ma-ṣa-ru-tim id-di-in-ma
a-šar id-di-nu it-ta-ak-ru-šu di-nu-um šu-ú ru-gu-um-ma-am ú-ul i-šu.

c) Transliteration

Šumma awīlum ana awīlim kaspam ḫurāsam ù mimma šum-šu ana maṣṣarūtim inaddin
mimma mala inaddinu šībī ukallam riksātim išakkan-ma ana maṣṣarūtim inaddin šumma balum
šībī ù riksātim ana maṣṣarūtim iddin-ma ašar iddinu ittakrū-ša dīnum šū ru-gummām ul īšu.

d) Transkription

„Wenn jemand möchte, daß ein anderer Silber, Gold oder irgendetwas anderes von seinem
Besitz für ihn aufbewahrt, soll er alles Gut Zeugen zeigen, in deren Gegenwart ein Vertrag
zu diesem Zweck aufgesetzt werden soll. Und nur nachdem dies geschehen ist, kann er sein
Eigentum übergeben. Falls die Übergabe ohne Zeugen oder Vertrag erfolgte, und derjenige,
der das Besitztum des anderen aufbewahren sollte, dies leugnet, kann dieser Fall nicht vom
Gericht behandelt werden".

e) Übersetzung

Beziehung in der Tradition altorientalischer Rechtsauffassungen und Lebensvorschriften.
  Der Rechtskodex Hammurabis ist hier aber auch deshalb hervorgehoben worden, weil dieser Text exemplarisch die Flexibilität der akkadischen Schriftsprache und die konsequente syllabische Verwendung von Keilschriftzeichen illustriert. Ein Ausschnitt des altbabylonischen Originaltextes mit einer neuassyrischen Parallelversion soll im folgenden näher erläutert werden (*Abb. 131 a–e*).

Die hethitische Hieroglyphenschrift

Die Keilschrift war ohne Zweifel das verbreitetste, am häufigsten und längsten gebrauchte Schriftsystem des Alten Orients, und es wurde in verschiedenen Varianten für ganz verschiedene Sprachen verwendet (s. Kap. 7). Man könnte sich vorstellen, daß der Siegeszug dieses technisch vollkommenen Systems unaufhaltsam gewesen wäre und es keine konkurrierenden Schriftformen in seinem unmittelbaren Einflußbereich gegeben hätte. Und doch können sich einige regionale Schriften auch gegen die Konkurrenz der Keilschrift halten. Eine dieser Schriften ist das sogenannte *Hieroglyphenhethitisch*, dessen Gebrauch auf Gebiete im hethitischen Machtbereich be-

(132) Beispiele für die ältere und jüngere Schreibweise in hethitischer Hieroglyphenschrift

a) Älterer Schriftduktus mit stark bildhaften Zeichen in freier räumlicher Anordnung

b) Jüngerer Schriftduktus mit stilisierten Zeichen in linearer Zeilenordnung

schränkt geblieben ist. Wie die ägyptische Hieroglyphenschrift ist auch das hieroglyphische System des Hethitischen eine Schrift in Bildern (bzw. mit Bildsymbolen), aber keine Bilderschrift, wie manchmal fälschlich zu lesen ist. Die Schreibweise der hethitischen Hieroglyphen ist wie die der ägyptischen phonographisch. Während aber das ägyptische System eine Segmentalschrift ist, haben wir es beim Hieroglyphenhethitisch mit einer reinen Silbenschrift zu tun. Die Schreibweise der hethitischen Hieroglyphen folgt insofern dem gleichen Organisationsprinzip wie die der Keilschrift, obwohl die Bildgestalt der Symbole von den abstrakten Formationen der Keilschriftzeichen äußerlich deutlich abweicht.

Da die Konzeption des Schreibens in Bildsymbolen sowie deren Phonetisierung dem ägyptischen System der Hieroglyphen ähnelt, kann man die Möglichkeit nicht ausschließen, daß die Idee, phonetisierte Bildzeichen zu verwenden, von der weithin bekannten ägyptischen Schreibtradition inspiriert worden ist. Darauf weist auch der Ausdruck »Hieroglyphen« hin, den man für die hethitische wie die ägyptische Schrift benutzt. Die gleiche Benennung »bedeutet aber keinesfalls, daß die hethitischen Hieroglyphen aus dem Ägyptischen übernommen wurden oder auch nur mit ihnen verwandt sind« (GELB 1958, 85). Vergleicht man die Symbole der ägyptischen Schrift (*Abb. 121*, S. 215) mit den hethitischen Hieroglyphenzeichen (*Abb. 135*, S. 238), so fällt auf den ersten Blick auf, daß es sich um zwei selbständige Systeme mit jeweils individueller Prägung handelt. Auch der Schriftduktus und die Gliederung von

Texten in Bildhethitisch zeigen regionale, vom Ägyptischen unabhängige Züge (*Abb. 132*).

Da keine Verwandtschaft zwischen der hethitischen und ägyptischen Hieroglyphenschrift anzunehmen ist, bleibt die Frage offen, woher die Hethiter ihre Schrift hatten, und seit wann die Bildsymbole zur Aufzeichnung von Texten verwendet wurden. Als die Hethiter, ein indogermanisches Volk, bald nach der Wende vom 3. zum 2. vorchristlichen Jahrtausend aus den Gebieten um das Kaspische Meer in ihre späteren Wohnsitze nach Kleinasien einwanderten, hatten sie bereits Kenntnis der Keilschrift. Wenn in einer Sprachgemeinschaft erst einmal ein leistungsfähiges Schriftsystem bekannt und in Gebrauch ist (wie die Keilschrift bei den Hethitern), ist kaum anzunehmen, daß nachträglich und zusätzlich ein weiteres, selbständiges, regionales System neu geschaffen wird. Aller Wahrscheinlichkeit nach besaßen die Hethiter ihre Hieroglyphenschrift bereits, bevor sie nach Kleinasien kamen. Deren Anfänge und ihr Ursprung liegen jedoch gänzlich im dunkeln. Im Zusammenhang mit seinem Entzifferungsversuch der hethitischen Hieroglyphen hatte GELB (1931) die Ansicht vertreten, es ließen sich auffällige Ähnlichkeiten zwischen kretischen und hethitischen Bildsymbolen feststellen. Zwar gibt derselbe Autor später zu, daß die Mehrzahl der von ihm angeführten Parallelen auch in der ägyptischen Schrift, in der altsumerischen Piktographie und anderswo zu finden sind – daß es sich also um eher universelle Bildmotive handelt –, aber er hält trotzdem an der These fest, für die hethitischen, kretischen und cyprischen Schriftsysteme sei nach einem gemeinsamen Ursprung zu suchen. »Wir gelangen durch die nahe Beziehung der Zeichenformen von hethitischen zu kretischen Hieroglyphen, der inneren Schriftprinzipien von hethitischen zu cyprischen Silbensystemen und Linear B, und der Formen von Zeichen der cyprischen zu kretischen Schriften zu dem Schluß, daß all diese Schriften in so mancher Hinsicht miteinander verwandt sind, und daß wir mit Recht eine gemeinsame Quelle irgendwo im Gebiet der Ägäis annehmen können.« (GELB 1958, 213). Wenn wir an den historischen Hintergrund der kretischen Schriftsysteme

(133) Das Silbersiegel des Königs Tarkumuwa mit Text in Bildhethitisch (innen) und in Keilschrift (außen)

Inschrift in Hieroglyphenhethitisch:

Transliteration:
»Tarku-muwa KÖNIG *Me+ra-á* LAND«
Übersetzung:
„Tarkumuwa, König des Landes Mera"

denken (s. Kap. 2), stellt sich die Frage, ob etwa die hethitische Hieroglyphenschrift in irgendeiner Abhängigkeit zur alteuropäischen Schrifttradition steht. Trotz eigener intensiver Forschungen zur Schriftkultur Alteuropas kann ich mich derzeit nicht zu diesem Problemkreis äußern.

Bereits im vergangenen Jahrhundert war es dem Waliser A. H. SAYCE gelungen, einige Symbole der Hieroglyphenschrift auf dem berühmten *Siegel des Königs Tarkumuwa (Abb. 133)* zu entziffern. In den dreißiger Jahren dieses Jahrhunderts machte die Entzifferung mit den Arbeiten des Deutschen H. T. BOSSERT, des Schweizers E. O. FORRER, des Tschechen B. HROZNÝ, des Italieners P. MERIGGI sowie des Amerikaners I. J. GELB bedeutende Fortschritte. Den eigentlichen Durchbruch erreichte man aber erst, nachdem Bossert im Jahre 1947 das Glück hatte, zweisprachige Inschriften in Bildhethitisch und Phönizisch zu entdecken. Der sensationelle Fund wurde auf dem Berg Karatepe (türk. ›schwarzer Berg‹) nahe der Ortschaft Adanag im Südosten der Türkei gemacht. Die Inschriften finden sich auf *Reliefplatten,* die um 730 v. Chr. von König Asitawadda, einem Vasallen des Königreichs Kilikien, aufgestellt wurden *(Abb. 134).* Der Text der Inschriften enthält einen Bericht über die Gründung von Adana (Asitawaddija) und über den Bau von Befestigungsanlagen im Vasallenstaat Danaiyim.

Der Charakter des Bildhethitischen als Silbenschrift wird deutlich, wenn man die Assoziation einzelner Schriftsymbole mit bestimmten Lautkombinationen aus Vokal und Konsonant in der Übersicht betrachtet *(Abb. 135).* Obwohl die phonographische Schreibweise das wichtigste Organisationsprinzip der hethitischen Hieroglyphenschrift ist, wurden aber auch Ideogramme und Determinative verwendet. Diesbezüglich ist das Bildhethitische eine typische Variante der Phonographie im 2. Jahrtausend v. Chr. Denn auch für die zeitgenössische akkadische Silbenschrift sowie die ägyptische Segmentalschrift gilt, daß bestimmte Schriftsymbole nicht nur als phonographische sondern auch als logographische Zeichen gebraucht wurden.

Die hethitische Hieroglyphenschrift wurde viele Jahrhunderte lang, von etwa 1500 v. Chr. bis um 700 v. Chr., benutzt. Im Unterschied zur Keilschrift, deren Gebrauch auf das Gebiet der Hauptstadt Ḫattuša (heute Boghazköy in Kappadokien) beschränkt blieb, findet man bildhethitische Schriftzeugnisse im gesamten hethitischen Machtbereich. Bemerkenswerterweise fällt die Blütezeit dieser Schriftkultur in die Periode zwischen dem 10. und 8. Jahrhundert v. Chr., in eine Zeit also, als das hethitische Großreich gar nicht mehr existierte, und die hethitische Hieroglyphenschrift weiterhin in den syrischen Kolonialstädten verwendet wurde. Das Bildhethitische war eine Zeremonialschrift, eine Zweckbestimmung, die dem Gebrauch der Hieroglyphen in Ägypten entspricht. Inschriften in Bildhethitisch finden sich auf Steinplatten, an den Wänden von Gebäuden, und sie wurden auch – zusammen mit skulpierten Bildkompositionen – in Felsen gehauen *(Abb. 136).* Ein anderer wichtiger Schriftträger sind Siegel *(Abb. 137),* wobei das in Abb. *(133)* dargestellte Königssiegel aus Silber ist. In der Spätzeit schrieb man bildhethitische Texte auch auf Metallplatten, wie beispielsweise den in Assur gefundenen Brief, der in eine Rolle aus Blei eingeritzt worden ist *(Abb. 138).*

*(134) Die zweisprachige (hethitisch-phönizische) Inschrift vom Karatepe
(Sätze XIX–XXII und XXXVIII-XL)*

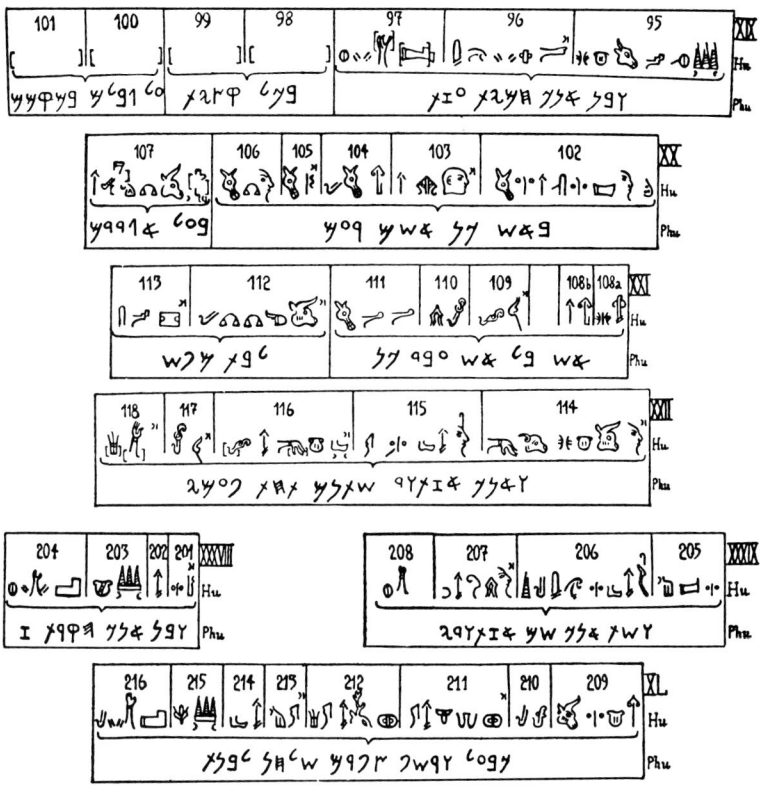

Hieroglyphenhethitisch

XIX. ᴮᵁᴿᴳḫa+r(a)-ná-si-pa-wá ᴬᴿᴹli-mi-tá-ā ᴮᴬᵁᴱᴺ?tú-mi-ḫa (Rest zerstört)
XX. ᴵᴰᴱᴼᴳᴿ·á-tu-wa-a+r(a)-i-wa-ta ᴷᴼᴾᶠ-tí-i kwa-ta-n(u) á-ta á-s̀.-ta ?-u-s̀.?.?.i
XXI. kwa-wa kwa-i ᴴᴱᴿᴬᴮ-n(u) nu-ti tà?-tà?-ta mu-ka-s̀.-s̀.-n(u) ᴴᴬᵁˢ-na-a
XXII. á-mu-pa-wá-ma-tá ă-s̀i-i-da-wa+ra-s̀. ᶠᵁˢˢ-pa-tá-i-n(u) ᴴᴱᴿᴬᴮ-n(u) tú-ḫá
XXXVIII. á-wa i ᴮᵁᴿᴳ-i ˢᵀᴱᴵᴺ?tú-mi-ḫa   XXXIX. wa-tu-ta ă-s̀i-i-da-wa-tà-ā-n(u)ˢᵀᴬᴰᵀ á-ti-ma-i-n(a) tú-ḫa   XL. kwa-pa-wa-mu ᶠᴬˢˢᴱᴺ-n(u) ᵈᵂᴱᵀᵀᴱᴿ-ᴳᴼᵀᵀ-ḫu-i-s̀. ᵈᴴᴵᴿˢᶜᴴᴷᴼᴾᶠ-i-s̀.-ḫá s̀.-ta i-da ᴮᵁᴿᴳ-sa ˢᵀᴱᴵᴺtú-mi-n(u)

Phönizisch

XIX. w-bn ʾnk ḥmjt ʿzt b-kl qṣjt ʿl gblm b-mqmm   XX. b-ʾš kn ʾšm rʿm bʿl ʾgddm   XXI. ʾš bl ʾš ʿbd kn l-bt mpš   XXII. w-ʾnk ʾztwd št-nm tḥt pʿm-j
XXXVIII. w-bn ʾnk ḥ-qrt z   XXXIX. w-št ʾnk šm ʾztwdj   XL. k bʿl w-ršp ṣprm šlḥ-n l-bnt

Übersetzung des phönizischen Textes

XIX. Und ich baute starke Burgen an allen Enden auf den Grenzen an den Orten, XX. an denen böse Menschen waren, Bandenführer, XXI. deren keiner dem Hause des Mpš (Dynastie des Asītawadda) dienstbar (gewesen) war, XXII. aber ich, Asitawadda, legte sie unter meine Füße.
XXXVIII. Und ich baute diese Stadt, XXXIX. und ich gab (setzte) (ihr) den Namen Asītawaddija(?), XL. denn Baal (hier.-heth. ʿder Wettergottʾ) und der Rešef der Vögel (hier.-heth. ʿder Hirschgottʾ?) schickten mich, (sie) zu bauen.

(135) Zeichentabelle der hethitischen Hieroglyphenschrift

	a	e	i	u
Vokale	a 'a			
Nasale				
ḫ				
i	ia iã			
k/g				
l				
m				
n				nu / nú
p/b				
r				
s				
ś				
t/d				
w				
z (=ts)				
silbische Zeichen unbekannter Bedeutung				

(136) Inschrift in hethitischer Hieroglyphenschrift auf einem Felsrelief (9. Jahrhundert v. Chr.)

(137) Hethitische Siegel mit hieroglyphischer Beschriftung

(138) Der sogenannte Bleibrief aus Assur in Bildhethitisch

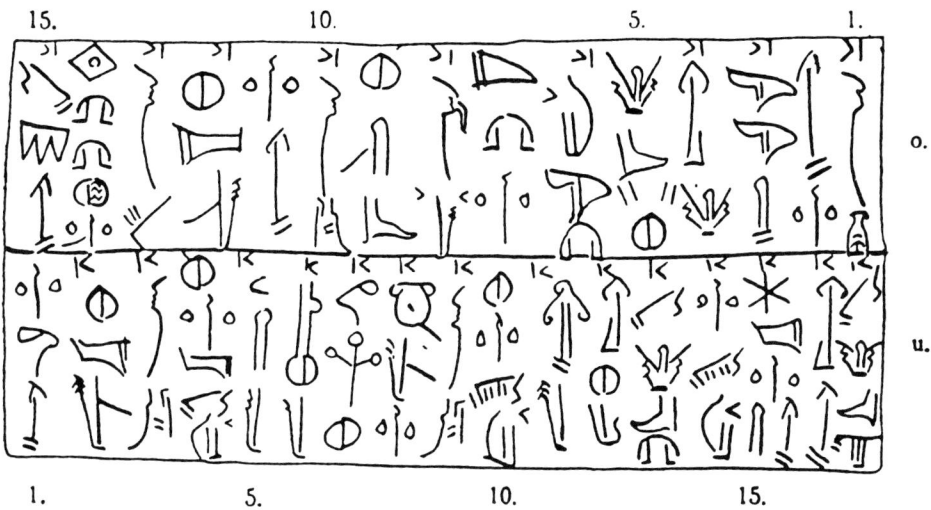

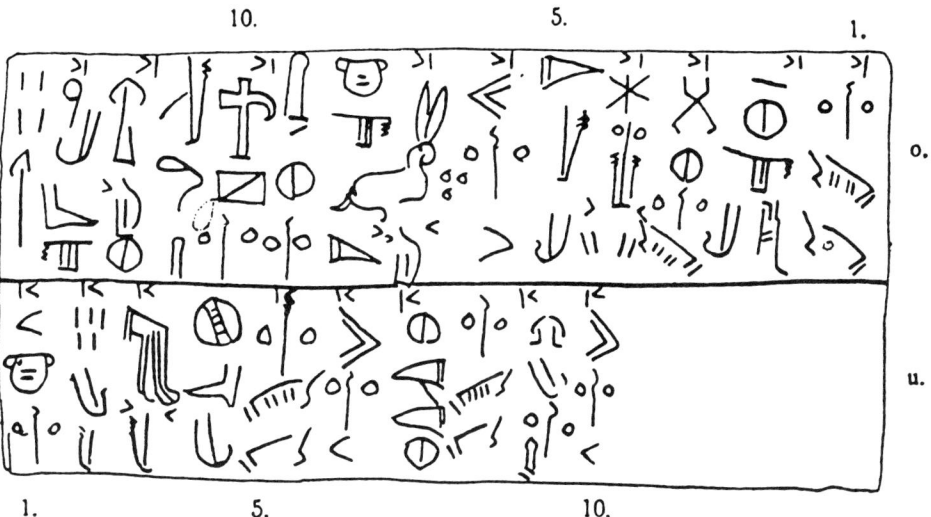

Wenn man von der hethitischen Hieroglyphenschrift spricht, bezieht sich das Attribut »hethitisch« – genau genommen – nur auf den Umstand, daß diese Schrift von den Hethitern benutzt wurde. Eine genauere Bestimmung der sprachlichen Besonderheiten in bildhethitischen Texten weist diese als *Luwisch* aus, worunter man eine dem Hethitischen nah verwandte indogermanische Sprache Kleinasiens zu verstehen hat. »Es steht fest, daß in geschichtlicher Zeit starke Bevölkerungsteile mit luwischer Sprache im Hoheitsgebiet der Hethiter wohnten. Natürlich mußte sich diese Tatsache auch im Wortbestand der hethitischen Urkunden auswirken, (...). Es handelt sich im Hieroglyphenhethitischen nicht um eine eigene Sprache, sondern, wie wir heute wissen, um nichts anderes als eine dialektisch gefärbte Fortsetzung des Luwischen, und darum ist auch dieses Idiom mit dem Hethitischen engstens verwandt.« (HAUSCHILD 1964, 43f.) Daher wird die in hethitischer Hieroglyphenschrift aufgezeichnete Sprachform auch als *Bildluwisch* bezeichnet. Die Verwendung anderer Sprachen als des Hethitischen selbst, insbesondere als Schriftsprachen, war bei den Hethitern nicht ungewöhnlich. Das *Hattische,* eine vorindogermanische Sprache Kleinasiens, diente als Sakralsprache. Daneben spielte im religiösen Bereich auch das *Hurrische* eine gewisse Rolle. Als literarische Sprachen dienten den Hethitern das *Sumerische* und *Akkadische.* Das in Keilschrift geschriebene Akkadisch wurde von allen Völkern des Alten Orients im 2. Jahrtausend v. Chr. als internationale Sprache der Diplomatie verwendet, so auch von den Hethitern, die viele bilaterale Verträge mit Nachbarstaaten in Akkadisch aufzeichneten (s. Kap. 7).

Die Byblos-Schrift

Von besonderem Interesse ist eine andere Schriftform mit hieroglyphenartigen Zeichen, die von insgesamt zehn Denkmälern aus einem der ältesten Kulturzentren Phöniziens bekannt ist, nämlich aus der Stadt Byblos. Schon im 3. Jahrtausend v. Chr. sind Handelsbeziehungen dieser nordphönizischen Stadt zu Ägypten bezeugt. Die in byblischer Schrift aufgezeicheten Texte stammen wahrscheinlich aus dem Anfang des 2. vorchristlichen Jahrtausends. Sie sind also älter als die bekannten Texte in Bildhethitisch. Bei der Byblos-Schrift läßt sich eine mehr bildhafte Version der Zeichen – vielleicht eine frühe Form – von deutlich kursivierten (vielleicht späteren) Formen unterscheiden *(Abb. 139).* Folgt man dem Entzifferungsversuch von E. DHORME (1946–48), so handelt es sich bei dieser Schrift, für die bisher 114 Einzelzeichen festgestellt worden sind, wahrscheinlich um eine Silbenschrift. Betrachtet man die äußere Gestalt der Schriftsymbole, erscheint es nicht abwegig, in einigen Zeichen Ähnlichkeiten mit ägyptischen Hieroglyphen, in anderen Parallelen mit phönizischen Zeichenformen zu vermuten. »Und Entstehung der Byblos-Schrift nach ägyptischen Vorbildern und Einfluß der Byblos-Schrift auf die Entstehung der phönizischen Buchstabenschrift würde auch durchaus zu unserem Wissen von den kulturgeschichtlichen Verhältnissen stimmen.« (FRIEDRICH 1966, 59) Bisher haben sich aber keine konkreteren Verbindungen zwischen dem Zeichenbestand der Byblos-Schrift und frühen Entwicklungsstadien der Buchstabenschrift ermitteln lassen. Es kommt hinzu, daß auch die von GELB (1958, 213) angesprochenen Ähnlichkeiten im Zeichenbestand der Byblos-Schrift und kretischer Schriftsysteme nicht ohne weiteres von der Hand zu weisen sind. Offensichtlich haben wir es im Fall der byblischen Schriftform mit einem komplizierten Gebilde zu tun, dessen Entstehung interkulturell verflochten ist.

Die kretische Silbenschrift Linear B

Es ist hier noch eine andere bemerkenswerte Variante der Phonographie zu erwähnen, die aus verschiedenen Gründen von besonderer Bedeutung für die Kulturgeschichte der Schrift überhaupt und ganz speziell für die Entwicklung der Schriftkultur in Europa ist. Dies ist die *Silbenschrift Linear B,* die auf Kreta und auf dem griechischen Festland verwendet wurde und in der Texte in mykenisch-griechischer Sprache

(139) Texte in der Byblos-Schrift (Anfang des 2. Jahrtausends v. Chr.)

a) Inschrift in (älteren) bildhaften Zeichen

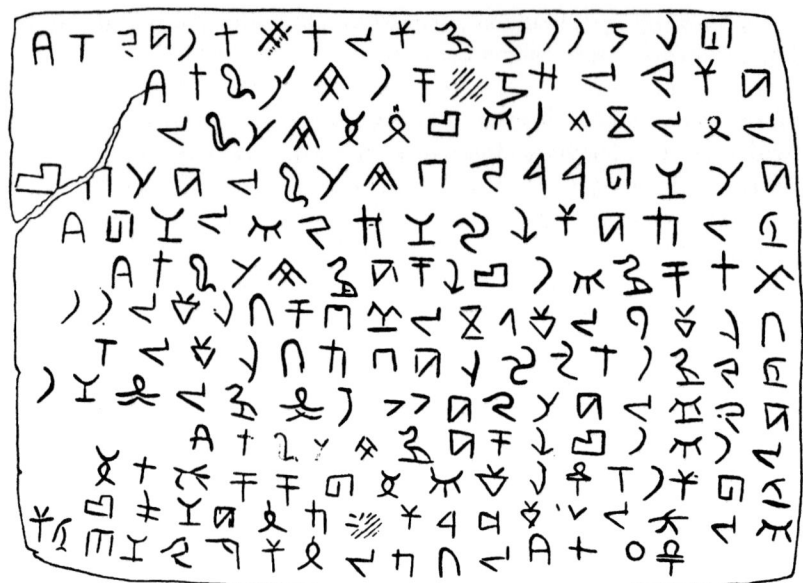

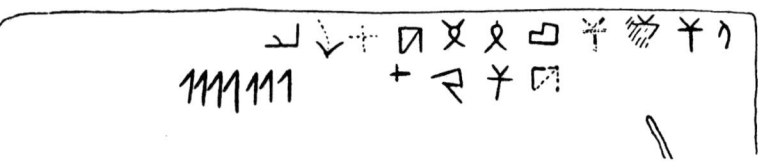

1.	k₁ [d]b₁r ll nḥš h-tpt lbnty₂	So spricht L-l: Die Bronze des Topheth (Tempelvorraum?) habe ich gewalzt,
2.	b-šn h-p₁rzl pt₁ḥ₁ty₂	mit eisernem Griffel habe ich graviert
3.	hm₃ h'₁-klyy₁m₁ m₁pt₁ḥ₁ h-	diese Geräte. Den Schlüssel
4.	bt₁ 'k₁r₁r₁nw pt₁ḥ₁-h b-t₁wy₁	des Tempels hat '-k-r-r-n-w mit Zeichen graviert
5.	w₁ k₂t₂b šmw₂ 't₂n-yh'k₁y₂	und hat seinen (des Tempels) Namen geschrieben: ‹Ich setze j-h-'-k-j›.
6.	kt zḥyly₁ mzbḥ pt₁ḥ₁ty₂	Die Messingkrönung des Altars habe ich graviert.
7.	'b₁d l₂-hdr₁ '₁hl₁w z 'b₁d-h ll	Dieses Werk hat zu Ehren seiner Familie L-l vollbracht.
8.	w₁ nḥlt z₃w₂b₁bwt₂ 'b₁d-ht	Und das ‹Bienenschwarm›-(Muster) haben gemacht
9.	bn l₁hbt₁-nbw₄ · '₂ḥ h'₂-'l	der Sohn des L-h-b-t-N-b-w (und) der Bruder des H-'-'-l.
10.	hlyly₁ mzbḥ pt₁ḥ₁ty₂	Die Halbmonde des Altars habe ich graviert,
11.	w₁ k₁šlt '₁b₁dym₁ k-z z b₃-tm₁	und die Arbeiten, diese wie jene, sind mir zur Vollendung gelungen.
12.	yhb₃ h-gdl₃ rš[y]t₂m₃ ₃ b-'zy₁	Möge der Große (=Gott) ihren ersten Platz hier gewähren!
13.	'šty₂-h 't₂ h-m₃š'₂n 'p₂w₁š	Ich habe dies geschaffen zur Zeit des Gouverneurs '-p-w-š
14.	· šdś y₁m₃m₁ b-tmz₁	in 6 Tagen (Dhorme: le sixième jour) des Tamuz
15.	b-šnt ... 7	im Jahre ... 7.

b) Inschrift in (jüngeren) linearen Zeichen

aufgezeichnet worden sind. In der Nachfolge der alteuropäischen und altmediterranen (d. h. kretisch-minoischen) Schrifttraditionen (s. Kap. 2 und 7) ist Linear B das wichtigste einheimisch-europäische Schriftsystem, das vor der Einführung alphabetischer Schreibweisen aus Kleinasien in Gebrauch war. Es ist gleichzeitig die einzige Silbenschrift für eine bekannte europäische Sprache. Linear B gehört zu den kretischen Schriftsystemen, denn es ist auf Kreta entwickelt worden. Die Blütezeit des Schrifttums in Linear B liegt zwischen 1450 v. Chr. und etwa 1250 v. Chr. Das wichtigste kretische Kulturzentrum, wo Linear B geschrieben wurde, war der Palastbereich von Knossos. Bis zur Entzifferung dieses Schriftsystems im Jahre 1952 durch den Engländer M. VENTRIS hielt man es in Forschungskreisen für unwahrscheinlich, daß Linear B zur Schreibung des Griechischen gedient haben könnte. Seit den archäologischen Ausgrabungen der kretischen Palastanlagen, insbesondere des Palastkomplexes von Knossos durch A. EVANS, war bekannt, daß die minoische Hochkultur Kretas *vor*griechisch ist. Dies bedeutet, daß die Griechen weder die Begründer noch die Träger der minoischen Kultur sein können. Wenn aber – wie zweifelsfrei bewiesen wurde – das Schriftsystem Linear B zur Schreibung des mykenischen Griechisch diente, stellen sich allerlei Fragen, beispielsweise wie die Griechen nach Kreta kamen und warum die Minoer die Mykener in ihren Inselstaat gelassen haben. Denn es gibt keine Spuren einer gewaltsamen Eroberung Kretas durch die mykenischen Griechen. Die Beantwortung dieses Fragenkomplexes erfordert einen Rückblick auf die Geschichte der Ägäis.

Noch bevor die kretischen Paläste erbaut wurden, läßt sich minoischer Einfluß außerhalb Kretas nachweisen. Bereits im 3. Jahrtausend v. Chr. strahlt die minoische Kultur auf die Kykladeninseln aus, bis nach Zypern und sogar bis nach Malta. Jedenfalls ist die jüngste Bauphase der dortigen Megalithtempel (z. B. Hal Tarxien) kretisch beeinflußt (TETZLAFF 1983, 36 f.). Im 2. Jahrtausend v. Chr. verstärken sich die Beziehungen zwischen Kreta und dem griechischen Festland, außerdem zu Ägypten im Süden. Während jedoch die wirtschaftlichen und kulturellen Kontakte zwischen Kreta und Ägypten solche zwischen gleichrangigen Hochkulturen waren, dominierte das minoische Element in den Kontakten mit dem europäischen Festland. Äußeres Zeichen dieser Verhältnisse ist der Sachverhalt, daß die mykenische Zivilisation, die sich im Verlauf des 17. Jahrhunderts v. Chr. herausbildet, von Anbeginn unter direktem minoischen Einfluß steht. Bevor die sogenannten »Seevölker« im 12. Jahrhundert v. Chr. in Kreta einfielen, ist die Insel von niemandem militärisch bezwungen worden. Die alten kretischen Paläste wurden nicht von Menschenhand zerstört. Geologen haben für deren Zerstörung ein verheerendes Erdbeben verantwortlich gemacht, das sich ungefähr um 1700 v. Chr. ereignet hat. Die jüngere Palastperiode beginnt mit dem Neubau der Anlagen gegen 1625 v. Chr. Um 1500 v. Chr. werden auch die neuen Paläste zerstört, und zwar wieder durch eine Naturkatastrophe. Genauer gesagt, handelt es sich um eine Kettenreaktion von Naturkatastrophen, die durch den Ausbruch des Vulkans Santorin auf der Insel Thera ausgelöst worden ist. Santorin liegt rund 110 km von der Nordküste Kretas entfernt. Beim Ausbruch des Vulkans kamen große Mengen Meerwasser mit dem ausströmenden

Magma in Berührung. Geologische Spuren weisen darauf hin, daß der Vulkankessel explodierte. Man geht davon aus, daß in der Folge dieser Explosion Flutwellen von bis zu 100 m Höhe auf Kreta zugerollt sind, die die nördlichen Küstenstriche verwüsteten.

Die Zerstörungen an Land waren vielleicht gravierend, entscheidend aber für den endgültigen Niedergang der minoischen Seeherrschaft war die Vernichtung der Handelsflotte als deren Rückgrat. Offensichtlich haben sich die Minoer von dieser Katastrophe niemals ganz erholt, denn nach 1500 v. Chr. werden die Paläste Kretas nicht wieder aufgebaut, jedenfalls nicht wieder von den Minoern selbst. Es gab eine bescheidene Nachblüte in der Kunst. Während man auf den jüngsten Keramikprodukten der minoischen Handelskolonie bei Akrotiri, die beim Vulkanausbruch – ähnlich wie Pompeji und Herculaneum – vom Ascheregen verschüttet wurde, Motive des sogenannten Florastils findet, entwickelte sich auf Kreta in den Jahrzehnten nach der Katastrophe noch der Meeresstil mit Motiven der mittelmeerischen Fauna. Die Mykener des griechischen Festlandes übernahmen offenbar bald die militärische und politische Führung über die Minoer Kretas, ihre ehemaligen Rivalen. Jedenfalls stehen das wirtschaftliche und auch das kulturelle Leben auf Kreta seit 1450 v. Chr. ganz unter mykenischer Kontrolle. »Die Mykener hatten neben Knossós noch viele andere Wirtschaftszentren der Minoer übernommen. Bei den Grabungen in Chaniá entdeckte man sensationellerweise Linear-B-Schrifttäfelchen der griechisch sprechenden Mykener, die bisher auf Kreta tatsächlich nur in Knossós und an verschiedenen Orten des griechischen Festlandes gefunden wurden. In Archánes konnte sogar ein Raum freigelegt werden, der ganz ähnlich dem mykenisch ausgestalteten Thronsaal von Knossós mit umlaufenden Sitzbänken gebaut war. Und dann das mykenische Kuppelgrab auf der Nekropole Furní, außerhalb von Archánes, sowie das mykenische Megaron von Ajía Triádha: dies alles beweist, daß die Mykener wahrscheinlich alle für sie bedeutsamen Siedlungsplätze der Insel in Besitz genommen hatten – wohl aber wurden all diese Orte vielleicht von der Zentralverwaltung in Knossós kontrolliert.« (GALLAS 1986, 51).

Obwohl ab 1450 v. Chr. alle wichtigen Neubauten – darunter auch der teilweise Wiederaufbau des Palastes in Knossos – von Mykenern geplant und ausgeführt wurden, bedeutete dies nicht, daß die minoische Kulturtraditionen in Vergessenheit geraten wären. Diese bestanden weiterhin, und in der Kunst beispielsweise entwickelte sich ein *minoisch-mykenischer Mischstil*. Die Schriftkultur der spätminoischen Perioden II und IIIa (bis 1375 v. Chr.) ist ein Beweis dafür, daß trotz mykenischer Oberhoheit auf militärischem und politischem Gebiet wichtige kulturelle Institutionen der Minoer weiterlebten. Die kretische Linearschrift war offensichtlich ein Schriftsystem, zu dem es für die Mykener keine Alternative gab. Zwar hat man keine Schriftzeugnisse in Linear B gefunden, die aus einer früheren Zeit als dem 15. Jahrhundert v. Chr. stammen, man kann aber annehmen, daß die Ausbildung eines von Linear A unabhängigen Schriftsystems bereits auf das 16. Jahrhundert zurückgeht. Das für die Schreibung des Minoischen verwendete Linear A war das einzige Schriftsystem für praktische Zwecke, zu dem die Mykener direkt Zugang hatten. Bereits während der Zeit der mittelminoischen Palastperiode (2050–1550 v. Chr.) war die Kenntnis der minoischen Schrift auf das griechische Festland gelangt, denn es fanden sich Gegenstände mit Linear-A-Schriftzeichen an mykenischen Kulturstätten. Als die Mykener auf Kreta die Schrift von den Minoern übernahmen, mußten sie das Zeichensystem ihrer Sprache, d. h. dem Griechischen, anpassen. Dies war ein langwie-

(140) Zeichen der kretischen Schriftsysteme Linear A und Linear B

(141) Die Silbenzeichen von Linear B

a		jo		nu		ra₂		ti		22	
a₂		ka		nwa		ra₃		to		34	
a₃		ke		o		re		tu		35	
au		ki		pa		ri		twe		47	
da		ko		pe		ro		two		49	
de		ku		pi		ro₂		u		56	
di		ma		po		ru		wa		63	
do		me		pte		sa		we		64	
du		mi		pu		se		wi		65	
dwe		mo		pu₂		si		wo		79	
dwo		mu		qa		so		za		82	
e		na		qe		su		ze		83	
i		ne		qi		ta		zo		84	
ja		ni		qo		ta₂		18		86	
je		no		ra		te		19		89	

(142) Ideogrammzeichen von Linear B (Auswahl)

AES		HAS(ta)		*202^{VAS}	
ARB(or)		HORD(eum)		*205^{VAS}	
ARC(us)		JAC(ulum)		*207^{VAS}	
AROM(aticum)		LANA		*208^{VAS}	
BIG(ae)		LUNA		*209^{VAS}	
BOS		MUL(ier)		*210^{VAS}	
CAP(er)		OLE(um)		*211^{VAS}	
CAPS(us)		OLIV(a)		*212^{VAS}	
CORN(u)		OVIS		*213^{VAS}	
CROC(us)		PUG(io)		*214^{VAS}	
CUR(rus)		PYC		*217^{VAS}	
CYP(erus)		ROTA		*218^{VAS}	
EQU(us)		SAG(itta)		*227^{VAS}	
FAR		SUS		*229^{VAS}	
GAL(ea)		TELA[1]		VIN(um)	
		TUN(ica)		VIR	

riger Prozeß, der mit etlichen Schwierigkeiten verbunden war. Das kann man unter anderem daran erkennen, daß der Zeichenbestand von Linear A nicht einfach übernommen wurde, sondern Zeichen des alten Systems mit neu geschaffenen Symbolen dem selbständigen System Linear B ein klares Eigenprofil gaben.

Weder nach seinem Zeichenbestand noch nach seiner Verwendung ist Linear B abhängig von Linear A, obwohl die äußere Ähnlichkeit in der Gestalt vieler Zeichen die kulturhistorischen Bezüge zwischen beiden Schriftsystemen deutlich erkennen läßt. Aus den Parallelen im Zeichenbestand (*Abb. 140*) leitet J. G. P. BEST (1972) seinen Entzifferungsversuch von Linear A ab, indem er ähnlichen Zeichen im System Linear A diejenigen Silbenwerte beimißt, die sie nachweislich im System Linear B besitzen. Der Ansatz von Best setzt Bemühungen von C. H. GORDON (1968, 148 ff.) fort, der für identische Zeichen in beiden Schriftsystemen gleichartige Silbenstrukturen annimmt und zu der Schlußfolgerung gelangt, die in Linear A geschriebene Sprache der Minoer sei eine Variante des Westsemitischen gewesen. Die Forschungsergebnisse von Gordon und Best sind allerdings in kretologischen Fachkreisen umstritten. Insofern bleibt die Frage offen, ob die Schriftzeichen, die in beiden Systemen gleich sind, nur in ihrer äußeren Gestalt von Linear A nach Linear B übertragen wurden, oder ob dies auch für die damit bezeichneten Lautwerte gilt.

Die meisten Silbenzeichen des Schriftsystems Linear B konnten eindeutig entziffert werden. Nur für eine Anzahl selten gebrauchter Zeichen sind die Lesungen unbekannt oder nicht eindeutig (*Abb. 141*). Wie die anderen, hier vorgestellten Silbenschriften des Altertums, verwendet das System Linear B reine Silbenzeichen sowie ideographische Zeichen, wobei die letzteren zumeist als Determinative gebraucht werden (*Abb. 142*). Typisch für den Schriftgebrauch von Linear B sind sogenannte Doppelschreibungen, wobei ein in Silbenzeichen geschriebenes Wort von einem Ideogramm derselben Bedeutung begleitet wird. Ein Beispiel hierfür findet sich in der folgenden fragmentarischen Inschrift (*Abb. 143*). Die Silbenfolge *pa-ka-na* gibt den griechischen Ausdruck *phásgana* (Plural zu *phásganon*) wieder. Im mykenischen Griechisch bedeutete *phásganon* ›Dolch‹, und zwar bezog sich diese Bezeichnung auf einen Dolch mit charakteristischer kretischer Form. Eine Abbildung findet man in dem Ideogramm, das dem Wort *pa-ka-na* folgt. Ideogramme werden in der wissenschaftlichen Literatur mit Großbuchstaben geschrieben, so daß die Inschrift zu lesen ist als »*to-sa pa-ka-na PA-KA-NA 50*«.

Die Silbenzeichen von Linear B geben die Lautstruktur des mykenischen Griechisch nur unvollkommen wieder. Das archaische Griechisch unterscheidet wie das klassische Altgriechisch kurze und lange Vokale. Die Längenunterschiede werden aber in der Schreibung nicht berücksichtigt. Geschrieben wird nur die Vokalqualität, nicht die Quantität. Verbindungen von Konsonanten (z. B. *sk-* wie in *skōlos* ›Pfahl‹, *kn-* wie im Namen *Knossós*) werden ebenfalls nicht bezeichnet. Eine Konsonantengruppe wird in der Schreibung entweder vereinfacht – so wird aus *skōlos* im Schriftbild *ko-ro –*, oder es wird ein Stützvokal zwischen die Konsonanten geschoben, der zwar geschrieben, aber nicht gesprochen wird. Der Stadtname Knossos erscheint in der Schreibung als *ko-no-so*. Die Endung *-s*, Zeichen des Nominativ Singular der maskuli-

(143) Fragmentarische Inschrift in Linear B

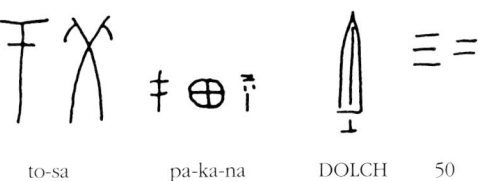

to-sa   pa-ka-na   DOLCH   50

nen Substantive, wurde ebenfalls in der Schreibung nicht berücksichtigt. Man kann sich vorstellen, daß es viele Textzusammenhänge gibt, in denen die Lesung von Zeichengruppen Schwierigkeiten bereitet. Beispielsweise kann die geschriebene Silbenfolge *ko-ro* eine Reihe ganz verschiedener Wörter wiedergeben:

κόλος	verstümmelt	κόρος	Überdruß	χόλος	Galle
κόλον	Pause	σκῶλος	Pfahl	χόρος	Tanz, Chor
κῶλον	Teil, Glied	χοῖρος	Schwein	χῶρος	Raum, Fläche

Es gibt andere Zeichengruppen mit noch mehr Lesarten, z. B. *e-ke*, das für nicht weniger als 21 Ausdrücke stehen kann.

Man fragt sich unwillkürlich, was hier noch Lesen, und was Schreiben heißt. Sicherlich sprechen deshalb auch manche wegen der Leseschwierigkeiten mit Berechtigung von einer »Kontroverse um Linear B« (EKSCHMITT 1969). Es mag vielleicht auch verwundern, warum die mykenischen Griechen im Lauf der rund zweihundert Jahre, die Linear B in Gebrauch war, keine eindeutigere Schreibweise entwickelt haben. Eine solche Überlegung erscheint natürlich vom Standpunkt des modernen Betrachters aus berechtigt, der in einer Alphabetkultur aufgewachsen ist. Denken wir aber daran, daß es andere Schriftsysteme des Altertums gibt, bei denen man ähnlichen Ungereimtheiten im Verhältnis Schreibung–Lesung begegnet. Ein Beispiel hierfür bietet die sumerische Schriftkultur – und zwar sowohl die Tradition der Piktographie als auch die des Keilschriftgebrauchs –, wo in der Schreibung vieles (z. B. grammatische Endungen) unberücksichtigt bleibt. Die Schreiber von Linear B überließen, ähnlich wie die sumerischen Schreiber, vieles dem Textzusammenhang, und dieser war allen an der Schriftkultur beteiligten Personen bekannt, denn sie lebten ja in der betreffenden Kultur. Die Leseschwierigkeiten, denen moderne Interpreten von Linear-B-Texten begegnen, resultieren gerade daraus, daß zu wenig vom kulturhistorischen Hintergrund bekannt ist, um den Schriftgebrauch und die Textzusammenhänge eindeutig zu machen.

Die meisten bislang gefundenen Texte in Linear B sind kurz und beinhalten Aufstellungen. »Außer Inschriften, die auf Tontafeln und Siegelplättchen eingeritzt wurden und den Großteil des vorhandenen Materials in Linear B ausmachten, sind kurze Texte bekannt, die auf die Wände großer Tongefäße gemalt sind, und zwar von verschiedenen Orten auf dem Festland, einschließlich Eleusis, Mycenae, Orchomenos, Theben und Tiryns, sowie von Knossos und Chania auf Kreta. (...) Sie [d. h. die Linear-B-Tontafeln] tragen kurze Beschriftungen, die von der Verwaltungsbürokratie der bronzezeitlichen Paläste stammen, und sie bestehen aus kaum mehr als Listen von

(144) Tontafeln mit Texten in Linear B

a) Tontafeln aus dem Palastarchiv von Knossos

```
                                                          -e-we-qe
  jo-do-so-si   ko-re-te-re    du-ma-te-qe
  po-ro-ko-re-te-re-qe   ka-ra-wi-po-ro-qe  o-pi-su-ko-qe  o-pi-ka-pe
  ka-ko  na-wi-jo   pa-ta-jo-i-qe   e-ke-si-qe   ai-ka-sa-ma
  pi-*82  ko-re-te  BRONZE M2  po-ro-ko-re-te  BRONZE N 3
  me-ta-pa      ko-re-te  BRONZE M2  po-ro-ko-re-te  BRONZE N 3
  pe-to-no      ko-re-te  BRONZE M2  po-ro-ko-re-te  BRONZE N 3
  pa-ki-ja-pi   ko-re-te  BRONZE M2  po-ro-ko-re-te  BRONZE N 3
  a-pu₂-we      ko-re-te  BRONZE M2  po-ro-ko-re-te  BRONZE N 3
  a-ke-re-wa    ko-re-te  BRONZE M2  po-ro-ko-re-te  BRONZE N 3
  ro-u-so       ko-re-te  BRONZE M2  po-ro-ko-re-te  BRONZE N 3
  ka-ra-do-ro   ko-re-te  BRONZE M2  po-ro-ko-re-te  BRONZE N 3
  ri-]jo        ko-re-te  BRONZE M2  po-ro-ko-re-te  BRONZE N 3
  ti-mi-to-a-ke-e         ko-re-te  BRONZE M2  po-ro-ko-re-te  BRONZE N 3
  ra-]wa-ra-ta₂,          ko-re-te  BRONZE M2 N3  po-ro-ko-re-te  BRONZE N 3
  sa-]ma-ra     ko-re-te  BRONZE M3 N3  po-ro-ko-re-te N 3
  a-si-ja-ti-ja ko-re-te  BRONZE M2  po-ro-ko-re-te N 3
  e-ra-te-re-wa-pi  ko-re-te  BRONZE M2  po-ro-ko-re-te N 3
  za-ma-e-wi-ja ko-re-te  BRONZE M3 N3  po-ro-ko-re-te N 3
  e-re-i        ko-re-te  BRONZE M3 N3  po-ro-ko-re-te  N 3
```

b) Tontafel aus dem Palastarchiv von Pylos

Personen, Tieren und Waren, Aufstellungen über Besitztum, Aufzeichnungen über Landbesitz und dergleichen.« (HOOKER 1980, 20 f.) Die Texte der älteren Phase, die aus Kreta stammen und ins 15. sowie 14. Jahrhundert v. Chr. datiert werden (*Abb. 144 a*), sind im Durchschnitt kürzer als die Texte vom Festland, die alle im 13. Jahrhundert entstanden sind (*Abb. 144 b*). Es ist bemerkenswert, daß auf dem griechischen Festland in Linear B mehr Schriftzeugnisse an mehr Orten gefunden wurden als auf Kreta (*Abb. 145*). Demnach war die Schriftkultur dort weitaus lebendiger, wohin das System Linear B »exportiert« wurde, als in dem Gebiet, in dem es entstanden ist. Am umfangreichsten ist die Zahl der Texte in Linear B, die man in den Palastarchiven von Pylos gefunden hat.

Wenn oben hervorgehoben wurde, daß das System Linear B entwicklungsmäßig jünger als Linear A ist und diesem chronologisch nachfolgt, so ist dieser Hinweis nicht dahingehend mißzuverstehen, als ob Linear A von Linear B abgelöst und außer Gebrauch gekommen wäre. Eine eigentliche Ablösung im Sinn eines Schriftwechsels – und damit auch eines Wechsels der geschriebenen Sprachen (mykenisches Griechisch anstatt älterem Minoisch) – fand nur an wenigen Orten Kretas statt, namentlich in Knossos und Chania. Dort wird Linear A aufgegeben, als man anfängt, Linear B zu schreiben. Anders war die Situation in Südkreta. In Phaistos und Agia Triada schreibt man weiterhin Minoisch in Linear A. An diesen Orten werden keine Texte in Linear B aufgezeichnet. Um 1375 v. Chr. bricht die Schrifttradition von Linear B in Knossos ab. Der direkte Grund hierfür ist die Zerstörung des Palastes durch Feuer, ein Umstand, der – ähnlich wie im Fall des Diskos von Phaistos (s. Kap. 2) – die ursprünglich ungebrannten Tontafeln mit Beschriftung in Linear B vor der Verwitterung bewahrte und damit für die Nachwelt rettete. Über die Ursachen der Palastzerstörung kann man nur spekulieren. Es ist möglich, daß auch diesmal eine Naturkatastrophe dafür verantwortlich ist, wie für die Zerstörungen in früherer Zeit. Man kann sich auch vorstellen, daß die Mykener von Kreta mit denen des Festlandes im Bruderkrieg um die Vormachtstellung in der Ägäis lagen, und daß die Unabhängigkeitsbewegung der kretischen Mykener militärisch unterdrückt wurde. Auch auf dem Festland wurde es unruhig. Dies kann man daraus schließen, daß überall die mykenischen Befestigungsanlagen verstärkt und ausgebaut wurden. Zugleich wurden die Mykener selbst zunehmend aggressiv in ihrem Expansionsdrang bis an die Küsten Syriens und Phöniziens. Um 1100 v. Chr. werden die mykenischen Kulturzentren auch auf dem griechischen Festland zerstört. Ironie des Schicksals: diejenigen Barbaren, die die mykenische Zivilisation vernichteten, waren auch Griechen. Dem Namen nach bekannt sind die Dorer, denen sich bei der Landnahme auch Stammesverbände aus dem Nordwesten Griechenlands anschlossen. Die Tontafelarchive in Pylos, Tiryns und an anderen Orten verdanken ihre Erhaltung – ebenso wie im Fall von Knossos – der Hitze des Feuers, das die Paläste zerstörte.

Nach 1100 v. Chr. fällt die westliche ägäische Welt in ein schriftloses und kulturell orientierungsloses Stadium zurück. In der sogenannten spätminoischen Periode Kretas (von 1375 – ca. 1000 v. Chr.) hält sich noch eine epigonenhafte Kultur mit minoischen Zügen. Die kretischen Schriftsysteme, einschließlich Linear A und Linear B, werden nicht mehr verwendet. Auf dem Festland war der Bruch abrupter. Mykenische Kulturmuster verschwinden vollständig. Es beginnen die unruhigen »dunklen Jahrhunderte«. Im Verlauf des 12. Jahrhunderts v. Chr. landen die Dorer auch auf Kreta und drängen die minoische Bevölkerung in die Bergregionen ab. Erst damit beginnt die Gräzisierung Kretas. Aber in einigen Gegenden, etwa an der kretischen Ostküste, können sich minoische Siedlungen noch bis in die klassische Periode halten. Man nimmt an, daß die minoische Sprache in diesen Siedlungen noch im 4./3. Jahrhundert v. Chr. gesprochen wurde (DUHOUX 1982, 21 ff.). Auf Kreta sollte es lange dauern, bis die dortige griechische Kultur das minoisch-mykenische Niveau erreichte.

Genaueres wissen wir über diesen Zeitraum des Übergangs nicht, denn die archäologischen Zeugnisse vermitteln ein nur lückenhaftes Bild. Schriftliche Dokumente gibt es auf Kreta zwischenzeitlich nicht. Die Tradition von Linear B ist abgebrochen und wird auch später nicht wiederbelebt. Allerdings verschwindet das Kulturerbe, das mit diesem Schriftsystem assoziiert ist, nicht spurlos. Immerhin spielt das Zeicheninventar von Linear B bei der Ausbildung der kypro-syllabischen Schrift auf Zypern eine Rolle (s. Kap. 7). Die Vernichtung der mykenischen Zivilisation jedoch besiegelt das Schicksal von Linear B auf dem Festland. Hier ist die mykenische Schrift der letzte Ableger einer selbständigen europäischen Schrifttradition, denn auf dem griechischen Festland hat Linear B weder einen direkten Fortsetzer, noch beeinflußt es die spätere Schrift der Griechen. Als man die »neue« Technologie, das Alphabet, aus dem Nahen Osten übernimmt, weiß man noch, daß es einmal eine einheimische Schrift gegeben hat. Die Erinnerung an die Schriftkultur Kretas lebte in der hellenistisch-römischen Zeit weiter, und schon damals glaubten manche, daß die Schrift, aus der das Alphabet entstanden ist, nicht von den Phöniziern erfunden worden sei, sondern ursprünglich aus Kreta stamme (s. Kap. 6).

Viele Europäer betrachten bis heute das klassische Griechenland als die Wiege der europäischen Zivilisation, und sie halten die Einführung des *Alphabets* durch die Griechen für die erste Chance der Europäer, historisches Licht in das Dunkel der abendländischen Vorgeschichte zu werfen. Und dabei ist es nur eine Laune der Geschichte, daß sich der griechisch-römische Zivilisationskreis nicht auf Linear B oder eine Variante dieses Schriftsystems als Kulturträger gestützt hat. Einen modernen Betrachter mag diese Überlegung ebenso exotisch anmuten wie das Schriftbild des Systems Linear B, aber nur deshalb, weil man bis heute in der Schulausbildung die zivilisatorischen Errungenschaften der klassischen Antike so darstellt, als ob sie aus einem kulturlosen Nichts entstanden seien, und als ob erst die Berührung mit den Kulturen des Vorderen Orients die europäische »Barbarei« kultiviert hätte. Vielmehr leben im antiken Griechenland und in der ägäischen Inselwelt alteuropäische und minoische Kulturtraditionen – unter anderem in der Mythologie und religiösen Symbolik – weiter, und auch die alte Schriftkultur ist nicht spurlos verschwunden. Auf Zypern lebt die Silbenschrift zur Schreibung des Griechischen bis in die klassische Zeit fort und rivalisiert eine Zeitlang mit dem Alphabet. Die Buchstabenschrift ist für die Europäer in der Ägäis allerdings nicht ganz neu oder gar fremdartig. Zumindest Kreta hat einen Anteil an ihrer Entstehung.

(145) Fundorte von Linear B-Texten auf Kreta und dem griechischen Festland

Die Silbenschriften nordamerikanischer Indianersprachen: Cherokesisch, Cree, Chipewyan, Dene

In der Regel hat sich dort, wo das Alphabet bekannt wurde, das phonographische Prinzip der Buchstabenschrift in dem Sinn durchgesetzt, daß entweder das neue System mitsamt seinen Zeichen übernommen wurde (z. B. im Fall der Übernahme des phönizischen Alphabets durch die Griechen), oder ein älteres Schriftsystem nach dem alphabetischen Prinzip umgestaltet wurde. Die letztere Entwicklung ist charakteristisch für die Umstellung der Schreibweise vom Prinzip der Segmentalschrift (nach ägyptischem Muster) zu dem der Buchstabenschrift (nach griechischem Muster) im antiken Nubien, wo das Meroitische zwar mit ägyptischen Hieroglyphen, aber in der Art einer Alphabetschrift geschrieben wurde (s. Kap. 7). Es gibt allerdings nur wenige Beispiele dafür, daß eine Silbenschrift zu einer Zeit und in einer Region geschaffen wurde, deren Schriftkultur ganz im Licht des Alphabets stand. Eine solche Entwicklung ist vom Standpunkt der Schriftrevolution »rückschreitend« (was nicht gleichbedeutend ist mit »rückschrittlich«), und man findet sie nur dort, wo die einheimische Bevölkerung kaum Anteil hat an den zivilisatorischen Errungenschaften in Verbindung mit der Alphabetkultur. Die Ausbildung von Schriftsystemen für einige nordamerikanische Indianersprachen in der Neuzeit bietet hierfür Beispiele. Silbenschriften wurden im 19. Jahrhundert für die Cherokee und die Cree geschaffen. Beide Systeme aber sind nurmehr historisch und werden seit Beginn dieses Jahrhunderts nicht mehr verwendet. Ableger der *Cree-Schrift* sind allerdings bis heute in Gebrauch geblieben (s. u.).

Indianer vom Stamm der Cherokee leben heute überwiegend im Osten des amerikanischen Bundesstaates Oklahoma, ein kleinerer Teil der Bevölkerung auch im Westen von North Carolina. Sofern sie ihre Muttersprache, die zur Gruppe der *irokesischen Sprachen* (bzw. Gruppe der Irokesisch-Caddo-Sprachen) gehört, schreiben, verwenden sie dazu das lateinische Alphabet. Diese Schriftart wurde erst im Jahre 1902 eingeführt, vorher schrieb man das *Cherokesische* in einer einheimischen Silbenschrift, deren Entwicklung und praktische Ausführung auf die Initiative eines Mischlings namens Sequoya (oder Sikwoyi, um 1760–1843) zurückgeht. Wahrscheinlich war Sequoyas Vater ein deutscher Händler. Als Sequoya (*Abb. 146*), dem man auch einen englischen Namen gegeben hat (George Guess), auf den Gedanken kam, wie die Weißen ein Buch zu schreiben, sagten ihm die Häuptlinge der Cherokee, dies sei unmöglich. Ihre Ansicht war nicht unbegründet, denn in einer mythischen Erzählung wird erklärt, warum der rote Mann kein Buch schreiben kann. Der Erzählung zufolge hätte der Große Geist zwei Jungen geschaffen, einen rothäutigen und einen weißen. Der Rothäutige bekam ein Buch, dem weißen Jungen gab der Große Geist Pfeil und Bogen. Der Weiße aber stahl dem roten Jungen das Buch, ließ ihm stattdessen Pfeil und Bogen da und verschwand. Dies wäre der Grund, weshalb nur der weiße Mann ein Buch machen könne. Die Erzählung der Cherokee konnte Sequoya jedoch nicht entmutigen, und er versuchte sich in den Jahren 1819–22 an einer

(146) Der Cherokese Sequoya (um 1760–1843)

Schrift. Der einzige Anhaltspunkt für sein Unternehmen war ein englisches Buch, dessen Sprache er nicht kannte und dessen Schrift er nicht lesen konnte. Der Prozeß der Schaffung eines eigenen Schriftsystems war langwierig und führte über die Entwicklungsstufe einer Bilderschrift.

Schließlich entstand eine Silbenschrift mit zunächst 200 Zeichen, deren Bestand später auf 85 reduziert wurde (*Abb. 147*). Die meisten Lautverbindungen in den Silbenzeichen sind solche mit anlautendem Konsonanten, dem ein Vokal folgt. SEQUOYA orientierte sich bei der Wahl der Zeichen an den Majuskeln der lateinischen Antiqua-Schrift. Da ihm der Lautwert der lateinischen Buchstaben unbekannt war, verwendete er diese Zeichen wahllos. Im lateinischen Alphabet gab es aber zu wenig Zeichen, um die Silben des Cherokee zu schreiben. »Sikwoyi half sich auf folgende Weise: Er benutzte Minuskeln (Kleinbuchstaben) (h für ni), Großbuchstaben in Schreibschrift (Geschriebenes A für hi, E für gwa), Kleinbuchstaben in Schreibschrift (geschriebenes i für a), Zahlzeichen (4 für se), drehte die lateinischen Buchstaben um bzw. verwendete das Spiegelschriftzeichen (z. B. L umgedreht und in Spiegelschrift, wie großes griechisches Gamma oder russisches G für hu), fügte einen Strich, ein Häkchen oder dergleichen an bestimmte Buchstaben (z. B. durchstrichenes U für sa,

(147) *Die Silbenschrift Sequoyas zur Schreibung des Cherokesischen*

Anlautender Konsonant	Auslautender Vokal						Besondere Zeichen
	a	e	i	o	u	ə	
ʼ	D	R	T	ꭰ	Oʻ	i	
g	S	ᑊ	y	A	J	E	ka ꭰ
h	ⱷ	P	ꭿ	ᖮ	Γ	ꮾ	
l	W	ꮝ	ꮑ	Ꮈ	M	ꭳ	
m	ꭶ	Oʃ	H	ꜫ	y	fehlt	
n	θ	ꭿ	h	Z	ꭹ	Oʻ	hna ꮏ , nah G
gʷ	ꭲ	ω	ꭲ	ꮶ	ⓒ	Ɛ	
s	ꭴ	₄	b	ꟻ	ꬻ	R	s (vokallos) ꭴ
d	ꭳ	ꭶ	ꭶ	ꮩ	S	ꮲ	ta W , te ꭼ , ti J
dl	ꬻ	L	C	ꮩ	ꮲ	P	tla ꮆ
ts	G	V	ꭹ	K	ꭷ	Cᷝ	
w	G	ꭲ	ꭴ	ꮾ	Ꭿ	6	
y	ꬻ	ß	ꭶ	ꭷ	Gᷝ	B	

(148) Die Cree-Schrift

Anlautender Konsonant	In- oder auslautender Vokal				Auslautender Konsonant
	a	e	i	o	
-	◁	▽	△	▷	fehlt
p	<	V	∧	>	ı
t	⊂	U	∩	⊃	／
k	b	q	P	d	＼
tc	↙	⌒	⌒	⌄	-
l	↶	∪	∩	⊃	S
m	L	⊓	⌐	⌐	c
n	⊓	⊓	⊓	⊓	⊃
r	Ν	∩	∩	∪	?
s	⌒	⌒	⌒	⌒	⌒
y	⇆	⇆	⇆	⇆	+
w	◁·	▽·	△·	▷·	o

O mit einem Häkchen rechts für u), änderte das lateinische Zeichen sonstwie etwas ab (z. B. O mit einer Art z im Kreis für wi) oder erfand auch ganz neue Formen (z. B. für dla, su usw.).« (PINNOW 1964, 108f.) Sequoya hatte mit seiner Schriftschöpfung Erfolg, denn sie wurde von den Missionaren als geeignet akzeptiert. Ein anderer Cherokee namens GALAGÍNA (engl. Elias BOUDINOT) gab im Jahre 1828 die erste Zeitung (»Cherokee Phoenix«) in cherokesischer Sprache und Schrift heraus. Gegen Ende des Jahrhunderts aber wurde die einheimische Schrift kaum noch verwendet und schließlich durch das lateinische Alphabet ersetzt.

In der Anfangszeit war Sequoyas Schrift so populär, daß viele Cherokesen sich bemühten, Lesen und Schreiben zu lernen. »Nach den herrschenden Maßstäben der Ethnologie hatten sie die große Trennungslinie zwischen einer primitiven (vorliterarischen) und einer zivilisierten Gesellschaft mit Schrifttum überschritten. Bis etwa 1825 konnte die Mehrheit der Cherokesen lesen und schreiben.« (McLOUGHLIN 1986, 353) Auch andere Indianerstämme gebrauchten die Schrift der Cherokesen zeitweise, so die Cree, deren Sprache zur Gruppe der *Algonkin-Ritwan-Idiome* gehört. Reste des Cree-Stammes wohnen heute im Norden von Montana. Im vergangenen Jahrhundert lebten die Cree noch im Gebiet der Hudson Bay, wo ein Methodisten-Missionar namens James EVANS zwischen 1840 und 1846 deren Sprache lernte und eine Schrift schuf *(Abb. 148)*. Dies ist ebenso wie die Schrift der Cherokee eine Silbenschrift, und bei beiden verläuft die Schreibrichtung von links nach rechts. Strukturell weichen die beiden Schriftarten allerdings dadurch voneinander ab, daß die Cree-Schrift Markierungen für Konsonanten im Silbenauslaut kennt.

(149) Text in Cree-Schrift

⊲ᓇᒉ∇ ᒫᔑᓇᐃᐦ· ᔌᐠ ᐅ· ᐃᔑᑕ·ᐃ·ᑉ
ᑫᔅ ⊲ᓇᒣ ᓇᑲᒍᓇᑉ ᑕᑉᐱᐃᑲᐅ⊲·ᑉ
ᒥ ∇ᔑᒋ·⊲·ᑉ ᑲᑐᓂᑉ ⊲ᓇᒋᔑᑉ

Die Zeichen der *Cree-Schrift* sind willkürlich gewählte geometrische Symbole, wobei jeweils ein Basissymbol durch Drehungen verschiedene Silbenwerte wiedergibt. Nur wenige Zeichen ähneln lateinischen Buchstaben (z. B. für ki) oder arabischen Ziffern (z. B. für ra). Es ist neuerdings die Ansicht vertreten worden, die Zeichen der Cree-Schrift seien nicht frei erfunden, sondern Evans hätte Symbole verwendet, die sich auf den Felszeichnungen im Nordosten Amerikas finden (Fell 1982). Die Ähnlichkeiten zwischen den abstrakten Symbolen der Felsbilder und den Zeichen der Cree-Schrift sind allerdings zu vage, um die Herkunft der letzteren aus den ersteren abzuleiten. Evans selbst übersetzte Teile des Neuen Testaments in die Cree-Sprache.

(150) Adaption der Cree-Schrift für die Sprachen der Chipewyan und Slave

Anlautender Konsonant	In- oder auslautender Vokal				Auslautender Konsonant
	a	e	i	o	
ʼ	⊲	▽	△	▷	″
ʼ_n	⊲̇	▽̇	△̇	▷̇	ʼ
b	<	∨	∧	>	ˊ
d	⊂	∪	∩	⊃	⸲
k	ᑲ	ᑫ	ᑭ	ᑯ	ˋ
l	ᒐ	ᒉ	ᒋ	ᒍ	˂
m	L	⊓	⌐	⌐	z
n	ᓇ	ᓀ	ᓂ	ᓄ	+
r	ᑎ	ᑏ	ᑐ	ᑑ	ʳ
s	ᔑ	ᔐ	ᔓ	ᔕ	s
y	ᔭ	ᔮ	ᔯ	ᔰ	·
z	ᕱ	ᕲ	ᕳ	ᕴ	ˋ
tc	E	W	m	3	h
θ	∪	⌐	⌐	⌐	c
ð	ʼ∪	ʼ⌐	ʼ⌐	ʼ⌐	o
t	⊂ʼ	∪ʼ	∩ʼ	⊃ʼ	ʼ
tθ	ᘁ	∪	∩	⊃ʼ	
tʼ	ᑊ	ᑌ	ᑎ	ᑐ	

(151) Die Dene-Schrift

Anlautender Konsonant	In- oder auslautender Vokal						Auslautender Konsonant
	a	e	ẹ	i	o	u	
ʼ	◁	▷	▷	▷	△	▽	•
h	<	>	>	>	∧	∨	h
γ	◄	►	►	►	▲	▼	ǁ
r	◁	▷	▷	▷	△	▽	ǀ
w	⇐	⇒	⇒	⇒	⇑	⇓	
hʷ	⇍	⇏	⇏	⇏	⇞	⇟	
d	C	⊃	Ɔ	Ɔ	∩	U	T
t	▢	D	▯	▯	∩	▯	
tʼ	ᴄ	Ɔ	Ɔ	Ɔ	∩	∪	
b	ᴅ	D	D	D	A	U	⊥
g	Ɛ	Ǝ	Ǝ	Ǝ	m	ɯ	/
k, x	B	B	B	B	ɷ	ω	\
kʼ	ȣ	ȣ	ȣ	ȣ	ɷ	ω	∨
n	⊂	⊃	⊃	⊃	∩	∪	)
m	Ɛ	Ɜ	ʯ	ʯ	m	ɯ	(
y	e	ꙅ	ꙅ	ꙅ	ɷ	ω	
dj	⍺	Ɒ	Ɒ	Ɒ	Ω	Ƭ	
tcʼ	⍺	Ɒ	Ɒ	Ɒ	Ω	Ƭ	
l	C	Ɔ	Ɔ	Ɔ	∩	∪	ǀ
dl	ᴄ	Ɔ	Ɔ	Ɔ	Ω	∪	
ł	ᴄ	Ɔ	Ɔ	Ɔ	Ω	∪	ʟ
tł	ᴄ	Ɔ	Ɔ	Ɔ	Ω	Ʊ	
tłʼ	Ɛȝ	Ɜ	Ɜ	Ɜ	ʍ	ω	
z	⊂	⊃	⊃	⊃	∩	∪	z
j							ƶ
dz	⊟	⊟	⊟	⊟	Ω	℧	
s	⋐	⋑	⋑	⋑	m	ɯ	s
ṣ							s
c	⋈	⋈	⋈	⋈	⋒	⋓	s
tc	⋈	⋈	⋈	⋈	⋒	⋓	
ts	⋈	⋈	⋈	⋈	⋒	⋓	
tsʼ	⋈	⋈	⋈	⋈	⋒	⋓	

Nach dessen Tod engagierte sich ein anderer Missionar, W. Mason, für das Cree-Schrifttum. Er übersetzte das Neue Testament, und seine Übersetzungsversion wurde 1859 gedruckt. Ebenfalls von Mason stammt die erste vollständige Bibelübersetzung, die 1861 im Druck erschien. In der Folgezeit entstanden eine ganze Reihe weiterer Druckwerke zumeist religiösen Inhalts *(Abb. 149)*.

Zwei französische Missionare, F. Petitot und R. M. Morice, unternahmen in den siebziger und achtziger Jahren des 19. Jahrhunderts den Versuch, die Cree-Schrift für andere Sprachen zu verwenden. Allerdings begegnete man bei der Übertragung der Schriftzeichen auf lautlich weitaus kompliziertere *athabaskische Sprachen* wie *Chipewyan*, *Hare* und *Kutchin* grundlegenden Schwierigkeiten. Petitot scheiterte mit seiner

(152) Adaption der Cree-Schrift für das kanadische Eskimo

▽	a	△	ē	◁	i	▷	ō		
V	pa	∧	pē	<	pi	>	pō	∠	-p
U	ta	∩	tē	C	ti	⊃	tō	c	-t
۹	ka	P	kē	b	ki	d	kō	b	-k
⌐	ga	⌐	gē	⌐	gi	⌐	gō	⌐	-e
⌐	ma	⌐	mē	L	mi	⌐	mō	L	-m
⌐	na	σ	nē	⌐	ni	⌐	nō	⌐	-n
⌐	sa	⌐	sē	⌐	si	⌐	sō	b	-s
⌐	la	⌐	lē	⌐	li	⌐	lō	⌐	-l
⌐	ya	⌐	yē	⌐	yi	⌐	yō		
⌐	va	⌐	vē	⌐	vi	⌐	vō	⌐	-v
⌐	ra	⌐	rē	⌐	ri	?	rō	⌐	-r
								⌐	-ng
								⌐	-q

Umgestaltung der Cree-Schrift, da das Zeichensystem zu unvollständig blieb. Morice dagegen führte radikale Änderungen durch und erweiterte den Zeichenbestand erheblich (*Abb. 150*). Seine Version einer modifizierten Cree-Schrift konnte sich nach 1885 bei den Chipewyan, Carrier und Slave durchsetzen. Die komplizierteste Abzweigung von der Cree-Schrift ist das Schriftsystem, das Morice für die Sprache der athabaskischen Dene konzipierte (*Abb. 151*). Dieses System enthält zwar eine große Zahl von Symbolen (insgesamt 200), wegen seiner Regelmäßigkeit ist der Zeichenbestand aber verhältnismäßig leicht zu erlernen.

Die Schriftart der kanadischen Eskimo

Die jüngste der Adaptionen der Cree-Schrift dient zur Schreibung des Eskimo (*Abb. 152*), und bis heute verwenden die Eskimo in Baffinland diese Schriftart (*Abb. 153*). Aus Alaska stammt die Version einer Silbenschrift zur Schreibung des dortigen Eskimo im Kuskokwim-Gebiet. Diese Schriftart ist unter ähnlichen Bedingungen entstanden wie die Sequoya-Schrift. Die sogenannte *Alaska-Schrift* (FRIEDRICH 1966, 162ff.) wurde um die Wende vom 19. zum 20. Jahrhundert von dem Eskimo UYAKOG (1860–1924) geschaffen, dessen englischer Name (Neck ›Nacken‹) die Übersetzung seiner einheimischen Namenform ist. Wie SEQUOYA, so begann auch NECK seine Schriftkonzeption auf der Basis einer Bilderschrift. »Im Laufe einiger Jahre bildete sich schließlich eine Silbenschrift heraus (s. *Abb. 154*), die freilich zur letzten Entwicklungsstufe, einer Buchstabenschrift, nicht gelangt ist, obschon sich gelegentlich (nicht konsequent) besondere Zeichen für silbenauslautende Konsonanten vorfinden.« (JENSEN 1969, 240)

Die obigen Hinweise auf die Entwicklungen von Silbenschriften und deren Adaptionen in Nordamerika, mit denen die Dokumentation dieses Kapitels schließt, erwecken beim Leser vielleicht den Eindruck, daß Silbensysteme heutzutage veraltete Schreibweisen sind, die sich nur bei sprachlichen Minderheiten in Randgebieten halten können. Der Eindruck, daß sich silbische Schreibweisen als Erscheinungsformen einer älteren Phase der Schriftgeschichte entwicklungsmäßig überlebt haben, ist insofern zutreffend, als keine Silbenschrift der Antike in der Auseinandersetzung mit den späteren Alphabetschriften resistent geblieben ist. Es ist aus dieser Sicht berechtigt zu sagen, daß die Alphabetschrift die ältere Silbenschrift entwicklungsmäßig überholt

(153) Text in der Sprache der Eskimo in Baffinland

(154) Die Silbenschrift von Uyakoq für das Eskimo in Alaska

		Vokale				
1	a	¹a ²a ³2 ⁴2		4	ï	ι
2	i	e		5	ai, i, y	ι
3	u	e				

		Konsonanten				
		a	i	u		
6	p	ℜ	ι	τ	ϒ	ℑ
7	v	ς	¹⌢ ²⌢	⨍	◂	⁓
8	m	ℤ	⌢	●	⌣	ℸ
9	t	ℼ	¹ℵ ²ℓ	ℒ	⌢	ℵ
10	s, ts	¹⌢ ²⌢	𝔶	𝔫	¹⁚ ²⁛	¹⌢ ²⌢
11	n	thu	¹u ²ℂ	𝔞	𝔧	𝒰
12	k	⌒	⌐	𝔫	⸴	⌒
13	g	⌢	ℓ	⁀	⁀	ℓ
14	ng [ŋ]	⌵	r	⌒	⋅⌢	¹p ℯa
15	q	ℤ	⌒	ℓ	ℑ	ℤ
16	r	¹𝔷 ²𝔷	ℰ	ℨ	⌿	ℓ
17					cɔr ℑy	
18	y	ι	ι	ℒ⌢		
19	l	ι	ιℵ	⌢⋅	⌢	

		Besonderheiten				
20	ar	¹ℑ ²ℑ		25	id(i)t	⌢⌢
21	ag	∴		26	kut	⌿⌢
22	ig	∋		27	qoq	⌢⌢"
23	mik	⌢		28	tlo	!
24	tit	⌢⌢		29	uga	⌢ Sa

hat. Solche allgemeinen Beobachtungen sollten aber nicht zu dem Mißverständnis verleiten, daß etwa Silbensysteme grundsätzlich als moderne Schreibweisen ungeeignet wären. Dies trifft nicht zu, und die Verwendung von Syllabaren in Japan, wo bis heute neben den chinesischen Schriftzeichen zwei Silbenschriften *(Hiragana, Katakana)* verwendet werden, macht deutlich, daß silbische Schreibweisen einen Zugang ins Computerzeitalter gefunden haben (s. Kap. 7, S. 394 ff.).

Kapitel 6

Schrift, Buchstabe und Laut

Die schrifthistorische Revolution
des Alphabets

Die hieroglyphische Segmentalschrift in Ägypten, die Keilschrift in Mesopotamien, die hethitische Hieroglyphenschrift und Linear B auf Kreta waren Kulturträger hochentwickelter Zivilisationen. Die Vorstellung, daß diese prestigemäßig hochwertigen Schriftvarianten die Ausgangsbasis für die Entwicklung noch leistungsfähigerer Systeme, nämlich von Alphabetschriften, geworden sein könnten, drängt sich geradezu auf, wenn man bedenkt, wie umfangreich und weitverzweigt das Schrifttum in den meisten dieser Schriftarten war. Besonders beeindruckend ist der Umfang der in Keilschrift verfaßten Literatur. Die akkadische Keilschrift, die ägyptische Hieroglyphenschrift und Linear B zur Schreibung des mykenischen Griechisch stellten zudem die technisch am weitesten entwickelten Systeme der damaligen Zeit dar. Ohne weiteres hätten diese Schriftarten auch das Modell für Alphabetschriften werden können. Von der Keilschrift in der Handelsstadt Ugarit an der syrischen Mittelmeerküste weiß man, daß ihre Zeichen wie die Buchstaben eines Konsonantenalphabets verwendet wurden (s. Kap. 7). Auch die Symbole der ägyptischen Hieroglyphenschrift dienten in Nubien als Buchstabenzeichen zur Wiedergabe des Meroitischen (s. Kap. 7). Andererseits hat keines der wichtigen Schriftsysteme des Altertums seine Zeit überlebt. Welchen Anteil haben nun alle diese Schriftarten am evolutionären Umbruch von der Silbenschrift zur Buchstabenschrift, so wie sie aus dem phönizischen Sprachraum bekannt geworden ist? Die Antwort mag überraschen: Keines der alten Schriftsysteme spielt eine dominierende Rolle, obwohl Einflüsse der ägyptischen Schriftkultur wie auch der kretischen Schriftsysteme (Linear A und B) unverkennbar sind. Die semitischen Alphabetschriften sind aus anfänglich unbedeutenden Quellen entstanden, zwar in Anlehnung an die damals herrschenden Schriftsysteme, aber nicht in Abhängigkeit von diesen.

Der Entwicklungssprung zu den Alphabetschriften ist groß, und wären sie kontinuierlich aus Silbenschriften weiterentwickelt worden, dürfte man dafür mit langen Zeiträumen rechnen. Denn alle Segmental- und Silbenschriften des Altertums sind im Vergleich zu Buchstabenschriften schwerfällig wegen ihrer ideographischen Komponente, d.h. der logographischen Schreibweise von Wortzeichen und Determinativen. »Anstelle von Hunderten von oft auch graphisch komplizierten Zeichen von sehr unterschiedlicher, zum Teil mehrdeutiger Wertung tritt ein System von nicht mehr als

(155) Zeichen der Byblos-Schrift

zwanzig eindeutigen Zeichen von einfachen äußeren Formen, das nicht mehr den Sinn, sondern nur noch die Lautung der dargestellten Worte berücksichtigt (diese Lautung allerdings zunächst nur unvollkommen, indem die Vokale in der Schreibung unbezeichnet bleiben), ein System, das viel leichter zu erlernen und viel einfacher zu handhaben ist und damit der Schrift viel weitere Verbreitung sichert als die bisherigen umständlichen Schriftsysteme.« (FRIEDRICH 1966, 73 f.) Daß die Schaffung eines vollkommenen und einheitlichen Systems einer Buchstabenschrift ein recht komplizierter Prozeß ist, kann man allein daran erkennen, daß sich die uns bekannten Alphabete aus unvollkommenen Vor- und Übergangsstufen entwickelt haben. Das Alphabet ist also nicht wie eine einmalige perfekte Erfindung aus dem Nichts entstanden, sondern mußte schrifttechnisch erst ausreifen.

Die Anfänge der nordsemitischen Buchstabenschriften im syrisch-palästinischen Raum

Will man näher betrachten, aus welchen »Kinderschuhen« die modernen Alphabetschriften herausgewachsen sind, muß man in der Zeit bis in die erste Hälfte des 2. Jahrtausends v. Chr. zurückgehen. Damals war das syrisch-palästinische Gebiet ganz offensichtlich eine Region lebhafter interkultureller Kontakte und auch »ein fruchtbarer Boden für verschiedene Schrifterfindungen« (FÖLDES-PAPP 1987, 107). Die Schriftsysteme, die bis heute durch Inschriftenfunde aus jener Zeit und aus jenem Gebiet bekannt geworden sind, wurden zur Schreibung verschiedener semitischer Sprachen verwendet. Von diesen ist das Phönizische die wichtigste, denn die Schriftvarianten, in denen Texte dieser Sprache aufgezeichnet wurden, spielten für die Verbreitung und Fortentwicklung der Alphabetschriften eine Schlüsselrolle. Wenn die Entzifferung der *Byblos-Schrift* nach E. DHORME zutrifft (s. Kap. 5), so sind die damit geschriebenen Inschriften die ältesten phönizischen Texte. Der Charakter dieser ältesten bekannten Schrift des Phönizischen ist der einer Silbenschrift mit verschiedentlicher Konsonantenbezeichnung (*Abb. 155*). Eine Beeinflussung der späteren phönizischen Konsonantenalphabete durch die Byblos-Schrift kann kaum ausgeschlossen werden, obwohl die äußere Gestalt der Schriftzeichen nur eine recht diffuse Beziehung zum Schriftbild der späteren Buchstabenschrift zeigt (*Abb. 158*). Ähnlichkeiten der Zeichen der Byblos-Schrift bestehen auch zu den Symbolen der ägyptischen Hieroglyphenschrift (*Abb. 121*, S. 215), aber diese Verbindung ist ebenfalls ziemlich unklar.

Die ältesten Entwicklungsphasen des phönizischen Alphabets

Bei den ältesten Schriftzeugnissen in *phönizischer Sprache,* die eindeutig in einer Buchstabenschrift abgefaßt sind, handelt es sich um eine Inschrift und um zwei Inschriftenfragmente, deren Datierung jedoch einige Schwierigkeiten bereitet. Nach M. DUNAND (1945), der diese wichtigen Dokumente der Schriftgeschichte zusammen mit denen der Byblos-Schrift in der heute auf syrischem Territorium gelegenen altphönizischen Kulturstätte fand, stammt das sogenannte ʽAbdo-Fragment (*Abb. 156a*) wahrscheinlich aus dem 17. oder 16. Jahrhundert, die Šapatbaʽ-al-Inschrift (*Abb. 156b*) ist dem 16. oder 15. Jahrhundert zuzuordnen, und der sogenannte Azdrubal-Spachtel (*Abb. 156c*) entstand vermutlich im 14. Jahrhundert. Diese ältesten phönizischen Schriftdokumente sind nach den Eigennamen benannt, die darin erwähnt werden. Die Originalschriftzüge dieser Namen sind in den Nachzeichnungen durch eine gestrichelte Linie eingerahmt. Das Besondere an der Aneinanderreihung der Konsonantenzeichen ist die Verwendung von senkrechten Strichen zur Worttrennung. Ein anderes, für die Entwicklung der phönizischen Schrift bedeutendes Dokument ist die altphönizische Inschrift auf dem Kalksteinsarkophag des Königs Aḥiram (oder Aḥīrōm) von Gebāl (*Abb. 156d*), deren Entstehungszeit vielleicht ins Ende des 13. Jahrhunderts v. Chr. fällt. Andere Forscher (z. B. FRIEDRICH 1966, 75) gehen davon aus, daß die Inschrift ungefähr um 1000 v. Chr. entstand.

(156) Die ältesten Schriftdenkmäler des Phönizischen

Das ʽAbdo-Fragment ʽ b d ʾ (d. h. ʽAbdo).

Die Šapaṭbaʿal-Inschrift š p ṭ b ʿ l (d. h. Šapaṭbaʿal)

Der Azrubal-Spachtel ʿ z r b ʿ l (d. h. Azrubal oder Azdrubal)

Inschrift am Kalksteinsarkophag des Königs Aḫiram oder Aḫīrōm

ʾ-r-n z p-ʿ -l t (?) -b-ʿ -l b-n ʾ-ḥ-r-m m-l-k g-b-l l- ʾ-ḥ-r-m ʾ-b-ḥ k š-t-h b-ʿ -l-m

Übersetzung:
›Diesen Sarkophag machte Eth (?)baʿal, Sohn des Aḫiram oder Aḫīrōm, des Königs von Gebāl (Gubla), für Aḫiram, seinem Vater als seine Ruhestätte in Ewigkeit.‹

Etwas jünger ist eine Bauinschrift des Königs Jehimilk, die aus dem 12. Jahrhundert bzw. – nach neuerer Datierung – aus dem 10. Jahrhundert v. Chr. stammt. Schließlich sei hier noch auf das älteste, in phönizischer Schrift aufgezeichnete Denkmal hingewiesen, das außerhalb des phönizischen Kernlandes gefunden wurde. Es ist dies der Text auf der *Stele des Meša*, des Königs von Moab, die im Jahre 1868 bei Dībān, östlich vom Toten Meer, gefunden wurde. Die Stele (*Abb. 157*), mit bereits kursivierten Schriftzeichen, kann genau in das Jahr 842 v. Chr. datiert werden. Die Sprache der Inschrift auf der Meša-Stele ist das *Moabitische*. Die Moabiter gehörten zu den kanaanäischen Völkern, die kulturell und sprachlich die nächsten Verwandten der Phönizier waren. Weil sich die Schrift als typisch phönizisch darstellt, hat man es hier nicht mit einer eigentlichen Abzweigung und Anpassung an die moabitische Sprache zu tun. Daher wird die Schriftart der Meša-Stele in die Reihe der altphönizischen Schriftvarianten gestellt (s. u.).

Die Verwendung der Schriftzeichen war zu jener Zeit noch nicht normiert, und so weist jedes der Schriftdokumente einen eigenen Schriftduktus sowie Eigentümlichkeiten in der Gestalt der Konsonantenzeichen auf. Stellt man die Zeichen der phönizischen Buchstabenschrift aus der älteren Periode zusammen und vergleicht sie mit der Schriftform der späteren Zeit, so ergeben sich folgende Konsonantenreihen (*Abb. 158*). In der Übersicht ist auch die punische Schrift, die von den Karthagern verwendet wurde, als ein junger Ableger der phönizischen Schrift mit berücksichtigt. Das Panorama der Schriftzeichen verdeutlicht in seiner Gesamtheit, wie sich aus älteren Buchstabenformen Konsonantenzeichen mit geschmeidiger, kursivierter Gestalt herausgebildet haben. Was nun die Ähnlichkeit der phönizischen Schrift mit dem Zeichenbestand anderer Schriftsysteme betrifft, die möglicherweise an der Entstehung der Buchstabenschrift beteiligt gewesen sein könnten, so sind zu diesem Problemkreis die verschiedensten wissenschaftlichen Hypothesen aufgestellt und darauf gegründete Theorien entwickelt worden. Es hat auch nicht an vielfältigen Spekulationen oder mythischen Verklärungen gefehlt, um den komplizierten Entstehungsprozeß der Buchstabenschrift verständlich zu machen.

Abgesehen davon, daß man im Altertum dazu neigte, die Erfindung der Schrift als das Wirken bestimmter Gottheiten zu erklären und die Schrift selbst als göttliche Gabe anzusehen, gibt es bereits in der Antike Hinweise auf konkrete historische Zusammenhänge. Für HERODOT (ca. 484–425 v. Chr.), den griechischen Historiker aus Halikarnassos, gab es keinen Zweifel, daß die Phönizier den Griechen die Schrift vermittelt hatten. Er nennt die griechischen Buchstaben nach ihrer phönizischen Herkunft »Phoinikéia grammata« (griech. φοινικήια γράμματα, V, 58). An anderer Stelle spricht er auch von »Kadméia grammata« (griech. καδμήια γράμματα, V, 59), also von »kadmeischen Buchstaben«. Dies ist eine Anspielung auf den Mythos von Kadmos, einen phönizischen Königssohn, der angeblich die Schrift zu den Griechen gebracht haben soll. Herodot betrachtet demnach die Phönizier als die Schöpfer des Alphabets. Andere Klassiker der hellenistisch-römischen Zeit haben versucht, die Schriftentwicklung weiter zurückzuverfolgen. PLATON (427–347 v. Chr.) war der erste, der auf Ägypten als Ursprungsland der Schrift hinwies. Die gleiche Ansicht

(157) Stele des Meša aus dem Jahre 842 v. Chr.

(158) Die phönizische Buchstabenschrift und ihre historische Entwicklung

Laut-wert	ʿAbdo 17.–16. Jh. v. Chr.?	Šapatbaʿal 16.–15. Jh. v. Chr.?	Azrubal 14. oder 11. Jh. v. Chr.	Aḥiram 13. Jh. (od. um 1000) v. Chr.	Jeḥimilk 12. Jh. v. Chr.	Meša 842 v. Chr.	Mittel-phönikisch 5.–3. Jh. v. Chr.	Punisch 3.–2. Jh. v. Chr.	Neupunisch bis 3. Jh. n. Chr.
ʾ	K	K K	K	K	K K	K	K	ꝗ ꝗ	XXX
b	ҁ	ҁ	⅃	9	9	9	9 9	9	9) 11
g		ʌ	ʌ	1	ʌ	1	ʌ	ʌ ʌ	ʌ ʌ
d	4	⊲			⊲	△	△ △	4	9 ⊲ 1
h	⋺			⊒	⊒	⊒	⊒	⊒ ⋺ ꓥ	⋺ ꓥ ꓘ
w		Ÿ Y	Y	YY	YY	Y	⅂ᐢ⅂Y	⅂ Y	⅂⅂Y
z		ⴳ	ⴳ	I	I	II	z ⊢	⊢ ⊢	H ⊢ Γ
ḥ		ꓜ	ꓜ	ꓜ	ꓜ	ꓧ	ꓜꓜ⊓	ꓜ ⏉	⌐⏉ 'ꓜ ⊟
ṭ		⊖		⊕		⊗	⊕ ⊙	⊖ (=)	⊖⊖⊖
j	⸦	⸦	⸦	⸦	⸦	z	⇁ ⇁	⇁ ⇁	⸦⸦⸦
k	V	V V	V	V	V	⅄	⅄⅄⅄	⅄ ⅄	ᛁ ᛁ ᛁ
l	⅃	⅃	⅃	⅃	⅃	⅃	↳ ↳	↳ ↳	↳ ⌐ 1
m		ξ ξ	ξ	ξ	ξ	ꞃ	ꞃꞃꞃ	ꞃ ꞃ	ꞃ x x
n		ϟ	ϟ ϟ	ϟ	ϟ	ϟ	5' 5	) ⅄	⅂ ⅃ ↗
s			⌶	⌶		⌶	⅄ ⅄	⅄ ⅄	
ʿ	○	○	○	○	○	○	○ ᴗ	○ ᴗ	○ ᴗ ·
p		⸮ ⸮	⸮	⸮	)	1	⸮	⸮	⸮ 1
ṣ (c)				⸗	⸗	⊭	⊬⊬⸗	⸗⸗⸗	⊬⊬⅄
q		ⴻ			ⴻⴻ	ⴻ	ⴻ ⴻ	ⴻ ⴻ	ⴻ ⴻ
r		ⴴ ⴴ		ⴴ	ⴴ	ⴴ	ⴴ ⴴ ⴴ	ⴴ ⴴ	ⴴ ⴴ 1
š		ᴡ ᴡ	ᴡ	ᴡ	ᴡ	ᴡ	ᴡᴡ⅄	⅄⅄⅄	⌐⌐⌐
t		+ x	+	+ x	x	x	⸦ʱ⸦	ʱ ⸦ ʱ	⸦⅂⸦

vertritt PLUTARCH (46–nach 119 n. Chr.) in seinen historiographischen Schriften. Sein Zeitgenosse TACITUS (ca. 55–ca. 120 n. Chr.) setzt sich ausführlicher mit dem Problem der Schriftvermittlung auseinander. »Als erste stellten die Ägypter die Begriffe durch Figuren von Tieren dar; diese ältesten Denkmäler menschlicher Erinnerung sind noch in Steine eingeschnitten zu sehen, sie geben sich als Erfinder der Schrift aus. Von ihnen sollen die Phöniker, weil sie das Meer beherrschten, die Schrift nach Griechenland gebracht und den Ruhm erlangt haben, als hätten sie erfunden, was sie nur übernommen hatten.« (*Annales* XI, 14)

Einen Hinweis auf die bereits in der Antike verschollenen kretischen Schriften finden wir bei dem griechischen Historiker DIODOROS (ca. 80–ca. 29 v. Chr.) aus Agyrion (Sizilien), den man auch Diodorus Siculus nannte. In seiner »Historischen Bibliothek« (40 Büchern zur Weltgeschichte von der Frühzeit bis Caesar) überliefert er das Zeugnis kretischer Schriftsteller, wonach die Phönizier nicht die Schöpfer des Alphabets gewesen seien. Vielmehr hätten sie die »von den Musen, den Töchtern des Zeus, erfundene Schrift«, also die von den Kretern verwendete Schrift, übernommen, verändert und in ihrer phönizischen Gestalt als eigene Erfindung aus- und weitergegeben. Interessant ist bei dieser Überlieferung die Verschmelzung mythischer Elemente mit historischen Gegebenheiten. Diodors Bericht hat insofern einen historischen Kern, als die Phönizier im Rahmen ihrer Überseekontakte ganz sicher Handelsbeziehungen mit dem minoischen und mykenischen Kreta unterhielten und ihnen zweifellos die dort verwendeten Schriften, insbesondere Linear A und Linear B, bekannt gewesen sind. Daß die Phönizier deren Schriftzeichen einfach übernommen und lediglich verändert hätten, bleibt als Behauptung bei Diodor unbewiesen.

Noch in der Neuzeit hat man viel über die historischen Hintergründe der Entwicklung der *phönizischen Buchstabenschrift* spekuliert. Man suchte den Ursprung bei den Turdetaniern der iberischen Halbinsel, über die schon der griechische Geograph STRABON (ca. 64 v. Chr. – ca. 20 n. Chr.) berichtete, sie hätten eine 6000 Jahre alte Schrift. Tatsächlich aber ist die turdetanische wie die iberische Schrift ein Ableger der phönizischen (s. Kap. 7). In der Euphorie der Keilschriftentzifferung des 19. Jahrhunderts wurden auch Versuche unternommen, die Buchstabenschrift aus der assyrischen Keilschrift abzuleiten. Dafür konnte man sich ebenfalls auf antike Hinweise stützen, so bei PLINIUS DEM ÄLTEREN (23–79 n. Chr.) in seiner »Naturalis historia« (VII, § 192). Wenn man den Textzusammenhang näher betrachtet, drängt sich der Eindruck auf, daß Plinius selbst von seiner eigenen Erklärung nicht überzeugt war, denn er merkt an, daß andere den Ursprung in Ägypten oder Syrien suchen. Im Verlauf des 20. Jahrhunderts wurde die Vermutung geäußert, die phönizische Buchstabenschrift sei die geniale Schöpfung einer einzelnen Person gewesen (FÖLDES-PAPP 1987, 107f.). Sehr weit in diese Richtung hat sich A. SCHMITT (1952) vorgewagt, der annimmt, der »Erfinder« des Alphabets habe dieses System gleichsam aus Versehen geschaffen. Nach seiner Ansicht kannte der Alphabetschöpfer die ägyptische Hieroglyphenschrift zu wenig und hat deren Schreibweise als die einer Silbenschrift mißverstanden. Als er den Lautwert ägyptischer Hieroglyphen übertrug, blieben nur die Konsonanten der Silben übrig, denn die Vokale wurden in der ägyptischen Schrift nicht bezeichnet. Obwohl Schmitt damit eine Erklärung für den typischen Charakter der phönizischen Schrift als den eines Konsonantenalphabets findet, hängt die Annahme von der Einzelerfindung allzu sehr in der Luft.

Die weiter oben erwähnten Ansichten antiker Autoren, wonach der Ursprung der Buchstabenschrift in Ägypten oder auf Kreta zu suchen sei, wurden ebenfalls in der Neuzeit aufgegriffen, und man versuchte, sie wissenschaftlich zu untermauern. Von vornherein ist anzumerken, daß Hypothesen, wonach das Alphabet ausschließlich aus einer einzigen fremden Schriftquelle zu erklären wäre, auf sehr schwachen Beinen stehen. An solche einseitigen und geradezu mechanistischen Deutungsversuche glaubt heute eigentlich niemand mehr. Es ist viel wahrscheinlicher, sich eine multilaterale Beeinflussung, insbesondere im Hinblick auf die äußere Gestalt des Schriftbildes, vorzustellen, wobei die *An*lehnung an Schriftsysteme verschiedener Herkunft bei der

(159) Vergleich semitischer und ägyptischer (hieroglyphischer, hieratischer) Schriftzeichen

	Ägyptisch		Nordsemitisch			Ägyptisch		Nordsemitisch	
Laut-Wert	Hierogl.	Hieratisch	Buchstaben		Laut-Wert	Hierogl.	Hieratisch	Buchstaben	Laut-Wert
ʾ(a)				ʾ	l				l
b				b	m				m
k(g)				g	n				n
t(d)				d	s				s
h				h	ʿ(a)				ʿ
f				w	p				p
z				z	ṣ (e)				ṣ
χ (kh)				ḥ	q				q
o(th)				ṭ	r				r
i				y	š (sch)				š (sch)
k				k	t				t

Schaffung des Alphabets nicht als Abhängigkeit im Sinn einer *Ent*lehnung mißverstanden werden darf. Nach ihrer äußeren Gestalt gibt es zwischen phönizischen Buchstaben und den Zeichen anderer Schriftsysteme tatsächlich eine Reihe »augenfälliger« Ähnlichkeiten. Den größten Anteil an solchen äußerlichen Parallelen haben sicher die Zeichenformen ägyptischer Schriftsysteme, und zwar der Hieroglyphenschrift sowie des Hieratischen (*Abb. 159*). Nicht weniger auffallend sind Ähnlichkeiten zwischen phönizischen und kretischen Schriftzeichen (*Abb. 160*). Die Zahl der phönizisch-kretischen Parallelismen ist geringer als die in der phönizisch-ägyptischen Vergleichsübersicht.

Neuen Auftrieb erhielt die Schriftforschung, nachdem zu Beginn des 20. Jahrhunderts in den alten Kupferminen des Sinaibergs und in den Ruinen des ägyptischen Tempels in Serabit el-Hadim Inschriften in einer bis dahin unbekannten Schrift gefunden worden waren. In den zwanziger und dreißiger Jahren wurden noch weitere Denkmäler in dieser Schriftform entdeckt, von denen die meisten aus der zweiten Hälfte des 19. Jahrhunderts v. Chr. stammen (*Abb. 161a*). Die *Sinai-Schrift* entwickelte sich zu einem Brennpunkt der Diskussion über den Ursprung des Alphabets,

(160) Vergleich semitischer und kretischer Schriftzeichen (mit ägyptischen Konvergenzen)

Ägypt.	Kret.	Nordsem.	Ägypt.	Kret.	Nordsem.
		Aleph			Lamed
		Beth			Mem
		Gimal			Nun
		Daleth			Samech
		He			Ajin
		Waw			Pe
		Zain			Ssade
		Cheth			Qoph
		Teth			Resch
		Jod			Schin
		Kaph			Taw

(161) Inschriften aus dem Sinai und Südpalästina

'n ḫtspšwm š
rbn 'bnm wḥt snj
srt mlw bsnj mss
p: lw ḥn 'šnp šw
wm šwtn mjm w
n š'nt 'l
snḥ l

'Ich bin Hatsepšumoš,
Verwalter des Erzgesteins und des heiligen
Bezirks (von Sinai?),
Schreiber der fronarbeitenden Leute auf
Sinai.
Sie hatten (– Man hatte –) vermutet: Siehe,
seine Seele ist verzweifelt,
da hast du mich gegriffen heraus aus dem
Nil (?) und
ich habe mich gestützt auf
jemand, der mir Feind (– Feindin? –) war.'

a) Eine Sinai-Inschrift aus der zweiten Hälfte des 19. Jahrhunderts v. Chr.

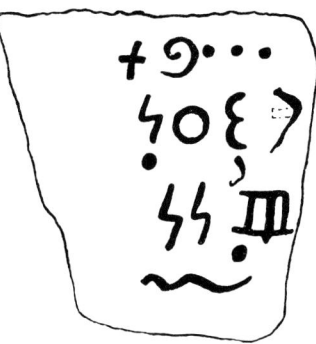

Vorderseite

1. l-ʿ-z-ʾḥ-t-(t?)
2. (š?)-m-z-m-ḥ-r ʾ-
3. b-j-n-ḥ-
4. m
5. š-f-(t?)

1. Für ʿUzza, Ḥata(t),
2. (Š)emzamahr A-
3./4. binaḥūm
5. Šafa(t?)

Rückseite

1. t-l
2. n-ʿ-m w
3. ḥ-n-n
4. m

1. Gib
2. Wohlergehen und
3. Gnade
4. ihre (= ihnen).

*b) Ein mit Tinte beschriebenes Ostrakon von Beth Šemeš
(Südpalästina; 15. Jahrhundert v. Chr.)*

nachdem der englische Ägyptologe A. H. GARDINER (1916) die These aufgestellt hatte, die phönizische Schrift als jüngere Variante einer Buchstabenschrift hätte sich aus einer älteren Vorform entwickelt, und diese glaubte er in der Schrift vom Sinai zu erkennen. Auch der deutsche Ägyptologe K. SETHE (1917) schloß sich Gardiners Meinung an. Diese paßte sehr gut zu seiner eigenen Ansicht, wonach die Hyksos, die Ägypten vom 18. bis 16. Jahrhundert v. Chr. beherrschten, die Sinai-Schrift an die Semiten Palästinas vermittelt hätten. Auf den ersten Blick scheint diese Hypothese einleuchtend, vor allem, wenn man sich Schrifttabellen unter Einschluß des Zeichenbestandes der Sinai-Schrift im Vergleich anschaut (*Abb. 162*).

Obwohl sich viele Schriftforscher der *Gardiner-Sethe-Hypothese* angeschlossen haben, muß doch einiger Vorbehalt angemeldet werden. JENSEN (1969, 251 ff.), der die Argumentation sorgfältig überprüft hat, wendet zurecht ein, daß es eine Reihe von phönizischen Buchstaben gibt, die keinerlei Ähnlichkeit mit denen der Sinai-Schrift haben (z. B. b, d, h, z, t, s, r). Es ist wohl plausibler, die Sinai-Schrift als eine von verschiedenen semitischen Parallelentwicklungen einer Buchstabenschrift anzusehen, von denen die phönizische zweifellos die bedeutendste ist. Aus solcher Sicht würden sich Ähnlichkeiten, aber auch Abweichungen der Sinai-Schrift vom phönizischen Zeichensystem zwanglos erklären. Auch die von T. H. GASTER (1940) vorgetragene Hypothese vom »missing link« in der Entwicklungskette von der Sinai-Schrift zur phönizischen Buchstabenschrift hat keine große Wahrscheinlichkeit. Die von ihm als chronologisches Bindeglied interpretierten Schriftfragmente aus Palästina (Sichem, Lachisch, u. a.) sind viel eher als Parallelentwicklungen zu verstehen. Dies gilt auch für andere Inschriften aus Südpalästina (*Abb. 161b*).

Bei einer sorgfältigen Prüfung und Bewertung der verschiedenen Hypothesen zur Entwicklungsgeschichte der Buchstabenschrift bleiben eine Reihe von Annahmen bestehen, die zumindest einiges Licht in das Dunkel der damaligen Verhältnisse werfen:

a) Im Verlauf der ersten Hälfte des 2. Jahrtausends v. Chr. sind im Nahen Osten – und zwar in einem Gebiet, das im Norden bis Syrien, im Süden bis auf die Sinaihalbinsel reichte – *verschiedene Buchstabenschriften* (genauer: Konsonantenschriften) entstanden, von denen die Varianten der phönizischen Schrift wegen ihrer Rolle für die Verbreitung späterer Alphabetschriften die wichtigsten sind.

b) In den Regionen, wo die ersten Konsonantenschriften entstanden, und im Kreis derer, die an ihrer Schaffung beteiligt waren, kannte man die zeitgenössischen Schriftsysteme (Keilschrift, ägyptische und hethitische Hieroglyphen, kretisch Linear A und B, u. a.) und deren Prinzipien. Besonders der *syrisch-palästinische Bereich* war ein Kontaktgebiet, in dem kulturelle Einflüsse von vielen Seiten her einwirkten. In diesem *interkulturellen »Schmelztiegel«* werden verschiedene Anleihen an auswärtige Kulturmuster gemacht. Es ist daher nicht verwunderlich, daß es eine Reihe von Parallelen in den Zeichenformen der Buchstabenschriften und anderer Systeme gibt, von denen die ägyptischen Hieroglyphen, das Hieratische und die kretische Linear-A-Schrift hervorzuheben sind.

c) Trotz äußerlicher Ähnlichkeiten in der Gestalt verschiedener Buchstabenzeichen mit solchen anderer Schriftsysteme weicht die Buchstabenschrift nach ihrer inneren Struktur

(162) Vergleich der Sinai-Schrift mit ägyptischen und nordsemitischen Schriftzeichen

Ägyptische Hieroglyphe	Sinai-Schrift	Nord-semitisch	Buchstaben-name (hebr.)
			āleph (Rind)
			bēt (Haus)
			wāw (Haken, Nagel)
			zajin (Waffe)
			jōd (Hand)
			kaph (offene Hand)
			lāmed (Ochsenstachel?)
			mēm (Wasser)
			a) nūn (Fisch) b) nahās (Schlange)
			ʿajin (Auge)
			pē (Mund)
			rēš (Kopf)
			šin (Zahn)
			tāw (Zeichen, Kreuz)

prinzipiell von allen damals bekannten Schrifttypen ab. Das Organisationsprinzip basiert auf der *phonographischen Schreibweise von Einzellauten*. Sämtliche frühen Buchstabenschriften sind »unvollkommen«, weil in der Schreibung nur die Konsonanten, nicht aber die Vokale berücksichtigt werden.

d) Abgesehen von dem andersartigen Prinzip der Einzellautschreibung, wodurch sich jede Buchstabenschrift von einer Silbenschrift unterscheidet, zeigt sich die Priorität der phonographischen Schreibweise in den frühen Konsonantenschriften des Nahen Ostens auch darin, daß *keine Ideogrammzeichen* mehr verwendet werden. Dies ist charakteristisch für die meisten zeitgenössischen Segmental- und Silbenschriften mit ideographischer Komponente (ausgenommen die Byblos-Schrift und die Schriftsysteme Zyperns, Silbenschriften ohne Ideogrammzeichen). Dieser Verzicht der Buchstabenschriften auf die bis dahin allgemein verbreitete ideographische Zusatzkomponente der Silbenschriften, wozu im Einzelfall Hunderte von Symbolen gehören konnten (z. B. akkadisch-assyrische Keilschrift), ist als Entwicklungssprung vielleicht bedeutender als der Übergang vom Prinzip der Silben- zu dem der Einzellautschreibung.

e) Eine direkte Konsequenz des Prinzips der Einzellautschreibung sowie des Verzichts auf eine ideographische Komponente ist die *erhebliche Verringerung des Zeichenschatzes* in den Buchstabenschriften. Die damit verbundene leichte Erlernbarkeit eines solchen Schriftsystems sowie die schreibtechnischen Vorteile bei der Handhabung eines begrenzten Zeichenbestandes sind – neben anderen kulturellen Faktoren – maßgeblich für die rasche und weite Verbreitung des Alphabets in Europa und Asien, später auch in Afrika und Amerika gewesen.

f) Da es verschiedene Entwicklungen von Buchstabenschriften im syrisch-palästinischen Gebiet gegeben hat, die teilweise zeitlich parallel liefen, in bestimmten Fällen auch in enger chronologischer Abfolge standen, ist die Annahme einer »Erfindung« durch eine Einzelperson ganz unwahrscheinlich. Wer immer aber die anonymen Initiatoren der Konsonantenalphabete gewesen sein mögen, und wer auch immer an deren kontinuierlicher Tradierung beteiligt gewesen war, die Schaffung einer Buchstabenschrift ohne ein direktes Vorbild war vom zeitgenössischen Standpunkt eine selbständige Leistung, und die Endprodukte der Experimentierphase, die einzelsprachlichen Schriftsysteme, standen in keiner ersichtlichen Abhängigkeit zu irgendeiner der damals bekannten Schriften.

Die moderne Forschung hat immerhin so viele Erkenntnisse geliefert, daß man die Anfänge der Entwicklung von Buchstabenschriften bis hin zu den altphönizischen Konsonantenalphabeten heute zumindest in ihren Grundzügen kennt. Trotz der Vertiefung unserer Kenntnisse über die damit verbundenen Entstehungsprozesse von Schriftsystemen und trotz der Ausweitung des schriftkundlichen Wissens bleibt der Ursprung des Alphabets (oder genauer: alphabetischer Schreibweisen) weiterhin geheimnisvoll, und viele Fragen sind bis heute unbeantwortet. Bisher ungeklärt ist die Frage, wie sich die zeitgebundene Aktivität, mit Buchstabenschriften zu »experimentieren«, motivieren läßt. Erst durch die Dynamik, die im kulturellen »Schmelztiegel« des Nahen Ostens in der ersten Hälfte des 2. Jahrtausends v. Chr. frei wird, entstehen selbständige Schriftsysteme. Warum sind die damals etablierten Schriftsysteme, die als leistungsfähige Medien zur Verfügung standen, nicht adaptiert und umgebildet worden, wie etwa im Fall der Keilschrift? Dies sind offene Kernfragen, deren Kausalität sich dem modernen Interessenten an schriftkundlichen Problemen aufdrängt. Vielleicht ist es falsch, die Fragen so zu stellen, weil man sie in dieser Form nicht beantworten kann. Jedenfalls kann der Laie immer noch staunen, und der Schriftexperte hat immer noch Grund, sich über den damaligen Entwicklungssprung von der Silben- zur Buchstabenschrift zu wundern.

Die Buchstabenschriften des Vorderen Orients sind ursprünglich für westsemitische (nach anderer Klassifikation nordsemitische) Sprachen geschaffen worden. Daher spricht man auch von den westsemitischen (bzw. nordsemitischen) Buchstabenschriften oder ganz einfach vom *semitischen Konsonantenalphabet*. Dies ist eigentlich ungenau, denn es gibt in diesem Sinn kein einheitliches Alphabet, das gleichsam als Prototyp allen Einzelalphabeten zugrunde läge. Außer der phönizischen Schrift sind Konsonantenalphabete auch in Sprachgemeinschaften entstanden, die mit den Phöniziern enger oder weitläufiger verwandt waren. Da aber die altphönizische Buchstabenschrift die erste bekannte und vollständige Version der nord(west)semitischen Schrift ist, halten sie manche für den Prototyp aller späteren semitischen Alphabete. Diese Ansicht hat GELB (1958, 166 ff.) mit Nachdruck vertreten. Nach seiner Auffassung sollen auch die südsemitischen Schriften von der phönizischen Schrift abstammen. In neuerer Zeit äußert man sich zu Recht vorsichtiger im Sinn der Annahme von Parallelentwicklungen. Dies bedeutet, daß man nicht nur von parallelen Entwicklungen ausgeht, die chronologisch älter als die Entstehung der phönizischen Buchstabenschrift sind (z. B. die Sinai-Schrift im Verhältnis zum phönizischen Alphabet), sondern auch solche Entwicklungen darunter versteht, die in späterer Zeit parallel und unabhängig zu der der phönizischen Schrift verliefen (z. B. südarabische Schriften).

Die Entwicklungsgeschichte des Alphabets ist intensiv erforscht worden, und ihre Darstellung in wissenschaftlichen Monographien wie auch in populären Werken hat sich dabei an eine bestimmte Tradition gehalten, die schon auf das 19. Jahrhundert zurückgeht. Gewöhnlich steht am Anfang die Beschreibung des komplizierten Entstehungsprozesses der Buchstabenschrift bei den nordwestlichen Semiten, so wie in diesem Buch. Es folgt dann die Darstellung der Ausgliederung in regionale Einzelalphabete, wobei zuerst die Entwicklung bei den dem Phönizischen verwandten Sprachen behandelt wird. Nach traditioneller Auffassung ist das aramäische Konsonantenalphabet der älteste direkte Fortsetzer der phönizischen Schrift (s. u.). Dies erscheint nicht verwunderlich, denn die Annahme ist naheliegend, daß sich eine Neuerung wie das Alphabet zunächst in unmittelbarer Nachbarschaft der Region ausbreitet, wo es entstanden ist. In der traditionellen Darstellung der Schriftgeschichte wird diese Vorstellung bekräftigt, und der Leser gewinnt den Eindruck, daß das Alphabet, vermittelt durch das Aramäische, im Vorderen Orient längst seinen Siegeszug angetreten hatte, bevor es nach Europa »exportiert« wurde. Daß die Europäer sich später als die Aramäer aufrafften, ihre Sprache aufzuschreiben, erscheint plausibel, denn in der ägäischen Inselwelt und auf dem griechischen Festland lebte man in den »dunklen« Jahrhunderten. Als aus dem Nahen Osten das Licht der Schriftverwendung zu den Griechen kam, hatten die Nachbarn der Phönizier schon längst den Nutzen des Alphabets erkannt. Mit dieser »Weisheit« ist auch der Verfasser dieses Buches aufgewachsen.

In den letzten Jahren sind aber archäologische Funde gemacht worden, die vom Standpunkt der ägäischen Kunstgeschichte von geringer Bedeutung sein mögen, für die Kulturgeschichte des östlichen Mittelmeeres aber sehr wichtig sind. Es sind dies Schriftzeugnisse auf verschiedenen Steindenkmälern, zumeist nur in Fragmenten erhalten, die in Paphos (Westzypern) und in Ostkreta (Dréros) gefunden wurden, und die beweisen, daß die dunklen Jahrhunderte – zumindest in der östlichen Ägäis – gar nicht so dunkel waren. Der Text aus Zypern ist griechisch, in einer Silbenschrift geschrieben und stammt aus dem 11. Jahrhundert v. Chr. (KARAGEORGHIS 1980). Die Schriftdokumente aus Kreta sind in die Zeit zwischen dem 10. und 8. Jahrhundert v. Chr. zu datieren (s. u.). Dabei handelt es sich sämtlich um Inschriften in Varianten des Alphabets. Diese Schriftzeugnisse sind bemerkenswert, weil sie Anlaß geben, die *Chronologie der Ausbreitung der Alphabetschriften* in ein neues Licht zu rücken. Dabei stellt sich heraus, daß das Alphabet eher von den Kretern als von den Aramäern übernommen wurde, und daß die Darstellung der historischen Ausbreitung konsequenterweise mit den europäischen, genauer gesagt mit den kretisch-griechischen Verhältnissen beginnen sollte. Aus diesem Grund wähle ich die folgende Reihenfolge: A) Die europäische Tradition des Alphabets (beginnend mit dem Griechischen), B) Die vorderasiatisch-afrikanische Tradition des Alphabets (beginnend mit dem Aramäischen), C) Die südostasiatische Tradition des Alphabets (beginnend mit der Kharosthi-Schrift).

Die europäische Tradition des Alphabets

Das vollständige Alphabet der Griechen

Es kann kein Zweifel darüber bestehen, daß das Alphabet über direkte phönizische Vermittlung nach Europa gelangte. Insofern enthalten die antiken Berichte einen als wahr erwiesenen historischen Kern (s. o.). Lange ungeklärt war der Weg, über den der Schriftgebrauch den Griechen vertraut gemacht wurde. Wo entstand das älteste *griechische Alphabet*? Inzwischen darf als geklärt gelten, daß die älteste Variante einer europäischen Alphabetschrift auf Kreta ausgebildet wurde. Wie schon im Altertum, so spielt Kreta auch in jener Periode, die auf dem Festland »dunkel« war, eine wichtige Rolle als kulturelle Drehscheibe, diesmal bei der Übernahme und Umformung eines der bedeutendsten Kulturgüter, die je von Asien nach Europa gebracht worden sind. Bei Tekke (in der Nähe von Knossos) wurde ein Bronzegefäß mit einer phönizischen Inschrift gefunden, die ins 10. oder 9. Jahrhundert v. Chr. zu datieren ist. Damals schon war die phönizische Buchstabenschrift auf Kreta bekannt, und es wird zurecht angenommen, daß das griechische Alphabet bereits ein bis eineinhalb Jahrhunderte später (d. h. noch im 9. oder zu Beginn des 8. Jahrhunderts v. Chr.) ausgebildet war (DUHOUX, 1981, 288). Es gibt einen eindeutigen Beweis für das hohe Alter des auf Kreta entwickelten Alphabets. In dem nichtphönizischen Inschriftenmaterial findet

(163) Altphönizische Schreibung des Jodh

1	2	3	4	5	6	7	8	9	10	11	12	13	14

(Schreibung des Jodh zwischen 900 und 720 v. Chr.)

(Auf Kreta gefundene Zeichenform des Jodh)

sich ein Zeichen, das selbst in den sogenannten archaischen Alphabetvarianten der dorischen Inseln nicht mehr vorkommt, nämlich die altphönizische Schreibung des »Jodh« (Abb. 163), das in dieser Form aus altphönizischen Inschriften des 10. bis 8. Jahrhundert v. Chr. bekannt ist.

Obwohl das Inschriftenmaterial spärlich ist, lassen sich doch einige grundlegende Feststellungen treffen. Allein die äußere Gestalt der Schriftzeichen macht deutlich, daß das Alphabet der archaisch-kretischen Inschriften von allen griechischen Alphabeten der altphönizischen Buchstabenschrift am meisten ähnelt. Die Inschriften sind linksläufig (Abb. 164), wobei hervorzuheben ist, daß diese Konvention – die der phönizischen und allgemein nord(west)semitischen Schreibweise entspricht – nicht nur auf Kreta, sondern auch in anderen Regionen mit frühem griechischen Schriftgebrauch beibehalten wird. Auf Kreta setzt sich die Tradition der Schreibung von rechts nach links bis ins 5. Jahrhundert v. Chr. fort, bleibt dort also rund zwei Jahrhunderte länger in Gebrauch als auf dem griechischen Festland, wo man sich schon im 7. Jahrhundert auf die bekannte rechtsläufige Schreibweise umstellte. Typisch für die archaisch-kretischen Inschriften ist die Worttrennung durch einen senkrechten Strich, wie man es auf einer Inschrift des 7. Jahrhunderts gut erkennen kann. Diese Schreibgewohnheit ist ebenfalls phönizischer Herkunft (s. Beispiele in Abb. 156). Im Unterschied zur kretischen Worttrennung durch einen Längsstrich findet man diese Eigenart semitischer Herkunft selten in griechischen Texten außerhalb Kretas.

Wenn der antike kretische Historiker Dosiadas (FGH III, Nr. 458 F 6) mitteilt, das Alphabet sei auf Kreta erfunden worden, hat er insofern recht, als die kretische Variante des Alphabets tatsächlich die älteste ist, die sich für das griechische Schriftsystem nachweisen läßt. Diese Feststellung ist natürlich nur mit Blickrichtung auf die europäische Tradition zutreffend. Auch auf Kreta war man sich immer bewußt, daß

(164) Kretische Inschriften in phönizischer Schrift

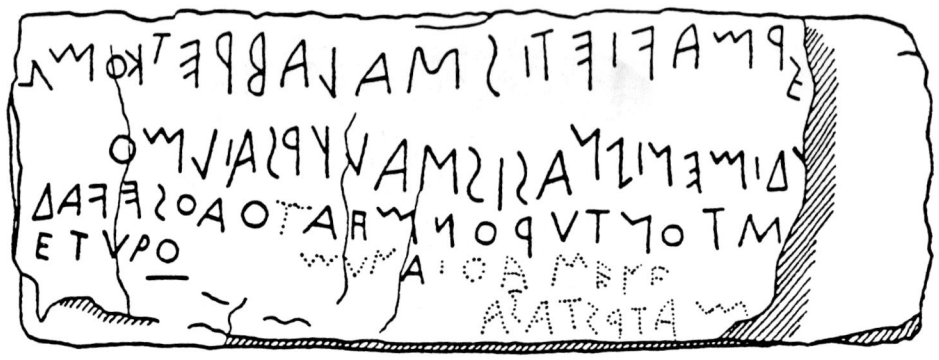

die griechische Alphabetschrift phönizischer Herkunft ist, ungeachtet antiker Spekulationen über den Ursprung der phönizischen Schrift selbst (s. o.). In einer kretischen Inschrift aus dem Ende des 6. Jahrhunderts v. Chr. findet man darauf einen konkreten Hinweis. Dort wird als Titel für eine Person, der die Stadtkanzlei untersteht, der Ausdruck »*phoinikastás*« (griech. φοινικαστάς) erwähnt, was soviel bedeutet wie derjenige, der mit phönizischen Buchstaben schreibt (JEFFERY/MORPURGO-DAVIES 1970). Auch der alte kretische Ausdruck für ›schreiben‹ ist *phoinikázein* (wörtl. ›nach Art der Phönizier schreiben‹). Wann genau die phönizische Schrift den Kretern bekannt wurde, und wann die älteste kretische Variante einer Alphabetschrift entstand, bleibt auch nach den neueren Analysen der ältesten kretischen Schriftdokumente Gegenstand von Vermutungen. Allerdings kann der Zeitpunkt deutlich zurück verschoben werden (s. o.), was bedeutet, daß eine ältere Forschungsmeinung, die bis vor einiger Zeit nur spekulativ (d. h. ohne konkreten Nachweis) geäußert werden konnte, immer mehr an Gewicht gewinnt. »So dürfte man doch wohl berechtigt sein, etwa das 11. oder spätestens 10. Jahrhundert als die Zeit der Übernahme des phönikischen Alphabets anzusetzen.« (JENSEN 1969, 446)

Nach dem derzeitigen Stand der Forschung kann nicht mehr, wie bisher üblich, die Inschrift auf der *Dipylon-Kanne aus Athen* (*Abb. 165a*) mit ihrem altertümlichen Schriftduktus (*Abb. 165b*) als das älteste griechische Schriftdenkmal bezeichnet werden. Diese in die erste Hälfte des 8. Jahrhunderts v. Chr. datierte Inschrift ist wohl jünger als die ältesten kretischen Schriftdokumente. Insofern erweitert sich – nach der neueren Fundlage – der Kreis der ältesten griechischen Schriftzeugnisse, wozu außerdem die *Felsinschrift aus Thera* zählt (*Abb. 166*), die im 7. Jahrhundert v. Chr. in

(165) *Die Inschrift auf der Dipylon-Kanne aus Athen (erste Hälfte des 8. Jahrhunderts v. Chr.)*

a) Die Dipylon-Kanne

ὃς νῦν ὀρχεστῶν πάντων ἀταλότατα παίζει, το(ῦ)το δεκᾶν μιν

›Wer nun von all den Tänzern am anmutigsten tanzt, der soll dies erhalten.‹

b) Die Inschrift

(166) Felsinschrift aus Thera (7. Jahrhundert v. Chr.)

einer besonderen Weise geschrieben wurde. Nach der ersten linksläufig geschriebenen Zeile kehrt sich die Schriftrichtung in der zweiten Zeile rechtsläufig um, behält diese Richtung in der dritten Zeile bei und ist in der vierten Zeile (wie in der ersten) von rechts nach links ausgerichtet. Diese Schreibweise nennt man furchenwendig oder mit dem griechischen Ausdruck bustrophedon. Die Schriftdokumente aus der Zeit vom 8. bis zum 5. Jahrhundert v. Chr. sind in einer Reihe regionaler Varianten des Alphabets aufgezeichnet worden (*Abb. 167*).

Die archaischen Varianten des Alphabets, die aus Inschriften von den Kykladeninseln Thera und Melos sowie aus Kreta bekannt sind, werden so genannt, weil die Gestalt ihrer Schriftzeichen den phönizischen noch sehr stark ähnelt. Von diesen Varianten sind die Schriftversionen auf Kreta die ältesten und dem phönizischen Vorbild am nächsten stehenden. Die Gruppe der *östlichen Alphabete* untergliedert sich in solche der frühen Schriftzeugnisse aus den Landschaften Attika (Athen, Salamis, u. a.) und Ägina, in die Schriftarten des ionischen oder milesischen Alphabets (benannt nach der Stadt Milet) von der Westküste Kleinasiens sowie aus dem Gebiet ionischer Kolonisation (Magna Graecia in Süditalien und Sizilien), in die Schriftversionen vom Nordwesten des Peloponnes (Argos, Korinth, Megara, u. a.) und in die Varianten der östlichen Ägäis. Zur Gruppe der *westlichen Alphabete* gehören die Varianten aus Lakonien, Böotien, Phokis, Thessalien und Arkadien, außerdem die von Euböa und aus den nichtionischen Kolonien der Magna Graecia. Angesichts der Vielfalt der Alphabetvarianten, die in der vorklassischen Periode in Gebrauch waren, ist es kaum denkbar, daß sich das griechische Alphabet aus dem Gebiet seiner frühesten Ausprägung (Kreta) in andere griechische Regionen ausgebreitet hat. Viel wahrscheinlicher ist die Annahme, »daß die Übernahme und die Veränderung des altphönikischen Alphabets an mehreren Stellen des sehr ausgedehnten Griechenlands und zu verschiedenen Zeiten erfolgte« (FÖLDES-PAPP 1987, 147).

Im Zusammenhang mit der Entwicklung des Alphabets hört und liest man immer wieder von der hervorragenden Leistung der Griechen bei der Ausbildung eines

Die europäische Tradition des Alphabets

(167) Varianten des griechischen Alphabets und ihre Beziehung zur phönizischen Schrift

ALT-PHÖNIKISCH			ARCHAISCH 7. Jh.			ÖSTLICH 8. Jh.		6. Jh.		WESTLICH 5. Jh.		KLASSISCH			Moderner Druck	Name der Buchstaben	
Zeichen	Laut-wert	Zahl-wert	Thera		Laut-wert	Athen vor 403	Miles. Alphabet		Laut-wert	Lakon. Alphabet	Laut-wert	Zeichen	Laut-wert	Zahl-wert		in lateinischer Schrift	in griechischer Schrift
𐤀	ʾ	1	ΔΑ		a	⟨Α	ΑΑ		a	ΔΑ	a	Α	a	1	A	alpha	ἄλφα
𐤁	b	2	ʚℝϒ		b	ΒΒ			b	Β	b	Β	b	2	B	bēta	βῆτα
𐤂	g	3	ʔΓ⌐		g	⌐Λ	Γ		g	Λ	g	Γ	g	3	Γ	gamma	γάμμα
𐤃	d	4	Δ		d	ΔD	Δ		d	ΔD	d	Δ	d	4	Δ	delta	δέλτα
𐤄	h	5	⋶Ε		e	Ƹ⋶	Ƹ⋶		e	⋶Ε	e	Ε	ē	5	E	epsilon	ἒψιλον
𐤅	w	6							v	Ϝ	v	Ϛ		6		(digamma)*	
𐤆	z	7	∓		z	Ι	Ι		z		z	Ι	z	7	Z	zēta	ζῆτα
𐤇	ḥ	8	ΗΘ		h, ē	ΗΘ	ΗΘ		·h(ē)	Θ	h	Η	ē	8	H	ēta	ἦτα
𐤈	ṭ	9	⊕⊙		th	⊕⊗	⊗⊕		th	⊗⊕	th	⊙	th	9	Θ	thēta	ϑῆτα
𐤉	j	10	ʕ⋌Ɩ		i	ʕΙ	Ι		i	Ι	i	Ι	i	10	Ι	iōta	ἰῶτα
𐤊	k	20	ΚΚΚ		k	Κ	ΚΚ		k	Κ	k	Κ	k	20	K	kappa	κάππα
𐤋	l	30	ΓΛ		l	ΛΓ	ΛΛ		l	Λ	l	Λ	l	30	Λ	lambda	λάμβδα
𐤌	m	40	ʕΜ		m	ΜΜ	Μ		m	Μ	m	Μ	m	40	M	mü	μῦ
𐤍	n	50	ʕϒΝ		n	ʕΝ	ΝΝ		n	ʕΝ	n	Ν	n	50	N	nü	νῦ
∓	s	60					∓∓		ks	Χ	ks	Ξ	ks	60	Ξ	ksī	ξῖ
Ο	ʿ	70	ΟC		o	Ο	Ο		o	Ο	o	Ο	ŏ	70	O	omikron	ὄμικρον
⟨	p	80	⟨Γ		p	ΓΓ	ΓΠ		p	ΓΠϚ	p	Γ	p	80	Π	pī	πῖ
⟨	ṣ	90	Μ		s				s			⌐Ϡ		900		(ṣādhē)*	
Φ	q	100	ΦϘ		q	Ϙ	Ϙ		q		q	Ϙ		90		(qoppa)*	
⟨	r	200	ΡΡR		r	ΡRD	ΡPD		r	ΡPR	r	Ρ	r	100	P	rhō	ῥῶ
⋎	š	300				⋚⋛	⋚Ε		s	⋚⋛	s	Σ	s	200	Σ	sigma	σίγμα
Χ+	t	400	ΤΥ		t	ΤΤ	Τ		t	Τ	t	Τ	t	300	T	tau	ταῦ
Υ	w		ΥΓV		u	VΥ	V		u, ü	ΥΓV	u	Υ	ü	400	Y	üpsilon	ὔψιλον
						⊕Φ	⊙		ph	Φ	ph	Φ	ph	500	Φ	phī	φῖ
			⇃		ks	Χ+	Χ		kh	ΨΥ	kh	Χ	kh	600	X	khī	χῖ
							ΨΥ		ps			Ψ	ps	700	Ψ	psī	ψῖ
			⊙		ō	Ω	ō					Ω	ō	800	Ω	ōmega	ὦμεγα

praktischen Schriftsystems. Wie soll man das verstehen, wenn – wie hier beschrieben – die Griechen die altphönizische Buchstabenschrift nur übernommen haben? Die bedeutende Leistung bestand sicher nicht darin, *daß* die phönizische Schrift übernommen wurde, sondern in erster Linie darin, *wie* sie übernommen und dem Griechischen angepaßt wurde. Aus der Anpassung eines Schriftsystems, das für eine fremde (semitische) Sprache geschaffen worden war, an das Griechische, eine indogermanische Sprache, entstand in einem einmaligen Entwicklungssprung das erste vollständige Alphabet der Welt. Die phönizische Schrift ist – wie viele ihrer späteren Ableger – eine unvollständige Buchstabenschrift, mit der lediglich die Konsonanten bezeichnet werden. Das griechische Schriftsystem zeichnet sich bereits in seinen ältesten Varianten als vollständiges Alphabet aus, mit dessen Schriftzeichen konsequent sowohl Konsonanten als auch Vokale wiedergegeben werden.

Die *Vokalbezeichnung* in der griechischen Schrift ist der wichtige Neuansatz in der Geschichte des Alphabets, und dieser Entwicklungsschritt wurde im konkreten Fall der Übernahme der phönizischen Buchstabenschrift dadurch erleichtert, daß sich das Phönizische und Griechische in lautlicher Hinsicht stark unterscheiden. Im altphönizischen Alphabet gab es eine Reihe von Zeichen für Halbkonsonanten, die es im Griechischen nicht gibt. Die Lautpositionen für diese Zeichen waren also im Griechischen »frei« und wurden sämtlich mit Vokallauten »besetzt«. Dies gilt für das semitische *Aleph* (ʼaleph), mit dem der griechische Vokal α geschrieben wurde, für *He* (hē) zur Schreibung von griech. ε, für *Jodh* (jodh) zur Wiedergabe des griechischen Lautes ι, und für *Ajin* (ʽajin), mit dem man griech. ο schrieb. Zunächst gab es nur das Zeichen für das kurze o (oder ›kleine o‹, Omikron, nach dem griechischen Ausdruck ὄ μικρόν). Sekundär bildete sich die Variante zur Schreibung des langen *o* aus (oder ›großes o‹, Omega, nach griech. ὦ μέγα).

Insgesamt 11 Schriftzeichen, und zwar die Konsonantenzeichen für b, g, d, z (stimmhaftes s), k, l, m, n, p, r und t, stimmen in der phönizischen und griechischen Schrift überein. Das ist nur die Hälfte des Bestandes griechischer Schriftzeichen. Bei den übrigen griechischen Zeichen handelt es sich um Übertragungen phönizischer Zeichen auf griechische Lautwerte, die entweder – wie im Fall der Vokale – in keiner Beziehung zu den ursprünglichen phönizischen Lauten standen, oder die aufgrund ihrer Ähnlichkeit angepaßt wurden. Dies gilt für *Teth*, mit dem im Phönizischen der emphatische Laut ṭ bezeichnet wurde und der im Griechischen zur Schreibung von Θ (th) dient. Ebenso wurde das phönizische Zeichen für *s* (sch) auf einen anderen griechischen Laut übertragen. Aus dem semitischen *Samekh* (sāmekh oder samk) mit dem Lautwert *sch* wurde das Σ griechische Sigma zur Schreibung des stimmlosen s. Das semitische *Qoph* (qoph) wurde in den frühgriechischen Schriftvarianten beibehalten, kam aber im Verlauf des 6. Jahrhunderts v. Chr. außer Gebrauch. Im klassischen Alphabet bezeichnet *Qoppa* nurmehr den Zahlenwert 90. Nur als Zahlenwert (u. zw. 900) ist das semitische Zeichen *Sadhe* (ṣādhē) im Griechischen erhalten. Das aus dem semitischen *Waw* (waw) entstandene sogenannte *Digamma-Zeichen*, das in den westlichen und östlichen Alphabeten vorkommt, verliert seinen ursprünglichen Lautwert (ein dem englischen w entsprechender Laut) und behält in klassischer Zeit nur seinen Zahlenwert (6). Die Originalität des griechischen Alphabets besteht auch in der Einführung von Zusatzzeichen für Laute, die es im Phönizischen nicht gab. Dies sind die Schriftzeichen *phi, khi* und *psi*.

Die regionalen Schriftvarianten blieben jahrhundertelang im griechischen Sprachraum in Gebrauch und bewahrten ihre Eigentümlichkeiten auch über das 5. Jahrhundert hinaus. Ein wichtiger Schritt für die Konsolidierung des griechischen Schriftsystems und seine Tradierung bis in unsere moderne Welt war die *Normierung des Alphabets* im Jahre 403 v. Chr. Der damalige Vorgang verdient zurecht die Bezeichnung ›Schriftreform‹, und als solche war die Vereinheitlichung des griechischen Alphabets die erste Schriftreform auf europäischem Boden. Der Anlaß war eine Denkschrift des Politikers Archinos aus Athen, in dem er sich zur Gesetzesrevision durch den Archonten (griech. ›Regent‹) Eukleides äußerte. Archinos schlug darin die Einführung des ionischen Alphabets für die Zwecke der Amtssprache und für den Schulunterricht vor. Die damals offiziell in Athen eingeführte Schriftvariante mit ihren 24 Zeichen ist das klassische griechische Alphabet. Die offizielle Anerkennung der Schriftreform in Athen bedeutete nicht automatisch eine Vereinheitlichung des Schriftgebrauchs im modernen Sinn einer dekretierten staatlichen Maßnahme, die für das gesamte griechische Sprachgebiet gleiche Geltung besessen hätte. »Der griechische Individualismus, der sich oft politisch bemerkbar machte, herrschte auch in der Vielfalt der Schrift nach der Entstehung des klassischen Alphabets vor« (Földes-Papp 1987, 152). Das klassische Alphabet entwickelte sich erst allmählich zum zentralen Kulturträger des antiken Hellenismus.

Lange bevor irgend jemand auf die Idee gekommen wäre, das griechische Schriftsystem zu vereinheitlichen, wurde mit der Weitergabe des griechischen Alphabets in seinen verschiedenen Varianten an Nichtgriechen eine Kettenreaktion ausgelöst, deren kulturhistorische Tragweite bis in unsere Zeit hinein nachwirkt. Die *Ausbreitung des Alphabets* erfolgte in praktisch alle vier Himmelsrichtungen: nach Westen (Italien), nach Osten (Kleinasien), nach Süden (Ägypten) und – zeitlich viel später – nach Norden (Makedonien, Bulgarien, Rußland). Bereits in der ältesten Phase der griechischen Schriftkultur erfolgt die Vermittlung des Alphabets an die Etrusker in Italien (s. u.) und an die Phryger in Kleinasien (s. Kap. 7). Die Kontakte der Griechen mit den Kulturen Afrikas gehen auf das 7. Jahrhundert v. Chr. zurück, aber erst im 6. Jahrhundert ist das Griechische nachweislich in Ägypten verbreitet, wo es maßgeblich an der Entstehung der koptischen Schrift beteiligt ist (s. Kap. 7). Ein großer zeitlicher Abstand liegt zwischen der vom Griechischen direkt beeinflußten Alphabetisierung in den genannten Gebieten und der Ausbildung der slavischen Schriften im 9. Jahrhundert n. Chr., von denen das kyrillische Alphabet das bekannteste und verbreitetste ist (s. Kap. 7). In der kulturgeschichtlichen Betrachtung wird die Entwicklung der griechischen Schrift in einen engen Zusammenhang mit der lateinisch-römischen Schriftkultur gestellt. Dies ist aus verschiedenen Gründen berechtigt, und deshalb soll die Verbreitung des Alphabets in Italien am Anfang stehen.

Die etruskische Schrift

Wenn man von der griechisch-römischen Antike spricht, bezieht man sich auf den Sachverhalt, daß die beiden ursprünglich voneinander getrennten Kulturkreise der Griechen und Latiner in der klassischen Zeit in vielfältigen Beziehungen mit wechselseitiger Einflußnahme standen, und daß der symbiotischen Kulturgemeinsamkeit der

(168) Die Schreibtafel von Marsiliana mit etruskischem Alphabet aus dem 8. Jahrhundert v. Chr.

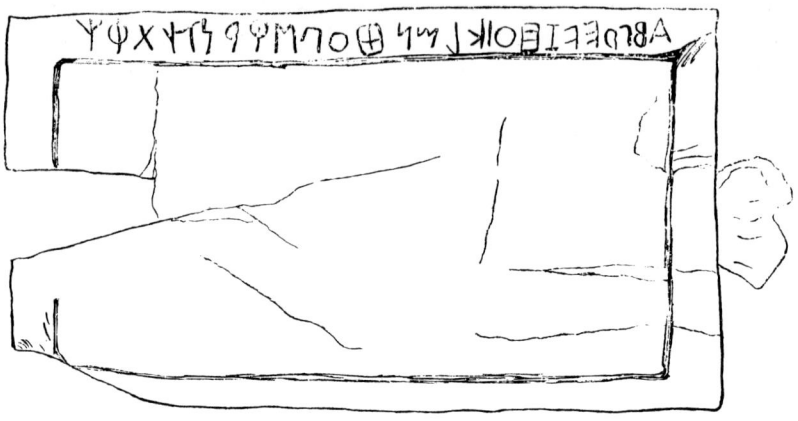

Antike ein wesentlicher Anteil an der Ausprägung der modernen europäischen Welt, und zwar in West- und Osteuropa, zukam. Die Gemeinsamkeiten werden auch speziell für die Schriftkultur hervorgehoben, und man verwendet den Ausdruck ›griechisch-römisches Alphabet‹ in schriftkundlichen Werken (z. B. SAMPSON 1987, 99ff.). Gerade in diesem Zusammenhang aber ist eine Ausdrucksweise, die ›griechisch‹ und ›römisch‹ direkt verbindet, ungenau, gemessen an einer humanistischen Kulturbeflissenheit sogar chauvinistisch. Denn zu einer Zeit, als das später so mächtige Rom noch ein wenig bedeutender Ort in der Landschaft Latium war, lernten die Latiner, die man später nach ihrer ruhmvollen Stadt Römer nannte, Schreiben und Lesen von den Etruskern. Aber wer erinnert sich schon gern an seine Lehrmeister, vor allem dann, wenn der ehemalige Schüler über diese hinauswächst. Die Römer selbst haben das Ihre getan, die etruskischen Lehrjahre zu vergessen, eine Form des Kulturchauvinismus, die in der Welt viele Parallelen hat. Auch die Japaner, die so stolz sind auf ihre alte chinesische Kulturtradition und ihre aus China ererbte Schrift, mögen sich nicht daran erinnern, daß es Koreaner waren, die ihnen die Schriftkultur vermittelt haben (s. Kap. 7). Die Gemeinsamkeiten der griechisch-römischen Schrifttradition gehen auf etruskische Vermittlung zurück.

Das älteste etruskische Schriftdokument ist eine Schreibtafel, auf deren oberem Rand das früheste, uns bekannte *etruskische Alphabet* in linksläufiger Anordnung der Zeichen eingraviert ist (*Abb. 168*). Ganz offensichtlich diente dieses Alphabet als Vorlage und Gedächtnisstütze für denjenigen, der auf der Tafel schrieb. Die nach ihrem Fundort benannte *Schreibtafel von Marsiliana* stammt aus der ersten Hälfte des 8. Jahrhunderts v. Chr. Es gibt noch eine Reihe anderer Alphabete, die sich auf verschiedenen Gegenständen (einer Vase aus Formello, einer Flasche aus Cerveteri) und an der Wand eines etruskischen Grabes (nur fragmentarisch erhalten) in der Nähe von Siena finden (*Abb. 169*). Man bezeichnet diese Alphabetvarianten als frühetruskisch oder prototyrrhenisch. Die Gleichsetzung der Benennungen geht auf die verschiedenen Namen der Etrusker zurück, die von den Römern *Etrusci* (oder auch *Tusci*), von den Griechen *Tyrrhenoi* (oder auch *Tyrsenoi*) genannt wurden.

Bis heute weiß man nicht genau, ob das Etruskische eine indogermanische oder eine nichtindogermanische Sprache ist. Die Mehrheit der Forscher neigt heute dazu, sie als nichtindogermanisch zu klassifizieren. Bereits zu Beginn des 1. Jahrtausends v. Chr., d. h. lange vor den Latinern und der legendären Gründung Roms, hatten die Etrusker in Italien (*Abb. 170*) eine blühende Kultur entfaltet. Die italischen Wohnsitze waren aber nicht das ursprüngliche Siedlungsgebiet. Es gilt als sicher, daß die Etrusker von außerhalb Italiens kamen und dorthin eingewandert sind. Ihre ursprüngliche Heimat lag irgendwo in der östlichen Ägäis oder in Kleinasien. Wahrscheinlich sind die Vorfahren der Etrusker in mehreren Emigrationswellen und auf verschiedenen Wegen über See nach Italien gelangt. Ihre Wanderung wurde vermutlich durch die Unruhen ausgelöst, als die kriegerischen »Seevölker« im Verlauf des 12. Jahrhunderts in die Ägäis einfielen. Diejenigen Etrusker, die als »Nachzügler« erst im Verlauf des 9. und 8. Jahrhunderts v. Chr. abwanderten – bis dahin sind sie noch auf der Insel Lemnos bezeugt –, hatten Kontakt zu den Griechen der umliegenden Region, und dieser Sachverhalt ist wichtig für die Geschichte der etruskischen Schrift.

Der Kontakt mit Griechen ging auch in Italien nicht verloren, und es scheint naheliegend, die Übernahme des Alphabets für jene Zeit anzusetzen, als Etrusker und Griechen aus der Magna Graecia wirtschaftliche, politische und kulturelle Beziehungen unterhielten. Der griechische Einfluß reichte bis nach Mittelitalien. Früher nahm man an, die griechische Stadt Kyme (lat. Cumae), eine ionische Kolonie in der Nähe von Neapel, wäre der Ort gewesen, von wo die Etrusker das griechische Alphabet übernommen hätten. Nach dem heutigen Erkenntnisstand jedoch hält man es für unwahrscheinlich, daß Kyme diese Rolle gespielt hat. Vielmehr geht man davon aus, daß die Übernahme des Alphabets durch die Etrusker eher stattfand als die Gründung von Kyme, die bald nach 750 v. Chr. erfolgte. Die Schrifttafel von Marsiliana ist aber älter (s. o.). Sehr wahrscheinlich haben die Etrusker die Alphabetschrift bereits in ihrer ägäischen Heimat kennengelernt. Als Kontaktgebiete kommen dafür Mittelgriechenland (vielleicht die Landschaft Böotien), Ostgriechenland (Hafenstadt Chalkis auf

(169) Frühetruskische (prototyrrhenische) Alphabetvarianten

(170) Etruskische Siedlungen und kulturelle Zentren in Italien

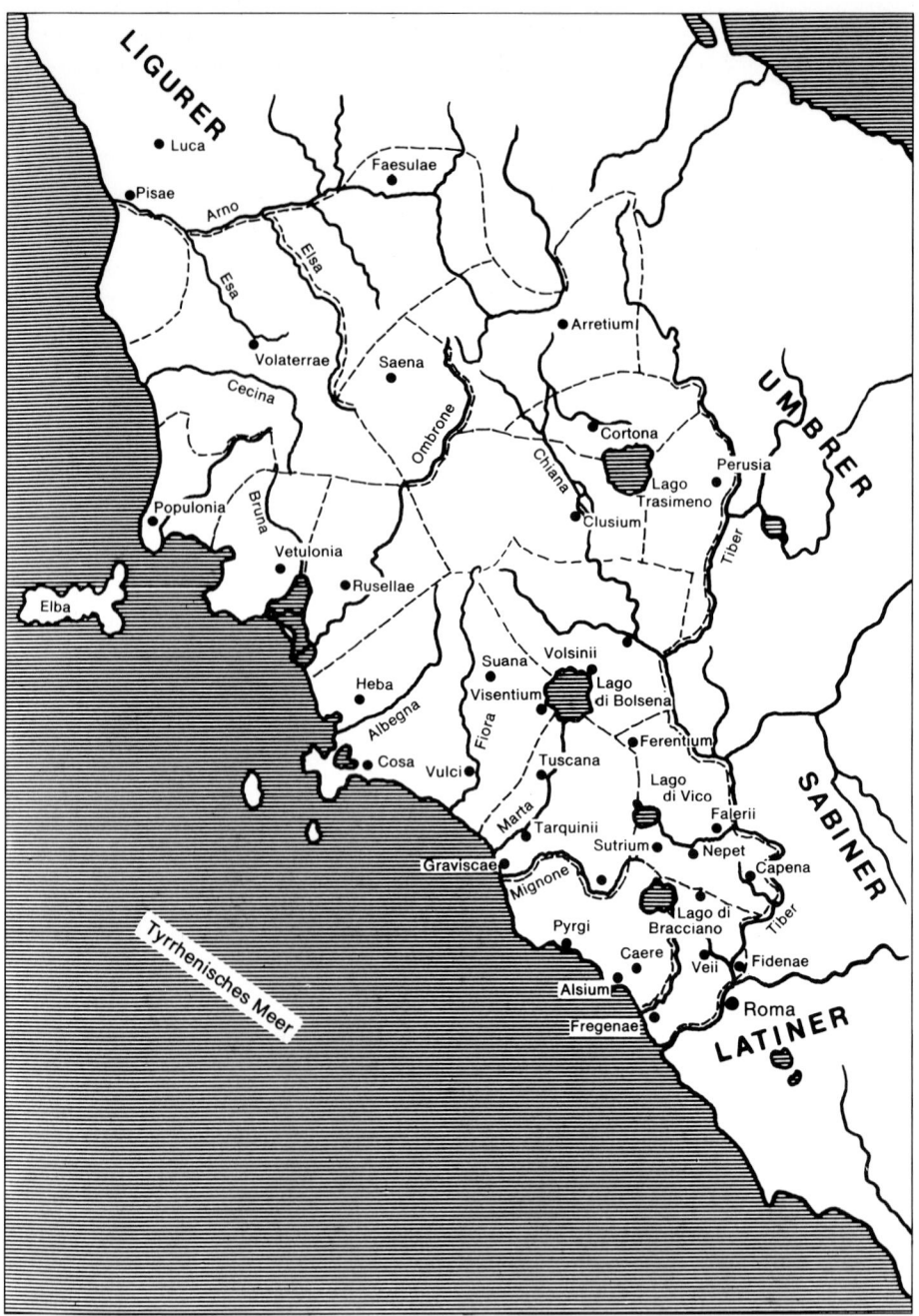

(171) Das prototyrrhenische Alphabet im Verhältnis zur griechischen Schrift

Lautwert	West-griechisch	Proto-tyrrhenisch	Lautwert	West-griechisch	Proto-tyrrhenisch
a	A A	A	n	N	N
b	B B	B	ś		⊞
g	⌐< C	< C	o	O	⊙ O
d	Δ D	D	p	Γ	P
e	E	E	ś		ᛣ M
v	F C	F	q	Q	⊲ Q
z	I	I	r	P R	P
h	⊟ H	⊟	s	⌠ ⟨	⟨
th	⊕ ⊙	⊕ ⊙	t	T	T
i	I	I	u	Y V	Y ʏ
k	K	K	ks	X +	+
l	L	L	ph	Φ Φ	Φ
m	⋀	⋀	kh	Y ↓	Y

Euböa) oder das Küstengebiet Kleinasiens in Frage (JENSEN 1969, 502f.). Dies bedeutet, daß die Etrusker der letzten größeren Wanderungswelle die Kenntnis der Schrift mit nach Italien brachten und schon lesen und schreiben konnten, bevor sie erneut mit den Griechen – diesmal auf italischem Boden – in Kontakt traten. Wie immer auch das Herkunftsgebiet in der Ägäis genauer lokalisiert werden mag, vom Schrifttyp des frühetruskischen (prototyrrhenischen) Alphabets zu urteilen, weist alles darauf hin, daß dieses aus einer Variante der westgriechischen Schrift stammt (*Abb. 171*).

Es gibt einige Anhaltspunkte dafür, daß die Etrusker vor ihrer Abwanderung in engem Kontakt mit den möglicherweise sprachverwandten Lydern in Kleinasien gestanden haben. In der etruskischen und lydischen Schrift findet sich eine auffällige Parallele, nämlich ein besonderes Zeichen für den *f*-Laut: (ältere Form im Etruskischen). Einige Forscher suchen den Ursprung dieses Zeichens in Mittelgriechenland. Unabhängig davon, ob man eine direkte Abzweigung des etruskischen Alphabets aus der westgriechischen Schrift oder eine Vermittlung über die lydische Schrift (s. Kap. 7, Abb. 288 zum lydischen Alphabet) annimmt, das Zeichen für den *f*-Laut spricht für das hohe Alter der Schrift und eine Entlehnung im ägäischen Raum. Das etruskische Alphabet hat einige Zeichen aufgegeben, wie die für *b*, *d* und *g*. Offenbar kannte das Etruskische keine stimmhaften Verschlußlaute, nur stimmlose, so daß die Zeichen für *ph*, *th* und *kh* unterschiedslos mit denen für *p*, *t* und *k* verwendet wurden. Das etruskische Alphabet hat auch das Zeichen für *o* nicht übernommen. Zur Schreibung sowohl von *o* als auch von *u* diente das im Westgriechischen verwendete Zeichen für *u*. Ein weiteres Indiz für das Alter der

Schriftübernahme ist die Schreibung von rechts nach links. »Die stets linksläufige Schriftrichtung deutet auf eine frühe Entlehnung der etruskischen Schrift hin, als das griechische Mutterland auch noch (wenigstens überwiegend) die linksläufige Schriftrichtung anwandte; es dürfte sich um das 8. Jahrhundert handeln.« (JENSEN 1969, 503)

Das lateinische Alphabet

Als die Latiner im Verlauf des 7. Jahrhunderts v. Chr. begannen, ihr Einflußgebiet über die Grenzen der Landschaft Latium hinaus zu erweitern, gab es in Italien zwei blühende Hochkulturen, die etruskische, deren wirtschaftliches und politisches Kerngebiet die Landschaft Etrurien war, und die griechische mit lokalen Machtzentren in der Magna Graecia des Südens. Beide Zivilisationen beeinflußten den Werdegang des jungen römischen Staates in kultureller Hinsicht, noch bevor Rom seine militärische Macht entfaltet hatte. Die späteren alleinigen Machthaber Italiens waren zwar zivilisatorische »Nachzügler«, sie holten den kulturellen Vorsprung, den ihre Nachbarn im Norden und Süden mit der Kenntnis der Schrift hatten, aber schnell auf. Bald nach 700 v. Chr. gelangten auch die Latiner in den Besitz der neuen Schreibtechnologie, des Alphabets. Die ältesten Schriftzeugnisse in *lateinischer Sprache* stammen erst aus einer späteren Zeit. Seit im Jahre 1899 auf dem Forum Romanum ein vierkantiger, beschrifteter Tuffstein gefunden wurde, der als Lapis niger ›*schwarzer Stein (Forumstein)*‹ bekannt ist (*Abb. 172*), wird dessen Inschrift als das älteste Dokument für die Verwendung der Alphabetschrift durch die Römer angesehen. Die Inschrift des Forumsteins stammt aus der Zeit um 600 v. Chr. In diesem Schriftdokument ist die Schreibrichtung linksläufig, ebenso wie auf einem anderen beschrifteten Gegenstand, der in Praeneste gefundenen sogenannten *Maniosspange*, die in den Anfang des 6. Jahrhunderts v. Chr. datiert wird (*Abb. 173*). Die Sprache der Inschriften ist ein archaisches Latein, und die Schriftzeichen ähneln sehr denen des frühetruskischen Alphabets (*Abb. 174*).

Nach den historischen Gegebenheiten wäre es ebenso wahrscheinlich, daß die Römer ihr Alphabet direkt von den Griechen aus Kyme vermittelt bekamen. Was beweist aber die etruskische Vermittlung? Obwohl das frühetruskische dem archaisch-lateinischen Alphabet ohne Zweifel nahesteht, darf man nicht übersehen, daß sich die prototyrrhenische Schrift von ihrem westgriechischen Vorbild nur minimal unterscheidet. Die äußere Gestalt der Schriftzeichen allein ist weder ein hinreichender Beweis *für* eine etruskische Vermittlung noch *gegen* eine Beteiligung der griechischen Schrift am Entlehnungsprozeß.

Erst in den zwanziger Jahren dieses Jahrhunderts hat der finnlandschwedische Forscher M. HAMMARSTRÖM (1920, 1930) überzeugend nachweisen können, daß der Weg vom griechischen zum lateinischen Alphabet über etruskische Vermittlung gelaufen ist. Eine Vermutung in dieser Richtung – nämlich daß das etruskische und lateinische Alphabet keine unabhängigen Parallelabzweigungen der griechischen Schrift sind – war schon im 19. Jahrhundert von M. BRÉAL geäußert worden, blieb aber damals noch unbewiesen. In Hammarströms Beweisführung spielt die Verwendung einzelner Buchstaben und ihre Schreibweise in Kombination mit

(172) Der Forumstein (lapis niger) in Rom (um 600 v. Chr.)

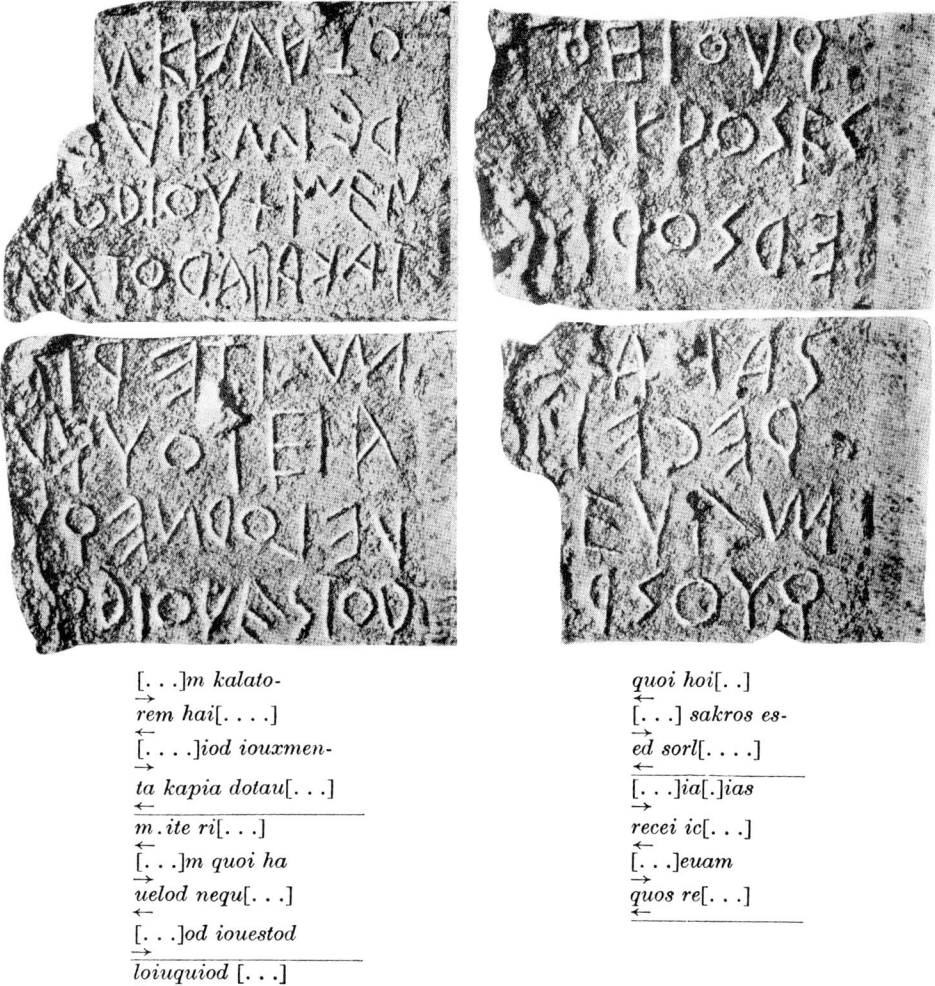

[...]m kalato-
→
rem hai[....]
←
[....]iod iouxmen-
→
ta kapia dotau[...]
←
m.ite ri[...]
←
[...]m quoi ha
→
uelod nequ[...]
←
[...]od iouestod
→
loiuquiod [...]
←

quoi hoi[..]
←
[...] sakros es-
→
ed sorI[....]
←
[...]ia[.]ias
→
recei ic[...]
←
[...]euam
→
quos re[...]
←

anderen Zeichen eine wichtige Rolle. Das Zeichen C wird in den ältesten Inschriften zur Schreibung sowohl von g als auch von k verwendet. Diese Schreibweise war nur im Etruskischen gebräuchlich, das den Unterschied zwischen stimmhaftem und stimmlosem Verschlußlaut nicht kannte. In der Inschrift auf dem Forumstein fällt die besondere Schreibweise der k-Laute in Abhängigkeit von ihrer lautlichen Umgebung auf. So wird k vor a, r und am Wortende geschrieben, c dagegen vor den Vokalen e und i, und q in der Position vor u. Dies entspricht genau der etruskischen Schreibgewohnheit.

Hinsichtlich derjenigen Buchstaben, die dem etruskischen Alphabet fehlten und die die Römer später als Zusatzzeichen entlehnten, bleibt unsicher, ob die etruskische oder die griechische Schrift direktes Vorbild waren. Es ist durchaus wahrscheinlich, daß die Zeichen für b, d, o und ks (d. h. B, D, O und X) aus der griechischen Schrift stammen, die die Römer im

(173) Die Maniosspange mit altlateinischer Inschrift (Anfang des 6. Jahrhunderts v. Chr.)

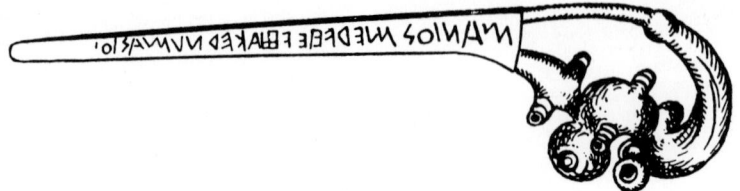

•MANIOS · MED : FHE : FHAKED : NVMASIOI• *(Manios me fecit Numerio)*

Kontakt mit den Griechen Unteritaliens kennenlernten. Dagegen ist eine Hypothese formuliert worden, die über den Rahmen von Hammarströms Beweisführung noch hinausgeht. Nach der Ansicht von B. L. ULLMAN (1927) ist gerade der Umstand, daß die angeblich später entlehnten Buchstaben nicht am Ende stehen sondern in der aus dem prototyrrhenischen Alphabet bekannten Reihenfolge, ein Hinweis auf etruskische Vermittlung. Die Etrusker hätten sich bemüht, in ihrem Alphabet die ursprüngliche (d. h. westgriechisch-prototyrrhenische) Reihenfolge der Buchstaben aufrechtzuerhalten. Erst später wären diese, der etruskischen Sprache fremden Lautzeichen aus den Abcdarien verschwunden, und zwar erst zu einer Zeit, als die Römer bereits das komplette Alphabet übernommen hatten. Dem Erklärungsversuch von Ullman schließen sich heute viele Forscher an (z. B. JENSEN 1969, 512, FÖLDES-PAPP 1987, 175f., SAMPSON 1987, 108).

Das *archaische lateinische Alphabet* umfaßte 21 Buchstaben. Da die lateinische Sprache – im Unterschied zum Griechischen – keine behauchten Tenues (*th, kh, ph*) kennt, wurden diese Zeichen nicht übernommen. Jahrhundertelang jedoch wurde das Zeichen für den griechischen Laut *dz* (Z) bewahrt, obwohl es dafür bei der Schreibung des Lateinischen keine Verwendung gab. Dieses Zeichen stand im archaischen Alphabet an siebter Stelle zwischen *f* und *h*. Man berichtet, daß die Abschaffung dieses Zeichens auf die Initiative eines einzelnen Mannes zurückgeht, Spurius Carvilius RUGA. Dieser Römer, ein ehemaliger Sklave, eröffnete als Freigelassener die erste Schule mit zahlungspflichtigem Unterricht. Um die Ungereimtheit der lateinischen Orthographie zu beseitigen, daß die Laute *k* und *g* mit demselben Zeichen (C) geschrieben wurden, fügte Ruga dem C einen Strich hinzu und machte daraus das uns bekannte G. Das neue geschaffene Zeichen setzte er an die Stelle des unbenutzten Zeichens (Z). Weitere Veränderungen des lateinischen Alphabets gab es im 2. Jahrhundert v. Chr. Nachdem das griechische Mutterland im Jahre 146 v. Chr. militärisch unterworfen und dem Staatsgebiet des Römischen Reiches angegliedert worden war, wirkte sich der griechische Kultureinfluß noch stärker als bisher im römischen Alltagsleben aus. Das Lateinische übernahm eine große Zahl von Lehnwörtern aus dem Griechischen, deren Schreibung einige Probleme aufwarf, insbesondere in solchen Fällen, wo der Lateinschrift Zeichen zur Wiedergabe griechischer Laute fehlten. In jener Zeit erfolgte die letzte Ergänzung des römischen Alphabets. Das griechische Ypsilon war von den Etruskern zur Schreibung des *u* vermittelt worden. Die Römer übernahmen das Y noch einmal direkt aus der griechischen Schrift, und zwar in

(174) Die lateinische Schrift im Vergleich zur etruskischen

Lautwert	Proto-tyrrhenisch	Etruskisch	Archaisch. Latein	Klassisch. Latein
a	A	A A	A A	A
b	B		{ B B }	B
g	⟨C	⟩⟨ [k]	⟩ C [k, g]	C [k]
d	D		D	D
e	E	ᴲ	ᴲ E	E
v	F		ᴲ [f]	F [f]
z	I	I ⟂ ⟂	{ I }	[G]
h	⊟	⊟ ⊟	⊟	H
th	⊕ ⊙	⊗ ⊙		
i	I	I	I	I
k	K	⋏	⋏	K
l	⌐	⌐	⌐	L
m	ᛖ	ᛖ ᛖ	ᛖ	M
n	N	ᛁ ᛁ ᛁ	ᛁ	N
ś	⊞			
o	⊙ O		O	O
p	P	⌐	⌐ ⌐	P
ś	ᛖ M	⋈		
q	⌐ ꝑ	ꝑ φ	ꝑ Ω	Q
r	P	⌐ ꝓ	ꝓ	R
s	⟨	⟨ ⟩	⟨ ⟩	S
t	T	✝ [s?]	T T	T
u	Y ⌐	Y V V	V	V
ks	✚		X	X
ph	φ	Φ		
kh	Ψ	Ψ Ψ		
f		8 8 8 ꝑ		

unveränderter Gestalt. Dadurch wurden lat. *V* (für u und v) und *Y* (für y) voneinander unterschieden. Schließlich wurde noch das *Z* (für *dz*) entlehnt und an das Ende des lateinischen Alphabets gestellt.

Vielen Millionen Menschen sind heutzutage die Schriftzeichen des klassischen lateinischen Alphabets geläufig, weil damit Hunderte von Sprachen geschrieben werden. Die Entwicklung des Alphabets von der phönizischen Buchstabenschrift zur Lateinschrift war ein langwieriger Prozeß, der sich über einen Zeitraum von mehr als tausend Jahren und über mehrere Vermittlungsstufen hinzog. Die Ausbreitung der Lateinschrift über Europa und andere Kontinente der Erde seit der Zeit der römischen Klassik war im Unterschied dazu gradlinig, denn das lateinische Alphabet entpuppte sich als konsequente Begleiterscheinung des römischen Kulturerbes (s. Kap. 7).

(175) Aramäische Inschrift des Kilamuwa (8. Jahrhundert v. Chr.)

Die vorderasiatisch-afrikanische Tradition des Alphabets
Die aramäische Schrift

Jeder, der sich mit der Entstehung und Ausbreitung der Alphabetschriften beschäftigt, hat mit Sprachen zu tun, deren besonderer Status als interkulturelle Kommunikationsmedien die eigentlichen Voraussetzungen für ihre Ausstrahlung sowie für die der Schrift als ihrem wichtigen Kulturträger schafft. Das Griechische war – wie wir sahen – eine solche Sprache, und daher besaß es auch die Ausstrahlungskapazität, die erforderlich ist, um eine neue Technologie wie die vereinfachte alphabetische Schreibweise in buchstäblich alle Himmelsrichtungen zu verbreiten. Im vorderasiatischen Raum entwickelte eine *semitische Sprache* – zeitlich etwas später als das Griechische in Europa – ähnliche kultur- und verkehrssprachliche Funktionen wie dieses. Diese Sprache war nicht das Phönizische, dessen Ausstrahlung nach Westen, und zwar über den Seeweg bis nach Nordafrika (Karthago) und Spanien, gerichtet war. Im Verlauf des 1. Jahrtausends v. Chr. entwickelt sich das *Aramäische* zur wichtigsten Verkehrssprache des Vorderen Orients und spielt diese Rolle bis in römische Zeit. Aramäisch war auch die Muttersprache des Mannes, der als Jesus von Nazareth bekannt wurde – und die seiner Henker.

Einigkeit besteht darüber, daß die aramäische Schrift ein Ableger der phönizischen ist. Eigentlich ist es zutreffender, vom aramäischen Schriftenkreis zu sprechen, denn die altaramäische Schrift hat sich in verschiedene neuaramäische Varianten ausgegliedert. »Die aramäische Sprache und Schrift wurde in neuassyrischer und altpersischer Zeit das große internationale Verständigungsmittel für den Vorderen Orient bis nach Ägypten, Kleinasien und Indien hin. (...) Aramäische Schrift und Sprache verdrängte auch in Mesopotamien die dort von Haus aus beheimatete babylonische Keilschrift und die akkadische Sprache.« (FRIEDRICH 1966, 83) Der Siegeszug des Alphabets von der Ostküste des Mittelmeeres bis nach Indien ist also der Popularität der aramäischen Sprache zu verdanken, nicht der direkten Ausstrahlung der phönizischen Schrift. Die ursprünglich aus der arabischen Halbinsel nach Palästina, Syrien und Mesopotamien eingewanderten Aramäer, deren Sprache dem Hebräischen nahe verwandt ist, siedelten in wichtigen Kontaktgebieten, was ihre Ausstrahlung bis nach Nordwestindien erklären mag. Zu den ältesten Schriftdenkmälern in aramäischer Sprache gehören unter anderem eine Inschrift des Königs Kilamuwa aus dem 9. oder 8. Jahrhundert v. Chr. (*Abb. 175*), eine Weihinschrift des Königs Panammu aus der ersten Hälfte des 8. Jahrhunderts v. Chr. sowie eine Steinurkunde über die Einführung des Salmkultes in Teima (Nordarabien), die aus dem 5. oder 4. Jahrhundert v. Chr. stammt. Das Aramäische wurde auch in Ägypten verwendet und auf Papyrus geschrieben (*Abb. 176*). Die Varianten der aramäischen Schrift in der älteren Periode sind sich untereinander sehr ähnlich und veranschaulichen mit ihrer äußeren Gestalt deutlich ihre phönizische Herkunft (*Abb. 177*).

(176) Aramäischer Text auf Papyrus aus Elephantine (Ägypten; 5. Jahrhundert v. Chr.)

(177) Entwicklungsstufen der aramäischen Schrift

Laut-wert	Kilamuwa 9.–8. Jh.	Hadad 1. Hälfte des 8. Jh.	Teima 5.–4. Jh.	Aram. Inschr. aus Ägypten 5.–3. Jh.	Papyri aus Oberägypten 5. Jh. v. Chr.
ʾ	✦	✦	✦✦	✦✦✦	✦
b	9 9	9	4 4	⅃ ⅃	⅃ ⅃
g	∧	∧	∧ ⋏	∧ ⋏	∧
d	ҩ	⊲	4 4	⅂ ⅂	⅂
h	⋻	⋻	⋀ ⋀	⋀ ⋂ ⋂	⋀
w	ҷ Y	ҷ	7 7	⅃ ⅃	⅃
z	⏉	Z	Ƨ Ƨ	/ I	/
ḥ	⊟	⊟	H ⱨ	H ⱨ	⋂
ṭ		⊘	⊖	⊖ ⊖	б
j	⋎	Ƨ	Ƨ	⋋ ⋏ ⋎	⋋
k	⅄ ⅄	⅄	⋺ ⅄	⅄ ⅄	⅄
l	C L	C	L L	L L	L
m	⅔	⅔	⋊ ⋊	⋊ ⊃	⋊ ⊃
n	⅃	⅃	7 ⅃	⅃ ⅃	⅃
s	ⱦ ⱦ	ⱦ	Ƨ	Ƨ Ƨ	Ƨ
ʿ	○	○	⋃ ⋎	⋃ ⋎	⋃
p	⅃ ⅃	⅃	⅃ 9	⅃ ⅃	⅃
ṣ (c)	ⱶ	ⱶ	ⱶ ⱶ	ⱶ ⱶ	y
q	Ψ	Ψ	ⱣƷ	ⱣⱣ	Ᵽ
r	⋻	⋻	4 4	⅃ ⅃	⅃
š	W ⱳ	W	W ⱳ	ⱳ	ⱳ
t	⋌ ⊤	⋌	⋂ ⋂	⋂ ⋂ ⋂	⋂

Die palmyrenische und syrische Schrift

Bereits wenige Jahrhunderte, nachdem die Aramäer die Schrift von den Phöniziern übernommen hatten, entwickelten sich aus dem aramäischen Konsonantenalphabet seinerseits Ableger, von denen die *hebräische Quadratschrift* (s. u.) die bekannteste ist. Spezielle Varianten der aramäischen Schrift sind außerdem die sogenannte *nabatäische*, die *palmyrenische* und die *syrische* Schrift. Die Nabatäer waren Araber, die etwa um die Mitte des 2. Jahrhunderts v. Chr. ein Königreich im Gebiet zwischen der Sinaihalbinsel und den Regionen östlich des Jordanflusses gründeten, das bis ungefähr 100 n. Chr. bestand. Das Aramäische war zwar nicht die Muttersprache der Nabatäer, übernahm aber für sie kultursprachliche Funktionen, ähnlich wie das Akkadische für die Hethiter oder – in hellenistischer Zeit – das Griechische für die Ägypter. Nach den Schriftdenkmälern unterscheidet man eine eigentliche nabatäische Schrift (*Abb. 178a*) und eine sinaitische Variante (*Abb. 178b*), die aus Inschriften des 2. und 3. Jahrhunderts n. Chr. bekannt ist. Die nabatäische Variante der aramäischen Schrift findet direkte Fortsetzer in den nordarabischen Schriften (s. u.).

In der Handelsstadt Palmyra, was in aramäischer Sprache ›Palmenstadt‹ bedeutet (heute Tadmor), entwickelte sich eine besondere Variante der aramäischen Schrift. Inschriften in dieser *palmyrenischen Schrift* sind aus dem 1. Jahrhundert v. Chr. erhalten. Später bildet sich ein bestimmter ornamentaler Stil aus, dessen Schriftbild gut in einer Inschrift aus dem Jahre 271 n. Chr. zu erkennen ist (*Abb. 179*). »Ihre Eigenart erhält die palmyrenische Schrift durch den gezierten, ornamentalen Charakter ihrer Zeichen, deren Formen vielleicht aus einer gepflegten Buchschrift auf die Denkmalschrift übertragen sind« (FRIEDRICH 1966, 84). Ebenfalls im syrischen Gebiet wurde die sogenannte *syrische Schrift* ausgebildet, die der palmyrenischen sehr ähnlich ist. Die ältesten Zeugnisse in syrischer Schrift stammen aus dem 1. und 2. Jahrhundert unserer Zeitrechnung. In der syrischen Stadt Edessa, die vom 2. bis 7. Jahrhundert der Mittelpunkt einer christlich-aramäischen Kultur im Vorderen Orient war, entwickelte sich auch der Stil der syrischen Buchschrift. In Edessa entstand die syrische Bibelüber-

(178) Varianten der nabatäischen Schrift

a) Nabatäische Schriftart (Grabinschrift von Ḥiǧr aus dem Jahre 1 v. Chr.)

b) Sinaitische Schriftart (Inschriften vom Anfang des 3. Jahrhunderts n. Chr.)

(179) Palmyrenische Inschrift aus dem Jahre 271 n. Chr.

𐡥𐡣𐡩𐡥𐡫𐡢𐡠𐡫𐡱𐡩𐡮𐡩𐡤𐡱 𐡠𐡮𐡢 6 3 𐡩 𐡦𐡮𐡥𐡳
𐡠 𐡥𐡩𐡨𐡥𐡢 𐡠 𐡥𐡩 𐡠𐡩𐡢𐡥 6 3 𐡩 𐡠𐡥𐡩𐡥𐡤
𐡠 𐡩 6 𐡩 6 𐡨 𐡥 𐡱 𐡩𐡥𐡮 𐡦𐡮 𐡠 𐡥 𐡩 𐡨𐡥 𐡷 𐡩 𐡢 𐡠 𐡥 𐡨
// 3333 ⁓𐡥 𐡥 𐡩 𐡷 · 𐡢 𐡠 𐡠 𐡨 𐡸 𐡨 𐡢 𐡩 𐡳 𐡥 𐡨 𐡮 𐡨𐡩𐡠

'Statue der Septimia Bathzabbaj, der erlauchten und gerechten Königin. Die Septimier Zabda, der große General, und Zabbaj, General von Thadmōr, die mächtigen, haben (Inschr.: hat) (sie) errichtet ihrer Herrscherin im Monat Ab des Jahres 582'

setzung, die *Pešiṭtā* (wörtl. ›die Einfache‹, vgl. lat. vulgata), deren älteste erhaltenen Texte auf das 5. Jahrhundert zurückgehen (*Abb. 180*).

Die frühe Version der syrischen Buchschrift nannte man *Esṭrangelā*. Dieser Ausdruck stammt aus dem Griechischen (στρογγύλη strongyle ›runde (Schrift)‹). Die im Jahre 489 erfolgte Kirchenspaltung fand ihren konkreten Niederschlag auch in der Schrift. In der Stadt Edessa kam es in Anlehnung an die Aussprache der Volkssprache

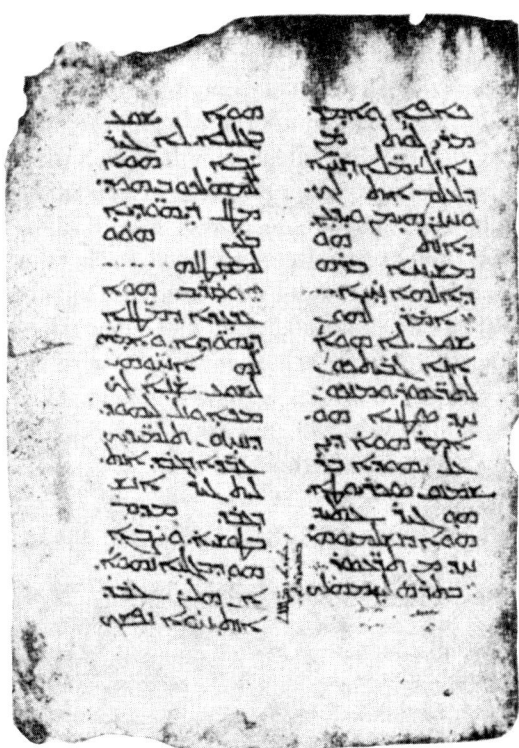

(180) Textausschnitt (Joh. 6,68–7,4) aus der syrischen Bibelübersetzung (um 450 n. Chr.)

(181) Ausschnitt einer chinesisch-syrischen (nestorianischen) Inschrift aus dem Jahr 781 n. Chr.

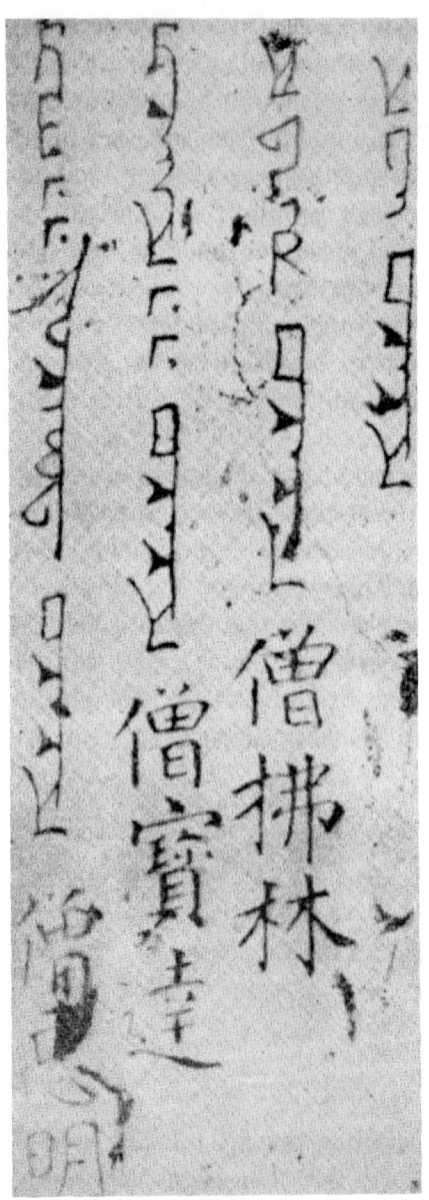

zur Ausbildung einer Schreibvariante, die man als *westsyrische* oder *jakobitische Schrift* bezeichnet. Die geläufige Bezeichnung dieser Schriftart ist *Serṭō ›Linearschrift‹*. Sie wird heute noch als syrische Druckschrift verwendet. In der Stadt Nisibis, wo sich das kulturelle Zentrum der persischen Nestorianer entfaltete, stützte man sich auf das *Ostsyrische* und bildete eine eigene Schriftvariante aus, die *nestorianische Schrift*. Diese Variante der syrischen Schrift wurde von Missionaren bis nach Mittelasien und China verbreitet (s. Kap. 7). Aus China stammt eine zweisprachige (chinesisch-syrische) Inschrift, die an die Ankunft nestorianischer Missionare in Westchina (Si-ngan-fu) im Jahre 781 n. Chr. erinnert. Die Zeilen des in nestorianischer Schrift geschriebenen Textes sind in senkrechten Zeilen angeordnet (*Abb. 181*). Die nestorianische Senkrechtschreibung hat die entsprechende Schreibgewohnheit des *Mandschurischen* beeinflußt (s. Kap. 7). Stellt man die verschiedenen Versionen der syrischen Schrift in einen Vergleich zur palmyrenischen Variante sowie zur gemeinsamen Quelle, der aramäischen Schrift, wird deutlich, welch vielfältigen Wandlungen die Formen der Schriftzeichen im Laufe ihrer Entwicklung unterworfen waren (*Abb. 182*).

Als weitere der zum aramäischen Schriftenkreis gehörigen Alphabete ist die *Schrift der Mandäer* zu erwähnen, die auch Sabier, Nazaräer oder Johannischristen genannt werden. Die Mandäer sind Angehörige einer Sekte, deren christliche Anschauungen durchsetzt sind mit nichtchristlich-gnostischen Elementen. Als religiöse Minderheit leben die Mandäer im südlichen Irak, und zwar in der Gegend von Basra am Schatt-el-Arab. Ihre Sprache ist ein aramäischer Dialekt, und die Schrift gehört ohne

(182) *Die Varianten der palmyrenischen und syrischen Abzweigungen von der aramäischen Schrift*

Lautwert	Spätes Aramäisch	Palmyrenisch	Palmyr. Kursive	Syrisch				
				Zebed-Inschr. (512)	Estrangelo	Nestorianisch	Jacobitisch	Syropaläst.
ʾ								
b								
g								
d								
h								
w								
z								
ḥ								
ṭ								
j								
k								
l								
m								
n								
s								
p, f								
ʿ								
ṣ								
q								
r								
š								
t								

(183) Text in mandäischer Schrift

[Mandaic script text - 4 lines]

Zweifel dem aramäisch-nabatäischen Typus an, scheint aber in den Zeichenformen von der syrischen (und zwar nestorianischen) Schrift beeinflußt worden zu sein. Die in das 7. und 8. Jahrhundert n. Chr. zu datierenden Inschriften, die auf *Schalen aus Khouabir* gefunden wurden, sind eine seltene Ausnahme für die Verwendung der mandäischen Schrift, deren eigentliche Funktion bis heute die der Textüberlieferung in Büchern geblieben ist (eine Textprobe in *Abb. 183*). Die äußere Form der Schriftzeichen läßt erkennen, daß die mandäische Schrift eine Mischung aus einem älteren Ableger der aramäischen Schrift (inkursivierter Version) und einer Überlagerung durch eine jüngere Abzweigung der aramäischen Schrift, nämlich der syrischen Kursive, ist (*Abb. 184*).

(184) Das Verhältnis der mandäischen und nabatäischen Schrift zum aramäischen Konsonantenalphabet

Lautwert	Aram.	Nabatäisch	Sinaitisch	Mandäisch	Lautwert	Aram.	Nabatäisch	Sinaitisch	Mandäisch
ʾ					l				
b					m				
g, ǧ (arab.)					n				
d					s				
h					ʿ				
w					p; f (arab.)				
z					ṣ				
ḥ					q				
ṭ					r				
j					š				
k					t				

Die hebräische Quadratschrift

Die aramäische Schrift beeinflußte auch die jüdische Kultur, und zwar in so fundamentaler Weise, daß das augenfälligste Symbol der jüdischen Identität, die hebräische Quadratschrift, zu einem unverwechselbaren Kulturträger des Judentums in aller Welt wurde und bis heute nichts von ihrer Vitalität eingebüßt hat. Der Entwicklungsgang der speziellen hebräischen Abzweigung von der aramäischen Schrift unterscheidet sich von den anderen, oben dargestellten Fällen von Schriftübernahme. Als die aramäische Schrift bei den Juden bekannt wurde, hatten diese bereits eine eigene Schrift, die als kanaanäisch oder althebräisch bezeichnet wird. Dabei handelt es sich um eine Buchstabenschrift, die chronologisch später als die phönizische Schrift, aber von dieser im wesentlichen unabhängig entstand, also um eine Parallelentwicklung. Das älteste Dokument in althebräischer Schrift ist der sogenannte »*Bauernkalender*« aus dem 9. Jahrhundert v. Chr. (*Abb. 185*). Ein anderes wichtiges Schriftzeugnis ist die

(185) Der sogenannte »Bauernkalender« in althebräischer Schrift aus dem 9. Jahrhundert v. Chr.

(186) Die Siloah-Inschrift in althebräischer Schrift aus der Zeit um 700 v. Chr.

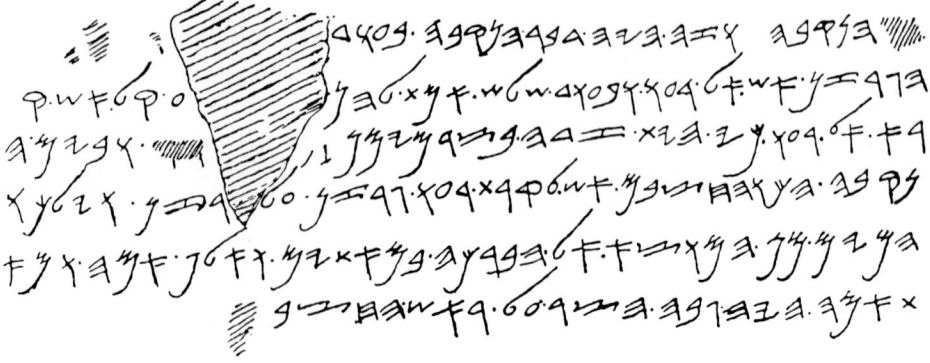

Transkription
(1) [...] h-nqbh w-zh hjh dbr h-nqbh b-'wd [...]
(2) h-grzn 'š 'l r'w w-b-'wd šlš 'mt l-hk[t nšm]' ql 'š q-
(3) r' 'l r'w kj hjt zdh b-ṣr m-jmn [...] w-b-jm h-
(4) nqbh hkw h-ḥṣbm 'š l-qrt r'w grzn 'l [g]rzn w-jlkw
(5) h-mjm mn h-mwṣ' 'l h-brkh b-m'tjm w-'lp 'mh w-m'-
(6) t'mh hjh gbh h-ṣr 'l r'š h-ḥṣbm ...

Übersetzung
(1) [...] die Durchstechung, und dies war der Hergang der Durchstechung: Als noch [...]
(2) die Axt einer gegen den anderen. Und als noch 3 Ellen zu schlagen waren, wurde die Stimme eines gehört, der
(3) dem anderen zurief, denn es war ein Riß (?) im Felsen von Süden her [...]. Und am Tage der
(4) Durchstechung schlugen die Steinhauer einander entgegen, Axt auf Axt, und es liefen
(5) die Gewässer vom Ausgang in den Teich auf 1200 Ellen, und
(6) 100 Ellen war die Höhe des Felsens über dem Kopfe der Steinhauer.

Siloah-Inschrift aus der Zeit um 700 v. Chr., die im Jahre 1880 an einer Wand des Siloah-Kanals bei Jerusalem gefunden wurde (*Abb. 186*). Diese alte Schrift der Juden war auch das Medium, in dem einige alte Teile der Bibel aufgeschrieben wurden, so die fünf Bücher Mose und das Buch des Propheten Jesaja (8,1). Von diesen Originaltexten ist allerdings nichts erhalten. Für praktische Zwecke wurde dieser ältere und originelle Kulturträger des Judentums im Verlauf des ausgehenden 5. Jahrhunderts v. Chr. von den Juden selbst nicht mehr verwendet, lebte aber weiter in der Schriftkultur der Samaritaner (s. u.). Offensichtlich geriet die althebräische Schrift aber nicht gänzlich in Vergessenheit, denn als nationales Symbol der jüdischen Einheit taucht sie später noch ein paar Mal auf, im 2. Jahrhundert v. Chr. zur Zeit der Makkabäer-Aufstände (*Abb. 187*) und auf Münzen des 1. und 2. nachchristlichen Jahrhunderts, als sich die Juden gegen die Römer erhoben.

Die *samaritanische Schrift* entstand als Abzweigung der althebräischen Schrift zur Zeit der Gefangenschaft der Juden, bei der zwischen der assyrischen und der babylonischen Periode unterschieden wird (722–598/586 v. Chr., 586–538 v. Chr.). Die Samaritaner waren zu Beginn des 1. Jahrtausends v. Chr. als Kolonisten aus Mesopotamien

(187) Münze des Simon Makkabäus mit althebräischer Inschrift (140–139 v. Chr).

a) Vorderseite			b) Rückseite	
š (nt) b	š q l	j ś r ⁾ l	j r w š l j m	h q d w š h
J (ahr) 2	Münze	Israels	Jerusalem	das heilige

In hebräischer Quadratschrift: In hebräischer Quadratschrift:

ישראל   שקל   ש(נת)ב   הקדושה   ירושלים

(188) Samaritanische Inschrift aus dem Anfang des 6. Jahrhunderts n. Chr.

(189) Die ältesten Zeugnisse der hebräischen Quadratschrift

t w b j h (תוביה), d. h. Tobijah.

a) Inschrift von ʿArāq el-Emīr
(5. Jahrhundert v. Chr.)

t ḥ m g z r (תחם גזר) = ›Grenze von Gezer‹.

b) Grenzstein von Gezer
(1. Jahrhundert v. Chr.)

in die Landschaft gekommen, die später nach ihren Bewohnern den Namen Samaria erhielt. In ihrem Siedlungsgebiet zwischen dem nördlichen Galiläa und dem südlichen Judäa waren die Samaritaner in Berührung mit der jüdisch-althebräischen Kultur gekommen, hatten die jüdische Religion und die althebräische Schrift angenommen. Samaritaner und Juden vermischten sich auch rassisch, was konkret als die Assimilation der auch nach der Vertreibung von 722 v. Chr. in Judäa verbliebenen restlichen Juden an das Samaritanertum zu verstehen ist. Als die vertriebenen Juden nach der Gefangenschaft zurückkehrten, sonderten sie sich von den Samaritanern ab. Es entwickelte sich ein bewußt empfundener und betonter rassischer Gegensatz. Die Juden betrachteten die Samaritaner als rassisch »unrein«, und kein Bewohner Samarias, ungeachtet seiner jüdischen Religion, durfte den neugebauten Tempel in Jerusalem betreten. Als Ausgestoßene entwickelten die Samaritaner offensichtlich keine Aversion gegen ihr Kulturerbe, sondern tradierten ihre vom althebräischen Original abgeleitete Schrift bis in die Neuzeit (*Abb. 188*). Als Schrift liturgischer Texte lebt sie in der nur wenige hundert Mitglieder zählenden jüdisch-samaritanischen Gemeinde in dem palästinischen Ort Nablus noch heute weiter. Das Bemerkenswerte an der Entwicklung der samaritanischen Schrift ist – wie schon M. LIDZBARSKI (1907) feststellte –, daß sie aus den ursprünglichen althebräischen Zeichen gleichsam quadratische Formen entwickelt hat. Nach ihrer äußeren Gestalt ist demnach die samaritanische ebenso wie die aus der aramäischen entwickelte hebräische Schrift eine Quadratschrift.

In Babylonien hatten die Juden näheren Kontakt mit dem Aramäischen und dessen Schrift. Im Verlauf des 6. Jahrhunderts v. Chr. vollzog sich mit dem Generationenwechsel ein Wandel in der Sprachverwendung. Gegen Ende der babylonischen Zeit waren die meisten Juden zweisprachig und beherrschten außer dem Hebräischen auch das Aramäische. Nach ihrer Rückkehr bedienten sich die Juden mehr und mehr des Aramäischen, das bald die Rolle einer allgemeinen Umgangssprache übernahm. Erst in nachbabylonischer Zeit vollzieht sich ein bis ins 20. Jahrhundert hinein richtungweisender sozialer Sprachwandel, nämlich die Verlagerung des Hebräischen in den Bereich hochsprachlicher Funktionen (und zwar als Kult- und Literatursprache), getrennt von den Bereichen der Alltagssprache, die im 5. Jahrhundert v. Chr. bereits überwiegend das Aramäische war. Es wird berichtet, daß die Verwendung der

DIE VORDERASIATISCH-AFRIKANISCHE TRADITION DES ALPHABETS 311

(190) Ausschnitt des biblischen Textes der Habakuk-Rolle, der kurz vor der Zeitenwende aufgezeichnet wurde

aramäischen Schrift für Bibeltexte durch den Staatsmann und obersten Priester der Juden, Esra, gebilligt und damit offiziell eingeführt wurde. Diese Neuordnung vollzog sich in den vierziger Jahren des 5. Jahrhunderts v. Chr. und wurde auch durch die Reformen Nehemias im Jahre 433 v. Chr. nicht aufgehoben. Die aramäische Schrift wurde nicht einfach in der ursprünglich übernommenen Form beibehalten, sondern zur typisch quadratischen Form ihrer Zeichen ausgebildet. Die ältesten Denkmäler in dieser Quadratschrift sind kurze Inschriften, von denen eine aus dem Anfang des 5., die andere aus der ersten Hälfte des 1. Jahrhunderts v. Chr. stammt (*Abb. 189*).

Ältere Bibeltexte in hebräischer Quadratschrift sind nicht erhalten. Umso aufsehenerregender war der Fund von Schriftrollen, die im Jahre 1947 in einer Höhle im Gebiet nordwestlich des Toten Meeres entdeckt wurden. Die meisten dieser ledernen Rollen stammen aus dem 2. und 1. Jahrhundert v. Chr., einige auch aus dem 1. Jahrhundert n. Chr., und sie enthalten in der Hauptsache biblische Texte (*Abb. 190*). In dem Textausschnitt der *Habakuk-Rolle* fällt auf, daß in der 7. und 14. Zeile der linken Kolumne – durch eine gestrichelte Linie gekennzeichnet – der Name Gottes, Jahweh, in althebräischen Buchstaben geschrieben ist. Die Namensform des Allmächtigen war den Juden so heilig, daß sie auch graphisch vom übrigen Text abgesetzt wurde. Ursprünglich kannte die hebräische Quadratschrift keine Vokalbezeichnung. Je mehr aber das Hebräische als gesprochene Sprache außer Gebrauch kam, desto dringlicher wurde eine eindeutige Bezeichnung der Lautung geschriebener Wörter. Man bediente sich zunächst eines Behelfs dadurch, daß man die Halbkonsonantenzeichen für die Vokalbezeichnung verwendete, eine Lösung, die Jahrhunderte früher bereits von den Griechen gewählt worden war (s. o. unter A). Das h (ה) bezeichnete $\bar{o}$, das j (י) markierte ein $\bar{i}$ oder $\bar{e}$, das w (ו) stand für $\bar{u}$, das ʾ*Aleph* (א) für $\bar{a}$, und das ʿ*Ajin* (ע) diente zur Schreibung von $\bar{o}$. Später entwickelten sich effektivere Schreibweisen, und zwar wurden die Vokale mit Hilfe von Punkten oder Strichen bezeichnet, die man oberhalb oder unterhalb der Konsonantenzeichen setzte. Diese Tradition der Vokalbezeichnung, die in ihren Anfängen auf das 5. Jahrhundert n. Chr. zurückgeht, festigt sich erst allmählich und findet ihre konventionelle Ausgestaltung im 8. Jahrhundert. Die Schreibweisen waren nicht einheitlich, denn es entstehen unterschiedliche diakritische Vokalsysteme, das syrische, palästinische, babylonische und das tiberische (letzteres benannt nach der Stadt Tiberias am See Genezareth) (*Abb. 191*). Moderne Ausgaben der hebräischen Bibel verwenden das tiberische Vokalzeichensystem (*Abb. 192*).

Der hebräischen Überlieferung verdanken wir die Namen der Schriftzeichen im nord(west)semitischen Konsonantenalphabet (*Abb. 193*). Die hebräische Namenreihe ist in späten rabbinischen Texten erhalten, die griechische Umschrift stammt aus Septuaginta-Handschriften, und die lateinische Version der Namen des Alphabets (d. h. des Aleph + Beth) ist erst in Eusebius' »Praeparatio evangelica« (10,5) aus dem 4. Jahrhundert n. Chr. überliefert. Die ursprünglichen semitischen Namen der phönizischen Buchstabenschrift sind nicht bekannt. Daher ist der Aussagewert dieser Namen für die Entstehungsgeschichte der Alphabetschriften umstritten. Früher hat man aus dem semitischen Namenmaterial direkte Rückschlüsse auf die ägyptische Herkunft gezogen (vgl. JENSEN (1969, 253 ff. zur Forschungsgeschichte). Allerdings sind eine Reihe von Namen etymologisch, d. h. im Hinblick auf ihre Wortgeschichte, ungeklärt. Verschiedene Forscher weisen auf die mögliche Rolle Kretas bei der Entstehung der semitischen Buchstabenreihe hin. »Endlich könnte auch die oben erwähnte Schwierigkeit der etymologischen Deutung einer Anzahl semitischer Buch-

(191) Die Vokalisierung der hebräischen Schrift am Beispiel des Konsonanten d(daleth)

Vokal	Paläst.	Tiber.	Babyl. (einfach)
dā	ד֭	דָ	ד֮ od. ד֫
dă	ד֯	דֲ	ד֯
de	ד֯ ẹ ד֯ ę	דֵ ẹ דֶ ę	ד֯
di	ד֯	דִ	ד֯
do	ד֯	דֹ	ד֯
du	ד֯	דֻ	ד֯
(šwa) d, dë	ד	דְ	ד֯

stabennamen bei Annahme ihrer kretischen Herkunft – vielleicht sind es kretische Namen der durch die Zeichen dargestellten Gegenstände – ihre Erklärung finden. Auf alle Fälle sollte man m. E. nicht unterlassen, die kretische Ursprungshypothese, (...), mit für die Lösung des Ursprungsproblems der semitischen Schrift heranzuziehen.« (JENSEN 1969, 264).

Die hebräische Quadratschrift ist seit über zwei Jahrtausenden das sakrale Symbol des Judaismus. Manchem Außenstehenden mag die Gestalt dieser Schrift starr und unpersönlich erscheinen, und es sind Ansichten geäußert worden, daß die Starrheit der hebräischen Schrift der Grund dafür ist, weshalb sich das Judentum gleichsam sprachlich-symbolisch abgekapselt hat. Nach FÖLDES-PAPP (1987, 132) erklärt sich aus dieser Eigenschaft, »daß die hebräische Quadratschrift seit ihrem Bestehen bis heute keinem fremden Volk jemals auch nur die geringste Anregung gegeben hat, sie zu übernehmen, sondern in völliger Isoliertheit verharrte.« Diese Einstellung ist ohne Zweifel ein Mißverständnis der historischen Gegebenheiten. Sicher trifft es zu, daß die

(192) Anfang der hebräischen Bibel

בְּרֵאשִׁית
GENESIS.
CAPUT I. א

בְּרֵאשִׁ֖ית בָּרָ֣א אֱלֹהִ֑ים אֵ֥ת הַשָּׁמַ֖יִם וְאֵ֥ת הָאָֽרֶץ׃ וְהָאָ֗רֶץ 2
הָיְתָ֥ה תֹ֙הוּ֙ וָבֹ֔הוּ וְחֹ֖שֶׁךְ עַל־פְּנֵ֣י תְה֑וֹם וְר֣וּחַ אֱלֹהִ֔ים
מְרַחֶ֖פֶת עַל־פְּנֵ֥י הַמָּֽיִם׃ וַיֹּ֥אמֶר אֱלֹהִ֖ים יְהִ֣י א֑וֹר וַֽיְהִי־ 3
אֽוֹר׃ וַיַּ֧רְא אֱלֹהִ֛ים אֶת־הָא֖וֹר כִּי־ט֑וֹב וַיַּבְדֵּ֣ל אֱלֹהִ֔ים בֵּ֥ין 4
הָא֖וֹר וּבֵ֥ין הַחֹֽשֶׁךְ׃ וַיִּקְרָ֨א אֱלֹהִ֤ים ׀ לָאוֹר֙ י֔וֹם וְלַחֹ֖שֶׁךְ ה
קָ֣רָא לָ֑יְלָה וַֽיְהִי־עֶ֥רֶב וַֽיְהִי־בֹ֖קֶר י֥וֹם אֶחָֽד׃ פ
וַיֹּ֣אמֶר אֱלֹהִ֔ים יְהִ֥י רָקִ֖יעַ בְּת֣וֹךְ הַמָּ֑יִם וִיהִ֣י מַבְדִּ֔יל בֵּ֥ין 6
מַ֖יִם לָמָֽיִם׃ וַיַּ֣עַשׂ אֱלֹהִים֮ אֶת־הָרָקִיעַ֒ וַיַּבְדֵּ֗ל בֵּ֤ין הַמַּ֙יִם֙ 7
אֲשֶׁר֙ מִתַּ֣חַת לָרָקִ֔יעַ וּבֵ֣ין הַמַּ֔יִם אֲשֶׁ֖ר מֵעַ֣ל לָרָקִ֑יעַ וַֽיְהִי־
כֵֽן׃ וַיִּקְרָ֧א אֱלֹהִ֛ים לָֽרָקִ֖יעַ שָׁמָ֑יִם וַֽיְהִי־עֶ֥רֶב וַֽיְהִי־בֹ֖קֶר 8
י֥וֹם שֵׁנִֽי׃ פ וַיֹּ֣אמֶר אֱלֹהִ֗ים יִקָּו֨וּ הַמַּ֜יִם מִתַּ֤חַת 9
הַשָּׁמַ֙יִם֙ אֶל־מָק֣וֹם אֶחָ֔ד וְתֵרָאֶ֖ה הַיַּבָּשָׁ֑ה וַֽיְהִי־כֵֽן׃
וַיִּקְרָ֨א אֱלֹהִ֤ים ׀ לַיַּבָּשָׁה֙ אֶ֔רֶץ וּלְמִקְוֵ֥ה הַמַּ֖יִם קָרָ֣א יַמִּ֑ים י
וַיַּ֥רְא אֱלֹהִ֖ים כִּי־טֽוֹב׃ וַיֹּ֣אמֶר אֱלֹהִ֗ים תַּֽדְשֵׁ֤א הָאָ֙רֶץ֙ 11
דֶּ֔שֶׁא עֵ֚שֶׂב מַזְרִ֣יעַ זֶ֔רַע עֵ֣ץ פְּרִ֞י עֹ֤שֶׂה פְּרִי֙ לְמִינ֔וֹ אֲשֶׁ֥ר
זַרְעוֹ־ב֖וֹ עַל־הָאָ֑רֶץ וַֽיְהִי־כֵֽן׃ וַתּוֹצֵ֨א הָאָ֜רֶץ דֶּ֠שֶׁא עֵ֣שֶׂב 12
מַזְרִ֤יעַ זֶ֙רַע֙ לְמִינֵ֔הוּ וְעֵ֧ץ עֹֽשֶׂה־פְּרִ֛י אֲשֶׁ֥ר זַרְעוֹ־ב֖וֹ לְמִינֵ֑הוּ
וַיַּ֥רְא אֱלֹהִ֖ים כִּי־טֽוֹב׃ וַֽיְהִי־עֶ֥רֶב וַֽיְהִי־בֹ֖קֶר י֥וֹם שְׁלִישִֽׁי׃ 13
פ וַיֹּ֣אמֶר אֱלֹהִ֗ים יְהִ֤י מְאֹרֹת֙ בִּרְקִ֣יעַ הַשָּׁמַ֔יִם 14
לְהַבְדִּ֕יל בֵּ֥ין הַיּ֖וֹם וּבֵ֣ין הַלָּ֑יְלָה וְהָי֤וּ לְאֹתֹת֙ וּלְמ֣וֹעֲדִ֔ים
וּלְיָמִ֖ים וְשָׁנִֽים׃ וְהָי֤וּ לִמְאוֹרֹת֙ בִּרְקִ֣יעַ הַשָּׁמַ֔יִם לְהָאִ֖יר ט־
עכ־

(193) Die Namen der Buchstaben des semitischen Alphabets in hebräischer Überlieferung

Laut-wert	Lateinische Umschrift	Griechische Umschrift	Hebräisch	Bedeutung	Laut-wert	Lateinische Umschrift	Griechische Umschrift	Hebräisch	Bedeutung
ʾ	āleph	ʼαλεφ, ʼαλφ	אלף	Rind	l	lāmedh	λαμεδ, λαβεδ, λαβδ	למד	Ochsenstachel ?
b	bēth	βηϑ	בית	Haus	m	mēm	μημ	מם	Wasser
g	gīmel	γιμελ, γιμλ	גימל	Kamel ?	n	nūn	νουν	נן	Fisch
d	dāleth	δαλεϑ, δελεϑ, δελϑ	דלת	Türflügel	s	sāmekh	σαμεχ, σαμχ	סמך	Stütze ? Baum ? Zweig ?
h	hē	ἡ	הא,הי	?	ʿ	ʿajin	αἰν	עין	Auge
w	wāw	οὐαυ	וו	Haken, Nagel	p	pē	πη, φη	פה	Mund
z	zajin	ζαιν, ζαι	זין	Waffe	ṣ	ṣādhē	σαδη, τιαδη	צדי	Fischerhaken ? Treppe ?
ḥ	ḥēth	ἡϑ	חית	Zaun ?	q	qōph	κωφ	קוף	Hinterkopf ? Affe? Helm ?
ṭ	ṭēth	ϑητ	טית	Ballen ? Schlauch ?	r	rēš	ρης, ρηχς	ריש	Kopf (Seitenansicht)
j	jōdh	ιωδ, ιωϑ	יוד	Hand, Profil	š, ś	šīn, śīn	σεν, χσεν	שין	Zahn
k	kaph	καφ	כף	Handfläche, gekrümmt	t	tāw	ϑαυ	תו	Kreuz? Zeichen (im allgemeinen Sinn)

Quadratschrift in erster Linie zur Schreibung der von Juden gesprochenen Sprachen verwendet worden ist. Hierbei ist hervorzuheben, daß nicht nur das Hebräische in dieser Schrift geschrieben wurde, sondern auch das Jiddische, das Judenspanische (Ladino), das Jüdisch-Persische (mit einer besonderen jüdisch-tadschikischen Variante in Mittelasien), das Tatische (von den sogenannten Bergjuden im Kaukasus verwendete iranische Sprache), das Jüdisch-Georgische (im nördlichen Kaukasusgebiet) und andere Sprachvarianten. Von diesen ist wohl das Jiddische als Sprache der aschkenasischen (d. h. europäischen) Juden am bekanntesten (WEINREICH 1980).

Die hebräische Sprache und Schrift wurde auch von *Nicht*juden verwendet. Das beste Beispiel dafür ist der Sprachgebrauch im Reich der Khasaren. Die Khasaren waren ein Turkvolk und schufen im Verlauf des 7. Jahrhunderts n. Chr. ein Staatsgebilde, das in seiner Blütezeit vom Schwarzen Meer bis zum Kaspischen Meer, vom Kaukasus bis zur Wolga reichte. Die Khasaren betrieben im wahrsten Sinn des modernen Ausdrucks eine Realpolitik. Im Westen bedroht vom christlichen byzantinischen Reich, im Süden und Osten bedrängt von der islamischen Expansion, nahmen die Khasaren im Jahre 740 offiziell den Judaismus als Staatsreligion und damit auch das Hebräische als Kultsprache an. Dadurch schufen die Khasaren nicht nur politisch sondern auch kulturell eine dritte Kraft in den weltanschaulichen Auseinandersetzungen der damaligen Zeit (KOESTLER 1980). Noch während des Bestehens des Khasarenreichs, das gegen

Ende des 10. Jahrhunderts von den Russen zerschlagen wurde, bekehrten sich die Angehörigen eines anderen Turkvolks zum Judaismus, die Karaimen oder Karäer. Während die Khasaren im Lauf der Zeit assimiliert wurden, leben noch heute Karaimen auf der Halbinsel Krim, in der westlichen Ukraine, in Litauen und in Polen. Bis in die Moderne haben die Karaimen ihren jüdischen Glauben bewahrt. Das Hebräische ist für sie – wie für die Juden – Kultsprache, und auch das Karaimische, eine dem Türkei-Türkischen verwandte Sprache, wird in hebräischer Quadratschrift geschrieben (s. Kap. 7). Die historische Entwicklung zeigt also, daß die hebräische Sprache und Schrift nicht nur sakrale Symbole der ethnischen Juden im engeren Sinn sind, sondern auch der Judaisten im weiteren Sinn, wozu die genannten Turkvölker gehören.

In Hebräisch und in anderen jüdischen Sprachen, die in Quadratschrift geschrieben werden, ist eine reiche Literatur in religiösen wie profanen Bereichen entstanden. Obwohl in älterer Zeit der Vordere Orient führend war, breitete sich die hebräische und die vom Hebräischen beeinflußte Schriftkultur auch über weite Teile Mittelasiens, West- und Osteuropas aus. Aus Europa stammen einige der wertvollsten Schriften, so beispielsweise das Manuskript der berühmten *Haggadah von Sarajevo (Abb. 194)*. Dieses Buch – benannt nach seinem Aufbewahrungsort, dem Nationalmuseum von Sarajevo (Jugoslawien) – enthält eine Sammlung zeremonieller Texte zum Passahfest (Haggadah). Berühmt ist die Haggadah deshalb, weil in ihr Buchillustrationen aus der Zeit des Mittelalters bewahrt sind, aus einer Zeit, die als die »verlorene« für die jüdische Buchkunst der klassischen Periode gilt. »Die Haggadah von Sarajevo gehört zu den schönsten mittelalterlichen jüdischen illustrierten Manuskripten.« (WERBER 1988, 20) Man hat lange geglaubt, daß hebräische religiöse Texte in Quadratschrift nüchtern und schmucklos gehalten wurden, weil sich die Juden offenbar streng an die in Exodus (20,4) geforderte Bildlosigkeit hielten. Die Haggadah von Sarajevo, die um 1350 in Nordspanien entstand, ist zumindest ein Beispiel dafür, daß sich die sephardischen Juden Spaniens ebenso an Buchillustrationen erfreuten wie ihre christlichen Zeitgenossen.

Auch die »starre« Quadratschrift bildete mit der Zeit verschiedene Formen aus. Zwar wurde die quadratische Form der Schriftzeichen immer für sakrale Texte beibehalten, es entwickelten sich aber zusätzlich regionale Schreibstile. Kennzeichnend für die Schreibgewohnheiten der sephardischen Juden wurde ein gerundeter (spanisch-orientalischer) Schriftduktus. Bei den aschkenasischen Juden hingegen prägte sich ein eher eckiger (deutsch-polnischer) Schriftduktus aus. Eine wichtige Neuerung des 11. Jahrhunderts ist die sogenannte *Raschi-Schreibweise*, eine kursivierte Version der Quadratschrift, die nach ihrem Initiator, dem in Italien lebenden Rabbi Šelomoh Jizchaki (Raschi, 1040–1105), benannt ist. Neben dieser klassischen Kursive entwickelten sich noch andere kursive Schreibstile und daraus sekundär die moderne *Kurrentschrift (Abb. 195)*. Die hebräische Schrift ist aber nicht nur das sakrale Symbol einer religiösen Gemeinschaft sondern darüber hinaus das praktische Medium des Schriftverkehrs in einem modernen Staatswesen, nämlich Israel. Das Hebräische wurde in seiner modernisierten Form, *Iwrith*, als Amtssprache Israels eingeführt, und damit auch die Quadratschrift mit ihrer langen Tradition. Damit ist die hebräische Quadratschrift in der Moderne wieder in den Vorderen Orient »zurückverpflanzt« worden, dorthin, wo die alten Wurzeln längst vertrocknet waren.

(194) Textausschnitt aus der Haggadah von Sarajevo

(195) Schreibstile der hebräischen Schrift

Lautwert	Kafr Birʕim 1. Jh. n. Chr.	Papyrus Nash 2. Jh. n. Chr.	Codex Petropol. 916	Moderne hebr. Druckschrift	Italienische Raschischrift	Deutsch-polnisch	Italienisch	Spanisch-türkisch	Marokkanisch
ʔ	א	אאא	א	א	ה	K	ß	ſ	ʜ
b	כב	כב	ב	ב	ב	ю	ʒ	ɣ	כ
g			ʒ	ג	ʒ	ɛı	⌒	)	,
d		ךך	ד	ד	ז	ʒʒ	ʒ	ʃ	ɣ
h	ח	אחא	ח	ה	ה	ה	ה	ɔ	ʑ
w	ו	ו ו	ו	ו	ו	ו	ſ	ſ	ſ
z	ſ	ı	ז	ז	ς	ʑʒʒ	ℓ	ℓ	ſ
ḥ	חח	חח	ח	ח	ח	ıʔ	ת	⁀	ת
ṭ		66	ʊ	ט	ע	6	ν	γ	μ
j	ו	ʔ ʔ	ʔ	ʔ	ʔ	ʔ	ʔ	ʔ	.
k	ʔ	3·ʔ	ךכ	ךכ	ךכ	ʔƒʔ	ʔʔ	ʔʔ	ʔƒ
l	ל	ללל	ל	ל	ל	ſʔ	⌐	ƒ	ℓ
m	םמ	םמ	םמ	מם	םמ	מƒ	⁀מ	γo	υo
n	ןן	ןן	ןן	ןנ	ןן	Jı	Jı	ɔɟ	ʂ/
s	σ		σ	ס	p	O	O	p	p
ʕ	ע	ע	ע	ע	ע	ßv	ʋ	ʋ	y
p	ך	ךךף	ףף	ףף	ףף	ʔſ	ʔƒ	ʔʔ	ɣʔ
ṣ (ç)		ץצץ	ץצ	ץצ	צץ	ffʃ	ſʃ	Sʔ	ʒʁ
q	P	P	ק	ק	ק	Z	P	ʔ	ʔ
r	ר	ʔʔ	ר	ר	ר	ʔ	ʔ	ʔ	9
š, ś	שש	ש	ש	ש	ש	eℓ	G	Ĺ	F
t	ת	תתת	ת	ת	ת	ʎ	ʃ	ʃ	ſ

Die arabische Schrift

Der jüdische Staat mit seiner alten Schriftkultur ist umgeben von arabisch-islamischen Staaten, mit Ausnahme vom Libanon, dessen politische Zerrissenheit zu einem guten Teil bedingt ist durch die Rivalität islamischer Gruppen untereinander (Schiiten gegen Sunniten) und deren Auseinandersetzungen mit den libanesischen Christen. Die arabischen Moslems in den islamischen Staaten besitzen – ebenso wie die Juden – ein sakrales Symbol, das ihre Identität nicht nur im religiösen Bereich bestimmt, sondern bis heute Kulturträger ihrer Lebensauffassungen und ihrer Weltanschauung geblieben ist: die arabische Sprache und Schrift. Unabhängig davon, daß der Islam in Algerien oder Libyen das öffentliche Leben weniger beherrscht als vergleichsweise in Saudiarabien oder in den arabischen Emiraten, findet die große Mehrheit der Bevölkerung dieser Staaten in den durch das Arabische vermittelten Kulturtraditionen ihre Wurzeln. Eigentlich handelt es sich um zwei Symbole der ethnischen Identität, nämlich die Sprache selbst und ihre Schrift. Heutzutage dominiert das Arabische im Vorderen Orient und im gesamten nördlichen Afrika. Als Kulturträger des von Mohammed reformierten Islam fungiert die arabische Schrift erst seit dem 7. Jahrhundert unserer Zeitrechnung, und auch wenn man ihre historische Entwicklung davor betrachtet, ist die arabische Schriftkultur viel jünger als die hebräische.

Die arabische Schrift ist nicht direkt von der aramäischen abgeleitet worden, sondern sie wurde durch die Nabatäer vermittelt (s. o.). In einigen Versionen der *nabatäischen Schrift* zeigt sich eine bemerkenswerte Abweichung von der aramäischen Ursprungsform. Dies gilt insbesondere für Inschriften, die seit dem 1. Jahrhundert v. Chr. in Nordarabien entstanden. Die auffällige Veränderung im Vergleich zur aramäischen Schriftvariante besteht in der zunehmenden Neigung zu Ligaturen (*Abb. 196*). Gerade die Ligaturen sind eine der typischen Eigenarten der arabischen Schrift, und es ist berechtigt, davon auszugehen, daß diese Schreibgewohnheit in einem direkten historischen Zusammenhang mit der nordarabischen Sonderform der nabatäischen Schrift steht. Denkmäler in arabischer Schrift sind erst aus verhältnismäßig später Zeit überliefert. Die ältesten Zeugnisse stammen aus dem 6. Jahrhundert, und zwar der arabische Text einer dreisprachigen *Inschrift von Zebed* (512 n. Chr.), eine zweisprachige (arabisch-griechische) *Inschrift von Ḥarrān bei Urfa* aus dem Jahre

(196) Inschrift in nabatäischer Schriftvariante mit Tendenz zu Ligaturen aus Nemāra (Syrien; 4. Jahrhundert n. Chr.)

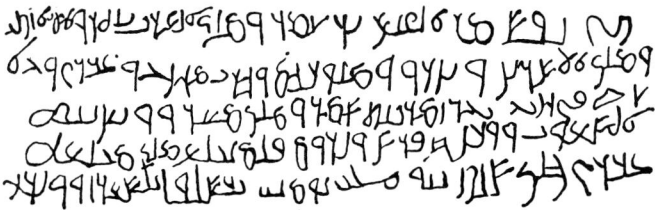

(197) Arabische Inschrift aus Umm-eǧ-Ǧimal (Syrien)

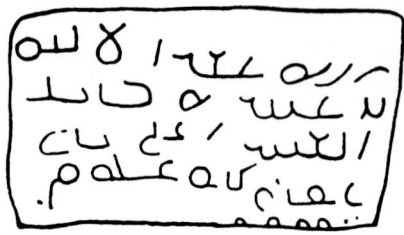

'-l-l-h ġ-f-r-' (g-j-'-r-') l-'-l-j-h b-n '-b-j-d-h k-'-t-b
'-l-ḫ-l-j-d ('-l-ḫ-b-j-r) '-'-l-j b-n-j '-m-r-j ṣ-(l-w) '-l-(j-)h
m-n (j-q-r-w-h)

'(O) Allah, (gewähre) Verzeihung (oder Hilfe) dem Ulaih, dem Sohne des 'Ubaida, dem Schreiber von al-Ḫulaid (oder al-Ḫabir), dem Vornehmsten der Banu 'Amr. Betet für ihn, wer (es liest)!'

568 sowie eine nicht genau zu datierende *Inschrift aus Umm-eǧ-Ǧimal* in Syrien *(Abb. 197)*.

Bereits in vorislamischer Zeit prägen sich zwei Schriftarten aus, eine mit eckigen Buchstabenformen (*Mašq* genannt) und ein flüchtigerer Schriftstil (als *Mā'ilschrift* bezeichnet). In der frühen Periode des Islam wird in der Schrifttradition die als *kufische Schrift* bekannte Variante ausgebildet. In dieser Monumentalschrift wurden vorwiegend Steininschriften abgefaßt und Münzen beschriftet. Die vermutlich älteste kufische Inschrift aus islamischer Zeit ist die Bauinschrift aus der großen Moschee in Jerusalem, dem sogenannten »Felsendom« (arab. qubbet-eṣ-ṣaḫra), die in das Jahr 691 christlicher Zeitrechnung (72 der islamischen Hedschra) datiert wird *(Abb. 198)*. Selten ist die Verwendung des Kufischen als Buchschrift, obwohl es auch dafür bekannte Beispiele gibt *(Abb. 199)*. Dagegen wurde die *Nesḫi-Schrift* von Anbeginn als Buch- und Schreibschrift verwendet, und die Gestalt ihrer Buchstaben ist geschmeidiger als die der kufischen Schrift. »Im weitesten Sinn könnte man die alte, parallel zu der archaischen Mašq verwendete Schrift, das Mā'il, als Anfang für die spätere Kursive werten. Denn sie war dünner, runder und flüchtiger und diente als schnellere Schriftart. Es sind nicht viele Beispiele dieser Schrift vorhanden, wie die anderen nach dem 8. Jahrhundert entwickelten Abarten.« (AL SAMMAN 1988b, 72) Für ornamentale Zwecke wurde der sogenannte *Thuluth-Stil* als Variante der Nesḫi-Schrift ausgebildet. Man findet diese Schriftform an den Wänden und Gewölben von

(198) Bauinschrift aus dem »Felsendom« in Jerusalem (691 n. Chr.)

(199) Verwendung des Kufischen als Buchschrift (Koranhandschrift des 9. Jahrhunderts)

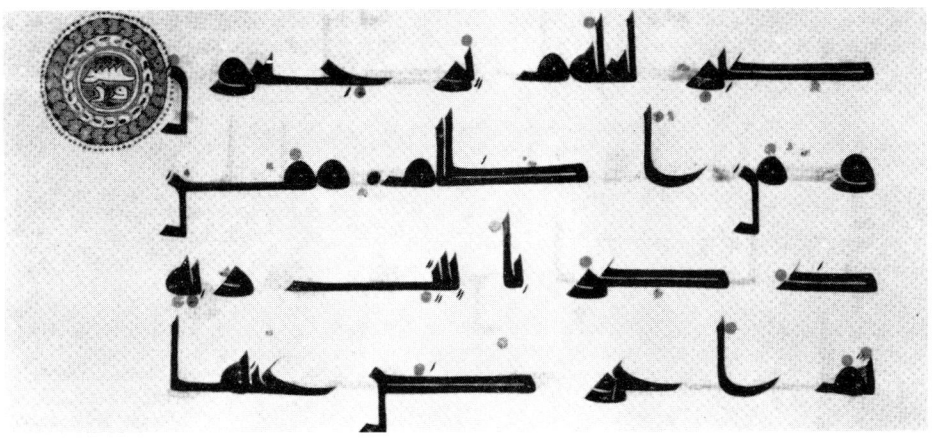

Moscheen ebenso wie in Manuskripten (*Abb. 200*). Die Nesḫi-Schrift ist die Grundlage für alle regionalen Schreibstile wie auch für die Schreibweise der klassisch-arabischen Schriftsprache, deren Tradition in die Schreibung der regionalen Varianten des modernen Arabischen (z. B. Ägyptisch, Algerisch, Saudi-Arabisch) mündet (*Abb. 201*).

Die arabische Schrift unterscheidet sich von den meisten anderen semitischen Schriften dadurch, daß ihre Zeichen nicht in einer Einzelform verwendet werden, sondern jeder Buchstabe in Abhängigkeit von seiner Umgebung in verschiedenen Varianten geschrieben wird. Grundsätzlich wichtig ist die Art der Bindung an den vorangehenden und an den folgenden Buchstaben, ebenso die Doppelbindung nach vorn und hinten (*Abb. 202*). Einige Buchstaben werden in Varianten geschrieben, die nach ihrer äußeren Gestalt teilweise stark voneinander abweichen (vgl. die Schreibvarianten für *b*, *h* oder *j*). Die Tendenz, Buchstaben miteinander zu verbinden, kann man in jeder beliebigen Schreibschrift beobachten. Das Besondere an der arabischen Schrift ist aber, daß das Schreiben mit Ligaturen (d. h. die Schreibung der Buchstaben nach ihren Bindungen im Wort) ein Grundprinzip ihrer Organisation ist. Dies gilt für die kufische Schrift ebenso wie für alle Stile der Nesḫi-Schrift.

Die Vokalbezeichnung mit Hilfe von *diakritischen Zeichen* (Zusatzsymbolen) ist in der arabischen Schrift, deren Buchstabenzeichen nur die Konsonanten und Halbkonsonanten wiedergeben, allein in Koran-Handschriften konsequent durchgeführt worden. Ansonsten werden solche Zusatzsymbole nur bei schwierigen Lesungen oder bei der Schreibung von Eigennamen angewandt. Allerdings hat die Verwendung von Vokalzeichen eine lange Tradition. »Vielleicht nach dem Vorbilde der syrischen Schrift hat sich auch in der arabischen Schrift eine Vokalbezeichnung entwickelt, und zwar scheinen die Anfänge bereits in vorislamische Zeit zurückzugehen. Ursprünglich pflegte man ein a oder o durch einen Punkt über dem Konsonanten, u durch einen

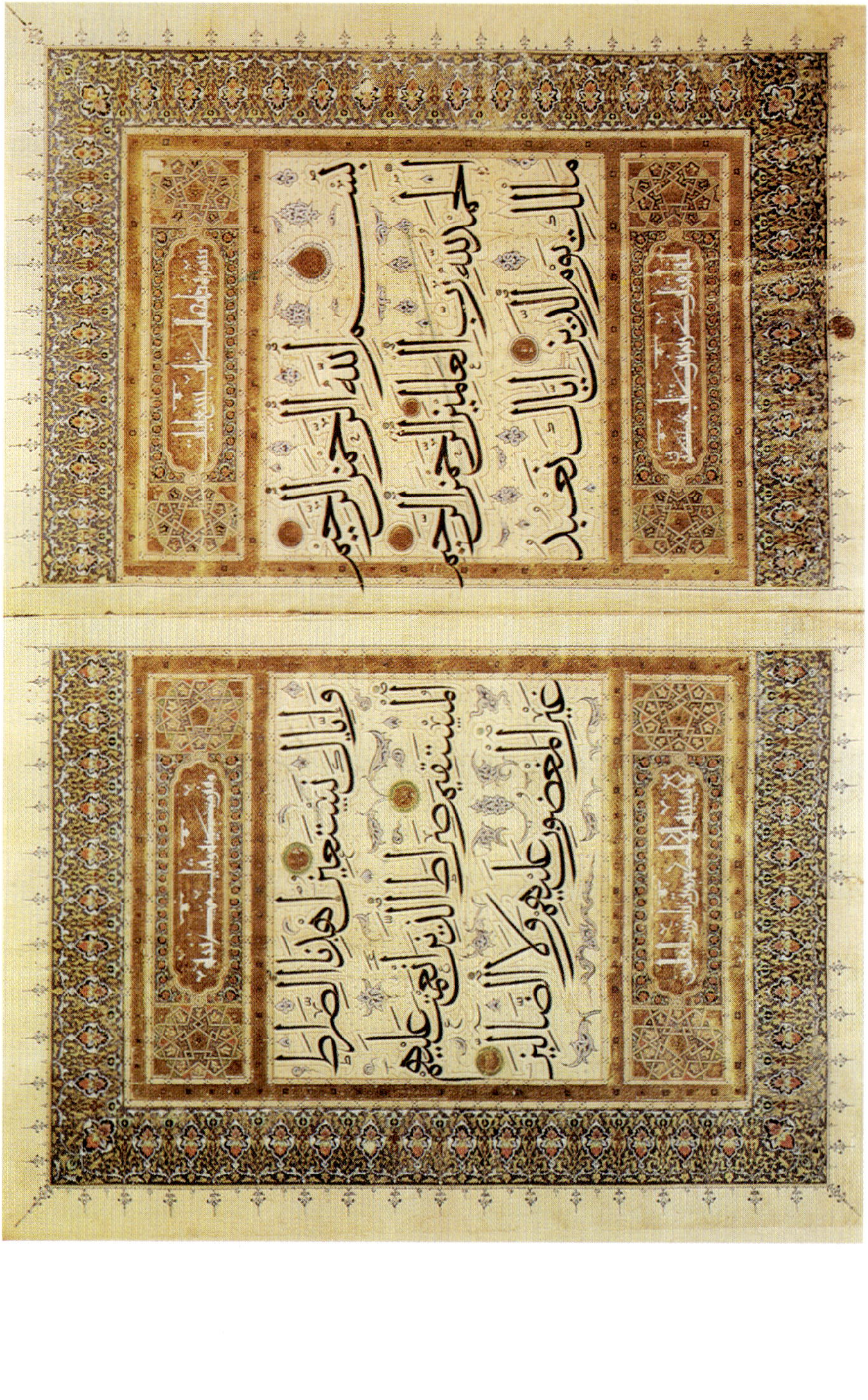

(200) *Koranhandschrift im Thuluth-Stil (14. Jahrhundert)*

(201) Varianten moderner arabischer Schreibstile

ای روی تو خانه سوز موی زلف سیهت شب تجلی مقصود دلت خدا بسازد کار تو بمدعا
بسازد یا محمد یا محمد یا محمد افتح لی ابواب قلبی بحق یا بدروح برحمتک یا ارحم الراحمین

وَ بَعْدَهُ بِلُوك كِمْ اوْلكی باب آی وَ كُونِش وَ پِلْدِزِلَرْ صِفَتَیْنْ بَیَانْ اِیدَر اِكِنجی باب تَوْبَه
قَپُوسی صِفَتِن بَیَانْ اِیدَر اوُچُنجی باب دَجَّال صِفَتِنْ بیان اِیدَر دُوردنجی بابْ دَجَّال آشَكی

نادراً ما یحدث بسبب تناول هذا الدواء حساسیة واضطراب فی عدد کرات
الدم البیضاء، کما هو الحال مع کل مشتقات البیرازولون. لذا یجب إخراء

بسمله اَلْحَمْدُ لِلّٰهِ عَلَى مَا أَنْعَمَ اللّٰهُ وَ عَلَّمَنَا مِنْ اَلتَّغْيِيرِ ما لَمْ نَعْلَمْ . . . وَ
بَعْدُ بِلُوكَ كِمْ بو كِتَابَهُ اَحْوَالِ قیامت دیُو اَدْ وِیرِدُكَ تاكِمْ عَزِیزْلَر

الادارة العامة لصحة البلدیات غیر قابل
للبیع وزارة الدفاع والطیران القسم الطبی

الادارة العامة لصحة البلدیات
غیر قابل للبیع وزارة الدفاع

الادارة العامة لصحة
البلدیات غیر قابل

(202) Die arabische Buchstabenschrift und ihre Ligaturen

Name	mit folgendem Zeichen verbunden	beiderseitig verbunden	mit vorhergeh. Zeichen verbunden	isoliert	Lautwert	Zahlwert	Name	mit folgendem Zeichen verbunden	beiderseitig verbunden	mit vorhergeh. Zeichen verbunden	isoliert	Lautwert	Zahlwert
ʾelif			ﺎ	ا	ʾ	1	ṭā	ط	ط	ط	ط	ṭ	9
bā	ب	ب	ب	ب	b	2	ẓā	ظ	ظ	ظ	ظ	ẓ	900
tā	ت	ت	ت	ت	t	400	ʿain	ع	ع	ع	ع	ʿ	70
ṯā	ث	ث	ث	ث	ṯ	500	ġain	غ	غ	غ	غ	ġ	1000
ǧīm	ج	ج	ج	ج	ǧ	3	fā	ف	ف	ف	ف	f	80
ḥā	ح	ح	ح	ح	ḥ	8	ḳāf	ق	ق	ق	ق	ḳ (q)	100
ḫā	خ	خ	خ	خ	ḫ	600	kāf	ك	ك	ك	ك	k	20
dāl			د	د	d	4	lām	ل	ل	ل	ل	l	30
ḏāl			ذ	ذ	ḏ	700	mīm	م	م	م	م	m	40
rā			ر	ر	r	200	nūn	ن	ن	ن	ن	n	50
zā			ز	ز	z	7	hā	ه	ه	ه	ه	h	5
sīn	س	س	س	س	s	60	wāw			و	و	w	6
šīn	ش	ش	ش	ش	š	300	jā	ي	ي	ي	ي	j	10
ṣād	ص	ص	ص	ص	ṣ	90	lām-elif			لا	لا	lā	
ḍād	ض	ض	ض	ض	ḍ	800							

Punkt in ihm und i oder e durch einen Punkt unter ihm anzudeuten. In alten Koran-Handschriften sind diese Punkte in der Regel mit farbiger Tinte hinzugefügt.« (JENSEN 1969, 319) Die heute übliche Bezeichnung eines *a*, *ä* oder *e* durch einen Strich über dem Konsonanten, eines *i* oder *y* durch einen Strich darunter, und eines *u*, *ö* oder *o* durch einen kleinen Haken darüber geht nach arabischer Überlieferung auf das 8. Jahrhundert zurück.

Die südsemitischen Schriftarten

Die klassisch-arabische Schriftkultur hat sich über weite Teile Asiens und Afrikas verbreitet. Jahrhundertelang blühte sie auch in Europa, beherrschte im Mittelalter das kulturelle Leben im größten Teil der Pyrenäenhalbinsel (Spanien, Portugal) und lebte bei den Turkvölkern im südöstlichen Teil des europäischen Rußland bis ins 20. Jahrhundert fort (s. Kap. 7). Im arabischen Sprachgebiet war die arabische Schrift seit der Islamisierung ein konkurrenzloser Kulturträger, wobei weithin bekannt ist, daß die arabische Schrift in einigen Regionen ältere Schriftkulturen überlagert hat: die syrische in Syrien und die koptische in Ägypten. Im Dunkel der Geschichte sind aber einige *arabische* Kulturen versunken, deren Schriftzeugnisse aus einer Zeit stammen, als es die arabische Schrift noch gar nicht gab. Diese Regionalkulturen bestanden schon nicht mehr, als sich der Islam ausbreitete. Der moderne Betrachter, der geneigt ist, die arabische Halbinsel als einheitlichen, islamisch geprägten Kulturraum aufzufassen, wird überrascht sein, die Spuren dieser vorislamischen Regionalkulturen gerade im arabischen Kernland zu finden. Aus schriftgeschichtlicher Sicht handelt es sich um einen Schriftenkreis, dessen Einzelalphabete unter der Sammelbezeichnung »südsemitische Schriften« zusammengefaßt werden. Nach der Verbreitung der Inschriftenfunde unterscheidet man zwischen nordarabischen Schriften (Fundorte vorwiegend in Nordwest-Arabien, bis nach Syrien) und südarabischen Alphabeten (Fundorte aus den Territorien der südlichen Anrainerstaaten Saudiarabiens). Diese aus verschiedenen Perioden stammenden Schriftarten sind Parallelentwicklungen zu den syrisch-palästinischen Buchstabenschriften. Nur eine dieser Schriften, eine Abzweigung aus einem südarabischen Alphabet, wird bis heute verwendet: die äthiopische Schrift.

Bei den *südsemitischen Schriftarten* handelt es sich um folgende (*Abb. 203*):

1. Nordarabische Schriften

1.1. Die thamudische Schrift
(Die meisten der rund 1750 Inschriften lassen sich in eine Periode zwischen etwa 200 v. Chr. bis etwa 300 n. Chr. datieren, einige sind bedeutend älter. Über den Zeitraum der Entstehung gerade der ältesten Inschriften herrscht Unsicherheit)

1.2. Die ṣafatenische (bzw. ṣafaïtische) Schrift
(Die rund zweitausend Inschriften, zumeist memorialen Inhalts, stammen ungefähr aus der Zeit zwischen dem 2. und 4. Jahrhundert n. Chr. Die Form der ältesten Schriftvariante deutet auf die Verwandtschaft der thamudischen mit der ṣafatenischen Schrift. Vielleicht ist die ṣafatenische Schrift eine Abzweigung der thamudischen)

1.3 Die liḥjanische Schrift
(Die ältesten Inschriften, die möglicherweise in einer vorliḥjanischen Variante abgefaßt sind, werden in die Zeit der dedanischen Königsherrschaft (700-400 v. Chr.) datiert. Die eigentlich liḥjanischen Schriftzeugnisse stammen aus dem Zeitraum vom 4. bis 2. Jahrhundert v. Chr. Die liḥjanische Schriftkultur wurde durch die nabatäische überlagert)

2. Südarabische Schriften

2.1. Die mino-sabäische (bzw. sabäische) Schrift
(Diese Schriftart untergliedert sich in drei Hauptvarianten, in die mináische Schrift (Inschriften aus dem 12. bis 7. Jahrhundert v. Chr.), die sabäische Schrift

(203) Die südsemitischen Alphabete

| Lautwert | Altnordsemitisch | Sinai-Schrift (nach Grimme) | Thamudisch | | Ṣafatenisch | | Liḥjanisch | Minosabäisch | Altabessinisch | Äthiopisch (Geʿez) |
			Alt-	Neu-	Eigentliches Ṣafatenisch	Umm eğ-Gimāl				
a	K⊄	⋈◇	⋂⋂	⋔⋔⋎	⋎⋎⋌⋉⋎	⋎⋉	⋔∨	⋔	⋔	ℏ
b	99	□□⌂	⅃ⴖⵎⴹ	⋂∩	)⊂)∪	⊂⊂	⋂∩	⋂A	⋂	⋂
g	1	⌶L	⅃⅃	⅁∞	∞0		⋄	⅂	77	⅂
d	⊿	◬ⵎ	⋢⊏	⋢⊏	⋖⊅ⴸ⋎	⋖⊅	⋖	ℏ	⅀ℓ	ℓ
h	∃	ᚒᚒ	⋎Y	Y⋌	⥠J⌒⊂Y⅃	⅄Y	⅄	⅄Y	∪∪	∪
w	⅄	⊃	⊕⊝	⊕⊠	⊕⊖⊖	⊝⊕	⊕⊕	⊕	⊕⊝	⍵
z	⅃	⊂⊃	∇	T⋎	T⅃⅃⅂	T	H	⊗		H
ḥ	且	⅄⅄	⋎⋌	⋎⋏∨	⋀⋎ⴟ⋺	⋺⋺	⋀⋀	⅄ⅎ	⊞	⊞
ṭ	⊕	+○	⊟m	m⋒	⋔⋎		⊡	⊡		⊡
j	Z	ᛐ	⋧ⴖ	⋎⊶	⋔⋔⅃⅃	⋔	⋔	⋔	⋔⋔	⊱
k	⋎⋎	⋎⋉	⋎⋌⎯	⋔⋔⎯	⋎⋎⋔⋔⋎⋎		⋔⋎	⋔	⋔	⋔
l	⋎	⋎⋎	⋎⋎⋟	⋎⋎⎯⎯	⋎⋎⋎	⋎	⋎⋎	⋎	⋏	⋏
m	⋎⋎	⋍⋍⋍	⋎⋎⋎	⋒⋒⋐	⋎⋎⋎⋎	⋎	⋎⋎	⋎⋎	⊡	⊡
n	⋎⋎	⋎⋎	⋎⋎⋎⋍	⋎⋎⋎		·	⋎⋎	⋎⋎	⋎⋎⋎	⋎
s	∓	⋎⋎	⊗					⊗		
ʿ	○	⊙○	○⊙	○·	○○⋄·	○	○○	○	○○	○
p; südsem. f	⋎	⊟□	◇□	⋎⋎	⋎⋎⋎		◇⋎	◇○	⋎⋎	ℓ
ṣ	⋎	∞	⋎⋎	⋎⋎⋎	⋎⋎⋎⋎	⋎	⋎⋎	⋎⋎⋎	⋎⋎	⋎
q	⊕	⎯○	⊕⋎	⊕⋎	⊕⊕	⊕	⊕	⊕	⊕⊕	⊕
r	44	⋎⋎⋎	⋎⋎⋎	)⋎⋎	⋎⋎⋎⋎⋎	⋎⋎⋎	⋎⋎	⋎⋎	⋎⋎	⋎
š	⋎⋎	⋎⋎	⋎⋎⋎	⋎⋎⋎	⋎⋎⋎	⋎	⋎	⋎	⋎⋎⋎	⋎
t	+X	+	+X	+X	+ X	+	X	X	++	+

(204) Sabäische Inschriften

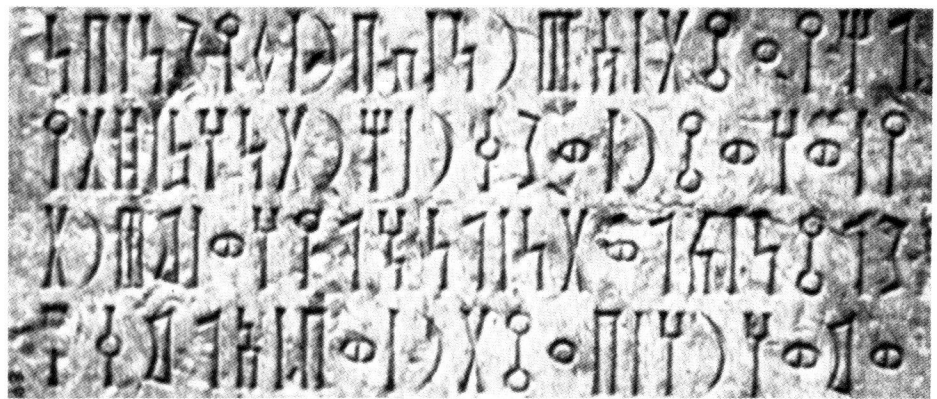

a) Inschrift aus dem 2. Jahrhundert v. Chr.

b) Inschrift aus dem 1. Jahrhundert v. Chr. in der Technik des versenkten Reliefs

(Inschriften aus dem 7. bis 2. Jahrhundert v. Chr.) und in die himjarisch-jüdische Schrift, die bis zum Beginn des 6. Jahrhunderts n. Chr. in der Südwestecke Arabiens in Gebrauch war. »Die sabäische Schrift stellt einen außerordentlich konstanten Formentypus dar und ist vielleicht unter allen semitischen Schriftarten die eleganteste. Sie ist eine ausgesprochene Monumentalschrift und läßt eine starke Neigung zur Symmetrie und ornamentalen Schönheit erkennen« (JENSEN 1969, 333). Seit etwa 300 v. Chr. wurde eine besondere Technik, die des versenkten Reliefs (*Abb. 204*), für das Einmeißeln der Inschriften in Stein angewandt)

2.2. *Die altabessinische (bzw. äthiopische) Schrift*
(Die ältesten Schriftzeugnisse stammen aus dem 4. Jahrhundert n. Chr. und sind in Ge'ez, der alten Schriftsprache Äthiopiens, geschrieben)

Die äthiopische Schrift

Die Ausbildung der äthiopischen Schrift als der einzigen noch verwendeten südsemitischen Schriftart verdient einige Aufmerksamkeit, vor allem wegen der historischen Verbindungen mit Arabien. Etwa seit dem 6. Jahrhundert v. Chr. begannen südarabische Bevölkerungsgruppen aus dem Gebiet des Jemen, nach Afrika abzuwandern, wobei man nicht weiß, ob sie die Küsten entlang und über die Landenge des Sinai bis auf die afrikanische Seite des Roten Meeres gezogen sind oder ob sie über die Wasserstraße kamen. Seit dem ersten nachchristlichen Jahrhundert hatten sich die südarabischen Kolonien und Handelsniederlassungen in einem Reich zusammengeschlossen, dessen Mittelpunkt Aksum war. Die autochthone Bevölkerung jener Regionen, auf die die Semiten trafen, wurden bald von den Geʿez (südarab. ›die Ausgewanderten‹) assimiliert. Im Verlauf des 4. Jahrhunderts erreichte das aksumitische oder abessinische Reich die größte Ausdehnung seines Machtbereichs (bis in den Jemen und ins Königreich Meroe am blauen Nil) und erlebte seine höchste kulturelle Blüte. Diese Zeit brachte weittragende Neuerungen mit sich, von denen die Christianisierung und die Ausbildung eines eigenen Schriftsystems diejenigen mit dem längsten Bestand sind.

Während der ersten Jahrhunderte unserer Zeitrechnung verwendeten die semitischen Kolonisten zur Schreibung ihrer Sprache, des *Geʿez,* die ihnen von Arabien her vertraute *sabäische Schrift.* König Ezana erklärte in der ersten Hälfte des 4. Jahrhunderts das Christentum zur Staatsreligion. Die direkte Folge war eine Verstärkung des griechischen Kultureinflusses, und es waren christliche Missionare, welche die ursprünglich linksläufige Richtung der sabäischen Schrift auf eine rechtsläufige Schriftrichtung umstellten und sie vokalisierten. Etwa um 350 n. Chr. wird die sogenannte *altabessinische Schrift* in den großen aksumitischen Inschriften König Ezanas faßbar. »Die den ältesten Zeichenformen zugrunde liegende sabäische Schriftform ist wohl die der sabäischen Graffiti, die einen etwas kursiveren Charakter aufweisen.« (JENSEN 1969, 335) Der Vergleich der sabäischen und altabessinischen Schrift (s. Übersicht in *Abb. 203a*) macht deutlich, daß für das altabessinische Alphabet 24 Zeichen der sabäischen Schrift beibehalten wurden. Zwei Zusatzzeichen für Laute, die im Sabäischen fehlen, und zwar *p̣* und *p*, wurden ergänzt (s. Übersicht in *Abb. 203b*).

(205) Die älteste Inschrift in altabessinischer Schrift (zweite Hälfte des 5. Jahrhunderts n. Chr.)

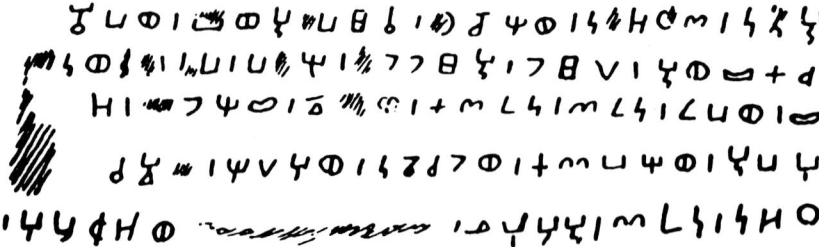

(206) Moderne äthiopische Buchschrift mit Vokalbezeichnung

እስመ ፡ ከመዝ ፡ አፍቀሮ ፡ እግዚአብሔር ፡
ለዓለም ፡ እስከ ፡ ወልደ ፡ ዋሕደ ፡ ወሀበ ፡ ቢዛ ፡
ከመ ፡ ኩሉ ፡ ዘየአምን ፡ ቦቱ ፡ ኢይትሐጐል ፡
አላ ፡ ይረክብ ፡ ሕይወተ ፡ ዘለዓለም ፡፡

Was die Vokalisierung betrifft, so hat man sich deren Einführung als Schreibkonvention nicht wie das Ergebnis einer einmaligen Schriftreform vorzustellen. Die Schreibung von Vokalzeichen ist in den alten Schriftdenkmälern unregelmäßig und festigt sich erst in der Tradition der Buchschrift. In der ältesten altabessinischen Inschrift (*Abb. 205*) fehlt jegliche Vokalbezeichnung, obwohl es aus dem 4. Jahrhundert auch Texte mit (unvollständiger) Vokalisierung gibt. In der Buchschrift ist die Bezeichnung der Vokale konsequent (*Abb. 206*). Die jüngere Form des äthiopischen Alphabets umfaßt viele Varianten der 26 Grundzeichen, genauer gesagt: 7 × 26 = 182 Zeichenformen (*Abb. 207*). Jedes Grundzeichen dient zur Schreibung eines Konsonanten, und die Vokale werden durch zusätzliche Markierungen (Strich oder Kringel) am Konsonantenzeichen selbst gekennzeichnet. Diese Art der Vokalisation rückt die prinzipiell als Buchstabenalphabet konzipierte äthiopische Schrift in die Nähe der Silbenschriften (s. Kap. 5). Ein solcher Vergleich bleibt aber allein auf den äußerlichen Aspekt des Schrift*bildes* im Textzusammenhang beschränkt.

Die Formen der Schriftzeichen und die Schreibgewohnheiten haben sich im wesentlichen bis heute erhalten. Bis in die Neuzeit wird das Geʿez in äthiopischer Schrift geschrieben. Als gesprochene Sprache existiert Geʿez schon lange nicht mehr, wohl aber hat es seinen Status als Sakralsprache der äthiopischen Christen behalten. Auch die aus dem *Geʿez* entstandenen Sprachformen *Tigrē* und *Tigriña* werden in derselben Schrift geschrieben. Es bereitete einige Schwierigkeiten, auch das *Amharische*, das wie das *Gurage*, *Harari*, *Argobba* und *Gafat* zur Gruppe der südäthiopischen Sprachen gehört (Titov 1976), zu schreiben, da es lautlich vom Geʿez abweicht. Die ältesten Schriftzeugnisse in Amharisch stammen aus dem 14. Jahrhundert. Im Rahmen der Anpassung der äthiopischen Schrift an das Amharische wurden sieben Zeichen neu geschaffen (*Abb. 208*). Diese Buchstaben dienen zur Schreibung typisch amharischer Laute, und die Zeichenformen sind aller Wahrscheinlichkeit nach frei erfunden. Die langlebige Tradition der äthiopischen Schrift wird seit Jahrzehnten vom Amharischen getragen, das sich gegen Ende des 19. Jahrhunderts gegenüber dem Prestigedruck des *Geʿez* durchsetzen konnte. Als Amtssprache des äthiopischen Staates, als Muttersprache von über einem Drittel seiner Bevölkerung und als Zweitsprache von vielen weiteren Millionen Menschen ist das Amharische der eigentliche Garant der äthiopischen Schriftkultur in der Moderne, nicht das *Geʿez*, dessen Kenntnis auf kleine Kreise einer gebildeten Elite und des Klerus beschränkt ist.

Über die Beziehungen zwischen den nord(west)semitischen und südsemitischen Alphabetschriften ist viel gerätselt worden. Es hat sich inzwischen eine Auffassung gefestigt, der immer mehr Forscher zuneigen. Danach hätte die Sinai-Schrift mit ihrer bis ins 19. Jahrhundert v. Chr. zurückreichenden Tradition eine Mittlerrolle für die verschiedenen südsemitischen Schriftarten gespielt, die ihrerseits in gewissem Umfang auch von den nord(west)semitischen Buchstabenschriften beeinflußt worden seien.

(207) Die Varianten der Basiszeichen im äthiopischen Alphabet

Lautwert	Konsonant + ä	+ u	+ i	+ a	+ e	+ ə od. vokallos	+ ō
h	ሀ	ሁ	ሂ	ሃ	ሄ	ህ	ሆ
l	ለ	ሉ	ሊ	ላ	ሌ	ል	ሎ
ḥ	ሐ	ሑ	ሒ	ሓ	ሔ	ሕ	ሖ
m	መ	ሙ	ሚ	ማ	ሜ	ም	ሞ
š	ሠ	ሡ	ሢ	ሣ	ሤ	ሥ	ሦ
r	ረ	ሩ	ሪ	ራ	ሬ	ር	ሮ
s	ሰ	ሱ	ሲ	ሳ	ሴ	ስ	ሶ
q	ቀ	ቁ	ቂ	ቃ	ቄ	ቅ	ቆ
b	በ	ቡ	ቢ	ባ	ቤ	ብ	ቦ
t	ተ	ቱ	ቲ	ታ	ቴ	ት	ቶ
ḫ	ኀ	ኁ	ኂ	ኃ	ኄ	ኅ	ኆ
n	ነ	ኑ	ኒ	ና	ኔ	ን	ኖ
ʾ	አ	ኡ	ኢ	ኣ	ኤ	እ	ኦ
k	ከ	ኩ	ኪ	ካ	ኬ	ክ	ኮ
w	ወ	ዉ	ዊ	ዋ	ዌ	ው	ዎ
ʿ	ዐ	ዑ	ዒ	ዓ	ዔ	ዕ	ዖ
z	ዘ	ዙ	ዚ	ዛ	ዜ	ዝ	ዞ
j	የ	ዩ	ዪ	ያ	ዬ	ይ	ዮ
d	ደ	ዱ	ዲ	ዳ	ዴ	ድ	ዶ
g	ገ	ጉ	ጊ	ጋ	ጌ	ግ	ጎ
ṭ	ጠ	ጡ	ጢ	ጣ	ጤ	ጥ	ጦ
p̣	ጰ	ጱ	ጲ	ጳ	ጴ	ጵ	ጶ
ṣ	ጸ	ጹ	ጺ	ጻ	ጼ	ጽ	ጾ
ḍ	ፀ	ፁ	ፂ	ፃ	ፄ	ፅ	ፆ
f	ፈ	ፉ	ፊ	ፋ	ፌ	ፍ	ፎ
p	ፐ	ፑ	ፒ	ፓ	ፔ	ፕ	ፖ

(208) Zusatzzeichen der äthiopischen Schrift zur Schreibung des Amharischen

Äthiopisch	Lautwert	Amharisch	Lautwert
ሰ	sa	ሸ	ša
ተ	ta	ቸ	ča
ነ	na	ኘ	ña
ከ	ka	ኸ	ḫʿa
ዘ	za	ዠ	ža
ደ	da	ጀ	ǧa
ጠ	ṭa	ጨ	c̣a

Dies würde bedeuten, daß die verschiedenartigen parallelen Schriftentwicklungen im syrisch-palästinischen und arabischen Raum, denen allen das alphabetische Prinzip der Schreibung von Einzelbuchstaben gemein ist, interkulturellen Beeinflussungen ausgesetzt waren, wobei ein klares Gefälle der überlegeneren nord(west)semitischen gegenüber den südsemitischen Schriften festzustellen ist. Beachtlich ist die Vielfalt an Zeichenformen innerhalb der rein semitischen Schriftarten, und die in den modernen Alphabeten nicht mehr direkt erkennbaren schrifttypologischen Zusammenhänge können nur unter Heranziehung der ältesten Schriftdokumente verständlich gemacht werden. Noch weitaus reichhaltiger aber ist die Vielfalt der Alphabetvarianten, wenn man die in die Hunderte gehenden Abzweigungen für nichtsemitische Sprachen in die Betrachtung einbezieht. Einen Eindruck von den Zeichenvariationen außerhalb semitischer Sprachgemeinschaften hat bereits der Abschnitt (A) über die griechische, etruskische und lateinische Schriftkultur vermittelt. Die semitische Buchstabenschrift, und zwar in ihrer aramäischen Version, gelangte zwar erst relativ spät nach Innerasien und Südostasien, aber die dort entstandenen Einzelalphabete übertreffen an Zahl und Formenvielfalt bei weitem die der Alphabetversionen in Europa (s. Kap. 7).

Die Pehlevi-Schrift in Persien

Es ist schwer vorstellbar, daß die semitische Buchstabenschrift die Kulturen des indischen Subkontinents so nachhaltig beeinflußt hätte, wie es tatsächlich geschah, ohne eine Art »Kulturbrücke« zwischen Mesopotamien und Nordwestindien. Diese

Brücke gab es: Persien seit der Zeit der Achämeniden (bis 330 v. Chr.). Der persische König Dareios I. (522–486 v. Chr.) dehnte seinen Machtbereich bis nach Indien aus. Aufgrund von Inschriftenfunden aus Kandahar (südliches Afghanistan) ist bekannt, daß die Verwaltungssprache jener Gebiete das Aramäische war. Auch später behielt das Aramäische in Nordwestindien seine offizielle Bedeutung bei. Zur Zeit der Seleukiden-Herrscher (312–240 v. Chr.), deren Reichsgewalt von Syrien bis an die Grenzen Indiens reichte, fungierten Griechisch und Aramäisch als gleichrangige Amtssprachen. Inschriften aus Taxila und aus der Gegend östlich von Kabul (*Stein von Pul-i-Daruntah*) in aramäischer Sprache bestätigen deren offiziellen Status. Obwohl es darüber keine direkten Zeugnisse gibt, kann man annehmen, daß enge Kontakte zwischen dem Seleukiden-Reich in Persien und dem Maurya-Reich in Nordindien bestanden, und daß sich die indischen Kanzleien ebenfalls des Aramäischen bedienten (s. Abschnitt C).

Die *altpersische Keilschrift* (s. Kap. 7) wurde bereits gegen Ende der Achämenidenzeit nicht mehr verwendet. An ihre Stelle traten die griechische Sprache und Schrift. Das Aramäische seinerseits behauptete daneben als zeitgenössische Kultursprache seinen Platz, und sein Einfluß verstärkte sich in zunehmendem Maße, als es zur Zeit der Arsakiden (256 v. Chr.–226 n. Chr.) als externe Verwaltungssprache verwendet wurde, d. h. im auswärtigen Kontakt der Herrscher der Arsakiden-Dynastie mit anderen Staaten. Abgesehen von seiner allgemeinen Bedeutung im kulturellen und amtlichen Bereich beeinflußte das Aramäische auch die Entstehung eines eigenen Schriftsystems für die damalige mitteliranische Sprache der Parther, wie sich die Perser selbst nannten. Diese Schriftform wird als *Pehlevi-Alphabet* bezeichnet (iran. pehlevi, älter pahlavīk, als Ableitung von parthavi ›parthisch‹). »Das Fehlen von Vokalen und die Linksläufigkeit der Pehlevi-Schrift sprechen allein schon für ihre Abstammung aus dem aramäischen Konsonantenalphabet« (FÖLDES-PAPP 1987, 141).

Die älteste Variante der Pehlevi-Schrift ist das seit dem 3. Jahrhundert v. Chr. in Münzlegenden bezeugte *arsakidische* (bzw. nordwestliche) *Pehlevi*. Diese Schriftart blieb auch in sassanidischer Zeit (226–642 n. Chr.) in Gebrauch, als sich bereits eine jüngere Variante, das *sassanidische* (bzw. südwestliche) Pehlevi, ausgebildet hatte. Die jüngere Variante ist aus Münzlegenden, beschrifteten Gemmen, Inschriften und aus Handschriften bekannt. Bis ins 14. Jahrhundert läßt sich die Tradition der sassanidischen Schrift verfolgen, deren späte kursivierte Form als Buch-Pehlevi bezeichnet wird (*Abb. 209*). Eine dritte Variante ist das sogenannte *Awesta-Alphabet*, das seinen Namen wegen seiner Beziehung zu den heiligen Büchern (mitteliran. avistak ›Grundlage, Grundtext‹) der Parsen erhalten hat. Die Parsen waren Feueranbeter, Anhänger des aus Baktrien stammenden Religionsstifters Zarathustra (630–533 v. Chr.), dessen Lehren nur bruchstückhaft überliefert sind.

Verschiedene Teile des Awesta, dieser aus vorchristlicher Zeit stammenden Sammlung zarathustrischer Texte, waren schon in arsakidischer Schrift aufgezeichnet worden. Aber erst unter den Sassaniden-Herrschern Ardasir und Sahpuhr wurde systematisch damit begonnen, die sassanidische Pehlevi-Schrift durch Zusatzzeichen zu erweitern, um den genauen Wortlaut der rituellen Texte festzulegen. Das Awesta-

(209) Die arsakidische und sassanische Schriftvariante im Verhältnis zum Buch-Pehlevi

Arsakid.		Sassanid.		Buch-Pehlevi	Laut-wert
Mün-zen	Inschr. Nisā	Mün-zen	Inschr. 3. Jh. p.		
1.	2.	3.	4.	5.	6.
ᴗᵞ	ᴗ	⊥⊥⊔	ᵞ	ᴗ	ʼ
Ɉ	ɔɔ	ɔɔ	϶	ɔɔ	b
ᵞɔ	ɔ	ɔɔ	ᵞ	ɔɔ	g
33	ɣ	ɔ	ɣ	ɔɔ	d
)-(	⁊⁊	ɔɔᴧ	И	ᶘ	h
)ɔ	·	\ 2	ɔ	ı	w
ı	ɔ	⌒ɔɔ	ı	ᶘ	z
ЍHƧ	ʀ		ɔ	ᴗɔ	ḥ
^ILı	·-	ıɔɔɔɔ	ɔ	ɔɔ	j
ᵞɔɣʎ	ᵞ	3ɔ(	ɔ	ɔɔɔ	k
ᴸɔᵞ	\	ı/ɔ	ɔ	ɔ8	l, r
ɔɔɣ	ϯ	σɔ⊃	x	ɔɔ8	m
ɔɔɔᴗ	ɔ	⌒ɔɔʎ	ɔ	ı	n
ᴧɔɔɔɔ	ɔ	nhy	ɔ	ᴗɔ	s
	ᵞ			ı	c
ɔᛚ	ᴧ	ℓℯρ	ʓ	αᶘ	f, p
ɹ		ʀɫℓ		ℓ	č, ǧ, ž
ρ					q
ᵞɔᵞ	ɔ	ᴉ/ɔ	ɔ	ı	r
ᕽ	ᵞ		ʎ	ᴧᴗ	š
ɴᴸxϯ	ρ ⁊⁊	ϯCϯ	ρ	Ɩ◌	t

Alphabet (*Abb. 210*) besteht aus insgesamt 48 Zeichen (gegenüber 20 Buchstaben des arsakidischen und sassanidischen Pehlevi), wobei die konsequente Bezeichnung der Vokale auffällt. Diese Neuerung der Vokalisierung gegenüber den älteren Versionen der Pehlevi-Schrift, in denen Vokale nur gelegentlich mit Zeichen für Halbkonsonanten bezeichnet wurden, erklärt sich aus dem Einfluß des Griechischen. Das Awesta-Alphabet mit seiner Pehlevi-Basis und der vokalischen Zusatzkomponente ist nach JUNKER (1925, 11) »ein Ausdruck der intensiven Mischung hellenischer und iranischer Kultur, die sich auch auf religiösem, künstlerischem und wirtschaftlichem Gebiet

(210) Das Awesta-Alphabet

Nr.	Zeichen	Lautwert	Nr.	Zeichen	Lautwert	Nr.	Zeichen	Lautwert	Nr.	Zeichen	Lautwert	Nr.	Zeichen	Lautwert	Nr.	Zeichen	Lautwert
1		a	10		$\bar{a}$ (nasal)	19		$č$	28		f	37		v	46		h
2		$\bar{a}$	11		i	20		$ǧ$	29		w	38		v	47		h'
3		e	12		$\bar{i}$	21		t	30		η	39		r	48		$ḫv$
4		$\bar{e}$	13		u	22		d	31		$ń$	40		s	49		y
5		$ə$	14		$\bar{u}$	23		$þ$	32		n	41		z	50		$št$
6		$\bar{ə}$	15		k	24		$δ$	33		n, m	42		$š$	51		$šč$
7		o	16		g	25		$ṭ$	34		m	43		$š$	52		$ša$
8		$ō$	17		$ḫ$	26		p	35		y	44		$š$	53		
9		$ȧ$	18		$γ$	27		b	36		y	45		$ž$	54		

(211) Text in der Awesta-Schrift (Ausschnitt aus dem heiligen Buch der Anhänger Zarathustras: Yasua 47, Strophe 4)

Umschrift: ahmāṭ manyə̄nš rarəšyeintī drəgvantō mazdā spəntāt nōit iϑā ašāunō kasəuščīt nā ašāunē kāvē aŋhat isvāčīt hās paraoš akō drəgvāitē.

Übersetzung: ›Von diesem heiligen Geiste, o Mazda, fallen die Lügner ab, nicht so die Wahrhaften. Ein Wenigbesitzender soll dem Rechtgläubigen gegenüber freundlich sein, ein Vielbesitzender dem Glaubensfeindlichen gegenüber böse sein!‹

aufzeigen läßt«. Wegen der konsequenten Schreibweise von Konsonanten und Vokalen in den Texten (*Abb. 211*) gehört die Variante der Awesta-Schrift zu den vollständigen Alphabeten (vgl. Griechisch, Etruskisch, Lateinisch, Äthiopisch, u. a.).

Die südostasiatische Tradition des Alphabets

Die Schriftkultur Indiens ist sehr alt und reicht bis in die Zeit zwischen 2600 und 2500 v. Chr. zurück. Die *Indus-Schrift* (s. Kap. 4) war bereits ein vollständig ausgebautes logographisches Schriftsystem und soweit konsolidiert, daß es ohne weiteres die Quelle für spätere Abzweigungen hätten werden können. Dies allerdings setzt eine kulturelle Kontinuität voraus, die der Indus-Zivilisation nicht vergönnt war. Nach der Invasion der Indogermanen, die sich selbst Arja ›Edle‹ nannten, wird die Entwicklung der indischen Schriftkultur unterbrochen. Die »edlen« Barbaren sind dafür verantwortlich, daß Indien in ein schriftloses, prähistorisches Stadium zurückfällt. Bemerkenswert an diesen historischen Vorgängen ist, daß es länger als ein Jahrtausend dauert, bevor die indoarische Gemeinschaft mit der Schrift als Kulturträger ein hohes Niveau an Zivilisiertheit erreicht. Der historische Prozeß der Neuschaffung einer Schriftkultur dauert in Indien also viel länger als im ägäischen Raum, wo kaum ein bis zwei Jahrhunderte nach der Zerstörung der griechisch-mykenischen Zivilisation und dem Abbruch ihrer Schrifttradition vergehen, bis die Nachfolger der kriegerischen Seevölker das phönizische Alphabet übernehmen (s. Abschnitt A). Um die Mitte des 1. Jahrtausends v. Chr. tritt Indien erneut ins Licht der Geschichte, diesmal mit den beiden Schriftarten, die als *Kharoṣṭhi-Schrift* und als *Brahmi-Schrift* bezeichnet werden.

Die Kharoṣṭhi-Schrift

Es gibt keinen allgemein verbindlichen Namen für die Kharoṣṭhi-Schrift. In einem buddhistischen Werk aus China, dem im Jahre 668 n. Chr. entstandenen *Fa-wan-shu-lin*, wird als Erfinder dieser Schrift Kharoṣṭhi (prakr. kharoṭṭhi) ›Eselslippe‹ erwähnt. Man findet in der wissenschaftlichen Literatur auch Namen wie »arianische«, »baktrische«, »indobaktrische« Schrift oder »nordwestliches« Alphabet. Seit BÜHLER (1896) wird jedoch allgemein der Name Kharoṣṭhi-Schrift bevorzugt. Derselbe Forscher identifizierte sie nach ihrem Duktus als eine »Schreiber- und Geschäftsschrift«, u. a. aufgrund der einfachen Formen der Zeichen, des Fehlens von Buchstaben für Vokale sowie der Einfachschreibung von Doppelkonsonanten. Obwohl man annehmen kann, daß die Kharoṣṭhi-Schrift bereits im Verlauf des 4. Jahrhunderts v. Chr. ausgebildet wurde, stammen die ältesten erhaltenen Schriftzeugnisse erst aus der Mitte des 3. Jahrhunderts v. Chr. Verwendet wurde sie zur Beschriftung auf den Münzen der indo-griechischen und indo-skythischen Könige (bis Ende des 1. Jahrhunderts

(212) Die älteste Kharoṣṭhī-Inschrift aus dem Jahre 251 v. Chr.

n. Chr.). Die Kharoṣṭhī-Schrift war immer auf den Nordwesten Indiens beschränkt. Sie wurde allmählich von der Brahmi-Schrift verdrängt und kam im Verlauf des 5. Jahrhunderts n. Chr. außer Gebrauch. Die meisten Texte, die in der Kharoṣṭhī-Schrift geschrieben wurden, sind kurz, nur wenige längere Texte sind erhalten. Dazu gehören die *Inschriften des Königs Asoka* (272–231 v. Chr.), des bedeutendsten Herrschers der Maurya-Dynastie (321–185 v. Chr.). Asoka schuf das erste indische Großreich, dem fast alle Teile des Subkontinents angehörten. Die Inschriften Asokas sind Edikte, die Ermahnungen und Anweisungen im Sinn der buddhistischen Lehren enthalten (*Abb. 212*). Die älteren Texte sind schwer zu datieren. Aufgrund einer präzisen Datumsangabe ist dies jedoch bei der sogenannten *Pañjtar-Inschrift*, benannt nach dem Begründer der Kuschana-Dynastie, möglich (*Abb. 213*). Diese stammt aus dem Jahre 38 n. Chr.

(213) die Pañjtar-Inschrift in Kharoṣṭhī-Schrift (38 n. Chr.)

(214) *Die Kharoṣṭhī-Schrift als Abzweigung aus dem aramäischen Alphabet*

Aramäisch		Kharoṣṭhī		
Laut-wert	5.–3.Jahrh.	Über-nommen	Laut-wert	Neubildungen
ʼ	ꓯ ×	ꓶ	a	ꓶ i ꓶ u ꓶ e ꓶ o
b	ꓶ ꓶ	ꓶ	ba	ꓶ bha
g	ꓶ	ꓶ	ga	ꓶ gha
d	ꓶ ꓶ ꓶ	ꓶ ꓶ	da	ꓶ dha ꓶ ḍa ꓶ ḍha
h	ꓶ ꓶ	ꓶ ꓶ	ha	
w	ꓶ	ꓶ	va	
z	ꓶ ꓶ ꓶ ꓶ	ꓶ ꓶ	ǰa	ꓶ ǰha
ḥ	ꓶ ꓶ ꓶ	ꓶ	śa	
j	ꓶ ꓶ ꓶ ꓶ	ꓶ	ya	
k	ꓶ ꓶ ꓶ	ꓶ	ka	
l	ꓶ ꓶ	ꓶ	la	
m	ꓶ ꓶ	ꓶ ꓶ ꓶ	ma	
n	ꓶ ꓶ ꓶ	ꓶ ꓶ	na	ꓶ ṇa ꓶ ña
s	ꓶ ꓶ	ꓶ	sa	
p	ꓶ	ꓶ ꓶ	pa	ꓶ pha
ṣ	ꓶ ꓶ ꓶ	ꓶ	ča	ꓶ čha
q	ꓶ ꓶ ꓶ	ꓶ	kha	
r	ꓶ ꓶ ꓶ	ꓶ	ra	
š	ꓶ ꓶ	ꓶ	śa	
t	ꓶ ꓶ ꓶ	ꓶ	ta	ꓶ ṭa ꓶ tha ꓶ ṭha

Die Sprachform der Texte in Kharoṣṭhī-Schrift ist das *Prakrit*, eine Art Sammelbegriff für Varianten des Mittelindischen (s. PISCHEL 1981 zu den Prakrit-Sprachen). Die Schrift ist linksläufig; dies und die Formen der Buchstaben weisen eindeutig auf deren aramäischen Ursprung. Am nächstliegenden erscheint der Vergleich der ältesten Version der Kharoṣṭhī-Schrift mit derjenigen Variante des aramäischen Alphabets, deren Zeichen von spätbabylonischen Siegeln und Inschriften (z. B. von Teima) aus dem 5. Jahrhundert v. Chr. bekannt sind (*Abb. 214*). Der Entwicklungsprozeß der Kharoṣṭhī-Schrift nach dem Vorbild des aramäischen Alphabets fand in Indien selbst

(215) Einfluß der Brahmi-Schrift auf die Vokalbezeichnung der Kharoṣṭhi-Schrift

	mit a	mit e	mit i	mit o	mit u
k-	⟨⟩	⟨⟩	⟨⟩		
g-	⟨⟩			⟨⟩	⟨⟩
gh-	⟨⟩			⟨⟩	
t-	⟨⟩	⟨⟩	⟨⟩		⟨⟩
l-	⟨⟩	⟨⟩	⟨⟩		
b-	⟨⟩	⟨⟩		⟨⟩	
ṭh-	⟨⟩	⟨⟩			⟨⟩

statt. Nicht nur die aramäische Buchstabenschrift als solche sondern auch der Status des Aramäischen als Kanzleisprache in Persien beeinflußte den Sprachgebrauch in Indien. Auch in Indien wurde das Aramäische vermutlich als Verwaltungssprache verwendet. »Zunächst führte der Verkehr zwischen den persischen und indischen Kanzleien wahrscheinlich zum Gebrauch der unveränderten aramäischen Schrift für das nordwestliche Prakrit und weiterhin zu Modifikationen derselben, die mit Hilfe der Prinzipien der älteren indischen Brahmi-Schrift gemacht wurden und denen die Kharoṣṭhi-Schrift ihre Entstehung verdankt« (JENSEN 1969, 356). Die Beeinflussung durch die Brahmi-Schrift (s. u.) erkennt man unter anderem daran, daß jeder geschriebene Konsonant einen *a*-Laut einschließt und die Vokale *i*, *u*, *e* und *o* durch zusätzliche Striche an den Konsonantenzeichen ausgedrückt werden (*Abb. 215*).

Die Brahmi-Schrift

Obwohl die Kharoṣṭhi-Schrift das jüngere der beiden alten indischen Alphabete ist, hat sie in ihrem Duktus altertümliche Eigenheiten bewahrt, die in der Brahmi-Schrift – abgesehen von den ältesten Schriftdenkmälern – nicht zu erkennen sind. Daher steht die Kharoṣṭhi-Schrift dem aramäischen Originalalphabet in vieler Hinsicht näher als

(216) Linksläufige Brahmi-Inschrift (4. Jahrhundert v. Chr.)

K D J 8 L J
a dha pa ma la sa

(217) Rechtsläufige Asoka-Inschrift in Brahmi-Schrift (3. Jahrhundert v. Chr.)

Transkription:
Piyadasa la (dža) māgadhā sāghā abhiwade (mā) nā āhā apabādhatā tša pisu wihālatā tša (Zweite Zeile:) widitewa bhāte āwatake ha mā budhasi dhāmasi sūghasītī golawe tšā pasāde tšā eketši bhāte (Dritte Zeile:) bhagawatā budhena bhāsite sawe se subhāsite wā etšu kho bhāte pāmiyaye diseya hewā sadhāme (Vierte Zeile:) tšila wa tī ke hosatīti alahāmi hakā tāwwātawe imāni bhāte (dhā) ma paliyāyāni winay asamakase (Fünfte Zeile:) aliyawesāni anāgatabhayāni muni gāthā moneyasūte (u) patāsa pasine etšā lāghulo (Sechste Zeile:) wāde musāwa (tšā) adhigātšya bhagawatā budhena bhāsite etāni bhāte dhāma paliyāyāni itštšani (Siebente Zeile:) kiti bahuke bhikhapā ye tša bhikhani ye tša abikhinā suna (yu tša u) pa dhā leyeyu tšā (Letzte Zeile:) hewā mewa upāsakā tšā upāsokā tšā eteni bhāte imā likhā(pa)yāmi abhi heti madža (nā)tati.

Übersetzung:
»Piyadarsi, der König, an die ehrwürdige Synode zu Magadha, welche er grüßt, wünscht ihr wenig Sorgen und ein angenehmes Leben.
Es ist Euch wohlbekannt, wie groß meine Achtung und Glaube an Buddha, an die Gesetze und an die Synode geworden sind.
Alles was der gesegnete Buddha gesagt hat, ist wohl gesprochen, es muß daher bekannt gemacht werden, welches die Bürgschaften sind (daß er es gesagt), so wird das gute Gesetz von langer Dauer sein. Das ist es, was ich für nötig halte.
Daher sollen bestimmt werden die Vorschriften der wichtigsten Weisheit, welche die Unterdrückung der Aryas überdauert haben, und vor künftigen Gefahren bewahrt werden die Gesänge der Einsiedler, die Sutras der Einsiedler, die Gebräuche der niederen Asketen, der Tadel der leichtsinnigen Leute und der schlechten Lehrer.
Diese Sache, wie sie der göttliche Buddha gelehrt hat, mache ich kund und wünsche sie angesehen als Vorschrift des Gesetzes.
Und alle männlichen und weiblichen Geistlichen mögen sie hören und beachten, wie auch alle männlichen und weiblichen Gläubigen.
Diese Sachen bekräftige ich und habe veranlaßt, daß sie niedergeschrieben werden, damit Jeder wisse, daß das mein Wille ist.«

rung in der äthiopischen Schrift (s. o. S. 330). Wegen der großen Ähnlichkeit der Vokalbezeichnung in der Brahmi-Schrift und im äthiopischen Schriftsystem sind etliche Wissenschaftler überzeugt, daß die Vokalisierung den äthiopischen Schriftreformern nicht durch das griechische Vorbild sondern durch das der indischen Schriftart vermittelt worden ist. Diese Annahme kann nicht ohne weiteres ausgeschlossen werden, denn es bestanden rege Handelsbeziehungen zwischen Äthiopien und Indien in der fraglichen Zeit (4. Jahrhundert n. Chr.).

Auffällig ist die den indischen Schriften – dies gilt für die Kharoṣṭhi- ebenso wie für die Brahmi-Schrift und deren Abzweigungen (z. B. die Devanagari-Schrift) – eigene silbische Schreibweise. Diese die Silbengliederung der Wörter berücksichtigende Schreibweise ist allerdings nicht mit dem Organisationsprinzip einer Silbenschrift zu verwechseln. »Die Meinung, die indischen Schriften seien ja gar nicht alphabetisch, sondern silbisch, muß jedoch aus zwei Gründen abgelehnt werden. Einmal gibt es gar keine besonderen und verschiedenen Zeichen für *ki, ku, ko* usw., wie in tatsächlichen Silbenschriften, z. B. der kyprischen Silbenschrift, vielmehr liegt allen Silben mit *k* (*ka, ki, ku, ko* usw.) ein gemeinsames Zeichen क zugrunde, das doch zunächst den allen gemeinsamen Bestandteil *k* verkörpern dürfte, und nur der Vokal *a*, der häufigste in den indischen Sprachen, findet keinen besonderen Ausdruck. Und zweitens stellen in den Konsonantengruppen die Einzelbestandteile nicht Silben, sondern Konsonanten dar, in क्त *kta* sind क und त Bezeichnungen der Konsonanten *k* und *t*, nicht der Silben *ka* und *ta*.« (FRIEDRICH 1966, 125) Die Beachtung der Silbenstruktur bei der Schreibung von Konsonantenzeichen und deren Aneinanderreihung hat sich als besondere Eigenart der Brahmi-Schrift in deren Abzweigungen erhalten. Ungefähr zu Beginn unserer Zeitrechnung entstehen aus der Brahmi-Schrift zwei selbständige Schriftarten, von denen die eine im nördlichen Teil Indiens, die andere vorwiegend im Süden Verbreitung fand. Aus diesen beiden Hauptvarianten sind alle modernen Schriftsysteme Indiens entstanden, von denen es über zweihundert Spielarten gibt (s. Kap. 7).

Die armenische Schrift

Im Einflußbereich der vorderasiatischen Buchstabenschrift, u. zw. an der nördlichen Peripherie, sind einige originelle Alphabetschöpfungen entstanden, die sich zwar nicht als vollständig unabhängig von den zeitgenössischen Entwicklungen darstellen, aber nach ihrem Zeichenbestand nicht als direkte Abzweigungen von irgendeinem der bekannten Schriftsysteme gelten können. Diese Originalalphabete sind die *armenische* und die *georgische* (grusinische) *Schrift*. Die Sprache der indogermanischen Armenier im südöstlichen Kaukasus ist gänzlich verschieden von der der Georgier im nordwestlichen Kaukasus, die Nachkommen der autochthonen (nichtindogermanischen) Bevölkerung dieser Gebirgsregionen sind. Als sich um die Wende vom 3. zum 4. Jahrhundert n. Chr. das Christentum bei Armeniern und Georgiern verbreitete, bedeutete dies für beide Sprachgemeinschaften eine grundlegende kulturelle Neuorientierung. Eine direkte Folgeerscheinung der Neuerungen im Kulturleben war die Schaffung einer einheimischen Schriftkultur, deren Anfänge sich in regionalen Originalschriften Armeniens und Georgiens kristallisieren.

Wenn hier von dem Beginn einer originellen Schriftverwendung die Rede ist, darf dies nicht dahingehend mißverstanden werden, als ob die Schriftkultur Armeniens und Georgiens gleichsam aus dem prähistorischen Nichts entstanden sei. In beiden Regionen des Kaukasus war die Kenntnis des Schreibens und bestimmter Schriften verbreitet. Es ist sicher, daß bereits in vorchristlicher Zeit das Griechische als sprachlicher Vermittler hellenistischen Kulturguts seinen Weg nach Georgien (über die griechischen Kolonien im Osten des Schwarzen Meeres) und nach Armenien (über Kleinasien) gefunden hat. Aus den Werken des armenischen Historikers MOSES VON CHOREN (gest. um 489 n. Chr.) wissen wir, daß das Armenische früher teilweise in griechischer Schrift, teilweise mit »assyrischen« Buchstaben (d.h. in sassanidischer Pehlevi-Schrift) geschrieben wurde (»Geschichte Armeniens« III, Kap. 54). In Georgien war außer der griechischen auch die syrische Schrift (s. o.) verbreitet. Ähnlich wie in Syrien und Palästina, wo der interkulturelle Austausch zwischen Einflüssen aus verschiedenen Regionen ein fruchtbarer Nährboden für die altsemitischen Alphabetschöpfungen war, ist auch die Schaffung einer armenischen und georgischen Schrift vor dem Hintergrund interkultureller Strömungen aus dem griechischen Westen, dem persischen Osten und dem syrischen Süden zu verstehen (AKOPJAN 1987).

Als Schöpfer des *armenischen Alphabets* wird MESROP (nach westarmenischer Aussprache, ostarm. Mesrob) betrachtet, der zunächst Beamter am armenischen Königshof war, sich aber später als Mönch und Missionar der Verbreitung der christlichen Lehre widmete. Mesrops Namen schreibt man auch als Maschthots oder Mašt'oc. Als Außenstehender kann man kaum ermessen, welche Ehrerbietung dieser kulturschöpferischen Persönlichkeit in der armenischen Historiographie sowie von den heutigen Armeniern beigemessen wird. Ein Zeitgenosse Mesrops (gest.: 441 n. Chr.), der Bischof KORIUN, hat den Werdegang des Alphabetschöpfers in seinem Werk »Beschreibung des Lebens und Sterbens des heiligen Lehrers Mesrop« (S. 202 f.) folgendermaßen dargestellt:

>»Der Mann, den wir in den vorausgehenden Worten bezeichneten, um dessentwillen wir auch die Mühe unserer Erzählung übernommen haben, hieß mit Namen Maschthots aus der Provinz Taron, aus dem Dorfe Hatsik, der Sohn eines glücklichen Mannes, der Wardan hieß. In den Tagen seiner Jugend, geübt in griechischer Wissenschaft, kam er in die Provinz der Arschakunier, der Könige von Groß-Armenien, und stand in den Diensten der königlichen Kanzlei als Beamter der königlichen Regierung bei der Verwaltung des Landes der Armenier unter einem gewissen Verwaltungsvorstand Arawan. Eingeweiht und vertraut geworden mit den weltlichen Verhältnissen, gewann er auch Interesse für die Kriegswerke seiner Soldaten, und darauf widmete er seine Aufmerksamkeit mit Eifer der Lesung der göttlichen Schriften. Dadurch gewann er bald die Erleuchtung und warf sich mit Eifer und Einsicht auf die Angelegenheiten des von Gott gegebenen Gesetzes und riß sich los vom Dienste der Fürsten. (…)
>(…) Und so unterzog er sich vielen Mühen, um seinem Volke eine Förderung im Guten zu gewinnen. Ihm schenkte er auch das Geschick vom allen Gnaden sendenden Gott, durch

väterlichen Geist erzeugt, eine Geburt neu und wunderbar mit seiner heiligen Rechten, die Schrift für die armenische Sprache. Und nun zeichnete er sie sogleich auf, benannte sie und ordnete sie und verband sie zu Silben und Verbindungen. Und darauf nahm er Abschied von den heiligen Bischöfen und ging mit seinem Gehilfen in die Stadt Samosata hinab, von dessen Bischof und Kirche er mit hoher Ehre ausgezeichnet wurde. Dort in der gleichen Stadt fand er einen Schreiber griechischer Schrift, mit Namen Rophanos. In Gemeinschaft mit diesem setzte er die ganze Auswahl der Schrift zusammen und paßte sie zurecht, die feineren, die kurzen und die langen, die selbständigen und die Doppellaute.«

Mesrops Alphabetschöpfung war nicht der erste Versuch, eine Schrift für das Armenische zu schaffen. Derselbe Koriun, ein Schüler Mesrops, berichtet von einem syrischen Bischof, der in Armenien lehrte und eine Buchstabenschrift – wahrscheinlich auf der Basis der syrischen – zusammengestellt hatte. Darüber gibt es aber keine, von Koriuns Bericht unabhängigen Zeugnisse. Auch von Mesrops eigenen Schriften ist nichts erhalten geblieben, und seine Urschrift eines Alphabets ist ebenfalls verschollen. Aber sein Versuch, das Armenische zu verschriften, war von Erfolg gekrönt, denn seither wird diese Sprache in dieser unverwechselbaren Schriftart geschrieben. Als Beginn der eigensprachlichen Schrifttradition und gleichzeitig des »goldenen Zeitalters« der altarmenischen Literatur wird das Jahr 406 n. Chr. genannt. Die frühe Version der armenischen Schrift, die vom 5. bis 8. Jahrhundert in Gebrauch war, heißt *erkatʿagir* (›Eisenschrift‹), wohl deshalb, weil die Buchstaben mit eisernen Stäbchen eingeritzt wurden (*Abb. 220*). Dieser Schriftduktus, der in den modernen Majuskeln erhalten ist, dürfte der Originalschreibweise Mesrops am meisten ähneln.

Das »goldene Zeitalter« des 5. Jahrhunderts wird eingeleitet durch die Werke Mesrops, wozu als wichtigstes die Übersetzung der Bibel ins Armenische gehört. Mesrop stützte sich auf die syrische Fassung und kontrollierte seine Übersetzung anhand der lateinischen Vulgata. Mesrop fand im geistlichen Oberhaupt der armenischen Kirche, dem Katholikos Sahak, einen starken Helfer für den Ausbau und die Verbreitung der armenischen Schriftkultur. Es wurden Übersetzerschulen gegründet, »deren klassische Eleganz der Aufgabe gewachsen war« (Brentjes 1976, 92), und in denen viele griechische und syrische Werke übertragen wurden. Dazu gehörten nicht nur religiöse Schriften (42 Bücher des Alten Testaments, 26 Schriften des Neuen

(220) Die älteste Version der armenischen Schrift (»Eisenschrift« oder mesropianische Schrift)

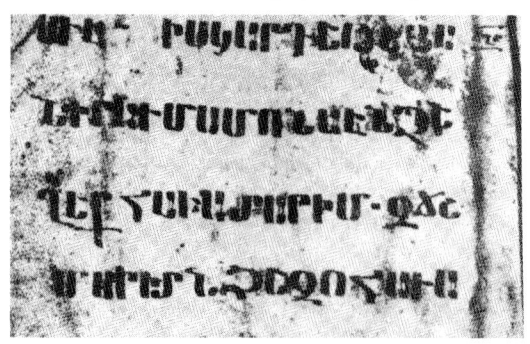

(221) Denkmal Mesrops (mit dem armenischen Alphabet im Hintergrund) vor dem Handschriftenmuseum Matenadaran in Jerevan

Testaments, Kommentare, Märtyrologien, Kirchengeschichte des Eusebios), sondern auch solche mit weltlicher Thematik. Gleichzeitig entstand ein Originalschrifttum in armenischer Sprache, das in späterer Zeit im Umfang die anfänglich überwältigende Übersetzungsliteratur übertraf. Hierzu gehören historiographische, philosophische, wissenschaftliche und belletristische Werke, von denen ein großer Teil im Handschriftenmuseum Matenadaran in Jerevan aufbewahrt wird (*Abb. 221*). Dort ist auch das armenische Buch mit dem größten Format (53 × 70,5 cm) und dem größten Gewicht (27,5 kg) ausgestellt, eine Handschrift auf Pergament aus dem Anfang des 13. Jahrhunderts. Das kleinste Buch in armenischer Sprache, ein Kalender aus dem Jahre 1434, mißt 3 × 4 cm und wiegt 19 g.

(222) Mittelalterliche Kircheninschrift aus Norašen (nahe der sowjetisch-türkischen Grenze in Südarmenien)

Die »Eisenschrift« wurde nicht nur in den frühmittelalterlichen Handschriften verwendet, sondern auch in Grab- und Bauinschriften, von denen viele Tausende erhalten sind (*Abb. 222*). Die spätere Schreibschrift, die sogenannte *kleinmesropianische Schrift* des 9. bis 12. Jahrhunderts, ist kleiner und dadurch gekennzeichnet, daß die Buchstaben schräg gestellt werden. Weitere Schreibvarianten sind die *Rundschrift (boloragir)*, die in der Zeit zwischen dem 12. und 14. Jahrhundert in Gebrauch war, die *Kursivschrift (nōtragir)* aus dem 13. bis 18. Jahrhundert (*Abb. 223*), die *Kurrentschrift (šelagir*, 18. und 19. Jahrhundert) und die *Neukurrentschrift* (19. Jahrhundert). Im modernen Buchdruck verwendet man allgemein die Rundschrift (*Abb. 224*). Bei den zahlreichen Neu- und Nachdrucken älterer Werke wird der Schriftduktus des Originals beibehalten. Das Lautsystem des Armenischen ist kompliziert, und daher ist der Zeichenbestand des Alphabets mit insgesamt 38 Buchstaben recht umfangreich (*Abb. 225*). Die Namen der einzelnen Buchstaben lassen zum Teil ihre Anlehnung an griechische oder syrische Namen erkennen. Außerdem gibt es eine Reihe von neugebildeten Namen (z. B. *ze, he, se, re*), wohl nach dem Muster von *pe* (gleicher Name im Syrischen und Hebräischen). Eine Anzahl anderer Namen kann nicht erklärt werden. Diese Sachlage ähnelt der im Fall des semitischen Alphabets, dessen Namen auch nur zu einem Teil gedeutet werden können (s. Abschnitt B zur hebräischen Schrifttradition).

In der volkstümlichen Überlieferung der Armenier ist das armenische Alphabet eine von jedweden Vorbildern unabhängige Schrift. Als solche ist sie nicht nur ein Medium des Schriftsprachengebrauchs, sondern Identitätssymbol einer einmaligen Kultur. Das armenische Alphabet war schon seit vielen Jahrhunderten das Symbol des Christentums in der Auseinandersetzung mit dem Islam und auch das Symbol des Überlebens nach dem von den Türken im Jahre 1915 entfesselten Genozid. Es gibt volkstümliche Deutungen dieser Symbolkraft. So erzählte mir eine armenische Reiseführerin in Etschmiadsin, dem armenischen »Vatikan«, daß Armenien von vielen feindlichen Armeen bedrängt worden sei, es wäre aber im Lauf der langen Geschichte niemandem gelungen, die 38 Soldaten (sprich: die Buchstaben des Alphabets) zu besiegen, die die armenische Kultur verteidigen. Vor dem Hintergrund solch populärer Überzeugungen wird verständlich, daß von Seiten armenischer Wissenschaftler

(223) *Textblatt mit Miniatur aus einem armenischen Lektionsbuch (Kilikien, 1414)*

(224) Moderner armenischer Text in Rundschrift

ՎԵՐՁԱԲԱՆԻ ՓՈԽԱՐԵՆ

Հայաստան աշխարհի ինամենի Նախիջևանի գավառների տարածքներում դարերով ստեղծված-արարված բազմահազար կոթողային հուշարձաններից ու պատկերաքանդակներից մեր օրերն հասած առավել կարևոր հուշարձանների վերաբերյալ երկարամյա ուսումնասիրությունների հիման վրա շարադրված այս աշխատանքը իր փական-բանալիով, հուզմունքով և ուրախության զգացմունքով հանձնում եմ ընթերցողին։ Այն լրացնում է Նախիջևանի երկրամասի նյութական մշակույթի ու քանդակագործության պատմություն։ ու արվեստը։ Աշխատության մեջ այդ արվեստի ներկայացված կամ չներկայացված ամեն մի հուշարձան մարդկային մշտահոլով կյանքի բազմախոս ու անհերքելի վկա է։ Եվ ուր էլ կանգնեցված լինեն այդ կոթողները՝ լի նի դա թանձր լաջվարդին տվող կամ մերկ ու արևախանձ լեռնալանջերին ու դաշտերում, գերեզմանատներում ու հին երթուղիների եզրերին, եկեղեցիների ու տաճարների որմերում իրենց բազմախորհուրդ ու մտածկոտ, երբեմն էլ մունջ ու լուռ, քարեղեն ու հետամուտող հայացքներով ու ասելիքով միտում են երկինքն ի վեր, երկիրն ի վար և բնավ մոռացության չենթարկվելով իրենց երթը շարունակում են դեպի դարերը։

keine ernsthaften Versuche unternommen worden sind, die möglichen auswärtigen Quellen der Mesropschen Buchstabenschrift aufzuspüren. Im Lauf der Forschungsgeschichte, die um die Mitte des 19. Jahrhunderts einsetzte, sind von nichtarmenischen Forschern verschiedene Theorien vertreten worden, wobei die einen an eine griechische Vorlage, die anderen an das Vorbild der Pehlevi-Schrift denken.

Ohne Zweifel gibt es auffällige Ähnlichkeiten zwischen einigen armenischen Majuskeln und Buchstaben der griechischen Unzialschrift (*Abb. 226*). Außerdem stehen die armenischen Vokale – im Unterschied zur Ordnung der semitischen Buchstabenschrift – an der gleichen Stelle im Alphabet wie die griechischen. Die für die armenische Schrift von Anbeginn geltende rechtsläufige Richtung dürfte sich aus der Anlehnung an die griechische Schweibweise erklären. Wenn man der äußeren Gestalt der Zeichenformen mehr Aufmerksamkeit schenkt, sind Beziehungen zur Pehlevi-Schrift und zur Awesta-Schrift kaum von der Hand zu weisen. Solche Ähnlichkeiten der Zeichengestalt sind ebenfalls im Fall der *georgischen Schrift* zu beobachten, deren eine Variante auch von Mesrop geschaffen worden sein soll (*Abb. 227*). Auf der anderen Seite gibt es zahlreiche Eigenheiten des armenischen Alphabets, die keine Beziehung zum griechischen oder persischen Vorbild zeigen. Insofern ist es wohl berechtigt, die armenische Schrift als eine originelle Schöpfung zu betrachten, mit der Einschränkung allerdings, daß der Erfahrungshorizont mit bereits bekannten Schriftsystemen (insbesondere mit dem griechischen und persischen) in verschiedenartiger Anlehnung an diese erkennbar bleibt.

(225) Das armenische Alphabet

Druckschriften				Schreibschrift	Lautwert	Namen
Ա	՟	Ա	՟	Ա ա	Աա	a	ayb
Բ	բ	Բ	բ	Բ բ	Բբ	b	ben
Գ	գ	Գ	գ	Գ գ	Գգ	g	gim
Դ	դ	Դ	դ	Դ դ	Դդ	d	da
Ե	ե	Ե	ե	ե ե	Եե	e	eč
Զ	զ	Զ	զ	Զ զ	Զզ	z	za
Է	է	Է	է	Է է	Էէ	ē	ē
Ը	ը	Ը	ը	Ը ը	Ըը	ə	etʽ
Թ	թ	Թ	թ	Թ թ	Թթ	tʽ	tʽo
Ժ	ժ	Ժ	ժ	ժ ժ	Ժժ	ž	žē
Ի	ի	Ի	ի	Ի ի	Իի	i	ini
Լ	լ	Լ	լ	Լ լ	Լլ	l	liwn
Խ	խ	Խ	խ	Խ խ	Խխ	x (= ḫ)	xē
Ծ	ծ	Ծ	ծ	Ծ ծ	Ծծ	c (= ts)	ca
Կ	կ	Կ	կ	Կ կ	Կկ	k	ken
Հ	հ	Հ	հ	Հ հ	Հհ	h	ho
Ձ	ձ	Ձ	ձ	Ձ ձ	Ձձ	j (= dz)	ja
Ղ	ղ	Ղ	ղ	Ղ ղ	Ղղ	ł (stimm-haftes ch)	łat
Ճ	ճ	Ճ	ճ	Ճ ճ	Ճճ	č̣	č̣ē
Մ	մ	Մ	մ	Մ մ	Մմ	m	men
Յ	յ	Յ	յ	Յ յ	Յյ	y (= j)	yi
Ն	ն	Ն	ն	Ն ն	Նն	n	nu
Շ	շ	Շ	շ	Շ շ	Շշ	š	ša
Ո	ո	Ո	ո	Ո ո	Ոո	o	o
Չ	չ	Չ	չ	Չ չ	Չչ	čʽ (= čʽ)	čʽa
Պ	պ	Պ	պ	Պ պ	Պպ	p	pē
Ջ	ջ	Ջ	ջ	Ջ ջ	Ջջ	ǰ (= dž)	ǰē
Ռ	ռ	Ռ	ռ	Ռ ռ	Ռռ	ṙ	ṙa
Ս	ս	Ս	ս	Ս ս	Սս	s	sē
Վ	վ	Վ	վ	Վ վ	Վվ	v	vew
Տ	տ	Տ	տ	Տ տ	Տտ	t	tiwn
Ր	ր	Ր	ր	Ր ր	Րր	r	rē
Ց	ց	Ց	ց	Ց ց	Ցց	cʽ (= tsʽ)	cʽo
Ւ	ւ	Ւ	ւ	Ւ ւ	Ււ	w	hiwn
Փ	փ	Փ	փ	Փ փ	Փփ	pʽ	pʽiwr
Ք	ք	Ք	ք	Ք ք	Քք	kʽ	kʽē
Օ	օ	Օ	օ	Օ օ	Օօ	ō	ō
Ֆ	ֆ	Ֆ	ֆ	Ֆ ֆ	Ֆֆ	f	fē

(226) Vergleich armenischer Buchstaben mit der griechischen Unzialschrift

Armen. Majuskel	Lautwert	Griech.	Armen. Majuskel	Lautwert	Griech.
Ա	a	Α	Մ	m	Μ
Բ	b	Β	Ն	n	Ν
Գ	g	Γ	Շ	š	Ξ
Դ	d	Δ	Ո	o	Ο
Ե	e	Ε	Պ	p	Π
Զ	z	Ζ	Ռ	ṛ	Ϡ
Է	ē	Η	Ս	s	C
Թ	tʽ	Θ	Տ	t	Τ
Ի	i	Ι	Ր	w	Υ
Կ	k	Λ	Փ	pʽ	Φ
Լ	l	Π	Ք	kʽ	Ք=χρ

Die georgische (grusinische) Schrift

In der frühen Zeit der Christianisierung, d. h. im 4. Jahrhundert, bestanden zwischen Armenien und Georgien enge Beziehungen. Der Schüler und Biograph Mesrops, KORIUN, war vermutlich selbst Georgier. Die armenische und die georgische Kirche standen zu Beginn unter byzantinischem Einfluß. Auf dem Konzil von Konstantinopel (381) wurden die Gliedkirchen der oströmischen Kaiserstadt untergeordnet. Trotz dieser nominellen Abhängigkeit entfalteten die orientalischen Regionalkirchen eine gewisse Eigenständigkeit. Die Reaktion darauf war die Einberufung des Konzils von Ephesos (431), auf dem die Abweichungen der orientalischen Kirchen verurteilt wurden. Eine Gemeinsamkeit in der Auslegung christlicher Auffassungen und in der Vertretung kirchlicher Lehren bestand zwischen Armenien und Georgien bis zum Konzil von Chalkedon (bzw. Kalchedon, 451), dessen Beschlüsse von der georgischen Kirche gebilligt, vom armenischen Katholikos dagegen abgelehnt wurden. Während

(227) *Vergleichende Übersicht der Pehlevi- und Awesta-Schrift sowie des armenischen und georgischen Alphabets*

Iranisch			Alt-Armenisch		Georgisch		
Lautwert	Arsak. Pehl.	Awesta-schrift	Zeichen	Laut-wert	Mḫedruli	Ḫutsuri	Laut-wert
p; f	⟩	ꝺ ꝺ	Փ	p'	ჰ	Ⴔ Ⴔ	p'
t; þ	ꝗꝗ	6 6	Ր S	t	ტ ტ α	Ⴍ Ⴍ	t'
q	ꞃ		Ք	k'	ქ ქ ქ	ナ ナ	k'
p	⟩	ⲥⲥ	ղ ⲇ	p	ვ ⲭ ვ	Ⴔ	p
t; t̬	ⲩ	Ⲣⲥⲥ	Ք Ք	t'	ჯ ჯ	ⲩ ⲩ	t
k; γ	ⲋ ⲋ	ⲍ	Կ	k	ⲃ ⲍ	ⲩ ⲭ	k
b	ⲍ		Ք Ք	b	ⲩⲩⲍ	ⲩ ⲩ	b
d	ⲍⲍ		ⲥ ⲥ	d	ⲉⲃⲥ	ⲇ ⲇ	d
g	ⲍ		գ գ	g	ⲥⲥⲣ	Ո	γ
g	ⲅ ⲅ	ⲍⲥ			ⲃ ⲍ	L	g
n	ⲉ ⲉ	⟨⟨⟨	ⲩⲩ	n	ⲩⲩⲩ	Ⴣ Ⴔ Ⴔ	n
m	ⲩ			m	ⲙ ⲥ	ⲍ ⲍ	m
m	Ⲇ Ⲇ	6Ϧ	Ս				
s	ⲩ	ⲝⲥ	ՍՍ	s	ⲩⲩⲩ	ⲩ Ⴎ ⲥ	s
z	ⲋ ⲥ	ⲋ	ⲥ ⲥ	z	ⲃ ⲃ	ⲃ	z
			Ⳟⲥⲣ	tš'	ⲯ+ⲃⲭ	ⲥ ⲥ Ⴈ	tš'
č	ⲥⲋ·	ⲥⲩ	ⲥⲥ	ts	ⲩ ⲱ ⲩ	ⲩⲩⲩⲩ	z̧ dz
ǰ		ⲇⲇⲥ	Ⴎ	ts̬	ⲯ ⲩ	Ⴔ Ⴔ	dẓ
z, z̧		ⲋ		ċ	ⲩ ⲥ	ⲥ ⲥ	ts
š	ⲭ ⲛ	ⲱ ⲇ	ⲥⲣ	š	ⲩ	ⲩ	š
h	ⲛ	ⲇⲩⲭ	ՍՍⲋ	h			
h + j	ⲛⲩ	ⲥⲩ					
r + h; r	ⲩ ⲛ	Ր Ր	Ⲧ Ⲛ Ⴌ	ρ	ⲫ ⲩ ⲩ	ⲇ ⲓ ⲩ	r
l + h	ⲋⲛ				ⲥⲣ ⲥⲥ	Ⴛ ⲩ	l
ḥ	ⲭ	ⲅⲅ	Ⴊ Ⴊ	ḥ	ⲩ ⲩⲥ	ⲭ ⲭⲭ	ḥ
'; a	ⲇ	ⲩ	ⲩ ⲩ	a	ⲋ ⲩ	ⲥ ⲥ	a
h	ⲥⲫ		ⲥ	ə	ⲉⲩⲭ	Ⴔ Ⴔ Ⴔ	ee, h
h; ə̄	ⲥ	ⳞⲋⳞ	Ⴌ Ⴌ	e	ⲉ ⲥ ⲥ	ⲩ ⲩ	e
j; ī, i	ⲩ[ⲋⲋ]	ⲥⲥⲥ	Ⴈ Ⴈ Ⴈ	i		ⲥⲩⲩ	i
j; ē	ⲛ	ⲇⲥ			ⲩ	Ⴛ Ⴛ	i(y)
			Ȝ	j(h)			ī
w; ū, u	ⲋ ⲛ ⲋ	Ⲭⲩ Ⲭ	ⲛ ⲥ ⲥ	u	Ⲋ		o
w + w	ⲩⲩ				Ⲋ ⲋ	ⲛ ⲧ	v
w + w; o, ō	ⲋⲋ	ⲋⲋ	Ⲛ	o	ⲛⲛ	ⲇ ⲋ	o
w		ⲋⲋⲇⲋ	ⲭ ⲭ	v	ⲭ ⲩ	ⲩⲩⲩ	vi (e)

(228) Text des georgischen Vaterunser

[Georgian text in Chutsuri script]

seither in der georgischen Tradition des Christentums das Dogma von einer Person und zwei Naturen in Christus (Gott und Mensch) aufrechterhalten wird, folgte die armenische Kirche den Lehren der Alexandriner, die christliche Philosophie mit orientalischer Mystik verbanden (TER-MIKELIAN 1892). Danach war Jesus ein Gottmensch, und so heißt es im Glaubensbekenntnis der monophysitischen Kirche Armeniens: »Der vollkommene Gott wurde vollkommener Mensch, mit dem Geist, Verstand und Leib: eine Person, ein Gesicht und eine vereinigte Natur«.

Auf die Zeit der christlichen Gemeinsamkeit der Georgier und Armenier gehen die Anfänge der *georgischen Schriftkultur* zurück. Nach armenischer Überlieferung, mit der man ebenfalls auf georgischer Seite übereinstimmt, soll Mesrop auch die »iberische« (d. h. georgische) Schrift geschaffen haben. Genau genommen bezieht sich die Schriftschöpfung auf eine der beiden Schriftarten, die zur Schreibung des Georgischen verwendet werden, nämlich die sogenannte *Ḫutsuri-Schrift* (georg. ḫutsi ›Priester‹, also ›Schrift der Priester‹). Angeblich soll diese Schriftform um 410 n. Chr. in Georgien eingeführt worden sein. Die älteste, sicher datierte georgische Inschrift in dieser Schriftart stammt aus dem Jahre 493 n. Chr. Der Name assoziiert eine Verwendung dieser Schrift für das religiöse Schrifttum. Als Schrift der Kirche Georgiens hat sich die Ḫutsuri-Schrift zwar bis in die Neuzeit gehalten, ist aber im 20. Jahrhundert nur noch selten gebraucht worden (*Abb. 228*). Die andere, jüngere Schriftart des Georgischen ist die Mhedruli-Schrift (georg. mhedari ›Krieger‹, also ›Schrift der Krieger‹). Diese Schriftart taucht zuerst in zivilen Urkunden des 13. Jahrhunderts auf, die Zeit ihrer Entstehung liegt aber sicher im Frühmittelalter (*Abb. 229*).

Nach alter Überlieferung soll die Mhedruli-Schrift angeblich älter als die Ḫutsuri-Schrift sein und von dem ersten georgischen Fürsten P'arnavaz (etwa um 300 n. Chr.) zusammengestellt worden sein. Dies ist kaum wahrscheinlich, denn von der Mhedruli-Schrift ist ansonsten im frühen Mittelalter keine Rede. Zudem unterscheiden sich die beiden Schriftsysteme in einer Weise, daß sich die Zeichenformen der Mhedruli-Schrift ohne weiteres aus der ältesten Entwicklungsstufe der Ḫutsuri-Schrift ableiten lassen (*Abb. 229*). Die Ḫutsuri-Schrift besitzt 38 Zeichen, wie das armenische Alphabet, die Mhedruli-Schrift dagegen 40 Zeichen, von denen heute sieben nicht mehr in Gebrauch sind. Während im Fall der Ḫutsuri-Schrift zwischen

(229) *Übersicht der beiden Varianten (Ḫutsuri, Mḫedruli) der georgischen Schrift*

Ḫutsuri		Laut-wert	Mḫedruli		Name	Ḫutsuri		Laut-wert	Mḫedruli		Name
Majusk.	Minusk.		Druck-schrift	Schreib-schrift		Majusk.	Minusk.		Druck-schrift	Schreib-schrift	
Ⴀ	ⴀ	a	ა	ა	an	Ⴒ	ⴒ	t	ტ,ჲ	ტ	tar
Ⴁ	ⴁ	b	ბ	ბბ	ban	Ⴓ	ⴓ	u	უ,ე	უ	un
Ⴂ	ⴂ	g	გ	გ	gan	Ⴔ	ⴔ	vi	ჳ	außer Gebrauch	vi
Ⴃ	ⴃ	d	დ	დ	don	Ⴔ	ⴔ	p'	ფ	ფ	p'ar
Ⴄ	ⴄ	e	ე	ე	en	Ⴕ	ⴕ	k'	ქ	ქ	k'an
Ⴅ	ⴅ	v	ვ	ვ	vin	Ⴖ	ⴖ	γ	ღ	ღ	γan
Ⴆ	ⴆ	z	ზ	ზ	zen	Ⴗ	ⴗ	q	ყ,ყ	ყ	qar
Ⴡ	ⴡ	ee, h	ჱ,ჱ	außer Gebrauch	he	Ⴘ	ⴘ	š	შ	შ	šin
Ⴇ	ⴇ	t'	თ	თ	t'an	Ⴙ	ⴙ	tš	ჩ	ჩ	tšin
Ⴈ	ⴈ	i	ი	ი	in	Ⴚ	ⴚ	ts	ც,ჳ	ც	tsan
Ⴉ	ⴉ	k	კ	კ	kan	Ⴛ	ⴛ	dz	ძ	ძ	dzil
Ⴊ	ⴊ	l	ლ	ლ	las	Ⴜ	ⴜ	ts'	წ	წ	ts'il
Ⴋ	ⴋ	m	მ	მ	man	Ⴝ	ⴝ	tš'	ჭ,ჭ	ჭ	tš'ar
Ⴌ	ⴌ	n	ნ	ნ	nar	Ⴞ	ⴞ	ḫ	ხ	ხ	ḫan
Ⴢ	ⴢ	ĭ	ჲ	außer Gebrauch	ye	Ⴠ	ⴠ	h̄	ჴ,ჴ	außer Gebrauch	h̄ar
Ⴍ	ⴍ	o	ო	ო	on	Ⴟ	ⴟ	dž	ჯ,ჯ		džan
Ⴎ	ⴎ	p	პ,ჳ	პ	par	Ⴡ	ⴡ	h	ჰ,ჰ		hae
Ⴏ	ⴏ	ž	ჟ,ჟ	ჟ	žan	Ⴢ	ⴢ	ho	ჵ	außer Gebrauch	hoe
Ⴐ	ⴐ	r	რ	რ	rae			f	ჶ	außer Gebrauch	fa
Ⴑ	ⴑ	s	ს	ს	san			ə	ჷ	außer Gebrauch	—

(230) Textproben der modernen georgischen Schriftstile

ჩვეულება არს კორციელოს კაცასა, რომ როდესაც მოკუდება ვინმე სხუას ადგილს იქს ანდერმსა, და უკეთუ იქიდგან ვინმე წარვიდეს

a) Druckschrift

b) Schreibschrift (Kurrentschrift)

Majuskeln und Minuskeln unterschieden wird, fehlt eine solche Unterscheidung bei den Zeichen der Mhedruli-Schrift. Deren Zeichen wurden im Verlauf des 17. Jahrhunderts normiert. Die moderne Version der georgischen Druck- und Kurrentschrift basiert auf diesen Schreibkonventionen (*Abb. 230*).

Wie beim armenischen Alphabet, so stellt sich auch im Fall der georgischen (Ḫutsuri-)Schrift die Frage nach möglichen Vorbildern. Wenn man von Spekulationen über Beziehungen zum indischen Schriftenkreis absieht, sind bezüglich der Herkunft der georgischen Zeichenformen ähnliche Stellungnahmen abgegeben worden wie zum Ursprung der armenischen Schrift. Kontrovers ist die Herleitung entweder aus dem griechischen Alphabet oder aus einer Variante der Pehlevi-Schrift. Die Ḫutsuri-Schrift des Georgischen kann aber ebenso wenig wie die armenische Schrift als Abzweigung irgendeiner bestimmten Buchstabenschrift betrachtet werden, obwohl in den Zeichenformen eine gewisse Anlehnung an griechische und sassanidische Pehlevi-Vorlagen erkennbar ist. Im Unterschied allerdings zur armenischen

(231) Zeichenfolge und Zahlenwerte georgischer und armenischer Buchstaben

ჯ	Ⴁ	ႢႣ	Ⴄ	Ⴅ	Ⴆ	Ⴇ	Ⴈ	Ⴉ	Ⴊ	Ⴋ	Ⴌ	Ⴢ	Ⴍ	Ⴎ	Ⴏ	Ⴐ	Ⴑ	Ⴒ	Ⴓ
a	b	g	d	e	w	z	h	th	i	k	l	m	n	y	o	p	ž	r	s	t	u
1	2	3	4	5	6	7	8	9	10	20	30	40	50	60	70	80	90	100	200	300	400

a) Georgisches Alphabet

Ա	Բ	Գ	Դ	Ե	Զ	Է	Ը	Թ	Ժ	Ի	Լ	Խ	Ծ	Կ	Հ	Ձ	Ղ	Ճ	Մ	Յ	Ն
a	b	g	d	e	ē	ĕ	tt	ž	i	l	χ	ts	k	h	dz	γ	tš	m	y	n
1	2	3	4	5	6	7	8	9	10	20	30	40	50	60	70	80	90	100	200	300	400

b) Armenisches Alphabet

Schrift schließt sich die Ḫutsuri-Schrift in der Reihenfolge ihrer Buchstaben dem griechischen Alphabet an. Das kann man an der Verwendung der Buchstaben als Zahlzeichen erkennen. Die Zeichen der georgischen Schrift folgen der Anordnung des griechischen Alphabets, wobei die im Griechischen unbekannten georgischen Lautzeichen an das Ende gestellt wurden (*Abb. 231 a*). Die Reihenfolge ist dagegen im Fall des armenischen Alphabets eine ganz andere als im Griechischen, und zwar deshalb, weil neugeschaffene Schriftzeichen für armenische Laute in die Buchstabenordnung nach griechischem Muster eingeschoben wurden (*Abb. 231 b*). Bereits FAULMANN (1880, 498 f.) hat erkannt, daß man trotz der Ähnlichkeiten bei der Zahlzeichenverwendung die georgische Schrift nicht aus der griechischen ableiten kann.

Die koreanische Schrift (Hangul)

Die armenische und georgische Schrift sind Beispiele dafür, daß originelle Buchstabenschriften zu einer Zeit entstanden sind, als das semitische Alphabet bereits auf seinem unaufhaltsamen Vormarsch in alle Himmelsrichtungen war. Als regionale Neuschöpfungen von Alphabeten, die ihrerseits unabhängig neben bereits verwendete Vorbilder treten, sind sie gleichzeitig Ausnahmeerscheinungen in der Schriftgeschichte. Man kann derartige Schöpfungen nicht »Erfindungen« nennen, denn die Idee des Alphabets existierte ja schon vorher. Es sind aber trotzdem kreative Eigenschöpfungen, die die Vielfalt der potentiellen Möglichkeiten erkennen lassen, eine Alphabetschrift zu organisieren. Es gibt auch den Sonderfall einer einmaligen Schriftschöpfung, von der man bis heute annimmt, daß sie in keiner Beziehung zu irgendeinem bekannten Schriftsystem steht, und die im Hinblick auf ihre kulturellen Entstehungsbedingungen wie auch ihren Aufbau mit keiner anderen Schriftentwicklung verglichen werden kann. Es handelt sich dabei um den Versuch, eine von der chinesischen Schrifttradition unabhängige Buchstabenschrift zur Schreibung des Koreanischen zu schaffen. Seit dem frühen Mittelalter stand Korea ganz im Zeichen der chinesischen Schriftkultur, und jahrhundertelang dienten ausschließlich chinesische Schriftzeichen zur Wiedergabe des Koreanischen. Umso bemerkenswerter ist der Durchbruch zu einer einheimischen Schriftversion im 15. Jahrhundert, die sich durch eine eigenwillige Konzeption und ein unverwechselbar koreanisches Gepräge auszeichnet.

Die Bemühungen um die Schaffung eines eigenständigen Schriftsystems für das Koreanische hängen natürlich nicht motivationslos in der Luft, sondern es gibt klare Gründe dafür, weshalb man zu einem bestimmten Zeitpunkt daran ging, die Schreibung zu reformieren. Seit Beginn unserer Zeitrechnung war man in Korea mit der chinesischen Schrift und Sprache gut vertraut. Diese Vertrautheit bedeutete gleichzeitig einen enormen Prestigedruck der chinesischen Hochkultursprache, so daß die einheimische Sprache seit dem Mittelalter nur für bestimmte Zwecke als Schriftsprache verwendet wurde. Man schrieb Koreanisch gelegentlich in chinesischer Schrift, aber die darin verfaßten Texte (hauptsächlich lyrische Gedichte) gehörten zu niedrig eingestuften Bereichen des inoffiziellen Sprachgebrauchs. Abgesehen davon, daß die koreanische Schriftsprache als solche wenig Prestige genoß, bereitete es erhebliche Schwierigkeiten, die chinesische Schrift an eine Sprache anzupassen, die strukturell ganz anders gebaut ist als das Chinesische. Das Koreanische ist wie das Japanische eine agglutinierende Sprache und besitzt daher – ganz im Unterschied zum klassischen Chinesisch – grammatische Endungen. Obwohl die genetische Verwandtschaft nicht restlos geklärt ist, nehmen heute viele Forscher an, das Koreanische gehöre zur Familie der *altaischen* Sprachen (z. B. MILLER 1971) und sei somit verwandt mit den Turksprachen, den *mongolischen* und *tungusischen* Sprachen, außerdem sehr entfernt mit dem Japanischen. Die Anpassung der chinesischen Schrift an eine Sprache mit anderem Bau war kompliziert, und die ältere Schriftverwendung blieb unbefriedigend. Die Schaffung eines eigenen Schriftsystems für das Koreanische entsprach einem praktischen Bedürfnis. Man darf aber annehmen, daß auch die Idee einer Aufwertung der nationalen Sprache die Auseinandersetzung mit dem Schriftproblem mitbestimmte.

Die Ausbildung eines koreanischen Schriftsystems, das später unter der Bezeichnung *Hangul* (wissenschaftlich korrekt Han'gul) bekannt wurde, geht auf die Initiative des Königs Sejong zurück, der von 1418 bis 1450 regierte. Dieser bestimmte ein Gremium von Gelehrten, das die Aufgabe hatte, die Standardlaute des Koreanischen in der Schrift festzulegen. Daher wurde das Gremium auch das *Büro der Standardlaute* genannt. Man nimmt an, daß SEJONG die Aktivitäten des Gelehrtengremiums lediglich überwachte, obwohl in der koreanischen Geschichtstradition dem König selbst die Erfindung der Schrift zuerkannt wird. Die Ausarbeitung des neuen Schriftsystems, das bemerkenswerterweise ganz unabhängig von der chinesischen Schrift ist, erfolgte zwischen 1443 und 1446. Unter dem Titel *Hunmin Chong'um* (›Die Standardlaute für die Erziehung des Volkes‹) wurden die Ergebnisse der Schriftkommission im Jahre 1446 veröffentlicht. Der Buchtitel war gleichzeitig die offizielle Benennung des Schriftsystems. Schnell setzte sich in den Kreisen der gebildeten Koreaner, die die chinesische Schrift beherrschten, der Spottname *onmun* (›plebejische Schrift‹) durch. In den Augen der Schriftkundigen war *hunmin chong'um* nichts anderes als »eine Trivialisierung der ernsthaften und schwierigen Aufgabe, chinesisch zu schreiben« (SAMPSON 1987, 123).

Es scheint, daß der König weiterblickender war als die um ihre Schreibprivilegien bangenden »Gebildeten« mit ihrem engen Horizont. In einem Land wie Korea, in dem die Schriftkultur in hohem Ansehen stand, hatte die breite Bevölkerung keinen Anteil am Schriftgebrauch. Selbst die staatliche Verwaltung war schwierig, da es an qualifizierten Beamten mangelte, also solchen Personen, die lesen und schreiben konnten. In Sejongs eigenen Worten stellte sich dies Paradox so dar: »Diejenigen, die Wissenschaft betreiben, leiden unter der Tatsache, daß es für sie schwierig ist, ihre Gedanken bekannt zu machen, und diejenigen, die Gefängnisse beaufsichtigen, sind in Schwierigkeiten, weil (geschriebene) Urteile und deren Beweisführung unverständlich sind«. Es zeigte sich aber in der Folgezeit, daß die Autorität und der Weitblick des Königs nicht ausreichten, um das neue Schriftsystem, das leicht zu lernen und praktisch zu handhaben war, populär zu machen. Bis gegen Ende des 19. Jahrhunderts stand das von den meisten Angehörigen der gesellschaftlichen Elite abschätzig betrachtete *hunmin chong'um* im Schatten der chinesischen Schriftkultur Koreas.

Nach 1880 wird das Schriftsystem häufiger verwendet und in *Hangul* (›Großschrift‹) umbenannt. Im Verlauf des 20. Jahrhunderts setzt sich Hangul allgemein durch. Die Schrifttradition mit chinesischen Zeichen hat sich aber bis heute gehalten.

(232) Moderner koreanischer Text in zwei Schriftsystemen (Hanja und Hangul)

趣　　旨　　文

韓國語에 대한 硏究나 敎育은 그 어느 분야보다도 韓國民의 民族性을 유지하고 韓國의 固有文化를 계승, 발전시키는 데 있어서 결정적인 역할을 함은 누구나 다 아는 사실이다. 그리하여, 各級學校에서는 國語敎育에 큰 비중을 두고 있다. 그러나, 在外國民에 대한 國語敎育은 거의 방치되어 있다. 在外國民도 다 같은 韓民族이요, 우리 同胞다. 현재 세계 도처에 거주하고 있는 교포수는 약 300만이 될 것으로 추정되고 있는데, 최근 정부의 海外開放政策으로 교포수는 훨씬 불어날 것으로 예상된다. 이러한 교포들이 비록 海外에서 살더라도 韓民族으로서의 민족성을 유지하고 한국의 고유문화를 지키게 하기 위해서는 모국의 언어를 保有하는 것보다 더 효과적인 방법은 없을 것이다. 따라서, 海外에 거주하는 한국인 2세, 3세들에 대한 체계적이고도 지속적인 국어교육은 필요불가결한 것이다. 시기적으로는 늦은 감이 있지만, 더 늦기전에 이 문제를 중점적으로 硏究하고, 정부로 하여금 적극적인 대책을 수립하는 데 이론적인 뒷받침을 하기 위한 전문기구가 절대로 필요하다. 이에 뜻있는 사람들이 한 자리에 모여 진지한 논의를 한 결과, 다음과 같은 이론적인 근거 위에 가칭 '二重言語學會'라는 학술단체를 만들기로 결의하였다.

Auch in modernen *süd*koreanischen Texten werden *chinesische* Schriftzeichen, *Hanmunja* oder *Hanja* genannt, für die logographische Schreibung koreanischer Begriffswörter verwendet (*Abb. 232*). Wir haben es also mit einem Mischstil in der Schriftkultur Südkoreas zu tun, der allerdings seit den sechziger Jahren in zunehmendem Maße umstritten ist. 1970 gab man vorübergehend die Verwendung der chinesischen Schrift auf, führte sie aber einige Jahre später wieder in den Schulen ein. In den achtziger Jahren hat sich ein Trend abgezeichnet, der auf die ausschließliche Schreibung des Koreanischen in Hangul zustrebt. Während die Kontroverse über den Mischstil, d. h. den Gebrauch von sowohl Hanja als auch von Hangul, in Südkorea bis heute andauert, wurde das Problem der Schrift bei der koreanischen Bevölkerung in sozialistischen Staaten schon zu einem früheren Zeitpunkt zugunsten von Hangul entschieden. Die in den zwanziger und dreißiger Jahren von den Koreanern im sowjetischen Fernostgebiet geschriebene Literatur wurde ausschließlich in Hangul gedruckt. Nach der Zwangsumsiedlung der Koreaner aus dem Fernen Osten nach Mittelasien (in der Hauptsache in Regionen Usbekistans, Kasachstans und Kirgisiens), d. h. nach 1937, wird das sowjet-koreanische Schrifttum dort in Hangul gedruckt. Darunter ist die älteste, noch heute erscheinende koreanische Zeitung, die nur Hangul verwendet, *Lenin Kichi* (›Die Fahne Lenins‹), die seit 1938 in Kasachstan (Kzyl-Orda, seit 1978 Alma-Ata) erscheint (KHO 1987, 129ff.). Wenige Jahre nach Kriegsende (und zwar 1949) verfügte auch die Regierung Nordkoreas die Abschaffung der chinesischen Schrift und den ausschließlichen Gebrauch von Hangul.

In der als *Hunmin Chong'um* präsentierten Originalversion umfaßte das Schriftsystem 28 Zeichen, von denen vier heute veraltet sind. Aus der Kombination dieser Grundzeichen entstehen insgesamt 40 Lautzeichen. Davon bezeichnen 21 die koreanischen Vokale sowie eine Reihe von Verbindungen zwischen Vokalen und den Halbkonsonanten *j* und *w*. Die übrigen 19 Zeichen dienen zur Schreibung der Konsonanten (*Abb. 233*). Der Grundcharakter von Hangul ist der einer Buchstabenschrift, denn einzelne Zeichen (bzw. Zeichenkombinationen) entsprechen einzelnen Lauten des Koreanischen. Vom Standpunkt des praktischen Schriftgebrauchs aus betrachtet, stellt sich Hangul aber als Silbenschrift dar. Das Besondere an der Schreibung ist, daß die Schriftzeichen in Silben angeordnet sind, oder anders ausgedrückt: koreanische Ausdrücke werden mit den Hangul-Zeichen silbenmäßig wiedergegeben. Dies bedeutet für die Praxis des Schreibens und Lesens, daß man koreanische Wörter nicht nach dem Muster europäischer Alphabete »buchstabiert«, sondern in Silben gliedert, die man entsprechend schreibt und liest. Nach Lewin-Kim (1978, 9) sind die Grundprinzipien der silbischen Schreibweise folgende:

a) Bei Vokalzeichen mit vertikalem Grundstrich stehen anlautende Konsonantenzeichen links vom Vokalzeichen;
b) Bei Vokalzeichen mit horizontalem Grundstrich stehen anlautende Konsonantenzeichen über dem Grundstrich des Vokalzeichens;
c) Auslautende Konsonantenzeichen stehen unter den Vokalzeichen;
d) Bei Silben mit vokalischem Anlaut steht links neben dem vertikalen oder über dem horizontalen Vokalzeichen der Buchstabe ›iung‹ als Zeichen für einen Nullkonsonanten;
e) In jedem Silbenkomplex bilden die Vokalzeichen die graphischen Dominanten; sie haben eine etwas größere Ausdehnung als die Konsonantenzeichen.

Das koreanische Hangul-System ist sicher eine der interessantesten Schriftarten, die je geschaffen worden sind, und dies aus verschiedenen Gründen. Erstens handelt es sich, nach allem, was über die Entstehung bekannt ist, um ein gänzlich eigenständiges Zeichensystem, das äußerlich keiner anderen Schrift der Welt ähnelt. In diesem Sinn ist das Hangul-System eine eigentliche Schrift*erfindung*. Zum anderen ist bemerkenswert, daß man sich in Korea, in einem Land also, wo die chinesische logographische Schreibweise vorherrschte, radikal von dieser Schrifttradition löste und ein vollständig phonetisiertes System schuf. Außerdem haben die koreanischen Schriftschöpfer die Entwicklungsstufe der ebenfalls phonographischen Silbenschrift übersprungen, die in Japan als Ergänzung der chinesischen Schreibweise bevorzugt wurde (s. Kap. 7). Ganz konnten sich die Schöpfer des Hangul-Systems aber nicht vom chinesischen Schriftvorbild lösen. Dies erkennt man daran, daß sich die koreanischen Schriftzeichen, in silbischer Anordnung, an imaginären Quadraten orientieren. Dieser schrifttechnische Zug ist typisch für das Schreiben chinesischer Symbole. In Japan und China schreibt man noch heute auf Papier mit vorgedruckten Quadratmustern.

Die Entwicklung der semitischen Buchstabenschrift, die Schaffung eines vollständigen Alphabets durch die Griechen und die Ausgliederung in Hunderte von regionalen alphabetischen Schriften seit der Antike kann man – wie dies in den traditionellen Darstellungen der Schriftgeschichte getan wird – rein schrifttechnisch betrachten.

(233) Das koreanische Alphabet (Hangul)

	Buchstabe	Strichfolge	Name	Lautwert
1	ㄱ	ㄱ	kiyŏk	k/g
2	ㄲ	ㄱㄱ	ssang-giyŏk	kk
3	ㄴ	ㄴ	niŭn	n
4	ㄷ		tigŭt	t/d
5	ㄸ		ssang-digŭt	tt
6	ㄹ		riŭl	l/r
7	ㅁ		miŭm	m
8	ㅂ		piŭp	p/b
9	ㅃ		ssang-biŭp	pp
10	ㅅ		siot	s
11	ㅆ		ssang-siot	ss
12	ㅇ		iŭng	Vokalanlaut/ng
13	ㅈ		chiŭt	ch/j
14	ㅉ		ssang-jiŭt	tch
15	ㅊ		ch'iŭt	ch'
16	ㅋ		k'iŭk	k'
17	ㅌ		t'iŭt	t'
18	ㅍ		p'iŭp	p'
19	ㅎ		hiŭt	h
20	ㅏ		a	a
21	ㅐ		ae	ae
22	ㅑ		ya	ya
23	ㅒ		yae	yae
24	ㅓ		ŏ	ŏ
25	ㅔ		e	e
26	ㅕ		yŏ	yŏ
27	ㅖ		ye	ye
28	ㅗ		o	o
29	ㅘ		wa	wa
30	ㅙ		wae	wae
31	ㅚ		oe	oe
32	ㅛ		yo	yo
33	ㅜ		u	u
34	ㅝ		wŏ	wŏ
35	ㅞ		we	we
36	ㅟ		ui	ui
37	ㅠ		yu	yu
38	ㅡ		ŭ	ŭ
39	ㅢ		ŭi	ŭi
40	ㅣ		i	i

Eine solche Betrachtungsweise ist allerding stark eingeengt, und mit Sicherheit zu eng, um die Motivationen zu verstehen, weshalb sich das Alphabet über so weite Teile der Welt verbreitet hat. Über den schrifttechnischen Blickwinkel hinaus erweitert sich die Perspektive, wenn man die Ausbreitung von Schriften als Faktor interkultureller Kontakte begreift und die Vitalität von Schriftsystemen als Ausdruck sozialen Prestiges versteht. Die Aufhellung solcher Zusammenhänge ist nicht leicht, denn es gilt, die verschiedenartigsten kulturökologischen Faktoren des näheren und weiteren Umfeldes gegeneinander abzuwägen, um die entscheidende Konstellation von Erklärungskriterien für einzelne Schriftentwicklungen und -abzweigungen auszufiltern. Im folgenden Kapitel soll versucht werden, die solchermaßen begründbaren Ausstrahlungsphänomene für einzelne Schriftkulturkreise der Erde herauszuarbeiten. In allen Schriftkulturkreisen pendelt die Entwicklung zwischen kultureller Eigendynamik und fremden Kontakteinflüssen, nur zeigt das Zusammenwirken der jeweils beteiligten Faktoren überall ein eigenes Profil.

Kapitel 7
Schrift, Sprachkontakt und Kulturaustausch
Zur Ausbreitung und Rivalität von Schriftsystemen in der Welt

Schrift ist eine Technologie mit einer durchschlagenden Breitenwirkung auf die geistig-kulturelle Entwicklung der Menschheit. Ihre Bedeutung muß verglichen werden mit der Revolutionierung des Ackerbaus durch die Verwendung des Eisenpflugs oder mit der Rolle der Keramikherstellung für die Intensivierung der Hauswirtschaft und die Evolution der Formen in der gestaltenden Kunst. Effektive Technologien haben eines gemeinsam: sie verbreiten sich schnell, und zwar über beliebige Kultur- und Sprachgrenzen hinweg. Man hat sich bemüht, den Ursprung der erwähnten Technologien aufzuspüren, und es hat nicht an Stellungnahmen gefehlt, nach denen die Schrift, der Pflug und die Gefäßkeramik im »fruchtbaren Halbmond«, einer alten Kulturzone entstanden seien, die Kleinasien, Mesopotamien und den Vorderen Orient einschließt. Aus jenem Gebiet mit seinen kulturellen Irradiationszentren hätten sich dann diese grundlegenden Technologien in andere Teile der Welt verbreitet.

Noch vor wenigen Jahrzehnten wurde diese Auffassung von zahlreichen Wissenschaftlern vertreten. Mit Bezug auf die Schriftgeschichte hielten einige Forscher noch in den fünfziger Jahren an der Theorie der Monogenese – also der einmaligen Entstehung – der Schrift fest, unter ihnen der namhafte amerikanische Schriftwissenschaftler I. J. GELB (1958, 215): »So läßt kultureller Kontakt, unterstützt durch geographische Nähe, für das Sumerische, Protoelamische und Protoindische einen gemeinsamen Ursprung als sehr möglich erscheinen. Aus diesen Gründen und auch wegen der formalen und strukturellen Eigenschaften wird die ägäische Schriftgruppe, das Kretische und Hethitische inbegriffen, zusammengeschlossen und einige Überlegungen scheinen die Theorie eines ägyptischen Einflusses auf die kretische Schrift tatsächlich zu unterstützen. Die ägyptische Schrift entstand mit größter Wahrscheinlichkeit, als der mesopotamische Einfluß in Ägypten stärker war als zu irgendeiner Zeit in den Jahrhunderten vor oder nach dieser entscheidenden Periode. Und schließlich scheint die chinesische Schrift in der Zeit der Shang-Dynastie entstanden zu sein, die durch so viele, aus der Fremde stammende Neuerungen charakterisiert ist, daß viele Gelehrte die Kultur dieser Zeit als eine vollständig ausgebildet übernommene Kultur betrachten.« Es gibt ähnliche Stellungnahmen zum Problem der Herkunft des Pflugs und der Keramikherstellung, die hier nicht weiter diskutiert zu werden brauchen, denn sie sind inzwischen überholt. In der Frage der drei Grundtechnologien war die frühere Forschung zu optimistisch mit ihren monogenetischen Erklärungsversuchen.

In den vergangenen Jahren sind viele wichtige archäologische Entdeckungen gemacht worden, die auf eine Verbreitung etwa der Keramikherstellung und der Schriftverwendung in Gebieten hinweisen, in denen dies zuvor nicht bekannt oder umstritten war. Zudem hat die Verbesserung der Datierungsmethoden den Erkenntnishorizont dahingehend erweitert, daß für eine Reihe von Technologien ein höheres Alter in verschiedenen Teilen der Welt anzusetzen ist, als man vorher angenommen hatte. Nach dem heutigen Erkenntnisstand geht man davon aus, daß sich die Keramikherstellung in drei, teils enger begrenzten, teils ausgedehnteren Kulturzonen – u.zw. unabhängig voneinander – entwickelt hat: südosteuropäisch-kleinasiatischer Raum, (algerische) zentrale Sahara, Ostasien (Südjapan und nördliches Indonesien) (MÄMPEL 1985, 27ff.). Heutzutage stellt sich auch niemand mehr ernsthaft vor, der Eisenpflug sei von Mesopotamien aus in die Welt gewandert (s. TEMPLE 1986, 16ff. zur Unabhängigkeit des chinesischen Kulturkreises). Erst recht vorsichtig ist man in der Schriftgeschichte geworden, und es häufen sich die Beweise, wonach die Schrift an verschiedenen Orten, zu verschiedenen Zeiten und in voneinander unabhängigen Kulturarealen geschaffen wurde.

Für alle Originalschriften des Altertums lassen sich bildliche Vorstufen nachweisen, die darauf hindeuten, daß die Idee des Schreibens in der Wiedergabe realer Dinge in Einzelsymbolen und in Bildkompositionen wurzelt. Aus der kombinierten Anwendung der Bild- und der Symboltechnik erwuchsen die vielfältigen technischen Möglichkeiten, Schriftsymbole mit dem Bedeutungsgehalt von Ausdrücken (Logographie) oder mit den Sprachlauten (Phonographie) zu verbinden. Die Bildtechnik und die Symboltechnik sind, wie wir zu Beginn gesehen haben (s. Kap. 1), Grundfähigkeiten des Menschen und als solche unabhängig von spezifischen kulturellen Gegebenheiten. Die Idee der Schrift als einer potentiellen Technologie ist ein Element der kulturellen Evolution des Menschen, und sie existiert daher latent in allen menschlichen Gemeinschaften. Es hängt dann von spezifischen Bedingungen in der zivilisatorischen Kontinuität einer Sprachgemeinschaft ab, wo und wann die Idee des Schreibens verwirklicht wird. Zu den spezifischen Bedingungen der Schriftentstehung gehört einerseits das Bedürfnis, Informationen dauerhaft (d. h. für den Wiedergebrauch) zu fixieren, und andererseits die daraus erwachsende Motivation, Schrift kontinuierlich zu verwenden (s. Kap. 2). Es ist daher ohne weiteres vorstellbar, daß die Motivation der Schriftverwendung im alteuropäischen Kulturkreis, in Mesopotamien, in Ägypten, in der Indus-Kultur, in China und in Mesoamerika unabhängig voneinander aus der kulturellen Kontinuität jener Regionen erwachsen ist.

Dies schließt wiederum nicht aus, daß zwischen einigen dieser Zivilisationen bereits in sehr alter Zeit Kontakte bestanden haben. Prähistorische Kontakte zwischen Mesopotamien und Ägypten gelten als sicher, weil sich diese Beziehungen in historischer Zeit fortsetzen. Auch die Sumerer und die Träger der Indus-Kultur unterhielten Handelskontakte, wie man aus den zahlreichen Fundstücken der Mohenjo Daro-

Kultur in Mesopotamien weiß. Die Kontakte zwischen anderen Kulturkreisen des Altertums sind unsicher. Einiges spricht für Kontakte zwischen Alteuropa und dem Vorderen Orient in sehr alter Zeit (s. u.), andererseits sind frühe Beziehungen zwischen China und Indien recht unwahrscheinlich. Die Evolution der Bildtechnik in Form der Tradition der Bilderzählungen und die Entwicklung eines hieroglyphischen Schriftsystems bei den Olmeken, Maya und Azteken ist gänzlich autark, ohne Beeinflussung von außen. Insofern hat die Schriftforschung heutzutage allen Grund, eine Polygenese der Schrift anzunehmen, also eine mehrfache, selbständige Entstehung in verschiedenen Kulturen. Die Überzeugung, daß originelle Schriftsysteme an mehreren Stellen der Welt entstanden sind, schmälert keineswegs die Bedeutung von Kontakten zwischen Sprachen und Kulturen. Die wichtige Rolle solcher Beziehungen für die Verbreitung regionaler Kulturgüter zeigt sich deutlich darin, daß die Schrift als überlegene Technologie von den Irradiationszentren der alten Zivilisationen in benachbarte Kontaktregionen ausgestrahlt hat.

Als zivilisatorische Errungenschaften haben die originellen Schriftschöpfungen des Altertums, wozu schrifthistorisch auch die der Olmeken aus dem 1. Jahrtausend v. Chr. gehört (s. u.), zu verschiedenen Zeiten auf Nachbarkulturen eingewirkt. Allein von der Indus-Schrift ist nicht bekannt, ob sie von anderen als den Proto-Indern selbst verwendet wurde, und ob Abzweigungen von dieser Schriftart entstanden sind (s. u.). Andererseits hatte die Indus-Schrift als vollständiges Schriftsystem alle technischen Voraussetzungen, als Kulturgut von anderen übernommen zu werden. In vielen Regionen, wohin eine der Originalschriften der Welt »wanderte«, war die kulturelle Evolution noch nicht so weit vorangeschritten, daß sich die Idee des Schreibens bereits in einer regionalen Schriftschöpfung konkretisiert hätte. Ein Beispiel dafür ist Japan zu der Zeit, als von Korea aus die Kenntnis der chinesischen Schrift dorthin gelangte. Unter solchen Bedingungen ist es naheliegend, daß die neue Technologie des Schreibens in der angebotenen Form übernommen wird. Die natürliche kulturelle Entwicklung Japans wurde durch die Annahme der chinesischen Schrift beschleunigt, und schon bald haben die Japaner den zivilisatorischen Vorsprung Chinas aufgeholt.

Wenn Schriftsysteme von verschiedenen Regionen aus in verschiedene Richtungen ausstrahlen, ergibt sich früher oder später – gleichsam zwangsläufig –, daß sich deren kultureller Einfluß irgendwo kreuzt. Je mehr Schriftsysteme, möglicherweise gleichzeitig, »wandern«, desto häufiger kommt es zum Kontakt zwischen verschiedenen Schriftarten in derselben Region. Bei solchen Kontakten genießt in der Regel eines der rivalisierenden Schriftsysteme mehr Prestige als ein anderes (oder mehrere andere), und dieses setzt sich auf Kosten anderer Schriftarten durch. Als die Römer die Pyrenäenhalbinsel, von ihnen Hispania genannt, eroberten, gehörte die Schrift dort zu den bekannten zivilisatorischen Errungenschaften. Die Iberer hatten bereits vorher das Alphabet von den Phöniziern übernommen und eine eigene Schriftkultur entfaltet (s. u.). Da aber die Lateinschrift das Medium des Staatsvolkes war, wurde die alte iberische Schrift verdrängt. Die Rivalität von Schriftsystemen artet unter Umständen in einen bedingungslosen Kulturkampf aus. Nicht anders kann man den kulturellen Genozid verstehen, der von den spanischen Konquistadoren mit der Vernichtung der mexikanischen Schriftkultur begangen wurde. Viel seltener ist der Fall von Kulturkontakt, wo zwei oder mehrere Schriftsysteme harmonisch nebeneinander bestehen, wie etwa im Reich der Hethiter, als die hethitische Hieroglyphenschrift gleiches Prestige wie die von den Akkadern übernommene Keilschrift genoß (s. u.).

Es ist faszinierend, die Vielfalt der Kulturkontakte und Schriftverzweigungen der Welt in einer chronologischen Rückblende zu verfolgen. Besonders beeindruckend ist die sich steigernde Dynamik, mit der sich seit dem Altertum immer mehr kulturelle Beziehungen zwischen einer stets wachsenden Zahl von Regionen entfaltet haben. Eine bedeutsame Begleiterscheinung solcher multilateralen interkulturellen Kontakte ist die Konfrontation mit dem Kulturgut ›Schrift‹, und aus dieser Konfrontation sind vielfältige Kontaktphänomene erwachsen: Übernahme und Anpassung von Schrift (z. B. der Lateinschrift in Westeuropa), Überlagerung eines älteren durch ein jüngeres Schriftsystem (z. B. der Runenschrift durch die Lateinschrift in Skandinavien), Abzweigung eines neuen Schriftsystems (z. B. der Brahmi-Schrift aus der aramäischen), Schaffung einer unabhängigen Schriftart (z. B. der Hangul-Schrift in Korea mit seiner chinesischen Schriftkultur). Kristallisationspunkte dieser dynamischen Entwicklung sind bestimmte Areale der Schriftkultur, und die Tragweite der Kulturkontakte ist gebunden an bestimmte Schriftarten als deren Träger. Im folgenden soll der Versuch unternommen werden, die Irradiationsdynamik wichtiger Schriftsysteme zu beleuchten, wobei ich mich an eine chronologische Abfolge von Kulturkontakten halte.

Die rein chronologische Abfolge der Schriftkulturkreise ist allerdings verschiedentlich durchbrochen worden, um die engen interkulturellen Kontakte und historischen Zusammenhänge zwischen einzelnen Arealen nicht auseinanderzureißen, sondern sinnvoll darzustellen. Aus diesem Grund ist der aramäische Schriftkulturkreis wegen seiner Ausstrahlung nach Mittel- und Südostasien in einen Zusammenhang mit dem indischen Schriftkulturkreis gestellt worden, denn die historischen und rezenten indischen Schriften lassen sich sämtlich auf eine gemeinsame Basis zurückführen, die ihrerseits aramäischer Herkunft ist. Die Darstellung des altamerikanischen Schriftkulturkreises steht am Ende der Dokumentation. Der Eindruck seiner isolierten Position in der Übersicht entspricht der historischen Realität der Isolation der altamerikanischen Schriften und ihrer von außen unbeeinflußten, eigenständigen Entwicklung. Die Ursprünge der Schriftentwicklung in Amerika fallen in eine Periode, als das Alphabet sich im Mittelmeerraum verbreitete und ältere Schriftsysteme verdrängte (1. Jahrtausend v. Chr.). Nirgendwo sonst auf der Welt hat ein Schriftkulturkreis ein so gewaltsames Ende gefunden wie in Mittelamerika. Die Schriftdokumente Mexikos wurden nach der spanischen Eroberung Mexikos verteufelt und vernichtet, und die verschiedenen regionalen Schriftsysteme, die sich aus der älteren olmekischen Hieroglyphenschrift entwickelt hatten, gerieten in Vergessenheit. Das Alphabet hat sich im allgemeinen mit dem Prestige eines Kulturgutes verbreitet, in Amerika jedoch wurde es mit der Macht des Schwertes aufgezwungen.

Der alteuropäisch-altmediterrane Schriftkulturkreis

Die *alteuropäische Linearschrift,* deren kulturelle Einbettung in die vorindogermanische Zivilisation der Stein-Kupfer-Zeit bereits früher beschrieben wurde (s. Kap. 2), ist die älteste originelle Schriftart der Welt. Die Ursprünge der alteuropäischen Schrift liegen zwar immer noch weitgehend im dunkeln, aber es steht fest, daß die älteste Schriftschöpfung der Welt im Sinn der Schaffung eines sprachorientierten Schriftsystems auf europäischem Boden stattfand. Denn es gibt keinerlei Anzeichen dafür, daß die Schrift der Vinča-Kultur und anderer Zentren von außerhalb nach Südosteuropa gelangt wäre. Nach der Invasion der Indogermanen um die Mitte des 4. Jahrtausends v. Chr. bricht die Schrifttradition zwar in den Donauländern und auf dem griechischen Festland ab, setzt aber später wieder auf Kreta ein. Die engen Verbindungen zwischen der alteuropäischen und der altmediterranen Schriftkultur erkennt man unter anderem am erheblichen Bestand der Schriftsymbole von kretisch Linear A mit Parallelen im Zeichenschatz Alteuropas (s. Abb. 35 in Kap. 2). Linear A auf Kreta ist aber nicht das letzte Entwicklungsstadium der Schrift im alteuropäisch-altmediterranen Kulturkreis. Es gibt mehrere Schriftsysteme des 2. Jahrtausends v. Chr., die zweifellos als Abzweigungen aus Linear A entstanden sind: die Silbenschriften auf Zypern (Kypro-Minoisch und Kyprisch-Syllabisch) und Linear B zur Schreibung des Mykenisch-Griechischen auf Kreta sowie auf dem griechischen Festland (s. Kap. 5).

Die Kenntnis der kretischen Schriftsysteme muß recht früh nach Zypern gelangt sein, denn die *kypro-minoische Schrift* weist in der Gestalt ihrer Zeichen eine teilweise Anlehnung an das in mittelminoischer Zeit gebräuchliche System der kretischen Hieroglyphenschrift auf. Die eigentliche Basis ist allerdings Linear A, sowohl hinsichtlich der Zeichenformen als auch bezüglich des Prinzips der Silbenschrift. Linear A wurde kontinuierlich in Süd- und Ostkreta verwendet, auch noch zu einer Zeit, als in Knossos Texte in Linear B geschrieben wurden. Vermutlich ist Ostkreta das Ausgangsgebiet von Linear A. »Besonders von Ostkreta, einem Gebiet, in dem Linear B ungebräuchlich war, sind Handelsgüter und kulturelle Impulse ausgegangen. So fanden sich Linear A-Dokumente erwartungsgemäß im näheren Ausstrahlungsbereich der Minosinsel, z. B. auf Melos, Kythera, Thera, Siphnos, Naxos und Keos.« (BUCHHOLZ 1969, 92) Der Weg von Kreta ins östliche Mittelmeer führte wohl nicht direkt nach Zypern sondern über das wichtige Handelszentrum Ugarit (Ras Schamra) an der syrischen Küste. Von dort aus sind es nur rund 150 km bis Ostzypern. Ugarit war ein wichtiger Umschlagplatz für Handelsgüter aus dem Westen (Kreta, Zypern), Osten (Mesopotamien), Norden (Kleinasien) und Süden (Ägypten).

Wahrscheinlich waren die kretischen Schriftsysteme schon im 16. Jahrhundert v. Chr. auf Zypern bekannt, denn bereits um 1500 v. Chr. hat sich die kypro-minoische Silbenschrift ausgebildet. Dieses Schriftsystem ist in kürzeren Inschriften aus Zypern selbst sowie von einer Tontafel aus Ugarit bekannt, die einen längeren Text enthält (*Abb. 234*). Da die Zeilen des Textes unregelmäßig lang sind, vermutet man, daß es sich um einen literarischen Text (Gedicht?) handelt. Eine Übersetzung ist bisher nicht möglich, weil die Entzifferung der kypro-minoischen Schrift noch nicht gelungen ist. Die vorgriechische Sprache der zyprischen Urbevölkerung, die weder zur indogermanischen Sprachfamilie noch zur Gruppe der semitischen Sprachen gehört, ist zu wenig bekannt, um eine Entzifferung ohne die Hilfe eines zweisprachigen Textes zu ermöglichen. Die kypro-minoische Schrift zur Schreibung des Altkyprischen (Eteokyprischen) setzte sich im 14. Jahrhundert v. Chr. allgemein durch und wurde kontinuierlich bis um die Mitte des 11. Jahrhunderts v. Chr. verwendet.

Dieses ältere kyprische Schriftsystem wurde von einem anderen abgelöst, das ebenso typisch kyprische Eigenheiten aufweist wie das ältere. Die jüngere Schriftart nennt man *kyprische Silbenschrift* oder *Kyprisch-Syllabisch*. Mit der kypro-minoischen Schrift hat das Kyprisch-Syllabische eine Reihe von Merkmalen gemeinsam. Hierzu gehören:

a) Die äußere Gestalt der kyprischen Schriftzeichen weist deutlich auf das Vorbild der kretischen Schriftsysteme. Dabei ist die wesentliche Basis für die kypro-minoische Schrift das System Linear A, während in der kyprischen Silbenschrift Zeichenähnlichkeiten sowohl mit dem älteren Linear A als auch mit dem jüngeren Linear B zu erkennen sind.

b) Beide kyprischen Systeme sind Silbenschriften, deren Zeichen die Kombination eines Konsonanten mit einem Vokal bezeichnen. Die kypro-minoische Schrift ist vermutlich rechtsläufig, das Kyprisch-Syllabische dagegen linksläufig.

c) Im Zeichenbestand beider Schriftsysteme gibt es nur reine Silbenzeichen, keine Ideogrammsymbole wie etwa in den kretischen Linearschriften. Dies kann als ein

(234) Tontafel mit Text in kypro-minoischer Schrift aus Ugarit

a) Originaltext   *b) Umzeichnung*

(235) Zweisprachige Inschrift in phönizischer und kyprisch-syllabischer Schrift vom Apolloheiligtum bei Idalion (Anfang des 4. Jahrhunderts v. Chr.)

Phönizisch

(1) *[b-jmm x l-jrḥ y] b-šnt ᵓrbʿ 4 l-mlk · Mlkjtn [mlk]*
(2) *[Ktj w-ᵓdjl sml] ᵓz ᵓš jtn w-jṭnᵓ · ᵓdnn · Bʿlr[m]*
(3) *[bn ʿbdmlk l-ᵓl]j l-Ršp Mkl · k šmʿ qlj brk*

»(1) [Am x-ten Tage des Monats y] im Jahre 4 des Königs Milkjaton, Königs
(2) [von Kition und Idalion.] Dies (ist) das Bild, das gab und aufstellte unser Herr Baʿalrōm,
(3) [der Sohn des ʿAbdimilk, für] seinen [Gott] Rešef von Mkl, denn er erhörte seine Stimme. Er segne(te?) (ihn).«

Kyprisches Griechisch

a) In der Silbenschreibung des Originals:
(1) *[i to-i | teˀ-taˀ-raˀ-toˀ-iˀ | ve-te-i] | pa-si-le-vo-se | mi-li-ki-ja-to-no-se | ke-ti-o-ne | kateˀ-ta-li-o-ne | pa-si-le-u-*
(2) *[-oˀ-toˀ-seˀ | ta-ne e-pa-ko]-me-na-ne | to pe-pa-me-ro-ne | ne-vo-so-ta-ta-se | to-na-ti-ri-ja-ta-ne | to-te ka-te-se-ta-se | o va-na-xe |*
(3) *[paˀ-aˀ-laˀ-roˀ-moˀ-seˀ |]o a-pi-ti-mi-li-ko-ne | to a-po-lo-ni | to a-mu-koˀ-lo-i | a-po-i vo-i | ta-se e-u-ko-laˀ-se*
(4) *[e]-pe-tu-ke i tu-ka-i | a-zaˀ-ta-i|*

(1) [Im vierten Jahre, als] König Milkjaton über Kiton und Idalion herrsch-
(2) [te], am letzten Tage des Fünftage-Zeitraums der [Schalt]tage, hat diese Statue aufgestellt der Fürst
(3) [Baʿalrōm,] der (Sohn) des ʿAbdimilk, für Apollon von Amyklai, nachdem er für sich das Begehren
(4) erreicht hatte; in gutem Glücke!«

Hinweis darauf gewertet werden, daß die kyprischen Schriften in typologischer Hinsicht eine fortgeschrittenere Entwicklungsstufe repräsentieren als die kretischen Silbensysteme mit ihrer ideographischen Komponente.

d) Sowohl das Kypro-Minoische als auch das Kyprisch-Syllabische dienten zur Schreibung des Altkyprischen. Die in dieser Sprache verfaßten Texte können nicht gelesen werden, wohl aber die griechischen Texte in kyprischer Silbenschrift.

Bis zur Auffindung einer zweisprachigen Inschrift (Bilingue), deren Text in phönizischer und kyprischer Schrift abgefaßt ist, wußte man nicht, daß das Kyprisch-Syllabische zur Schreibung zweier verschiedener Sprachen verwendet wurde. Anhand des Textes in zwei Sprachen und zwei Schriften, der an einem marmornen Statuensockel im Apolloheiligtum bei Idalion entdeckt wurde (*Abb. 235*), gelang in den siebziger Jahren des 19. Jahrhunderts die Entzifferung des Kyprisch-Syllabischen und die Lesung der Texte in griechischer Sprache durch G. Smith, J. Brandis, M. Schmidt u. a. (Buchholz 1955). Den ältesten Hinweis auf das Griechische in Zypern findet man in einer Grabinschrift aus der Gegend von Paphos, die in die Zeit zwischen 1050 und 950 v. Chr. datiert wird. Die Sprache der Texte basiert auf dem lokalen zyprischen Dialekt, dessen antike Form der Sprachform der Griechen in Arkadien (Peloponnes) sehr ähnelt. Früher glaubte man, daß die arkadischen Kolonisten, die nach Zypern auswanderten, das Schriftsystem Linear B zur Schreibung des mykenischen Griechisch mitgebracht hätten, aus dem dann das Kyprisch-Syllabische entwickelt worden sei. Heute weiß man, daß die kyprische Silbenschrift bereits vor der Ankunft der Arkadier ausgeprägt war und die griechischen Kolonisten diese Schriftart zur Schreibung ihrer Sprache erst dann verwendeten, als sie schon auf Zypern lebten.

Ein Vergleich der Zeichen beider kyprischer Schriftsysteme verdeutlicht deren enge Verbundenheit (*Abb. 236*). Die Lautwerte der insgesamt 58 Silbenzeichen zur Schreibung des Griechischen sind bekannt, die des Altkyprischen nicht. Es scheint, daß das Kyprisch-Syllabische die griechischen Laute nur unvollkommen bezeichnet hat und wohl ähnliche Schreib- und Leseschwierigkeiten aufgetreten sind wie im Fall von Linear B. »Allerdings ist auch diese Schrift, wohl von der eteokyprischen Sprache her, auf die griechische Sprache mit ihren Konsonantengruppen und genauen Unterschieden der Verschlußlaute nur unvollkommen übertragen worden. Die kyprische Schrift kann gleich der kretischen Linearschrift nicht zwischen Tenuis, Media und Aspirata scheiden, sondern schreibt nur t, k und p. Auch zwischen langen und kurzen Vokalen unterscheidet sie nicht. Konsonantengruppen bilden auch für die kyprische Schrift die Hauptschwierigkeit. Sie wird hier konsequent durch Schreibung ungesprochener Vokale überwunden, Nichtbezeichnung gesprochener Konsonanten wie in Linear B gibt es hier nicht.« (Friedrich 1966, 70f.) Die transliterierte Silbenschreibung des griechischen Textes der zweisprachigen Inschrift (*Abb. 235c*) im Vergleich zu einer gräzisierten Schreibweise (in griechischem Alphabet) verdeutlicht die Schwierigkeiten der wenig exakten Lautwiedergabe.

Obwohl es frühe Zeugnisse der kyprischen Silbenschrift vom Ende des 2. Jahrtausends v. Chr. gibt, setzt sich dieses Schriftsystem erst im Verlauf des 6. Jahrhunderts

(236) Übersicht der kyprischen Schriftsysteme Kypro-Minoisch und Kyprisch-Syllabisch

a) Kypro-minoische Zeichentabelle

b) Kyprisch-syllabische Zeichentabelle

(237) Griechische Inschrift in zwei Schriftsystemen (kyprisch-syllabisch und alphabetisch) vom Heiligtum der Demeter in Kourion (spätes 4. Jahrhundert v. Chr.)

Übersetzung:
Helloikos, der Sohn des Poteisis, stiftete dies als Weihegeschenk für Demeter und Kore.

v. Chr. durch. Bemerkenswert ist, daß die Silbenschrift sich gegen einen zeitgenössischen Rivalen behaupten muß: die griechische Alphabetschrift, die im 5. Jahrhundert weite Verbreitung auf Zypern findet. Im 4. Jahrhundert v. Chr. haben beide Schriftarten offensichtlich eine gleichrangige Bedeutung, was man unter anderem daran erkennen kann, daß eine Reihe von Inschriften in derselben Sprache (Griechisch), aber in zwei Schriftsystemen (kyprisch-syllabisch und alphabetisch) abgefaßt werden (*Abb. 237*). Um die Wende vom 4. zum 3. Jahrhundert v. Chr. zeichnet sich in der Schriftverwendung ein klarer Trend zugunsten des Alphabets ab. Die letzten kyprisch-syllabischen Inschriften entstehen gegen Ende des 3. Jahrhunderts v. Chr., wobei die Schriftkultur des Altkyprischen eher aufhört als die des Kyprisch-Griechischen (TATTON-BROWN 1988, 62 f.).

Zypern ist die einzige Region, wo sich die Tradition altmediterraner Schriftsysteme (d. h. Linear A und seine Abzweigungen) kontinuierlich bis in das Zeitalter der griechischen Alphabetschrift fortsetzt. Wenn man die historischen Bezüge zwischen der alteuropäischen Schrift und dem kretischen Linear A berücksichtigt, so spannt sich der Bogen der alteuropäisch-altmediterranen Schriftkultur über einen Zeitraum vom ausgehenden 6. Jahrtausend bis zur zweiten Hälfte des 1. Jahrtausends v. Chr. Denkt man an die intensiven Handelskontakte Kretas mit den Anrainerländern im östlichen Mittelmeer, stellt sich wie von selbst die Frage, welchen Einfluß die kretisch-kyprischen Schriftsysteme auf die Schriftentwicklung im Vorderen Orient gehabt haben mögen. Sicherlich waren sowohl die kretischen als auch die kyprischen Schriften in Syrien und Palästina bekannt. Darauf deuten Schriftfunde (u. zw. Inschriften sowie Schriftzeichen in der Verwendung als Töpfermarken) im östlichen Mittelmeer, Kleinasien und in Ländern des Vorderen Orients. »Die Möglichkeit, daß die formalen Elemente der späteren Alphabete – ohne Berücksichtigung der mesopotamischen Keilschrift und der ägyptischen Hieroglyphen – aus einem leidlich genau zu lokalisierenden frühbronzezeitlichen und älteren Zeichenreservoir stammen könnten, darf somit nicht ausgeschlossen werden. Es umfaßte – wenn auch nicht in den einzelnen Symbolen identisch – Syrien-Palästina, Zypern, Anatolien und den ägäi-

(238) Verbreitungsgebiet der Schriftfunde des 3. und 2. Jahrtausends v. Chr. in der Ägäis und im Vorderen Orient

schen Raum im 4. und 3. Jahrtausend v. Chr. [vgl. die Karte in Abb. 238]. Doch von einer derartigen Möglichkeit der Alphabetgenese bleibt die Fülle der Bekundungen eines intensiven Einwirkens ägäischer linearer Schriftsysteme auf die Küstenländer und Inseln im östlichen Mittelmeer während der zweiten Hälfte des zweiten Jahrtausends v. Chr. unberührt.« (Buchholz 1969, 136)

Der Kulturkreis der vorderasiatischen Keilschriften

Die kulturelle Ausstrahlung des minoischen Kreta kreuzte sich in den Küstenländern des östlichen Mittelmeers mit dem mesopotamischen Einfluß aus dem Osten. Während Linear A als der wichtigste kretisch-minoische Kulturträger die Basis für Schriftabzweigungen im Mittelmeerraum wurde, übernahm diese Rolle in den vorderasiatischen Kulturen die Keilschrift, die sich schon seit Mitte des 3. Jahrtausends v. Chr. von den sumerischen Kulturzentren aus zu verbreiten begann. Die Keilschrift gelangte über sumerische Vermittlung früh ins Königreich Elam und bis nach Nordsyrien. Seinen eigentlichen Durchbruch zu einer »Antiqua des alten Orients« erlebte dieses Schriftmedium aber erst, als es zur Schreibung des *Akkadischen* verwendet und durch dessen Popularität in ganz Vorderasien verbreitet wurde. »Seit der Mitte des 2. Jahrtausends v. Chr. verbreitete sich das Akkadische über immer weitere Gebiete und wurde zur Sprache der internationalen Kommunikation und der diplomatischen Korrespondenz in der gesamten riesigen Region des alten Nahen Ostens. Es reichte sogar bis zum afrikanischen Kontinent, nämlich Ägypten, wo in den achtziger Jahren des vergangenen Jahrhunderts reichhaltige Archive in akkadischer Sprache mit dem diplomatischen Briefwechsel der Pharaonen gefunden wurden, den diese mit Königen und Statthaltern anderer Staaten so wie mit ihren eigenen Vasallen geführt hatten« (Lipin 1973, 14f.). Die Keilschrift war ungefähr zweieinhalb Jahrtausende in Gebrauch. Im 1. Jahrtausend v. Chr. erwächst dieser Schriftart ein starker Rivale in Gestalt der *aramäischen Schrift,* deren Verbreitung ebenfalls an die Popularität der Sprache selbst gebunden ist. Im 5. Jahrhundert v. Chr. erlischt die akkadische Keilschriftkultur. Unter den Seleukiden (vom 3. bis 1. Jahrhundert v. Chr.) wird die babylonische Tradition der Keilschrift wiederbelebt, dies in Verbindung mit einer Renaissance der babylonischen Wissenschaft. Es gibt sogar in Keilschrift verfaßte Dokumente, die aus dem Beginn unserer Zeitrechnung stammen. Das letzte bekannte Zeugnis der Keilschrift wird auf etwa 75 n. Chr. datiert (Diringer 1962, 44f.).

Die elamische Keilschrift

Seit etwa der Mitte des 3. Jahrtausends v. Chr. kannte man die sumerische Schrift, die damals im schreibtechnischen Umbruch zur Keilschrift begriffen war (s. Kap. 4), im Königreich Elam. Dieses frühe Staatswesen im Südwesten des heutigen Iran, mit der

(239) Tontafeln mit Texten in protoelamischer Schrift aus der Zeit um 2800 v. Chr.

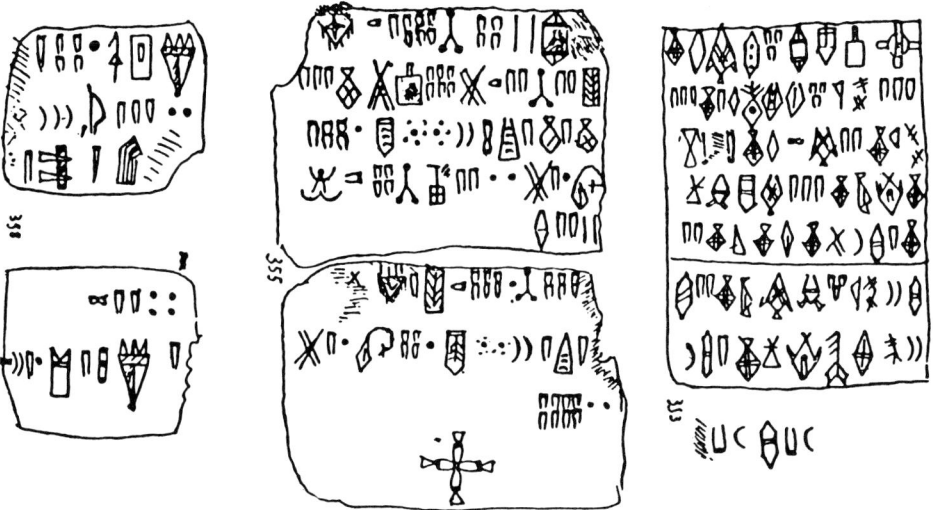

Hauptstadt Susa, hatte sich unabhängig von den sumerischen Stadtstaaten entwickelt, bevor die Elamer mit den Sumerern in engere politische, wirtschaftliche und kulturelle Beziehungen traten. Als sich die sumerische Schrift in Elam verbreitete, gab es dort bereits ein einheimisches Schriftsystem. Auf mehreren hundert Tontafeln hat man Urkunden gefunden, die in die Dschemdet-Nasr-Zeit (um 2800 v. Chr.) datiert werden. Dieser Schrifttyp ist noch stark bildhaft (*Abb. 239*). Zwar kennt man heute den Wert der Zahlzeichen (IFRAH 1987, 194 ff.), die Texte selbst sind aber bisher nicht entziffert worden. In der älteren Forschung wurde die Ansicht vertreten, diese »protoelamisch« genannte Schriftart sei aus einer vorsumerischen Schriftstufe entstanden und stamme damit aus derselben Quelle wie die sumerische Schrift (z. B. GELB 1958, 8, 215). Dagegen geht man heute davon aus, daß die protoelamische Schrift einheimisch, d. h. eine Eigenentwicklung ist (z. B. FRIEDRICH 1966, 56).

In der zweiten Hälfte des 3. Jahrtausends v. Chr. wurde die sumerisch-akkadische Keilschrift von den Elamern – im Kontakt mit den Sumerern und Akkadern – offenbar in der Hauptsache zur Schreibung des Akkadischen selbst verwendet, denn daneben existierte eine zweite einheimische Schriftart, die man elamische »Strichschrift« nach den Strichformen ihrer Zeichen nennt, und mit der man Elamisch schrieb. Die *altelamische Strichschrift* ist aus etwa einem Dutzend Steininschriften bekannt, die in den Ausgang des 3. Jahrtausends v. Chr. datiert werden. Unter diesen Inschriften, die von oben nach unten und von links nach rechts zu lesen sind, ist auch eine elamisch-akkadische Bilingue (*Abb. 240*), von deren Text die Entzifferungsversuche ausgingen. In Fortsetzung früherer Bemühungen von F. BORK (1924) gelangte vor allem W. HINZ (1962) einen entscheidenden Schritt vorwärts. Die elamische Strichschrift hat sich in ihrer äußeren Form offensichtlich aus den bildhaften Zeichen der älteren Schriftart

*(240) Fünfspaltiger elamischer Text einer elamisch-akkadischen Bilingue in »Strichschrift«
(spätes 3. Jahrtausend v. Chr.)*

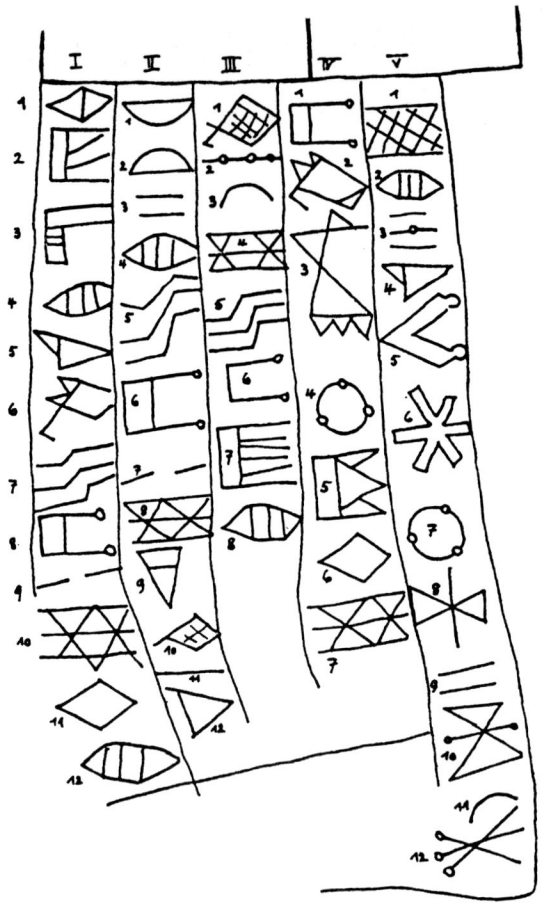

Z. 1: *te-ip-tuŋ ki (Nin) En-[u-]i-ma-ak ruku-ra-ti-kar-ri-ki* Z. 2: *u Šil-a-ken-[u-]i-ma-ak-ki-ik* Z. 3: *Kva-ti-la-ak [u-]u-um-ki* Z. 4: *cak-kin-ak-ik-ki* Z. 5: *[i-en-piš-uk-kùr-hi-ak* Z. 6: *ùk-ki cuk-kar ru-?-uk ik-a tu-la-ah*.
Übersetzung: '1. Seinem Herrn Inšušinak, dem Menschenbildner (?), 2. habe ich Šilhak-Inšušinak, 3. der Statthalter von Susa, 4. der König des Landes Elam, 5. der Šempišhukische, 6. eine Säule (?) aus Kupfer (und) Zedernholz geweiht.'

entwickelt. Die etwa 60 Einzelsymbole dieses Schriftsystems sind in ihrer Mehrzahl Silbenzeichen, unter Einschluß einiger Ideogramme (Wortzeichen und Determinative). Man nimmt heute an, daß die elamische Strichschrift ihr Strukturprinzip einer Silbenschrift in Anlehnung an die sumerisch-akkadische Keilschrift entwickelt hat.

Das Elamische wird erst seit der zweiten Hälfte des 2. Jahrtausends v. Chr. in Keilschrift geschrieben. Die Anpassung der Keilschrift an das Elamische sowie besondere Schreibgewohnheiten haben dieser Schriftart einen eigenen Charakter verliehen, wodurch sie sich im Hinblick auf die Form der keilschriftlichen Symbole und auf den Bestand an Silbenzeichen von der sumerisch-akkadischen Schrift unterscheidet. Die Schriftdokumente lassen zwei Entwicklungsstufen erkennen: Mittelelamisch und Neuelamisch. Die Variante der *mittelelamischen* Keilschrift findet sich in Königsinschriften des 13. und 12. Jahrhunderts v. Chr. (*Abb. 241*). Die *neuelamische*

(241) Mittelelamische Inschrift des Königs Untaš-Ḫumban

(242) Neuelamische Inschrift der Achämenidenzeit (Ausschnitt)

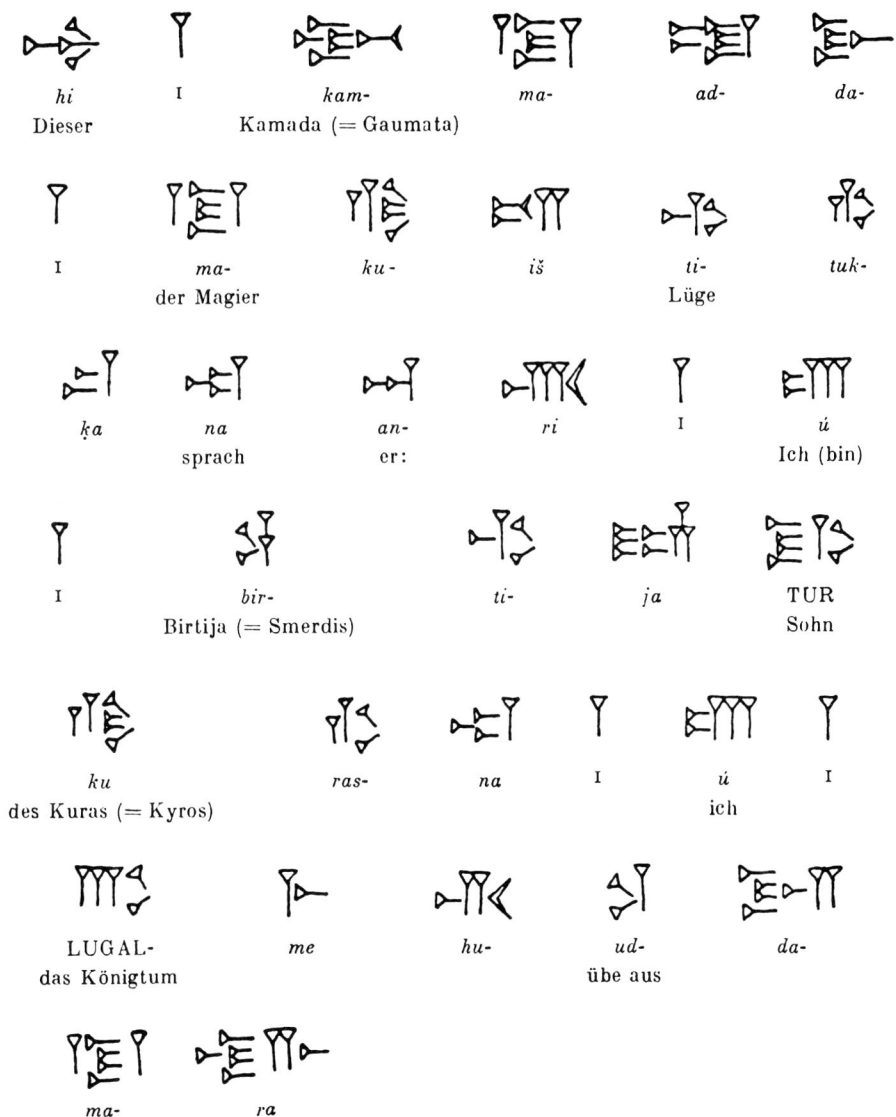

Version der Keilschrift wurde zu einer Zeit verwendet, als Susa nicht mehr die Hauptstadt des kleinen Königreichs Elam war, sondern das Machtzentrum der persischen Achämeniden (seit Ende des 6. Jahrhunderts v. Chr.). Diese Schriftart wurde für die Abfassung von Verwaltungstexten gebraucht, und es sind auch Monumentalinschriften erhalten (*Abb. 242*). Vergleicht man die ältere Variante der elamischen Keilschrift mit der jüngeren, fällt auf, daß sich der Bestand an Silbenzeichen zunehmend reduziert (mittelelam.: 131, neuelam. Verwaltungstexte: 112, Achämenideninschriften: 102), während die Zahl der Ideogramme schwankt (32 : 46 : 11). Das gesamte Inventar elamischer Silben- und Wortzeichen war allerdings zu allen Zeiten kleiner als das der akkadischen Keilschrift.

Die churritische (churrische) Keilschrift

Seit Beginn des 2. Jahrtausends v. Chr. war die akkadische Keilschrift auch bei den Churritern im nordwestlichen Mesopotamien in Gebrauch. Dieses Volk und seine Sprache, die weder indogermanisch noch semitisch ist, treten in den historischen Quellen als die Begründer des Reiches Mitanni auf, das zwischen dem 16. und 14. Jahrhundert v. Chr. im nordwestlichen Mesopotamien bestand. Die ältesten schriftlichen Zeugnisse des *Churritischen* stammen aus der Mitte des 18. Jahrhunderts v. Chr. (Texte aus Tell Hariri, dem alten Mari, am mittleren Euphrat). Der bedeutendste Text in churritischer Sprache wurde nicht dort gefunden, wo er geschrieben worden war, sondern im Tontafelarchiv des ägyptischen Pharaos Amenophis III. in El Amarna. Der unter dem Namen »Mitannibrief« bekannte Text des mitannischen Königs Tušratta wurde um 1400 v. Chr. aufgezeichnet. »Tušratta schreibt die churritische Sprache ganz nach den Gepflogenheiten des Akkadischen, allerdings stark phonetisch-silbisch und mit wenigen Wortzeichen.« (FRIEDRICH 1966, 53)

Die Keilschrift im hethitischen Kleinasien

Das hethitische Reich in Kleinasien (Altes Reich: 18. Jahrhundert v. Chr. – 1460 v. Chr., Neues Reich: 1460 – erste Hälfte des 12. Jahrhunderts v. Chr.) war der erste Staat der Geschichte, in dem es dem kulturtoleranten Staatsvolk der Hethiter gelang, die Sprachen und Kulturen verschiedener Völker zu vereinen, ohne daß es zu nennenswerten Konflikten gekommen wäre. Mehr als ein halbes Dutzend Sprachen wurden in Keilschrift geschrieben, daneben war die hethitische Hieroglyphenschrift (*Bildhethitisch* oder *Bildluwisch*) in Gebrauch (s. Kap. 5). Die Keilschrift wurde neben der Hieroglyphenschrift nur bis etwa 1200 v. Chr. verwendet, während das Bildluwische den Untergang des Hethiterreichs überdauerte und in den nordsyrischen Kolonien weiterlebte. Die Verwendung der Keilschrift war offensichtlich auf die Bereiche von Kult und Verwaltung der Hauptstadt des Reichs beschränkt, denn es wurden keine Texte außerhalb von Ḫattuša gefunden. Das *Chattische*, eine vorindogermani-

(243) Hethitischer Text in Keilschrift

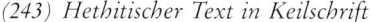

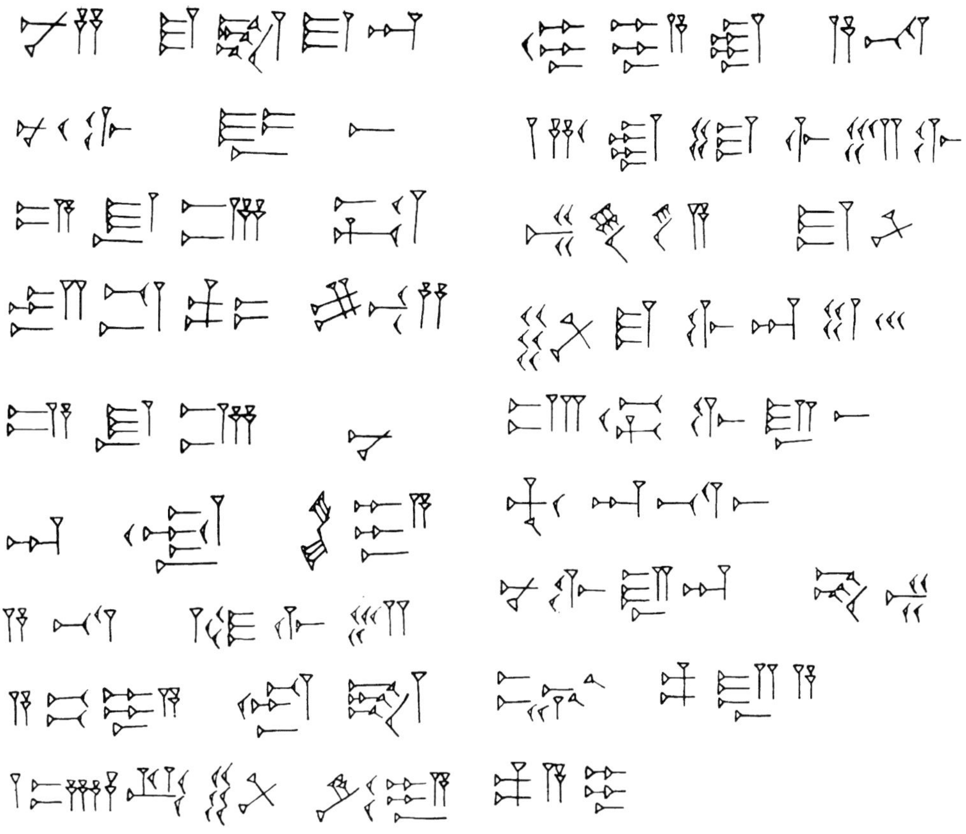

a) Originaltext

nu-za ku-it-ma-an nu-u-ua DUMU-aš e-šu-un ŠA KUŠ.KA.TAB ANŠU-za e-šu-un nu ᵈIŠTAR GASAN-IA
A.NA Mur-ši-li A.BI.IA Ù-it NIR. GÁL-in ŠEŠ-IA u-i-ia-at A.NA Ḫa-at-tu-ši-li-ua MU. KAM^{ḪI.A} ma-ni-in-ku-
ua-an-te-eš Ú. UL-ua-ra-ašTI-an-na-aš nu-ua-ra-an am-mu-uk pa-ra-a pa-a-i

'Als ich noch Sklave und Pferdeknecht war, da sandte Ištar, meine Herrin, dem Muršili, meinem Vater, mittels eines Traumes des Muwatalli, meines Bruders, (die Worte). Die Jahre des Ḫattušili sind kurz, er darf nicht leben. Gib ihn mir.'

b) Transliteration und Übersetzung

sche Sprache Kleinasiens, wurde von den Hethitern in religiösen Kulten verwendet. In dieser Sprache sind nur wenige formelhafte Wendungen überliefert. Nur aus dem Kult der Gottheit Ziparwa ist das *Palaische* bekannt, eine dem Hethitischen und Luwischen verwandte indogermanische Sprache. Zahlreich sind Ritualtexte in *Churritisch*, daneben existieren aber auch literarische Zeugnisse wie die Übersetzungsfragmente des sumerischen Gilgameschepos. Das *Luwische* wurde sowohl in Hieroglyphen als auch in Keilschrift geschrieben, wobei das Bildluwische ein vom Keilschriftluwischen (Lykischen) verschiedener Dialekt ist.

Auch die beiden großen Kultursprachen Mesopotamiens, das *Sumerische* und *Akkadische* (u. zw. die babylonische Variante), wurden von den Hethitern als Schriftsprachen verwendet. Diese beiden Sprachen haben einen ganz besonderen Einfluß auf die Schreibgewohnheiten des *Hethitischen* gehabt. Obwohl die hethitische Variante der Keilschrift – wie die akkadische Originalversion – eine phonographische Schriftart ist und damit die Silben hethitischer Wörter geschrieben werden, verwendet man sumerische und akkadische Ideogramme in großer Zahl, die aber hethitisch zu lesen sind. An solche Ideogramme werden hethitische Endungen gehängt; z. B.

> (sumerisch *lugal,* akkadisch *šarru* gesprochen
> hethitisch *ḫaššu-*)
> Nominativ Singular KÖNIG-uš (= ḫaššuš)
> Akkusativ Singular KÖNIG-un (= ḫaššun)

(244) Urartäische Inschrift

ᴰḫal-di-i-ni-ni uš-ma-a-ši-i-ni ᴰḫal-di-e e-(ú-ri)-e
(ᴵ) me-i-nu-ú-a-še ᴵiš-pu-ú-i-ni-e-ḫi-i-ni-e-še
i-ni su-si-e ši-di-iš-tú-ú-ni É. GAL ši-di-iš-tú-ú-ni
ba-a-du-ú-si-i-e ᴵme-nu-a-ni ᴵiš-pu-ú-i-ni-e-ḫé
(LU)GÁL tar-a-i-e LUGÁL al-a-su-ú-i-ni-e LUGÁL ᴷᵁᴿšú-ú-ra-a-ú-e
(LU)GÁL ᴷᵁᴿbi-i-a-i-na-a-ú-e LUGÁL e-ri-e-la-a-ú-e a-lu-si-
(ᵁᴿ)ᵁtu-uš-pa-a-pa-a-ta-ri ᴰḫal-di-i-ni-ni uš-ma-a-ši-ni
(ᴰ)ḫal-di-e e-ú-ri-i-e ᴵme-i-nu-ú-a-še
(ᴵiš)-pu-ú-i-ni-e-ḫi-ni-še i-ni su-si ši-di-iš-tú-ú-ni

'Durch die Macht des Gottes Ḫaldi, hat dem Ḫaldi, dem Herrscher, Menua, der Sohn des Išpuin, dieses Gebäude errichtet, (auch) hat er errichtet eine mächtige Festung. Menua, der Sohn des Išpuin, der allmächtige König, der große König, der König des Weltalls, der König des Landes Biainili, der König der Könige, der Regent der Stadt Ṭušpā. Durch die Macht des Gottes Ḫaldi, hat dem Ḫaldi, dem Herrscher, Menua, der Sohn des Išpuin, dieses Gebäude errichtet.'

Andererseits werden viele akkadische Elemente in die Texte eingestreut, die auch akkadisch gelesen werden (z. B. zahlreiche Lehnwörter und Wortverbindungen, akkadische Fürwörter und Pronominalendungen, die Bildung der Verneinung mit akkad. *ulu*). Insofern enthält ein hethitischer Text »Bestandteile aus drei Sprachen und hat so ein ziemlich buntes Aussehen« (Friedrich 1966, 54). Im Schriftbild selbst erkennt man diese Differenzierung nicht, und nur der schriftkundige Leser weiß, welche Zeichenkombinationen hethitische, welche sumerische und welche akkadische Elemente bezeichnen (*Abb. 243a*). In der Transliteration eines hethitischen Textes werden – aufgrund einer wissenschaftlichen Vereinbarung – nichthethitische Elemente in Großbuchstaben wiedergegeben, so daß die Sprachmischung hier erkennbar ist (*Abb. 243b*).

Die urartäische (chaldische) Keilschrift

Zu Beginn des 1. Jahrtausends v. Chr. konsolidierte sich im armenischen Gebirgsland ein von den Assyrern Urartu genanntes Reich. Die Einwohner nannten sich selbst Haldi, nach ihrer mächtigen Gottheit, weshalb sie bei den Griechen Chaldaioi (Χαλδαῖοι) hießen. Die Sprache der Chalder, das *Urartäische* (Chaldische), ist vorindogermanisch, und man nimmt an, daß sie mit dem Churritischen verwandt ist. Das Urartäische wurde vom 9. bis 7. Jahrhundert v. Chr. in Keilschrift geschrieben, die die Chalder von ihren mächtigen Nachbarn, den Assyrern, übernommen hatten (*Abb. 244*). Im Königreich Urartu, das sich als Vasallenstaat im 7. Jahrhundert v. Chr. den Assyrern unterwarf, entwickelte sich eine besondere Schreibgewohnheit. Im Bestand der Keilschriftzeichen kreuzten sich viele senkrechte und waagerechte Keile. Während in der neuassyrischen Schriftart diese Keile gekreuzt sind, werden die waagerechten Keile in der urartäischen Schrift meist getrennt geschrieben (*Abb. 245*).

(245) Die Schreibweise waagerechter Keile in der assyrischen und urartäischen Schrift

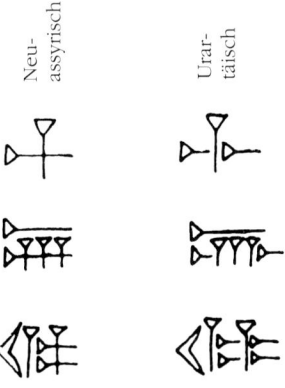

Die ugaritische Keilschrift

Bei den Ausgrabungen der Ruinenstätte von Ras Schamra im Norden Syriens hat man seit Ende der zwanziger Jahre dieses Jahrhunderts die Reste eines Königspalastes aus der Zeit vom 15. bis 13. Jahrhundert v. Chr. freigelegt. Schrifthistorisch bedeutsam ist das Archiv dieses Palastes im historischen Ugarit (s. Karte in Abb. 238, S. 371), denn die erhaltenen Texte in *ugaritischer Sprache,* einer Variante des Altwestsemitischen, weisen eine eigenwillige Verwendung der Keilschrift auf. Die ursprünglich als Silbenschrift verwendete Keilschrift mit ihrer ideographischen Zusatzkomponente hat bei den Ugaritern ihren Grundcharakter fast völlig aufgegeben und dient zur Schreibung von Einzellauten, und zwar von Konsonanten. Daher spricht man im Fall des Ugaritischen auch von einer Mischbildung aus Keilschrift (äußere Gestalt) und Konsonantenschrift (inneres Strukturprinzip). Die ugaritische Schrift besteht aus nur 30 Zeichen (*Abb. 246*) und wird wie die babylonische Keilschrift rechtsläufig geschrieben. Es werden keine Ideogramme oder Determinative verwendet.

(246) Zeichentabelle der ugaritischen Keilschrift

1		a	16		m
2		e(i)	17		n
3		u	18		s
4		b	19		s_2
5		g	20		ʿ
6		d	21		ġ
7		h	22		p
8		w	23		ṣ
9		z	24		ẓ
10		ḥ	25		q
11		ḫ	26		r
12		ṭ	27		š
13		y	28		ẑ
14		k	29		t
15		l	30		ṯ

Aufgrund des Prinzips der Einzellautbezeichnung gehört die ugaritische Schrift zu den frühen Parallelentwicklungen von Konsonantenschriften im syrisch-palästinischen Raum, die schon an anderer Stelle (s. Kap. 6) beschrieben worden sind. Es scheint, daß die ugaritische Schrift einen älteren Lautbestand der westsemitischen Buchstabenschrift wiedergibt, denn ihr Zeicheninventar ist umfangreicher als das der phönizischen Schrift. »Dieser ältere Zustand des westsemitischen Alphabets ist nur äußerlich in die Form der Keilschrift gekleidet. Zur Zeit der ugaritischen Texte existierte demnach schon die westsemitische Konsonantenschrift in einer noch volleren Form, und die uns bekannte phönizisch-hebräische Schrift ist eine nach dem vereinfachten späteren Lautbestand verkürzte Variante davon.« (FRIEDRICH 1966, 97) Warum das Ugaritische in Keilschrift und nicht in einer Variante der zeitgenössischen Buchstabenschrift geschrieben wurde, darüber kann man nur Vermutungen äußern. Das Handelszentrum Uga-

(247) Ugaritischer Text in Keilschrift

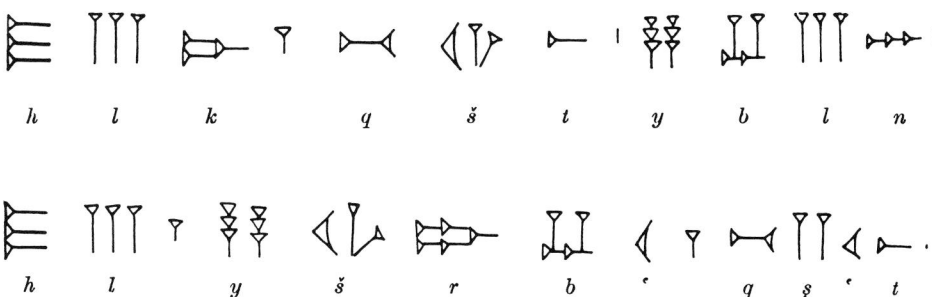

rit lag im idealen Schnittpunkt west-östlicher und nord-südlicher Kulturströmungen. Von allen Schriftsystemen des Vorderen Orients war die Keilschrift in der ersten Hälfte des 2. Jahrtausends v. Chr. das verkehrssprachlich wichtigste. Insofern ist es nicht verwunderlich, daß die Wahl auf dieses Schriftsystem fiel. Die ugaritische Schriftkultur ist von besonderem Interesse, denn sie verdeutlicht, daß die Keilschrift ohne weiteres die schrifttechnischen Voraussetzungen erfüllt, als Buchstabenschrift zu fungieren *(Abb. 247)*. Dem Ugaritischen fehlte aber, was die phönizische Sprache mit ihren Kontaktsprachen, dem Aramäischen im Osten und dem Griechischen im Westen, teilte: eine soziokulturelle Ausstrahlungskraft, die die entscheidenden Impulse für die Verbreitung der Alphabetschrift vermittelte.

Die altpersische Keilschrift

Die Verwendung der Keilschrift in Persien konnte sich in Gestalt der elamischen Schriftkultur (s. o.) bereits auf eine lange Tradition stützen, als die babylonische Schriftart von den Achämeniden übernommen wurde. Die ältesten Inschriften in

(248) Altpersische Inschrift des Dareios in Keilschrift

»Dareios, der große König, der König der Könige, der König der Länder, des Hystaspes Sohn, der Achämenide, (ist es), der diesen Palast gebaut hat.«

(249) Inschriften des Xerxes (486–465 v. Chr.) in altpersischer und babylonischer Sprache

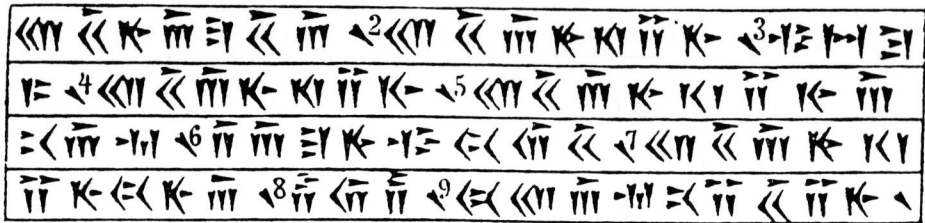

a) Inschrift in altpersischer Keilschrift

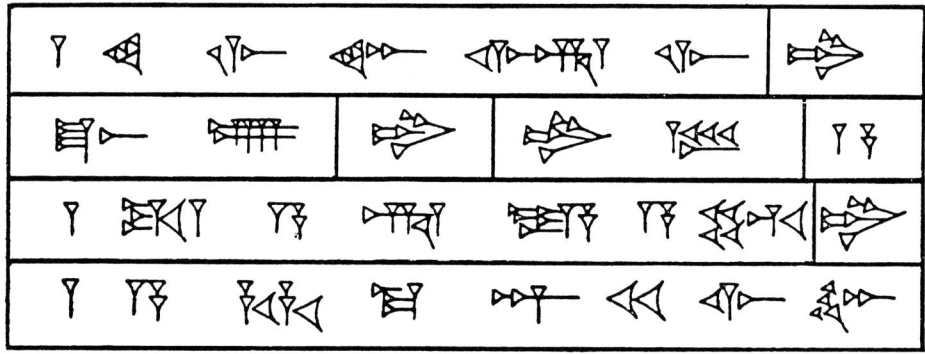

b) Inschrift in babylonischer Keilschrift

altpersischer Keilschrift sind während der Regierungszeit von Dareios I. (522–486 v. Chr.) entstanden (*Abb. 248*), die jüngsten Texte unter Artaxerxes III. (358–338 v. Chr.). An Paralleltexten in altpersischer und babylonischer Sprache erkennt man, wie sehr sich die beiden Schriftarten in ihrem Schreibduktus unterscheiden (*Abb. 249*). Die Keilschrift wird in Persien von der griechischen Schrift und Sprache verdrängt, die ihrerseits nach kurzer Zeit von der arsakidischen Pehlevi-Schrift abgelöst wird (s. Kap. 6, Abschnitt B). Im Unterschied zur babylonischen Keilschrift mit ihren zahlreichen Ideogrammsymbolen verwendet die persische Variante fast ausschließlich Zeichen zur Bezeichnung von Sprachlauten. Im älteren Sprachgebrauch gibt es nur ein Ideogramm, das für ›König‹. Später werden noch einige andere verwendet, und zwar für den Namen des Gottes Auramazda, für ›Land‹ und ›Provinz‹ (*Abb. 250*).

Auch die altpersische Keilschrift weicht vom babylonischen Original ab, allerdings nicht so radikal wie die ugaritische Schrift mit ihrer Buchstabenbezeichnung. Ob man die persische Keilschrift als Silben- oder Buchstabenschrift kategorisiert, ist Ansichtssache. Im Rahmen einer Erklärung als Silbenschrift wäre der Zeichenbestand wie folgt zu beschreiben:

– Vokalzeichen a, i, u (verwendet zur Bezeichnung des vokalischen Anlauts von Wörtern);

(250) Der Bestand an Silbenzeichen und Ideogrammen in der altpersischen Keilschrift

Zeichen	Laut	Zeichen	Laut	Zeichen	Laut	Zeichen	Laut
	a, ā		ǧ, ǧa		b, ba		w vor i, wĭ
	i, ī		ǧ vor i, ǧĭ		f, fa		r, ra
	u, ū		t, ta		n, na		r vor u, rŭ
	k, ka		t vor u, tŭ		n vor u, nŭ		l, la
	k vor u, kŭ		d, da		m, ma		s, sa
	g, ga		d vor i, dĭ		m vor i, mĭ		z, za
	g vor u, gŭ		d vor u, dŭ		m vor u, mŭ		š, ša
	ḫa, ḫ		ϑ, ϑa		y, ya		ϑr, ϑra
	č, ča		p, pa		w, wa		h, ha

	Ideogramme		
	ḫšāyaϑiya- König		bumi Erde, Land
oder	dahyu- Provinz		auramazdā (Gottesname)
			baga Gott

- Silbenzeichen da, di, du und ma, mi, mu (vollständige Gruppen);
- Silbenzeichen ja, ji, va, vi, ka, ku, ga, gu, ta, tu, na, nu und ra, ru (unvollständige Gruppen);
- Silbenzeichen mit anderen Konsonanten werden ausschließlich mit dem Vokal a verbunden (z. B. xa, pa, fa).

Nach dem Prinzip der Buchstabenschrift ergibt sich folgende Gliederung der Lautzeichen:

- Vokalzeichen a, i, u;
- Konsonantenzeichen (insgesamt 33), davon solche mit *einer* Form (x, č, ϑ, p, b, f, y, l, s, z, š, ç, h), mit *zwei* Formen (k, g, t, n, r, j, v) und solche mit *drei* Formen (d, m).

In diesem gleichsam hybriden Charakter der altpersischen Keilschrift spiegelt sich exemplarisch die Vielfalt kultureller Einflüsse, die im damaligen Persien wirksam waren. Das Prinzip der babylonischen Silbenschrift und ihre äußeren Zeichenformen gehen eine symbiotische Verbindung mit dem Prinzip der Buchstabenschrift ein, die den Achämeniden in Gestalt der aramäischen Schrift wohlbekannt war. Das altpersische Schriftsystem ist die jüngste und letzte Abzweigung von der sumerisch-akkadischen Keilschrift. Bemerkenswerterweise ist dieses chronologisch jüngste Stadium der Keilschrift nicht auch das am weitesten entwickelte. Dies trifft vielmehr auf die ugaritische Buchstabenschrift zu, die aber fast tausend Jahre früher in Gebrauch war als die altpersische Keilschrift.

Der ägyptische Schriftkulturkreis

Die Verbreitung der Keilschrift über weite Gebiete des Alten Orients ist weithin bekannt, die Kenntnis der Ausbreitung der ägyptischen Schriftsysteme (Hieroglyphenschrift und Demotisch) in Regionen außerhalb Ägyptens dagegen ist bis heute im wesentlichen auf Expertenkreise beschränkt geblieben. Wenn hier von Ausbreitung die Rede ist, handelt es sich nicht um das Problem der direkten oder indirekten Beteiligung ägyptischer Schriftsysteme am Entstehungsprozeß der Alphabetschriften im Vorderen Orient (s. Kap. 6). Die Annahme, die Symbole der ägyptischen Hieroglyphenschrift oder der beiden Kursivschriften Hieratisch und Demotisch hätten bei der Schaffung semitischer Buchstabenschriften »Pate gestanden«, ist heute nicht mehr zu halten. Man kann also nicht sagen, das Alphabet stamme aus Ägypten. Was hier unter Ausbreitung der ägyptischen Schrift zu verstehen ist, hängt mit der Verwendung ägyptischer Schriftarten außerhalb Ägyptens sowie mit der Abzweigung eines Schriftsystems und dessen Anpassung an eine mit dem Ägyptischen nicht verwandte Sprache zusammen.

Zwar ist die Irradiationsdynamik der ägyptischen Hieroglyphenschrift bei weitem nicht mit der Ausstrahlungskraft der Keilschrift zu vergleichen (s. o.), aber trotzdem

(251) Das Niltal zwischen dem 1. und 6. Katarakt mit ägyptischen und meroitischen Kulturzentren

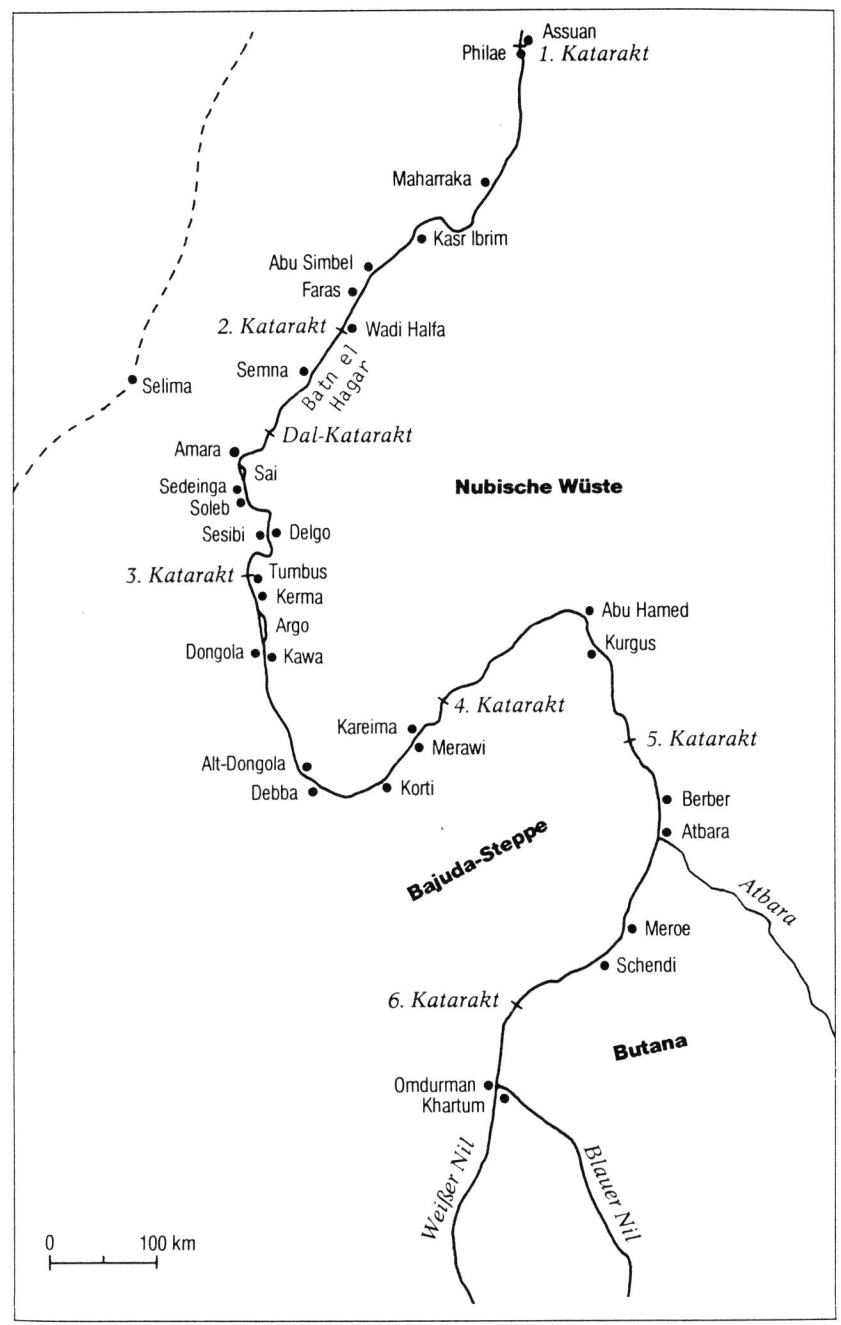

(252) »Bildbericht« vom Sieg des Pharao Djer über die Nubier (Anfang des 3. Jahrtausends v. Chr.)

haben wir es auch im Fall der ägyptischen Schriftkultur mit einem Phänomen zu tun, das die Nachbarkulturen Ägyptens beeindruckt und beeinflußt hat. Bis ins 2. Jahrtausend v. Chr. wurde die ägyptische Hieroglyphenschrift außerhalb Ägyptens nicht verwendet. Für die Kommunikation zwischen dem ägyptischen Reich und anderen Staaten verwendete man das Akkadische in seiner babylonischen Variante (s. Kap. 5). Zeitweise wurden die Grenzen des Reichs über das eigentliche Ägypten hinaus ausgedehnt; so zur Zeit des Neuen Reichs (18.–20. Dynastie, 1552–1070 v. Chr.) bis nach Syrien im Norden und nach Nubien im Süden. In diesen Regionen war das Ägyptische Staatssprache, allerdings nur während der Dauer der direkten politisch-militärischen Abhängigkeit. Die ägyptische Sprache und Schrift spielte aber in Gebieten jenseits der ägyptischen Südgrenze, d. h. in Innerafrika, eine Rolle, die ohne weiteres mit der des Akkadischen und der Keilschrift bei den nichtsemitischen Völkern des Alten Orient verglichen werden kann.

Der Süden Ägyptens ist nach Innerafrika hin offen, denn es gibt außer den Katarakten des Nils keine geographischen Markierungen, die als Landmarken eine natürliche Grenze bilden würden *(Abb. 251)*. Schon zu Beginn der dynastischen Zeit Ägyptens (seit Beginn des 3. Jahrtausends v. Chr.) versuchte man, die Südgrenze des Reichs gegen die Einfälle der kriegerischen Nubier zu sichern. Bereits die Pharaonen der 1. Dynastie unternahmen Kriegszüge gegen Nubien. Über die erste dieser militärischen Unternehmungen, den Kriegszug des Pharao Djer, gibt es einen »Bildbericht«, nämlich eine Felszeichnung aus dem Gebiet des heutigen Nassersees *(Abb. 252)*. Es ist Ansichtssache, ob man diese Felsritzung als Bildkomposition mit schriftsymbolischer Komponente oder als Hieroglyphenkomposition mit Bildkomponente auffaßt. Der Stil der lockeren Verbindung von Bildmotiven (gefallene Feinde, Schiff, Gefangener, u. a.) und ideographischen Symbolen ist charakteristisch für die Übergangszeit von der reinen Bilderzählung zur Wort- und Segmentalschrift, deren berühmtestes Dokument die *Narmer-Palette* ist (s. Abb. 120 o. S. 213).

Während der Zeit des Alten Reichs (3.–8. Dynastie, 2640–2134 v. Chr.) wurde der erste Katarakt südlich von Assuan als Südgrenze betrachtet. Die Grenze blieb aber immer unruhig, und es kam in unregelmäßiger Abfolge zu militärischen Auseinandersetzungen. Die Ägypter nahmen die Bedrohung von Süden her zwar ernst und unterschätzten die Kriegskunst der Nubier keineswegs, aber im Bewußtsein ihrer eigenen höheren Zivilisation nannten sie sie abschätzig *Nehesi* (›Südleute mit der dunklen Hautfarbe‹). In einem Kriegsbericht von Thutmosis I. (1530–1520 v. Chr.), einem Herrscher des Neuen Reichs, werden die Nubier auch als »Kraushaarleute« bezeichnet. Beide Bezeichnungen weisen eindeutig auf den negroiden Charakter der nubischen Bevölkerung des Altertums hin. Die Pharaonen des Mittleren Reichs (11.–14. Dynastie, 2134–1650 v. Chr.) dehnten ihren Machtbereich weiter nach Süden aus und eroberten Unternubien bis in die Gegend von Semna, südlich des zweiten Katarakts. Die Länder südlich dieser Zone wurden seit Beginn des 2. Jahrtausends v. Chr. als »Kusch« bezeichnet (daher die Benennung der kuschitischen Sprachgruppe; SASSE 1981).

Die Bedrohung des Südhandels durch die Nubier wurde offenbar als so schwerwiegend empfunden, daß die Pharaonen des Neuen Reichs bis über den dritten Katarakt hinaus vorstießen. Die weiteste Ausdehnung der ägyptischen Macht nach Süden erfolgte unter Thutmosis I. Wie schwierig es war, die Eroberungen zu halten, wird deutlich, wenn man die zahlreichen und mächtigen Festungsbauten in der Südregion betrachtet, die damals errichtet wurden. In der spätdynastischen Zeit Ägyptens nach dem Zerfall des Neuen Reichs stellte sich heraus, daß die Machtverhältnisse im Süden nicht mehr von den Ägyptern sondern von den Nubiern bestimmt wurden. Im Verlauf des 8. Jahrhunderts v. Chr. baute das Reich der Nubier, dessen Hauptstadt zunächst Napata (in der Nähe des vierten Katarakts), später Meroe (zwischen dem fünften und sechsten Katarakt) war, seine Vormachtstellung aus. Bedeutsam ist bei den historischen Ereignissen jener Zeit, daß die Herrscher von Kusch nicht nur an der militärischen Kontrolle über Ägypten interessiert waren sondern auch daran, sich als Regenten des Nilstaates eine gottverbundene Legitimation zu verschaffen. »Um 750 v. Chr. kehrte Kusch den Spieß um, bemächtigte sich Ägyptens und beherrschte etwa 75 Jahre lang das Niltal bis zum Mittelmeer. Ein König von Napata namens Kaschta hatte sich nämlich in jener Zeit großen Einfluß verschafft. Wie er dies im einzelnen erreicht hat, ist nicht bekannt. Fest steht nur, daß er unmittelbar danach die ›Gottesgemahlin des Amun‹, Schepenupet I., eine Topchter des libyschen Königs Osorkon III., zwang, seine eigene Tochter Amenirdis als designierte Nachfolgerin zu adoptieren. Die ›Gottesgemahlin des Amun‹ war in der unruhigen Zeit nach dem Ende des Neuen Reichs Vorsteherin des Amunkults in Theben geworden, hatte den Hohenpriester in den Hintergrund gedrängt und dadurch im theokratischen Oberägypten eine beherrschende Stellung erhalten.« (FISCHER 1980, 46)

Zunächst stand Ägypten als Vasallenstaat in einem indirekten Abhängigkeitsverhältnis zum Königreich Kusch. Schließlich jedoch eroberte Schabaka, der zwischen 716 und 701 v. Chr. regierte, ganz Ägypten. Dieser nubische König verlegte die Residenz von Napata nach Theben und wurde so der erste schwarze Pharao, der in Ägypten regierte. Schabaka nannte sich »König von Kusch und Misr (Ägypten)«. Seit den siebziger Jahren des 7. Jahrhunderts v. Chr. kollidierten die politischen Interessen von Kusch mit der militanten Expansionspolitik der Assyrer. Die militärische Kontrolle über Ägypten wechselte, mal zugunsten Assyriens, mal zugunsten Kuschs. Die Macht der Nubier in Ägypten wurde endgültig mit der Eroberung und Brandschatzung Thebens durch Assurbanipal im Jahre 662 v. Chr. gebrochen. Die Nubier zogen sich in den Süden, in das Kernland ihrer Herrschaft zurück. Dort bestand ihr Reich, unter verschiedenen

(253) Bildrelief, das den meroitischen König Aspelta (reg.: 593–568 v. Chr.) vor Amun und Mut zeigt, mit Inschrift in ägyptischen Hieroglyphen

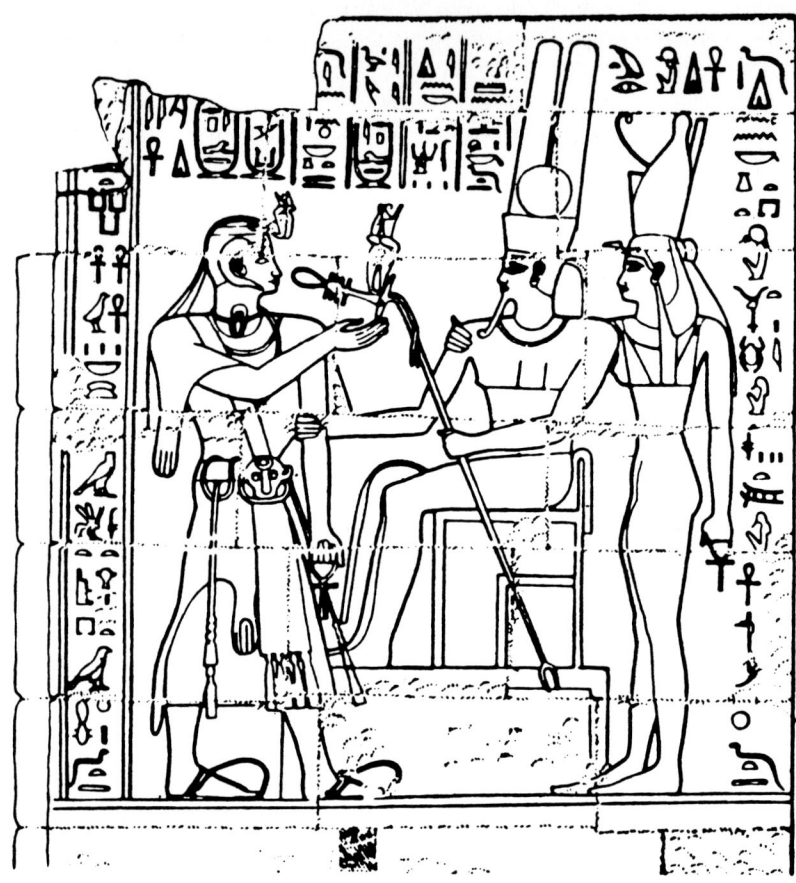

Dynastien von Herrschern aus Napata und Meroe, bis zur Eroberung durch die Abessinier im 4. Jahrhundert n. Chr. (s. Kap. 6, Abschnitt B).

Trotz der Wechselhaftigkeit der militärisch-politischen Geschichte standen die Nubier seit alters her im Kontakt mit der ägyptischen Bevölkerung des Nordens. Es bestanden intensive Handelsbeziehungen. Zu den Handelsgütern aus dem Süden gehörten Gold, Elfenbein und auch Sklaven, die gegen Waren aus dem Norden eingetauscht wurden. Ein besonderes Kulturgut, das willig aufgenommen wurde, war die ägyptische Sprache und ihre Schrift, oder besser: Schriften, von denen die Hieroglyphenschrift und die demotische Kursivschrift weite Verbreitung fanden. Die Nubier jener Zeit waren, den zeitgenössischen Berichten zufolge, nicht nur vortreffliche Bogenschützen, von denen auch ganze Abteilungen als Söldnertruppen in der ägyptischen Armee dienten, sondern sie besaßen offenbar einen erstaunlichen Bildungsstandard. Viele von ihnen konnten lesen und schreiben. Jahrhundertelang bestimmte nicht nur der ägyptische Formenreichtum und Geschmack die künstlerische Entwicklung in Kusch, sondern das Ägyptische diente auch als Verwaltungssprache des Staatsapparats und als Sakralsprache des aus Ägypten übernommenen Götterkults, von denen der des Amun und der Isis die bedeutendsten waren (*Abb. 253*). Die schwarzafrikanische Kultur des alten Nubien stand ganz im Zeichen der ägyptischen Zivilisation. Der moderne Betrachter hat vielleicht einige Mühe, sich die damaligen Zustände bewußt zu machen, aber ohne den breiteren historischen Hintergrund kann man nicht verstehen, was es bedeutet, wenn Archäologen in den Wüstenregionen des Sudan die Ruinen von Tempeln in ägyptischem Baustil, von Grabanlagen nach dem Modell ägyptischer Pyramiden und Inschriften in ägyptischen Hieroglyphen finden.

Die meroitische Schrift

Als sich seit Beginn der ptolemäischen Zeit in Ägypten (ab 305 v. Chr.) der Einfluß des Hellenismus und der *griechischen Sprache* verstärkt, zeigen sich auch in Kusch dessen Auswirkungen. DIODORUS SICULUS (um 80 – um 29 v. Chr.) erwähnt in seiner Weltgeschichte den nubischen Herrscher Ergamenes und preist dessen hellenistische Bildung. Es sind zahlreiche Statuen im griechischen Stil und andere Kulturgüter der hellenistischen Welt im Königreich Meroe gefunden worden. »Vielleicht weist das griechische Alphabet, das um eine in Meroe gefundene Säulentrommel herumgeschrieben wurde, auf den erstaunlichen Versuch hin, etwa 2000 km vom Mittelmeer entfernt, tief im afrikanischen Kontinent, meroitischen Schülern Griechisch beizubringen.« (FISCHER 1980, 94) Die Kenntnis der griechischen Alphabetschrift und die Tradition der ägyptischen Schriftkultur sind in Meroe eine historisch einmalige, symbiotische Verbindung eingegangen, als deren kreatives Produkt die *meroitische Schriftsprache* entsteht. Wann es zur Herausbildung eines einheimischen Schriftsystems in Meroe kam, ist nicht bekannt. Der Entstehungsprozeß der meroitischen Schrift ist bereits im 2. Jahrhundert v. Chr. vollendet, denn aus jener Zeit stammen die ersten meroitischen Schriftdenkmäler.

Genau genommen geht es nicht nur um ein Schriftsystem sondern um zwei (*Abb. 254*). Zu unterscheiden ist zwischen einer Schriftart, deren Zeichen sich aus ägyptischen Hieroglyphensymbolen zusammensetzen, und einer anderen, deren Zeichen eindeutig aus der demotischen Kursivschrift abgeleitet worden sind (PRIESE 1973). Das meroitische Alphabet besteht aus insgesamt 23 Lautzeichen, wobei Konsonanten und Vokale in gleicher Weise bezeichnet werden. Diese Buchstabenschrift gehört damit zum Kreis der vollständigen Alphabete (z. B. Griechisch, Lateinisch). Das von der griechischen Sprache her bekannte Strukturprinzip der Alphabetschreibung kleidet sich in einen »fremden« Mantel, in die Zeichen der Hieroglyphen und des Demotischen. Die meroitische Schrift verwendet Punkte als Worttrennungszeichen, eine Schreibgewohnheit, die schrifthistorisch seltener vorkommt als die Worttrennung durch einen senkrechten Strich (z. B. Phönizisch, kretisches Griechisch). Über-

(254) Die meroitischen Schriftsysteme (zwei Varianten einer vollständigen Alphabetschrift)

𓁶	52	a/fester Stimmeinsatz	𓊪	5	l
ß	5	e	⊂⊃	∠	ch
⊘	/	ē	𓂝	3	ch
𓀀	4	i	⊞	///	s
44	///	j	𓏥	3	sch
𓅭	3	w	𓅓	2	k
𓃾	V	b	Δ,∆	/)	q (k)
⊞	⟨	p	⊃	/	t
𓅃	)	m	𓂋	15	tē
〰	2	n	⊃	⊂	te
𓏤𓏤	⟨	ñ	𓂀	ν	d
·□,⊟	ω	r	: :	: :	Worttrennungszeichen

einstimmend mit dem Schriftgebrauch in Ägypten wurde die meroitische Hieroglyphenschrift für monumentale Zwecke verwendet (*Abb. 255*). Auch der Gebrauch der meroitischen Kursivschrift folgte dem zeitgenössischen Vorbild des Demotischen in Ägypten, und sie diente wie dieses zur Abfassung von Steininschriften (*Abb. 256*).

In der Entzifferung des Meroitischen gelang F. Ll. GRIFFITH (1911–12) aufgrund von Kartuschen mit Königsnamen (*Abb. 257*) der entscheidende Durchbruch. »Vor allem der gleichartige Aufbau der zahlreichen Texte von den Friedhöfen Shablul und Karanog erlaubte Griffith eine sprachliche Analyse, die bis heute nicht wesentlich erweitert werden konnte. Denn trotz der Lesbarkeit der Texte ist ihr Inhalt immer noch verschlossen, da die Sprache sich bisher zu keiner anderen bekannten in Beziehung setzen läßt und längere zweisprachige Inschriften noch nicht entdeckt wurden.« (HOFMANN 1981, 302). Das Meroitische der Antike ist mit keiner der kuschitischen Sprachen der Moderne verwandt. Die einzige sinnvolle Zuordnung scheint die zur sogenannten nilosaharanischen Sprachfamilie (nach GREENBERG 1963) zu sein. Dies ist aber keine genetische Gliederung, sondern eine auf teils geographi-

(255) Die meroitische Hieroglyphenschrift zur Schreibung des Namens der Königin Amanischachete (reg.: 41–12 v. Chr.) in einer Pyramidenkapelle bei Napata

schen, teils anthropologischen und teils lexikalischen Kriterien basierende Einteilung von Sprachen, die weder zur afroasiatischen Sprachfamilie im Norden noch zur Niger-Kongo-Familie im Süden gehören. Schon zur Zeit der arabischen Expansion nach Innerafrika war das Meroitische ausgestorben. An seine Stelle als gesprochene Sprache war das Nubische getreten, das ebenfalls geschrieben wurde (s. u. zur altnubischen Schrift).

Es hatte viele Jahrhunderte gedauert, bis sich die meroitische Schriftkultur gegenüber der in ihrem Prestige hochstehenden Kultursprache Ägyptens emanzipierte und sich das Meroitische als selbständige Schriftsprache entfaltete. Die einheimische Schrifttradition lebte weiter bis ins 4. Jahrhundert n. Chr., hielt sich also rund ein halbes Jahrtausend lang. Der Fortbestand der ägyptischen Hieroglyphenschrift in Meroe ist nicht nur wegen ihrer Umgestaltung von einer Segmentalschrift (s. Kap. 5) zu einer Buchstabenschrift bedeutsam. Bemerkenswert ist auch, daß die Hieroglyphenschrift außerhalb Ägyptens noch zu einer Zeit in Gebrauch war, als im Ursprungsland keiner mehr Texte in ägyptischen Hieroglyphen schreiben konnte. Denn die letzten Zeugnisse in Hieroglyphenschrift entstanden in Ägypten gegen Ende des

(256) *Meroitische Opfertafel mit kursiver meroitischer Inschrift (3. Jahrhundert n. Chr.)*

(257) Kartuschen mit den Namen des meroitischen Herrschers Natakamani (reg.: 12 v. Chr. – 12 n. Chr.) und der Königin Amanitore (reg.: 12 n. Chr.)

Meroitisch	Ägyptisch	Transkription
	oder	„Natakamani"
	oder	„Amanitore"

2. Jahrhunderts n. Chr. Die schwarzafrikanische Bevölkerung Kuschs wurde danach zum Garanten der Tradition der ägyptischen Hieroglyphenschrift. Rechnet man die Periode des meroitischen Schriftgebrauchs hinzu, so hat in Meroe die ägyptische Hieroglyphenschrift in ihrer äußeren Gestalt die einheimische Tradition Ägyptens um etwa 200 Jahre überlebt.

Der Kulturkreis der Indus-Schrift

Obwohl man heute über die Schrift der alten Induszivilisation viel mehr weiß als noch vor etwa dreißig Jahren (s. Kap. 4), ist über eine mögliche Verknüpfung dieser Schriftkultur des Altertums mit späteren indischen Traditionen der Schriftverwendung nichts bekannt geworden. Es sieht so aus, als ob die alte *Indus-Schrift* keine Nachfolge gefunden habe, und historisch isoliert bleibe. Dieses Verschwinden der alten Schrift ist bemerkenswert, denn eine Reihe von Kennzeichen und Bräuchen der Indus-Zivilisation lebt auch später weiter. Der Stier als religiöses Symbol ist ein Element in der Religion der Hindus. Die Muttergottheit der alten Inder findet ihre Fortsetzung in der Hindu-Göttin Devi, die in den Shiva-Tempeln verehrt wird. Religiöse Symbole wie der Phallus (von den Hindus *lingam* genannt) und der weibliche Schoß (*yoni*) wurzeln ebenfalls in den Glaubensvorstellungen der alten Zivilisation. Und auch in der Überlieferung der Indo-Arier bestehen Beziehungen zur alten Zeit. In den ältesten vedischen Mythen ist davon die Rede, daß Gott Indra die Wasser des Indus »befreit« habe – vielleicht ein Hinweis auf die Zerstörung alter Staudämme für die Bewässerung von Ackerland –, und auch Purandara (›der Zerstörer von Festungen‹) wird erwähnt. »Die Zerstörung der Indus-Zivilisation durch die neuen Invasoren war erstaunlich vollständig, und die meisten der entdeckten Indus-Stätten wurden nach dieser Periode nicht mehr bewohnt. Die Arier kannten die zahlreichen zerstörten Orte der Indus-Zivilisation, in deren Nähe sie lebten, und sie benannten sie mit dem Ausdruck arma, armaka ›zerstörter Ort, Ruinen‹.« (BURROW 1988, 184)

Annahmen, wonach die Träger der Indus-Kultur nach der Invasion der Arier auf den Malediven Zuflucht gefunden hätten, sind spekulativ, ebenso die Vorstellung, Zeichen der alten Schrift hätten – zusammen mit der religiösen Symbolik der vorindogermanischen »Inder« – bis in die vorislamische Zeit weitergelebt (HEYER-

DAHL 1986). Die phantastischste aller Hypothesen ist aber die Herleitung der früher auf der Osterinsel verbreiteten Schriftart aus der alten Indus-Schrift. Trotz einiger äußerlicher Ähnlichkeiten in der Gestalt der Schriftzeichen (s. Schriftproben beider Systeme in Kap. 4), die von der heutigen Forschung als Zufälligkeiten betrachtet werden, gibt es keinerlei Anzeichen für eine historische Verbindungskette, die die enorme zeitliche (ca. 3000 Jahre) und geographische (ca. 17000 km) Distanz zwischen beiden Kulturen überbrücken könnte. In den allgemeinen Werken über Schriftgeschichte wird die Assoziation zwischen der Indus-Schrift und der Osterinselschrift als Kuriosität behandelt. So findet sich noch in so mancher Studie zur Schriftgeschichte eine Beschreibung der *Osterinselschrift* im Kapitel über indische Schriften (z. B. JENSEN 1969, 343ff.). Auch der beste Kenner der Osterinselschrift, Th. S. BARTHEL (1969, 159f.), äußert sich unmißverständlich über die einheimische Herkunft dieses Schriftsystems: »Alle Vorschläge für eine außerpolynesische Herkunft sind deshalb mit guten Gründen abzulehnen. Das gilt ebenso für die Versuche der 30er Jahre, einen Anschluß zu der Indus-Schrift herzustellen, wie gegenüber Heyerdahls These von einem Import aus dem andinen Raum.«

Der chinesische Schriftkulturkreis

Von allen Schriftkulturkreisen Asiens hat der chinesische die längste ungebrochene Tradition (rund 3350 Jahre), die weiteste geographische Verbreitung (China, Korea, Japan, in historischer Zeit auch Vietnam und Thailand) und die größte Zahl an Benutzern. Selbst wenn man die neueste Schätzung der UNESCO (1983) berücksichtigt, wonach es in der Volksrepublik China ca. 200 Millionen Analphabeten gibt, so steigt die Zahl derjenigen, die die chinesische Schrift lesen und schreiben können, auf über eine Milliarde. Die Keilschrift diente zur Zeit ihrer weitesten Verbreitung höchstens etwa 5–7 Millionen Menschen als Schriftmedium, wobei über die Verhältnisse des Analphabetismus im Alten Orient so gut wie nichts bekannt ist. In der Größenordnung kommt auch die Zahl der Anwender indischer Schriften nicht entfernt an die der Menschen im chinesischen Kulturkreis heran. Obwohl die Angaben zur Verbreitung des Analphabetismus in Staaten wie Indien, Pakistan oder Bangladesh ganz unsicher sind, dürfte die Zahl der Benutzer indischer Schriften (einschließlich deren Abzweigungen) kaum 600 Millionen übersteigen.

Die chinesische Schrift außerhalb Chinas (Korea, Japan)

Die chinesische Schriftkultur außerhalb des Kernlandes der chinesischen Zivilisation hat eine sehr eigenwillige Entwicklung erlebt. Größer als im Fall der Übertragung von Schriftsystemen wie der Keilschrift, der phönizischen oder aramäischen Buchstabenschrift auf fremde Sprachen waren die Schwierigkeiten, die chinesische Schrift zur

Schreibung von Sprachen wie Koreanisch, Japanisch oder Vietnamesisch zu verwenden. Wenn man vom Sonderfall Vietnam und dessen kulturpolitisch bedingtem Wechsel von der chinesischen zur lateinischen Graphie absieht (s. Kap. 3), hat es in denjenigen Ländern außerhalb Chinas, wo die chinesische Schriftkultur tief verwurzelt ist, früher oder später eine Gegenreaktion gegen das chinesische Schriftsystem gegeben. Die Konsequenz solcher schrifthistorischer Entwicklungen war die, daß heute in keinem Land außerhalb Chinas ausschließlich chinesische Schriftzeichen verwendet werden. Japan hat die Tradition der chinesischen Schriftkultur vergleichsweise vollständiger bewahrt als Korea. Aber schon bald nach der Einführung der chinesischen Schriftzeichen in Japan (etwa 4. Jahrhundert n. Chr.) stellte sich heraus, daß diese zur Schreibung des *Japanischen*, einer agglutinierenden Sprache mit ganz anderem Bau als das Chinesische, ziemlich unpraktisch waren. Bereits im frühen Mittelalter sind in Japan Silbenschriften entwickelt worden –, die zur vollständigen Schreibung des Japanischen unerläßlich und bis heute neben den chinesischen Zeichen in Gebrauch sind (s. u.).

Die chinesische Schriftkultur in Korea ist älter als im benachbarten Japan. Hier wie dort beggenete man erheblichen Schwierigkeiten, die chinesische Schrift auf die einheimische Sprache zu übertragen. In den ersten Jahrhunderten unserer Zeitrechnung schrieb man in Korea zumeist nur Chinesisch, so daß die chinesische Schrift in der Form der *kuan-mun* (›Beamtenschrift‹) verwendet wurde. In China selbst war im 6. Jahrhundert n. Chr. eine Schreibweise aufgekommen, nach der bestimmte Zeichen in der Art einer Silbenschrift seltene Symbole der chinesischen Ideographie lautlich erklärten. Die Schreibweise wurde auch in Korea bekannt, war aber für die Wiedergabe des *Koreanischen* ebenso umständlich wie die von dem Koreaner Salchong, einem Minister am Hof des Königs Sin-mun, gegen Ende des 7. Jahrhunderts n. Chr. geschaffene Silbenschrift. Grundlage des Zeichenbestands waren chinesische Wortzeichen, die wie Silben der koreanischen Sprache gelesen wurden. »Doch da diese Silbenzeichen äußerlich oft trotz häufiger Verkürzung nicht von chinesischen Ideogrammen zu unterscheiden waren, so konnte allmählich eine Verwirrung eintreten, zumal im Laufe der Zeit auch willkürlich andere als die von Salchong festgesetzten chinesischen Zeichen als Silbenzeichen verwendet wurden.« (JENSEN 1969, 203) Aber erst in der ersten Hälfte des 15. Jahrhunderts gelang mit der Erfindung der später *Hangul* genannten Buchstabenschrift (s. Kap. 6) der eigentliche Durchbruch zu einer praktischen Schreibweise des Koreanischen.

Die Geschichte der chinesischen Schrift in Korea illustriert die Aussichtslosigkeit ihrer Übertragung auf sprachliche Strukturen, die ganz anders als die des Chinesischen sind. In Korea hat diese Zwangslage letztlich eine entscheidende Gegenreaktion ausgelöst, nämlich die Schaffung einer vom chinesischen System gänzlich unabhängigen Alphabetschrift. Diese von außen unbeeinflußte Entwicklung eines echt koreanischen Schriftsystems (Hangul) ist einzigartig im gesamten chinesischen Schriftkulturkreis und findet nur in Vietnam im Übergang von der chinesischen zur lateinischen Schrift eine Parallele. Die Lateinschrift in Vietnam allerdings ist allein schon durch ihre Erscheinungsform als europäischer »Kulturimport« gekennzeichnet, also ein

(258) Japanischer Text in Man'yōgana (8. Jahrhundert n. Chr.)

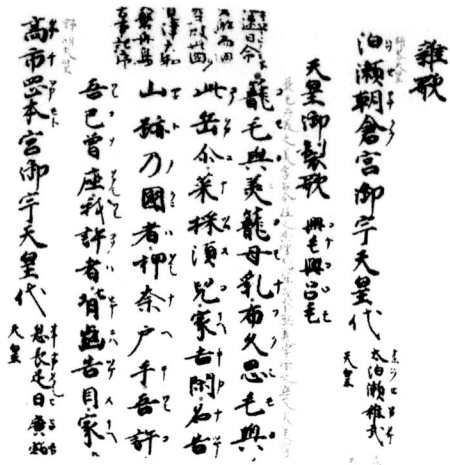

Einfluß von außen (s. Kap. 3). Obwohl Korea und Japan gleichermaßen enge kulturelle Bindungen zu China unterhielten, ist der Weg, den die Schriftentwicklung in Japan ging, wesentlich anders als der in Korea. Während sich die Koreaner mit dem Hangul-System klar vom chinesischen Schriftsystem absetzten, hält man in Japan zu allen Zeiten an diesem fest. Denn alle Systeme, die eine brauchbare phonetische Schreibweise für das Japanische gewährleisten sollten, machen sich insofern von der chinesischen Schrift abhängig, als sich deren Zeichenbestand aus chinesischen Symbolen ableitet. Wegen dieser engen Abhängigkeit aller in Japan geschaffenen Schreibweisen von der chinesischen Schrift und ihrem Zeichenschatz soll deren Geschichte hier ausführlicher behandelt werden.

Auch in Japan drückte sich die Gegenreaktion gegen die umständliche ideographische Schreibweise der chinesischen Schrift, mit der die grammatischen Endungen und wortbildenden Elemente des *Japanischen* nicht wiedergegeben werden konnten, in Versuchen aus, deren Zeichen zu phonetisieren. Die erste Silbenschrift auf japanischem Boden entstand kaum hundert Jahre, nachdem die chinesische Schrift über koreanische Vermittlung in Japan bekannt geworden war. Das *Man'yōgana* (jap. man'yō + kana ›Schrift(system)‹) – benannt nach Man'yōshū, einer Anthologie des 8. Jahrhunderts n. Chr. mit Gedichten aus der Zeit vom 5. Jahrhundert bis zum Jahre 759 – war ein System unveränderter chinesischer Symbole, die als Silbenzeichen zur Wiedergabe japanischer Lautwerte verwendet wurden (*Abb. 258*). Über 970 Zeichen dienten zur Schreibung von insgesamt 87 Silben der altjapanischen Sprache. Es gab mehr als 40 Zeichen, um die Silbe *shi* zu schreiben, und 32 Symbole gaben die Silbe *ka* wieder. Äußerlich ähnelt ein Text in Man'yōgana einem chinesischen Text, aber die chinesischen Zeichen werden nicht entsprechend ihrer Bedeutung in der chinesischen Schreibweise sondern nach dem Lautwert japanischer Silben gelesen und geschrieben. Daher ist ein solcher Text für einen Chinesen unverständlich. Die meisten Schriftdokumente des Altjapanischen vor 794 n. Chr. (Beginn der Heian-Periode) sind in Man'yōgana aufgezeichnet (Aoki 1983, 131).

Wichtiger für die Schriftgeschichte Japans als Manyōgana sind die beiden anderen Syllabare, die *Katakana* (jap. kata ›fragmentarisch‹ + kana ›Schrift‹) und *Hiragana* (jap. hira ›gerundet; allgemein gebräuchlich‹ + kana ›Schrift‹) genannt werden. Von diesen ist Katakana etwas älter als Hiragana, beide aber entwickeln sich bereits im Verlauf des Mittelalters zu vollständigen und selbständigen Schriftsystemen. Der Name des Schriftsystems Katakana erinnert an den frühen Gebrauch von Kürzeln, die als Randmarkierungen in buddhistischen Texten zur genaueren Bezeichnung des Lautwerts chinesischer Symbole dienten. Die Kürzelzeichen sind graphische Vereinfachungen von chinesischen Schriftzeichen (*Abb.* 259). Von den ursprünglich 48 Einzelzeichen sind zwei (u. zw. die für *wi* und *we*) im Rahmen der Schriftreform von 1946 abgeschafft worden. Die Grundzeichen reichen aber nicht aus, um alle Silben des Japanischen zu schreiben. Eine Anzahl von silbischen Lautwerten wird durch Zusammensetzungen von Basiszeichen sowie mit Hilfe diakritischer Zeichen wiedergegeben (*Abb.* 260).

Die ursprünglich als Lesehilfe chinesischer Texte verwendeten *Katakana*-Kürzelzeichen wurden schon bald zur Schreibung japanischer Texte gebraucht. Im 9. Jahrhundert werden die ersten Texte in *kanamajiri bun* (›Sätze, in denen Kana und (chinesische) Symbole gemischt sind‹) aufgezeichnet, und im 10. Jahrhundert dienen sogar ausschließlich Katakana-Zeichen zur Schreibung mancher Texte, so etwa in der Anthologie japanischer Gedichte *Gosen Wakashu* (955–66). Japanische Prosatexte werden noch später unter Beteiligung von Katakana abgefaßt, z. B. die Sammlung

(259) *Die Basiszeichen der Katakana-Silbenschrift und die chinesischen Zeichen, aus denen sie entstanden sind*

a	阿	ア	ka	加	カ	sa	散	サ	ta	多	タ	na	奈	ナ
i	伊	イ	ki	幾	キ	shi	之	シ	chi	千	チ	ni	二	ニ
u	宇	ウ	ku	久	ク	su	須	ス	tsu	川	ツ	nu	奴	ヌ
e	江	エ	ke	介	ケ	se	世	セ	te	天	テ	ne	祢	ネ
o	於	オ	ko	己	コ	so	曽	ソ	to	止	ト	no	乃	ノ

ha	八	ハ	ma	万	マ	ya	也	ヤ	ra	良	ラ	wa	和	ワ
hi	比	ヒ	mi	三	ミ				ri	利	リ	i(wi)	井	ヰ
fu	不	フ	mu	牟	ム	yu	由	ユ	ru	流	ル			
he	部	ヘ	me	女	メ				re	礼	レ	e(we)	慧	ヱ
ho	保	ホ	mo	毛	モ	yo	與	ヨ	ro	呂	ロ	o	乎	ヲ
												n	尓	ン

(260) Zusammensetzungen von Katakana-Basiszeichen und Ableitungen mit Hilfe diakritischer Zeichen

ガ ga	ギ gi	グ gu	ゲ ge	ゴ go
ザ za	ジ ji	ズ zu	ゼ ze	ゾ zo
ダ da			デ de	ド do
バ ba	ビ bi	ブ bu	ベ be	ボ bo
パ pa	ピ pi	プ pu	ペ pe	ポ po

キャ kya		キュ kyu		キョ kyo
シャ sha		シュ shu	シェ she	ショ sho
チャ cha		チュ chu	チェ che	チョ cho
ニャ nya		ニュ nyu		ニョ nyo
ヒャ hya		ヒュ hyu		ヒョ hyo
ミャ mya		ミュ myu		ミョ myo
リャ rya		リュ ryu		リョ ryo
ギャ gya		ギュ gyu		ギョ gyo
ジャ ja		ジュ ju	ジェ je	ジョ jo
ビャ bya		ビュ byu		ビョ byo
ピャ pya		ピュ pyu		ピョ pyo
	ウィ wi		ウェ we	ウォ wo
クァ kwa				
ツァ tsa			ツェ tse	ツォ tso
	ティ ti			
ファ fa	フィ fi		フェ fe	フォ fo
	ディ di	デュ du		
(ヴァ va	ヴィ vi	ヴ vu	ヴェ ve	ヴォ vo)

volkstümlicher Erzählungen *Konjaku Monogatari* aus dem 12. Jahrhundert in *kana-majiri bun*. In der ältesten Periode waren die Schreibkonventionen des Katakana-Systems noch nicht gefestigt. Erst im Verlauf der Muromachi-Zeit (1333–1568) konsolidierte sich das System zu einer Eins-zu-Eins-Entsprechung von Silbenzeichen und Lautwert. Die Gestalt der heute üblichen Katakana-Zeichen wurde im Jahre 1900 standardisiert. Der moderne Sprachgebrauch hat sich darauf festgelegt, die Zeichen des Katakana-Systems zur Schreibung von nicht-chinesischen Lehnwörtern im Japanischen zu verwenden. Seit Ende des 19. Jahrhunderts ist eine große Zahl von Lehnwörtern, insbesondere aus europäischen Sprachen, übernommen worden. Nach dem Zweiten Weltkrieg ist eine Flut englischer Ausdrücke in den japanischen Wortschatz eingedrungen (beispielsweise enthält das Fremdwörterbuch von ARAKAWA (1982) mehrere Tausend Einträge). Als Konsequenz dieser Entwicklung tauchen die Katakana-Schriftzeichen heutzutage viel häufiger in geschriebenen Texten auf als noch vor dem Krieg.

Auch *Hiragana* ist ein System von 48 Silbenzeichen, von denen zwei (*wi* und *we*) seit 1946 nicht mehr in Gebrauch sind. Wie im Fall der Entstehung des Katakana-Systems sind die Hiragana-Zeichen ursprünglich als vereinfachte Formen von chinesischen Schriftzeichen abgeleitet worden (*Abb. 261*). Die Basiszeichen werden in ähnlicher Weise wie die des Katakana-Systems kombiniert – und in bestimmten Zusammensetzungen zusätzlich mit diakritischen Zeichen versehen –, um alle Silben des Japanischen schreiben zu können (*Abb. 262*). Die ältesten Hiragana-Zeichen sind aus Kursivformen der Zeichen der Man'yōgana-Schreibweise, Sōgana genannt, entstanden, und tauchen schon in der zweiten Hälfte des 8. Jahrhunderts auf. Vergleicht man

(261) Die Basiszeichen der Hiragana-Silbenschrift und die chinesischen Zeichen, aus denen sie entstanden sind

a	安あ	ka	加か	sa	左さ	ta	太た	na	奈な
i	以い	ki	幾き	shi	之し	chi	知ち	ni	仁に
u	宇う	ku	久く	su	寸す	tsu	川つ	nu	奴ぬ
e	衣え	ke	計け	se	世せ	te	天て	ne	祢ね
o	於お	ko	己こ	so	曽そ	to	止と	no	乃の
ha	波は	ma	末ま	ya	也や	ra	良ら	wa	和わ
hi	比ひ	mi	美み			ri	利り	i(wi)	為ゐ
fu	不ふ	mu	武む	yu	由ゆ	ru	留る		
he	部へ	me	女め			re	礼れ	e(we)	恵ゑ
ho	保ほ	mo	毛も	yo	与よ	ro	呂ろ	o	遠を
								n	无ん

(262) Zusammensetzungen von Hiragana-Basiszeichen und Ableitungen mit Hilfe diakritischer Zeichen

が ga	ぎ gi	ぐ gu	げ ge	ご go
(が ŋa	ぎ ŋi	ぐ ŋu	げ ŋe	ご ŋo)
ざ za	じ ji	ず zu	ぜ ze	ぞ zo
だ da	ぢ ji	づ zu	で de	ど do
ば ba	び bi	ぶ bu	べ be	ぼ bo
ぱ pa	ぴ pi	ぷ pu	ぺ pe	ぽ po

きゃ kya	きゅ kyu	きょ kyo
ぎゃ gya	ぎゅ gyu	ぎょ gyo
しゃ sha	しゅ shu	しょ sho
じゃ ja	じゅ ju	じょ jo
ちゃ cha	ちゅ chu	ちょ cho
にゃ nya	にゅ nyu	にょ nyo
ひゃ hya	ひゅ hyu	ひょ hyo
びゃ bya	びゅ byu	びょ byo
ぴゃ pya	ぴゅ pyu	ぴょ pyo
みゃ mya	みゅ myu	みょ myo
りゃ rya	りゅ ryu	りょ ryo

die Zeichentabellen von Katakana (*Abb. 259*) und Hiragana (*Abb. 261*), stellt man fest, daß die japanischen Silbenzeichen beider Systeme nur zu einem Teil aus denselben chinesischen Symbolen (kanji) abgeleitet sind. Dies trifft zu auf die Silbenzeichen für *ka, ki, ku, na, ne, me* und einige andere. In anderen Fällen (*ke, sa, su, ha, ma, yo, u. a.*) gehen die Katakana-Zeichen auf andere chinesische Symbole zurück als die betreffenden Hiragana-Zeichen. Auf den ersten Blick fällt auf, daß sich die gerundeten Hiragana-Zeichen von den mehr eckigen Katakana-Zeichen formmäßig deutlich unterscheiden (SHIGEMI 1968).

Bis gegen Ende des 9. Jahrhunderts wurde Hiragana vorzugsweise von Frauen verwendet und erhielt den besonderen Namen *onnade* (›Frauen(hand)schrift‹). Als Schriftart der kaiserlichen Gedichtanthologie *Kokin wakashu (Kokinshu)*, die um 905 entstand (*Abb. 263*), wurde Hiragana (Onnade) offiziell anerkannt. Das Hiragana-Silbensystem entwickelte sich bereits im Mittelalter im Sinn eines wohlgeordneten Eins-zu-Eins-Verhältnisses von Schriftzeichen und Lautwert, d. h. früher als Katakana. Es heißt aber, die Verwendung dieser Schriftart zur Aufzeichnung poetischer Texte habe dazu geführt, verschiedene Zeichenformen für denselben Silbenwert im Interesse einer ästhetischen Vielfalt einzusetzen. Auf diese Weise ging das ausbalancierte Verhältnis der Silbenzeichen verloren (AOKI 1983, 132). Erst mit der Reform von 1900 wurde die alte Ordnung der Eins-zu-Eins-Entsprechung wiederhergestellt. Im modernen Schriftgebrauch spielt das Hiragana-Silbensystem eine zentrale und daher unverzichtbare Rolle. Mit diesen Zeichen werden die grammatischen Endungen, Ableitungssuffixe und Bindewörter (z. B. Präpositionen) des Japanischen geschrieben. Wenn man die Rolle von Hiragana als die eines unverzichtbaren Schriftsystems hervorhebt, so bedeutet dies in der Konsequenz, daß man keinen modernen japanischen Text nur mit Hilfe der chinesischen Symbole für Basisbegriffe (Ideo-

(263) *Japanischer Text in Hiragana aus der Anthologie* Kokinshu *(älteste erhaltene Abschrift aus der Mitte des 11. Jahrhunderts)*

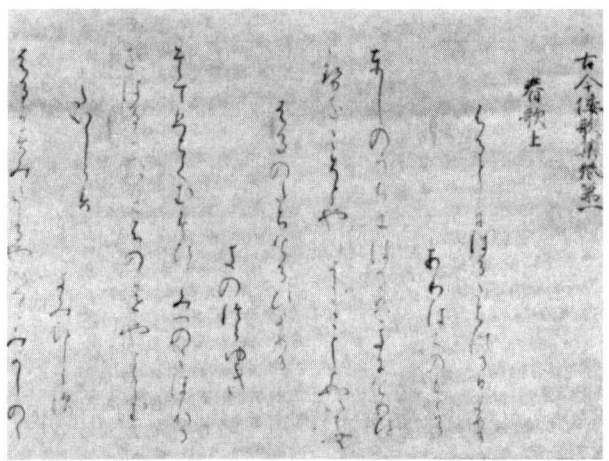

gramme) schreiben kann. In jedem Fall braucht man die Hiragana-Zeichen für die Schreibung von Endungen.

Ein moderner Text in japanischer Sprache ist in drei Schriftsystemen geschrieben: *Kanji* (chinesische Symbole zur Wiedergabe von Wortstämmen), *Hiragana* (für die Schreibung grammatischer Elemente), *Katakana* (zur lautlichen Wiedergabe nichtchinesischer Lehnwörter und Namen). Zu Recht bezeichnet man die Gesamtheit dieser Schreibweisen als ein »gemischtes System« (SAMPSON 1987, 172 ff.). Die japanischen Verhältnisse sind in mehrfacher Hinsicht einmalig in der Welt. Nirgendwo sonst werden in einer einsprachigen Gemeinschaft *drei* verschiedene Schriftsysteme gleichzeitig für die Schreibung ein und derselben Sprache verwendet (*Abb. 264*). Die Verwendung zweier Schriftsysteme – wenn auch unter andersartigen Bedingungen als in Japan – ist immerhin aus Südkorea (Hanja, Hangul) und aus Jugoslawien (lateinische und kyrillische Schrift zur Schreibung des Serbokroatischen) bekannt. Es gibt auch keine andere Schriftkultur in der modernen Welt, wo gleichzeitig ein Originalsystem (chinesische Schrift) und dessen Abzweigungen (Hiragana, Katakana) in Gebrauch sind.

Zu den Besonderheiten der japanischen Verhältnisse gehört außerdem, daß man Texte auch ohne Verwendung chinesischer Schriftzeichen schreiben kann. So wird Hiragana in Kinderbüchern verwendet, um die kleinen Japaner mit der Schrift vertraut zu machen, bevor sie in die Schule gehen. Auch werden japanische Grundtexte für Übungszwecke in Hiragana geschrieben. Katakana erfüllt im heutigen Leben selbständige praktische Funktionen. Die Zeichen dieses Schriftsystems werden regelmäßig in Telegrammtexten verwendet, und Katakana dient darüber hinaus zur Abfassung schriftlicher Kommandos und Anweisungen im militärischen Nachrichtenwesen. Die japanische Welt des Computerzeitalters ist aber undenkbar ohne das lateinische Alphabet, und der öffentliche sowie private Sprachgebrauch tragen das Ihre dazu bei, dieses vierte Schriftsystem zu einem ebenfalls unverzichtbaren Element der modernen Schriftkultur zu machen. Ursprünglich diente die lateinische Graphie allein wissenschaftlichen und pädagogischen Interessen der Transliteration des Japanischen (insbesondere von Personen- und Ortsnamen) für westliche Ausländer (*Rōmaji* genannt). Zwar hatten bereits portugiesische Missionare im 16. Jahrhundert versucht, das Japanische mit lateinischen Buchstaben zu schreiben, aber erst durch die dritte Auflage des japanisch-englischen Wörterbuchs (1886) von J. C. HEPBURN wurde dieses System in seiner neueren Version besser bekannt.

In dieser Graphie werden heutzutage öffentliche Gebäude und Institutionen beschriftet sowie die wichtigsten Hinweise im Verkehrswesen (Ortsnamen, Namen von Stationen und Bahnlinien) vermittelt. Die modernen Massenmedien haben die Lateinschrift als vierte Komponente vollständig assimiliert, und dies ist bedingt durch die Häufigkeit der Verwendung von Fremdsprachen. In Japan gibt es ein selbständiges englisch-sprachiges Pressewesen. Tageszeitungen wie *The Japan Times, Asahi Evening News* und andere werden ausschließlich auf Englisch veröffentlicht. Zudem genießt das Englische als Symbol der Modernität und einer kosmopolitischen Lebensweise ein hohes Prestige. Es gibt so gut wie keine Ausgabe einer japanisch-sprachigen

(264) Moderner japanischer Text in drei Schriftsystemen (Kanji, Hiragana, Katakana)

編訳者あとがき

本書は、ドイツ人社会言語学者ハラルト・ハールマンが書きおろした英文論文を、編集翻訳したものである。著者のハールマンは日本学術振興会とフンボルト財団の援助により一九八二年夏に来日し、以後一橋大学の田中克彦教授のもとで三年間にわたる研究を行ない、この七月に夫人の故郷であるフィンランドに帰国したばかりである。とくに、当初の一年半の滞日予定が倍になったのは、彼の日本研究に対する情熱のゆえにほかならない。日本のコマーシャルに多大な関心を抱き、これをテーマにして訳者とともに一年間にわたる研究プロジェクト（財団法人放送文化基金の助成にもとづく）を組んだ。その成果の一部は、本書の第6章に収められている。

さて、本書が日本の読者を対象として企図された背景には、日本における社会言語学領域での研究状況が念頭にある。ハールマンは来日して間もなく、日本の言語学の研究状況を敏感に察知した。日本では生成文法を筆頭とした言語学プロパーの領域での研究が盛んであり、社会言語学はまだまだマイナーな研究領域にすぎないこと、さらに社会言語学の領域でも、方言やことばの男女差あるいは帰国子女の二言語使用というようなミクロな領域での研究が大半を占め、言語接触や言語計画のような

Tageszeitung oder Zeitschrift, in der nicht englische Slogans, Sektionstitel oder Textpartien in Englisch präsentiert werden (*Abb. 265*). In der modernen Medienwerbung, die in Japan einen eigenen, finanzstarken Industriezweig mit mächtigen Konzernen darstellt, sind Fremdsprachen wie Englisch, Französisch und auch Deutsch bevorzugte Symbolträger westlicher Kulturen. Der Umfang der japanischen Werbung im Fernsehen, Radio und in der Presse ist enorm, und im Vergleich dazu mutet deutsche Medienwerbung wie ein Kinderspiel an. Die japanischen Massenmedien haben in den letzten Jahren die Lateinschrift durch ihren Fremdsprachengebrauch vielen Japanern vertraut gemacht, auch denen, die daran vorher nicht gewöhnt waren (HAARMANN 1989a).

Die chinesische Schrift innerhalb Chinas (bei Nichtchinesen)

Die Länder Japan, Korea und Vietnam veranschaulichen mit ihren Reaktionen auf den chinesischen Schriftimport bereits die Grundpositionen, die die Völker im chinesisch geprägten Kulturkreis eingenommen haben. Eine mögliche Einstellung ist die Aufrechterhaltung der chinesischen Schrifttradition, entweder direkt oder in Gestalt von Ableitungen (Japan), eine andere Entwicklung zeichnet sich in der Schaffung eines einheimischen Schriftsystems ab (Korea), und eine dritte Alternative schließlich bietet Vietnam mit der Einführung eines nichtchinesischen fremden Systems. Diese drei Alternativen finden wir auch bei anderen Nichtchinesen, wobei dem Europäer im allgemeinen nicht bewußt ist, daß die meisten nichtchinesischen Einzelvölker, deren Geschichte mit dem chinesischen Kulturkreis verknüpft ist, nicht außerhalb, sondern innerhalb der chinesischen Staatsgrenzen leben. Denn als Europäer neigt man aus der Entfernung dazu, die Bevölkerung Chinas, sei es nun in historischer Sicht oder bezogen auf die Moderne, als homogen chinesisch aufzufassen. Tatsächlich aber war das historische China ein Vielvölkerstaat, und die moderne Volksrepublik China ist multinational wie die USA oder die Sowjetunion. Insgesamt 55 nationale Minderheiten werden heute offiziell anerkannt. Von diesen sind die Mongolen, Manchu, Tibeter und Hui die zahlenmäßig stärksten. Soweit sie nicht wie die Hui oder die meisten Manchu zum Chinesischen übergewechselt sind, haben diese Völker ihre eigenen (nichtchinesischen) Sprachen bewahrt. »Sie gehören zu den sino-tibetanischen, altaischen, austroasiatischen und indo-europäischen Sprachfamilien. Die Verfassung gewährleistet, daß alle Nationalitäten ihre Sprache in Wort und Schrift verwenden können. Die größten Minoritäten spielen auch auf nationaler Ebene eine gewisse Rolle. So sind etwa die Aufschriften auf Banknoten außer auf Chinesisch auf Mongolisch, Tibetisch, Uigurisch und Zhuang. Radiosendungen werden regional in diversen Sprachen ausgestrahlt.« (COULMAS 1985, 230f.) Es ist sicher berechtigt, den Begriff des chinesischen Schriftkulturkreises auch auf die inneren Verhältnisse Chinas anzuwenden, soweit dies die Verbreitung der chinesischen Schrift bei Nichtchinesen im Land selbst betrifft. Auf diese Weise ergibt sich eine Einteilung in einen *äußeren* Kulturkreis der chinesischen Schrift (s. o. zu den Verhältnissen in Korea und Japan,

(265) *Inhaltsangabe in einer modernen japanischen Zeitschrift (focus)*

FOCUS

accident	せっかく東大に入ったのに…―山中湖「ボート事故」現場の無残と悔恨	4
top	勝因はマスターズにあり!?―本場米国ツアー、岡本綾子の3勝目	6
street	私はイヴ―歌舞伎町「人気ノーパン嬢」がタレントに転進する時	8
trouble	「車輪の下の労働者」―臨博の町ラスベガスで起きたハプニング	10
game	「大阪の恥」に恥をかかされて―王監督、「ナガシマ以下」のすべり出し	12
irony	ラブ・ロマンスに初主演?―婚約したレーガン令嬢、人生ドラマの"女優"ぶり	16
hero	また、三浦さんの話―誰が"ロス疑惑"銃撃ヒッピーを雇ったのか?	18
gamble	競馬は格闘技だ―第44回さつき賞の"肉弾戦"	20
figure	大人の歌がないとお嘆きのあなたに―"第2のコーチャン"と期待される嵯峨美子	22
scene	ある老人の孤独な死―ニューヨークで起きた飛び降り自殺の現場	24
experiment	宇宙の「軍事利用」にも一役?―スペースシャトルの"衛星修理"成功の意味	30
couple	とりあえずは幸せ―レースに復帰したベルモンド2世とステファニー王女	32
tradition	襲われた仏国防相―「弟の仇討ち」を企てた青年のとんでもない"錯誤"	36
history	養分となった古美術品―安田靫彦生誕100年記念展の見所	38
discover	マリリン・モンローの艶姿―アベドンのカラー写真で甦る「永遠のセックスの恋人」	42
legend	「小指を切り男に送った」―京都・祇王寺、高岡智照尼の自伝	44
debut	武見ジュニア、今後のナリユキ―深夜ニュース番組に登場した武見敬三の"眼力"	46
café	ボルヘスの涙―日系女性秘書と来日した世界的文豪	48
newsmaker	ニューヨークで「ポーチ」を買う―石橋社会党委員長の"訪米土産"	50
event	7億2000万円かけた「芸術」―"米人指揮者"キャプランの本職は雑誌編集長	52
idol	「キャンディス・バーゲンの再来」だとか―「反戦映画」の出来を担うブロンドの13歳	54
challenge	「女性の解放とは…」―日高六郎元東大教授夫人が書いたポルノ小説	56
family	代議士の弱み―殺人事件で脚光を浴びた「太宰治の長女」	60
crime	岐阜・夫殺しの無気味―目立たない女とマジメな男の普通ではない殺害動機	62
ceremony	葬式と火事だけは別―田中・竹下、お義理の柩の不協和音	64
parody	狂告の時代 128　マッド・アマノ	66

Kap. 3 zur Schriftentwicklung in Vietnam) und in einen *inneren* Schriftkulturkreis (bezogen auf die einheimischen Minderheiten, insbesondere Südchinas).

Soweit die Schriften der Minderheiten Chinas nicht von außerhalb eingeführt worden sind (z. B. die mongolische, tibetische und uigurische Schrift), haben sich diese zumeist in Anlehnung an die chinesische Schriftkultur entwickelt. Dies gilt für folgende Schriften nicht-chinesischer Völker (FRIEDRICH 1966, 147ff.):

a) Die Schrift der Lo-lo (Yi)
Die Lo-lo, die im südlichen Teil der Provinz Szetschwan leben, sprechen eine nicht-chinesische Sprache, die zur tibeto-birmanischen Familie gehört. Die von ihnen verwendete Schrift ist zwar nicht aus der chinesischen abgezweigt, lehnt sich aber nach dem Schreibprinzip und in der Gestalt der Schriftzeichen an diese an. Die Zeichen sind logographische Symbole (Wortzeichen), wobei wie im Fall des Chinesischen die Übertragung auf lautlich gleiche oder ähnliche Wörter möglich ist (Prinzip des Lautrebus). Das Zeichen für *ka* ›Tür‹ kann auch für *ka* ›nach‹ stehen, *dou* ›hacken‹ für *dou* ›hinausgehen‹, *lou* ›Hand‹ auch für lautähnliches *lo* ›Egge‹. Die ältesten Zeugnisse

(266) Text in der Sprache und Schrift der Lo-lo

(267) Ein tangutischer Wortspiegel (Wortlisten) aus dem 19. Jahrhundert

stammen aus dem 14. Jahrhundert. Die Schriftrichtung variiert: häufig schreibt man von oben nach unten, auch linksläufig oder von links nach rechts, wie in der Schriftprobe (*Abb. 266*). Seit 1975 verwenden die Lo-lo eine Silbenschrift mit mehr als 800 Zeichen (DE FRANCIS 1984, 28).

b) Die Schrift der Miao-tse

Über den Ursprung und das Alter dieser Schriftart, die außer für die Miao auch für die Kopu, Laka, Lisu und Nosu in einer modernisierten Version von einigen hundert Zeichen im Missionsschrifttum der Britischen und Ausländischen Bibelgesellschaft in den dreißiger Jahren verwendet wurde, ist nichts bekannt

(268) Grabinschrift der Kaiserin Jen-i (Liao-Dynastie) in der Schrift der K'i-tan

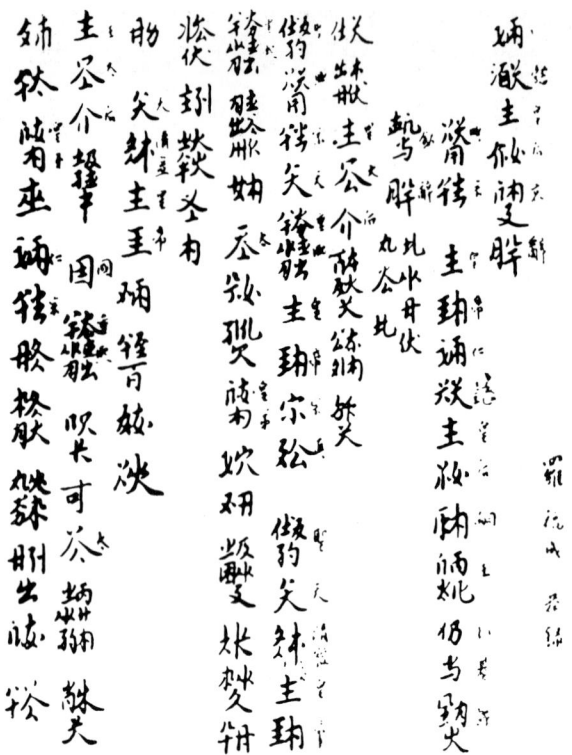

c) Die Schrift der Yao
Bekannt geworden ist diese Schriftart durch eine Schriftprobe des 17. Jahrhunderts. Angeblich sollen noch in vorrevolutionärer Zeit Bücher, die in dieser Schrift geschrieben waren, im Besitz der den Miao verwandten Yao gewesen sein

d) Die Schrift der Hsi-hsia (Tanguten)
Zwischen 1004 und 1226 besaßen die Hsi-hsia (Tanguten) ein selbständiges Reich im Gebiet der heutigen Provinz Kan-su in Westchina. Dieses Reich wurde von Dschinggis Chan vernichtet. Bemerkenswert ist bei der in Anlehnung an chinesische Symbole geschaffenen Schrift, die seit 1037 verwendet wurde (*Abb. 267*), daß sie den Untergang des tangutischen Reichs um etwa hundert Jahre überdauert hat

e) Die Schrift der Ch'i-tan (K'i-tan)
Im 10. Jahrhundert gründeten die altaischen Ch'i-tan ein Reich im Norden Chinas, das bis 1125 Bestand hatte. Das Reich der Ch'i-tan hatte einige Bedeutung, da die Regenten der Liao-Dynastie die politische Entwicklung des eigentlichen China beeinflußten. Die Ch'i-tan übernahmen viele Elemente der chinesischen Zivilisation, unter anderem die Schrift, die sie ihrer eigenen Sprache anzupassen versuchten. Es

(269) In der Schrift der Ju-chen geschriebener Text

舍 夂 㠭 左 米 兄 㝵

handelt sich bei diesem Ableger der chinesischen Schrift um eine Mischung aus Ideogrammen und Silbenzeichen (HAMBIS 1954). In ihrer äußeren Gestalt ähnelt die Schrift der Ch'i-tan sehr der chinesischen; *(Abb. 268)*

f) Die Schrift der Ju-chen (Niu-chih)
Schon bevor die tungusischen Ju-chen das Reich der Ch'i-tan eroberten, hatten sie deren Schrift angenommen. Diese seit 1119 von den Ju-chen verwendete Schriftart, ›große Schrift‹ genannt, blieb bis um die Wende vom 12. zum 13. Jahrhundert in Gebrauch. Danach wurde sie von der ›kleinen Schrift‹ verdrängt, die bereits 1138 aus der großen entwickelt worden war. Die Fortentwicklung erkennt man unter anderem daran, daß die ideographisch-silbische Mischschrift der Ch'i-tan zu einer fast reinen Silbenschrift mit nur wenigen Wortzeichen umgestaltet worden ist *(Abb. 269)*.

Die Schrift der Moso, einem mit den Tibetern verwandten Volk im Nordwesten von Yünnan, ist eine Sonderentwicklung, denn nach allem, was darüber bekannt geworden ist, handelt es sich um eine vom Chinesischen unabhängige Schöpfung. Der Charakter der *Moso-Schrift* ist eine Mischung aus piktographischen Zeichen, von denen etliche auch auf lautähnliche Wörter übertragen werden können (Rebusprinzip), und geometrischen Symbolen mit ideographischem Gehalt *(Abb. 270)*. In ihrer äußeren Gestalt erinnern die Schriftzeichen an die Symbole der Kekinowin bei den Ojibwa-Indianern (Abb. 10, S. 42). Die Unterscheidung von Bild- und Lautzeichen macht die Schreibweise der Moso allerdings zu einer echten Schrift *(Abb. 271)*. Texte werden in einer besonderen Weise abgefaßt, und zwar so, daß nur die wichtigsten Wörter geschrieben werden, während Beziehungselemente unausgedrückt bleiben. Diese Art der Schreibweise, bei der vieles dem Textzusammenhang überlassen wird und vom Leser aus diesem interpretiert werden muß, ähnelt dem Schlagwortprinzip der altsumerischen Piktographie und der kretischen Hieroglyphenschrift (s. Kap. 4).

(270) Zeichen der Moso-Schrift

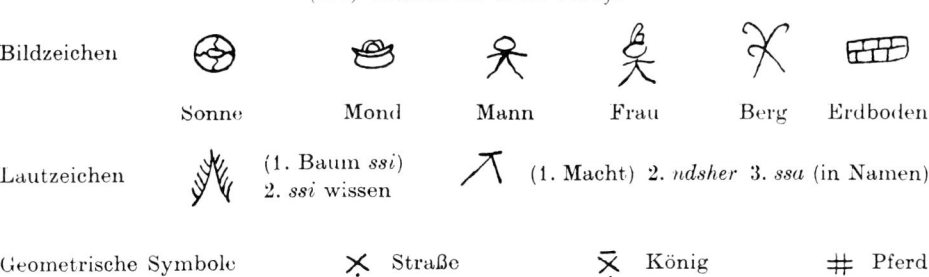

(271) Legende aus dem Zyklus der Padmasambhava-Erzählungen in der Moso-Schrift

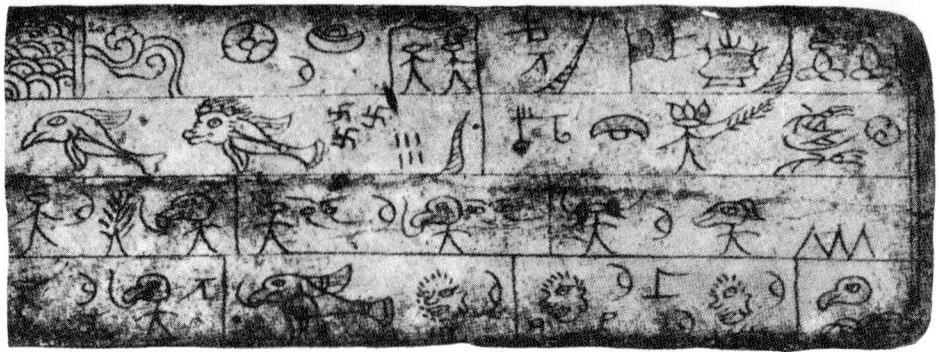

1. *Bi (t'u) muan (chi) hu . yi nda chi ddü gyi P'är (gkaw) ndsher(gkaw) tkhi, ngaw (gkaw) wu (gkaw) tkhi. o (gkaw) bä (gkaw) tkhi. 2. Dtĕr gko, Yu ma ssu khi chwua tsĕr (lä) (gkaw) tkhi. 3. Chi hu Llü gkv bö mbö (nnü), dtĕr tsu (bö) (lä) t'u. 4. Dtĕr gko ssi (yu) muan ssi (ssü) muan (dgyu). 5. Dto (yu) muan dto (ssü) muan (dgyu). 6. Mi (yu) muan mi (ssü) muan (dgyu). 7. Ndsher (yu) muan (yi) (ssü) muan (dgyu) (gyŏ) ndsher. 8. Dtĕr gko yü (yu) (zä) (nnü) (yu) muan (dto). 9. Dtĕr (gko) t'u (gkv) bhue (gkv) muan sho (mä), yu (ggö) t'u (lä) bhue (dso) sho muan (nyi). 10. Dtĕr gko (dgyü) ch'ung ...*

Übersetzung: 1. Heute abend (Sonnenaufgang nicht diese Nacht) ruft *(thki)* die Familie die Kraft des P'är, des *ndsher*, des *ngaw* und des *wu*, und auch des *o* und des *bä* (=alle Götter) an. 2. Die Kraft der drei hundert sechs zehn (360) *dter-dko* und *yu-ma* ist angerufen. 3. Heute abend treibt das *llü gkv bö-mbö* wieder *(lä)* die *dter* Dämonen aus. 4. Es gibt nichts, das die *dter-gko* nicht wissen *(dter-gko* wissen unbekannte Dinge gibt es nicht). 5. Es gibt nichts, das nicht von ihnen gesehen wird. 6. Es gibt nichts, das nicht von ihnen gehört wird. 7. Es gibt keine Macht, die sie nicht besitzen, solche ist ihre Kraft (Macht nicht hat Dinge nicht gibt, ihre Kraft). 8. Wo die *dter-gko* geboren sind, dies weiß niemand *(dter-gko* geboren aber wo sie geboren nicht gesehen). 9. Doch wenn ihr Ursprung nicht bekannt ist, darf man nie über sie sprechen *(dter-gko* Platz herauskommen, Herkunftsort nicht gesagt wenn geboren ihr Herkunftsort wieder Ursprung darüber sprechen nicht können). 10. Die *dter-gko* am Anfang ...

Der phönizische Schriftkulturkreis

In einer weiten Auslegung könnte man unter diesem Begriff sämtliche Buchstabenschriften verstehen, die entweder als direkte Ableger auf das phönizische Konsonantenalphabet zurückgehen (z. B. die griechische oder aramäische Schrift), oder die direkt von solchen Abzweigungen abstammen (z. B. die etruskische Schrift oder die Brahmi-Schrift). Da die Ableger von der *phönizischen Originalschrift* ihrerseits die Entstehung einer Fülle von alphabetischen Systemen motiviert haben (z. B. die indischen Schriften und ihre Entwicklung aus dem aramäischen Alphabet), ist es sinnvoll, den phönizischen Schriftkulturkreis auf unmittelbare Abzweigungen zu beschränken, die als solche isoliert geblieben sind (s. u.). Betrachtet man das Verhältnis von isolierten Schriftablegern (z. B. iberische Schrift) und Abzweigungen mit großer Irradiationsdynamik (z. B. griechisches Alphabet), wird deutlich, wie sehr die Verbreitung der phönizischen Buchstabenschrift abhängig war von der kulturellen Leistung der Völker und ihrer Sprachen, die sie unmittelbar assimilierten. Ohne die Ausstrahlung des Griechischen in Europa, nach Kleinasien und Ägypten und ohne die Dynamik der aramäischen Schriftverbreitung nach Mesopotamien, Persien, Innerasien und Indien hätten die phönizischen Schriftableger möglicherweise die Antike nicht überlebt, wie dies bei den unmittelbaren Abzweigungen im Mittelmeerraum der Fall war.

Die punische Schrift

Die *phönizische Schrift* gelangte über die Handelskontakte der Phönizier in viele Regionen des Mittelmeers. Die erste wichtige Station war Kreta, wo die älteste Version des *griechischen Alphabets* entstand (s. Kap. 6, A). Im westlichen Mittelmeer wurde das im 9. Jahrhundert v. Chr. gegründete Karthago (phöniz. Kart Hadast ›neue Stadt‹, griech. Karchedon, lat. Carthago) zu einem Zentrum der phönizischen Kultur. Die Sprache der Karthager, das *Punische*, ist eine jüngere Entwicklungsstufe des Phönizischen und verbreitete sich als gesprochene und geschriebene Verkehrssprache von der karthagischen Handelsniederlassung auf einer Halbinsel nordöstlich des heutigen Tunis über das ganze westliche Mittelmeer. Punische Inschriftenfunde stammen –

(272) Punische Inschrift aus Karthago (3. Jahrhundert v. Chr.)

(273) Neupunische Inschrift aus Gelma (Algerien; 3. Jahrhundert n. Chr.)

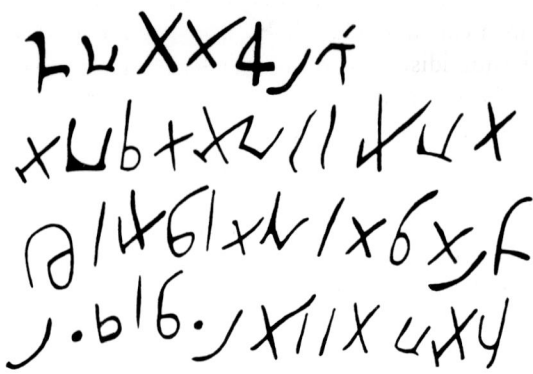

außer aus Karthago selbst – aus Spanien, aus Südfrankreich (ein im antiken Massilia/ Marseille gefundener Opfertarif aus dem 3. Jahrhundert v. Chr.), von den balearischen Inseln, aus Sardinien, Sizilien und Malta.

Die Besonderheit des *punischen Schriftduktus* besteht darin, daß »die Form der kalligraphischen Buchschrift (mit unten verdickten Schäften) auf die Denkmalsschrift übertragen wird« (FRIEDRICH 1966, 81). Die ältere Form der Schrift ist aus Schriftdenkmälern des 3. und 2. Jahrhunderts v. Chr. bekannt (*Abb. 272*). Später entwickelt sich daraus eine Kursivschrift (neupunische Schrift), die seit Beginn der römischen Zeit (Beendigung des 3. Punischen Kriegs im Jahre 146 v. Chr.) in Gebrauch ist. Die neupunische Schrift wurde viele Jahrhunderte lang – und zwar parallel zur Lateinschrift sowie zur numidischen Schrift (s. u.) – verwendet. Neupunische Schriftdenkmäler entstehen noch im 2. und 3. Jahrhundert n. Chr. (*Abb. 273*). Als gesprochene Sprache hält sich das Punische noch länger. Vom Kirchenvater AUGUSTINUS (354–430 n. Chr.) der seit 395 Bischof von Hippo Regius bei Karthago war, wissen wir, daß die Bevölkerung noch zu seinen Lebzeiten Punisch gesprochen hat. Spätestens aber zu der Zeit, als die Vandalen die Macht in Karthago übernommen hatten (seit 439 n. Chr.), ist das Punische als gesprochene Sprache ausgestorben.

Die numidische Schrift

Im Zusammenhang mit der punischen muß die im antiken Numidien verwendete *numidische (altlibysche) Schrift* erwähnt werden. Numidien umfaßte im Altertum Gebiete des heutigen Algerien, Tunesien und reichte bis nach Westlibyen und Mauretanien. Eine Einigung numidischer Teilreiche erfolgte im Jahre 203 v. Chr. durch König Masinissa (s. u.). Obwohl die numidische Schrift nicht direkt aus der punischen entstanden oder abgezweigt worden ist, hat sie sich wohl doch in enger Anlehnung an diese entwickelt. Vielleicht steht die numidische Schrift, die aus über 1000 Inschriften der römisch-karthagischen Zeit (2. und 1. Jahrhundert v. Chr.)

bekannt ist, in Beziehung zur älteren Form der punischen Schrift. Ein Vergleich der numidischen mit den punischen Zeichen läßt keine direkte Verbindung oder gar Abhängigkeit des einen vom anderen Schriftsystem erkennen. Insofern betrachtet die neuere Forschung die numidische Schrift als selbständige Schöpfung. Allerdings bleibt die Frage, an welches System sich der Erfinder anlehnte. Denn das Strukturprinzip ist eindeutig das einer Buchstabenschrift.

Wenn man nach den Kontaktgebieten sucht, in denen der libysche Erfinder das Prinzip der Buchstabenschrift kennenlernen konnte, so kommen dafür Ägypten im Osten und Karthago im Westen in Frage. Im antiken Ägypten war sowohl das Konsonantenalphabet (in aramäischer und eventuell auch südarabischer Schriftart) als auch das vollständige Alphabet (in Gestalt der griechischen Schrift) bekannt. Der Kontakt mit der karthagischen Kultur sowie der punischen Schrift und Sprache war aber wohl entscheidender für die numidische Schriftschöpfung. »Anregung zu einer derartigen Schrifterfindung mag der Erfinder doch wohl eher als in Ägypten (...) durch die Bekanntschaft mit der älteren punischen Schrift erhalten haben, wobei freilich das Resultat jener Anregung sich darauf beschränkt zu haben scheint, daß auch die neu

*(274) Zweisprachige punisch-numidische Inschrift
(zweite Hälfte des 3. Jahrhundert v. Chr.)*

Transliteration der Zeile 1 des punischen Textes:
1. t mqdš z bnʾ bʿl Tbgg l-Msnsn h-mmlkt bn Gʿjj h-mmlkt bn Zllsn h-šfṭ b-št ʿsr š-[mlk]

Transliteration der Zeile 6 des numidischen Textes:
6. ṣk[n] . Tbgg . bnjfš?. Msnsn . gldṯ . w-Gjj . gldṯ . w-Zllsn · šfṭ .

Übersetzung:
1. Diesen Tempel bauten die Bürger von Thugga für den König Masinissa, Sohn des Königs Gaja, Sohnes des Suffeten Zllsn, im zehnten Jahre der Regierung

erfundene Schrift eine Konsonantenschrift gleich der älteren punischen Schrift wurde.« (Jensen 1969, 153)

Für die Entstehung der numidischen Schrift aus dem Kontakt mit der punischen Schriftkultur spricht auch der Umstand, daß es eine Reihe (insgesamt 9) zweisprachiger punisch-numidischer Inschriften gibt. Daneben sind auch verschiedene lateinisch-numidische Bilinguen (ungefähr 15) überliefert. Die allermeisten der Inschriften sind einsprachig numidisch. Die älteste, sicher datierte Inschrift stammt aus dem Jahre 139 v. Chr., die Mehrzahl der numidischen Schriftzeugnisse allerdings läßt sich nur schwer genauer datieren. Viele Inschriften sind kurz und inhaltlich belanglos, weil sie meist nur aus Namen bestehen. Einige der längeren jedoch enthalten teilweise interessante historische Hinweise. Dies gilt beispielsweise für eine zweisprachige Inschrift, in der König Masinissa erwähnt wird (*Abb. 274*). Dieser ostnumidische Regent, der Numidien politisch einigte, spielte eine wichtige Rolle während des 2. Punischen Kriegs (218–201 v. Chr.).

Die berberische Schrift

Klarer als die Beziehung zwischen der punischen und numidischen Schrift ist die zwischen letzterer und der *Schrift der Berber*. Seit alters her leben Berberstämme im Norden und Nordwesten Afrikas. Die Berber der Antike standen im Kontakt mit den Karthagern, Numidiern und Römern und lernten durch diese Schriften und Schreibtechniken kennen. »Durch die räumliche Isolierung der Sprachenklaven [vgl. Karte *Abb. 275*] haben im Verlaufe der Jahrhunderte regionale Eigenentwicklungen solchen Ausmaßes entstehen können, daß wir heute von sekundär entstandenen eigenständigen Berbersprachen reden dürfen, die bezeichnenderweise an der Peripherie des Sprachgebietes ihre Ausbildung erfahren haben.« (Wolff 1981b, 172) Eine Schrifttradition haben nur die südlichsten Berber, die Tuareg, bewahrt. Die Tuareg nennen ihre Schrift *tifinagh*, was soviel wie ›punische Zeichen‹ bedeutet (nach dem Singular *tafinekk* < punica?). Interessant ist, daß zwar der Name auf eine Beziehung zum Punischen hindeutet, diese aber weder nach der Sprachverwandtschaft noch nach dem Schriftvergleich gegeben ist. Das Strukturprinzip der Berberschrift ist das einer Buchstabenschrift, wobei im Wortinnern ausschließlich Konsonanten bezeichnet werden, im Wortauslaut dagegen auch Vokale (*Abb. 276*).

Die Ähnlichkeiten zwischen den Schriftzeichen des Tifinagh-Alphabets und denen der numidischen Schrift sind augenfällig, und es besteht kein Zweifel darüber, daß die Berberschrift aus dem numidischen Alphabet entstanden ist (*Abb. 277*). Bemerkenswert ist die Resistenz dieses Schriftsystems, wenn man bedenkt, daß es sich dabei um eine direkte Abzweigung aus einer in der Antike verbreiteten Schriftart handelt. Die Anpassung der numidischen Schrift an das Berberische muß zu einer Zeit erfolgt sein, als diese noch in Gebrauch war, d. h. während der ausgehenden Antike. In jedem Fall hatte sich eine eigene – wenn auch insgesamt bescheidene – berberische Schriftkultur ausgebildet, als mit der arabischen Expansion nach Nordafrika gegen Ende des 7. Jahrhunderts die arabische Schrift alle älteren Schriftsysteme (einschließlich der damals in der ehemaligen römischen Provinz rivalisierenden Systeme der lateinischen und griechischen Schrift) verdrängte. Von dem älteren berberischen Schriftum ist nichts erhalten, und heute verwenden die Tuareg ihre Schrift nur »für kurze, formelhafte Mitteilungen auf Felswänden, für Liebesbriefe, Gravierungen auf Armreifen usw.« (Wolff 1981b, 183)

(275) Verbreitungsgebiet der Berber-Sprachen in Nordwestafrika

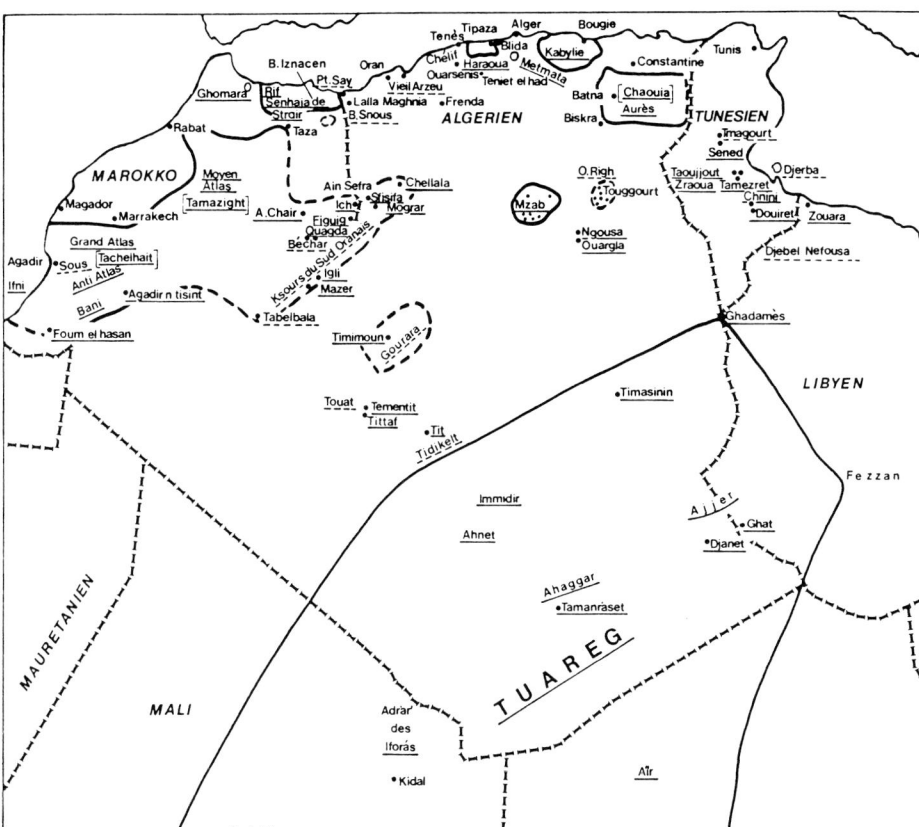

Eine weitere Beziehung zur numidischen Schrift finden wir in Spanien, wo es in vorrömischer Zeit zumindest zwei unabhängige Schriftarten gegeben hat, die ältere *turdetanische* und die jüngere *iberische* Schrift. Von diesen ähnelt die turdetanische der numidischen Schrift, während das iberische Alphabet offensichtlich vom phönizischen abgeleitet worden ist (s. u.). Die *turdetanische Schrift* hat ihren Namen nach dem Volk der Turdetaner (Tartessier) erhalten, das im Altertum in der andalusischen Tiefebene Südspaniens lebte und in römischer Zeit rasch romanisiert wurde. Im Mündungsgebiet des Flusses, den die Griechen Tartessos, die Römer Baetis nannten,

(276) Die Berberschrift (tifinagh)

tifinagh	Umschrift	ar. Ent-sprechung	tifinagh	Umschrift	ar. Ent-sprechung
⊡	b	ب	ΙΙ	l	ل
Ɔ	š	ش	⊐	m	م
V	d	د	I	n	ن
Ǝ	ḍ	ض (ظ)	ǂ	ɲ	—
](	f	ف	:	w	و
Х	g	ݣ	O	r	ر
·ŀ	ġ	—	⁞	ɣ	غ
⋮	h	ه	⊙	s	س
⋛	y	ي	+	t	ت
Ӿ	ž	ج	⊒	ṭ	ط
·:	k	ك	Ӿ	z	ز
⋯	ḳ	ق	⧣	ẓ	ض
⁚	x	خ	·	[Vokal]	—

a) Schriftzeichen

·:Ӿ⊡⊡I/II⁞⊡ ···· ·:I⊙:⊙⁞I+:⊡ ·⁚⊡ ·:⊙⁞⊡+IӾ⊡ ·:Ӿ⊡
+⊡⁞:I·:⊡:ΠII·:+O:⊡

(a)b(a)ik(u)r (i)i(e)n (i)gr(a)u (i)ɣ(e)s (i)k-(e)ru̯k(e)ru t(i)n(na) b(a)s (i)ɣ(e)s: n(e)k (e)q(qu)r(e)ɣ b(u)l(la)n (i)n(na)s (a)b(a)i-k(u)r: ur t(e)k(ku)l(e)d ur k(a)n(ne)ɣ b(a)r(e)t,
Übersetzung:
'Ein Hund fand einen Knochen, er benagte ihn. Der Knochen sprach zu ihm: Ich bin sehr hart. Sprach zu ihm der Hund: Beunruhige dich nicht, ich habe (sonst) nichts zu tun'.

b) Text in tifinagh

(277) Vergleichende Übersicht numidischer und berberischer Schriftzeichen

Numidisch		Berber.	Lautwert	Numidisch		Berber.	Lautwert
waager.	senkr.			waager.	senkr.		
•	•	•	' (alpha)	‖	=	‖	l
⊙	⊙ □	⌽ ⊞	b	⊃	⊔ ∪	⊃ ⊏	m
⌐ ←	∨ ∧	⋅†⋅ ÷	ğ	∣	∣	∣	n
⊓	⊃ ⊏	⊓ ⊔ ∧	d	⊠	⊠ 8	⊙ ⊡	s
‖‖	‖‖	⋮	h	⊏⊏⋅	⊓		s²
=	‖	⋮	u̱	= ÷	‖‖⋅†⋅	⋮	ġ (γ)
–	–	#	z	⊠	⊠⊠⨯	⊐⊏ ⊦⊣	p (f)
⊢⊣⊢	⊢⊣	⊢⊣	ź		=	⋯	q
⋋⊦	⊥⊤	⋇ ⋇	z̄			⋊⋉	g
⋌⊦	⊥⊤	∷	ḥ	○	○ □	○ □	r
⋌⋎	⊓ ⊔	⊐⊏ ⊐⊏	t, ḍ	⋈○	⋈	⋑	š
⊼⋎	⋈⋉	⊰ ⊱	i̱	+⨯	+	+	t
⇐	⇑	⋅∷	k	⊒	⊡		t²

und den die Spanier mit seinem arabischen Namen Guadalquivir benennen, hatten die Turdetaner schon in der zweiten Hälfte des 2. Jahrtausends v. Chr. eine Handelsniederlassung gegründet. Dieser Handelsplatz auf einer Insel zwischen den Mündungsarmen des Guadalquivir entwickelte sich zu einer blühenden Hafenstadt, die Tartessos genannt wurde und mit dem im Alten Testament erwähnten Tharschisch identisch ist.

Die ersten Handelspartner der Tartessier waren die Phönizier aus Tyros, die Zinn und Silber aus Tartessos holten. Um die Handelskontakte zu erleichtern, hatten die Phönizier schon um 1150 v. Chr. einen Stapelplatz, Gadir (das heutige Cádiz), in der Nähe der Flußmündung gegründet. Das alte Gadir wurde in späterer Zeit häufig mit Tartessos verwechselt. Die Griechen lernten Tartessos auf ihren Fahrten ins westliche Mittelmeer im 7. Jahrhundert v. Chr. kennen. Über ihre Kolonie Mainake (etwa 30 km östlich des heutigen Málaga) standen sie in regen und friedlichen Handelskontakten mit Tartessos. Die Zeiten wurden unruhig, als die Karthager im 6. Jahrhundert v. Chr. versuchten, ihr Handelsmonopol im Westen zu festigen, auch mit kriegerischen Mitteln. Um 500 v. Chr. wird Tartessos von den Karthagern zerstört, und die ehemals führende Rolle der Handelsstadt geht an das benachbarte Gadir über.

Aus der Blütezeit von Tartessos sind keine schriftlichen Zeugnisse überliefert. Man weiß aber aus antiken Quellen, daß es damals dort eine Schrift gegeben hat und diese offenbar weit verbreitet war. Der griechische Geograph STRABON (um 64 v. Chr. – 23 n. Chr.) berichtet von

(278) Zeichen der turdetanischen Schrift

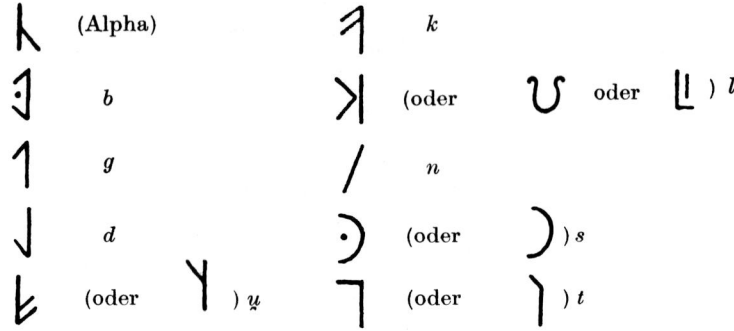

(279) Vergleich turdetanischer und numidischer Schriftzeichen

Numid.	Lautwert	Turdet.
⊡	b	Ǝ
↑	g	↑
⊔ ∧	d	↲
—	n	/
⊥ ↑	k	ⅎ
⊱ +	t	⎤

(280) Bleiplatte aus Alcoy (spanische Provinz Alicante) mit iberischer Inschrift (4. Jahrhundert v. Chr.)

(281) Bleiplatte aus Mula (spanische Provinz Murcia) mit iberischer Inschrift (3. Jahrhundert v. Chr.)

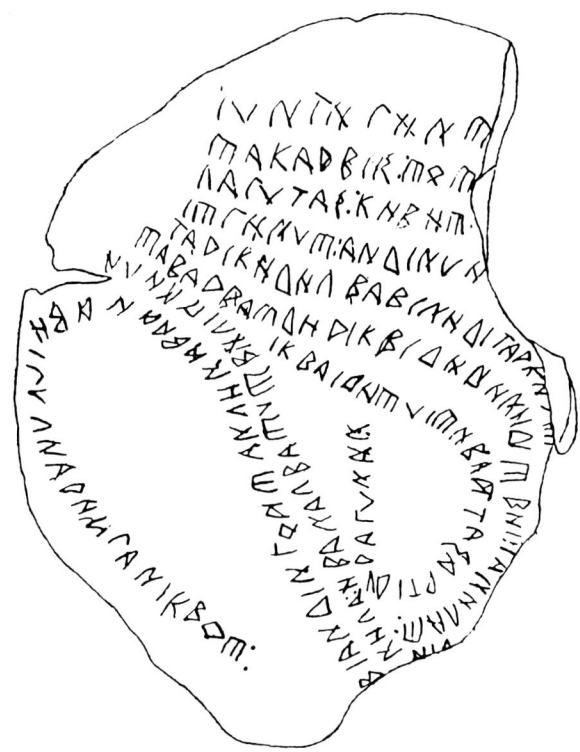

der Schrift der Tartessier, die über 6000 Jahre alt sein soll. Für dieses »mythische« Alter gibt es keine wissenschaftlichen Beweise. Immerhin muß die turdetanische Schrifttradition aber so vital gewesen sein, daß noch drei Jahrhunderte nach der Zerstörung von Tartessos Münzen mit turdetanischer Legende geprägt wurden. Die meisten dieser Münzen tragen Aufschriften in turdetanischer und lateinischer Schrift und stammen aus der Zeit um 200 v. Chr. Wegen der Spärlichkeit des Schriftmaterials konnten bisher nur zehn Zeichen einwandfrei identifiziert werden (*Abb. 278*). Die Ähnlichkeit mit numidischen Schriftzeichen ist unverkennbar (*Abb. 279*), aber auf die historischen Verbindungen zum antiken Numidien finden sich außer in der Numismatik keinerlei Hinweise. Interessant ist die Bemerkung von ZYHLARZ (1934, 66), wonach die turdetanischen Zeichen »schriftgeschichtlich älter erscheinen als die des numidischen Libyer Alphabets«.

Die iberische Schrift

Vergleichsweise besser bekannt ist die *iberische Schrift*, die in zahlreichen kurzen Inschriften und Münzlegenden überliefert ist. Diese stammen hauptsächlich aus dem 3. Jahrhundert v. Chr. und sind an weit auseinanderliegenden Orten gefunden worden. Das hauptsächliche Verbreitungsgebiet dieser Schriftart war das nördliche Spa-

(282) Tonkrug aus Liria (spanische Provinz Estremadura) mit Bildmotiven und iberischer Inschrift

nien (insbesondere der Nordosten) und die südspanische Küstenregion (Cádiz, Málaga, Murcia). Auch auf den Balearen und in Südfrankreich hat man iberische Inschriften entdeckt. Die ältesten iberischen Schriftdenkmäler sind Bleiplatten aus Alcoy (Provinz Alicante) und aus Mula (Provinz Murcia), die aus dem 4. und 3. Jahrhundert v. Chr. stammen. Diese Beispiele von Inschriften zeigen eine Besonderheit des iberischen Schriftgebrauchs. Iberische Texte sind entweder regelmäßig in Zeilen angeordnet wie auf der Bleiplatte von Alcoy (*Abb. 280*), oder sie zeigen auch kurvige Anordnungen von Schriftzeichen wie auf der Bleiplatte von Mula (*Abb. 281*). In anderen Fällen kann der Schriftverlauf auch dekorative Funktionen erfüllen, wie auf einem Krug aus Liria (Provinz Estremadura; *Abb. 282*).

(283) Die Schreibung iberischer Namen mit deren lateinischen und griechischen Äquivalenten

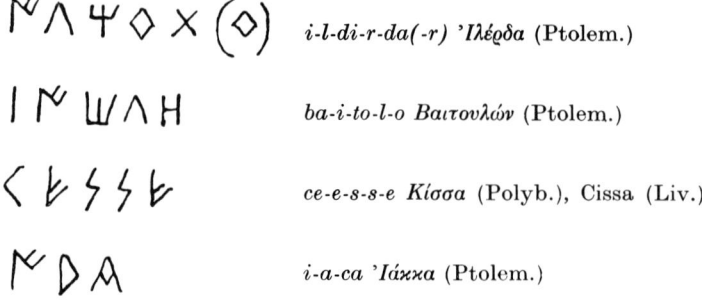

(284) *Die Zeichen der iberischen Schriftvarianten (südliche Variante = bastulo-turdetanische Schrift; nördliche Variante = iberische Schrift) im Vergleich zu den Zeichen der phönizischen und punischen Schrift*

Phönik.	Lautwert (phön.)	Pun. Kursive	Iberisch		Lautwert (Iber.)
			Nördl.	Südl.	
∢	ʾ	✗ ✗	PPDD	ᔑAᗅ	a
⋺	g	ꟼ ꜋			
∧	b	∧ ⋋	⟨VC₲	∧∧⟩	g
△	d	ᕈ ꟼ I	×	×	d
ⴺ	h	ᕈᖇ⋀	ⴹFᖇ	ⴹ×ⴹ	e
ꓩ(Υ)	w	Y ⵉ ⵏ	↑ ↑	ⴼΥ↑∧	v
I∿	z	ⴹ ⴿ	⊤	ⵉⵉ	z
Ᏻ	ḥ	⨯⨯ꓩ	HN	ᗷHH	ḥ
⊕	ṭ	ⴺ⊖C	⊕⊘◇	⊕◇ᗅ	th
ⵤ	j	ⵛⵉⵉ	ᛈ⋏N	ⵎ⋏1	i, i, j
ⵜ	k	ⴼⴼΥ	K✻✗	ⴽ✽✻	k
ⵏ	l	ⴼ1∧	Γ∧	1 ·	l
ⵉⵉⵎ	m	ⵊ⨯⨯	ⵅⵏ	I:I ⴺ	m
ⴻ	n	/1∧	ⵊ	ⴼⴼ	n
⧻	s	(Υ)			
○	ʿ	O◡·	OOꙨ	O⊖◇	o
ꓥ	p	ꓥ ⅃	PΓ	ⴼPΓ	p
ⵉ	ṣ	ⵏⵎY	⟨ⴽⵣ	3ⵣⵣ	s
ᵩ ᵩ	q	ᵩⴼꝾ	✗✗	⋈ⴽ	q
ᕿ	r	ᕿ I	ᕿᕿᕿO	ᕿ⋖	r
ⱲⵜⵊⴳⴼW	š	ⵏ∧ⵡ	M	MM	š
×⊤	t	ⵜᖇ⊤	ⴼⴼⴼ	ⵝ∧Y	t

a) Vergleichende Schrifttabelle

Zeichen	Lautwert
Ⅰ	ba
⏃ ⋀ ⋀ ⋇ ⋓ ⊘ W	be
Γ Ρ	bi
⋇ ✶ ✕ ✳	bo (po, ho)
☐	bu
✕	da (ta)
⊖ ⊕ ⊘ ⊖ Ө	te (de)
Ψ Υ ⟘ Ψ	ti (di, ili)
⧠ Ⱳ ⧠	to
⊗ ⊕	tu (du, llu)
⋀ ⋀ ⋂ ∪	ca (ga)
≺ ≺ ⟨ ◨ ℂ Ɛ G C	ce
⋏ ⋏ ✕ ⌐ S ⋀	gi (ci)
✕ ✕ ✕	go (co)
⊙ ◇ ○	cu (gu)

b) Silbenzeichen der iberischen Schriftvarianten

Die Entzifferung der Schrift wurde dadurch erschwert, daß das Iberische, eine vorindogermanische Sprache, mit keiner der bekannten Sprachen der Antike oder der Neuzeit in Verbindung zu bringen ist. Man nimmt aber an, daß Reste der halb romanisierten Iberer aus dem oberen Ebrotal in die nördliche Berglandschaft abwanderten und dort im baskischen Volkstum aufgingen. Dies bedeutet, daß ein in seinem Umfang noch unbekannter Anteil des baskischen Wortschatzes iberischer Herkunft sein kann. Die iberischen Inschriften enthalten viele Namen, deren Lesung Fortschritte in der Identifizierung der Lautwerte einzelner Schriftzeichen ermöglichte (*Abb. 283*). In chronologischer Hinsicht lassen sich zwei Varianten der iberischen Schrift unterscheiden: eine ältere, *bastulo-turdetanisch* genannt, und eine jüngere, *iberische* (GOMEZ-MORENO 1962). Der chronologischen Differenzierung entspricht eine geographische. Die bastulo-turdetanische Schrift – nicht zu verwechseln mit der turdetanischen Schrift des alten Tartessos – ist aus dem südlichen Spanien, die jüngere iberische Schriftart aus dem Norden bekannt. Die südliche Variante ist linksläufig (wie das Phönizische und Punische), die nördliche Variante dagegen rechtsläufig (wie das Griechische).

Ein Vergleich der beiden Schriftsysteme (*Abb. 284a*) weist einerseits auf klare Abhängigkeiten der bastulo-turdetanischen und iberischen Schriftzeichen untereinander, andererseits auf Beziehungen zu älteren Schriften (phönizisch, griechisch), die den Iberern durch die kulturellen Kontakte in den Küstenregionen der iberischen Halbinsel bekannt waren. Während man die iberische Schrift früher für ein reines Buchstabenalphabet hielt, weiß man heute, daß es ein Mischsystem aus Einzellaut- und Silbenzeichen ist (*Abb. 284b*). Die Liquidlaute (*l*, *r*), die Nasale (*m*, *n*) und die Zischlaute (*s*, *š*) werden durch einzelne Konsonantenzeichen wiedergegeben. Dagegen existieren für andere Konsonanten (*b*, *p*, *d*, *t*, *g*, *c/k*) nur Silbenzeichen: *ba, be, bi, bo, bu; ta, te, ti, to, tu; ca, ke, ki, co, cu*. Unsicher ist, ob die iberische Schrift in ihrer ursprünglichen Zusammensetzung in Anlehnung an das Prinzip der phönizischen Konsonantenschrift rein konsonantisch war, und ob die Bezeichnung der Vokale nach griechischem

Vorbild sowie die Verwendung von Silbenzeichen ein späterer Zusatz sind (FRIEDRICH 1966, 124). Vielleicht entstammt das Prinzip der Silbenzeichen aber auch einer alten Schrifttradition, die bereits im Altertum in Vergessenheit geraten war und nur in der iberischen Schrift in Rudimenten erkennbar ist. »Immerhin gewinnt man den Eindruck, daß die Schrift bereits eine lange Geschichte hinter sich hat und daß sie ein phönizisches und ein griechisches Element mit einem noch unbekannten, sicher viel älteren Bestandteil x verschmolzen zeigt.« (JENSEN 1969, 284)

Der griechische Schriftkulturkreis

Während der Zeit der Antike verbreitete sich die *griechische Schrift* über weite Teile der damals zivilisierten Welt. Man schrieb Griechisch zu verschiedenen Zeiten in fast allen Ländern rings um das Mittelmeer, von der iberischen Halbinsel im Westen bis nach Syrien im Osten, von Südfrankreich (Massilia) im Norden bis Karthago im Süden. Das Griechische ist die älteste europäische Weltsprache, und zwar im modernen Sinn des Wortes. Schon vor der Ausbreitung des Lateinischen hatte es *interkontinentale* Bedeutung als Verkehrs- und Kultursprache in europäischen Gebieten, in asiatischen Regionen (bis in den Kaukasus und nach Nordwestindien) und in Afrika (Ägypten). Mit dem Lateinischen mußte sich das Griechische die Weltsprachenfunktion teilen, obwohl sich der griechische Einfluß selbst in römischer Zeit weiter ausdehnte (bis nach Nubien in Innerafrika).

Das Griechische und seine Schrift bieten etliche bemerkenswerte »Rekorde«, von denen nur einige allgemein bekannt sind, wie etwa die antike Weltsprachenfunktion oder die Tatsache, daß die griechische Schrift das erste vollständige Alphabet (mit Konsonanten- und Vokalbezeichnung) der Schriftgeschichte ist. Die durch Erkenntnisse der neueren Forschung gestützte Annahme, wonach die Übernahme des phönizischen Konsonantenalphabets im griechischen Sprachraum bereits im 11. Jahrhundert v. Chr. erfolgte und damit das griechische Alphabet die älteste Abzweigung von der altsemitischen Buchstabenschrift ist, hat außerhalb von Expertenkreisen noch keine Verbreitung gefunden (s. Kap. 6, A). Es sei hier auf einen weiteren Rekord hingewiesen, den man erst in einer vergleichenden Gesamtperspektive der Schriftverhältnisse erkennt. Das Griechische ist die älteste Schriftsprache der Welt, die noch heute verwendet wird (HAARMANN 1988, 13f.). In diesem Zusammenhang denken die meisten an die chinesische Sprache mit ihrer jahrtausendealten Schrifttradition. Die ältesten chinesischen Schriftzeugnisse, die sicher datiert werden können, entstanden nach 1380 v. Chr. (Orakelknochen der Shang-Periode), nach anderer Auffassung sogar erst im 13. Jahrhundert v. Chr. Das älteste Schriftsystem des Griechischen, Linear B auf Kreta, wurde aber schon um 1450 v. Chr. zur Schreibung des mykenischen Griechisch verwendet. Auch nachdem Linear B außer Gebrauch gekommen war, lebte die griechische Schriftkultur in dem Medium des kyprisch-syllabischen Schriftsystems (seit dem 11. Jahrhundert v. Chr.) in Altzypern weiter. Von Kreta und der östlichen Ägäis aus verbreitete sich später die Alphabetschrift, deren Tradition

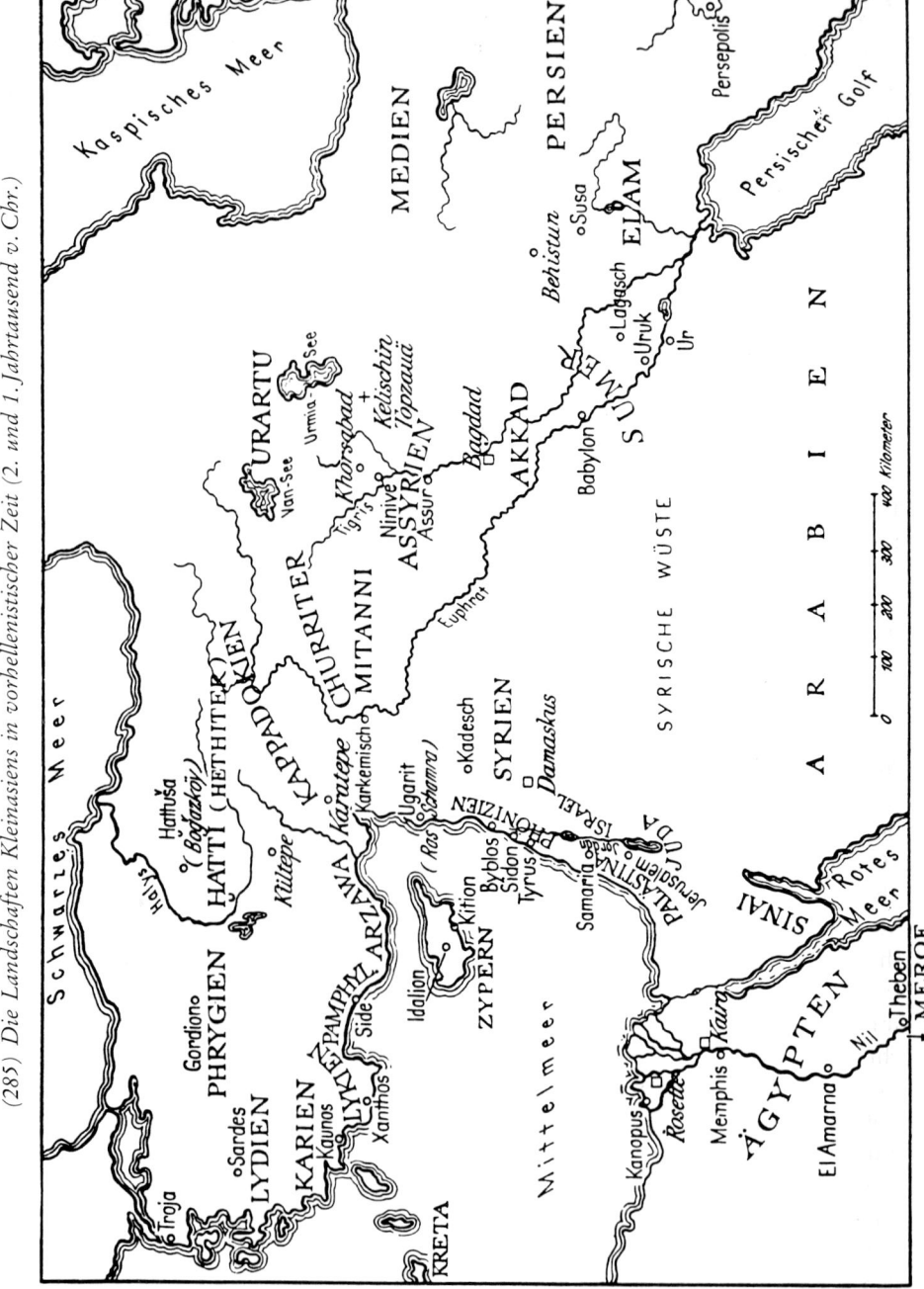

(285) Die Landschaften Kleinasiens in vorhellenistischer Zeit (2. und 1. Jahrtausend v. Chr.)

sich mit der älteren Silbenschrift auf Zypern kreuzte (vgl. alteuropäisch-altmediterraner Schriftkulturkreis).

Das griechische Alphabet war offensichtlich eine äußerst praktische Technologie, denn es gehört nach der Vielzahl seiner Ableger zum Kreis der hochproduktiven Schriftsysteme der Welt. Der Weg der griechischen Schrift nach Westen, d. h. nach Italien, ist bereits in seinen Grundzügen beschrieben worden (s. Kap. 6, S. 289 ff.), und auch ihr Einfluß im westlichen Mittelmeer ist schon zur Sprache gekommen (s. o. zur iberischen Schrift). Bald nachdem die Griechen selbst den Anstoß zur Alphabetschrift aus dem Vorderen Orient bekommen hatten, wirkte dieser zurück auf eine Reihe kleinerer Völker in Kleinasien, deren kulturelle Entwicklung mehr oder weniger stark vom Griechentum beeinflußt wurde. So findet man Abzweigungen der griechischen Schrift bei den indogermanischen Phrygern und Lykern (Lykiern) sowie bei den nicht-indogermanischen Lydern und Karern (*Abb. 285*).

(286) Die Abzweigung des phrygischen Alphabets aus der westgriechischen Schrift

Alt-west-griech.	Phry-gisch	Laut-wert
A	A	*a*
B	BB	*b*
∧Γ	Γ	*g*
Δ	Δ	*d*
⋏E	⋏⋏	*e*
F	FF	*v*
I	ϟϟϟ	*z*
I	I	*i*
K	KK	*k*
∧L	∧	*l*
M	MM	*m*
N	N	*n*
O	O	*o*
Γ	PN	*p*
PP	PP	*r*
ϟϟ	ϟϟ	*s*
T	T	*t*
⋎YV	Y	*u*
Φ	Φ	*ph*
YV	Y	*kh*, χ

Die kleinasiatischen Abzweigungen der griechischen Buchstabenschrift

a) Die phrygische Schrift

Die Phryger wanderten – zusammen mit anderen thrakischen Stämmen – im 12. Jahrhundert v. Chr. nach Kleinasien ein und gründeten dort im 8. Jahrhundert v. Chr. ein Reich mit der Hauptstadt Gordion südwestlich von Ankara. Als selbständige Buchstabenschrift tritt die *phrygische Schrift* in den altphrygischen Inschriften des 7. und 6. Jahrhunderts v. Chr. auf, während die neuphrygischen Inschriften aus den ersten Jahrhunderten unserer Zeitrechnung in griechischer Schrift und Sprache geschrieben sind. Die altphrygische Schrift ist aus einer Variante des westgriechischen Alphabets abgeleitet (*Abb. 286*). Dieser Schriftart sehr ähnlich ist die Schrift auf der vorgriechischen Stele von Lemnos aus dem 6. Jahrhundert v. Chr. (*Abb. 287*). Es ist nicht sicher, ob die Sprache der Inschrift das Etruskische oder ein thrakischer Dialekt ist. Die Ähnlichkeit der Schriftzeichen deutet auf eine Beziehung zur prototyrrhenischen Schrift der Etrusker (s. Kap. 6, A).

(287) Die Stele von Lemnos (6. Jahrhundert v. Chr.)

b) Die lykische Schrift

Die Lyker haben vermutlich im 6. Jahrhundert v. Chr. das westgriechische Alphabet in einer dorischen Variante übernommen (*Abb. 288*). Von den insgesamt 29 Schriftzeichen lassen sich nur etwa 17 einwandfrei aus dem Griechischen ableiten, andere Zeichen zeigen Anlehnung an das Kyprisch-Syllabische, dessen Einfluß nicht auszuschließen ist. Die meisten Inschriften, darunter auch einige lykisch-griechische Bilinguen, stammen aus dem 5. und 4. Jahrhundert v. Chr. (*Abb. 289*). In Münzlegenden hält sich die *lykische Schrift* bis etwa 360 v. Chr.

c) Die lydische Schrift

Die Lyder gründeten ein Teilreich in Kleinasien. Im 7. Jahrhundert v. Chr. sind die Lyder verwickelt in Kämpfe mit den Kimmeriern im Norden und den persischen Medern im Osten. Über die ionischen Kolonien standen die Lyder mit den Griechen in Kontakt. Die wenigen bekannten lydischen Inschriften in einer eigenen Schriftart (*Abb. 288*) werden ins 4. Jahrhundert v. Chr. datiert (*Abb. 290*). Bei der *lydischen Schrift* ergibt sich – ähnlich wie beim lykischen Alphabet – die Schwierigkeit der Ableitung von Schriftzeichen aus dem Westgriechischen. Von den 26 Buchstaben sind nur 16 einwandfrei abzuleiten.

(288) Die lykische und lydische Schrift im Vergleich zur westgriechischen Variante des Alphabets

Nummer	Altwestgriechisch Lautwert	Altwestgriechisch Zeichen	Lykisch Zeichen	Lykisch Lautwert nach Kalinka	Lykisch Lautwert nach Bork	Lydisch Zeichen	Lydisch Lautwert
1	a	A	▷	a	a	A	a
2			↑	e	$v = ə$		
3	b	B	B b	b	$p = pf$	B	b
4			∿	β	bilab.		
5	g	∧Γ	∨∧∨	g	$q = kh$		
6	d	∆	∧	d	d	∧	d
7	e	⋲E	E	i	e	∀	e
8	v	F	F	w	f	∄	v
9	z	I	I	z	$c = ts$	⊤	s
10	th	⊙	X	ϑ, th			
11	i	I	I	j	k, č	I	i
12	k	K	K	c	q	⋊k	k
13			✱	q			
14	l	∧∨	∧	l	l	╎╷	l
15	m	M	∿	m	m	∿	m
16	n	N	∾	n	n	∿	n
17			✕	m̃	ṃ		
18			⊞	ñ	ṇ	⊞	τ (ñ?)
19	o	O	O	u	o	o	o
20	p	Γ	⌐	p	p		
21			◇	x	ḥ		
22	r	P	P	r	r	q	r
23	s	⌇⌇	⌇⌇	s	s	⌇⌇	ś
24	t	T	T	t	t	T	t
25			⋎			⋎	λ
26			⋎⋎⋎	ĩ	later. l?		
27			⋎⋎⋎	ã	õ	Y	ē
28			+×	ẽ	ã	+	p (h?)
29	kh	⋎⋎	⋎⋎	h	$c = χ$		
30				k	$k = qh$	D	? (ə?)
31						8	f
32						M	ã
33						⌇	v
34	u	⋎⋎∨				⋎	u
35						↑	? (q?)
36						⌐	? (g?)

(289) Zweisprachige lykisch-griechische Grabinschrift (5. Jahrhundert v. Chr.)

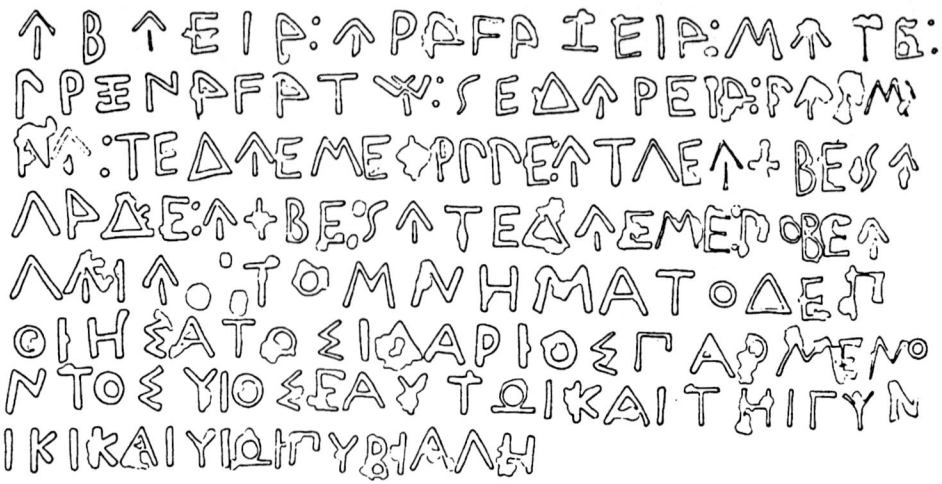

Umschrift: 1. ebeija: erawazija: me ti: 2. prn̂nawatẽ: siderija: parm[ẽn] – 3. [ah]: tideimi[h] rppi: etli ehbi se 4. ladi: ehbi: se tideimi: pubie– 5. leje: Τὸ μνῆμα τόδ᾽ ἐπ- *6.* οιήσατο Σιδάριος Παρμένο- *7.* ντος υἱὸς ἑαυτῶι καὶ τῆι γυν[α] *- 8.* ικὶ καὶ υἱῶι Πυβιάληι

Übersetzung des griechischen Textes: ›Dieses Denkmal machte Sidarios, des Parmenon Sohn, für sich und die Gattin und den Sohn Pybiales.‹

Übersetzung des lykischen Textes: ›Dieses Denkmal, nun wer (es) erbaute, (ist) Siderija, des Parmena Sohn, für das eigene Selbst und die eigene Gattin und den Sohn Pubiele.‹

(290) Lydisch-griechische Inschrift (4. Jahrhundert v. Chr.)

ΥϞϺΙΤϞΑ ϜΙϞΑϞΙϞΑΒ ϷΑϞϞΑϞ

ΝΑΝΝΑΣΔΙΟΝΥΣΙΚΛΕΟΣΑΡΤΕΜΙΔΙ

lydisch: nannás bakivalis artimuλ

griechisch: Νάννας Διονυσικλέος Ἀρτέμιδι

deutsch: ›Nannas, (Sohn) des Dionysikles, (weiht diese Statue) der Artemis.‹

(291) Bild des Zeus mit der Doppelaxt auf einer Silbermünze des karischen Satrapen (›Reichsbeschützer‹, persisch) Pixodaros

d) Die karische Schrift

Um die Herkunft der Karer ranken sich Mythen und Legenden. Nach HERODOT (I, 171) soll der Name des Volkes ursprünglich Leleger gewesen sein, und sie wären angeblich aus Kreta und den Kykladeninseln nach Kleinasien gekommen. Kulturzentren der Karer waren Alinda, Halikarnassos, Mylasa (heute Milas), Alabanda und Labranda. In Labranda befand sich der religiöse Mittelpunkt Kariens mit dem Heiligtum des Zeus Labrandeus (›Zeus mit der Doppelaxt‹; Abb. 291). Karische Inschriften stammen sämtlich aus dem 6. Jahrhundert v. Chr., die wenigsten allerdings aus Karien selbst (Abb. 292). Die meisten Schriftzeugnisse hat man in Ägypten

(292) Karische Inschrift aus Kaunos (Südkarien; 6. Jahrhundert v. Chr.)

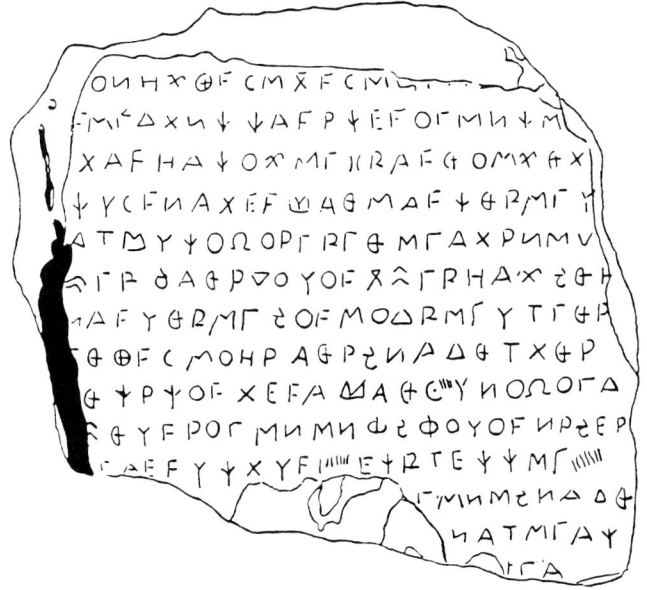

(293) Vergleich karischer Schriftzeichen mit solchen der kyprischen Silbenschrift (Kyprisch-Syllabisch)

Kyprisch		Karisch	
Zeichen	Lautwert	Zeichen	Lautwert
⊓	ko	Ω	ko
↑ ⇑	ti	↑	ti
F ⋀	to	⊼ ⊼	to
↯	pe	↯ ↯	pe
▽	ra	▽	ra
⋀	re	⋀	re
↯	ri	⫟ ⋔ ✝ ⋏	ri
⌧ ⋈	ro	▽ φ ϒ Υ	ro
⋔ M	mi	M ⋔ W	mi, m
⫪ ⟋	no	⫪ ⟋	no
O	ja	▫ ▯	ja
⊗	jo?	⊗	jo?
8	le?	⊗	le?
⊤	pa	⍾ Ψ ш ᗟ	va
ɯ	pu	Φ Φ ⊖	vo
⋎	u	⋎ ⋏	vu
ⱳ	se (še?)	Ψ ⋕	se
Ϙ	χe	⊖ ⌑ ᗡ D ⊖	he
		↓	?
		⚥ Ϙ Ϙ	h + vo
		⋎⋏	mi + vu

(294) Die Beziehung der karischen Schrift zum westgriechischen Alphabet

Westgriechisch		Karisch	
Zeichen	Lautwert	Zeichen	Lautwert (Bork)
A	a	A ᗡ ᐊ λ	a
B	b	d b	pf
Γ Γ	g	< [C ⊃	qḥ
Δ	d	Δ	tp
Æ E	e	Ɛ E ⋺	e
F	v	F ꟻ ꞊	v
I	z	I I	c = ts
⊗	th	⊗ ⊕	p
K	k	K ⊁ ⊬	k
Λ ᶅ	l	Γ 𐌋 Γ Λ	l
N	n	N ᴎ Ч	n
O	o	O o	o
Γ	p	⌐	p
		⩘	č
Ϙ	q	Ϙ	ḥ (e)
P P	r	P P R q 4 ᑕ	r
⧢ ⵄ	s	M W M ᗡ	s
T	t	T	t
ᴦ Y V	u	V Y ʏ ᴦ	u
X	ks	X †	h'
ᴪ Y	kh	ᴪ Y ʏ ᴪ	k'h'

(295) Sidetisch-griechische Inschrift

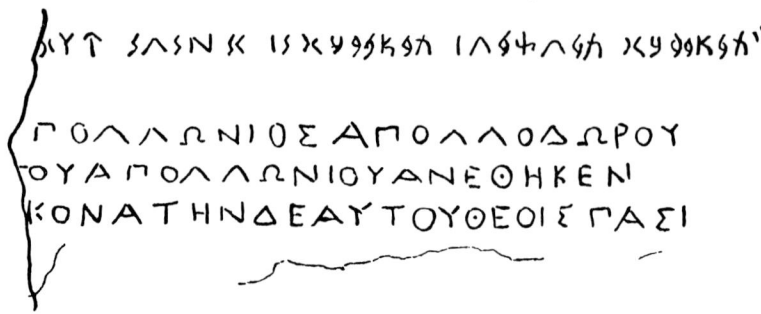

gefunden (Graffiti karischer Söldner in Abu Simbel, Abydos, Memphis, Silsilis, u. a.). Die *karische Schrift* scheint nach zwei Prinzipien organisiert zu sein. Eine Reihe von Schriftzeichen geben Silben wieder und ähneln äußerlich den Zeichen der kyprischen Silbenschrift (*Abb. 293*), andere Zeichen entsprechen einzelnen Buchstaben und sind mit Sicherheit aus dem Westgriechischen entlehnt (*Abb. 294*). Die Schreibweise des Karischen beinhaltet somit eine ältere Schriftkomponente (Silbenschrift in Anlehnung an das Kyprisch-Syllabische) und eine jüngere (Alphabetschrift in Anlehnung an die griechische Schrift). Ein solcher Mischcharakter ist außer vom Karischen von der altpersischen Keilschrift (→ Kulturkreis der Keilschrift) und vom Iberischen (→ phönizischer Schriftkulturkreis) bekannt.

Isoliert im griechischen Schriftkulturkreis Kleinasiens steht die *sidetische Schrift*, deren Gebrauch auf die antike Stadt Side in Pamphylien beschränkt war. Die sidetische Schrift findet sich auf Münzen und in wenigen sidetisch-griechischen Inschriften (*Abb. 295*). Über Herkunft und Verbreitung des Sidetischen ist bis heute nichts Näheres bekannt. Offenbar war sie auch in der Antike isoliert, denn der griechische Historiker ARRIANOS (um 95 – um 175 n. Chr.) vermerkt in seinem Werk »Anabasis Alexandru« (I, 26, 4), in dem der Perserfeldzug Alexanders des Großen beschrieben wird, daß die Sprache der Bewohner von Side von allen anderen bekannten Sprachen abweiche.

Die westgotische Schrift

Im 4. Jahrhundert n. Chr. siedelte ein großer Teil der Westgoten im Gebiet des heutigen Bulgarien, und diese waren die ersten Germanen, die christianisiert wurden. Das Missionswerk lag in der Verantwortung eines Mannes, dessen Mutter eine christliche Sklavin aus Kleinasien und dessen Vater ein freier Gote war. Der Einfluß der Mutter machte den Sohn zum Christen, der als Bischof der Goten unter dem Namen WULFILA (Ulfilas, 318–388) bekannt wurde. Wulfila war gebildet und beherrschte das Griechische. Auch das Lateinische war ihm nicht fremd. Die Wahl der Schrift für die *gotische Sprache*, in die er die Bibel übersetzte, war im engeren Sinn

(296) Die Herkunft der Zeichen der westgotischen Schrift

Zahlenwert	Lautwert	Gotische Unziale	Vorbild	Schriftart des Vorbildes	Kursive der Urk. v. Neapel
1	a	𐌰	α	gr.	𐌰 𐌰
2	b	𐌱	B	gr.	K B
3	g	Γ	Γ	gr.	r r
4	d	𐌳	Δ	gr.	𐌳 d
5	ē	Є	Є	gr.	Ƀ ɛ
6	q	U	ϙ	lat.	
7	z	Z	Z	gr.	Z
8	h	h	h	lat.	𐌷 h
9	þ	Ψ	Ψ	gr.	Ψ Ψ
10	i	I	I	gr.	ɩ ɩ
20	k	K	K	gr.	K K
30	l	λ	λ	gr.	λ
40	m	H	M	gr.	H M
50	n	N	N	gr.	N N
60	j	G	G	lat.	G G
70	u	n	n	Run.	U H
80	p	Π	Π	gr.	H
90	–	Ч	Ϟ	gr.	
100	r	R	R	lat.	R R
200	s	S	S	lat.	Ɛ Ɛ
300	t	T	T	gr.	T T
400	w	Y	Y	gr.	Y Y
500	f	F	F	lat.	Ƒ ƙ
600	χ	X	X	gr.	
700	hw	⊙	Θ	gr.	
800	ō	Ω	Ω	Run.	ϙ ℓ
900	–	↑	↑	gr.	

religiös, im weiteren Sinn weltanschaulich begründet. Es gab eine Reihe zeitgenössischer Schriftsysteme, die zur Auswahl standen, und von diesen waren die griechische Schrift, die Lateinschrift und das System der germanischen Runen die verbreitetsten. Wulfila vermied die Runen, und dies aus gutem Grund. »Wohl mit vollem Bewußtsein griff er nicht zu den damals den Goten bereits bekannten Runen, an denen viel heidnischer Glaube und Brauch hing; vielmehr schuf er aus der Bekanntschaft mit den Schriften der zu jener Zeit am Schwarzen Meer und im Norden der Balkanhalbinsel blühenden griechisch-römischen Mischkultur heraus ein neues, dem gotischen Lautstande angepaßtes Alphabet.« (JENSEN 1969, 474)

Der Zeichenbestand der *westgotischen Schrift* basiert zum größten Teil auf dem griechischen Alphabet. Einige Zeichen entnahm Wulfila der lateinischen Schrift. Dies betrifft die Zeichen für Laute, die im Griechischen fehlen (*q, h, j, f*), außerdem die für *r* und *s*. Nur zwei Zeichen (zur Schreibung von *u* und *o*) stammen aus der Runenschrift (*Abb. 296*). Das griechische Zeichen für *ps* (Ψ) wurde umgedeutet und gibt den für das Gotische charakteristischen Laut þ (gesprochen wie stimmloses engl *th*) wieder. Das westgotische Alphabet enthält 25 Schriftzeichen. Hinzu kommen noch zwei aus dem Griechischen übernommene Zahlzeichen, u. zw. für 90 und 900. Die Reihenfolge der Buchstaben des westgotischen Alphabets ist bekannt aus der sogenannten *Salzburg-Wiener Handschrift* (10. Jahrhundert), in der auch die Zahlenwerte der Schriftzeichen wiedergegeben sind. Die westgotische Schrift ist als Unzialschrift ein typisches Produkt ihrer Zeit, denn die im christlichen Schrifttum verbreitetste zeitgenössische Schriftart war die griechische Unzialschrift (nach lat. uncia = 1 Zoll). Die verhältnismäßig großen Buchstaben wurden angeblich von Hieronymus (um 347–419) litterae unciales (›zollhohe Buchstaben‹) genannt. Diese griechische Schreibweise in Majuskeln wird seit Beginn des 3. Jahrhunderts als Buchschrift verwendet. Ihr ursprüngliches Verbreitungsgebiet ist Nordafrika, wo sich das frühe Christentum am besten entfalten konnte. Vorformen der Unzialschrift finden sich schon in hellenistischen Inschriften des 3. Jahrhunderts v. Chr. Die Verbreitung der griechischen Unzialschrift über die griechischsprachige Welt (*Abb. 297*) wurde unterstützt durch die Parallelentwicklung der lateinischen Unziale, die ursprünglich auch von Nordafrika ihren Ausgang nahm.

Von den gotischen Handschriften in Unzialschrift ist der *Codex argenteus* am bekanntesten (*Abb. 298*). Dieser hat seinen Namen von dem purpurfarbenen Pergament erhalten, auf das Teile der vier Evangelien mit Silber- und teilweise Goldbuchstaben geschrieben worden sind. Die genaue Entstehungszeit des Codex argenteus ist nicht bekannt. Wahrscheinlich ist die Handschrift in Italien entstanden und gelangte im 16. Jahrhundert auf unbekanntem Weg nach Werden an der Ruhr. Später tauchte der Codex in Prag auf, von wo ihn die abziehenden schwedischen Truppen im Jahre 1648 mitnahmen. Zwischenzeitlich war die Handschrift in Holland und kam 1669 zurück nach Schweden, nach Uppsala, wo sie in der Universitätsbibliothek aufbewahrt wird. Wie der Codex argenteus, so enthalten auch die meisten anderen gotischen Handschriften Teile der Bibelübersetzung nach Wulfila. Die Entstehungszeit dieser Handschriften, wozu außer dem erwähnten Codex argenteus der *Codex Carlinus* (Wolfenbüttel), die *Codices Ambrosiani* (Mailand), der *Codex Turinensis* (Turin) und andere gehören, fällt in die Periode der Ostgotenherrschaft in Italien (493–555). In den Verkaufsurkunden von

(297) Die griechische Unzialschrift des 4. Jahrhunderts n. Chr. (Text aus dem Codex Sinaiticus)

ΤΟΥΤΩΝΤΡΙΩΝ
ΠΛΗΣΙΟΝΔΟΚΕΙ
ΣΟΙΓΕΓΟΝΕΝΑΙΤ
ΕΜΠΕΣΟΝΤΟΣΕΙ·
ΤΟΥΣΛΗΣΤΑΣΟΔΕ
ΕΙΠΕΝΟΠΟΙΗΣΑΣ
ΤΟΕΛΕΟΣΜΕΤΑΥΤ
ΕΙΠΕΝΔΕΑΥΤΩΟ
ΠΟΡΕΥΟΥΚΑΙΣΟΙ
ΠΟΙΕΙΟΜΟΙΩΣΕΝ
ΔΕΤΩΠΟΡΕΥΕΣΘΝ
ΑΥΤΟΥΣΑΥΤΟΣΕΙ
ΘΕΝΕΙΣΚΩΜΗΝ
ΤΙΝΑ
ΓΥΝΗΔΕΤΙΣΟΝΟΜΑ
ΤΙΜΑΡΘΑΥΠΕΔΕ
ΞΑΤΟΑΥΤΟΝΕΙΣ
ΤΗΝΟΙΚΙΑΝΚΑΙ
ΤΗΔΕΗΝΑΔΕΛΦΗ
ΚΑΛΟΥΜΕΝΗΜΑ
ΡΙΑΜΚΑΙΠΑΡΑΚΑ
ΘΕΣΘΕΙΣΑΠΡΟΣΤ
ΠΟΔΑΣΤΟΥΚΥΗ
ΚΟΥΕΤΟΝΛΟΓΟΝ
ΑΥΤΟΥ·ΗΔΕΜΑΡ
ΘΑΠΕΡΙΕΣΠΑΤΟΠ·
ΡΙΠΟΛΛΗΝΔΙΑΚ
ΝΙΑΝ
ΕΠΙΣΤΑΣΑΔΕΕΙΠΕΝ
ΚΕΟΥΜΕΛΙΣΟΙΟ
ΤΙΗΑΔΕΛΦΗΜΟΥ
ΜΟΝΗΝΜΕΚΑΤ·
ΛΙΠΕΝΔΙΑΚΟΝΙΝ
ΕΙΠΕΟΥΝΑΥΤΗΙ
ΝΑΜΟΙΣΥΝΑΝΤΙ
ΛΑΚΗΤΕ
ΑΠΟΚΡΙΘΕΙΣΔΕΕΙ
ΠΕΝΑΥΤΗΟΚΣ
ΜΑΡΘΑΜΑΡΘΑΜ·
ΡΙΜΝΑΣΚΑΙΘΟΡΥ

ΑΥΤΟΝΕΝΤΟΠΩ
ΤΙΝΙΠΡΟΣΕΥΧΟΜ·
ΝΟΝΩΣΕΠΑΥΣΑ
ΤΟΕΙΠΕΝΤΙΣΤΩΝ
ΜΑΘΗΤΩΝΑΥΤΟΥ
ΠΡΟΣΑΥΤΟΝΚΕΔΙ
ΔΑΞΟΝΗΜΑΣΠΡ··
ΕΥΧΕΣΘΑΙΚΑΘΩ
ΕΔΙΔΑΞΕΝΤΟΥΣ
ΜΑΘΗΤΑΣΑΥΤΟΥ
ΕΙΠΕΝΔΕΑΥΤΟΙΣ·
ΤΑΝΠΡΟΣΕΥΧΗ··
ΛΕΓΕΤΕ·
ΠΑΤΕΡΑΓΙΑΣΘΗΤ
ΤΟΟΝΟΜΑΣΟΥ·
ΕΛΘΑΤΩΗΚΑΣΙΛΙ
ΑΣΟΥΓΕΝΗΘΗΤ
ΤΟΘΕΛΗΜΑΣΟΥΩ
ΕΝΟΥΡΑΝΩΟΥΤ
ΚΑΙΕΠΙΓΗΣΤΟΝ
ΑΡΤΟΝΗΜΩΝΤΟΝ
ΕΠΙΟΥΣΙΟΝΔΟΣΗ
ΜΙΝΚΑΘΗΜΕΡΑΝ
ΚΑΙΑΦΕΣΗΜΙΝΤΑ
ΑΜΑΡΤΙΑΣΗΜΩΝ
ΩΣΚΑΙΑΥΤΟΙΑΦΙ·
ΜΕΝΠΑΝΤΙΟΦΙ·
ΛΟΝΤΙΗΜΙΝΚΑΙ
ΜΗΕΙΣΕΝΕΓΚΗ·
ΗΜΑΣΕΙΣΠΙΡΑΣΜ·
ΚΑΙΕΙΠΕΝΠΡΟΣΑ
ΤΟΥΣΤΙΣΕΞΥΜΩΝ
ΕΞΕΙΦΙΛΟΝΚΑΙΠ·
ΡΕΥΣΕΤΑΙΠΡΟΣΑ
ΤΟΝΜΕΣΟΝΥΚΤΙ
ΟΥΚΑΙΕΙΠΗΑΥΤΩ
ΦΙΛΕΧΡΗΣΟΝΜΟΙ
ΤΡΙΣΑΡΤΟΥΣΕΠΙΔΗ
ΦΙΛΟΣΜΟΥΠΑΡΕΓ·
ΝΕΤΟΕΞΟΛΟΥΠΡ·

ATTA NNSAR⳽NÏN HIMINAM·
ỴEIHNAINAMQ⳽EIN· ΥIMA I⳽INAI
NASSNSϕEINS· ΥAIRϕAIΥIAGA
ϕEINS· SΥEÏNHIMINAGAHANA
AIRϕAI· HAAIBNNSARANAϕANASIN
TEINANΓIBNNSHIMMAAAΓA· GAH
ABAETNNSϕATEISBNAANSSIGAI
MA· SΥASΥEGAHΥEISABAETAMϕAΓ
SBNAAMNNSARAIM· GAHNIBRIΓ
ΓAISNNSÏNBRAISTNBNGAI· ABAAN
SEINNSABϕAMMANBIAIN· NNTE
ϕEINAÏSTϕINAANΓABAΓ GAHMAΓIS
GAHΥNAϕNSÏNAIΥINS · AMEN·

(298) *Text des Vaterunser aus dem Codex argenteus*

Neapel (etwa 550) tritt uns eine Kursivform der westgotischen Unzialschrift entgegen (s. Tabelle in 296, S. 433).

Die westgotische Schriftkultur ist ein »toter Zweig« der griechischen Schrifttradition wie auch der Schriftsysteme germanischer Sprachen. Ähnlich wie die Runenschrift hat die westgotische Schrift die abendländische Schriftentwicklung nicht beeinflußt. Was sich im Mittelalter als Gotische Schrift verbreitet (vgl. gotische Minuskel, Kursive, Kurrent- und Gitterschrift seit dem 13. Jahrhundert, gotische Majuskel im 14. Jahrhundert), ist eine Schreibvariante im gotischen Stil auf der Basis der Lateinschrift. Diese gotische Schrift hat also außer dem Namen nichts mit der westgotischen Schrift gemein.

Die koptische Schrift

Ähnliche Ausgangsbedingungen, wie sie für die Entstehung der westgotischen Schrift und des darin verfaßten christlichen Schrifttums maßgebend waren, herrschten zu der Zeit in Ägypten, als die koptische Schrift ausgebildet wurde. Der griechische Kultur- und Spracheinfluß hat in Ägypten eine lange Tradition. Es sind Inschriften aus vorklassischer Zeit gefunden worden, wie beispielsweise der Text in ionischem Alphabet an einer der Kolossalstatuen des Tempels von Abu Simbel in Oberägypten, der offensichtlich von griechischen Söldnern im 6. Jahrhundert v. Chr. verfaßt worden ist (*Abb. 299*). Als kulturelle Triebkraft mit weitreichender Wirkung entfaltete sich der Hellenismus erst nach dem Ägyptenfeldzug Alexanders des Großen und nachdem dieser die Stadt Alexandria (332/31 v. Chr.) am Nildelta angelegt hatte. Alexandria war die Hauptstadt der hellenistischen Ptolemäer-Dynastie (323–30 v. Chr.) und eines der wichtigsten griechischen Kulturzentren der Antike.

Die Entwicklung der griechischen Schriftkultur in Ägypten lief jahrhundertelang parallel zu der der ägyptischen Sprache, die seit Mitte des 7. Jahrhunderts v. Chr. in einer Fortentwicklung der neuägyptischen Schriftsprache, ihrer demotischen Variante, vorherrschte. Das *Demotische* wurde in einer eigenen Kursivschrift gleichen Namens geschrieben, und diese Schriftart war die wichtigste Gebrauchsschrift Ägyptens bis zur Verbreitung des Christentums. Das demotische Schrifttum ist geprägt durch den Stil einer Urkunden- und Literatursprache, die mit der Zeit erstarrt und sich von der gesprochenen Umgangssprache deutlich zu unterscheiden beginnt. Mit der Ausbreitung der christlichen Lehre im 2. und 3. Jahrhundert wuchs das Bedürfnis, als Basis der Schriftsprache die weitverbreitete Volkssprache zu wählen. »Um als erfolgreiches Vehikel der Glaubensverkündung, der Propagierung der Heiligen Schrift unter der nicht griechischsprechenden Bevölkerung fungieren zu können, bedurfte es der gesprochenen Sprache, nicht einer toten Literatursprache, zum andern mußte eine leicht erlernbare Schrift gefunden werden. Dies bedeutete die Aufgabe des altehrwürdigen Schriftsystems zugunsten des griechischen Alphabetes.« (STÖRK 1981, 151) Es kommt ergänzend hinzu, daß die griechische Schrift als solche, unabhängig von ihrem praktischen Gebrauchswert als Buchstabenschrift, ein Symbol christlicher Weltanschauung war.

Die Volkssprache Ägyptens war das *Koptische*, das sich als Umgangssprache direkt aus dem Neuägyptischen – und nicht aus dem Demotischen – ableitet. Der Name »koptisch« stammt über arabische Vermittlung (arab. *qopt/qipt* ›ägyptisch‹) aus griech. *gyptios* (γύπτιος, abgekürzt aus Αἰγύπτιος ›ägyptisch‹). Die koptische Schrift, die in den ältesten Denkmälern aus der zweiten Hälfte des 2. Jahrhunderts als vollausgebildetes System entgegentritt, ist in ihrer Basis eine Abzweigung vom griechischen Alphabet (*Abb. 300*), u. zw. in Anlehnung an die Gestalt der Unzialschrift (vgl. auch die westgotische Schrift). Der praktische Wert dieser Schrift bestand unter anderem darin, daß – im Unterschied zum Demotischen – auch die Vokale bezeichnet werden konnten. Dies erwies sich als hilfreich bei der Wiedergabe der zahlreichen griechischen Lehnwörter, die im Lauf der Zeit in die ägyptische Umgangssprache übernom-

(299) Griechische Inschrift in ionischem Alphabet an einer Statue des Tempels von Abu Simbel (6. Jahrhundert v. Chr.)

›Als König Psammetich nach Elephantine kam, schrieben die Leute des Psammetich, des Sohnes des Theoklos, dieses. Sie segelten und gelangten bis oberhalb Kerkis, soweit der Fluß es gestattete. Die Fremden führte Potasimto, die Ägypter Amasis. Der Schreiber dieses war Archon, Sohn des Amoibichos, und Peleqos, Sohn des Eudamos.‹

(300) Das koptische Alphabet im Vergleich zur griechischen Unzialschrift

Zahlen-wert	Laut-wert	Name	Koptisch	Griech. Unziale
1	a	alfa	ⲁ	Α
2	b, v	vēda	Β	Β
3	g	gamma	Γ	Γ
4	d	dalda	ⲇ	Δ
5	ē	ēje	ⲉ	Ε
6	–	sou	Ϛ	Ϛ
7	z	zāda	ⲍ	Ζ
8	ē	hāda	Η	Η
9	t-h	tutte	Θ	Θ
10	j, i	jōda	Ι	Ι
20	k	kabba	ⲕ	Κ
30	l	lōla	ⲗ	λ
40	m	mēj	ⲙ	Μ
50	n	ni	ⲛ	Ν
60	ks	eksi	ⲝ	Ξ
70	ŏ	ou	Ο	Ο
80	p	bej	Π	Π
100	r	rou	Ρ	Ρ
200	s	samma	Ⲥ	Ϲ
300	t	daū	Τ	Τ
400	i	he	ⲩ	Υ
500	p-h	fij	Φ	Φ
600	k-h	kij	Χ	Χ
700	ps	ebsi	Ψ	Ψ
800	ō	ō	Ϣ	Ω
900	–	–	Ϥ Ϥ	

(301) Koptische Schriftzeichen demotischer Herkunft

(302) Koptischer Text aus dem Frühmittelalter

Zahlenwert	Lautwert	Name	Koptisch	Demotisch	Hieroglyphen
–	š	šāj	ϣ	✑	𓍱
90	f	fāj	ϥ	✑	𓆑
–	ḫ	ḫāj	ϧ	✑	𓐍
–	h	hōri	ϩ	✑	𓉔
–	ǧ	ǧanǧa	ϫ	✑	𓏴
–	(g, č) š	šima	ϭ	✑	𓐝
–	ti	dij	ϯ	t	𓂝

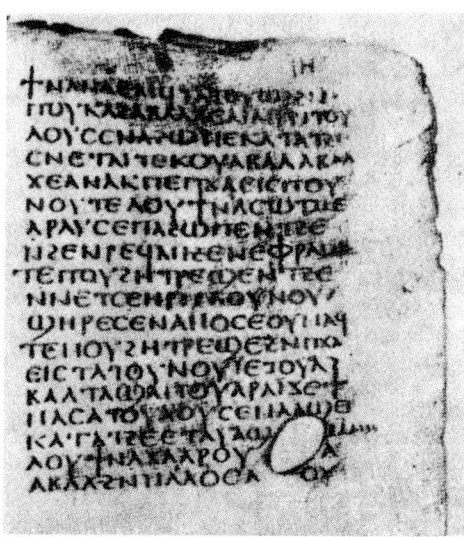

men worden waren und deren Schreibung in demotischer Schrift recht umständlich war. Andererseits besaß die griechische Schrift keine Zeichen für verschiedene Laute des Koptischen, so daß Zusatzzeichen in das koptische Alphabet aufgenommen wurden (Abb. 301). Das koptische Alphabet umfaßt somit 25 Zeichen griechischer und 7 Zusatzzeichen demotischer Herkunft. Von diesen werden zwei nur als Zahlzeichen verwendet (vgl. die Zeichen für die Zahlenwerte 6 und 900).

Vergleicht man Texte aus verschiedenen Epochen des koptischen Schrifttums, so erkennt man, daß die Gestalt der griechischen Unzialschrift nur in der Anfangszeit streng beibehalten wurde (Abb. 302). Später wird in der koptischen Schreibweise ein Hang zu Schnörkeln und Verzierungen sowie zur Verwendung von Interpunktionszeichen erkennbar (Abb. 303). Das Vorbild dieser jüngeren Schreibweise des 9. Jahrhunderts ist die zeitgenössische byzantinisch-griechische Tradition der Minuskelschreibung (Abb. 304). Als Sprache und Schrift der christlichen Literatur Ägyptens dient das Koptische vom 3. bis zum 5. Jahrhundert und entfaltet sich unabhängig vom zeitgenössischen demotischen Schrifttum. Als das Christentum Staatsreligion Ägyptens wird, verdrängt die christlich-koptische Schriftart endgültig die heidnisch-demotische. Bis gegen Ende des 7. Jahrhunderts ist das Koptische die alleinherrschende Sprache Ägyptens, weicht danach aber rasch dem Arabischen. Während das öffentliche Leben Ägyptens islamisiert wird und die arabische Schrift sich zum wichtigsten Medium der Schriftkultur entwickelt, behauptet sich die koptische Schrift als Medium der christlichen Minderheit Ägyptens. Im 9. Jahrhundert entstehen die letzten Werke der koptischen Originalliteratur; danach tradiert man die Sprache

(303) Ausschnitt aus einer koptischen Handschrift vom Ende des 9. Jahrhunderts

(304) Byzantinisch-griechische Minuskelschrift mit Initialen in Unzialschrift (Minatur des 9. Jahrhunderts)

nurmehr als Sakralsprache. Gesprochen wird das Koptische noch bis ins späte Mittelalter und hält sich stellenweise bis ins 17. Jahrhundert. Die letzten Sprachinseln (in Qous und Nagada) lösen sich gegen Ende des 19. Jahrhunderts auf (QUIBELL 1901).

Die altnubische Schrift

Im mittelalterlichen Nubien wiederholt sich, was Jahrhunderte vorher schon einmal geschah: die Übernahme eines ägyptischen Schriftsystems und dessen Anpassung an eine einheimische Sprache. Die meroitische Schriftkultur (→ ägyptischer Schriftkulturkreis) verfällt im 4. Jahrhundert und findet keinen Fortsetzer. Der Prozeß des Verfalls wird begleitet von einem grundlegenden weltanschaulichen Wandel, dem Wechsel von der heidnischen zur christlichen Kultur. Die ersten Anstöße kommen aus Abessinien, dessen christlicher König (Dynastie von Axum) das meroitische Reich noch vor 350 erobert hatte. Die Bindungen der christlichen Kirche Nubiens an Ägypten festigen sich, als der alexandrinische Presbyter Julian um die Mitte des 6. Jahrhunderts die Nubier zum monophysitischen Christentum koptischer Prägung bekehrt. Die koptische Kirche war ebensowenig wie die armenische den Beschlüssen des Konzils von Chalkedon (451 n. Chr.) gefolgt, wonach Jesus Christus zwei Naturen, eine göttliche und eine menschliche, hatte. Die orientalischen Kirchen hielten an der Auffassung von einer Natur fest, die in sich das Göttliche und Menschliche vereinigte. Diese Lehre gelangte aus Ägypten nach Nubien.

Als Schriftmedium der christlichen Nubier wurde aber zunächst das Griechische verwendet, das auch in Ägypten vor der Verschriftung des Koptischen als Schriftsprache der Christen diente. Im Verlauf des 8. Jahrhunderts vollzieht sich ein Wandel, indem das *Altnubische* schriftsprachliche Funktionen übernimmt. Die nubische Volkssprache wird in einem christlichen Alphabet, dem koptischen, aufgezeichnet. Die altnubische Schriftsprache verwendet aber drei Zusatzzeichen aus der meroitischen Kursivschrift, so daß die koptische Schriftversion in Ägypten nicht mit der in Nubien identisch ist (*Abb. 305*). Etwa drei Jahrhunderte lang blüht in Nubien ein christliches Schrifttum in der einheimischen Volkssprache, die mit dem Meroitischen nicht verwandt ist. Ähnlich wie im Fall der ägyptischen Hieroglyphenschrift, deren

(305) Zusatzzeichen der altnubischen Schrift, die aus dem meroitischen Alphabet übernommen wurden

(306) Zusatzzeichen meroitischer Herkunft in den südnubischen Inschriften

Tradition in Meroe zu einer Zeit aufrechterhalten wurde, als sie in Ägypen selbst bereits im Verfall begriffen war, wird auch die koptische Schrift in Nubien noch verwendet, als man in Ägypten gar kein Originalschrifttum mehr in Koptisch aufzeichnet. In Südnubien hat man auch Inschriften aus jener vorislamischen Zeit gefunden, die in altnubischer Sprache abgefaßt, aber mit griechischen Buchstaben geschrieben worden sind. In diesen Texten findet man eine Reihe von Zusatzzeichen aus dem meroitischen Alphabet (*Abb. 306*).

Die slavischen Schriften

Im 9. Jahrhundert setzt auf der Balkanhalbinsel ein Prozeß von Schriftschöpfungen ein, der mit seiner religiös-weltanschaulichen Motivation und seiner Beziehung zum griechischen Kulturkreis wie eine Wiederholung der Schaffung einer Schrift für das Gotische durch Wulfila im 4. Jahrhundert anmutet. Die *slavischen Schriften*, die ältere *Glagolica* (nach slav. glagol ›Wort‹) und die jüngere *Kyrillica*, werden von Missionaren in Anlehnung an das Vorbild der griechischen Schrift geschaffen. Die Balkanhalbinsel war nach dem Abzug der Westgoten der Schauplatz größerer Völkerbewegungen geworden. Die ethnischen Verhältnisse hatten sich vor allem durch den Zustrom südslavischer Stämme verändert, die bis an die Adria, nach Albanien, Makedonien und Nordgriechenland vorstießen. Slavische Streusiedlungen gab es bis in die Umgebung von Saloniki. Von dort aus brachen die griechischen Brüder Konstantinos (später Kyrillos genannt, 827–869) und Methodios (gest. 885), die man später die Slavenapostel nannte, zu ihrem Missionswerk auf, das sie bis nach Mähren in der heutigen Tschechoslowakei führen sollte.

Das slavische Sprachgebiet war im frühen Mittelalter noch wenig dialektal differenziert, und die makedonische Sprachvariante, die Kyrillos und Methodios nahe ihrer Heimat kennenlernten, war ohne weiteres auch bei den Slaven in Serbien, Kroatien und Mähren verständlich. Im damaligen Fürstentum Mähren, wo westslavische Stämme lebten, wurde die für die Missionierung gewählte Sprachform in die Liturgie eingeführt. In den sechziger Jahren des 9. Jahrhunderts entstanden die ersten Übersetzungen kirchlicher Schriften (Teile der Bibel, der Nomokanon (Kirchenrecht), u.a.). Die Sprache, in der das christliche Schrifttum aufgezeichnet wurde, nennt man *Altkirchenslavisch* (DIELS 1963). In der älteren slavistischen Forschung wurde auch die Bezeichnung »Altbulgarisch« verwendet, eine Variante des Südslavischen, die dem Makedonischen sehr nahe steht. Allerdings entstanden nach 1945 durch die Anerkennung der Makedonen als selbständiger Nationalität und des Makedonischen als Nationalsprache in der jugoslawischen Förderation Spannungen, denn die Bulgaren haben das Makedonische immer nur als Dialekt ihrer eigenen Sprache betrachtet. In der modernen Forschung wird daher überwiegend von »Altmakedonisch« gesprochen, was nicht nur aus ethnisch-politischer Sicht, sondern auch im Hinblick auf das Entstehungsgebiet der altkirchenslavischen Literatur ein präziserer Terminus ist.

Wenn von der Schrift der slavischen Sprachen die Rede ist, denken die meisten an die *kyrillische Schrift* und an das Russische, das zweifellos der weltweit bekannteste Vertreter dieser Sprachgruppe ist. Slavische Sprachen werden heutzutage in zwei Alphabeten geschrieben, in *lateinischer* und in *kyrillischer* Schrift. Das Polnische, Sorbische (in der Lausitz, DDR), Tschechische, Slovakische und Slovenische verwenden die Lateinschrift, während das Schriftmedium des Makedonischen, Bulgarischen, Russischen, Weißrussischen und Ukrainischen die Kyrillschrift ist. Das Serbokroatische ist ein Sonderfall, denn es wird mit lateinischen Buchstaben in Kroatien und Dalmatien, mit kyrillischen Buchstaben in Bosnien, Herzegovina, Montenegro und Serbien geschrieben. Die dritte Schriftart, die für slavische Sprachen verwendet wurde, ist die *glagolitische* Schrift, deren Blütezeit in die ersten Jahrhunderte nach der Christianisierung fällt. Die Glagolica wurde für das Kroatische noch zu einer Zeit gebraucht, als in Makedonien ausschließlich die Kyrillica das Schrifttum beherrschte. In der Liturgie hat sich das Glagolitische in Kroatien sogar bis in die Neuzeit gehalten. Die Glagolica ist die älteste slavische Schrift und gleichzeitig eine historische Schriftart, denn sie wurde überall dort, wo sie während des Mittelalters in Gebrauch war, vom Kyrillischen abgelöst.

Bereits auf den ersten Blick erkennt man, daß die Zeichen der beiden Schriftarten, Glagolica und Kyrillica, ganz verschieden aussehen (*Abb. 307*). Die kyrillische Schrift zeigt in der äußeren Gestalt ihrer Buchstaben klar ihre Abhängigkeit von der griechischen Schrift (s. u.). Viel schwieriger ist dagegen die Beziehung der Glagolica zu einem griechischen Schriftvorbild. Da die Herkunft nicht so eindeutig zu erschließen ist wie im Fall des Kyrillischen, sind zur Entstehung des Glagolitischen vielerlei Hypothesen geäußert worden, wie etwa die Annahme, die glagolitische Schrift wäre der Fortsetzer eines slavischen Runenalphabets, das aber wohl nie existiert hat. Ebenso spekulativ sind Ansichten, wonach die Lateinschrift den Donauslaven als Vorbild gedient habe oder die Glagolica eine reine Erfindung des Kyrillos sei. Schließlich streitet man sich auch noch über die Chronologie, und einige wollen die Zeichen der Glagolica aus denen der Kyrillica ableiten. Die vorherrschende Forschungsmeinung ist aber, daß das glagolitische Alphabet nach dem Vorbild der zeitgenössischen griechischen Minuskelschrift entstanden ist. Diese griechische Schriftart (s. Schriftprobe in *Abb. 304*) herrschte nicht nur im byzantinischen Schrifttum des 9. und 10. Jahrhunderts vor, sondern sie beeinflußte auch auswärtige Schrifttraditionen, so die koptische in Ägypten (s. o.).

Bei etlichen glagolitischen Zeichen (z. B. für die Laute *g, d, k, m, n, p* oder *t*) ist die Beziehung zur griechischen Minuskelschrift klar, bei vielen anderen ist die Ableitung schwierig. Man hat versucht, die schwer zu identifizierenden Zeichen entweder als Entlehnungen aus anderen Quellen oder als Kombinationen von Grundzeichen zu erklären. Dies trifft wohl für solche Fälle zu, wo es um die Wiedergabe von slavischen Lauten geht, die das Griechische nicht kennt. »Fehlt ein bulgarischer Laut im Griechischen, dann werden neue Zeichen geschaffen, und zwar 1. durch Modifikation anderer Buchstaben, oder 2. durch Kombination bereits vorhandener glagolitischer Zeichen, 3. durch Kombination griechischer Zeichen, 4. durch Übernahme von Zei-

(307) Vergleichende Übersicht glagolitischer und kyrillischer Schriftzeichen

Glagolitisch	Zahl	Cyrillisch	Zahl	Umschrift	Lautwert
+	1	а	1	a	a
Ⰱ	2	б	—	b	b
Ⰲ	3	в	2	v	franz. v (deutsches w)
ⰃЬ	4	г	3	g	g
ⰄЬ	5	д	4	d	d
Ⰵ	6	е	5	e	e
Ж	7	ж	—	ž	franz. j in jour
ⰃЅ	8	ѕ	—	dz	d + franz. z
ⰈЬ	9	з, ꙁ	7	z	franz. z (deutsches ſ in Roſe)
Ⰹ, Ⰺ	10	ı	10	i	i
Ⰻ	20	и	8	i	i
Ⰼ	30	—	—	ỽ	j mit starkem Reibungsgeräusch
Ⰽ	40	к	20	k	k
Ⰾ	50	л	30	l	l
Ⰿ	60	м	40	m	m
Ⱀ	70	н	50	n	n
Ⱁ	80	о	70	o	o
Ⱂ	90	п	80	p	p
Ⱃ	100	р	100	r	r
Ⱄ	200	с	200	s	franz. s (deutsches ſz, ſſ)
Ⱅ	300	т	300	t	t
Ⱆ	400	оу, ꙋ	400	u	u
Ⱇ, Ⱇ	500	ф	500	f	f
Ⱚ	—	ѳ	9	ϑ	engl. th
Ⱈ	600	х	600	x	deutsches ch in ach
Ⱉ	700	ѡ	800	ō	o
Ⱋ	800?	щ	—	št	deutsches scht
Ⱌ	900	ц	900	c	deutsches z
Ⱍ	1000	ч	—	č	deutsches tsch
Ⱎ	—	ш	—	š	deutsches sch
Ⱏ	—	ъ	—	ъ	unbestimmter Vokal
ⰟⰑ	—	ъı	—	y	russ. ы
Ⱐ	—	ь	—	ь	unbestimmter Vokal
Ⱑ	800?	ѣ	—	ě	ä, jä; ja?
Ⱓ	—	ю	—	ju	ü, jü; ju?
—	—	ꙗ	—	ja	ja; jä
—	—	ѥ	—	je	je
Ⱔ	—	ѧ	900	ę	franz. in in vin
Ⱖ	—	ѫ	—	ǫ	franz. on in mon
Ⱗ	—	ѩ	—	ję	franz. ien in mien
Ⱘ	—	ѭ	—	jǫ	franz. ion in réunion
—	—	ѯ	60	ξ	deutsches x, d. h. ks
—	—	ѱ	700	ψ	ps
Ⱛ	—	ѵ	400	υ	u, i, ü

(308) Altmakedonischer Text aus dem Codex Zographensis in glagolitischer Schrift (11. Jahrhundert)

vъzъrite na pticę nbskъi-
ję kako ne sějǫtъ ni žьnjǫtъ ni
sъbirajǫtъ vъ žitьnicǫ i ocь
vašь nebskъi pitěetъ ję . ne vъi
li pače lučьši ichъ este ; k'to že
otъ vasъ pekъi sę možetъ prilo-
žiti tělesi svoemь lakъtь edinъ . i
o oděždi čьto sę pečete; sъmo-
tri(te . . .) (Matth. 6, 26–28
Anf.).

chen aus fremden Alphabeten, 5. durch Kombination solcher entlehnter Zeichen mit griechischen« (MARGULIÉS 1927, 168 f.). Die Identifizierung von Zeichen aus nichtgriechischen Schriften (s. Punkt 4) ist schwierig. Mit Sicherheit trifft dies nur auf das Zeichen für š zu, dessen Vorbild das semitische šīn (hebräisch ש) war. Der Schriftduktus und damit die Formen der glagolitischen Schriftzeichen sind in Makedonien andere als in Kroatien. Der altmakedonische (altbulgarische) Schrifttyp ist rund *(Abb. 308)*, während der kroatische (illyrische) Typ eher eckig *(Abb. 309)* ist. Beiden Versionen der glagolitischen Schrift ist gemeinsam, daß die einzelnen Zeichen nicht durch Ligaturen miteinander verbunden sind. Dies unterscheidet die Glagolica deutlich von der zeitgenössischen griechischen Minuskelschrift.

Viel klarer sind die Verhältnisse im Fall der *kyrillischen Schrift*, die ihren Namen eigentlich zu unrecht trägt. Denn man weiß heute, daß Kyrillos selbst diese Schriftart, die jünger als die glagolitische ist, nicht entwickelt hat. Sicher ist, daß eine Schriftschöpfung auf ihn zurückgeht, aber dies ist die Glagolica. Obwohl die Legende die kyrillische Variante der slavischen Schrift mit dem Slavenapostel in Verbindung bringt, wurde diese von einem seiner Schüler, Kliment von Ochrid (am Ochridsee im westlichen Makedonien), geschaffen. Die Abzweigung der Kyrillica aus der zeitgenössischen griechischen (Unzialschrift) Majuskelschrift ist offenkundig, und die meisten kyrillischen Schriftzeichen sind griechischer Herkunft *(Abb. 310)*. Einige Zeichen sind aus der Glagolica übernommen. In einigen Fällen ist der Ursprung der Zeichen unbekannt, so bei dem sogenannten »harten« Zeichen (Ъ), dem »weichen« Zeichen (ь) und bei den im Kirchenslavischen noch vorkommenden Nasalvokalen. Die älteste Version der Kyrillica zeigt einen Schriftduktus, *Ustav* genannt, bei dem die Höhe und Breite einzelner Buchstaben gleich ist *(Abb. 311)*. Später entwickelt sich ein veränderter Schriftduktus, *Poluustav* (›Halb-Ustav‹), bei dem das ältere Prinzip des geometrischen Gleichgewichts aufgegeben worden ist, und bei dem die Zeichen

(309) Kroatisch-glagolitischer Text und Miniatur aus einem Meßbuch (1405)

(310) Die Herkunft der kyrillischen Schriftzeichen

Kyrill. Schrift	Lautwert	Herkunft	Kyrill. Schrift	Lautwert	Herkunft
А	a	griech.	Х	h	griech.
Б	b	differ. aus B	Ѡ	o	griech.
В	v	griech.	Ч	c [= ts]	aramäisch ?
Г	g	griech.	Ү	č [= tš]	glagol.
Д	d	griech.	Ш	š	glagol.
Є	e	griech.	Щ	št	glagol.
Ж	ž	glagol.	Ъ	ъ [ŭ]	?
З	dz	?	Ы	y	
Н	z	griech.	Ь	ь [ĭ]	?
І	i	griech.	Ѣ	ě, jě	?
К	i	griech.	Ꙗ	ja	
Λ	k	griech.	Ю	ju	
М	l	griech.	Ѥ	je	
N	m	griech.	Ѧ	ę (nas.)	glagol.
О	n	griech.	Ѫ	ǫ (nas.)	?
П	o	griech.	Ѩ	ję (nas.)	
Р	p	griech.	Ѭ	jǫ (nas.)	
С	r	griech.	Ѯ	[ks]	griech.
Ѕ	s	griech.	Ѱ	[ps]	griech.
Т	t	griech.	Ѳ	[ṯ]	griech.
ОҮ	u	griech.	Ѵ	[ü]	griech.
Ф	f	griech.			

teilweise stark abgerundet geschrieben werden. Dieser Duktus findet sich schon früh in südslavischen Handschriften (*Abb. 312*).

Viele Jahrhunderte lang blieb die Kyrillica ausschließlich für die Schreibung slavischer Sprachen in Gebrauch. In der Neuzeit aber hat sich die kyrillische Schrift auch bei Nichtslaven verbreitet. Im Rahmen der sowjetischen Sprachplanung wurde das kyrillische Alphabet auf eine Vielzahl von Nationalitätensprachen übertragen, die

(311) Die älteste kyrillische Inschrift: Inschrift des Zaren Samuel auf einem Grabstein am Prespasee (Westmakedonien) aus dem Jahre 993

(312) Kyrillischer Text aus einer südslavischen Handschrift in Poluustav (1345)

bis dahin entweder schriftlos oder in einem anderen Schriftsystem geschrieben worden waren (z. B. Lateinschrift, arabisches Alphabet). Die Tatsache, daß die Kyrillica eine Reihe regionaler Abzweigungen ausgebildet hat, spricht für die erhebliche Irradiationsdynamik dieses Schriftsystems. Obwohl diese mit der Ausstrahlung und Verbreitung der Lateinschrift nicht entfernt vergleichbar ist, haben wir es auch im Fall der Kyrillica mit einem selbständigen Schriftkulturkreis zu tun (s. u.).

Der etruskische Schriftkulturkreis

Auf italischem Boden zeigt die Verbreitung der griechischen Buchstabenschrift ganz eigenwillige Entwicklungszüge. Die Irradiationsdynamik der aus Griechenland in die griechischen Kolonien der Magna Graecia übertragenen Schrift ist recht begrenzt, wenn man die süditalischen Ableitungen des griechischen Alphabets in ihrer regionalen Beschränkung betrachtet. Diese Abzweigungen werden auch als *adriatische Schriften* bezeichnet (vgl. JENSEN 1969, 508ff.). Die adriatischen Schriften sind aus Inschriften in verschiedenen Sprachen Süditaliens bekannt geworden, die aus der Zeit zwischen dem 5. und 1. Jahrhundert v. Chr. stammen. Nach ihrem Alter lassen sich diese Abzweigungen der griechischen Schrift folgendermaßen gruppieren: das *vorsabellische Alphabet* (Grabinschriften aus Picenum), das *Alphabet von Novilara* (Steininschriften aus der Gegend von Pesaro in Picenum), die *sikulische Schrift* (Inschriften aus Centuripe; Abb. 313), das *messapische Alphabet* (Inschriften aus Kalabrien). Das älteste dieser Alphabete (*Abb. 314*), die vorsabellische Schrift, zeigt die altertümlichsten Eigenheiten. Es scheint, daß diese Schriftart ursprünglich vom proto-tyrrheni-

(313) Inschrift in sikulischer Schrift auf der sogenannten Centuripe-Vase (5. Jahrhundert v. Chr.)

(314) Die adriatischen Schriften

	Novilara	Vorsabellisch	Messapisch	Sikulisch
a	A	A A ⩔ ⋀ ⋁	A A A ⋀ ⋀	A A ⋀ ⋀
b	8	B ?	B B	B B
g	⟩ C	⟨ ?	Γ	
d	Я ?	R ? R ?	D D △	D D △
e	ⱻ	F Ɛ E	F E E Ƹ ←	E E E E
v	ꓘ	C	F F C	C C
z		I ! ± ?	I I	I
h		日 ⊞ S O 日	日 ⊟ H ⋈	日
th	⊗	⊠ ◇ ◇	⊕ O	
i	I	I ⊦ ⊦ F ⊦	I	I .
k	⋋	K K K C	K k K	K
l	↲	L ⇃ L	⋀	⊦
m	⋁⋁	W W	⋀ ⋀	⋀
n	⋎	N Ꮑ ⋎ N	Ꮑ ⊦ N ⋎	⋎ ⋎
s(x)		⊞	+ ×	
o	O ⊙	☐ ◇	O ⊙ ◇	O
p	1	Γ ⊓ L Γ	Γ ⊓ Γ	Γ
ś	⋀ ?	M M ⋈ ×	⋎ ? ⋎ ?	
q	q ?		ϙ φ ⊕ ?	
r	◁ D	P P b ↓ D	P P R R ⊩	P P P b
s		⋛ ⋛ ⋛ Ƙ ?	⋛ ⋛ Ʃ Ʃ SC	Ʃ ⋛ ς S
t	⊦ T T ↑	T ⊥ ! ↓	T T	T ⊥ ⋏ T T
u	⋁ ? V ?	⋀ ⋀ V ⋁⋁		⋀ V
ph				
kh			× (= k?)	
f		8 ? ⋘ ?		
ʒ(h)			⋎ ↑ ⋎	
t?th?			⊬	

schen Alphabet abgeleitet worden ist, danach aber durch ein griechisches Alphabet östlichen Typus beeinflußt wurde.

Die Verbreitung aller adriatischen (süditalischen) Schriften ist räumlich wie zeitlich begrenzt. Ihren eigentlichen Durchbruch auf italischem Boden – und weit darüber hinaus – verdankt die griechische Schrift der etruskischen Vermittlung. Bemerkenswerterweise haben die Etrusker das Alphabet nicht von den Griechen der Magna Graecia, auch nicht von denen aus Kyme (Cumae) übernommen sondern die Kenntnis der Schrift bereits auf ihrer Wanderung aus der Ägäis nach Italien mitgebracht (s. Kap. 6, A). Die *etruskische* Abzweigung der *griechischen* Schrift wäre wohl ihrerseits so unbekannt geblieben wie irgendeine der adriatischen Alphabete, wenn sie nicht selbst das Vorbild für produktive Schriftsysteme geworden wäre. Von diesen sind eigentlich nur zwei Alphabete außerhalb von Expertenkreisen bekannt, die *Lateinschrift* und die *germanische Runenschrift* (s. u.). Daneben sind aber eine ganze Reihe regionaler Schriftarten entstanden, die sich alle auf das *etruskische Alphabet* zurückführen lassen. Betrachtet man die Verhältnisse in Italien, d. h. ohne Berücksichtigung der Ausstrahlung der Alphabetschrift nach außerhalb (z. B. in den germanischen Sprachraum), ist die etruskische Schrift nach der Zahl ihrer Ableger das produktivste System auf italischem Boden, produktiver noch als das griechische »Mutteralphabet« in Süditalien. In diesen regionalen altitalischen Abzweigungen vom etruskischen Alphabet ist in den Jahrhunderten vor der Zeitenwende ein teilweise beachtliches Schrifttum aufgezeichnet worden. Alle diese Schriften jedoch werden nach und nach von der lateinischen Schriftart verdrängt, die ihrerseits der älteste Ableger des etruskischen Alphabets in Italien ist (s. Kap. 6, S. 294 ff.).

Die altitalischen Schriften

Etwas jünger sind die Adaptionen der *umbrischen* und *oskischen Schrift* zur Schreibung zweier nah verwandter altitalischer Sprachen indogermanischer Herkunft (VETTER 1953). Diese Schriftarten wurden im 6. und 5. Jahrhundert v. Chr. aus dem etruskischen Alphabet abgezweigt (*Abb. 315*). Im umbrischen Alphabet gibt es zwei Zusatzzeichen, und zwar für ř (in lateinischer Graphie als *rs* wiedergegeben) sowie für ç (= č). Der ř-Laut des Umbrischen, ein sogenanntes apikales *r*, war wohl dem des Tschechischen ähnlich. Im oskischen Alphabet sind Zeichen für die Laute (í) und (ú) ergänzt, für die im Etruskischen eigene Zeichen fehlen. Außerhalb des in Lateinisch und Etruskisch aufgezeichneten Schrifttums ist die schriftsprachliche Überlieferung des Umbrischen und Oskischen von allen regionalen altitalischen Sprachen die umfangreichste. Das Umbrische ist gut bekannt aus einem langen Ritualtext, der auf sieben Metallplatten, den sogenannten *iguvinischen Tafeln* (DEVOTO 1962), aufgezeichnet worden ist (*Abb. 316*). Etwas über die Hälfte dieses Textes ist in der einheimischen umbrischen Schrift verfaßt, der Rest in Lateinschrift. Diese Art der Digraphie (Verwendung zweier Schriftsysteme) ist selten und weist auf den zeitgenössischen lateinischen Einfluß (3. Jahrhundert v. Chr.) hin. Texte in umbrischer Schrift

(315) Die oskische, umbrische und faliskische Schrift in ihrem Verhältnis zur etruskischen

Lautwert	Etruskisch	Umbrisch	Oskisch	Faliskisch
a	A A	A	A	Я
b		B	B	
g	⟩⟩ [k]	⟩ [k]	⟩ [k]	C⟨ [k,g]
d			Я	D
e	ⅎ	ⅎ ⊐	ⅎ ⊐ ⅃	ⅎ ⅀ ‖ [f]
v		⅃	⅃	↑
z	I ⴕ ⵟ	ⵟ	⎮ [ts]	ⵟ ⴕ ⌵ I
h	⊟ ⊟	⊖	⊟	⊟ ⊟ H
th	⊗ ⊙			○ ⊙
i	⎮	⎮	⎮	⎮
k	ⵋ	ⵋ	ⵋ	ⵋ
l	⎿	⎿	⎿	⎿
m	ⵜ ⵜ	ⵉⵉⵉ ∧	ⵉⵉⵉ	M ⵜ
n	ⵐ ⵐ ⵔ	H	H	И ⵕ
ś				
o				O
p	⌐	⌐	⊓	⌐
š	⋈			⋈
q	ⵁ ⵁ			ⵁ O
r	⌐ ⵕ	⌐	⌐	Я
š	ⵠ ⵠ ⵠ	ⵠ	ⵠ	ⵠ ⵠ S
t	ⵜ [śi]	ⵜ Y	T	ⵜ T
u	Y V ⵕ	V	V	V
ks				X
ph	Φ			
kh	⋎ ⵠ			↓ Y
f	8 8 ⵁ ⵀ	8	8	
ř (rś)		9 ⴷ		
ç			⊢	
i			⊢	
ú			V	

(316) Umbrischer Text aus den iguvinischen Tafeln (3. Jahrhundert v. Chr.)

> ... ehvelklu feia fratreks
> ute kvestur, panta muta
> aŕferture si. Panta muta fratru
> Atiieŕiu mestru karu, pure ulu
> benurent, aŕferture eru pepurkur-
> ent herifi, etantu mutu aŕferture
> si

„... die Feststellung mache der Obere oder Quästor, wie groß die Buße für den Opferpriester sei. Welche Buße von den atiedischen Brüdern der größere Teil, die dorthin gekommen sind, für den Opferpriester fordern, so groß sei die Buße für den Opferpriester."

(317) Oskische Weihinschrift (2. Jahrhundert v. Chr.)

> V. Aadirans V. eítiuvam paam
> vereiiaí Púmpaiianaí trístaa-
> mentud dedet, eísak eítiuvad
> V. Viínikiis Mr. kvaísstur Púmp-
> aiians triíbum ekak kúmben-
> nieís tanginud úpsannam
> deded, ísídum prúfatted

„Das Geld, das V(ibius) Adiranus, (Sohn des) V(ibius), dem pompejanischen Jugendbund testamentarisch gegeben hat, mit diesem Gelde hat V. Vinicius, (Sohn des) M(ara), der pompejanische Quästor, dieses Haus auf Beschluß der Versammlung bauen lassen und für gut befunden."

sind ebenso wie die in oskischem Alphabet (*Abb. 317*) linksläufig, auch dies eine Eigenheit, die beide Schriftarten mit der etruskischen verbindet.

Die *faliskische Schrift* ist ebenfalls eine direkte Abzweigung vom etruskischen Alphabet, obwohl sie äußerlich sehr der archaischen Lateinschrift ähnelt (s. *Abb. 315*, S. 453). Das Faliskische ist eines der inschriftlich bezeugten altitalischen Idiome. Sprachlich steht es dem Lateinischen am nächsten. Die Falisker lebten in Südetrurien und standen in politischer wie kultureller Hinsicht unter etruskischem Einfluß. Zentrum des faliskischen Siedlungsgebiets war Falerii, Falisker lebten aber auch in Fescennium. Falerii wurde im Jahre 241 v. Chr. von den Römern zerstört, und die Falisker haben sich sprachlich an die nah verwandte lateinische Sprache assimiliert. Trotz der großen Ähnlichkeit des Faliskischen und Lateinischen sowie der beiden Schriftarten, handelt es sich beim faliskischen Alphabet um eine selbständige Weiterentwicklung der etruskischen Schrift. Dies erkennt man unter anderem an den besonderen Formen der Zeichen für *a, f* und *h*, außerdem von *z* und *t*, die deutlich die Abhängigkeit von der etruskischen Schrift zeigen. Das faliskische und lateinische Alphabet sind somit jeweils eigene Abzweigungen, die sich parallel entwickelt haben. Die enge Verbindung mit der etruskischen Schrift drückt sich auch darin aus, daß die faliskische Schriftrichtung überwiegend linksläufig ist, während nur zwei Inschriften rechtsläufig sind.

Die alpinen Schriften

Die etruskische Schriftkultur strahlte ebenfalls nach Norden, ins Alpengebiet aus, und so findet man eine Reihe von Schriftablegern auch im antiken Siedlungsgebiet illyrischer, ligurischer und keltischer Stämme Norditaliens. Diese alpinen Schriften untergliedern sich in drei Hauptvarianten: die *lepontische Schrift* (das Lugano-Alphabet), die *rätische Schrift* (Alphabete von Bozen, Magrè, Trient und Sondrio), die *venetische Schrift* (*Abb. 318*). Die Regionen nördlich der Poebene waren bereits in vorrömischer Zeit interkulturelle Kontaktzonen, in denen die Sprachen der einheimischen Bevölkerung unter dem Einfluß des Etruskischen standen oder dieses selbst beeinflußten. So erklärt sich der vielfach mischsprachliche Charakter der norditalischen Texte, von denen die meisten aus der Zeit zwischen dem 3. und 1. Jahrhundert v. Chr. überliefert sind. Die lepontischen Inschriften zeigen eine keltischsprachige Basis mit vielen etruskischen Elementen. Das Rätische war vermutlich eine Variante des Etruskischen mit starkem keltischen Einfluß. Die diesseits der Alpen lebenden (cisalpinen) Gallier verwendeten die lepontische Schrift, während die transalpinen Gallier im Gebiet des historischen Gallien das griechische Alphabet in unveränderter Form angenommen hatten. Die Abzweigung aller alpinen Schriften vom etruskischen Alphabet erkennt man allein am Fehlen von Zeichen für die stimmlosen Verschlußlaute *b, d* und *g*. Seit dem 2. Jahrhundert v. Chr. werden entsprechende Zeichen aus der lateinischen Schrift entlehnt (s. u.), die bereits damals den Schriftgebrauch in Norditalien beeinflußt.

(318) Die alpinen Schriften

	Rätische Alphabete			Lepontisch	Venetisch	Etruskisches Vorbild
	Bozen	Magrè	Sondrio			
a	ᴧ ᴧ ᴧ ᴧ ᴧ	ᴧ ∀ ᴧ	ᴧ ⱶ ᴧ	ⱶ ⱶ ᴧ ᴧ ᴧ ⱶ	ᴧ ᴧ ᴧ	ᴧ ᴧ
e	ⱻ ⱻ ⱻ ⱻ	ⱻ ⱻ ⱻ	ⱻ ⱻ	ⱻ ⱻ ⱻ	ⱻ	ⱻ ⱻ
v	ⱶ ⱶ ⱶ ⱶ	ⱶ ⱶ			ⱶ	ⱶ ⱶ
z		ⱶ ?	⁂	ⱶ	ⵝ ⵝ	ⱶ ⱶ ⱶ
h	⊟	⊟		·⊟· ⊟	⊟	⊟
th	ⱷ	ⱷ ⱷ	∴ ?		⊙ ⊠	⊙ ⊗
i	Ι	Ι	Ι	Ι	Ι	Ι
k	ⱪ ⱪ	ⱪ ⱪ ⱪ	ⱪ	ⱪ ⱪ ⱪ	ⱪ	⊃ Ⲥ ⱪ
l	⌄	1	ᴧ	⌄	1	⌄
m	ᴍ	ᴍ ᴍ	ᴍ ?	ᴍᴍᴍᴍ	ᴍ	ᴍ ᴍ
n	ᴎ	ᴎ ᴎ ᴎ	ᴎ ᴎ ?	ᴎᴎᴎᴎ	ᴎ	ᴎ ᴎ
o			ⵔ ?	ⵔ ∩ ∪ ⵔ ⵔ	⬦	
p	⌐ ⌐ ⌐		⌐	⌐	⌐	⌐ ⌐
š (san)	M	M M	⋈	⋈ M ⋈ ⋈	M	M ⋈
r	⊲ ⊳	⊲ ⊲ ⊲ ⊳		⊲ ⊳ ⊲	⊲ ⊳	⊳
s	ⵋ ⵌ ⵌ	ⵌ ⵌ ⵌ	ⵌ	ⵌ ⵌ ⵌ	ⵌ ⵌ	ⵌ ⵌ ⵌ
t	ⵝ ⵝ ⵝ	ⵝ ⵝ ⵝ	×	× ⵝ	× ⵝ	ⵝ ⵝ ⵝ
u	⋁	ᴧ ⋁	ᴧᴧ ?	⋁⋁⋁	ᴧ	⋁ ⋁ ⋁
ph	φ ᑫ Φ ?	Φ Φ Φ		Φ ?	Φ ⊕ b ?	φ
kh	Ψ Ψ ⭡	Ψ		Ψ Ψ	Ψ g ?	Ψ Ψ
ĩ, e				‖ ?	‖	
þ		§ §				

(319) Venetische Grabinschrift mit Silbentrennung durch Punkte

Umschrift: *e. χo nei. rkah iiuva. n. tšah*, in lateinischer
Übersetzung: *ego (sum) Nericae Juventiae*.

Die Sprache der Veneter im Nordosten des antiken Italien war indogermanisch und eng mit dem Illyrischen verwandt. In der älteren Forschung herrschte Unstimmigkeit darüber, ob die *venetische Schrift* direkt auf eine Variante des westgriechischen Alphabets zurückgeht oder ob sie vom etruskischen Alphabet abgezweigt wurde. Die Übereinstimmungen mit den anderen alpinen Schriften (z. B. Fehlen von Zeichen für *b, d, g*) sind aber so groß, daß eine etruskische Herkunft der venetischen Schrift am wahrscheinlichsten ist. Allerdings ist ein Einfluß von Seiten der griechischen Schriftkultur in späterer Zeit spürbar. Darauf deutet etwa das venetische Zusatzzeichen für *o* (◇). Die ältesten venetischen Inschriften (bronzene Votivtafeln von Este) stammen aus dem 5. Jahrhundert v. Chr. Die Schriftrichtung ist linksläufig. Eine Besonderheit im venetischen Schriftgebrauch ist die Trennung von Silben und Wörtern durch Punkte. Die Funktion dieses Punktiersystems ist nicht bekannt, man nimmt aber an, daß die Punkte den Wert von Akzentzeichen haben *(Abb. 319)*.

Die Runenschrift

Die alpinen Schriften galten lange als »tote Zweige« in der Entwicklung der Alphabetschriften, denn anscheinend hatten sie nach dem Vordringen der Lateinschrift in Norditalien keine Bedeutung mehr. In diesem Jahrhundert hat die schriftkundliche Forschung eine Entdeckung gemacht, wonach den alpinen Schriften im Gegenteil eine Schlüsselrolle bei der Entstehung eines Schriftsystems zugesprochen wird, das einst weit verbreitet war, aber im Verlauf des Mittelalters vom lateinischen Alphabet verdrängt wurde, nämlich den *germanischen Runen*. Lange glaubte man, die Runen wären nach dem Vorbild des griechischen Alphabets in dem von Goten bewohnten Küstengebiet des Schwarzen Meeres entstanden und hätten sich von dort aus nach Norden verbreitet. Diese Annahme ist nicht stichhaltig, weil die Goten erst im 3. Jahrhundert n. Chr. griechische Städte wie Olbia oder Tyras erobern und mit der griechischen Kultur zu einer Zeit vertraut werden, als die Runenschrift bereits von anderen Germanen verwendet wird. Auch die Herleitung aus dem lateinischen Alphabet ist chronologisch bedenklich, denn die vermutete Abzweigung des Runenalphabets aus der lateinischen Kapitalschrift des 2. oder 3. Jahrhunderts n. Chr. durch südwestgermanische Stämme am Rhein oder an der oberen Donau liegt zeitlich ebenfalls später als die ältesten Runeninschriften (zur Geschichte der älteren Forschung JENSEN 1969, 556 ff.).

Erst mit der kulturhistorischen und schrifttypologischen Interpretation des ältesten bisher bekannten Denkmals der germanischen Runenschrift öffnete sich der Weg für eine Klärung des Herkunftsproblems. Diese älteste Runeninschrift findet sich auf einem *Bronzehelm aus Negau* (Steiermark), der in das 2. Jahrhundert v. Chr. datiert wird (*Abb. 320*). Die Sprache ist germanisch, die Schriftzeichen sind identisch mit denen des alpinen Alphabets. »In jenen Tochteralphabeten des Etruskischen, Enkelphabeten des Griechischen, in denen sich der Einfluß der lateinischen Schrift mehr und mehr geltend machte, finden wir Besonderheiten der Runenschrift wieder und klare Übereinstimmungen, Kongruenzen und Ähnlichkeiten im Zeichengut« (KLINGENBERG 1969, 177). Der Norweger C. MARSTRANDER (1928) und der Finnland-Schwede M. HAMMARSTRÖM (1929) formulierten eine nach ihnen benannte Hypothese, wonach alpengermanische Stämme eine alpine Version des Alphabets bereits um 300 v. Chr. kennengelernt hätten. Nach dem Vorbild der alpinen Schrift wäre das Runenalphabet entstanden, das seit Beginn unserer Zeitrechnung gemeingermanisch verbreitet war (*Abb. 321*). Bereits in der ältesten Version der Runenschrift fallen die

(320) Germanische Runeninschrift auf einem Bronzehelm aus Negau (2. Jahrhundert v. Chr.)

harigasti teiwai ›dem Gotte Harigast‹ (Wodan).

(321) Das gemeingermanische Runenalphabet (älteres Futhark) und seine Beziehung zu den alpinen Schriften

Laut	Runen Zeichen	Alpine Schriftzeichen	Laut	Runen Zeichen	Alpine Schriftzeichen
f	ᚠ	F *(latein.)*	é	ᛂ ᛃ	differenz. aus I
u	ᚢ	∨ ∧ ᚹ	p	ᛈ	differ. aus B
þ	þ D	ß ß	z, R	ᛉ ⊥ ✳	↑ ⋇
a	ᚨ	ᚨ	s	ᛋ ᛌ ᛍ	ᛋ ᛌ ᛍ
r	ᚱ ᚱ	ᚱ *(latein.)*	t	↑ T	X ↑
k	<	k	b	ᛒ ᛒ	ᛒ ᛒ *(latein.)*
g	X		e	ᚾ M	ᚨ E ᛖ
w	ᚹ		m	ᛗ	M ᛗ ᛘ
h	H ᚺ	ᚻ	l	ᛚ	ᛚ ᛁ
n	+	ᚾ ∕ ᚱ	y	⋄ ◇	
i	ᛁ	ᛁ	ð, d	⋈	⋈
j	ᛜ ᛋ		o	◊	◊ ◊ ◊

drei Zeichen für *F, R* und *B* auf, die sich aus einer frühen Beeinflussung der alpinen Schrift durch das Lateinische erklären.

Während das Alphabet nach den beiden ersten griechischen Buchstaben *Alpha* und *Beta* benannt wurde, ist der Name der Runenschrift auf der Basis der ersten sechs Buchstaben (*F, U, TH, A, R, K*) *Futhark*. Es sind zwei verschiedene Runenalphabete zu unterscheiden: das ältere, 24 Zeichen umfassende *gemeingermanische* Futhark, das in der Zeit zwischen dem 1. und 8. Jahrhundert in Gebrauch war, und das jüngere, nur aus 16 Zeichen bestehende *nordische* Futhark, das zwischen dem 9. und 12. Jahrhundert verwendet wurde (*Abb. 322*). Das komplexeste aller Runenalphabete war das *angelsächsische*, das zunächst 28 Zeichen umfaßte und später auf 33 Zeichen erweitert wurde (*Abb. 323*). Bis zum Beginn des 8. Jahrhunderts war diese Schriftart in Gebrauch, die man aus rund 60 Inschriften aus England und Altfriesland kennt

(322) Das nordische Runenalphabet (jüngeres Futhark)

Dänische Runen 9.–11. Jh.	Schwed.-norweg. Runen 9.–10. Jh.	Lautwert	Namen
ᚠ	ᚠ	f	fē
ᚢ	ᚢ	u, o, w	ūr
ᚦ	ᚦ	p, ð	þurs
ᚨ	ᚨ	a, å	āss
ᚱ	ᚱ	r	reið
ᚴ	ᚴ	k, g, ng	kaun
ᚼ	ᛏ	h	hagall
ᚾ	ᚾ	n	nauð
ᛁ	ᛁ	i, e	īss
ᛅ	ᛅ	a	ār
ᛋ	ᛁ	s	sōl
ᛏ	ᛏ	t, d, nd	tȳr
ᛒ	ᛒ	p, b, mb	bjarkan
ᛘ	ᛘ	m	maðr
ᛚ	ᛚ	l	lǫgr
ᛦ	ᛁ	R	ȳr

(323) Das angelsächsische Runenalphabet

Zeichen	Laut	Name	Zeichen	Laut	Name
ᚠ	f	feoh	ᛒ ᛒ	b	beorc
ᚢ	u	ūr	ᛖ	e	eh, eoh
ᚦ ᚦ	þ	þorn	ᛝ ᛝ	ng	ing
ᚩ	ō	ōs	ᛗ	m	man
ᚱ	r	rād	ᛚ	l	lagu
ᚳ	k'	cēn	ᛞ	d	dæg
ᚷ	g'	gyfu	ᛟ	ǣ, ē	ēþel
ᚹ ᚹ	w	wynn	ᚪ	a	āc
ᚻ ᚻ	h	hægl	ᚫ	æ	æsk
ᚾ	n	nȳd	ᚣ	y	ȳr
ᛁ	i	īs	ᛠ	ēa	ēar
ᛄ	j	ȝēr	✶	eo, io	ior, iar
ᛇ	ė	eoh, eow	ᛢ	q	weorð
ᛈ	p	peorð	ᛣ	k	calc
ᛉ	x	eolx	ᛥ	st	stān
ᛋ	s	sigel	ᚸ	g	gār
ᛏ	t	tīr			

(Abb. 324). Offensichtlich wurde das Schreiben in alter Zeit von einem kleinen Kreis schriftkundiger Runenmeister als geheime Kunst gehütet, denn es finden sich kaum mehr als 220 Inschriften im 24-Runen-Alphabet. Weitaus häufiger wurde das nordische Futhark gebraucht, denn es sind über 5000 Inschriften (davon etwa 3000 aus Schweden) in diesem jüngeren Alphabet erhalten. Die Fundorte der Runeninschriften verteilen sich über ein enormes Gebiet, das sich im Norden bis Island und Grönland, im Süden bis nach Jugoslawien (Sarajevo) und in die rumänische Tiefebene, im Westen bis zur Atlantikküste und im Osten bis zum Ladogasee und an den Flußlauf des Dnepr erstreckt; d. h. Zeugnisse der Runenschrift sind überall dort nachzuweisen, wo früher germanische Stämme gesiedelt haben, und bis wohin die Wikinger später auf ihren Fahrten gelangten.

Die Reihenfolge der Buchstaben des Futhark ist eigenwillig und findet keine Parallele in irgendeiner anderen Alphabetschrift. Auch die Namen der Schriftzeichen sind offensichtlich der Ausdruck einer germanischen Symbolik, die dem modernen Betrachter verschlossen bleibt. Die Namengebung ist akrophonisch, wobei der Anfangslaut des Namens dem Lautwert des

(324) Inschrift auf dem sogenannten »Themse-Messer« (8. Jahrhundert n. Chr.)

betreffenden Runenzeichens entspricht. Erhalten sind die Runennamen aus sogenannten Runengedichten in nordischer und angelsächsischer Fassung, aber nur für die Zeichen des jüngeren Futhark. Allerdings lassen sich die Namenformen auch für die gemeingermanische Runenschrift rekonstruieren (*Abb. 325*). Nach ihrer Bedeutung zeigen diese Namen eine Beziehung zu Naturphänomenen, zu Tieren, Pflanzen und zu göttlichen Wesen. Diese Eigenart der Buchstabenbenennung ähnelt der keltischen Namengebung für die Zeichen der *Ogham-Schrift* (→ lateinischer Schriftkulturkreis). Die Beziehung zum keltischen Kulturkreis zeigt sich auch in der Überlieferung, wonach Runen – ebenso wie Oghamzeichen – »geheimnisvoll« waren. Der Ausdruck »Rune« (urgerman. *rūnō, altnord. rún, altengl. run, althochdeutsch runa, mittelhochdeutsch rûne) bedeutet ›Geheimnis, Mysterium‹ und findet im altirischen *run* – ›Geheimnis, geheimnisvolle Kunde‹ – eine lautverwandte wie bedeutungsmäßige Entsprechung.

Die Runen waren – besonders in der älteren Zeit – ein esoterisches Mittel mystisch orientierter Kommunikation, wobei die Idee des Schreibens durchaus nicht im Sinn der Übermittlung profaner Information verstanden wurde. Der Sinn vieler Runeninschriften bleibt dunkel, auch wenn man sie Wort für Wort übersetzen kann. Das Lesen von Runen war wohl nicht im modernen Sinn des Ausdrucks als Assoziation von Lautzeichen und Bedeutungsinhalten zu verstehen, sondern es ging um ein echtes »Entziffern«, um ein Ausdeuten und vielschichtiges Interpretieren von Texten. So wird der Leser etwa in der Inschrift auf der silbernen *Fibel von Charnay* im alten Burgund aufgefordert: rAþ runaR þAR rAkinukutu (deute (errate) die Runen, die von göttlichen Mächten stammenden). Durch die Vordergründigkeit mancher Lesarten getäuscht hatte man früher angenommen, die Runen wären eine Gebrauchsschrift gewesen, und durch die Sprache wären profane Mitteilungen ausgedrückt worden. Ein Beispiel für eine solche Fehlinterpretation ist die moderne Deutung der Inschrift auf einem der *Goldhörner von Gallehus* (in der Nähe von Tonder, Dänemark), die um 400 n. Chr. hergestellt wurden (*Abb. 326*). KRAUSE (1966, 9), zählt die »schlichte Herstellerinschrift« zur kleinen Zahl derjenigen Runentexte mit »eindeutig profanem Sinn«. An der Schlichtheit des Textes selbst gibt es sicher nichts zu deuten, wohl aber öffnen sich dem Interpreten viele Möglichkeiten einer hintergründigen Auslegung des Sinns, wenn die Symbolik der mit den Buchstabenzeichen

(325) Die Namen der gemeingermanischen Runen (Rekonstruktion)

f	*fehu	„Vieh, Fahrhabe"
u	*ūruz	„Ur, Auerochs (männliche Kraft?)"
þ	*þurisaz	„Thurse, Riese (unheimliche, schadenbringende Macht)"
a	*ansuz	„Anse, Ase"
r	*raidō	„Fahrt, Ritt, Wagen"
k	*kaunan?	„Geschwür, Krankheit"
g	*gebō	„Gabe"
w	*wunjō?	„Wonne"
h	*haglaz, m, *haglan, n.	„Hagel (jähes Verderben)"
n	*naudiz	„Not, schicksalhafter Zwang"
j	*isaz, m, isan, n.	„Eis"
r	*jēran	„(gutes) Jahr"
ï	*iwaz	„Eibe"
p	*perþō?	„(vielleicht aus dem Keltischen entlehnt) „ein Fruchtbaum"?"
z(ʀ)	*algiz?	„Elch (Abwehr?)"
s	*sōwilō	„Sonne"
t	*tiwaz	„Týr", vgl. ahd. Ziu (früher der Himmelsgott)
b	*berkanan	„Birkenreis"
e	*ehwaz	„Pferd"
m	*mannaz	„Mensch"
l	*laukaz	„Lauch (Gedeihen)", vielleicht auch *laguz „Wasser"
ng	*ingwaz	„Gott des fruchtbaren Jahres"
d	*dagaz	„Tag"
o	*ōþalan (*ōþilan)	„ererbter Besitz"

assoziierten Zahlzeichen sowie die Kompositionstechnik der Bilder und magischen Symbole berücksichtigt werden. »Die Zahlensymbolik der Lautschrift tritt virtuos in Erscheinung. Aus- und nachzählbar für den Betrachter des Runenhorns war eine gleichzahlige Symbolik im Bildwerk; aus- und nachzählbar die DREIZEHN Silben der Langzeile oder die zweimal DREIZEHN auffällig doppelstrichig und quergeriefelt dargestellten Runenzeichen auf dem Runenring rund um das Goldhorn. Die schlechthin vollkommene Mathematizität aber der Runenschrift konnte und sollte

(326) Goldhorn von Gallehus (Dänemark) mit Inschrift und mystischen Bildmotiven (um 400 n. Chr.)

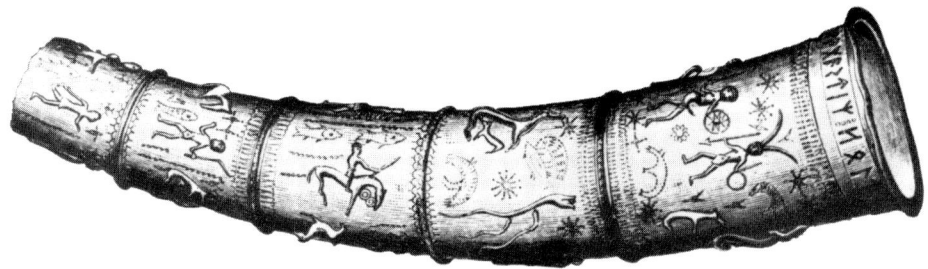

ekhlewagastiʀ ⁝ holtijaʀ ⁝ horna ⁝ tawido ⁝
»ích Hlewagastiʀ ⁝ Holtijaʀ ⁝ das Horn ⁝ machte ⁝«

(327) Der Stein von Rök (Schweden) mit dem längsten bekannten Text in Runenschrift (9. Jahrhundert)

wohl auch nie irgendeinen Uneingeweihten ansprechen. Weist uns die Kenntnis, Runen zu lesen, in die soziale Oberschicht der 24-Runen-Zeit, so das Vermögen, diese Runeninschrift aus der Zeit um 400 n. Chr. zu ›lesen‹, in einen engen oder engsten Kreis von Eingeweihten, denen dieses unerhört kostbare, viele Pfund schwere Goldhorn einmal heiliges Gerät gewesen war.« (KLINGENBERG 1969, 204)

Die Runeninschriften haben recht unterschiedliche Länge. Es gibt solche, die nur aus ein oder zwei Zeichen bestehen. Andererseits sind längere Inschriften, in denen über hundert Zeichen vorkommen, selten. Dies trifft auf nur drei urnordische Steininschriften zu. Die Zahl der umfangreichen Inschriften im jüngeren Runenalphabet dagegen ist wesentlich größer. Der längste, bisher bekannte Text in Runenschrift auf dem *Stein von Rök* in Südschweden umfaßt ungefähr 750 Zeichen (*Abb. 327*). Nach seinem Inhalt gehört dieser Runentext zur germanischen Gattung der Merkdichtung. Gleichzeitig ist die Inschrift des Röksteins ein hervorragendes Beispiel für die Qualität der kunstvollen Poesie in nordischer Sprache. Das Schrifttum im jüngeren Futhark war flexibel genug, sich inhaltlich dem tiefgreifenden weltanschaulichen Wandel von der heidnischen zur christlichen Ära anzupassen. In der Spätphase der Runen-Zeit (seit dem 10. Jahrhundert) entstehen auch christliche Texte in Futhark (s. Beispiele in Kap. 1). Die Verwendung der Runen im christlichen Skandinavien ist aber eine Übergangserscheinung, und bereits im 13. Jahrhundert hat die Lateinschrift das traditionelle Runenalphabet überall verdrängt.

Der lateinische Schriftkulturkreis

Von allen Völkern des antiken Italien, denen die Etrusker kulturelle Impulse vermittelten, waren die Latiner, die sich stolz »Römer« nannten, diejenigen, die die fremden Einflüsse am ehesten annahmen und ihrer eigenen Kultur anpaßten. Denkt man an die Vermittlung der Alphabetschrift (s. Kap. 6 S. 294), so waren die Römer die eifrigsten Schüler ihrer etruskischen Lehrmeister, und es sollte nur wenige Jahrhunderte dauern, bis die römische Schriftkultur alle regionalen Alphabete Italiens verdrängte und nur die griechische Schriftsprache als einen dem Lateinischen gleichrangigen Kulturträger neben sich duldete. Denn auch im Herzen des Imperium Romanum, in Rom, drückten sich Bildung und Zivilisiertheit außer in lateinisch ebenfalls in griechisch aus. Die machtpolitische Erweiterung des römischen Reichs über alle italischen Regionen und darüber hinaus steigerte den kulturellen Einfluß Roms zum Assimilationsdruck, dem auch die Etrusker erlagen. Was die Verbreitung der lateinischen Schrift betrifft, so spielte diese die Rolle eines vereinheitlichenden Kulturfaktors; jedoch nicht in dem Sinn, daß die Römer unterworfene Völker angeregt hätten, das lateinische Alphabet zur Schreibung regionaler Sprachen zu verwenden. Dort, wo sich römischer Einfluß politisch manifestierte, wurde das Lateinische zur Staatssprache, und regionale Schrifttraditionen hielten sich nur in Ausnahmefällen (z. B. die punische und numidische Schriftsprache in Nordafrika).

Die Bedeutung des lateinischen Alphabets für die abendländische Schriftentwicklung zeigt sich erst, als sich diese Schriftart nach dem Zerfall des Römischen Reichs nicht nur wegen der Bedeutung der lateinischen Kultursprache in deren Schrifttum hält, sondern von zahlreichen Völkern zur Schreibung ihrer Muttersprachen übernommen wird. Anders ausgedrückt: die eigentliche dynamische Periode der Schriftabzweigungen vom lateinischen Alphabet setzt erst in nachrömischer Zeit ein. Als die Lateinschrift von den Völkern Westeuropas im Verlauf des Mittelalters übernommen wird, ist diese nicht allein ein praktisches Medium der Verschriftung sondern gleichzeitig das Prestigesymbol der stärksten weltanschaulichen Kraft der damaligen zivilisierten Welt, des Christentums. In Westeuropa war die Stellung des lateinischen Alphabets unangefochten, im Osten dagegen rivalisierten die beiden Kultursprachen Lateinisch und Griechisch sowie ihre Schriftsysteme miteinander. Diese Rivalität der Kulturträger im Oströmischen Reich (Byzanz) hat man zu Recht als »Kampf der Weltsprachen« (ZILLIACUS 1935) bezeichnet. Aber noch vor der Eroberung Konstantinopels durch die Türken im Jahre 1453 zeichnete sich eine Schwächung der griechischen Schriftkultur zugunsten der lateinischen ab, eine Entwicklung, die durch das Vordringen der Osmanen nach Südosteuropa unterbrochen wurde.

Trotz des enormen zivilisatorischen Drucks der lateinisch-römischen Kultur entwickelt sich an der nordwestlichen Peripherie des römischen Machtbereichs eine eigenständige Schriftkultur zu einer Zeit, als das Imperium Romanum seine größte territoriale Ausdehnung erlebt. Zu den römischen Provinzen zählte auch Britannien, dessen Nordgrenze sich unter Kaiser Hadrian (76–138 n. Chr.) bis nach Südschottland (Linie Carlisle-Newcastle) erstreckte. Nur die größte der britischen Inseln stand unter römischer Verwaltung und unter direktem lateinischen Kultureinfluß. Die Nachbarinsel Irland lag jedoch außerhalb des römischen Machtbereichs, und die Iren hielten an ihren keltischen Riten noch zu einer Zeit fest, als die sprachverwandten britannischen Kelten bereits christianisiert waren. Das Christentum verbreitete sich im Laufe des 3. und 4. Jahrhunderts in der römischen Provinz Britannien und gelangte erst in nachrömischer Zeit (5. Jahrhundert) nach Irland. Trotz ihrer Isolation am Rande der römischen Welt gelangten vielerlei kulturelle Impulse aus Britannien und Gallien zu den irischen Kelten, darunter auch die Kunde vom Schriftgebrauch. Das lateinische Alphabet war der Inbegriff der Schrift schlechthin, denn diese Schriftart war die einzige, die zu jener Zeit im Nordwesten Europas in Gebrauch war. In Irland wiederholt sich ein Prozeß der Schriftentstehung, wie er bereits einige Jahrhunderte früher in Nordafrika stattgefunden hatte. Dort war die numidische Schrift in Anlehnung an die punische, aber nicht als Abzweigung von dieser, entwickelt worden (→ phönizischer Schriftkulturkreis).

Die irische Ogham-Schrift

Die irische Version der Schrift, *Ogham* genannt, lehnt sich in ähnlicher Weise an das lateinische Alphabet an, ohne direkt Zeichen aus diesem zu übernehmen. Die Anlehnung an das lateinische Vorbild drückt sich unter anderem darin aus, daß die Ogham-Schrift ein vollständiges Alphabet mit der Wiedergabe von Konsonanten und Vokalen ist (*Abb. 328*). Diese Buchstabenschrift besteht aus 15 Konsonanten (angeordnet in drei Fünfergruppen) und 5 Vokalen. Die Mittellinie, von der die Zeichen ausgehen oder die von ihnen gekreuzt wird, ist in den Inschriften gewöhnlich die Seitenkante eines Steinpfeilers. Der Ursprung des Namens Ogham ist dunkel, vielleicht hängt er mit *ir. ogma* zusammen. Die Entstehungszeit und die Entwicklung dieser Schrift sind unbekannt. Man hat vermutet, daß Ogham ursprünglich eine Geheimschrift keltischer Druiden war. »Offensichtlich handelt es sich um eine Zeremonialschrift, da sie sich nur auf Gedenksteinen findet und in den Sagen bei Begräbnisriten oder Geheimbotschaften auftritt« (DILLON-CHADWICK 1966, 369). Die Namen der Buchstaben sind ebenso wie ihre Reihenfolge ganz unabhängig vom lateinischen Vorbild. In der irischen Tradition werden die Buchstaben nach Bäumen und anderen Pflanzen benannt (B *beithe* ›Birke‹, C *coll* ›Stechpalme‹, D *daur* ›Eiche‹, usw.). Diese Art der Namengebung ähnelt der Benennung germanischer Runenzeichen, unter denen sich ebenfalls Pflanzennamen finden (→ etruskischer Schriftkulturkreis). Sollte es irgendwelche historischen Beziehungen zwischen der Ogham-Schrift und dem Runenalphabet geben, so sind diese nicht näher bekannt.

Die ältesten Zeugnisse in Ogham-Schrift stammen noch aus der vorchristlichen Periode Irlands (4. Jahrhundert) und sind in einer altertümlichen Sprache verfaßt. Das damalige Irisch hatte noch seine Endsilben bewahrt. Eine solche Inschrift lautet in archaischem Irisch »DUMELI MAQI GLASICONAS NIOTTA COBRANOR (IGAS)« – ›(Der Stein des) Dumelos, Sohn des Glasicu, Schwestersohn des Cobranorix‹ –, dessen Text in der altirischen Sprache des 8. Jahrhunderts folgendermaßen zu lesen wäre: *Dumil maice Glaschon niad Cobarnrig*. Etwa 300 Inschriften sind in Irland selbst gefunden worden, ungefähr 60 andere stammen aus Wales, Schottland und von der Insel Man.

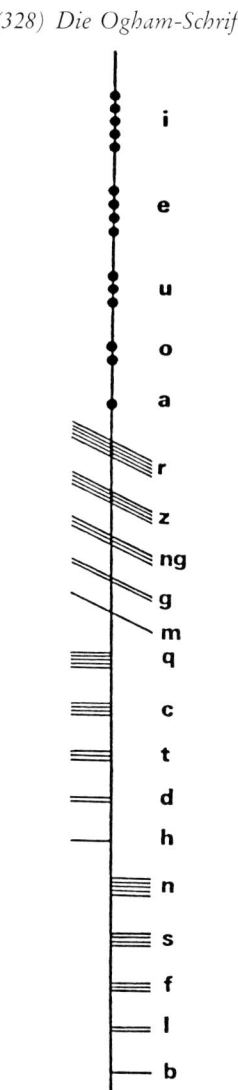

(328) Die Ogham-Schrift

(329) Lateinisch-irische Inschrift in lateinischem Alphabet und in Ogham-Schrift

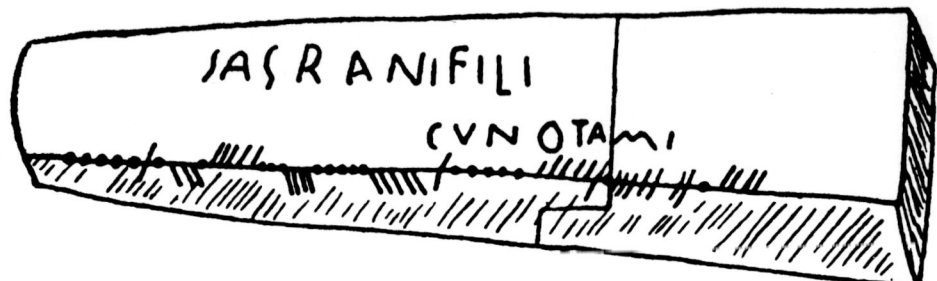

Die irische Inschrift: *Sagramni maqi Cunatami,* die lateinische: *Sagrani fili Cunotami* '(Grab) des Sagran, Sohnes des Cunatam'.

Die Ogham-Schriftkultur war ähnlich flexibel wie die Runenschrift und paßte sich den neuen religiös-weltanschaulichen Gegebenheiten der christlichen Periode an. Seit dem 5. Jahrhundert rivalisiert die einheimische irische Schrifttradition mit dem mächtigen Symbolträger des Christentums, mit der Lateinschrift und ihrem Schrifttum. Es scheint, als ob das mittelalterliche Irland eine Zeit der Harmonie erlebt hat, als die Ogham-Schrift ein dem lateinischen Alphabet gleichwertiges Medium war. Darauf weisen unter anderem zweisprachige Inschriften in beiden Alphabeten *(Abb. 329)*. In diesem Beispiel ist die lateinische Schriftrichtung wie gewöhnlich rechtsläufig, die der Ogham-Zeichen dagegen linksläufig. Die Richtung der Ogham-Schrift ist nicht festgelegt, und die Inschriften sind sowohl rechts- als auch linksläufig.

Bis ins 7. Jahrhundert werden in Irland zwei Sprachen und zwei Schriftsysteme verwendet, wobei die Lateinschrift zur Schreibung des Lateinischen, die Ogham-Schrift zur Wiedergabe des Irischen diente. Nach 650 allerdings verdrängt das »importierte« Alphabet das einheimische, und das Irische wird seither ausschließlich in Lateinschrift geschrieben. Aufgrund der eigenwilligen Schreibweise in Irland prägt sich im Frühmittelalter ein eigener Schriftstil aus, den man den irischen Typ nennt. Dieser Stil basiert auf der lateinischen Halbunziale des 5. Jahrhunderts. »Die Halbunziale hat eine besondere Bedeutung dadurch erlangt, daß sie von West- und Südgallien aus mit der Christianisierung nach Irland verpflanzt wurde, wo wir sie schon gegen Ende des 6. Jahrhunders antreffen (im sog. Cathach-Psalter von Dublin).« (JENSEN 1969, 521) Im Verlauf des 7. Jahrhunderts wird durch die Verdrängung des Ogham-Aphabets nicht nur der Schriftgebrauch Irlands vereinheitlicht, sondern gleichzeitig die lateinische Schriftverwendung in sich differenziert. Denn neben der Buchschrift *(Abb. 330)* entwickelt sich eine Gebrauchsschrift für den Alltag, die mittelalterliche Minuskelschrift *(Abb. 331)*. Aus diesem Schriftstil entsteht eine Kursive, deren Formen seit dem Mittelalter (11./12. Jahrhundert) bis heute im wesentlichen beibehalten worden sind *(Abb. 332)*.

(330) Irischer Buchstil des 8. Jahrhunderts (lateinischer Text aus dem Book of Lindisfarne)

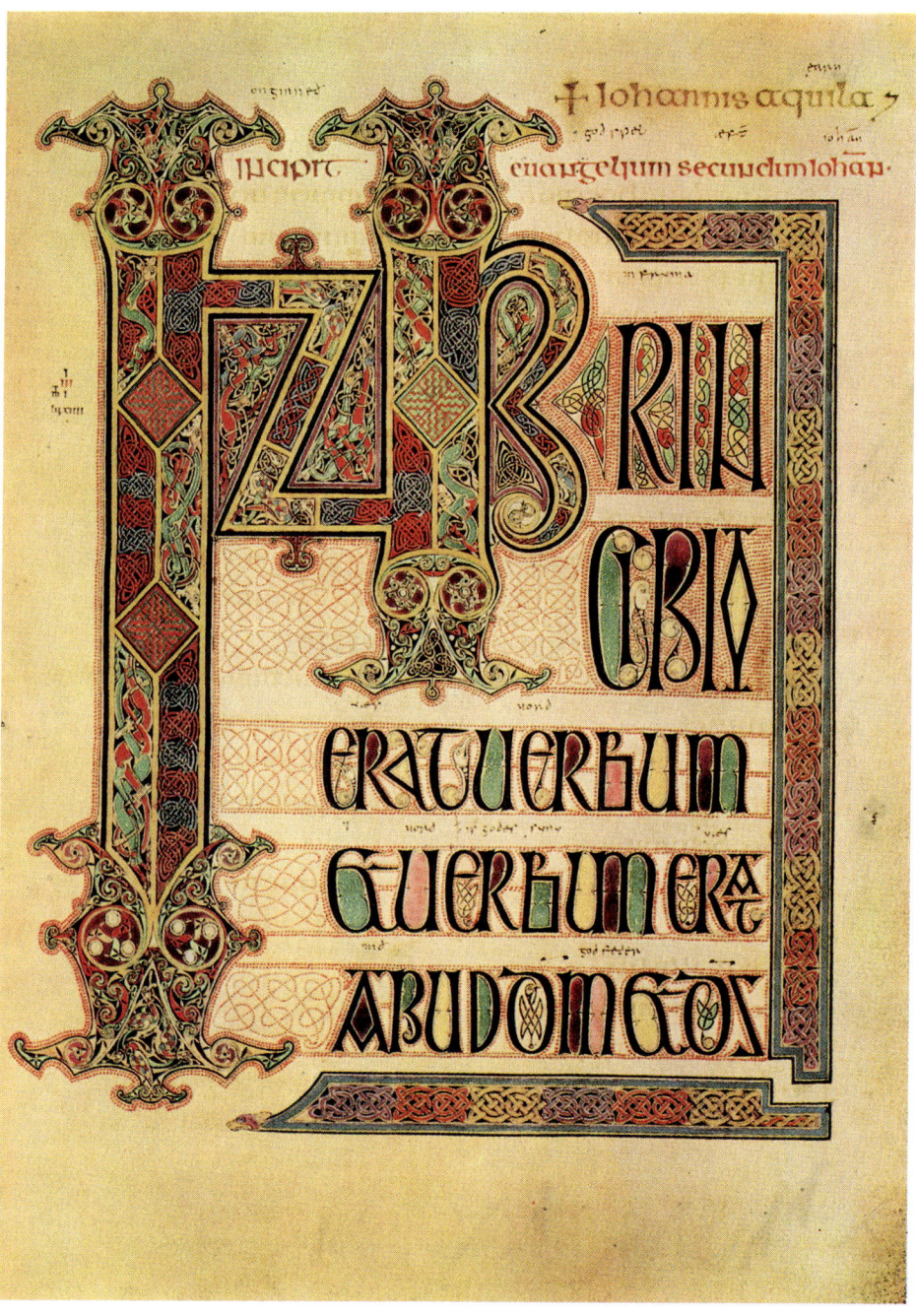

(331) Irische Minuskelschrift des 8. Jahrhunderts (Text aus dem Salabergapsalter)

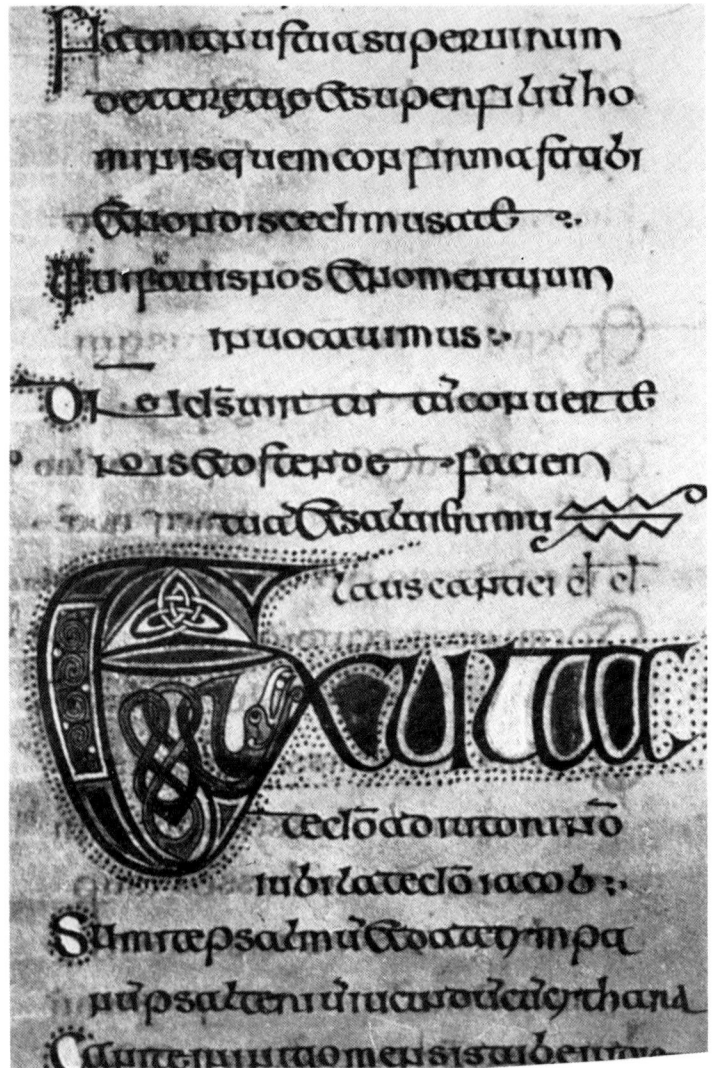

(332) Moderne irische Druckschrift

Óir is mar so do ġráḋuiġ Dia an doṁan, go dtug sé a aoin-ġein Ṁic, do-ċum, ció b'é ċreideaṡ ann, naċ raċaḋ ré amuġa, aċt go mbiaḋ an beaṫa ṁarṫanaċ aige.

Die Lateinschrift in Europa

Die Entwicklung der Schriftkultur Irlands zeigt exemplarisch die beiden Grundprozesse in der Ausgliederung der Lateinschrift. Da ist zunächst der Aspekt der geographisch-arealen Ausweitung der lateinischen Schriftkultur. Über die engeren Grenzen der Landschaft Latium hinaus, wo das Lateinische ursprünglich verbreitet war, weitet sich der Geltungsbereich der Lateinschrift in andere Regionen Italiens aus und folgt dann dem Entwicklungstrend der territorialen Expansion römischer Macht nach West- und Mitteleuropa. Später gelangt das lateinische Alphabet mit dem Christentum auch nach Norden (Skandinavien) und Osten (Polen, Weißrußland). Diese kontinuierliche Ausdehnung kann man den *horizontalen Prozeß* der Ausgliederung nennen. Daneben – und zwar gleichzeitig – gliedert sich die lateinische Schrift in verschiedene Schreibstile aus, die teilweise in chronologischer Abfolge zueinander stehen oder sich unabhängig voneinander als parallele regionale Schriftarten entfalten. Beispielsweise ist die römische *Kapitalschrift* der Kaiserzeit älter als die daraus entwickelte sogenannte *Rustika*. Andererseits haben wir es bei der Ausbildung einer angelsächsischen Variante der *Minuskelschrift* mit einer parallelen Entwicklung zur *karolingischen Minuskel* zu tun, die beide im 8. Jahrhundert ausgeprägt werden. Diesen Aspekt der internen Differenzierung von Schreibstilen kann man am besten als *vertikalen Prozeß* der Ausgliederung beschreiben. Selbst wenn man nur die wichtigsten Entwicklungsphasen der vertikalen Ausgliederung der Lateinschrift in Europa berücksichtigt, trifft der moderne Betrachter, der in die Geschichte zurückblickt, auf eine Fülle spezieller Schreibstile (*Abb. 333*).

Aus der Zeit der klassischen lateinischen Denkmäler ist die römische Kapital- oder Monumentalschrift (*Capitalis Monumentalis*) bekannt, aus deren Formen man schriftpsychologisch – nicht ganz unbedenklich – auf das Streben der Römer nach Klarheit und Geradlinigkeit geschlossen hat (*Abb. 334*). »Die Kapitale ist eine harmonische Vereinigung winkeliger Formen mit bogigen und geraden Linien mit runden Zügen, d. h., sie zeugt ebenso von einer Strenge der Moral als auch von einer Milde der Lebensfreude: Wille und Gefühl sowie Geist und Körper stehen hier in einem vollkommenen Gleichgewicht. Diese schriftpsychologische oder graphologische Deutung wird uns völlig verständlich, wenn wir in Betracht ziehen, daß die Blütezeit der römischen Kapitale unter Augustus, Tiberius, Trajan, Hadrian und Marc Aurel, d. h. unter den größten Kaisern, etwa von der 2. Hälfte des ersten vorchristlichen Jahrhunderts bis zur 2. Hälfte des 2. Jahrhunderts nach Chr. anhielt. Diese Jahrhunderte waren auch die Blütezeit des römischen Staatslebens, das eben in der klassischen Kapitale einen hervorragenden Ausdruck gefunden hat.« (FÖLDES-PAPP 1987, 180). Neben der Kapitalschrift mit ihrem eher monumentalen Charakter entwickelte sich die Rustika als kursive Buchschrift (*Abb. 335*). Für den Alltagsgebrauch wurde ein noch viel kursiverer Schreibstil ausgeprägt, eine »geläufige« Kurrentschrift im eigentlichen Sinn des Wortes (vgl. lat. currere ›laufen‹). Dieser Stil setzt sich kurz vor der Zeitenwende durch, und die ältesten Zeugnisse finden sich auf Papyrus oder auf Wachstafeln. Bei den Ausgrabungen in Pompeji hat man zahlreiche Graffiti (Wand-

(333) Entwicklungsphasen der lateinischen Schrift in Westeuropa

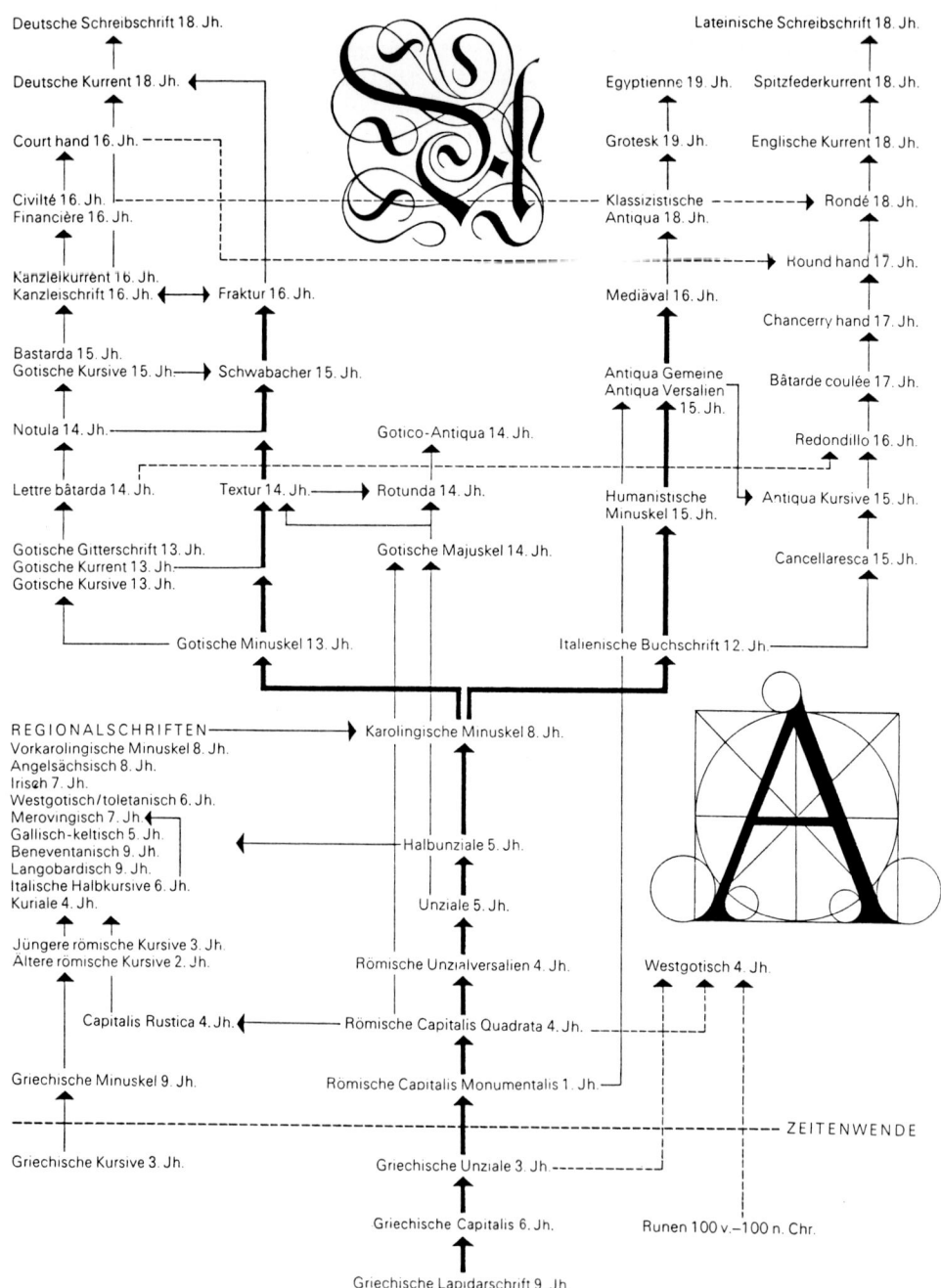

(334) Form der römischen Monumentalschrift (Ausschnitt aus dem Monumentum Ancyranum*; 1. Jahrhundert n. Chr.)*

(335) Die lateinische Rustika als kursive Buchschrift (Papyrus aus Pompeij, Carmen de bello Actiaco*; 4. Jahrhundert n. Chr.)*

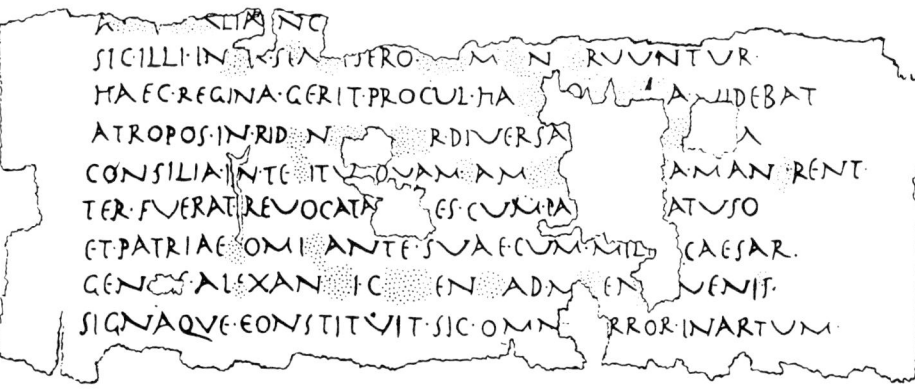

(336) Inschrift aus Pompeji in lateinischer Kursivschrift

»HOSPES ADHUC TUMULI NIMEIAS OSSA PREC/NAM SIVIS HUIC GRATIOR ESSE CACA/VRTICAE MONUMENTA VIDES DISCEDE CACATOR/NON EST HIC TVTVM CVLV APERIRE TIBI« (Freundchen, es bitten die Knochen, nicht hier bei dem Hügel zu pinkeln/Willst du gefälliger diesem hier sein – dann kack!/Brennessel- Grab siehst du hier, drum verschwinde, du Kacker/Raten möcht ich dir's nicht, hier zu entblößen den Arsch)

kritzeleien) mit banalem und vulgärem Inhalt gefunden, die ebenfalls in dieser Kursivschrift abgefaßt worden sind *(Abb. 336)*.

Für die Stilentwicklung der Lateinschrift in Westeuropa wurde die aus der römischen Halbunziale abgeleitete karolingische Minuskel sehr wichtig. Dieser Schreibstil war nicht nur im Frankenreich Karls des Großen (742–814) sondern auch in den späteren Teilreichen verbreitet. Daher findet man die karolingische Minuskel auch in der deutschen Schriftkultur des frühen Mittelalters *(Abb. 337)*. Das ausgehende Mittelalter steht ganz im Zeichen der *gotischen Schriftart*, aus der sich eine

(337) Textausschnitt aus dem Hildebrandslied in karolingischer Minuskelschrift (9. Jahrhundert)

(338) Varianten gotischer Schreibstile (s. Abb. 333)

Vielzahl zeitlich und räumlich begrenzter Sonderstile entwickelt (*Abb. 338*). In Südeuropa ist die parallele Entfaltung der italienischen Buchschrift, deren Anfänge ins 12. Jahrhundert zurückgehen, hervorzuheben. Die italienische Tradition wird zur Zeit der Renaissance weit über Italien hinaus bekannt, und es entwickeln sich eine Reihe kalligraphischer Stile (Renaissance-Schriften), von denen Varianten der *Antiqua* am verbreitetsten sind (*Abb. 339*). Die technische Revolution des europäischen Buch-

*(339) Venezianischer Text in einer frühen Variante der Antiqua-Schrift
(Das Venediger Patentgesetz aus dem Jahre 1474)*

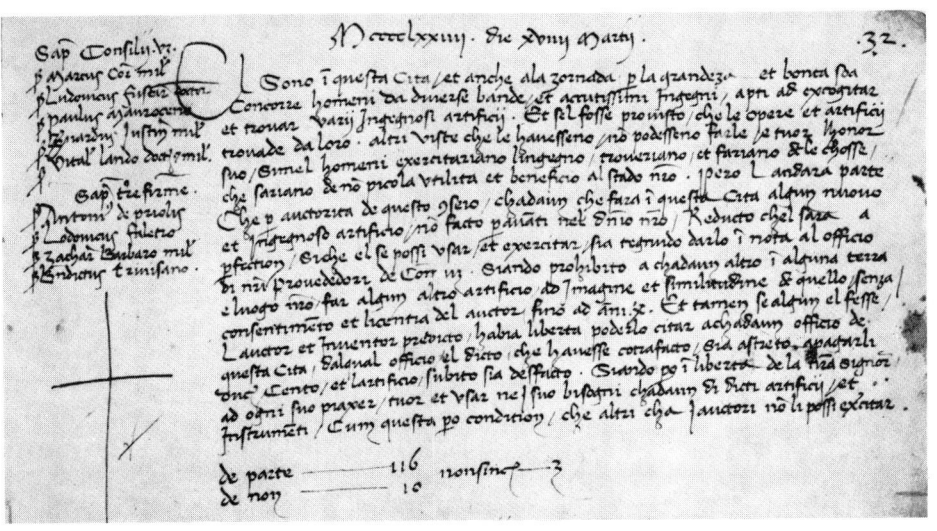

drucks leitet schließlich die moderne Periode der *Druckschriften* ein. »Die von Gutenberg um 1440 erfundene bewegliche Letter und die sich dadurch stetig ausbreitende Buchdruckerkunst verdrängt naturgemäß allmählich die Handschrift. Die klösterlichen wie auch die weltlichen Schreibwerkstätten verlieren ihr wichtigstes Arbeitsgebiet, das handgeschriebene Buch. Die große Schriftkultur des Mittelalters endet damit um 1500. Dies schließt jedoch nicht aus, daß vereinzelt auch in den folgenden Jahrhunderten hervorragende und kunstvolle Handschriften geschaffen werden. So vollendet diese Arbeiten sind, sie halten keinem Vergleich mit denen des Mittelalters stand« (STIEBNER / LEONHARD 1985, 51 f.).

Die Lateinschrift in Asien, Amerika und Afrika

In der Neuzeit hat sich die Lateinschrift über alle Kontinente der Erde verbreitet, wo sie entweder ältere Schriftsysteme verdrängt hat (Schriftwechsel) oder zur Schreibung von bis dahin nur gesprochenen Volkssprachen (Erstverschriftung) verwendet wurde. Im Hinblick auf den horizontalen Prozeß seiner Ausgliederung ist das lateinische Alphabet das produktivste Schriftsystem aller Zeiten. Die in Lateinschrift geschriebenen Sprachen gehören zu ganz verschiedenen Sprachfamilien und besitzen extrem unterschiedliche Lautsysteme. Das *Maori* auf Neuseeland, eine polynesische Sprache, kommt wegen seiner einfachen Lautstruktur mit einem Minimum an Schriftzeichen aus (s. Kap. 3). Im Unterschied dazu ist die Schreibung des *Lappischen*, einer finnisch-ugrischen Sprache, mit lateinischen Buchstaben äußerst schwierig, denn die Lautstruktur lappischer Dialekte gehört zu den kompliziertesten in der Welt (GUTTORM / HOLMBERG 1984–87). Zu den Sprachen, die das lateinische Alphabet benutzen, gehören zahlreiche, die vom Standpunkt des Mitteleuropäers recht »exotisch« anmuten, beispielsweise das grönländische Eskimo, das Vietnamesische (s. Kap. 3), das Hawaiische oder das Swahili im südöstlichen Teil Afrikas. Auch in Amerika hat sich die Lateinschrift seit dem Beginn der spanischen Kolonialzeit (16. Jahrhundert) bis heute bei einer Vielzahl einheimischer Sprachen verbreitet. Ein Beispiel dafür ist das Quechua, das noch heute von Südkolumbien bis Nordchile in Gebrauch ist. In vorspanischer Zeit wurde das Quechua, die Sprache der Inkas, nicht geschrieben. Verschriftet hat man es zur Zeit der spanischen Kolonialherrschaft, und unter dem Einfluß der spanischen Schriftkultur war das lateinische Alphabet die einzige Schriftalternative (*Abb. 340*).

Die größte Zahl einheimischer Schriftsprachen auf der Basis der lateinischen Graphie findet sich nicht in Europa, auch nicht in Asien oder Amerika, sondern in Afrika, wo bereits während der Kolonialzeit über 200 Sprachvarianten verschriftet worden sind. Verglichen mit der Gesamtzahl der Sprachen dieses Kontinents, die auf weit mehr als Tausend geschätzt wird (FIVAZ / SCOTT 1977, XXVII), ist dies nur ein Bruchteil. Die Schriftzeichen des lateinischen Alphabets reichten oft nicht aus, um alle Laute regionaler Sprachformen exakt wiederzugeben, so daß eine Reihe verschiedener Systeme zur Verschriftung afrikanischer Sprachen entwickelt wurde. Schon in den

(340) Gedicht in Quechua mit spanischer Endstrophe

LA MARIPOSA

Mariposaq rapritampis
warma yanai escribimuwan
manaraqmi leyenichu
paqta waqaimanpas nispa

picaflorpa rapritampis
warma yanai cartamuwan
manaraqmi qhawanichu
paqta llakiymanpas nispa

palomita blanca
di la verdad
si me quieres
no me olvidas

DER SCHMETTERLING

Auf den Flüglein eines Schmetterlings
hat meine Liebste mir geschrieben.
Noch habe ich es nicht gelesen,
denn ich könnte ja weinen.

Auf den Flüglein eines Kolibris
hat meine Liebste mir einen Brief gesandt.
Noch hab ich ihn nicht angeschaut,
denn ich könnte mich grämen.

Kleine weiße Taube,
sag mir die Wahrheit,
ob du mich liebst,
mich nicht vergißt.

zwanziger Jahren dieses Jahrhunderts hat daher das International Institute of African Languages and Cultures Vorschläge zur Vereinheitlichung der lateinischen Schreibweise erarbeitet, auf deren Basis um 1955 für mehr als 90 Sprachen im britischen Kolonialterritorium Afrikas einheitliche schriftsprachliche Normen ausgebildet worden waren. Auf einer UNESCO-Konferenz von 1966 wurde das graphische System für eine Reihe weiterer Schriftsprachen vereinheitlicht, und seither wird das »afrikanische« Alphabet auch für Manding, Ful, Tamaschek (Tuareg), Songhai-Zarma, Hausa und Kanuri verwendet. »Ein 1979 begonnenes Projekt des International African Institute (IAI) hat sich die Aufgabe gestellt, alle in Afrika existierenden Verschriftungssysteme zu erfassen, um die Basis für eine tatsächliche Vereinheitlichung zu erreichen« (REH 1981, 547).

Die Geschichte der horizontalen Ausgliederung der Lateinschrift hat nicht immer und überall das Gepräge einer kontinuierlich fortschreitenden Ausweitung ihres Geltungsbereichs. Es hat Zeiten und Regionen gegeben, in denen das lateinische Alphabet vorherrschte, aber später wieder verdrängt wurde. Ein Beispiel dafür ist die Entwicklung der sowjetischen Sprachplanung, die in ihrer Frühphase ganz dem Ideal leninistischer Prinzipien der Sprachpolitik verbunden war. Nach Lenin bedeutete die Verbreitung der Lateinschrift bei den Völkern der 1918 gegründeten Sowjetunion die »Revolution im Osten«. Wie in der Türkei, die 1923 zum lateinischen Alphabet

(341) *Das lateinische Alphabet für nichtrussische Sprachen der Sowjetunion in den zwanziger und dreißiger Jahren*

Aa	Ää	Bb	Cc	Çç	Dd	Ee	Ff
Gg	Hh	Ii	Jj	Kk	Ll	Mm	Nn
Oo	Öö	Pp	Rr	Ss	Şş	Tt	Uu
Vv	Yy	Zz	Ƶƶ	Зз	ьь	Jj	

a) Karelisch

Aa	Bb	Cc	Çç	Dd	Ee	Ff	Gg
Ꝗꝗ	Hh	Ḧḧ	Ħħ	Ii	Jj	Kk	Ḵḵ
Ll	Ļļ	Łł	Mm	Nn	Oo	Pp	Qq
Qq	Rr	Ss	Şş	Ss	Tt	Ṭṭ	Uu
Vv	Xx	X̦x̦	X̵x̵	Zz	Ẓẓ	Ƶƶ	

b) Avarisch

Aa	Bb	Cc	Çç	Dd	Ee	Ff	Gg
Hh	Ii	Jj	Kk	Ll	Mm	Nn	Oo
Ɵɵ	Pp	Rr	Ss	Şş	Tt	Uu	Vv
Yy	Zz	Ƶƶ					

c) Burjat-Mongolisch (Burjatisch)

überwechselte, sollte dieses Schriftsystem nach der Vorstellung Lenins auch in der Sowjetunion zum Symbol einer modernen Gesellschaft werden. Bis Anfang der dreißiger Jahre gab es sogar Pläne, auch das Russische, Weißrussische und Ukrainische auf die Lateinschrift umzustellen. Für zahlreiche nicht-russische Sprachen wurden regionale Schriftsysteme geschaffen, wobei die lateinische Graphie den lautlichen Besonderheiten – soweit dies erforderlich war – durch diakritische Zusatzzeichen oder ergänzende Buchstaben angepaßt wurde. Zu diesen Sprachen gehörten unter anderem im europäischen Teil der Sowjetunion das Karelische (*Abb. 341 a*), im Kaukasusgebiet das Avarische (*Abb. 341 b*) und im fernen Sibirien das Burjatische (Burjat-Mongolische; *Abb. 341 c*). Zwischen 1925 und 1938 wurde das lateinische Alphabet in verschiedenen Abwandlungen für 18 sowjetische Turksprachen verwendet (ISAEV 1979, 59). In dieser Graphie entstand ein umfangreiches Schrifttum. Die kontinuierliche Entfaltung der jungen und alten sowjetischen Schriftsprachen in Lateinschrift wurde jedoch in den dreißiger Jahren unterbrochen, als im Rahmen des stalinistischen Zentralismus alle lateinischen Systeme auf die Kyrillica umgestellt wurden (s. u.).

Der kyrillische Schriftkulturkreis

Die Verbreitung der slavischen Schriften (*Glagolica, Kyrillica*) wurde in besonderem Maß durch die frühe politische Konsolidierung slavischer Staaten im 9. Jahrhundert gefördert. Noch während der Missionszeit (→ griechischer Schriftkulturkreis) entstand ein slavisches Schrifttum in Mähren (Gebiet des Großmährischen Reiches), sowie in Makedonien und in Serbien (Gebiet des Bulgarischen Reiches). Auch das Kiever Reich der Russen spielte eine wichtige Rolle als Vermittler von Schrift und

Schrifttum, da in seinem kulturellen Zentrum (Kiev in der Ukraine) ältere Handschriften kopiert und aufbewahrt wurden. Die altkirchenslavische Literatur erlebte ihre Glanzzeit, als das bulgarische Reich unter dessen Zaren Simeon dem Großen (893–927) politisch mächtig war und als ernsthafter Rivale mit dem griechischen Byzanz um die Macht in Südosteuropa stritt. »Wir besitzen zwar keine bulgarischen Originalmanuskripte aus der Zeit Simeons, doch wurden diese in Kiev und Serbien abgeschrieben, auf dem Weg über Bulgarien gelangte ja überhaupt byzantinische Kultur nach Rußland. Aus dieser Zeit stammende Inschriften – in glagolitischen und kyrillischen Schriftzeichen – wurden in der Kirche St. Simeon in Preslav aufgefunden.« (KOVALEVSKY 1964, 17). Preslav in Ostbulgarien war die Hauptstadt des Bulgarischen Reichs und ein Ort wichtiger griechisch-slavischer Kulturkontakte.

Die *kyrillische Schrift* ist nicht das älteste Alphabet auf dem Territorium der heutigen Sowjetunion. Viele Jahrhunderte, bevor die Schrift ins Sprachgebiet der Ostslaven gelangte, wurden in Armenien und Georgien (5. Jahrhundert) einheimische Schriftsysteme geschaffen, und auch das hebräische Alphabet war bereits im 8. Jahrhundert im Küstengebiet des Schwarzen Meeres und im Kaukasusvorland bei den Judaisten des Khasarenreichs (s. Kap. 6, B) in Gebrauch. Es gibt eine alte arabische Überlieferung, wonach auch von den Russen schon im 10. Jahrhundert eine Schrift verwendet worden sei, die mit der glagolitischen oder kyrillischen nichts zu tun hat.

Ein deutschstämmiger Orientalist namens Ch. M. FRAEHN, der Mitglied der Russischen Akademie der Wissenschaften war und in Khasan lehrte, fand im vergangenen Jahrhundert die Handschrift eines wenig bekannten arabischen Schriftstellers, IBN-ABI-JAKUB EL-NEDIM, in dem über eine Schrift bei den Russen berichtet wird. El-Nedims Werk stammt aus der Zeit 987/88 und seine Angaben beziehen sich auf die Verhältnisse des 10. Jahrhunderts.

FRAEHN (1836, 513) gibt die betreffende Stelle EL-NEDIMS in folgender Übersetzung wieder: »Die Russische Schrift – Jemand, dessen Worten ich trauen darf, erzählte mir, daß einer von den Königen des Berges Kabk (d. i. des Kaukasus) ihn an den König der Russen geschickt habe; und er nahm davon Veranlassung zu der Bemerkung, daß diese eine Schrift hätten, die auf Holz eingekerbt werde. Dabei zog er ein Stückchen weißes Holz hervor, das er mir hinreichte. Auf demselben waren Charactere eingeschnitten, die, ich weiß nicht, ob Wörter oder isolierte Buchstaben darstellten. Hier ihre Nachbildung:

FRAEHN vergleicht einen anderen arabischen Bericht, den des IBN-FOSLAN, mit EL-NEDIMS Hinweis. Bei IBN-FOSLAN wird von den damals noch heidnischen Russen berichtet, die bei Begräbnisriten den Namen des Verstorbenen und den des Königs auf ein Stück Holz schrieben. Dem äußeren Anschein nach ähnelt die Schirftprobe El-Nedims dem Schriftduktus einer der vorderasiatischen Buchstabenschriften, vielleicht der syrischen. Bis heute ist die Herkunft dieser vorchristlichen Schrift bei den Ostslaven ungeklärt, und es sind auch keine Originalzeugnisse erhalten geblieben.

Der Weg der kyrillischen Schrift ging von Bulgarien nach Kiev, der ersten Station des ostslavischen Schrifttums im mittelalterlichen Rußland. Die ostslavischen Dialekte standen sich sprachlich damals noch so nahe, daß man erst vom 14. Jahrhundert an von einem russischen Schrifttum im Osten des Landes, von einem ukrainischen im

(342) Seite aus dem Ostromir-Evangelium (1056)

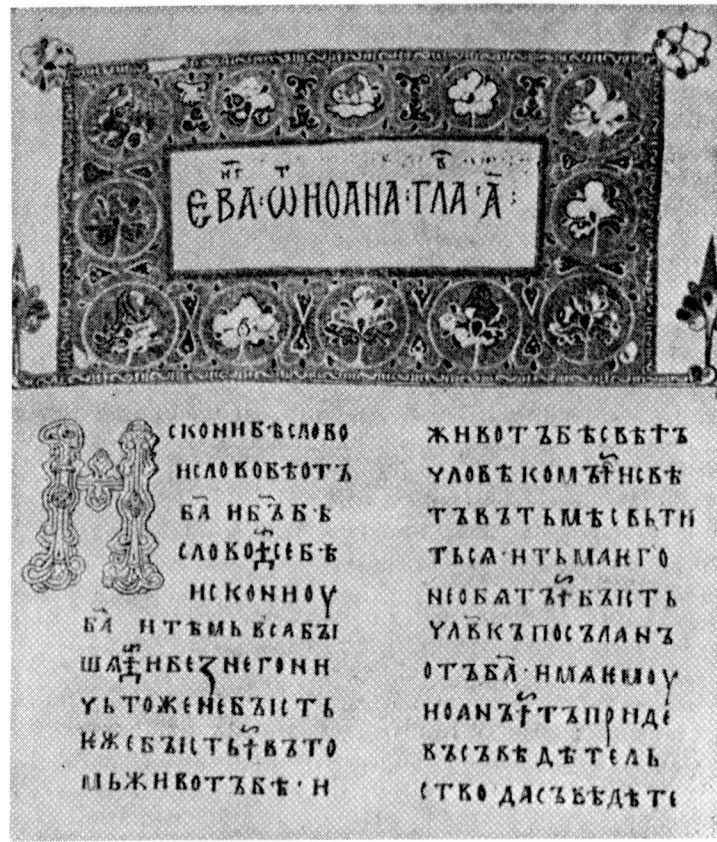

Süden und von einem weißrussischen im Westen sprechen kann. Das ostslavische Schrifttum des Mittelalters war kirchenslavisch geprägt. Angesichts seiner Herkunft und engen Bindung an die christlich-makedonische (altbulgarische) Tradition des Südens verwundert dies nicht. Aus der Zeit des Kiever Schrifttums (insbesondere des 11. und 12. Jahrhunderts) stammen die ältesten ostslavischen Denkmäler, das sogenannte *Ostromir-Evangelium* aus dem Jahre 1056 (*Abb. 342*), die erst aus Abschriften des 14. Jahrhunderts erhaltene *Nestor-Chronik* (entstanden 1113) und die Gesetzeskodifikation der »*Russkaja Pravda*« (›Russisches Recht‹), die im 11. und 12. Jahrhundert zusammengestellt wurde.

Im Jahre 1240 bricht das Kiever Reich unter dem Ansturm der Mongolen zusammen, und Kiev wird zerstört. Der Zerstörung fallen auch fast alle mittelalterlichen Handschriften zum Opfer, so daß von dem einst reichen Originalschrifttum nur ein geringer Teil erhalten geblieben ist (s. o.). Im Nordosten Rußlands kann sich Novgorod unbeschadet halten. Der Machtbereich dieser bedeutenden Handelsmetropole dehnt sich im erfolgreichen Kampf (Aleksandr Nevskij 1240–42) gegen den Deutschritterorden im Westen und die Schweden im Norden weiter aus. In jener Zeit, als die Kiever Slaven im Süden und die Moskoviter im Osten Vasallen der Mongolen sind, entwickelt sich aus dem Handelszentrum Novgorod, das auch als Hanse-Kontor bekannt ist, die wichtigste politische Macht auf russischem Boden. Im Unterschied zu den bis dahin entstandenen Slavenreichen war Novgorod eine Stadtrepublik, ähnlich wie die Seestädte Venedig oder Dubrovnik (Ragusa) an der Adria. Novgorod wird nicht nur zu einem Umschlagplatz für Waren aus aller Herren Länder sondern auch zu einem Kulturzentrum, wo sich Einflüsse aus Skandinavien und Westeuropa mit der christlich-byzantinischen Zivilisation und dem heidnischen Erbe der Ostslaven mischen (*Drevnij Novgorod* 1985).

In jener Zeit entfaltet sich in Novgorod eine bedeutende regionale Schriftkultur, deren Besonderheit darin besteht, daß die meisten schriftlichen Zeugnisse auf Birkenrinde geschrieben worden sind, ein Beschreibstoff, wie ihn auch die Ojibwa-Indianer im Nordosten Amerikas für ihre Kekinowin-Bilderzählungen verwendet haben (s. Kap. 1). Kenntnis hat man von diesem sogenannten altrussischen Birkenrindenschrifttum erst, seit sowjetische Archäologen dessen Zeugnisse in den fünfziger Jahren »ans Licht« brachten (ŽUKOVSKAJA 1959). Es stellte sich heraus, daß die frühesten Schriftstücke, die in Novgorod gefunden wurden, nicht älter als die frühesten Zeugnisse des Kiever Schrifttums sind. Obwohl die altrussischen Schriftdenkmäler Novgorods nicht die ältesten Quellen eines ostslavischen Schrifttums sind, handelt es sich um eine einmalige Sammlung schriftlicher Zeugnisse, in denen viele Hinweise auf die Lebensgewohnheiten und die wirtschaftlichen Verhältnisse einer russischen Stadt des Mittelalters zu finden sind. »Trotz der im ganzen oft schlechten oder jedenfalls schwierigen Quellenlage für das russische Mittelalter verfügen wir gerade für Novgorod doch über eine Reihe offizieller Dokumente zur politischen und Rechtsgeschichte sowie über Chroniken, die in der üblichen Weise auf Pergament oder Papier erhalten sind. Diese werden von den Birkenrinden-Urkunden nun teils ergänzt, teils eröffnen sich völlig neue Einblicke speziell in das tägliche Leben.« (GROTHUSEN 1969, 225f.) Die ältesten Fragmente beschriebener Birkenrinde stammen noch aus dem 11. Jahrhundert. In den folgenden Jahrhunderten wird das Schrifttum reichhaltiger. Als gegen Ende des 15. Jahrhunderts das Moskauer Großfürstentum den Rivalen Novgorod militärisch ausschaltet, geht auch die Novgoroder Schrifttradition zu Ende.

Birkenrinde als Beschreibstoff weist nicht nur darauf hin, daß man in Novgorod ein billiges Material dem teuren Pergament vorzog, sondern auch darauf, daß die Fähigkeit zu lesen und zu schreiben nicht auf einen kleinen Kreis speziell ausgebildeter Schreiber beschränkt war. Die Texte des Birkenrindenschrifttums sind thematisch vielfältig. Es lassen sich im einzelnen unterscheiden: 1. Texte des Wirtschaftslebens wie Geschäftsbriefe und sonstige Handelskorrespondenz, 2. juridische Texte (Urkunden, Erlasse, u. ä.) (*Abb. 343a*), 3. Texte mit Hinweisen zur politischen Geschichte, 4. Texte des Alltagslebens (*Abb. 343b*), 5. religiöses und kirchlich-praktisches Schrifttum (*Abb. 343c*), 6. Texte für Unterrichtszwecke. Die auf Birkenrinde geschriebenen Texte sind ohne Ausnahme recht kurz. Die Sprache des Novgoroder Birkenrindenschrifttums ist ein Ostslavisch, das mit der Zeit immer mehr altrussische Besonderheiten aufweist. Ein einziger Text weicht von den übrigen in altrussischer Sprache ab, und zwar ist

(343) Auf Birkenrinde geschriebene Texte aus Novgorod

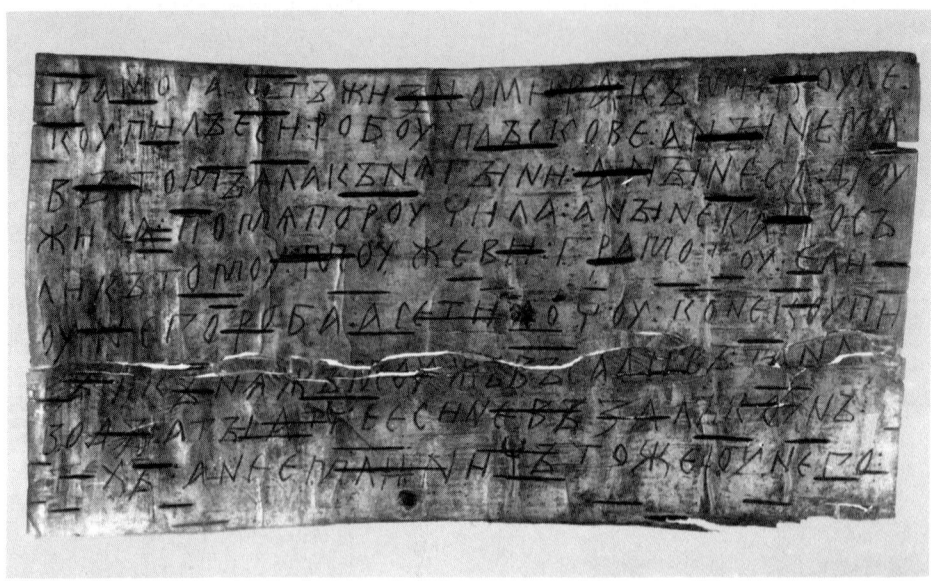

a) *Brief von Žizomir an Mikul wegen einer Gerichtsverhandlung (Urkunde No. 109; Anfang 12. Jahrhundert)*

b) *Brief des Semjon an seine Braut (Urkunde No. 363; Ende 14. Jahrhundert)*

c) Abendgebet, dessen Text auf mehrere Birkenrindenstücke geschrieben ist (Urkunde No. 419; Ende 13. Jahrhundert)

(344) Der älteste Text in finnischer Sprache und in kyrillischer Schrift (eine mittelalterliche Zauberformel; Urkunde No. 292)

юмолануолı.i.нимижи
ноулисѣханолиомобоу
юмоласоудьнииоховı

„Der Pfeil Gottes (Blitz), du hast zehn Namen. Dieser Pfeil ist Gottes eigener. Gott, der Richter, lenkt ihn (den Pfeil)".

dieser in Finnisch geschrieben (*Abb. 344*). Die besondere Bedeutung dieses Textes besteht darin, daß es das älteste Schriftstück der finnischen Sprachgeschichte ist (HAAVIO 1964).

Trotz des anfänglichen Enthusiasmus sowjetischer Archäologen über angebliche Buchfragmente hat man keinen buchlangen Text gefunden. Allerdings kam diese Erwartung nicht von ungefähr, denn es gibt zeitgenössische Berichte darüber, daß man auch Buchtexte auf Birkenrinde geschrieben hat. »So berichtet vor allem Josif von Volokolamsk (um 1440–1515), daß die Mönche des Dreifaltigkeitsklosters des heiligen Sergij von Radonez, des berühmtesten Klosters des Moskauer Reiches, im 14. Jahrhundert so arm gewesen seien, daß sie Bücher auf Birkenrinde geschrieben hätten.« (GROTHUSEN 1969, 217) Pergament war in Rußland auch in späterer Zeit oft zu teuer, und so verwendete man noch im 17. und 18. Jahrhundert, insbesondere in Sibirien, Birkenrinde als Beschreibstoff. Die Schriftentwicklung der Kyrillica wurde dadurch insofern beeinflußt, als sich beim Schreiben auf Birkenrinde mit einem spitzen Griffel keine Kursivformen oder Ligaturen der Buchstaben ausbildeten. Die »Ritzschrift« des Birkenrindenschrifttums behielt zu allen Zeiten ihre eckige Form bei, und die einzelnen Buchstaben wurden nicht miteinander verbunden.

Das Schreiben auf Pergament und Papier ermöglichte die Ausformung einer kursiven Handschrift die sich mit ihren Ligaturen und Schnörkelformen kontrastreich von der Druckschrift abhebt (*Abb. 345*). Zar Peter der Große (1672–1725), zu dessen ehrgeizigen Plänen die »Modernisierung« des russischen Staatswesens nach dem Muster westeuropäischer Länder gehörte, ließ auch die kyrillische Schrift reformieren. Diese Schriftreform, die von Elias KOPIEWITSCH Ende des 17. Jahrhunderts durchgeführt wurde, hatte eine Vereinfachung des Zeichenbestands und eine Vereinheitlichung der Buchstabenformen zur Folge. Eine wesentliche Stütze fanden die Reformabsichten in der Schaffung einer einheitlichen Schriftform für den Buchdruck. Der erste Bleisatz kyrillischer Schriftzeichen in der sogenannten *Graždanskaja* (graždanskaja azbuka ›bürgerliches Alphabet‹) wurde 1708 im Auftrag des Zaren in Amsterdam hergestellt. Die russische Schreibschrift wurde ebenfalls reformiert, indem man sich künftig an den Kursivformen der Lateinschrift in Westeuropa orientierte. Man kann sagen, daß erst mit der *Graždanskaja* und deren späteren Zusätzen (z. B. die Zeichen Й und Э im Jahre 1735) eine selbständige russische Variante der Kyrillica entsteht, deren Zeichenbestand sich von der älteren Schriftversion unterscheidet (*Abb. 346*). Das moderne russische Alphabet ist das Produkt einer Schriftreform, die im Mai 1917 von der bürgerlichen Zwischenregierung unter KERENSKI – also noch vor der Oktoberrevolution – durchgeführt worden war. Das russische Alphabet wird dadurch weiter vereinfacht, indem V und I durch И, θ durch Ф und Ѣ durch das Zeichen E ersetzt wurde. Bis dahin schrieb man auch das sogenannte harte Zeichen (Ъ) am Wortende, eine Gewohnheit, die ebenfalls abgeschafft wird. Obwohl Lenin – wie auch seine Anhänger – die Petrograder Zwischenregierung strikt ablehnten, übernahmen sie dennoch die Ergebnisse der zweiten »bürgerlichen« Reform in der Schriftgeschichte Rußlands.

Auch die anderen slavischen Sprachen, die das kyrillische Alphabet verwenden, haben einige regionale Sonderzeichen in ihre Schriftvarianten aufgenommen, so das *Ukrainische, Bulgarische* und *Serbische* (*Abb. 347*). Die meisten Sonderzeichen finden sich in der serbischen Variante der Kyrillica. Obwohl das *Finnische* die erste nichtslavische Sprache ist, die in kyrillischer Schrift geschrieben worden ist (s. o.), handelt es sich bei dem in Novgorod gefundenen Birkenrindentext um ein isoliertes Schriftstück. Eine kontinuierliche Schrifttradition des Finnischen setzt erst später, und zwar im 16. Jahrhundert mit der Übersetzung biblischer Texte durch den Turkuer Bischof Mikael Agricola ein und orientiert sich am lateinischen Alphabet (HAARMANN 1975, 163 ff.). Von einer eigentlichen kyrillischen Schriftkultur außerhalb slavischer Sprachgemeinschaften kann man erst im Fall des *Rumänischen* sprechen. Seit der zweiten Hälfte des 14. Jahrhunderts finden sich einzelne rumänische Ausdrücke und Namen in mittelbulgarischen Urkundentexten. Das *Bulgarische* war vom 14. bis 17. Jahrhundert Kanzlei- und Kirchensprache in Rumänien und in der Moldau (Moldawien). Der

(345) Russische Kursivschrift (Text aus dem Jahre 1630)

(346) Das moderne kyrillische Alphabet des Russischen

Russ. Druckschrift	Lautwert	Russ. Schreibschrift	Name
А а	a	*A a*	a
Б б	b	*Б б*	bjě
В в	v	*В в*	vjě
Г г	g	*Г г*	gjě
Д д	d	*Д д*	djě
Е е	e, je	*Е е*	jě
Ж ж	ž	*Ж ж*	žě
З з	z	*З з*	zjě
И и	i	*И и*	i
К к	k	*К к*	ka
Л л	l	*Л л*	el
М м	m	*М м*	em
Н н	n	*Н н*	en
О о	o	*О о*	o
П п	p	*П п*	pjě
Р р	r	*Р р*	er
С с	s	*С с*	es
Т т	t	*Т т*	tjě
У у	u	*У у*	u
Ф ф	f	*Ф ф*	ef
Х х	ḥ	*Х х*	ḥa
Ц ц	ts	*Ц ц*	tsě
Ч ч	tš	*Ч ч*	tšě

Russ. Druckschrift	Lautwert	Russ. Schreibschrift	Name
Ш ш	š	*Ш ш*	ša
Щ щ	štš	*Щ щ*	štša
Ъ	hartes Zeichen (stumm)	*ъ*	tvjordy znak
Ы	y	*ы*	jery
Ь	weiches Zeichen (Mouillierung)	*ь*	mjahky znak
Э э	ẹ	*Э э*	ẹ
Ю ю	ju	*Ю ю*	ju
Я я	ja	*Я я*	ja

(347) *Sonderzeichen der kyrillischen Schrift für das Ukrainische, Bulgarische und Serbische*

Ukrain.	g	Ґ ґ	*Ґ ґ*
	ji	Ї ї	*Ї ї*
Bulg.	ă	Ѫ ѫ	*Ѫ ѫ*
Serbisch	dj	Ђ ђ	*Ђ ђ*
	lj	Љ љ	*Љ љ*
	nj	Њ њ	*Њ њ*
	tj	Ћ ћ	*Ћ ћ*
	dž	Џ џ	*Џ џ*

älteste erhaltene, in Kyrillisch geschriebene rumänische Text ist ein Brief des Bojaren Neacsu von Cîmpulung an den Richter Benkner in Kronstadt aus dem Jahre 1521. Die kyrillische Schrift bleibt bis ins 19. Jahrhundert zur Schreibung des *Rumänischen* in Gebrauch und entwickelt einige Besonderheiten (*Abb. 348*). Im Jahre 1868 erfolgt in Rumänien der Übergang zur Lateinschrift, während man in dem zum Russischen Reich gehörenden Bessarabien (Moldau) weiterhin kyrillisch schreibt. Seit den zwanziger Jahren dieses Jahrhunderts hat man in der Sowjet-Moldau mit unterschiedlichem Erfolg und unter dem Druck wechselnder ideologischer Orientierungen das Moldau-Rumänische zeitweise in lateinischem Alphabet und mal in Kyrillica geschrieben. Seit Ende der fünfziger Jahre ist das kyrillische Alphabet in der Moldauischen Sowjetrepublik obligatorisch (HAARMANN 1978, 249 ff.). In einer Zeit der Perestrojka (Umstrukturierung) und Glasnost' (Klarheit, Transparenz) hat man aber im August 1989 beschlossen, wie im benachbarten Rumänien die Lateinschrift zu verwenden.

Bis zur Oktoberrevolution wurde die Kyrillica nur für eine kleine Zahl nichtslavischer Sprachen des Russischen Reichs gebraucht, beispielsweise für das Syrjänische und Mordvinische seit dem 18. Jahrhundert. Diejenigen Schriftsprachen, die damals neben dem Russischen eine nennenswerte Rolle spielten, verwendeten – vom Ukrainischen und Weißrussischen abgesehen – eigene Alphabete: das Georgische (georgische Schrift), Armenische (armenische Schrift), Tatarische (arabische Schrift), das Estnische, Lettische und Litauische jeweils in Lateinschrift. Nach 1918 sah es eine Zeitlang so aus, als ob das lateinische Alphabet zum wichtigsten Instrument der nichtrussischen Schriftsprachen der neugegründeten Sowjetunion geworden wäre. In den zwanziger Jahren wurden nicht nur zahlreiche, bis dahin nur gesprochene Volkssprachen auf der Basis der lateinischen Graphie verschriftet, es wurden auch ältere Schriftsysteme (z. B. das arabische Alphabet) durch die Lateinschrift ersetzt, beispielsweise im Fall des Tatarischen, Usbekischen und anderer Turksprachen (→ lateinischer Schriftkulturkreis). Diese Latinisierungskampagne, die charakteristisch für die ganz auf leninistischen Prinzipien der Nationalitätenpolitik beruhenden älteren Periode der sowjetischen Sprachplanung ist, wurde überall im Verlauf der dreißiger Jahre aufgegeben. Statt der wenige Jahre gebräuchlichen Lateinschrift wurde nunmehr die Kyrillica eingeführt (ISAEV 1979, 236 ff.). Diese Zentralisierung der sowjetischen Schriftsysteme wurde in den einzelnen Sprachgemeinschaften zu verschiedenen Zeiten durchgeführt (*Abb. 349*).

Heutzutage ist die Kyrillica das wichtigste Schriftsystem in der Sowjetunion. Die Mehrzahl der 78 Schriftsprachen dieses multinationalen Staates wird in Kyrillisch geschrieben. Eigenständige Schriftkulturen, die nicht zum kyrillischen Alphabet übergewechselt sind, haben sich nur an der Peripherie gehalten: die georgische und armenische Schrift im Kaukasus, die Lateinschrift in den baltischen Sowjetrepubliken (sowie zur Schreibung des Deutschen bei den Sowjetdeutschen in Mittelasien), das hebräische Alphabet zur Schreibung des Jiddischen und einiger anderer jüdischer Sprachen (z. B. des Jüdisch-Georgischen und des Jüdisch-Tadschikischen) und die koreanische Schrift (Hangul) bei der koreanischen Minderheit in Mittelasien (Usbekistan). Die meisten Sowjetbürger verwenden die Kyrillica, sei es zur Schreibung des

(348) Das kyrillische Schriftsystem zur Schreibung des Rumänischen

Altes Rumänisch	Modernes Rumänisch	Lautwert	Altes Rumänisch	Modernes Rumänisch	Lautwert
а	a	a	Т	t	t
Б	b	b	ȣ	u	u
В	v	v	У	u	u
Г	g	g	Ф	f	f
Д	d	d	Х	h	h, ḫ
Е	e	e, je	Ѱ	ps	ps
Ж	j	ž	Ѡ	o	o
Ѕ	dz	dz	Ч	ţ	ts
З	z	z	Ш	ş	š
З	i	i	Щ	şt	št
N	ft	ft	Ъ	ă	ə
Ѳ	i	i	Ы	i	i
Ï	c	k	Ь		
К	l	l	Ѣ	é ea	ja
Л	m	m	Ѫ	î â	y
М	n	n	Ю	iu	ju
Н	cs	ks	Ѩ	ia	ja
З	o	o	IE	ie	je
О	p	p	Ѧ	ia	ja
П	c	tš	У	i	i
У	r	r	Ѯ	în	yn
Р	s	s	Ц	g	dž
С					

(349) Die Verbreitung des Kyrillischen und anderer Schriftsysteme bei den Sprachen im europäischen Teil der Sowjetunion

Schriftmedium	Kyrillisches Alphabet	Lateinisches Alphabet	Anderes Alphabet
Russisch	+	-	-
Ukrainisch	+	-	-
Weißrussisch	+	-	-
Litauisch	-	+	-
Lettisch	-	+	-
Estnisch	-	+	-
Moldauisch	1930-1933 seit 1937 1957 (Reform)	1924-1929 1933-1937 seit 1989	-
Tatarisch	seit 1939	1928-1938	bis 1927 arabisches Alphabet
Baškirisch	seit 1940	1929-1939	bis 1929 arabisches Alphabet
Čuvašisch	+	-	-
Mordvinisch (Mokša-Mordvinisch)	1947 (Reform) 1957 (Reform)	-	-
Mordvinisch (Erza-Mordvinisch)	1928 (Reform)	-	-
Čeremissisch (Wiesenčeremissisch)	1938 (Reform)	-	-
Čeremissisch (Bergčeremissisch)	1938 (Reform)	-	-
Votjakisch	bis 1932 seit 1939	1932-1938	-
Syrjänisch (Komi-Syrjänisch)	bis 1931 seit 1939	1932-1938	-
Syrjänisch (Komi-Permjakisch)	1921-1931 seit 1939	1932-1938	-
Kalmykisch	1924-1930 seit 1938	1931-1937	bis 1924 zaja-panditisches Alphabet
Jurakisch	seit 1938	1931-1937	-
Gagausisch	seit 1957	-	-
Karaimisch	-	bis 1939	bis 1939 hebräisches Alphabet
Livisch	-	1921-1939	-
Karelisch	1939-1940	1931-1939	-
Vepsisch	-	1931-1937	-
Ingrisch	-	1935-1937	-
Jiddisch	-	-	+ hebräisches Alphabet
Zigeunerisch	-	30er Jahre	-
Polnisch	-	nach 1945 in Litauen und in der Ukraine	-
Ungarisch	-	nach 1945 in Transkarpatien	-
Finnisch	-	nach 1945 in Sowjet-Karelien	-
Lappisch (Kildin-Dialekt)	seit 1984	-	-

(350) Sonderzeichen in kyrillischen Schriftsystemen für nichtrussische Sprachen der Sowjetunion

Sonder-zeichen	Basis-zeichen	Sonder-zeichen	Basis-zeichen	Sonder-zeichen	Basis-zeichen	Sonder-zeichen	Basis-zeichen
А а		И и	й̆	П п	п'	Ц ц	ц
	ā̆		й		п̆		цъ
	ӓ		ии		пп		цә
	аа		i		пъ		цә
	аь		ī		пӀ		цӀ
Б б					пӀу		цц
В в	в'	Й й			пӀпӀ		цу
Г г		К к	к̄				цӀцӀ
	г'		қ	Р р	р'		ць
	ғ		к̆				
	ӻ		к̇	С с	ҫ	Ч ч	
	гъ		ҝ		сс		
	гь		къ	Т т	т'		ч'
	гв		кь		т̣		χ̆
	гӀ		кӀ		тт		чъ
	ғь		кк		тъ		чв
	гъв		кх		тл		чӀ
	гьу		ку		тә		чч
	гӀв		к̇ь		т̣ә		чӀв
Д д			қь		тш		чӀчӀ
	дж·		къв		тӀ		
	дь		къь		тӀу	Ш ш	
	дә		кӀв				шъ
	дз		кӀь	У у			шь
	джь		къу		ȳ		шв
	джъ		кӀу		ў		шә
	дзу		кхъ		ý		шӀ
Е е			кхъу		ӯ		шу
	е'		кӀкӀ		у'		
	ĕ	Л л			уу	Щ щ	
	ә		л'		уь	Ы ы	ъ
	ә'		љ		Y		
	э		лъ		YY		ӥ
	ҿ		ль		Ү	Ә ә	
	ҿ		лӀ				әә
Ё ё			лълъ	Ф ф	фӀ	Ю ю	
Ж ж		Н н		Х х	х̌	Я я	
	җ		ӈ		х'		яь
	ж̇		н'		хъ		h
	жъ		њ		хь		h'
	жь		нг		хв		ħ
	жв		нъ		хi		ђ
	жә		нь		хх		j
	жъу	О о			ху		q
З з			ō̆		хә		w
	з̆		ө		хӀв		Ӏ
	ӟ		ӧ		хъу		ӀӀ
			оо		хьхь		·
			ое				з
			оь				зә
			ҿ				

(351) Schriftsysteme des Karaimischen

Russisches Alphabet	Hebräisches Alphabet	Lateinisches Alphabet	
		Polnische Graphie	Litauische Graphie
а	א	a	a
б	ב	b	b
в	ו	w	v
г	ג	g	g
	ע ה ח	h	h
д	ד	d	d
е	—	ie	e, ie
ё	—	io	io
дж	דז׳	dż	dż
з	ז ד׳	z, ź	z
дз	דז	dz	—
и, i	י	i	i
й	י	j	j
к	ק כ	k	k
л	ל	ł, l	l
м	מ ם	m	m
н	נ ן	n, ń	n
о	ו	o	o
		ö	ö
п	פ	p	p
р	ר	r	r
с	ש ס	s	s
т	ט ת	t	t
у	ו	u	u
	י	ü, iu	ü
ф	ף פ	f	f
х	ח	ch	ch
ц	צ	c	ts
ч	צ׳	cz	č
ш	ש	sz	š
ы	—	y	y
ъ			
ь			
э	—	e	e
ю	יו	iu	iu
я	י	ia	ia

Russischen als Primär- oder Zweitsprache, sei es, um ihre nichtrussische Muttersprache schriftlich zu fixieren. Dies gilt für bevölkerungsstarke Sprachgemeinschaften wie die Ukrainer, Weißrussen oder Usbeken ebenso wie für sprachliche Kleingruppen (z. B. die Eskimos in Ostsibirien, die Lappen auf der Kola-Halbinsel oder die Kurden in der Armenischen Sowjetrepublik). Die vielen Dutzend Sprachen, die heutzutage in Kyrillisch geschrieben werden, gehören ganz verschiedenen Sprachfamilien an und haben eine untereinander stark abweichende Lautstruktur. Es ist daher nicht verwunderlich, daß eine Vielzahl regionaler Varianten der kyrillischen Schrift ausgebildet worden ist, deren Sonderzeichen spezifische Laute einzelner regionaler Sprachen in der Schrift wiedergeben (*Abb. 350*).

Eine besondere – und in vielen Aspekten unvergleichlich eigenwillige – Entwicklung zeigt die Schriftkultur der Karaimen, eines Turkvolkes, das im Herrschaftsbereich des Khasarenkhanats zum jüdischen Glauben bekehrt wurde und diesen auch in den späteren Siedlungsgebieten der Ukraine (Galiča, Luck) und Litauens (Vìlnius, Panevėžỹs, Trakaī) beibehalten hat (s. Kap. 6, B). Dies gilt auch für die Karaimen, die in Polen seßhaft geworden sind. Bis in die vierziger Jahre dieses Jahrhunderts wurde das *Karaimische* in verschiedenen Schriftarten aufgezeichnet (*Abb. 351*). Von diesen ist die hebräische Schrift als Symbol der judaistischen Religion die älteste. Das lateinische Alphabet wurde in einer litauischen und einer polnischen Variante verwendet. Das vergleichsweise jüngste Schriftsystem des Karaimischen ist die Kyrillica russischer Prägung. Heutzutage verwenden die Karaimen ihre traditionelle Schriftsprache nicht mehr. Außer dem Russischen, das als Leitsprache der »sozialistischen Internationalisierung« in allen Regionen der Sowjetunion eine wichtige Rolle als Schriftmedium spielt, sind für die Karaimen auch regionale Schriftsprachen wie Litauisch und Ukrainisch von Bedeutung.

Der arabische Schriftkulturkreis

Es gibt wenige Schriftkulturen auf der Welt, die so einheitlich und kompromißlos mit einer religiös begründeten Weltanschauung verknüpft sind wie die arabische. Das arabische Kulturmuster basiert auf der Korrelation von drei Grundfaktoren: *eine* Religion (der Islam) – *eine* Sprache (das Arabische) – *ein* Schriftsystem (das arabische Alphabet). Wenn man die spezielle Verbindung der Religion mit der Variante der klassisch-arabischen Schriftsprache berücksichtigt, sind alle Komponenten dieses Kulturmusters im eigentlichen Sinn des Wortes sakral. Das sakrale Element ist auch der Schlüssel zum Verständnis der Ausschließlichkeit, mit der sich der Islam, und mit ihm die arabische Sprache und Schrift, in nichtarabische Kulturräume ausbreitete. Während die Bibel seit der Antike in immer neue Sprachen übersetzt worden ist und christliche Texte in einer Vielzahl von Schriftsystemen aufgezeichnet werden, ist das Arabische die einzige Sakralsprache des Islam und die *arabische Schrift* die einzige Schriftart, in der islamisches Schrifttum verfaßt wird. Der Koran wird nur in seiner arabischen Originalversion anerkannt, Übersetzungen in Deutsch, Englisch oder anderen Sprachen gelten bei strenggläubigen Moslems nicht als autoritativ. Nur eine der künstlichen Weltsprachen, Esperanto, wird als Übersetzungssprache akzeptiert.

Das arabische Kulturmuster hat sich zwar ursprünglich innerhalb der arabischen Sprachgemeinschaft gefestigt, es ist aber schon bald in Gegenden mit nichtarabischer Bevölkerung getragen worden, z. B. nach Persien mit seiner iranischen (indogermanischen) Bevölkerung, nach Ägypten zu den hamitischen Kopten, nach Mittelasien zu den Turkvölkern, nach Innerafrika usw. Die arabische Schriftkultur ist ebenso wenig wie der Islam an eine bestimmte ethnische Gruppe gebunden und unterscheidet sich dadurch grundlegend von der jüdischen oder armenischen Kulturgemeinschaft, für die eine viergliedrige Korrelation kulturbestimmender Faktoren gilt: ein Volk – eine Religion – eine (heilige) Sprache – eine Schrift. Was die jüdisch-hebräische Schriftkultur betrifft, ist allerdings die besondere Stellung der karaimischen Sprachgemeinschaft als Ausnahme in Rechnung zu stellen (→ kyrillischer Schriftkulturkreis). Vielleicht ist es gerade die eigenwillige Verknüpfung des kompromißlos-ausschließlichen sakralen Elements mit der a-nationalen Freizügigkeit, die dem islamischen Kulturkreis seine unvergleichliche Prägung verleiht.

In ihrer sakralen Ausschließlichkeit brachte die islamische Expansion erhebliche Einschränkungen für die nichtislamischen Regionalkulturen mit sich. In Ägypten beispielsweise blieb die Gemeinschaft der koptischen Christen nur deshalb bestehen, weil der Fortbestand der koptischen Kirche durch Verhandlungen mit den Arabern gesichert werden konnte. Die muslimischen Machthaber Ägyptens ließen sich ihr Zugeständnis durch eine den Christen auferlegte Zusatzsteuer (»Religionssteuer«) bezahlen. In anderen Regionen wirkte sich der Islam auch regelrecht kulturzerstörend aus. Als die Araber nach Nubien vorstießen, lösten sich dort die christlichen Gemeinden bald auf, und die ehemals blühende altnubische Schriftkultur erlosch. Der Fortbestand der altnubischen Schriftsprache konnte nicht einfach dadurch gesichert werden, daß man sie zum Träger der neuen islamischen Kultur »umfunktioniert« hätte. Eine solche Übertragung war undenkbar. »Eine Übersetzung des Korans aus dem Arabischen, der Sprache der göttlichen Offenbarung, kam überhaupt nicht in Frage. Für islamisch geprägte Kulturen war daher auch allein das ›klassische‹ Arabisch, die Sprache, in der die Engel zum Propheten Mohammed sprachen, wert, studiert zu werden. Dies hatte dabei zunächst gar nichts mit der Geringschätzung anderer Sprachen zu tun.« (WOLFF 1981a, 19)

Der Islam beinhaltete allerdings keine rassischen Vorurteile, denn den Angehörigen aller Völker stand diese Religion offen. In ihrer ethnisch ungebundenen Freizügigkeit aber erlaubte die islamische Weltanschauung die Entfaltung islamisch geprägter Regionalkulturen nichtarabischer Völker und die Anpassung der arabischen Schrift zur Schreibung nichtarabischer Sprachen. Dies war mehr als ein bloßer Freiraum, der damit regionalen Kulturen eingeräumt wurde. In vielen nichtarabischen Gebieten, in denen islamisierte Gesellschaften entstanden, entwickelte sich eine regionale Schriftkultur, die einerseits das Arabische als Sakralsprache, als Medium der Wissenschaften und als Literatursprache einschloß, andererseits bodenständigen Schriftsprachen die

Entfaltung einer Vielzahl sozialer Funktionen im öffentlichen und privaten Leben gestattete. Angesichts der religiös verwurzelten Auffassung, wonach die arabische Schrift die erhabenste unter den Schriftarten wäre, diente selbstverständlich diese zur Schreibung regionaler Sprachen. Vergleichsweise bescheiden nehmen sich die Anfänge eines Schrifttums in *Swahili* aus, für das die arabische Schrift um die Mitte des 17. Jahrhunderts eingeführt wurde. Die ältesten erhaltenen Manuskripte stammen aus dem ausgehenden 18. Jahrhundert. Auch das *Hausa,* die wichtigste der zur tschadischen Gruppe gehörenden Sprachen, entfaltete nach seiner Verschriftung einen Geltungsbereich, der bei weitem nicht dem des Arabischen gleich kam. Ganz anders sah das Verhältnis von arabischer und regionaler Schriftsprache in Persien oder im Osmanischen Reich aus, wo eine reiche Literatur – außer in Arabisch – auch in der Nationalsprache aufgezeichnet wurde.

Ähnlich wie bei anderen wichtigen Schriftarten mit weiter Verbreitung (z. B. chinesische, aramäische, lateinische Schrift) ist die Geschichte der arabischen Schrift bestimmt von den Entwicklungstendenzen ihrer sowohl vertikalen (d. h. internstilistischen) als auch horizontalen (d. h. extern-territorialen) Ausgliederung. Auf dem Hintergrund der Verwendung älterer arabischer Schriftvarianten wie der eckigen *Mašq-Schrift* und der kursiven *Māʾil-Schrift* (s. Kap. 6, B), die seit dem 7. Jahrhundert allmählich vom Kufischen verdrängt werden, ist die Ausbildung der *klassischen Kursivschrift* im 10. Jahrhundert die wichtigste und weitreichendste Neuerung der arabischen Schriftgeschichte. »Der Wazir Ibn Muqla (886–940 n. Chr.), der unter dem abbasidischen Kalifen al-Muqtadir diente, war selber Künstler, Kalligraph und Autor. Er gilt als Erfinder der klassischen Kursive. Sein Ziel war die Vereinheitlichung des Schriftbildes im gesamten arabisch-islamischen Reich. Bei der Entwicklung seiner Schriften bediente er sich der neuen wissenschaftlichen Methoden und verwendete geometrische Mittel wie den Kreis, die Gerade, den Punkt und nahm Rücksicht auf den Rhythmus der Handbewegungen. Seine von ihm erarbeiteten Musterformen für Buchstaben sind in zwei Kursivearten, T̠ulut̠ und Nash̠ī, verwirklicht. Seine Normen gelten bis heute noch für die Kunst der Kalligraphie dieser beiden Schriften. Seine Schüler formten aus der neuen Kalligraphie einen gültigen Stil, der heute in der arabischen Druckschrift fortlebt.« (AL SAMMAN 1988b, 73) Die *Nash̠i (Nesh̠i)-Schrift* hat ihrerseits regionale Stilarten ausgebildet, insbesondere in den östlichen Regionen des arabischen Kulturkreises. Von schrifthistorischer Bedeutung ist der persische *Nestaʿliq-Stil* (Abb. 352), ebenso der im Osmanischen Reich verwendete *Taʿliq-Stil* (Abb. 353).

In den westlichen Regionen (d. h. in Nordafrika, in Innerafrika und auf der Pyrenäenhalbinsel) entwickelten sich im Verlauf des Mittelalters verschiedene regionale Schriftstile, deren Ausläufer bis in die Moderne fortleben. Diese historischen und rezenten Varianten der arabischen Schrift werden unter dem Begriff *Maġribī-Schrift* (arab. maġribī ›westlich‹) zusammengefaßt. Ursprünglich gab es zwei regionale Stile, die in der Zeit zwischen dem 7. und 12. Jahrhundert in Nordafrika (*Fāsī-Schrift,* benannt nach der Stadt Faz/Fez in Marokko) und zwischen dem 10. und 16. Jahrhundert im islamischen Spanien (*Qurṭubī-Schrift,* benannt nach der Stadt Córdoba)

(352) Der persische Nesta'liq-Stil der Neshi-Schrift (Text und Miniatur aus dem 14. Jahrhundert)

(353) Der türkische Ta'liq-Stil der Nesḫi-Schrift (Text mit Miniatur aus dem 15. Jahrhundert)

(354) Beispiel eines portugiesischen Textes in arabischer Schrift (16. Jahrhundert)

جُرِمِنْتَ كَبِرْ أَ تُرِّكَ كُنْدَ كُوْمَةَ اَلْغُوْ غُرَنْدَ كُوْجَ

جُرْ بُرْ دِوْشْ بُرْ دِوْشْ بِرْ دِوْشْ كِرِيَدُرْ دَ سَاوْ أَ دَ تَازْ أَ
بُرْ شُوَاشْ شِرْكُشْتَانْشِيَاشْ مِجِيعَيْشْ بِنْ مِجِيعَيْشْ أَ بَلْمَوْ بُرْفُتْ مُفَدْ
اَلْمُصْطَفَ كِبُرْغُوْ أَ بِرْمَوْ أَ مُشْتَرُوْ أَ بَا كِنُوشْ أَتْرَشْ مَوْرَشْ أَ
شَلْمُوشْ كِرِيمَشْ أَ بُلُوْلْكُرُوْ يَكَوَالْ إِشَّا إِشْكِرِتْ إِنْ أَرْبَعْ أَ بَا
كِنُوشْ أَتْرَشْ تِيمَشْ أَ بُلْثَلْتَيْرُ دِ دُبِى أَ بُلَشْ اَبُجَلُوشْ دِ جَزْ
كِرِشْتَ أَ بُلَشْ سِنْطَ أَ فِنْتِ أَ كُوَاتَرْ بُرْتُشْ دِ دِوْشْ دِ أَدُرْ
فِبَى أَ بِرْمَيَّا أَ بُلَ أَلَمْ دَ بِنَنْ مَوْ بَذَرِ أَ بَلِ بِدْ دِ مُيْشْ بِيلَشْ
أَ بُلْ مِنْ كَبَسْ أَ بُلَ إِشْبَادَ كِرْ جِنْشَ أَوْ بُرْمِصْ دِ بُزْرْ طَلَ
كُوْجَ

a) Portugiesischer Originaltext in arabischer Schrift (Aljamia)

ausgebildet wurden. Bis zur endgültigen Vertreibung der Mauren aus Südspanien im Jahre 1609 war die Qurṭubī-Schrift, die auch als Andalusī-Schrift (nach der Landschaft Andalusien) bezeichnet wurde, auf europäischem Boden in Gebrauch. Danach spielte diese Stilform neben der *Fāsī*-Schrift in Marokko eine wichtige Rolle. Aus diesen beiden Hauptvarianten der westlichen arabischen Schrift entwickelte sich eine neuere kursive Form, die als moderne Maġribī-Schrift in Gebrauch ist. Alle diese Stilarten gehen auf eine regionale historische Schreibweise des Arabischen zurück, die *Qairawānī-Schrift*. Diese Schriftform hat ihren Namen von der mittelalterlichen islamischen Schule (Medrese) in Qairawān (im heutigen Tunesien), von wo im 7. Jahrhundert – als Weiterführung der östlichen Schrifttradition (Kūfī-Schrift) – die Schriftkultur des Westens ihren Ausgang nahm.

Das maurische Spanien entfaltet im Mittelalter eine besondere Ausstrahlung als kulturelle Drehscheibe, nicht nur für die Entwicklung der arabischen Kultur und die Schriftgeschichte des Arabischen im allgemeinen, sondern auch für die Vermittlung arabischen Wissensgutes an das christliche Europa. »Die berühmten arabischen Hochschulen in Córdoba, Sevilla und Toledo zogen Schüler vieler westlicher Völker an. In Toledo wurde unter der Schirmherrschaft des Erzbischofs Raymund eine Übersetzerschule gegründet (1130), um islamische Werke vom Arabischen ins Lateinische zu übertragen. Diese Tätigkeit erstreckte sich über das 12., 13. und 14. Jahrhundert. (...) Im Zusammenhang mit Spanien dürfen wir nicht die bedeutende Rolle der

Juramento qe-faz o Turco cando comete
algu⁀a gʻrande coja

Juro bor Deeux, bor Deeux, ber Deeux qⁱriʸador do cēu e da
tēra e bor xu⁀āx xirconxtānxiʸāx fijīfeʸix e ʸinfijīfeʸix e bolo-meu
borfeta Mofomede Almoçtafa qe-bʿregō e firmou e moxtʿorō a
fē qe-nōx otrox Mōrox e Xalamō⁀ix qʿrēmox e bolo-⁀Alcọrō
5 e ʸo-qu⁀āl estā exqⁱrito en arabigo a fē qe-nōx otrox tēmox e
bolo-Xalteiro de Dafī e bolox Efanjelōx de Jesu Qⁱrixto e
bolox cento e vinte e qu⁀ātro borfetas de Deeux de qē Adao foi
o birmeiro e bola alma do benino mēu badre e bola fida de
mēux fīlox e bola mina cabeça e bola exbāda qe-eu jinxo eu
10 bormeto de fazer tal cōja .

b) Transliterierter Text

Juramento que faz o Turco quando comete
algũa grande cousa.

Juro por Deus, por Deus, por Deus criador do céu e da
terra e por suas circunstâncias visíveis e invisíveis e polo meu
Profeta Mofomede Almostafa, que prègou e firmou e mostrou
a fé que nós outros Mouros e Salamōis cremos, e polo Alco-
rom, e o qual está escrito em arabigo, a fé que nós outros
temos, e polo Salteiro de Davi e polos Evangelhos de Jesu
Cristo e polos cento e vinte quatro profetas de Deus, de que
Adão foi o primeiro, e pola alma do benino meu padre e
pola vida de meus filhos e pola minha cabeça e pola espada
que eu cinjo, eu prometo de fazer tal cousa.

c) Text in moderner portugiesischer Orthographie

Juden vergessen, die viele arabische Werke ins Hebräische oder Lateinische übersetzten.« (AL SAMMAN 1988a, 13) Das Arabische diente den Mauren Spaniens als Sakral-, Literatur- und Wissenschaftssprache. Auch die romanischen Volkssprachen der Pyrenäenhalbinsel standen unter dem starken Einfluß dieser Hochkultursprache. Vor einem solchen kulturhistorischen Hintergrund wird verständlich, weshalb die ältesten Schriftzeugnisse des Spanischen in arabischer Schrift aufgezeichnet worden sind. Dabei handelt es sich um altspanische Endstrophen (ḫaraǧāt), die arabisch-andalusische Dichter ihren arabisch geschriebenen lyrischen Gedichten (muwaššaḥāt) anhängten. Auch das Portugiesische wurde während der Maurenzeit verschiedentlich in arabischer Schrift geschrieben (*Abb. 354*).

(355) Das arabische Alphabet von Umar Bersej zur Schreibung des Tscherkessischen (Adygejischen) mit der Angabe von Lautwerten in kyrillischer Schrift

ﺍ – a, e, u [l]	ڠ – ǯ̣ [–]	ځ – z [з]
آ – ha [a]	ڠ̇ – gž [gž]	ڢ – φ [ф]
ب – б [б]	ر – p [p]	ڨ – к̇ [кв]
پ – n [n]	ز – з [з]	ک – к [к]
ٻ – бn [nl]	ژ – ж [жь]	گ – i̇ [–]
ت – m [m]	ژ̇ – жč [жc]	ڲ – кi [кl (uкlь)]
ث – ė [–]	س – c [c]	ل – л [л]
ٹ – ц [ц]	ش – щ [щ]	ڵ – лh [лl]
ج – gж [gж]	ښ – сш [ш]	ڶ – mhл [лв]
چ – x̣ [xв]	ص – ссш [шв]	م – м [м]
ڃ – x' [xв]	ض – gзh [–]	ن – н [н]
ح – x [x]	ط – mh [mл]	و – y [y]
خ – z [z]	ظ – зh [жсв]	ۆ – в [в]
څ – кl [кl (кlьш)]	ۻ – mhu [цl]	ۅ – вx [–]
د – g [g]	ع – ε [–]	ي – e, ю, u [e]
ذ – i̇ [вв]		

Die gelegentliche Schreibung des Spanischen und Portugiesischen in arabischer Schrift bleibt beschränkt auf die Periode des arabischen Kultureinflusses. Ebenfalls von historischer Bedeutung ist die Verwendung des arabischen Alphabets zur Wiedergabe des *Swahili*, für das heutzutage die Lateinschrift in Gebrauch ist. In anderen Regionen der Welt werden dagegen bis heute nichtsemitische Sprachen in arabischer Schrift geschrieben, so das *Hausa* in Innerafrika, das *Farsi* in Persien oder das *Urdu* in Indien. Historische und teilweise rezente Bedeutung hat das arabische Alphabet in verschiedenen Gebieten, die heute territorial zur Sowjetunion gehören. Der islamische Einfluß reichte bis nach Osteuropa zu den Tataren mit ihrem kulturellen Zentrum Kasan an der Wolga. Die Wolga- und Krimtataren schrieben ihre Muttersprachen bis in die zwanziger Jahre des 20. Jahrhunderts in arabischer Schrift. Auch im Kaukasus mit seinem babylonischen Sprachengewirr wirkte sich der arabische Einfluß jahrhundertelang aus. Ein »exotisches« Beispiel für die Rolle der arabischen Schrift in dieser Gegend ist das Alphabet für das *Tscherkessische* (Adygejische), eine kaukasische Sprache, das von Umar BERSEJ im Jahre 1853 geschaffen wurde (*Abb. 355*).

Ganz Mittelasien war in früherer Zeit ein Gebiet mit blühender islamischer Kultur und ein bedeutender Einflußbereich arabischer Sprache. Dies war noch zu Beginn dieses Jahrhunderts so. Heute ist die arabische Schrift nur noch bei einer kleinen Gruppe islamischer Kleriker in Gebrauch, deren geistig-religiöses Zentrum seinen Sitz in Taschkent hat. Dagegen ist die islamische Religion bis in die Moderne ein wichtiger Faktor der kulturellen Identität geblieben. In den asiatischen Sowjetrepubliken hat selbst die scharfe antiislamische Kampagne Stalins das tief verwurzelte muslimische Kulturgut nicht auslöschen können. Die von den Stalinisten in den dreißiger Jahren zerstörten Moscheen und Medresen sind wieder aufgebaut und restauriert worden (SAMARKAND 1986). Zwar dienen viele der historischen Gebäude als Ausstellungsstätten und Museen, aber immer noch zieht es regelmäßig gläubige Moslems in die offenen Moscheen. Eine besondere Attraktion für westliche Touristen, für die von sowjetischer Seite aus durchsichtigen Gründen nicht geworben wird, ist die Versammlung sowjetischer Moslems zum Gebet in einer der Moscheen Samarkands oder Bucharas. Seit der Zeit der Islamisierung bis zur Latinisierungskampagne in den zwanziger Jahren dieses Jahrhunderts war die arabische Schrift das bedeutendste Medium für die Verschriftung der einheimischen Sprachen. Dazu gehören vor allem Turksprachen wie das *Usbekische, Kirgisische* und *Kasachische,* ferner das dem *Farsi* in Persien nah verwandte *Tadschikische* sowie einige Minderheitensprachen. Bemerkenswerterweise hat sich die arabische Schrift am längsten bei einer der sprachlichen Minderheiten in Sowjetasien gehalten, nämlich bei den *Dunganen*. Die Dunganen sind chinesische Moslems, die ihre Muttersprache (eine dialektale Variante des Nordchinesischen) bis 1953 mit arabischen Buchstaben schrieben (HAARMANN 1986a, 55f.). Heute schreiben die Dunganen – wie die meisten anderen Völker Sowjet-Mittelasiens – kyrillisch.

Der aramäische Schriftkulturkreis

Wenn man sämtliche direkte Abzweigungen (z. B. die Pehlevi-Schrift in Persien) und indirekte Ableger (z. B. die indischen Schriftsysteme) des aramäischen Konsonantenalphabets berücksichtigt, stellt sich in einem weltweiten Vergleich heraus, daß dieses nach der Lateinschrift die zweitproduktivste Schriftart der Welt ist. Die Zahl der direkt oder indirekt vom *Aramäischen* abgeleiteten Schriftsysteme beläuft sich auf nicht weniger als 250, wovon die meisten indische Alphabete sind (→ indischer Schriftkulturkreis). Die Irradiationsdynamik der aramäischen Schrift ist – ähnlich wie im Fall der Ausbreitung des griechischen Alphabets – ein im wesentlichen historisches Phänomen (s. Kap. 6, B). Damit unterscheidet sich der Ausgliederungsprozeß der aramäischen Schrift von dem der Lateinschrift, die als Medium zur Standardisierung von Volkssprachen auch in der Moderne eine Schlüsselrolle spielt (→ lateinischer Schriftkulturkreis).

Im Hinblick auf die Anzahl der Sprachen, die in einer vom aramäischen Alphabet abgeleiteten Schrift geschrieben werden, und auf die territoriale Ausbreitung aramäischer Schriftableger, ist dieser Schriftkulturkreis der bedeutendste in Asien. Dies gilt auch für die Neuzeit. Denn obwohl eine Reihe von Schriftsystemen aramäischer Herkunft nurmehr historische Bedeutung haben (z. B. die soghdische Schrift), wird die Mehrzahl noch heute verwendet (z. B. die arabische Schrift). Der Ausgliederungsprozeß der aramäischen Schrift ist in seinen wichtigsten Entwicklungsphasen schon früher beschrieben worden (s. Kap. 6, B). An dieser Stelle soll ergänzend auf die Ausbreitung nach Innerasien hingewiesen werden, auf den weiten Weg des aramäischen Konsonantenalphabets über Mittelasien bis in die Mongolei und Mandschurei. Alle innerasiatischen Schriftsysteme aramäischer Herkunft sind – vom heutigen Standpunkt aus betrachtet – historisch. Immerhin waren Varianten der mongolischen Schrift noch bis in die zwanziger Jahre dieses Jahrhunderts in Gebrauch.

Die manichäische Schrift

Der Name verknüpft diese Schriftart mit der spätantiken gnostischen Sekte der Manichäer, deren sykretistisches Gedankengut auch Elemente der christlichen und persischen Religion einschloß. Begründer dieser religiösen Richtung war Mani (pers. Manes, griech. Manichaios, 216–276 n. Chr.), der sich selbst als abschließende Offenbarung in eine Reihe mit den großen Religionsstiftern (Seth, Buddha, Zarathustra, Jesus) stellte. Der aus Südbabylonien stammende Mani unternahm in jungen Jahren Reisen nach Persien, Indien und Turan, wo er Anhänger für seine Lehre sammelte. Als Sapor I. (242–273) den persischen Thron bestieg, wurde MANI erlaubt, die nach ihm Manichäismus genannte Lehre zu verbreiten. Beim Nachfolger Sapors, Bahram I. (274–277), fiel Mani später in Ungnade und wurde als Ketzer hingerichtet. Die Angehörigen der manichäischen Gemeinden wurden verfolgt und mußten das Land verlassen. Schon im 3. Jahrhundert bildeten die Manichäer in Ägypten starke Gemeinden, und im 4. Jahrhundert rivalisierte der Manichäismus mit der christlich-koptischen Kirche. In Turkistan fanden die aus Persien kommenden manichäischen Flüchtlinge bereitwillig Aufnahme, und bis zum Jahre 840 war der Manichäismus die Staatsreligion dieser Region. Am weitesten war der Weg der Manichäer nach China, wo sich kleine Gemeinden bis ins 14. Jahrhundert hinein gehalten haben. Späte Ausläufer des Manichäismus im Mittelalter sind die religiös-weltanschaulichen Bewegungen der Bogumilen in Südosteuropa (Bosnien und Hercegovina) und der Katharer in Südfrankreich.

Mani verfaßte eine Reihe von Schriften in persischer und aramäischer Sprache, in denen er die Grundsätze seiner Lehre aufzeichnete. Von diesen sind nur wenige Fragmente erhalten geblieben. Spätere Texte des manichäischen Schrifttums wurden in verschiedenen Sprachen (Mittelpersisch, Tocharisch, östlicher Dialekt des Alttürki-

(356) Die Zeichen der manichäischen Schrift

Manich.	Laut-wert	Manich.	Laut-wert
ܐ	ʾa	ܡ	m
ܒ	b	ܢ	n
ܓ	g	ܣ	s
ܕ	d	ܥ	ʿ
ܗ	h	ܦ	p
ܘ	w	ܦ̇	f
ܙ	z	ܩ	q
ܫ	ž	ܪ	r
ܛ	ṭ	ܫ	š
·	j	ܬ	t
ܟ	k		č
ܠ	l		

schen) und in verschiedenen Alphabeten aufgezeichnet. Äußerlich ähneln alle diese Schriftvarianten denen der syrischen Schrift, und zwar teilweise der palmyrenischen Variante (s. Kap. 6, B), teilweise auch der nestorianischen Variante (s. Kap. 6, B). Die wichtigste Schriftart der manichäischen Texte von denen die meisten in Ostturkestan gefunden wurden, ist eine Kursive (*Abb. 356*), die der palmyrenischen am nächsten steht. Diese linksläufige Kursivschrift bezeichnet man als *manichäische Schrift*. Da dieser Schrifttyp auch auf Tongefäßen aus Nippur in Manis babylonischer Heimat entdeckt wurde, steht fest, daß die manichäische Schrift nicht direkt aus der syrischen abgeleitet worden ist sondern beide Schriftarten Parallelentwicklungen auf aramäischer Grundlage sind. Vielfach sind nur Fragmente der manichäischen Originaltexte erhalten und die wenigsten Handschriften sind in gutem Zustand (*Abb. 357*).

(357) Mittelalterlicher Text aus Turkistan in türkischer Sprache und manichäischer Schrift

Die soghdische Schrift

Eine andere, der syrischen ähnliche Schriftart wurde zur Aufzeichnung buddhistischer und christlicher Texte in einer iranischen Sprache, dem Soghdischen, verwendet. Das *Soghdische* setzt sich fort im Yagnobischen, dessen Sprecher nordöstlich von Buchara leben (BOGOLJUBOV 1966). Die Soghden bewohnten ursprünglich weite Teile Mittelasiens, sie wurden allerdings seit dem 1. Jahrhundert v. Chr. durch die einwandernden Turkstämme nach Osten abgedrängt. Die später in Nordwestindien beheimateten Soghden wurden auch Indo-Skythen genannt. Die ältesten Texte (Briefe) stammen aus dem 2. Jahrhundert n. Chr., die meisten Handschriften sind allerdings viel jünger. Obwohl die linksläufige soghdische Schrift ihren Namen wegen ihrer Bindung an die betreffende iranische Sprache bekommen hat, verwendete man sie auch zur Schreibung des Türkischen (*Abb. 358*). Wie die manichäische, so ähnelt die

(358) Text in türkischer Sprache und soghdischer Schrift

tïnlïɣlarïɣ   uč˙ün   ar'ïɣ   o̤trü

bular   kitär   ülgändä   y(a)rlïqadï   ol

qïl'ïŋ   sin'iŋ   burχanqa   ul'uɣïa   kök

t(ä)ŋrisiburχan   o̤ŋrä   atlïɣ   yṳzintä

quwraɣqa   ködilär

(359) Das Verhältnis der soghdischen Schrift zum aramäischen Konsonantenalphabet

Aramäisch			Soghdisch			
Jerusalem 1. J. u. Z.	Palmyren. 4. J. u. Z.	Lautwert	Ende	Mitte	Anfang	Lautwert
א	א	ʾ	◡	◡	◡	a, ä
				◡	◡	i, ī
ו	ג	w	◡	◡	◡	o, ō, u, ü
			◡̈	◡̈	◡̈	γ̇, χ, q
⅃	ע	k	◡	◡	◡	g, k
⅄	כ	j	◡	◡	◡	i, j
77	97	r	◡	◡	◡	r
			◡	◡	◡	l
∨	ƀƚ	ṭ	◡	◡	◡	t
⌐	ץ	l	⅄	⅄		d
⅄	ⱧⱵ	ṣ	◡	◡	◡	č
⅃	⅃⅃	s	◡	◡	◡	s
∨	∨	š	◡	◡		š
⎮	⎮	z	◡	◡		z, ž
⅃⎮	५⎮⎮	n	◡	◡	◡	n
⅃⎮	⅃⎮	p	◡	◡	◡	b, p
			◡	◡		v
⅄	⅄	b			◡	w
⅃	⅃Ⱨ	m	◡	◡	◡	m
			◡			h

soghdische Schriftart ebenfalls der syrischen, obwohl auch hier eine Variante des aramäischen Konsonantenalphabets als direkte Herkunftsquelle anzunehmen ist (Abb. 359).

Die uigurische Schrift

Heutzutage leben die meisten Uiguren, die eine Turksprache sprechen, im Grenzgebiet Nordwestchinas, ein kleinerer Teil der Bevölkerung wohnt im Osten Kasachstans auf sowjetischer Seite. Dieses Turkvolk hat bereits um die Mitte des 1. Jahrtausends n. Chr. eine differenzierte Sozialordnung und ein frühes Königtum geschaffen, dessen

(360) *Mittelalterliche Handschrift aus Turkistan in uigurischer Schrift (Ausschnitt)*

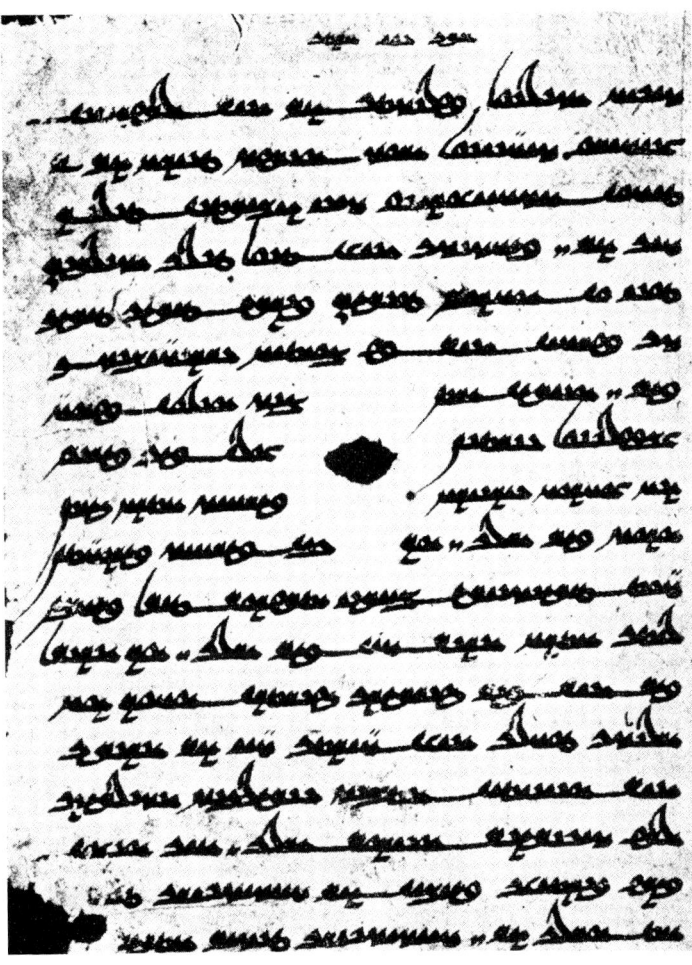

politisches und kulturelles Zentrum die Turfan-Oase wurde. Auch die Schriftkultur der Uiguren ist recht alt und läßt sich seit dem Mittelalter verfolgen, wobei Handschriften, die in Ostturkistan gefunden wurden, zu den frühesten Schriftdenkmälern gehören (*Abb. 360*). Aus späterer Zeit stammt das *Kudatku Bilik* (›Beglückendes Wissen‹), ein in Versform verfaßtes Werk moralisierender Literatur, das um 1070 entstand und Jusuf Chass-HADSCHIB zugeschrieben wird (*Abb. 361*). Das Uigurische wird in den meisten Texten linksläufig geschrieben, aber man findet auch die Schreibrichtung von oben nach unten. Die Senkrechtschreibung ist vergleichsweise jünger und hat sich unter syrisch-nestorianischem Einfluß ausgebildet (s. Kap. 6, B). Die *uigurische Schrift* gehörte im Mittelalter zu den am weitesten verbreiteten Schriften Asiens, denn schon im 13. Jahrhundert wurde sie von den Mongolen für offizielle Zwecke (Urkunden, Dekrete) verwendet. Bis ins 15. Jahrhundert blieb diese Schriftart in den Kanzleien des mongolischen Weltreichs in Gebrauch (*Abb. 362*).

Wegen ihrer ehemaligen weiten Verbreitung und ihrer historischen Bedeutung hat die uigurische Schrift schon früh, und zwar in der zweiten Hälfte des 18. Jahrhunderts, das Interesse der Kulturwissenschaftler auf sich gezogen. Im frühen 19. Jahrhundert dachte man, die Herkunft dieser Schriftart zu kennen und man leitete sie von der nestorianischen Variante der syrischen Schrift ab. Für diese Herleitung glaubte man, eine beweiskräftige Stütze darin zu finden, daß christliche Missionare aus Syrien, die der nestorianischen Glaubensrichtung angehörten, im 7. Jahrhundert die Uiguren christianisiert und ihre Schrift vermittelt hätten. Die alten Textfunde aus Turkistan aber weisen viele Abweichungen von der nestorianischen Schrift auf. Heute steht fest, daß die uigurische Schrift aus der soghdischen abgeleitet worden ist (*Abb. 359*). Im frühen Mittelalter hatten das Soghdische und seine charakteristische Schrift weite Verbreitung, und man hat sogar eine soghdische Inschrift des 9. Jahrhunderts bei Qara Balgasun in der nördlichen Mongolei gefunden. Es gibt auch klare schrifttypische Merkmale, die die Abzweigung aus der soghdischen Schrift beweisen. Obwohl die

(361) Textauszug aus dem uigurischen Kudatku Bilik *(Manuskriptfassung aus dem 15. Jahrhundert)*

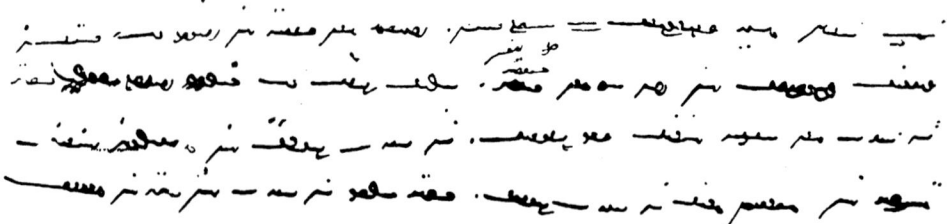

1. ne ič taš biliklik ej hakk ul jaqïn közümdin jïraqsïn köngülke jaqïn 2. barïng bilkülük sen kün ajdïn jaruq neteklikke jeter köngül ökti joq usw.
'1. alles Innere und Äußere kennend, alles ist dir klar; vom Auge mir entfernt, bist meinem Herzen du nah. 2. Dein Ganzes ist Wissenschaft, heller als Sonne und Mond, zu seiner Beschreibung genügt kein Geist, kein Lob' usw.

(362) Die Schriftvarianten des Uigurischen

Uigurisch						Uigurisch					
Turkestan			Kudatku bilik			Turkestan			Kudatku bilik		
Ende	Mitte	Anf.	Anf.	Ende	Lautwert	Ende	Mitte	Anf.	Anf.	Ende	Lautwert
					a, e						č, ǧ
											s
					o, ō u, ü						š
					g, ẓ						z
					g, k						n
					i, j						b, p
					r						
					l						w, f
											m
					d, t						?

uigurische Sprache zwischen *p* und *b* sowie *k* und *g* unterscheidet, werden die Lautoppositionen in der Schrift – wie im Fall des Soghdischen – nur durch *p* und *k* wiedergegeben. Die soghdische Schrift kannte ferner kein Zeichen für *l*, stattdessen wurde *r* geschrieben. Diese Schreibweise ist noch in der uigurischen Schrift zu erkennen, wo der *l*-Laut durch die Hinzufügung eines diakritischen Zeichens an das *r* markiert wird.

Die mongolischen Schriften

Die historische Rolle der uigurischen Sprache und Schrift im mongolischen Kulturkreis erschöpfte sich nicht darin, bis ins 15. Jahrhundert als Medien der Reichskanzlei in Gebrauch zu sein. Bereits im 13. Jahrhundert gab es Bestrebungen, die *uigurische Schrift* auch zur Aufzeichnung des Mongolischen zu benutzen. Der Prozeß der Anpassung an die mongolische Lautstruktur war langwierig. Die Anfänge der Schriftadaption gehen auf das 13. Jahrhundert zurück und sind mit dem Namen des tibeti-

(363) Mongolischer Text in Passepa-Schrift aus dem Jahre 1314

schen Lama SA-SKYA PAṆḌIT verknüpft, der zwischen 1247 und 1251 Gast des Mongolenkhans war. Die Namenform des Lama weist auf seine Herkunft aus dem Kloster Sa-skya, sein eigentlicher Name war Kun-dga-rgyal-mtʿsan dpal-bzaṅ-po. Sa-skya Paṇḍit verwendete die uigurische Schrift in modifizierter Form, um buddhistische Texte aus dem Sanskrit und dem Tibetischen ins Mongolische zu übersetzen. Der Neffe Sa-skya Paṇḍits, PHAG-PA, schlug eine andere Richtung der Schriftadaption ein, indem er versuchte, die *tibetische Schrift* – also ein Alphabet indischer Herkunft – auf das Mongolische zu übertragen (→ indischer Schriftkulturkreis). Diese aus der tibetischen Siegelschrift abgeleitete Schriftart, die man *Passepa-Schrift* nennt, wurde offiziell von Kublai Khan eingeführt, war aber nur bis zum Jahre 1368 (Sturz der Yüan-Dynastie) in Gebrauch *(Abb. 363)*.

Obwohl sich Sa-skya Paṇḍits eigene Schriftversion nicht hatte durchsetzen können, waren seine Bemühungen einer Schriftadaption nicht vergeblich. Als eine Art Fortsetzung dieser älteren, noch unvollkommenen Schreibweise entwickelte der Lama TSORDJI OSIR (mongolische Namenform für Čʿos-kyi'od-zer) ein durch fünf Zeichen aus der tibetischen Schrift erweitertes Alphabet, das man *Galik-Schrift* nennt *(Abb. 364)*. Der Name ist möglicherweise aus dem Sanskrit entlehnt (ka-lekha ›Schrift

(364) Die Zeichen des mongolischen Galik-Alphabets im Verhältnis zur uigurischen Schrift

Laut-wert	Uigur. Final-formen	Laut-wert	Galik Final-formen	Laut-wert	Uigur. Final-formen	Laut-wert	Galik Final-formen
a, e		a				ḍh	
		á				ṇ	
		i				t	
		í				th	
o, u		u		d, t		d	
		ú				dh	
		e		n		n	
		ai				p	
		o				ph	
		au		b, p		b	
		aṃ				bh	
		aḥ		m		m	
g, k		k		j, i		j	
		kh		r		r	
		g		l		l	
		gh		w, f		w	
		ṅ		š		ś	
ġ, č		č				š	
		čh		s		s	
		ǵ				h	
		ǵh				kš	
		ñ				sz	
		ṭ				sz	
		ṭh				'	
		ḍ				sh	

(365) Beispiel für einen mongolischen Text des 20. Jahrhunderts

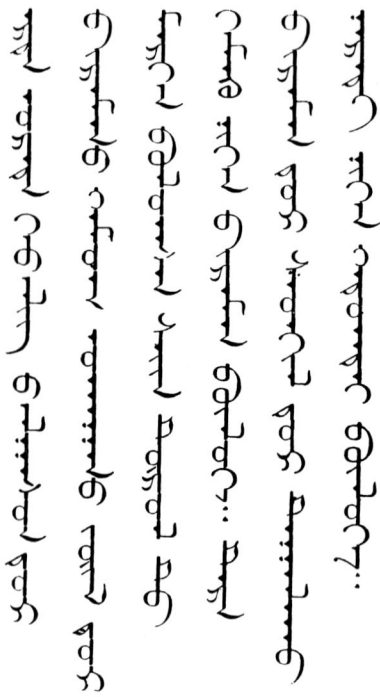

der ka-Reihe›). In seiner ursprünglichen Zusammensetzung war das Galik-Alphabet sehr kompliziert und umfaßte eine Reihe spezieller Unterscheidungszeichen zur Schreibung von Lehnwörtern aus nichtmongolischen Sprachen. Der Zeichenbestand wurde erheblich reduziert, indem auch verwandte Laute mit gleichen Buchstaben geschrieben wurden (z. B. *p. ph* und *b* durch das Basiszeichen für *b*). Die Wiedergabe von Vokalen entspricht der Schreibweise des Uigurischen. Diese vereinfachte Version des Galik-Alphabets diente zunächst ausschließlich zur Schreibung des Mongolischen. In der Schrifttradition des Mongolischen, die sich bis in unser Jahrhundert fortsetzte, bildeten sich verschiedene Schreibstile aus, von denen die sogenannte *Lapidarschrift* des 17. und 18. Jahrhunderts am ausgewogensten ist (*Abb. 365*).

Später wurde das Galik-Alphabet in seiner vereinfachten Form auch für die Schreibung anderer mongolischer Sprachen, und zwar des *Kalmükischen* und *Burjatischen* (bzw. Burjätischen), adaptiert (*Abb. 366*). Die Anpassung der mongolischen Schrift an das Lautsystem des Kalmükischen erfolgte im Jahre 1648 durch den Lama ZAYA PAṆḌIT (eigentlich bLo-bzaṅ-pʻrin-las). Man spricht auch von der zayapanditischen Schreibweise, die von den im 17. Jahrhundert nach Osteuropa wandernden Kalmüken in ihre neuen Wohngebiete an der unteren Wolga und im Vorland des Kaukasus mitgenommen wurde. Bis 1924 war die mongolische Schrift bei den Kalmüken Europas in Gebrauch, danach wechselte man zur Kyrillica. Zwischen 1931

(366) Die mongolische Schrift und ihre Abzweigungen

Mongolisch		Kalmükisch		Mandsch.		Burjätisch		Lautwert
Anfang	Ende	Anfang	Ende	Anfang	Ende	Anfang	Ende	
								a
								e
								i
								o
								u
								ō
								ū
								ô
								n
								b
								p
								ch, k
								g
								k', ch
								g'
								m
								l
								r
								t
								d
								f
								j
								s
								š
								dž
								č, c
								w, v

(367) Schreibweisen des Kalmükischen in sowjetischer Zeit

A a	B в	C c	Ç ç	D d	E e	Ə ə	F f
G g	H h	I i	J j	K k	L l	M m	N n
Ŋ ŋ	O o	Ɵ ɵ	P p	R r	S s	Ş ş	T t
U u	V v	X x	Y y	Z z	Ƶ ƶ	Ь ь	

a) Das lateinische Alphabet

1. Бахта ил нер болад, күргн үзгдәд хуурв. 2. Гиичин улс мөрләд, нәәрин нөөрмү улс тарлһнла, Булһн гертән тесҗ сууҗ ядад, Киштә талан гүүһәд күрәд ирв. 3. — Нүднчн хавдад җе болад бәәҗч, мә эн киитн усар уһаҗ ав, — гиҗ келәд Киштә бор ааһар, бутхачсн, шаврта ус утхҗ авад Булһнд өгв. 4. — Нө болв. Хавдрнь бийнь хәрх. 5. — Шулун кел, ямаран бәәдлтә, кениг дурасн юмн бәәҗ? — гиҗ сурад, Булһн, торад ямаран хәрү өкөн медҗ ядҗ бәәсн Киштән өвдг түшәд суув.

(Басңһа Баатр. Өңгрсн цагин үнн)

b) Moderner kalmükischer Text in kyrillischer Schrift

und 1938 experimentierte die sowjetische Sprachplanung mit der Lateinschrift zur Schreibung des Kalmükischen (*Abb. 367a*), danach erfolgte erneut ein Wechsel zur Kyrillica (*Abb. 367b*). Die burjatische Abzweigung der mongolischen Schrift entstand erst spät, und zwar zu Beginn dieses Jahrhunderts. Auch die Schaffung dieser regionalen Schriftvariante geht auf die Initiative einer Einzelperson zurück, nämlich auf den Lama AGVAN DORDJIEV (russische Namenform für Nag-dbań rDo-rje). Vor dem Ersten Weltkrieg wurden einige wenige Texte in burjatischer Schrift gedruckt. Die politischen Umwälzungen nach der Oktoberrevolution von 1917 hatten auch für die mongolischen Völker weitreichende Folgen. Überall kam die einheimische Schrift früher oder später außer Gebrauch, wurde zunächst durch Versionen der lateinischen

(368) Moderner mongolischer Text in kyrillischer Schrift

17 хичээлийг багтаасан энэхүү бяцхан товхимлыг ерөнхий боловсролын сургуулийн ахлах анги, техник мэргэжлийн болон тусгай мэргэжлийн дунд сургуулийн сурагчид, дээд сургуулийн 1—2 дугаар курсийн оюутнуудын орос хэлний яриа дадлагын хичээлд тусламж болгон бичив.

Түүнчлэн албан үйлдвэрийн газрын дэргэдэх орос хэлний дугуйлангийн сонсогчид, оросоор ярьж сурахыг хүссэн бусад хүмүүс ашиглаж болох юм.

Хичээл тус бүрт тухайн сэдвээр өдөр тутам өргөн хэрэглэгддэг идэвхтэй үг хэлэгийг орчуулгын хамт өгснөөс гадна уул сэдэвт уншых материал, харилцан яриа, хийх даалгавар зэргийг оруулав.

Уншых материалаас ойлгодохгүй үг хэллэг гарвал толь бичгээс харах, багш нараасаа асууж лавлах хэрэгтэй. Тухай бүрийн сэдвээр өргөн хэрэглэгдэг идэвхтэй үг хэллэгийг сайн тогтоож яриандаа хэрэглэж сурахаас гадна харилцан яриануудыг уншиж цээжлэн өөр хоорондоо ярилцах, бас тэдгээртэй ярия зохион ярилцах зэргээр бие дааж ажиллах нь чухал. Ярьж байж ярьж сурна гэдэг.

Иймээс ярьж сурахын тулд ярьцгаая!

Уул товхимлыг цаашид сайжруулах талаар уншигч та бүхнээс үнэтэй зөвлөлгөө авна гэдэгт итгэж байна.

(369) *Zusatzzeichen der mandschurischen Schrift*

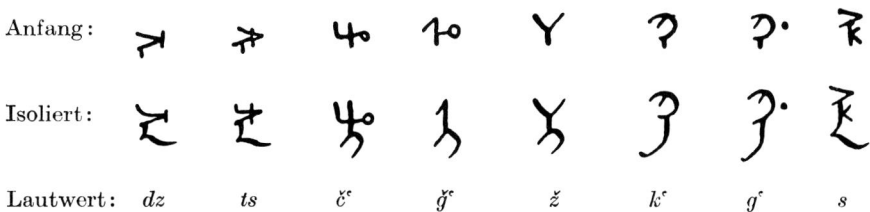

Graphie, später des kyrillischen Alphabets ersetzt. Seit 1938 schreiben Kalmüken und Burjaten kyrillisch, in den vierziger Jahren setzt sich die Kyrillica auch in der Mongolei durch, wo sie 1950 zur offiziellen Schrift der Mongolischen Volksrepublik erklärt wird (*Abb. 368*).

Die mandschurische Schrift

Die *mandschurische Schrift* ist ein Beispiel dafür, daß die mongolische Schrift nicht auf die Sprachen mongolischer Völker beschränkt geblieben ist. Das Mandschurische gehört zu den tungusischen Sprachen und spielte als Schriftsprache in der Mandschurei sowie in China bis zur Mitte des 18. Jahrhunderts eine bedeutende Rolle. Im 13. Jahrhundert übernahm man im Reich der Mandschu das Mongolische als Kanzleisprache und schrieb es in den Schriftversionen, die in der Mongolei selbst in Gebrauch waren (s. o.). Seit Beginn des 17. Jahrhunderts bemühte man sich, aus der mongolischen Schrift ein einheimisches Alphabet zur Schreibung des Mandschurischen zu entwickeln. Die Anpassung der Schrift an die komplizierte Lautstruktur dieser Sprache war ein langwieriger Prozeß, und erst 1632 gelang dem Gelehrten DA-HAI die Ausbildung einer selbständigen mandschurischen Schriftart (*Abb. 366*). Da das Mandschurische seit dem Mittelalter unter starkem chinesischem Einfluß stand, wurden besondere Zusatzzeichen zur Wiedergabe chinesischer Lehnwörter eingeführt (*Abb. 369*).

Wie für alle mongolischen Schriftvarianten, so ist die senkrechte Schreibrichtung auch für die mandschurische Schrift charakteristisch (*Abb. 370*). Dies geht allerdings nicht, wie man meinen könnte, auf chinesischen Einfluß zurück, denn die Anordnung der Zeilen in chinesischen Texten verläuft von rechts nach links. Dagegen sind die

(370) *Mandschurischer Text in Senkrechtschreibung*

Zeilen der mongolischen und mandschurischen Schrift von links nach rechts angeordnet. Außerdem wird ein Text beim Lesen um 90° gedreht, so daß die Zeilen von rechts nach links zu stehen kommen. Diese Schreibweise entspricht der älteren uigurischen, die ihrerseits in Anlehnung an die Schreibrichtung syrisch-nestorianischer Texte entstanden ist (s. o.).

Die alttürkische (sibirische) Schrift

Das Attribut ›alttürkisch‹ verweist auf die Sprachform der aus dem frühen Mittelalter stammenden Texte, während ›sibirisch‹ einen Hinweis gibt auf die Fundorte der Steininschriften in den Flußtälern des Orchon (Nebenfluß der Selenga, die in den Baikalsee mündet), Talas, Jenissej und Ob (GABAIN 1941). Die meisten Inschriften wurden am Orchon gefunden, in der Nähe der Ruinen von Karakorum. Obwohl die verwendete Schrift regional abweicht, ist doch klar zu erkennen, daß es sich um denselben Schrifttyp handelt. Es ist dabei zwischen einer Variante der älteren *Steininschriften am Orchon* (Anfang des 8. Jahrhunderts n. Chr.) und einer Schriftart der jüngeren *Inschriften vom Jenissej* (zweite Hälfte des 8. Jahrhunderts) zu unterscheiden (*Abb. 371*). In Ostturkistan hat man auch Handschriftenfragmente mit dieser runenartigen Schrift gefunden, woraus zu schließen ist, daß die *alttürkische »Runenschrift«* ebenfalls als Buchschrift verwendet wurde. Die historisch-politische Entwicklung der türkischen Stammesverbände, die im frühen Mittelalter in Südsibirien, d. h. an der Peripherie des chinesischen Kulturkreises ansässig waren, ist eng mit der Geschichte Chinas verbunden. Dies zeigt sich beispielsweise in mehrfacher Hinsicht in einer Steininschrift aus dem Jahre 732 vom Ufer des Orchon (*Abb. 372*). Die Inschrift befindet sich auf einem Gedenkstein des chinesischen Kaisers für den türkischen Prinzen Kül-tigin. Abgesehen vom inhaltlichen Bezug zu China zeigt sich auch in der Schreibrichtung chinesischer Einfluß. Der Text ist von oben nach unten und zwar von rechts nach links geschrieben, wobei die Buchstaben um 90° gedreht wurden.

Dem Dänen V. THOMSEN (1893) gelang die Entzifferung der sibirischen Schrift und die Bestimmung der Sprachform als Alttürkisch, aber auch andere Forscher wie etwa V. V. RADLOFF (1894) bemühten sich früh um die Lesung der Inschriften. Was die Herkunft der alttürkischen Schrift betrifft, so glaubte Thomsen zunächst an eine direkte Abzweigung aus dem aramäischen Alphabet. Als aber Anfang dieses Jahrhunderts die ältesten Formen der soghdischen Schrift durch Handschriftenfunde besser bekannt wurden, stellte man bald fest, daß diese Schriftart die Quelle der sibirischen Schrift ist. Man darf an eine recht frühe Abzweigung denken, denn der Zeichenbestand ist zur genaueren Wiedergabe türkischer Laute um rund 20 Zusatzzeichen erweitert worden, was auf einen längeren Prozeß der Schriftadaption hindeutet. Die sibirische Schrift ist wegen ihrer Genauigkeit bei der Lautwiedergabe von besonderem Interesse für die allgemeine Schriftgeschichte. Historisch hatte sie jedoch nur geringe Bedeutung. Offensichtlich war sie nicht einmal hundert Jahre lang in Gebrauch. Bereits zu Beginn des 9. Jahrhunderts benutzten die Türken Südsibiriens und Mittel-

(371) Die Varianten der sibirischen (alttürkischen) Schrift

Orchon	Jenissei	Lautwert	Orchon	Jenissei	Lautwert
		a (ä)			m
		e			n¹
		i ī			n²
		o u			n
		ö ü			nj
		j¹			nč nğ
		j²			nt nd
		b¹			p
		b²			q¹
		č ğ			qï qi
		č² ğ²			oq uq qo qu
		d¹			r¹
		d²			r²
		γ¹			s¹
		g²			s²
		k²			š
		ök ük kö kü			t¹
		l¹			t²
		l²			z
		ld lt			

(372) Alttürkische Steininschrift aus dem Flußtal des Orchon (732 n. Chr.)

(373) Ungarische Inschrift in Kerbschrift aus Istanbul

asiens überwiegend die uigurische Schrift (s. o.). Am frühesten wird die sibirische Schrift im Flußtal des Orchon aufgegeben, wo schon im Jahre 784 die erste alttürkische Steininschrift in uigurischem Alphabet geschrieben wird.

Die altungarische Schrift

Eine der geheimnisvollsten Schriftarten ist bis heute die sogenannte altungarische Schrift, die man historisch mit der Bevölkerungsgruppe der Székler in Transsylvanien (Siebenbürgen) in Verbindung bringt. Textproben dieser Schrift wurden im 16. Jahr-

(374) Die Zeichen der altungarischen Schrift nach dem Nikolsburger Alphabet aus dem Jahre 1483

	a		f		elij [ly, ely]		ſ [s, es]
	eb		egh [g, eg]		m		eth [t, et]
	ecz		eǵ [gy, egy]		en		enth [nt, ent]
	encz		eng [ngy, engy]		enÿ [ny, eny]		v [u]
	eczk		athÿ [ty, aty]		nÿe [nj]		ew [v, ev]
	ecź [cs, ecs]		echech (hh? cscs? ecsecs?)		o		eë, oë [ö]
	encź, ench [nes, encs]		eh		ep		ẅ [ü]
	ed		i		emp		s [sz]
	end		ac [ak]		ek		ez
	eÿ [j, ej]		vnc [unk]		r		ezt
	e		l		ſs, eſch [zs, ezs]		eſt
							tprus, us

(375) Kircheninschrift aus Transsylvanien in ungarischer Kerbschrift

hundert bekannt, darunter eine von einem ungarischen Reisenden in Istanbul gefundene Inschrift *(Abb. 373)*. Von besonderer Bedeutung ist eine Zusammenstellung des altungarischen Zeichenschatzes, das sogenannte *Nikolsburger Alphabet*, das auf einem Pergamentblatt in einem in Nürnberg gedruckten Buch aus dem Jahre 1483 steht und insgesamt 45 Zeichen umfaßt *(Abb. 374)*. Hier findet sich auch der wichtige Hinweis auf die Székler und darauf, daß die Schriftzeichen in Holz geschnitten worden seien: »littere (= litterae) Siculorum quas sculpunt vel cidunt (= caedunt) in lignis«. Zu dieser Beschreibung paßt auch der ungarische Name der Schrift, *rovás-irás* ›Kerbschrift‹. In einer Kirche der Ortschaft Csikszentmihály in Transsylvanien fand man eine längere Inschrift, deren Lesung schwierig ist und deren Inhalt daher unbestimmt bleibt *(Abb. 375)*.

Die Datierung der kurzen Texte in Kerbschrift ist keineswegs eindeutig, und die Annahmen schwanken zwischen der ersten Hälfte des 9. und dem Beginn des 12. Jahrhunderts. Bereits vor der Entzifferung der sibirischen Schrift (s. o.) wurde die altungarische Kerbschrift mit dieser in Verbindung gebracht. Dabei muß aber betont werden, daß sich eine Ähnlichkeit nach der äußeren Gestalt nur für etwa 13 Zeichen zweifelsfrei nachweisen läßt (vgl. *Abb. 374* mit *Abb. 371*). Allerdings scheint die sibirische Schrift die einzige zu sein, mit der die Kerbschrift der Székler assoziiert werden könnte, die ihrerseits in Mitteleuropa völlig isoliert steht. Die Annahme, die Kerbschrift der Ungarn Transsylvaniens könnte von der alttürkischen Schrift Sibiriens abgezweigt worden sein, wird durch die historisch bewiesene gemeinsame Wanderung von türkischen Stämmen (u. a. der Onguren, daher der Name Ungarn) und ungarischen Stammesverbänden (sieben Stämme, die Székler als achter Stamm) aus der südrussischen Steppe ins Donaubecken gestützt. Die Abweichungen beider Schriftsysteme könnten sich aus dem Umstand erklären, daß die alttürkische Schrift über die später hungarisierten türkischen Kabaren und die Khasaren (s. Kap. 6, B), mit denen die Ungarn in engem Kontakt standen, an die Székler vermittelt wurde. Die Székler verwendeten die Kerbschrift offenbar nur stammesintern, denn seit der Christianisierung gegen Ende des 9. Jahrhunderts war das lateinische Alphabet das einzige Schriftmedium der Ungarn, womit zunächst nur das Lateinische, später auch die (ungarische) Volkssprache geschrieben wurde.

Der indische Schriftkulturkreis

Die Benennung dieses Schriftkulturkreises als ›indisch‹ assoziiert unwillkürlich den der alten Indus-Zivilisation (s. o.). Mit diesem hat der indische Schriftkulturkreis nur das geographische Kriterium gemein: die Schriftarten werden in Regionen des indischen Subkontinents ausgebildet und vornehmlich dort verwendet. Historisch allerdings bestehen zwischen den Schriften der beiden Kulturkreise keinerlei Beziehungen, zumal die indischen Basisalphabete – d.h. die Varianten der *Kharoṣṭhī-* und der *Brahmi-Schrift* – von einer außerindischen Quelle, nämlich der aramäischen Buchsta-

(376) *Die Ausgliederung indischer Schriftsysteme*

a) Indische Schriftabzweigungen

ग्यारह बजे वहां पहुंचा था और पौने तीन बजे अवकाश पा यह
सन्देश लाया हूं कि कमला अपनी भाभी माया के साथ आयेगी।
उसकी मां तो रजनी भार्भी के घर पर थी। उसके भाई बिहारी-
HINDI

ਉਲੂ ਵਲ ਵੇਖਿਆ ਹੀ ਨਾ ਜਾਏ। ਉਸ ਨਾਲ ਅੱਖਾਂ ਹੀ ਨਾ ਮਿਲਾਈਆਂ ਜਾਣ।
ਪਿਛੇ-ਤੇ ਤੁਰਦੇ ਤੁਰਦੇ ਸੀੜੀਆਂ ਤੋਂ ਕਾਗਜ਼ ਚੁੱਕੇ ਜਾਣ...। ਜੇ ਉਲੂ ਉੱਡ
ਕੇ ਖਾਦੇਗਾ ਹੀ ਜਾਂ ਦੰਦੀਆਂ ਵੱਦੇਗਾ ਤਾਂ ਹੀ ਮੂੰਹ ਤਾਂ ਬਚ ਹੀ ਜਾਏਗਾ। ਲੱਕ
GURMUKHI

ગાંધીયુગમાં આપણું વિવેચનનું લક્ષ્ય પાછળથી કાવ્ય પરથી
ખસીને કવિ તરફ ગયેલું લાગે – ખાસ કરીને ઉમાશંકરમાં. કવિની
સાધના, કવિની શ્રદ્ધા, કવિનો સર્જનવ્યાપાર – આ બધા વિશે
GUJARATI

বদলে রইলো এই ঘড়ি। একটু অদ্ভুত ঘড়ি। এই ঘড়িটাই শব্দ ক'রে
তাল দিতো গানের সঙ্গে-সঙ্গে। একটা যন্ত্র ঘুরিয়ে দিলে প্রত্যেকটি
টিকটিক আওয়াজ রীতিমতো জোরে তবলার বোলের মতো টকটক
BENGALI

ସେତେବେଳେ କବ ଲେଖୁଥାନ୍ତି କମ୍ଭା ଧାନମରୁ ଥାନ୍ତୁ ।
ଅନେକ ସୂଚନା ମିଳିନ ଯେ, ଯେବେ କୌଣସି ଉଚ ମହଲରୁ
ଠାକୁର ସିବାପାଇଁ ଡାକରା ଆସେ, ସେ ବଳ ଅସ୍ୱସ୍ଥି ବୋଧ
ORIYA

சுதந்திர புருஷர்களாய் இந்த மண்ணில் வாழ்ந்த முன்னோர்
கவீன் நிஊனவு தோன்றி அவர்களைப்போல் நாமும் சுதந்திரப்
பிரஜைகளாய் வாழ வேண்டும் என்ற தீவிரம் நமக்கு
TAMIL

രതിയുടെ സുഖം കനിഞ്ഞു. കാരണമില്ലാതെ ശരീരം
വിറച്ചു. നെഞ്ചില് ചൂണ്ടക്കൊക്ക കൊളുത്തി വലിക്ക
ന്ന അനുഭവം. എന്തൊരളുപ്പുകെട്ട മനുഷ്യനാണിയാം.
MALAYALAM

ಹೋಗು ನೀನೇನು ಮಾಡುತ್ತಿ.."
ನಾನು ಊರಲ್ಲಿ ತುಂಬ ಆಸ್ತಿವಂತ ಮುದುಕ. ನನ್ನ ಒಬ್ಬನೇ ಮಗ
ಇವನ ಕೈಗುಣದಿಂದಲೇ ಬದುಕಿದ್ದ. ಆ ಸಂತೋಷ ಒಂದು ಕಡೆಗೆ. ನನ್ನನ್ನು

KANNADA

రామాఫలాలు మెక్కీ సంక్రాంతి లక్ష్మీ తెచ్చిన విధంగా
తీయవి తే పులు నవవధువుల హృదయాంతరాళాల తారా
డాయి. కొత్త అల్లుళ్ళు అత్తవారిళ్ళు అభ్యంగన స్నానాలు

TELUGU

ගැනීමයි. එවිටයි සාහිත්‍ය කලාවෙන් කළ හැකි කළ යුතු සංස්
කෘතික විප්ලවය සාර්ථක වන්නේ. සම්ප්‍රදායිකව ආරක්ෂා
කළ යුත්තේ ඇත්ත වශයෙන්ම අධික ආර්ථික දියුණුව නිසා

SINGHALESISCH

b) Schriftproben

benschrift, herzuleiten sind (s. Kap. 6, S. 335 ff.). In historischer Perspektive ist der indische Schriftkulturkreis die produktivste Erweiterung des aramäischen (s. o.) Für sich betrachtet, rangiert der indische Schriftenkreis nach der Anzahl seiner Abzweigungen an zweiter Stelle hinter dem lateinischen Schriftkulturkreis (s. o.), dem produktivsten der Schriftgeschichte.

Alle indischen Schriften, die seit der Zeitenwende entstanden sind, gehen auf das Brahmi-Alphabet zurück, während die Kharoṣṭhi-Schrift keinen Fortsetzer ausgebildet hat (Gaur 1984, 107 ff.). Schrifttypisch lassen sich die indischen Schriften zwei größeren Gruppierungen zuordnen, einer nördlichen und einer südlichen Schriftengruppe. Die Schriftarten der Nordgruppe sind vor allem bei den indo-arischen Sprachgemeinschaften verbreitet, die südlichen Schriften dagegen dienen vorwiegend zur Schreibung dravidischer (d. h. nichtindogermanischer) Sprachen (*Abb. 376*). In Indien werden derzeit vierzehn Sprachen und neunzehn Schriften offiziell für den Amtsverkehr anerkannt.

Die nördliche Gruppe der indischen Schriften

Schon früh entwickelt sich ein regionaler Schriftgebrauch im Norden Indiens. Aus buddhistischen Höhlentempeln sind Inschriften des 1. Jahrhunderts n. Chr. in der *Kusan-Schrift* erhalten. Aus dem Nordwesten (Ujjayini) und Westen (Dekkan, Malva, Gujerat) ist die *Kṣatrapa-Schrift* aus Denkmälern des 2. Jahrhunderts bekannt. Diese

(377) Nordindische Alphabete (I)

Lautwert	Brāhmī (Asoka 3. J. v. u. Z.)	Höhlentempel 1.–2. J. u. Z.	Gupta (Allahabad ca. 380 u. Z.)	Central Asian Cursive Gupta	Tochar. Schrift	Siddhamātṛkā	Devanāgarī	Mōḍī
a								
i								
u								
e								
o								
ā								
ka								
kha								
ga								
gha								
ṅa								
ča								
čha								
ja (= ǰa)								
jha (= ǰha)								
ña								
ṭa								
ṭha								
ḍa								
ḍha								
ṇa								
ta								
tha								
da								
dha								
na								
pa								
pha								
ba								
bha								
ma								
ya								
ra								
la								
va								
śa								
ṣa (ša)								
sa								
ha								

Schriftarten, die sich als Varianten der älteren Brahmi-Schrift ausgebildet haben, bleiben nur kurze Zeit in Gebrauch. Eine andere Variante ist die erstmals im 4. Jahrhundert inschriftlich belegte *Gupta-Schrift (Abb. 377)*. Sie ist das Ergebnis einer Reform der Brahmi-Schrift unter der Gupta-Dynastie von Māgadha. Die Gupta-Schrift gewinnt überregionale Bedeutung, und auf ihrer Basis entstehen wiederum regionale kursive Schreibvarianten. Dazu gehört die *sakische Schrift* (zentralasiatische kursive Gupta), außerdem die Schriftart, in der im 7. Jahrhundert Texte in tocharischer Sprache aufgezeichnet werden *(Abb. 378)*. Die Uiguren Mittelasiens haben verschiedene Schriftarten verwendet, einmal die aus der soghdischen abgeleitete (sogenannte uigurische) Schrift, von der schon die Rede war (s. o.), zum anderen auch eine Variante des Gupta-Alphabets (s. *Abb. 377*). Eine andere Schreibvariante, »durch Keile an den senkrechten Strichen der Buchstaben charakterisiert« (JENSEN 1969, 365), ist die *Siddhamātṛkā-Schrift*, deren Zeugnisse aus dem 6. und 7. Jahrhundert (Steininschriften, Palmblatt-Manuskripte) stammen (s. *Abb. 377*).

(378) Die Zeichen der tocharischen Schrift

(379) Die Devanāgarī-Schrift

I	II	III	IV	I	II	III	IV
Vokale	a		अ	Zerebrale	ta	ta	ट
	ā		आ		tha	tha	ठ
	i		इ		ḍa	dha	ड
	ī		ई		ḍha	dha	ढ
	u		उ		ṇa	na	ण
	ū		ऊ	Dentale	ta		त
	ṛ	ri	ऋ		tha		थ
	ṝ	ri	ॠ		da		द
	ḷ	li	ऌ		dha		ध
	ḹ	li	ॡ		na		न
Diphthonge	e		ए	Labiale	pa		प
	ai		ऐ		pha		फ
	o		ओ		ba		ब
	au		औ		bha		भ
Gutturale	ka		क		ma		म
	kha		ख	Halbvokale	ya	ja	य
	ga		ग		ra		र
	gha		घ		la		ल
	ṅa	nga	ङ		va	wa	व
Palatale	ca	tscha	च	Zisch- u. Hauch-laute	śa	scha	श
	cha	tschha	छ		ṣa	scha	ष
	ja	dscha	ज		sa		स
	jha	dschha	झ		ha		ह
	ña	nja	ञ		ḷa	la	ळ

Vokalbezeichnung der Dewanagari-Schrift: का kā, कि ki, की kī, कु ku, कू kū, कृ kṛ, कॄ kṝ, कॢ kḷ, के ke, कै kai, को ko, कौ kau. Vokallosigkeit am Wortende wird durch einen schräger Strich (Wirama) ausgedrückt, z.B. जगत् jagat „Welt". – Treten Konsonanten ohne Vokal unmittelbar nebeneinander, so werden sie Ligaturen.

I Lautarten, II wissenschaftliche Umschrift, III volkstümliche Umschrift (sofern sie von der wissenschaftlichen abweicht), IV Dewanagari-Schrift

Die wichtigste der frühmittelalterlichen Abzweigungen der Gupta-Schrift ist die im 7. Jahrhundert in Nordwestindien entstandene *Nagari-Schrift*. Seit dem 11. Jahrhundert wird diese Schriftart *Devanāgarī* (Bedeutung unklar, vielleicht ›Schrift der Götterstadt‹?) genannt. Sie verbreitet sich schon bald überregional und entwickelt sich während des Mittelalters zur wichtigsten Schriftart Indiens (*Abb. 379*). Als eine besondere Variante der Devanāgarī ist im Gebiet von Bombay die sogenannte *Modi-Schrift* entstanden, in der die Marathi-Sprache geschrieben wird (s. *Abb. 377*). Die Devanāgarī ist zur Schreibung einer Reihe verschiedener Sprachen verwendet worden. Die Aufzeichnung der Literatur in *Sanskrit* zeigt die historische Bedeutung dieser Schriftart (*Abb. 380*). In der Neuzeit manifestiert sich die überregionale Rolle der Devanāgarī darin, daß man auch das *Hindi* damit schreibt. Hindi gehört zu den wichtigen Literatursprachen Indiens, dient als Schriftsprache für mehr als 30 Millionen Menschen und ist eine der 15 offiziell anerkannten Nationalsprachen des Landes. Andere indogermanische – also mit dem Sanskrit und Hindi verwandte – Sprachen, für die das Devanāgarī benutzt wird, sind beispielsweise Marwari, Nepali und Kumaoni, zu anderen Sprachfamilien gehören Ho und Mundari (Muṇḍa-Sprachen), Gondi und Kuruchisch (dravidische Sprachen).

Ableger der Brahmi-Schrift haben sich auch im äußersten Norden Indiens verbreitet, im Vorland des Himalaya (›Stätten des Schnees‹) und in dessen Gebirgsregionen (*Abb. 381*). Hierzu gehört die seit dem 8. Jahrhundert bekannte *Śāradā-Schrift* im nordöstlichen Panjab und in Kaschmir, aus der sich die *kaschmirische Schrift* entwickelt, die auch im Druck verwendet wird. Im nördlichen Panjab bildet sich die *Tākrī-Schrift* aus, die ihrerseits in verschiedene regionale Varianten verzweigt ist. Von der *Laṇḍā-Schrift* ist die ältere Variante *(Khudāwāḍī)* von besonderem Interesse, weil ihr die Vokalbezeichnung fehlt. Dadurch zeigt die Khudāwāḍī einen Entwicklungsstand, wie er für die altsemitische Konsonantenschrift charakteristisch ist. Sicherlich drückt sich darin keine von der Brahmi-Schrift unabhängige Entwicklung aus. Vielmehr ist anzunehmen, daß das Fehlen der Vokalzeichen ein sekundärer Verlust dieser Schriftart ist. Die 1868 durch eine Schriftreform entstandene moderne Version der *Laṇḍā-Schrift* (Sindhī) bezeichnet die Vokale. Die Multani-Schrift – so benannt, weil damit

(380) Sanskrit-Text in Devanāgarī-Schrift (Yājñavalkya's Dharmaśāstra II, 1)

व्यवहारान्नृपः पश्येद्विद्विद्भिर्ब्राह्मणैः सह ।
धर्मशास्त्रानुसारेण क्रोधलोभविवर्जितः ॥ १ ॥

vyavahārānnṛpaḥ paśyedvidvadbhirbrāhmaṇaiḥ saha |
dharmaśāstrānusāreṇa krodhalobhavivarjitaḥ ||

'die Prozesse soll der König mit kundigen Brahmanen prüfen, gemäß der Vorschrift der Rechtsbücher, frei von Zorn und Begierde (sine ira et studio)'.

(381) Nordindische Alphabete (II)

Lautwert	Śāradā 804	Kasch-mīrī	Ṭākrī		Laṇḍā		Multānī	Gur-mukhī
			Jaun-sarī	Cha-meālī	Khu-dāwādī	Sindhī-Schrift		
a					ṁ	m	m	
i					·			
u					·			
e					·	ṁ		
o					·	ṁ		
ā					·	m		
ka								
kha								
ga								
gha								
ṅa								
ća								
čha								
ǵa								
ǵha								
ña								
ṭa								
ṭha								
ḍa								
ḍha								
ṇa								
ta								
tha								
da								
dha								
na								
pa								
pha								
ba								
bha								
ma								
ya								
ra								
la								
va								
śa								
ṣa								
sa								
ha								

(382) Nordindische Alphabete (III)

Lautwert	Proto-Bengālī 11. Jahrh.	Bengālī	Orissisch (Oriyā)	Gujarātī	Kaithī	Manipuri	Lautwert	Proto-Bengālī 11. Jahrh.	Bengālī	Orissisch (Oriyā)	Gujarātī	Kaithī	Manipuri
a	ᄌ	অ	ଆ	અ	ચા	ꯑ	ṇa	ᄀ	ণ	ଣ	ણ	ᄑ	ꯅ
i	ᅷ	ই	ଇ	ઈ	ᅵ		ta		ত	ତ	ત	ᄂ	ꯇ
u	ᅮ	উ	ଉ	ઉ	ᅶ		tha	ᄑ	থ	ଥ	થ	ᄑ	ꯊ
e	ᄀ	এ	ଏ	ઍ	ᅨ		da	ᄃ	দ	ଦ	દ	ᄃ	ꯗ
o	ᄋ	ও	ଓ	ઑ	ᅽ		dha	ᄀ	ধ	ଧ	ધ	ᄃ	ꯙ
ā		আ	ଆ	આ	ᅶ		na	ᄂ	ন	ନ	ન	ᄂ	ꯅ
ka	ক	ক	କ	ક	ᅴ	ꯀ	pa	ᄑ	প	ପ	ય	ᄑ	ꯄ
kha	ᄀ	খ	ଖ	ખ	ખ	ꯈ	pha	ᄑ	ফ	ଫ	ય	ᄑ	ꯐ
ga	ᄀ	গ	ଗ	ગ	ᄀ	ꯒ	ba	ᄇ	ব	ବ	ᄇ	ᄇ	ꯕ
gha	ᄀ	ঘ	ଘ	ઘ	ᄀ	ꯘ	bha		ভ	ଭ	ભ	ᄇ	ꯚ
ṅa		ঙ	ଙ	ઙ		ꯉ	ma	ᄋ	ম	ମ	મ	ᄋ	ꯃ
ča	ᄎ	চ	ଚ	ચ	ᄎ	ꯆ	ya	ᄋ	য়	ଯ	ય	ᄋ	ꯌ
čha	ᄎ	ছ	ଛ	છ	ᄎ	ꯈ	ra	ᄅ	র	ର	ર	ᄅ	ꯔ
ǧa	ᄌ	জ	ଜ	જ	ᄌ	ꯖ	la	ᄅ	ল	ଲ	લ	ᄅ	ꯂ
ǧha	ᄌ	ঝ	ଝ	ઝ	ᄌ	ꯓ	va	ᄇ	ব	ଵ	વ	ᄇ	ꯋ
ña	ᄌ	ঞ	ଞ	ઞ		ꯅ	śa	ᄉ	শ	ଶ	શ	ᄉ	ꯁ
ṭa		ট	ଟ	ટ	ᄃ	ꯇ	ṣa	ᄉ	ষ	ଷ	ષ	ᄉ	ꯁ
ṭha		ঠ	ଠ	ઠ	ᄃ	ꯊ	sa	ᄉ	স	ସ	સ	ᄉ	ꯁ
ḍa	ᄃ	ড	ଡ	ડ	ᄃ	ꯗ	ha	ᄒ	হ	ହ	હ	ᄒ	
ḍha	ᄃ	ঢ	ଢ	ઢ	ᄃ	ꯙ							

(383) Bengalischer Text in bengalischer Schrift

পূর্ব্ব কালের ধনবানের্‌দের মধ্যে
আমদৃহুলতান্ নামে এক জন ছিলেন
তাহার প্রচুর ধন ও ঐশ্বর্য্য এবং বিস্তর
টসন্ধসামন্ত ছিল

die dem Panjabi verwandte *Multani-Sprache* geschrieben wird – gibt die Vokale ebenfalls nicht wieder und ähnelt somit typologisch der alten Laṇḍā-Schrift. Auffällig an den Buchstabenformen der *Gurmukhi-Schrift,* die sich von der Laṇḍā-Schrift abgezweigt hat und die zur Aufzeichnung der religiösen Texte der Sikhs verwendet wird, ist deren Beeinflussung durch die Devanāgarī.

Im Nordosten des indischen Subkontinents differenziert sich in der zweiten Hälfte des 11. Jahrhunderts eine besondere Schriftart aus dem Nagari-Typ aus, das *Proto-Bengali,* dessen älteste Inschrift ins Jahr 1080 datiert wird (*Abb. 382*). Einige Jahrhunderte lang verwendet man diese regionale Schriftvariante in Bengalen, Nepal und Orissa. Gegen Ende des 14. Jahrhunderts entsteht daraus die *Bengali-Schrift,* in der nicht nur die indogermanischen Sprachen Bengali und Assamesisch sondern auch Sprachen der tibeto-birmanischen Familie (z. B. Garo, Bodo, Manipuri) und das Santali (Muṇḍa-Sprache) geschrieben werden (*Abb. 383*). Das bengalische Alphabet ist seinerseits die Quelle weiterer Schriftableger gewesen, so der *Oriya-Schrift* zur Schreibung des Oṛiya (*Abb. 384*) der *Gujerati-Schrift* zur Wiedergabe der gleichnamigen Sprache (*Abb. 385*), der in Bengalen gebräuchlichen Kaithi-Schrift, außerdem der

(384) Text in Oriya-Schrift

ଦକ୍ଷିଣ ଦେଶରେ ସିନ୍ଧୁ ନାମକ ଏକ ରାଜ୍ୟ ଥିଲା। ସେଠାରେ
ବୀରବାହୁ ବୋଲି କିଏ ଘନା ଥଲେ। ତାଙ୍କର ଦୁଇଟି ରାଣୀ
ଥିଲେ। ବଡ଼ରାଣୀର ନାମ ପ୍ରେମଶୀଳା, ସାନ ରାଣୀର ନାମ
କନକମଞ୍ଜରୀ। ସାନ ରାଣୀଟି ବଡ଼ ସୁନ୍ଦରୀ।

(385) Text in Gujerati-Schrift

સીધો સાંપળ્યાં કેદને જપત કર્યું ઘરબાર
પાપ પુઢે નહી ખોઇને એ તો કાણ કરે બેહેવાર

(386) Varianten der tibetischen Schrift

Lautwert	Tibetisch			Passèpa	Lepča	Lautwert	Tibetisch			Passèpa	Lepča
	Dbu-čan	Dbu-med	'akhyug yig				Dbu-čan	Dbu-med	'akhyug-yig		
ka						tsa					
kha						thsa					
ga						dza					
ṅa						wa					
ča						ža					
čha						za					
ǧa						‚a					
ña						ya					
ta						ra					
tha						la					
da						ša					
na						sa					
pa						ha					
pha						'a					
ba						fa					
ma											

Manipuri-Schrift, in der man früher die Sprache der Meithei in Burma schrieb. Heute ist stattdessen die Bengali-Schrift üblich.

Der Weg der Schrift – und zwar einer dem Nagari-Typ nahestehenden Schriftart – nach Tibet ist über Turkistan gegangen, denn die ältesten tibetischen Handschriften des 8. und 9. Jahrhunderts stammen aus turkistanischen Klöstern (SCHARLIPP 1984). Die moderne Forschung weicht damit von der alten Überlieferung der Tibeter ab,

(387) Schriftproben tibetischer Schreibstile

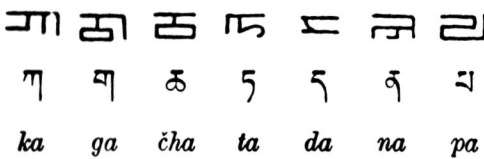

a) Die Buch- und Druckschrift (dbu-čan)

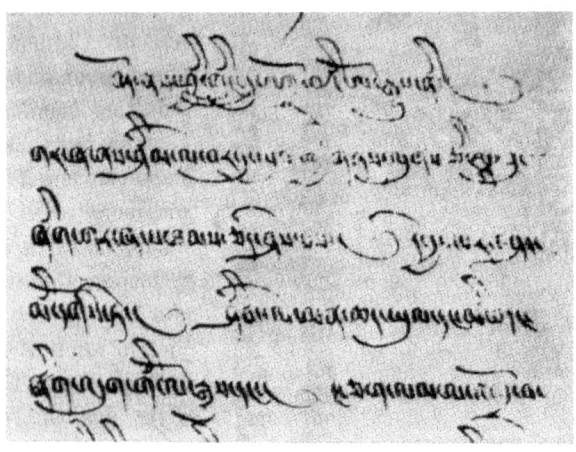

| ka | ga | čha | ta | da | na | pa |

b) Die Passepa-Schrift

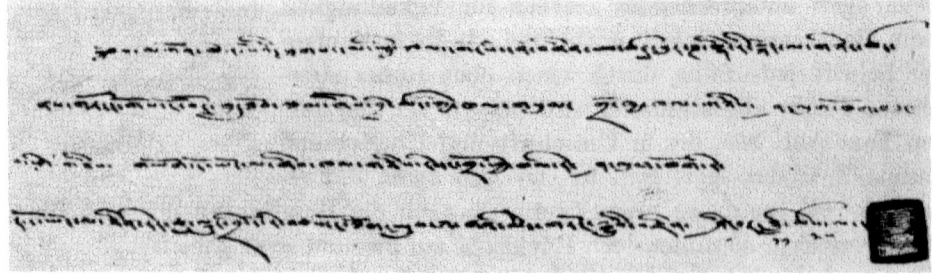

c) Die Kanzleischrift (tshugs-rin)

d) Der 'akhyug-yig-Schreibstil

wonach die Schrift direkt aus Indien nach Tibet gelangt sei. Das Tibetische unterscheidet sich von den indogermanischen und dravidischen Sprachen in vieler Hinsicht. Wie die verwandten sino-tibetischen Sprachen Chinesisch, Siamesisch und Birmanisch (Burmesisch) kennt das Tibetische verschiedene Stimmtöne (s. Kap. 4 zum Chinesischen). Ähnlich der chinesischen Schreibweise bleiben die Töne in der tibetischen Schrift unbezeichnet, während Tonunterschiede im Siamesischen und Birmanischen einen Ausdruck in der Schrift finden. Eine andere Besonderheit der tibetischen Schrift ist die Markierung des Silbenendes durch einen hochgestellten Punkt (tibet. tsheg). Die tibetische Schrift kennt zwei Grundarten, die Buch- und Druckschirft (tibet. dbu-čan ›mit Köpfen‹) und die Kursivschrift (tibet. dbu-med ›ohne Köpfe‹). Die Kursive gliedert sich weiter aus, und zwar in einen als Kanzlei-Schrift verwendeten Schreibstil (tibet. tshugs-rin) sowie in die *akhyug-yig* genannte Schriftart (*Abb. 386*). In den Schriftproben erkennt man die starken Abweichungen zwischen den einzelnen Schreibstilen (*Abb. 387*).

Von der tibetischen Schrift gibt es zwei Abzweigungen, die zur Schreibung nichttibetischer Sprachen verwendet werden. Die wichtigste dieser abgeleiteten Schriftarten ist die bereits im Zusammenhang mit den mongolischen Schriften erwähnte *Passepa-Schrift* (*s. Abb. 363*, S. 510), die der Lama PHAG-PA (chines. Pʻa-sï-pa, tibet. ʼAphags-pa-blo-gros-rgyal-mthsan) aus der tibetischen Siegelschrift (*s. Abb. 387b*) entwickelt hat. Die Passepa-Schrift diente im 13. und 14. Jahrhundert zur Schreibung des Mongolischen. Während die Passepa-Schrift aus der *dbu-čan*-Variante abgeleitet worden ist, geht die *Lepča- oder Rong-Schrift* auf den *dbu-med*-Stil zurück. In ihr wird die Sprache der Lepča (Rong) geschrieben, von denen der größte Teil in Sikkim lebt (*Abb. 388*). Nach der Überlieferung soll das Zeichensystem dieser Schriftart um 1720 von einem König namens PHYAGRDOR ausgearbeitet worden sein. Es seien hier noch zwei andere Ableger der tibetischen Schrift erwähnt, die von den Anhängern der antibuddhistischen Bon-Sekte verwendete *Bruza-Schrift*, sowie die *Newari-Schrift* zur Aufzeichnung nichtbuddhistischer Literatur in der Sprache gleichen Namens. Im Unterschied dazu bedienen sich die buddhistischen Newaris in Nepal der Devanāgarī.

Als eigener Schriftenkreis ist eine Gruppe von mittelalterlichen Abzweigungen der alten *Brahmi-Schrift* zu betrachten, die unter der Sammelbezeichnung »Pali-Schrif-

(388) Text der Rong-Sprache in einer Variante der tibetischen Schrift

(389) *Nordindische Alphabete (IV)*

ten« (JENSEN 1969, 379 ff.) zusammengefaßt werden. Pali ist der Name für die mittelindische Sprache, in der der größte Teil der alten buddhistischen kanonischen Literatur geschrieben wurde. Es wird angenommen, daß dieses Schrifttum, dessen Originaltexte nicht erhalten sind und deren Inhalt nur aus späteren Abschriften bekannt ist, in einer Variante der Brahmi-Schrift aufgezeichnet worden ist. Außer Pali dienten aber auch das klassische Sanskrit und eine der nordwestlichen Prakrit-Sprachen als Medien der ältesten buddhistischen Literatur. Auch ist ein buddhistischer Text (Dhammapada) gefunden worden, der im *Kharoṣṭhi-Alphabet* geschrieben ist (ELIZARENKOVA / TOPOROV 1976, 17). Der Ausdruck »Pali-Schriften« ist also eine Art behelfsmäßiger Kategorisierung und bezieht sich nur auf die historische Hauptrichtung in der mit dem buddhistischen Schrifttum verbundenen Schriftentwicklung. Der buddhistische Kanon, *Tipitaka* (›drei Körbe des (kanonischen) Rechts‹) genannt, ist wahrscheinlich schon im 3. Jahrhundert v. Chr. zusammengestellt worden. Die älteste bekannte Textfassung stammt aus Ceylon (singhalesisch: Sri Lanka) und wurde während der Regierungszeit des Königs Vattagamani im Jahre 80 n. Chr. aufgeschrieben.

Die Herkunft der ältesten Textfassung des buddhistischen Kanons aus Ceylon weist deutlich auf die historische Entwicklung des Buddhismus in Südostasien hin. Nur in ihrer Anfangszeit kann man diese Glaubensrichtung als eine typisch indische Erscheinung betrachten. Im Verlauf des Mittelalters (zwischen dem 8. und 12. Jahrhundert) wurde der Buddhismus aus dem indischen Kernland verdrängt und verbreitete sich stattdessen in den Nachbarländern, auf Ceylon, in Burma, Thailand und Kambodscha, in Mittelasien, China, usw. Mit der Glaubenslehre wanderte auch die Schrift, und in den Regionen, wo die einheimischen Sprachen noch nicht geschrieben wurden, diente das Pali-Alphabet als Orientierung für die Schaffung eines Schriftsystems (*Abb. 389*). Die älteste regionale Variante dieses Alphabets, burmes. *kyok-tša* ›Steinschrift‹ (auch »Pali-Quadratschrift«) genannt, ist in Inschriften des 11. Jahrhunderts aus Burma bekannt. Die Buchstabenformen dieser Steinschrift weicht bereits in vieler Hinsicht von der gemalten Buchschrift und der sogenannten ›Rundschrift‹ (burmes. *tsa-lonh*) ab, die auf Palmblättern eingeritzt wurde (*Abb. 390*). Den frühen burmesischen Schriftvarianten ähnlich ist die Schriftart, in der die Brahmanen im Hinterland von Chittagong (Pakistan) den Čakma-Dialekt des Bengalischen schreiben.

Die Pali-Quadratschrift war die Ausgangsbasis für das alte *siamesische Schriftsystem* (Alt-Thai; *Abb. 389*), dessen kursiver Schreibstil von König RAM KHOMHËNG

(390) Text in burmesischer Rundschrift

(391) Altsiamesische Inschrift aus dem Jahre 1283

von Sukhotai im 13. Jahrhundert eingeführt wurde (*Abb. 391*). Die Lautstruktur des Siamesischen hat sich seit dem Mittelalter verändert, und auch die Schrift hat sich den Veränderungen angepaßt (*Abb. 392*). Die Schrifttradition des historischen Kambodscha (heute: Kampuchea) reicht bis ins 8. Jahrhundert zurück. Die alte Schriftform (*aksar mul*) wurde vorwiegend für die Schreibung von Texten in Pali und Sanskrit

(392) Die moderne siamesische Schrift (Thai-Schrift)

Form	Aussprache	Form	Aussprache	Form	Aussprache	Form	Aussprache
อ	(Vokalanstoß)	ณ ณ	n	ว	w	น	nŭ
ก	k	บ	b	ซ ศ ษ ส	s	น	nū
ข ฃ ค ฅ ฆ	kh	ป	p	ห ฮ	h	เน	ne
ง	ng	ผ พ ภ	ph	Vokalbezeichnung		แน	nä
จ	ǧ (=tj)	ฝ ฟ	f	นา	nā	ไน ใน	năĭ
ฉ ช ฌ	c (=ttch)	ม	m	นิ	nĭ	โน	no
ฎ ฑ	d	ย ญ	j	นี	nī	นอ	nú
ฏ ฒ	t	ร	r	นึ	nў	เนา	năo
ฐ ฑ ฒ ถ ท ธ	th	ล ฬ	l	นื	nȳ	เนอ	nö

(393) *Die moderne kambodschanische Schrift (Khmer-Schrift)*

kα	khα	kɔ	khɔ	ŋɔ
cα	chα	cɔ	chɔ	ɲɔ
dα	thα	dɔ	thɔ	nα
tα	thα	tɔ	thɔ	nɔ
bα	bhα	pɔ	phɔ	mɔ
jɔ	rɔ	lɔ	vɔ	
sα	hα	lα	α	

	a-Register	o-Register		a-Register	o-Register
⁀╮	/a:/	/i:ə/		/æ:/	/ɛ:/
⁀	/eʔ/	/iʔ/		/ai/	/əi/
⁀	/əi/	/i:/		/a:o/	/o:/
⁀	/ëʔ/	/ɯʔ/		/au/	/əu/
⁀	/ë:/	/ɯ:/		/ɔ̆m/	/ŭm/
⁀	/oʔ/	/uʔ/		/ă̈m/	/ŏm/
⁀	/o:/	/u:/		/ăm/	/ɔ̆m/
⁀	/u:ə/	/u:ə/		/ah/	/eah/
⁀	/α:ə/	/ə:/		/oh/	/uh/
⁀	/ɯ:ə/	/ɯ:ə/		/eh/	/ih/
⁀	/i:ə/	/i:ə/		/eh/	/ih/
⁀	/e:/	/e:/		/oh/	/uh/

a) *Die Konsonanten- und Vokalzeichen*

ក្នុងសំនៅខ្ញុំ

សំនៅខ្ញុំ នៅកងឆ្នេះផ្លែងមួយ ។ ឆ្នេះផ្លែងនាឆ្នេះ ដែលមានសំនៅច្រើន ។ សំនៅខ្ញុំ មានបន្ទប់ពីរ គឺ បន្ទប់ដេកមួយ និងបន្ទប់ទទួលភ្ញៀវមួយ ។ នៅ ក្បែរបន្ទប់ទទួលភ្ញៀវ. មានបន្ទប់ហាបាយមួយ និង បន្ទប់ទឹកមួយ ។

នៅក្នុងបន្ទប់ទទួលភ្ញៀវ មានតុមួយ កៅអីបួន និងទូស្បៀវកៅមួយ ។ តេឪកតុនៅកណ្ដាល បន្ទប់ ។ កៅអីនៅជុំវិញតុ ។ ទូស្បៀវកៅនៅ ក្បែរជញ្ជាំង ជិតតសរសេរ ។ តុសរសេរងាកផ្លែ ទៅជើការ ។ នៅលើតុ មានស្បៀវកៅ ទស្សនាវដ្ដី និងកាសែត ។ នៅក្នុងបន្ទប់ដេក មានរ៉ៃ និងទូ ពោរភាវ ។ ឆ្នេះខ្ញុំ មានឧបករណ៍ផ្សេងៗអស់ សំរាប់ ខ្ញុំ ។ ចក្ស្ពៀងអស់ងៗរ ទៅពីឋាន ។

b) Text

verwendet, die moderne Schrift (*aksar črieng*) ist den Lauteigentümlichkeiten des Kambodschanischen (Khmer) angepaßt worden (*Abb. 393*). Ebenfalls aus dem Mittelalter stammen die Abzweigungen der Pali-Quadratschrift zur Wiedergabe des Laotischen (*Laos-Schrift*) und des *Mon* (Sprache der Pegú). Die zuletzt erwähnte Schriftart, auch als peguanisches Alphabet bezeichnet, war die Quelle für einen historischen Schriftableger, das *Ahom-Alphabet*. Diese Schrift wurde von den Ahom verwendet, die nach ihrer Einwanderung nach Assam im 13. Jahrhundert ein Königreich gründeten. Bis ins 18. Jahrhundert wurde das Ahom-Alphabet gebraucht und geriet danach in Vergessenheit (s. *Abb. 389*).

Die östlichsten Abzweigungen der Pali-Quadratschrift reichen weit in den malaiischen Sprachraum hinein (DE CASPARIS 1975); (*Abb. 394*). Die ältesten Zeugnisse dieses Schriftenkreises sind die mittelalterlichen Texte der Kawi-Sprache (Altjavanisch) aus dem 8. Jahrhundert. Der Name (javan. *basa kavi* ›Sprache der Dichter‹)

(394) Nordindische Alphabete (V)

Lautwert	Kawi	Javan. Gewöhnl. Zeichen	Javan. Zeichen in Ligatur	Redjang-Schrift	Lampong-Schrift	Battak	Bugines.-makassar.	Tagala	Bisaya	Singhales.
a	ʒ ʇ	ßᴀ				⌒	͡	⩘	⩘	
i	ⴹ	ᴜ			≡			⩳	⩳	
u	⅋	͡			⩧			3	3	
e		⌣			⌣					
o		⌣			⌣×					
ka	ᴍ	ꦏ	⩘	⌒	⌒	⩪	//	ꓧ	ꓧ	
kha	ᴘ									
ga	⎕	꧑	ꦩ	⌒	⌒	⌒	⸜	꧑	꧑	
gha	⨆									
ṅa	Œ	ꦔ	ꦔ	N/⩪	WN	<	⋏	꧑		
ca	ᛒ	ꦛ	⌒	⩧	752	⩫	⋏			
cha	⩡									
ja	ⴹ	ꦬ	⌣	⩚	⩯	←	⌒			
jha	⩡									
ña	ꓟ	꧁	⩤	⩪	⩪ꦩ	⌒	⩧			
ṭa	ʇ	꧑	⍵							
ṭha										
ḍa	ⴹ	꧑	⍝							
ḍha										
ṇa	ꓟ									
ta	司	꧑	⩘	⌒		ℛᴜ	⌒	⌒	⌒	
tha	⫛	꧑	⌣	⩧	⩧	⟨	⌣	⊏	⊏	
da	ⴹ									
dha	⨆									
na	ⴹ	꧑	⩘	⩧	⩧	⊤ᴼ	⩧	ꓘ	ꓙ	
pa	⊔	꧑	⌐		⌐⌐	⎯	⌒	꧑	⩧	
pha	ⴹ									
ba	ᴍ	꧑	⩘		⩧ꦫ	⌒	⩧	⌒	⌒	
bha	ⴹ									
ma	⩘	꧑	⩘	⩘⩘	⩘⩘	×	⋁	꧑	⩘	
ya	ᴍ	꧑	꧑	⩘	⩘⩘	⌒	⌣			
ra	ⴹ	꧑	꧑	⩧	⩧	⩧	⌢			
la	ⴹ	꧑	꧑	⩘	⩘⩘	⌒	⩧	⩘	⩘	
va	ᛒ	꧑	⌣	⩘⩘	⩘⩘	⌒	⩧	⩘	⩘	
sa	ꓕꓕ	꧑	⩯	⩘⩘	⩘⩘	⩧	⩧		⩘	
śa	⩘									
ṣa	ⴹ									
ha	ⴹ	꧑	꧑	⩘⩘	⩘⩘	⩧	⌣	⌣	⌣	

(395) Text in moderner javanischer Schrift

mungguh kumpul-lé papatok-kan-ning båså, kang dadi turut-tan-ning wong jåwå calatu lan nulis båså jåwå, hiku di-haran-ni pråmå sastrå jåwå
'was das Zusammenstellen der Sprachregeln angeht, die zu einer Anleitung werden für die Javaner, die javanische Sprache zu reden und zu schreiben, so wird das „javanische Grammatik" genannt'.

gibt einen Hinweis auf die Funktion des Altjavanischen als Literatursprache, deren Wortschatz und Stil stark vom Sanskrit beeinflußt waren. Von der *Kawi-Schrift* abgeleitet ist die moderne javanische Schriftart (Abb. 395), ebenso die *maduresische* und *balinesische Schrift*. Die Quelle für eine Reihe regionaler Schriften auf Sumatra, und zwar der *Redžang-, Lampong-* und *Battak-Schrift*, ist ebenfalls die alte Kawi-Schrift, obwohl der Schreibstil auf Sumatra deutlich abweicht. Dies erklärt sich zumindest teilweise aus den Besonderheiten des von den Battak verwendeten Beschreibstoffes und ihrer Schreibtechnik. »Es unterliegt wohl keinem Zweifel, daß die eigentümlichen Formen der Battak-Buchstaben in erheblichem Maße ihre Erklärung in dem besonderen Schreibstoff finden. Die Battak benutzten nämlich bis in die neuere Zeit geglättete, rötlich gefärbte Baumrinde, die mit einer firnisartigen Tinte beschrieben wurde; der Stoff mußte zur Vereinfachung und Linearisierung der Zeichen führen.« (JENSEN 1969, 387) Auf eine Vermittlung der mittelalterlichen Kawi-Schrift aus Sumatra gehen wohl die Schriftarten auf Celebes (*makassarisch* und *buginesisch*; Abb. 396) und einige historische, heute nicht mehr verwendete Alphabete auf den

(396) Das buginesische Schriftsystem

Ka, Ga, Ŋa, ŊKa,
Pa, Ba, Ma, MPa, Ta, Da,
Na, NRa, Ca, Ja, Ña, ÑCa,
Ya, Ra, La, Wa, Sa, Qa,

Vokalbezeichnung am Beispiel des Konsonanten L(a)

La, Li, Lu, Le, Lo, Lə

Die diakritischen Zeichen werden im Buginesischen *ána'-sûrə* 'Kinder der Schrift' genannt

(397) Das Schriftsystem des Singhalesischen

අ	a	ච	ca			ඓ	ai
ආ	ā	චා	cā	} r̄	ඔ	o
ඉ	i	චාa	caa		ඕ	ō
ඊ	ī	චාa	caaa	} r̥̄	ඖ	au
උ	u	එ	e		ඇ	æ
ඌ	ū	ඒ	ē		ඈ	ǣ

ක	ka	ඩ	ḍa	ම	ma
ඛ	kha	ඪ	ḍha	ය	ya
ග	ga	ණ	ṇa	ර	ra
ඝ	gha	ත	ta	ල	la
ඞ	ṅa	ථ	tha	ව	va
ච	ca	ද	da	ස	sa
ඡ	cha	ධ	dha	ෂ	ṣa
ජ	ja	න	na	ස	sa
ඣ	jha	ප	pa	හ	ha
ඤ	ña	ඵ	pha	ළ	ḷa
ට	ṭa	බ	ba		
ඨ	ṭha	භ	bha		

Philippinen (z. B. die *Bisaya-Schrift* auf Leyte, Cebú und anderen Inseln, außerdem die *Tagala-Schrift* auf Luzon) zurück.

Ein besonderer Stellenwert innerhalb der nördlichen Pali-Schriften kommt der *singhalesischen Schriftart* zu, die sich aus der buddhistischen Schrifttradition Ceylons entwickelt hat (*Abb. 397*). Es heißt, daß Mahinda, der Sohn des Königs Asoka (s. Kap. 6, S. 336), den Buddhismus nach Ceylon gebracht und die dortige Bevölkerung bekehrt habe. Die Singhalesen, die eine indoarische Sprache sprechen, haben den buddhistischen Glauben seit dem 3. Jahrhundert v. Chr. bis heute bewahrt. Die ältesten Inschriften sind noch in einer Variante der Brahmi-Schrift geschrieben. Dabei handelt es sich um Höhlen- oder Felseninschriften, d. h. um steinerne Denkmäler. Die Sitte, auf Palmblättern zu schreiben, wurde im Mittelalter aus Indien übernommen. Das älteste erhaltene Palmblatt-Manuskript Indiens stammt aus dem 7. Jahrhundert. Diese Schreibtradition entfaltet sich auf Ceylon zu einer bedeutenden Richtung der singhalesischen Kalligraphie. »Bedeutsam war die Kalligraphie auf Palmblättern, die getrocknet, mit Steinen oder Muscheln geglättet und dann zugeschnitten wurden. Die Buchstaben wurden mit einem Griffel eingeritzt und mit Ruß gefärbt.« (BARTHEL 1972, 361) Die singhalesische Schrift, wie wir sie heute kennen (*Abb. 398*), hat sich im Verlauf des 9. und 10. Jahrhunderts ausgebildet. Das älteste Zeugnis dieser Schriftart ist eine Inschrift aus dem Jahre 939. Die Schriftentwicklung des Singhalesischen auf

(398) Text in singhalesischer Schrift

ඒ කාලයේදී අකුරු අමුන්නන කාමරයේ තිබුණු මේ අමුතු උපක-
රණය මුද්‍රණශාස්ත්‍රය ලක්ෂණ කිරීමට ප්‍රධාන හේතුවක් වෙයි නැත-

(399) Varianten der singhalesischen Schrift auf den Malediven

Lautwert	Alte Zeichen	Neue Zeichen	Lautwert	Alte Zeichen	Neue Zeichen	Lautwert	Alte Zeichen	Neue Zeichen
h			k			t		
th			a			l		
ṅ			w			g		
r			m			n		
b			ph			s		
l			dh			ḍ		

Ceylon war nicht isoliert, denn in den Buchstabenformen zeigt sich ein deutlicher Einfluß des südindischen Grantha-Alphabets (s. u.). Auf den südlichen Inseln der Malediven ist eine Variante des singhalesischen Alphabets bis ins 20. Jahrhundert in Gebrauch geblieben (*Abb. 399*).

Die südliche Gruppe der indischen Schriften

Die von den nichtverwandten indoarischen Völkern Nordindiens abweichende kulturelle und sprachliche Entwicklung der dravidischen Bevölkerung im westlichen und südlichen Indien mag eine Erklärung dafür sein, daß sich ein eigener Schriftenkreis im Süden ausgebildet hat. Die Schriftsysteme der Südgruppe wurden und werden noch heute vorwiegend zur Schreibung dravidischer Sprachen verwendet. Historisch lassen sich die Wurzeln einer regionalen Sonderentwicklung der südlichen Schriftarten bis zu den Höhleninschriften von Amarāvatī, Seven Pagodas und anderen Orten zurückverfolgen, die aus der Zeit vom 1. vorchristlichen bis zum 2. nachchristlichen Jahrhundert stammen. Im Verlauf des Mittelalters sind verschiedene, stark nordindisch beeinflußte Übergangsformen in Gebrauch. Hierzu gehören die kurzlebige *westliche Schriftart* (vom 5. bis 9. Jahrhundert) und der sogenannte jüngere *Kaliṅga-Typ* des 7. bis 12. Jahrhunderts. Die *zentralindische Schriftart* des 5. Jahrhunderts ist das erste Alphabet, das man eindeutig zur südlichen Gruppe rechnen kann (*Abb. 400*). Wegen der kastenförmigen kleinen Vierecke am Kopfende der Buchstaben wird diese Schriftart auch als »kastenköpfiger« (engl. box-headed) Typ bezeichnet.

(400) Südindische Alphabete

Lautwert	Box-headed 5.–6. J.	Kadomba 5. J. u. Z.	Altkanares. 1428	Telugu	Kanares.	Ceres 466	Grantha	Malayālam	Tamil	Vatteluttu
a										
i										
u										
e										
ū										
ka										
kha										
ga										
gha										
ṅa										
ċa										
ċha										
ġa										
ġha										
ña										
ṭa										
ṭha										
ḍa										
ḍha										
ṇa										
ta										
tha										
ḍa										
dha										
na										
pa										
pha										
ba										
bha										
ma										
ya										
ra										
la										
va										
śa										
ṣa										
sa										
ha										
ṛa										
ḷa										

(401) Textausschnitt einer Clukya-Inschrift vom Anfang des 7. Jahrhunderts

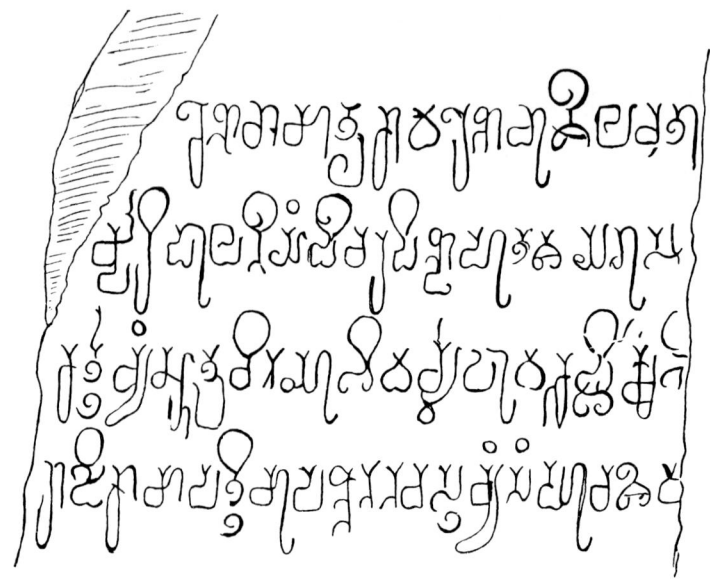

(402) Kanaresischer Text

ಆಧುನಿಕ ರಷ್ಯನ್ ಭಾಷೆಯನ್ನು ಆಧರಿಸಿರುವ ಈ ಶಬ್ದಕೋಶದಲ್ಲಿ ಅತ್ಯಂತ ಹೆಚ್ಚು ಬಳಕೆಯಲ್ಲಿರುವ ಹಾಗೂ ಸಾಮಾನ್ಯ ಶೈಲಿಯ ಪದಗಳನ್ನಷ್ಟೆ ಕೊಡಲಾಗಿದೆ. ಹಳತಾದ, ಗ್ರಾಮ್ಯ ಶೈಲಿಯ, ಉಪಭಾಷೀಯ, ಅಸಂಸ್ಕೃತ ಹಾಗೂ ವಿಶೇಷ ಪಾರಿಭಾಷಿಕ ಶಬ್ದಗಳನ್ನು ಕೈಬಿಡಲಾಗಿದೆ. ಈ ಸೂತ್ರವನ್ನು ಅನುಸರಿಸಿ ಆಯ್ಕೆ ಮಾಡಿದ ಸುಮಾರು 5000 ಪದಗಳನ್ನು ಶಬ್ದಕೋಶದಲ್ಲಿ ಕೊಡಲಾಗಿದೆ. ನಾಮವಾಚಕ, ಗುಣವಾಚಕ, ಸಂಖ್ಯಾವಾಚಕ, ಸರ್ವನಾಮ, ಕ್ರಿಯಾವಾಚಕ ಹಾಗೂ ಕ್ರಿಯಾವಿಶೇಷಣಗಳಲ್ಲದೆ ಉಪಸರ್ಗ, ಸಂಬಂಧಕಾವ್ಯಯ ಮತ್ತು ಉಪಪದಗಳನ್ನೂ ಇದರಲ್ಲಿ ಕೊಡಲಾಗಿದೆ. ರೂಢಮೂಲ ರಷ್ಯನ್ ಶಬ್ದಗಳನ್ನಲ್ಲದೆ ಇತರ ಭಾಷೆಗಳಿಂದ ಸ್ವೀಕರಿಸಿದ ಒಂದಷ್ಟು ಪದಗಳನ್ನೂ – ಪ್ರಧಾನವಾಗಿ ರಷ್ಯನ್ ಭಾಷೆಯಲ್ಲಿ ಆಳವಾಗಿ ಬೇರೂರಿರುವ ಅಂತರ್ರಾಷ್ಟ್ರೀಯ ಬಳಕೆಯ ಶಬ್ದಗಳನ್ನು – ಕೊಡಲಾಗಿದೆ.

ಬಹ್ವರ್ಥಕ ಪದಗಳ ಪ್ರಸಂಗದಲ್ಲಿ ಅತ್ಯಂತ ಬಳಕೆಯಲ್ಲಿರುವ ಹಾಗೂ ಪ್ರಸ್ತುತವಾಗಿರುವ ಅರ್ಥಗಳನ್ನು ಮಾತ್ರ ಕೊಡಲಾಗಿದೆ. ಪ್ರತಿಯೊಂದು ರಷ್ಯನ್ ಪದಕ್ಕೆ ಅದರ ವ್ಯಾಕರಣ ವಿಶಿಷ್ಟತೆಗಳನ್ನು ಕೊಟ್ಟು, ಹೆಚ್ಚು ಪ್ರಚಲಿತವಾಗಿರುವ ಪದಸಮುಚ್ಚಯಗಳನ್ನು ನೀಡಲಾಗಿದೆ. ರಷ್ಯನ್ ಭಾಷಾ ಪದಪ್ರಯೋಗದ ಮೂಲ ವಿಶಿಷ್ಟತೆಗಳನ್ನೂ ಕನ್ನಡ ವಾಕ್ಯ ರಚನೆಯ ಭಿನ್ನಾಂಶಗಳನ್ನೂ ಗಮನಕ್ಕೆ ತಂದುಕೊಂಡು ಇವುಗಳನ್ನು ನೀಡಲಾಗಿದೆ.

(403) Schriftprobe des Telugu

వౌళ మనుష్యునికి యుద్ధరు సుమారులు వుండిరి. వారిలో చిన్నవాడు ఓ తండ్రి ఆస్తిలో నాకు వచ్చే పాలు యిమ్మని తండ్రితో చెప్పునప్పుడు ఆయన వారికి తన ఆస్తిని పంచి పెట్టెను

(404) Text in Malayalam

തന്റെ ഏകജാതനായ പുത്രനിൽ വിശപ
സിക്കുന്ന ഏവനും നശിച്ചു പോകാതെ നിത്യ
ജീവൻ പ്രാപിക്കേണ്ടതിന്നു ദൈവം അവനെ
നല്കുവാൻ തക്കവണ്ണം ലോകത്തെ സ്നേഹിച്ചു.

Historische Kontinuität hat der Schrifttyp der Kadamba-Inschriften (5.-6. Jahrhundert) sowie der Cālukya-Inschriften (7.–10. Jahrhundert) bewahrt (*Abb. 401*). Aus diesem nämlich bildet sich im Verlauf des 10. Jahrhunderts die *altkanaresische Schrift* aus, die sich ihrerseits in den modernen Varianten der kanaresischen (bzw. karnatischen) Schrift sowie der *Telugu-Schrift* fortsetzt (s. *Abb. 400* zur Entwicklung der Schriftform). Die altkanaresische Schrift verdankt ihre Beständigkeit sicher dem Umstand, daß sie schon im Mittelalter überregionale Geltung besaß und zur Schreibung verschiedener Sprachen verwendet wurde. Obwohl sich die Formen der einzelnen Buchstaben sehr ähneln, weicht der Schriftduktus des modernen Kanaresisch (*Abb. 402*) von der Schreibweise in Telugu-Texten (*Abb. 403*) erkennbar ab. Ebenfalls überregionale Verbreitung hat die *Grantha-Schrift* gefunden, deren ältesten Zeugnisse aus den südindischen Reichen des Cera (5.–7. Jahrhundert) und der Pallava (8. Jahrhundert) stammen. Seit dem 12. Jahrhundert gliedert sich die ältere Grantha-Schrift (Alt-Grantha) in einen östlichen Zweig (eigentliches Grantha) und in einen westlichen Ableger, die Malayalam-Schrift, aus (*Abb. 404*). Die letztere Schriftart diente in Südindien zur Schreibung des Sanskrit und wird heute noch für die Wiedergabe des Malayalam sowie der damit verwandten Tulu-Sprache gebraucht.

Seit dem frühen Mittelalter wird *Tamil* als Schriftsprache verwendet, und ihr ältestes Schriftsystem ist ein Alphabet nördlicher Herkunft (GAUR 1984, 111f.). Im Verlauf des 8. und 9. Jahrhunderts bildet sich eine einheimische Schriftart aus, die stark vom Grantha-Schrifttyp beeinflußt ist. Dieses frühe Tamil-Alphabet ist inschriftlich seit 740 belegt. Vergleicht man die Tamil-Schrift mit anderen südindischen Schriftarten, so fällt auf, daß es keine Schriftzeichen zur Wiedergabe der Aspiraten (z. B. *kha*) oder stimmhaften Verschlußlaute (z. B. *ba*) gibt. Diese werden jeweils durch die Zeichen für stimmlose Konsonanten ausgedrückt (z. B. *kha* durch das Zeichen für *ka*, *ba* durch das für *pa*). Auch die Zischlaute, von denen die meisten im Tamil fehlen, werden dementsprechend nicht in der Schrift bezeichnet. Insgesamt ist das Lautsystem des Tamil weniger differenziert als das anderer dravidischer Sprachen (ANDRONOV 1987, 9ff.), und daher ist auch der Bestand an Schriftzeichen geringer (*Abb. 405*). Eine im wesentlichen historische Schriftart ist das *Vaṭṭeluttu* (›Rundschrift‹), ein kursiver Schreibstil, der sich in enger Anlehnung an die Tamil-Schrift entwickelt hat (s. *Abb. 400*). Das Vaṭṭeluttu ist aus Inschriften des 8. Jahrhunderts bekannt, und zur

(405) *Die moderne tamilische Schrift*

அ	ஆ	இ	ஈ	உ	ஊ	எ	ஏ	ஐ	ஒ	ஓ	ஔ
a	aa	i	ii	u	uu	e	ee	ai	o	oo	au

ஃ
x

க		ங
ka		nga

ச		ஞ
ca		nha

ட		ண
Ta		Na

த		ந
ta		na

ப		ம
pa		ma

ய	ர	ல	வ
ya	ra	la	va

ழ	ள	ற	ன
zha	La	Ra	n'a

ஜ	ஷ	ஸ	ஹ	க்ஷ
ja	sha	sa	ha	ksha

a) *Der Zeichenbestand*

ஒருமனுஷனுக்கு இரண்டு குமாரர்
இருந்தார்கள். அவர்களில் இளையவன்
தகப்பனே நோக்கி தகப்பனே ஆஸ்தியில்
எனக்கு வரும் பங்கை எனக்குத்தரவேண்டும்
என்றான்.

b) *Tamilischer Text*

(406) Text einer Vaṭṭeluttu-Inschrift vom Ende des 10. Jahrhunderts

Schreibung von Urkunden diente dieses Schriftsystem bis ins 15. Jahrhundert *(Abb. 406)*. Selten taucht sie später noch auf, aber bis ins 20. Jahrhundert ist die Vaṭṭeluttu-Schrift von den Moslems in Nord-Malabar zur Schreibung des Malayalam verwendet worden.

Der altamerikanische Schriftkulturkreis

Von den Maya und Azteken ist seit langem bekannt, daß sie eine hochentwickelte Zivilisation aufgebaut hatten und über eine der wichtigsten zivilisatorischen Technologien verfügten: die Schrift. Erst in den letzten Jahrzehnten jedoch ist es der amerikanistischen Forschung gelungen, Licht in das mythische Dunkel des Ursprungs der Schriftkultur in Mittelamerika zu werfen. Heute weiß man, daß nicht nur Maya und Azteken die Schrift besaßen, sondern daß eine Reihe anderer Völker ebenfalls an der Schriftkultur teilhatten *(Abb. 407)*. Deren Anfänge gehen auf die Blütezeit der olmekischen Kultur zurück, und diese wird in die Periode zwischen etwa 1000 und 300 v. Chr. datiert *(Abb. 408)*. Obwohl die Datierung der frühen Schriftdenkmäler schwierig ist, nimmt man an, daß die Ausbildung des *olmekischen Schriftsystems* bereits in der ersten Hälfte des 1. Jahrtausends v. Chr. erfolgte *(Abb. 409)*. Eine frühe Blüte erlebte die olmekische Schriftkultur in den letzten Jahrhunderten vor der Zeitenwende. Sie war somit zeitgenössisch mit der griechischen und römischen Zivilisation in Europa. Sicher datierte Inschriften stammen aber erst aus dem 1. Jahrhundert v. Chr., aus der Spätphase der olmekischen Kultur *(Abb. 410)*. »Unter der monumentalen Rundplastik sind die Stelen zu nennen, die einen völlig anderen, mehr barocken Stil repräsentieren. Die sogenannte C-Stele von Tres Zapotes ist wegen ihrer Ziffern berühmt geworden, die mit der Linie-Punkt-Methode an einer Seite eingear-

(407) Die Verbreitung präkolumbianischer Kulturzentren in Mittelamerika

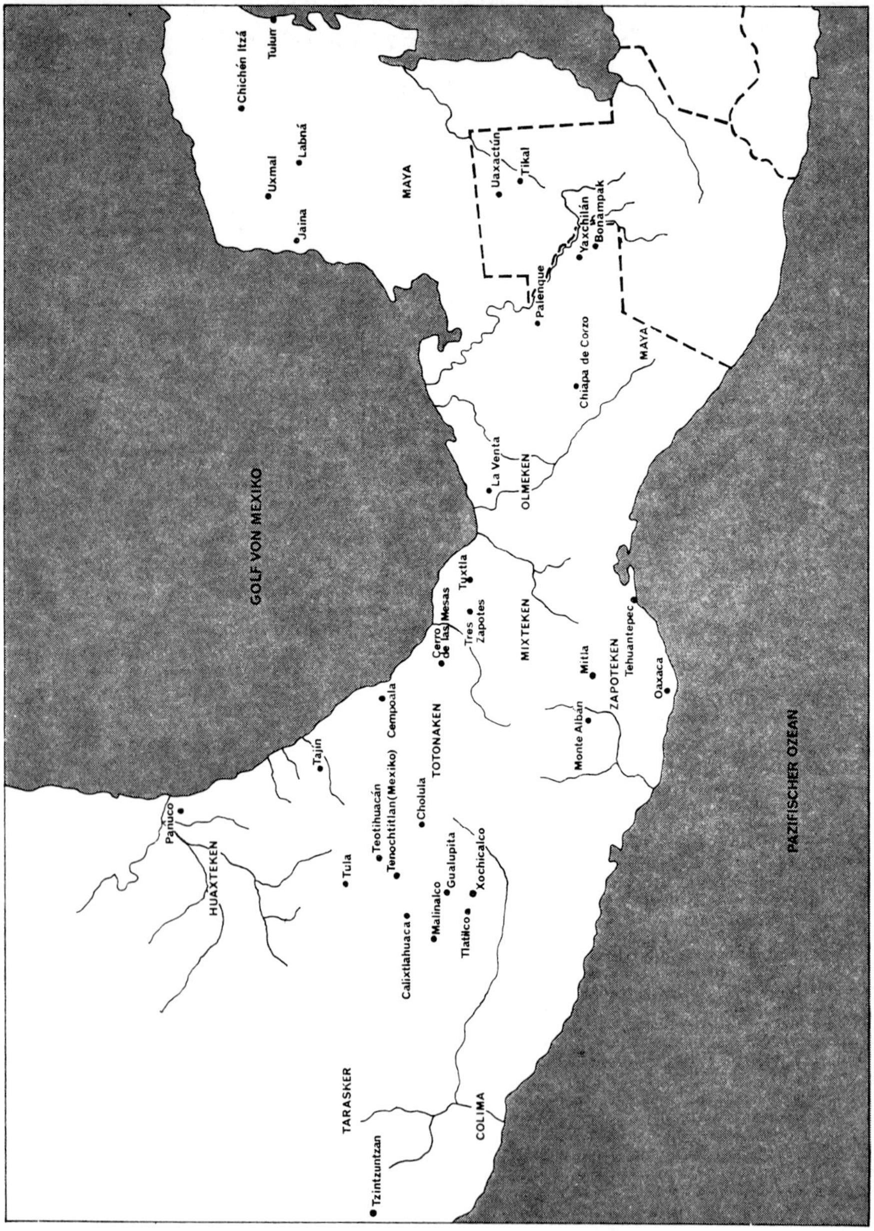

(408) Entwicklungsphasen der präkolumbianischen Kulturen in Mittelamerika

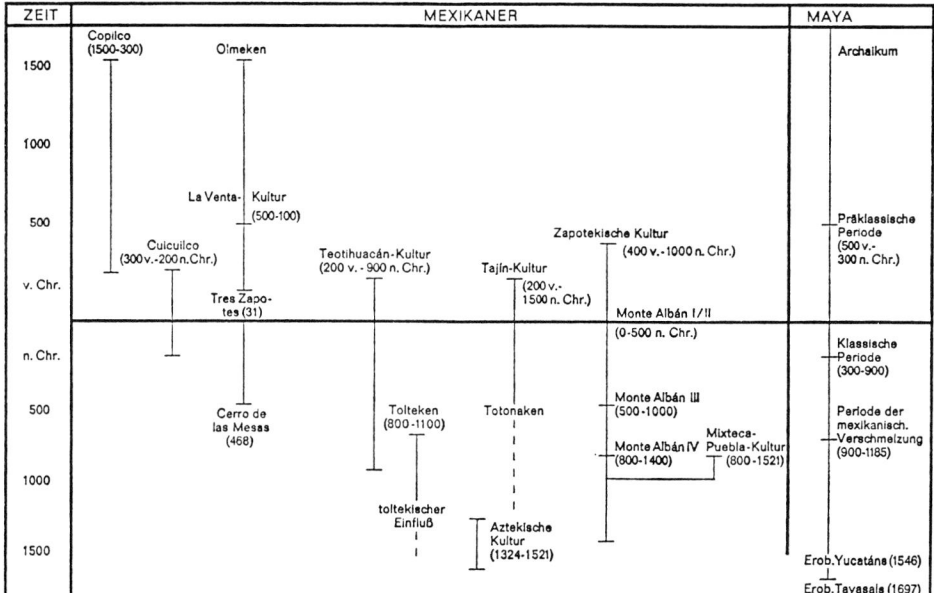

beitet sind und das Jahr 31 v. u. Z. bezeichnen: die älteste geschriebene Jahreszahl in Amerika.« (BODROGI 1981, 53)

Aus der olmekischen Schrifttradition leiten sich drei verschiedene Schriftenkreise ab, deren Ausgliederung bereits seit dem 3. Jahrhundert v. Chr. unterschiedliche Wege einschlägt. In der klassischen Periode der mittelamerikanischen Hochkulturen (3.–10. Jahrhundert n. Chr.) sind drei individuelle Schriftkulturen zu unterscheiden:

– die Hieroglyphenschrift der Maya (Tiefland-Kultur);
– das Schriftsystem der Zapoteken im südlichen Mexiko (Monte Albán, Oaxaca);
– die Schriftkultur von Teotihuacan im Tal von Mexiko.

Die Maya standen den Olmeken kulturell und sprachlich am nächsten. Vielleicht ist dies eine Erklärung dafür, daß die *Hieroglyphenschrift* dieses Volkes der der Olmeken am ähnlichsten ist. Das älteste Schriftdenkmal der Maya-Kultur ist eine Stele aus Tikal im heutigen Guatemala, deren Datumsangabe auf das Jahr 292 n. Chr. weist (s. Kap. 4, *Abb. 107*, S. 196).

Ebenfalls aus Tikal stammt das zweitälteste Zeugnis der mayanischen Schriftkultur, die sogenannte Leidener Platte, ein dekorierter und beschrifteter Jadeanhänger, dessen kalendarische Daten dem Jahr 320 n. Chr. entsprechen (*Abb. 411*). Auf den steinernen Skulpturen der Maya stehen häufig Bildmotive und -kompositionen mit Schriftzeichen in einer dekorativen Beziehung. So ist beispielsweise auf der Leidener Platte die bildhafte Dekoration (vgl. Darstellung einer Gottheit auf der Vorderseite)

(409) Tonfigur der olkmekischen Periode, mit Glyphen durchbohrt (1000–500 v. Chr.)

(410) Die C-Stele von Tres Zapotes mit olmekischen Zahlzeichen

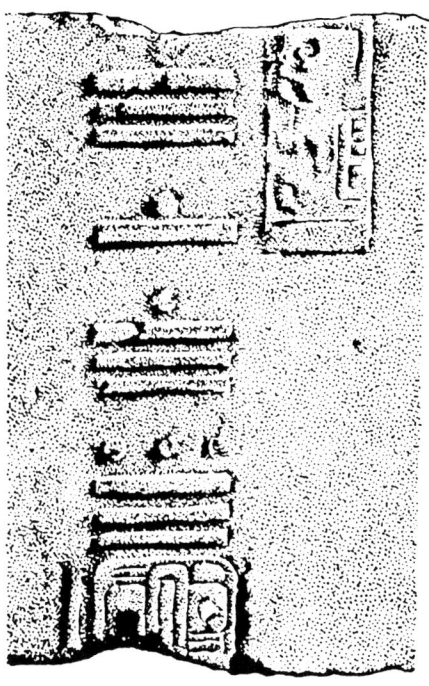

(411) Ein dekorierter und beschrifteter Jadeanhänger (Leidener Platte) aus dem Jahre 320 n. Chr.

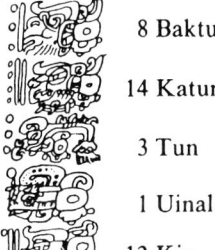

8 Baktun

14 Katun

3 Tun

1 Uinal

12 Kin

8 *Baktun*	= 8 × 144.000 Tage	.	1.152.000 Tage
14 *Katun*	= 14 × 7.200 Tage	. .	100.800 Tage
3 *Tun*	= 3 × 360 Tage	. . .	1.080 Tage
1 *Uinal*	= 1 × 20 Tage	. . .	20 Tage
12 *Kin*	= 12 × 1 Tag	. . .	12 Tage
			1.253.912 Tage

a) Vorderseite   *b) Rückseite*

(412) Steinmedaillon von Ratinlixul (Guatemala) aus der Zeit um 750 (»Ballspieler«-Relief)

von der Beschriftung (vgl. Datumsangabe auf der Rückseite) flächenmäßig getrennt; trotzdem aber bilden beide Seiten als Kunstwerk und Schriftdenkmal eine ästhetische Einheit. In eine engere Beziehung sind die skulpierte Figur und die hieroglyphenartigen Schriftzeichen im Fall des berühmten »Ballspieler«-Reliefs gestellt (*Abb. 412*). Diese Tradition der Verknüpfung von Bildmotiven und Schriftelementen, wie sie aus allen Schriftkulturen des Altertums und der Antike bekannt ist, findet man auch bei Zapoteken, Mixteken und Azteken.

Parallel zur Zivilisation der Maya entwickelt sich in Mexiko der altmexikanische Kulturkreis der Zapoteken. Von dort gelangt die Kenntnis der Schrift im 9. Jahrhundert zu den Tolteken, später dann zu den Azteken und Mixteken. Zeitgenössisch mit dem Schriftgebrauch bei den Maya wird auch in Alt-Mexiko die Schrift im Dienst des rituellen Kalenderwesens verwendet. Die ältesten Schriftdenkmäler sind beschriftete Stelen der Periode I von Monte Albán und Oaxaca (*Abb. 413*). Die *aztekische*

Schriftkultur ist die jüngste im präkolumbianischen Schriftenkreis Altamerikas. Sie setzt erst im 14. Jahrhundert ein und wird in ihrer natürlichen Kontinuität durch die spanische Eroberung Mexikos unterbrochen. Aber noch Jahrzehnte nach der Ankunft der Europäer im Jahre 1519 wurde die aztekische Schrift in phonetisierter Form von den Missionaren für Unterrichtszwecke verwendet (s. Kap. 4). Der koloniale Schriftgebrauch ist aber in höchstem Maße »unaztekisch« und kann nicht als eine natürliche Fortsetzung der einheimischen Tradition gewertet werden. Obwohl sich die aztekischen Hieroglyphen von der Maya-Schrift erkennbar unterscheiden (s. Kap. 4, Abb. 110 zu den Tageszeichen bei den Maya und Azteken), muß man davon ausgehen, daß auch dieses Schriftsystem in seinen Ursprüngen auf die olmekische Schrifttradition zurückgeht.

Für die Azteken war das Kalenderwesen ähnlich wichtig wie für die Maya, und viele Schriftdenkmäler stehen direkt oder indirekt damit in Verbindung. In beiden Kulturen wird zwischen einem rituellen Zählsystem in Beziehung zum religiösen Jahreszyklus (von den Azteken *tonal-pohualli*, von den Maya *tzolkin* genannt) und einem »bürgerlichen«, das in etwa einem Sonnenkalender entsprach, unterschieden.

(413) *Zeichen der zapotekischen Hieroglyphenschrift aus der ersten Hälfte des 1. Jahrtausends n. Chr.*

 'Sonne'

 'Himmel'

 Zeichen zur Kennzeichnung des Endes einer Inschrift

a) Beschriftete Steinstele aus Monte Albán (I)   *b) Einige zapotekische Schriftzeichen*

Dessen Name war *xihuitl* bei den Azteken und *haab* bei den Maya. Die Verwendung der Schriftzeichen für Einheiten des Rechen- und Kalenderwesens zeigt in den aztekischen Schriftdenkmälern eine Besonderheit. »Während hieroglyphische Daten in den Manuskripten meist einfach zu interpretieren sind, weil sie in den meisten Fällen in Reihen stehen, in denen alle Tage oder Jahre gezählt sind, so daß ihre Bedeutung als Datumsangaben klar ist und Einzeldaten sowie symbolische Aspekte nicht ersichtlich sind, gestaltet sich die Auslegung der hieroglyphischen Daten auf Steinsculpturen und anderen Kunstwerken schwierig. Aufgrund des zyklischen Charakters des Kalenders (jeder Tagesname kehrte alle 260 Tage wieder und jeder Jahresname alle 52 Jahre) und der Vieldeutigkeit der Inschriften läßt sich keine bestimmte Aussage machen.« (UMBERGER 1986, 129)

Amerika war ein Nachzügler, was die Entstehung einer Originalschrift betrifft. Von den Originalschriften der Alten Welt hatten sich längst regionale Schriftsysteme abgezweigt und areale Schriftkulturkreise ausgegliedert, als die olmekischen Hieroglyphen in Mittelamerika geschaffen und verwendet wurden. Die Periode der Ausgliederung regionaler Schriftarten in Mexiko, und zwar für das Zapotekische, das Maya, Aztekische, usw., fällt in eine Zeit, als die Alphabetschrift in der Alten Welt bereits das wichtigste aller Schriftsysteme war. Die Schriftentwicklung in Altamerika war im Umbruch begriffen von einer logographischen zu einer phonographischen Schreibweise, als sie abrupt abgebrochen wurde. Obwohl man nur darüber spekulieren kann, wie die Zukunft der altamerikanischen Schriften hätte aussehen können, ist die Annahme kaum abwegig, daß sich eine praktische phonetisierende Schreibweise früher oder später auch dort entwickelt hätte. Die altamerikanischen Schriftsysteme waren dazu nicht schlechter oder besser geeignet als die der Alten Welt. Die spanischen Eroberer, und in ihrer Begleitung die Vertreter des Klerus, waren nicht imstande, derartige Zusammenhänge zu begreifen. Im ersten Ansturm der Eroberung und in der nachfolgenden (un)christlichen »Säuberungsaktion« wurde die Masse der kulturellen Institutionen Mexikos zerstört.

Die katholischen Priester, die eifrig bemüht waren, die mexikanischen Schriftdokumente als »Teufelswerk« zu vernichten, begriffen nicht, daß die mexikanischen Regionalkulturen auch in anderer Hinsicht auf dem Weg zu einer Entwicklungsstufe waren, die sich von der der Alten Welt gar nicht viel unterschied. In der aztekischen Religion, die ursprünglich rein polytheistisch organisiert war, entwickeln sich in der Spätphase deutlich monotheistische Züge. Tloque Nahuaque, dem alle anderen Götter untergeordnet waren, ist eine Art theologische Abstraktion, die man als Europäer mit der Vorstellung eines höchsten Wesens identifizieren kann. Auch die Mentalität der Menschen in der Alten und Neuen Welt zeigt ähnliche Züge. »Die Hierarchie der christlichen Heiligen mit ihrer impliziten Anerkennung von Status und Authorität kommt der Auffassung sehr nahe, mit der die Azteken ihre Götter betrachteten.« (VAILLANT 1965: 180) Als die Spanier schließlich begannen, sich für die altamerikanischen Kulturen Mexikos zu interessieren, waren diese bereits abgestorben und konnten nur mehr in Bruchstücken rekonstruiert werden. Auch die Darstellung der mexikanischen Schriftgeschichte wird deshalb immer bruchstückhaft bleiben.

Ausblick

Die Geschichte des Schreibens und der Schriftkultur beginnt vor mehr als 7000 Jahren in Südosteuropa. Das Licht einer frühen Zivilisation mit Schriftgebrauch leuchtete damals im Westen auf (ex occidente lux). Die alteuropäische Schrift wird tradiert im altmediterranen Schriftkulturkreis, dessen Zentren Altkreta und später Altkypros waren. Noch im 4. Jahrhundert v. Chr. werden auf Zypern Texte in der kyprischen Silbenschrift geschrieben, dem letzten altmediterranen Schriftsystem, das damals mit dem griechischen Alphabet rivalisierte und diesem schließlich weichen mußte. Damit endet eine Jahrtausende währende Epoche, während der Schriftsysteme europäischer Herkunft in Gebrauch waren. Längst bevor die phönizische Alphabetschrift Europa erreichte, hatte dieser Kontinent seine eigene Schrifttradition, die älter ist als diejenige des Alten Orients, die in Altsumer gegen Ende des 4. Jahrtausends v. Chr. einsetzt. Das Licht einer Hochkultur aus dem Osten (ex oriente lux) leuchtete erst zu einer Zeit auf, als die alteuropäische Zivilisation bereits im Umbruch begriffen war. Die Schriftsysteme Alteuropas und der Mittelmeerkulturen des Altertums überleben die Antike ebenso wenig wie die Schriftarten des Alten Orients. Dies gilt ebenfalls für die einheimischen Schriftsysteme Ägyptens. Die frühen Schriftkulturen Europas, Vorderasiens und Afrikas werden überall von einem »revolutionären« Schrifttyp abgelöst, dem Alphabet.

In einer Gesamtschau aller Schriftsysteme der Welt fällt die große Vielfalt von Alphabetschriften auf. Das Alphabet ist die produktivste Schriftart überhaupt, und die Zahl der alphabetischen Einzelschriften übersteigt bei weitem die aller anderen jemals geschaffener Schriftsysteme. In acht großen Schriftkulturkreisen, dem phönizischen, griechischen, etruskischen, lateinischen, kyrillischen, arabischen, aramäischen und indischen, sind Hunderte von Alphabetvarianten und -adaptionen entstanden. Abgesehen von Ländern wie China, Japan und Korea mit ihrer schrifthistorischen Sonderentwicklung ist das Alphabet ein Kulturträger aller modernen Zivilisationen. Vieles spricht dafür, daß die Entwicklung der europäisch-christlichen und der arabisch-islamischen Kultur von der Verwendung einer Alphabetschrift abhängig war. Westliche Betrachter haben aus dieser historischen Realität den (Trug)Schluß gezogen, daß das Alphabet schlechthin der Schlüssel für zivilisatorischen Fortschritt ist. Diese Auffassung beinhaltet ein Mißverständnis der kulturellen Leistung von Schriftsystemen, denn das Alphabet ist nicht der einzige moderne Kulturträger.

In diesem Buch ist reichlich dokumentiert worden, daß ein Schriftsystem sich weniger deshalb verbreitet, weil es »praktisch« ist – wie immer man diesen Begriff auch definieren mag –, sondern deshalb, weil es kulturelles Prestige genießt. Die Vitalität einer Schriftart wird also in erster Linie von der kulturellen und politischen Autorität der Gemeinschaft bestimmt, deren Angehörige sie verwenden. Der Erfolg des Alphabets und sein Anteil am Durchbruch Europas zum Entwicklungsstand der westlichen Industriegesellschaft beruhen auf der Kombination des kulturellen Prestiges dieser Schriftart und ihres praktischen Nutzens. Der chinesische Schriftkulturkreis mit seiner eigenständigen Entwicklung verdeutlicht dem westlichen Betrachter, daß eine der umständlichsten und technisch aufwendigsten Schreibweisen der Schriftgeschichte ihre Rolle als Kulturträger bis ins Computerzeitalter behauptet hat. Dies kann nur demjenigen verwunderlich erscheinen, der die Bindung eines Schriftsystems an die kulturelle Identität der Sprachgemeinschaft außer Betracht läßt.

Bis in die erste Hälfte unseres Jahrhunderts war die Schrift das wichtigste Medium der Informationsverarbeitung in aller Welt. Die zweite Hälfte des 20. Jahrhunderts dagegen steht im Zeichen eines fundamentalen Umbruchs: die Informationsverarbeitung hat sich immer mehr auf nichtschriftliche Systeme verlagert. Die rasante Entwicklung der Computertechnologie hat die in vielen Jahrhunderten gewachsenen Kapazitäten der Schrift in wenigen Jahren überflügelt und leistet heute mehr an Datenverarbeitung, als es die Schrift je könnte. Pessimistische Kulturphilosophen haben einen Verfall der Schriftkultur vorausgesagt, eine Beurteilung der zukünftigen Entwicklung, in der – wie bei allem, was Pessimismus hervorbringt – mehr emotionales Lamentieren als sachorientierte Beobachtung stecken. Ganz schwache humanistische Geister haben zu einem Kreuzzug gegen das Computerwesen aufgerufen, was ebenso naiv wie unrealistisch ist. Ironie der Geschichte: viele von den Argumenten, die heute gegen das Computerwesen und zum Schutz der Schriftkultur vorgebracht werden, wurden in der Antike von Plato gegen das Schriftwesen und zum Schutz der oralen Tradition ins Feld geführt (Ong 1982, 79f.). Die Schriftkultur setzte sich mehr und mehr durch, was aber nicht bedeutete, daß die orale Tradition der Erzählkunst aufgegeben worden wäre. Auch im 20. Jahrhundert geht man noch ins Theater, und das gesprochene Wort hat nichts von seiner Attraktion verloren. Plato hatte also Unrecht mit seinen Warnungen.

Man kann die Uhr der Geschichte nicht anhalten oder etwa zurückstellen. Die technische Errungenschaft der elektronischen Datenverarbeitung kann man nicht mehr aus der Welt schaffen, weil sie sich schon flexibel in sie eingefügt hat und unverzichtbar geworden ist. Das Computerwesen steht mit seinem praktischen Nutzen der Informationsverarbeitung und -speicherung auch nicht im Widerstreit zu den kulturellen Leistungen der Schrift. Der Mensch hat zwar Systeme der nichtschriftlichen Datenfixierung erfunden, er braucht aber weiterhin die Schrift, um Daten einzugeben und gewonnene Informationen verfügbar zu machen. Der Mensch kommuniziert über die Tastatur der Endkonsole mit dem Computer, und ein Computerausdruck muß in einem für den menschlichen Benutzer verständlichen Schriftsystem abgefaßt sein. Kein Analphabet kann einen Computer programmieren oder einen

Schreibcomputer bedienen. Die Schrift ist also in unserem hochtechnisierten Zeitalter so unverzichtbar wie seit der Zeit ihrer Entstehung vor Tausenden von Jahren. Niemand kann bestreiten, daß die Schriftkultur heutzutage einen tiefgreifenden Wandel ihrer Funktionen und Anwendungsbereiche erlebt. Auch wenn es manchmal so scheint, als ob die Schrift ihr Leistungspotential erschöpft hätte und immer mehr praktische Funktionen an die maschinelle Datenverarbeitung abgibt, sollte man sich der Symbiose von Schrift und Computerwesen bewußt sein.

Es ist angesichts eines solchen Umbruchs angebracht, den Blick in die Zukunft nicht durch Emotionen trüben zu lassen, sondern sich sachlich darum zu bemühen, zwischen den zivilisatorischen Funktionen der nichtschriftlichen Datenverarbeitung und den kulturellen Leistungen einer schriftgebundenen Informationstradierung einen sinnvollen Ausgleich zu schaffen. Nichts von der traditionsreichen Schriftkultur geht verloren, außer der Mensch zeigt sich unfähig, sein Kulturerbe auch in Zeiten des Umbruchs zu bewahren. Die Feinde der modernen Schriftkultur sind daher nicht die Computer, sondern diejenigen Menschen, denen die nötige Flexibilität fehlt, die modernen technologischen Verhältnisse ihrer Lebensweise anzupassen und sie sinnvoll zu nutzen (und nicht umgekehrt!), die in blinder technologischer Fortschrittsideologie die Errungenschaften der Schriftkultur als überholt hinstellen und sich damit selbst belügen, oder die in kulturnegierender Indifferenz keine sinnvolle Beziehung zu den Traditionen der eigenen Zivilisation finden. Vielleicht trägt dieses Buch dazu bei, ein kulturelles Selbstbewußtsein über die zivilisatorische Rolle der Schrift in Geschichte und Gegenwart zu fördern, und das Vertrauen in die zukünftige Leistungskraft dieses Kulturträgers zu stärken.

Bibliographie

AALTO, P. (1984), Indus Script and Dravidian, in: *Studia Orientalia* 55 (1984). 411–426
ADLER, J./ERNST, U. (1987), *Text als Figur. Visuelle Poesie von der Antike bis zur Moderne.* Weinheim
AJVAZJAN, A. A. (1987), *Memorial'nye pamjatniki i rel'efy Nachičevani* (Historische Denkmäler und Bildreliefs aus Nachičevan). Jerevan
AKOPJAN, A. A. (1987), *Albanija-Aluank v greko-latinskich i drevnearmjanskich istočnikach* (Albanien-Aluank in den griechisch-lateinischen und altarmenischen Quellen). Jerevan
AL SAMMAN, T. (1988a) *Geschichte und Kultur der arabischen Welt*, in: AL SAMMAN/MAZAL 1988. 11–27
– (1988b), *Die Geschichte der arabischen Schrift*, in: AL SAMMAN/MAZAL 1988. 69–75
AL SAMMAN, T./MAZAL, O. (1988), *Die arabische Welt und Europa.* Ausstellung der Handschriften- und Inkunabelsammlung der Österreichischen Nationalbibliothek (Handbuch und Katalog). Graz
AMIET, P. (1966), *Il y a 5000 ans les élamites inventaient l'écriture*, in: *Archeologia* 12 (1966). 16–23
ANDREWS, C. (1981), *The Rosetta Stone.* London
ANDREWS, J. R. (1975), *Classical Nahuatl.* Austin – London
ANDRONOV, M. S. (1987), *Grammatika tamil'skogo jazyka* (Grammatik der Tamil-Sprache). Moskau
ANSRE, G. (1974), *Language Standardisation in Sub-Saharan Africa*, in: FISHMAN 1974. 369–389
AOKI, H. (1983), Kana, in: *KEJ*, Bd. 4. 131–135
ARAKAWA, S. (1982), *Gairaigo jiten – Dictionary of Loan-Words.* Tokyo (2. Aufl.)
ASSMANN, A./ASSMANN, J./HARDMEIER, C. (Hrsg.) (1983), *Schrift und Gedächtnis.* München
AUTIO, E. (1981), *Karjalan kalliopiirrokset* (Karelische Felsbilder). Keuruu
BAILEY, R. W./FOSHEIM, R. M. (Hrsg.) (1983), *Literacy for Life.* New York
BARDTKE, H. (1952), *Die Handschriftenfunde am Toten Meer.* Berlin-Ost
BARTHEL, G. (1972), *Konnte Adam schreiben? Weltgeschichte der Schrift* (bearbeitet und herausgegeben von K. GUTBROD). Köln
BARTHEL, T. S. (1963), Rongorongo-Studien, in: *Anthropos* 58 (1963). 372–436
– (1968), *Writing Systems,* in: SEBEOK 1968. 275–301
– (1969), Entzifferungen früher Schriftsysteme in Alt-Amerika und Polynesien, in: *Frühe Schriftzeugnisse* 1969. 151–176
BAUMANN, H. (Hrsg.) (1975–1979), *Die Völker Afrikas und ihre traditionellen Kulturen,* Teil I: Allgemeiner Teil und südliches Afrika, Teil II: Ost-, West- und Nordafrika. Wiesbaden

BAYERL, G./PICHOL, K. (1986), *Papier – Produkt aus Lumpen, Holz und Wasser.* Reinbek bei Hamburg
BENNETT, E. L. (1963), Names for Linear B Writing and for its Signs, in: *Kadmos* 2 (1963). 98–123
BERJONNEAU, G./DELETAILLE, E./SONNERY, J.-L. (Hrsg.) (1985), *Praecolumbische Kunst. Mexiko, Guatemala, Honduras.* Herrsching am Ammersee
BEST, J. G. P. (1972), *Some Preliminary Remarks on the Decipherment of Linear A.* Amsterdam
BEURDELEY, C./BEURDELEY, M. (1974), *Chinesische Keramik – Ein Handbuch.* München
BIEDERMANN, H. (1971), *Altmexikos Heilige Bücher.* Graz
– (1984), *Höhlenkunst der Eiszeit – Wege zur Sinndeutung der ältesten Kunst Europas.* Köln
BIRNBAUM, S. A. (1971), *The Hebrew Script.* Edinburgh
BLOHM, K. W. (1977), *Städte und Stätten der Türkei.* Köln (4. Aufl.)
BODROGI, T. (Hrsg.) (1981), *Stammeskunst,* Bd. 1: Australien, Ozeanien, Afrika, Bd. 2: Amerika, Asien. Budapest
BOGOLJUBOV, M. N. (1966), *Jagnobskij jazyk* (die yagnobische Sprache), in: VINOGRADOV 1966. 342–361
BONFANTE, G./BONFANTE, L. (1983), *The Etruscan Language – An Introduction.* Manchester
BORK, F. (1924), *Die Strichinschriften von Susa.* Königsberg
BREASTED, J. H. (1926), *The Conquest of Civilization.* New York – London
BRENTJES, B. (1976), *Drei Jahrtausende Armenien.* Leipzig (2. Aufl.)
BUCHHOLZ, H.-G. (1955), Zur Herkunft der kyprischen Silbenschrift, in: *Minos* 3 (1955). 133–151
– (1969), Die ägäischen Schriftsysteme und ihre Ausstrahlung in die ostmediterranen Kulturen, in: *Frühe Schriftzeugnisse* 1969. 88–150
BUCHHOLZ, H.-G./KARAGEORGHIS, V. (1971), *Altägäis und Altkypros.* Tübingen
BÜHLER, G. (1896), *Indische Palaeographie. Von circa 350 a. Chr. – circa 1300 p. Chr.* Straßburg
BURROW, T. (1988), *The Aryan Invasion of India,* in: COTTERELL 1988. 182–184
BURROWS, M. (1955), *The Dead Sea Scrolls.* New York
BUSHNELL, G. H. S. (1965), *Ancient Arts of the Americas.* London
CAMPBELL, J. (1983), *The Way of the Animal Powers. Historical Atlas of World Mythology,* Bd. 1. London
CHADWICK, J. (1958), *The Decipherment of Linear B.* Cambridge
CHADWICK, J./KILLEN, J. T./OLIVIER, J.-P. (1971), *The Knossos Tablets.* Cambridge (4. Aufl.)
COBARRUBIAS, J./FISHMAN, J. A. (Hrsg.) (1983), *Progress in Language Planning.* Berlin – New York – Amsterdam
COHEN, M. (1958), *La grande invention de l'écriture et son évolution,* 3 Bde. Paris (1958a, b, c)
Corpus of Indus Seals and Inscriptions, Bd. 1: Collections in India (hg. von J. P. JOSHI und A. PARPOLA). Suomalaisen tiedeakatemian toimituksia, sarja B, No. 239. Helsinki 1987
COTTERELL, A. (Hrsg.) (1988), *The Penguin Encyclopedia of Ancient Civilizations.* London
COTTRELL, L. (1971), *Reading the Past. The Story of Deciphering Ancient Languages.* New York
COULMAS, F. (1981), *Über Schrift.* Frankfurt
– (1985), *Sprache und Staat – Studien zur Sprachplanung.* Berlin – New York
– (1989), *The Writing Systems of the World.* Oxford
COULMAS, F./EHLICH, K. (Hrsg.) (1983), *Writing in Focus.* Berlin – Amsterdam – New York
DANI, A. H. (1963), *Indian Palaeography.* Oxford
DE CASPARIS, J. G. (1975), *Indonesian Palaeography.* Leiden
DEFRANCIS, J. (1977), *Colonialism and Language Policy in Viet Nam.* The Hague – Paris – New York
– (1984), *The Chinese Language. Fact and Fantasy.* Honolulu

DEIMEL, A. (1923–24), *Sumerische Grammatik der archaistischen Texte*. Rom
DERRIDA, J. (1967), *Of Grammatology*. New York
DEVOTO, G. (1962), *Tabulae Iguvinae* (Die iguvinischen Tafeln). Rom (3. Aufl.)
DHORME, É. (1946–48), Déchiffrement des inscriptions pseudo-hiéroglyphiques de Byblos, in: *Syria* 25 (1946–48). 1–35
DIAKONOFF, I. M. (1976), *Ancient Writing and Ancient Written Language: Pitfalls and Peculiarities in the Study of Sumerian*, in: LIEBERMAN 1976. 99–121
DIELS, P. (1963), *Altkirchenslavische Grammatik* (mit einer Auswahl von Texten und einem Wörterbuch). Heidelberg (2. Aufl.)
DILLON, M./CHADWICK, N. K. (1966), *Die Kelten – Von der Vorgeschichte bis zum Normanneneinfall*. Zürich
DIRINGER, D. (1962), *Writing*. London
– (1968), *The Alphabet: A Key to the History of Mankind*. New York (3. Aufl.; 1. Aufl. 1952)
DISSELHOFF, H.-D./LINNÉ, S. (1961), *Alt-Amerika. Die Hochkulturen der Neuen Welt*. Baden-Baden
DOWNIE, R. A. (1963), *Languages of the World*. London
Drevnij Novgorod. Prikladnoe iskusstvo i archeologija. Raskopy, gramoty, pis'mennost', muzykal'nye instrumenty, maski, šachmaty, višlye pečati, cvetnoj metall, kost', derevo, steklo, jantar', kamen', glina, koža, železo (Das alte Novgorod. Kunstgewerbe und Archäologie. Ausgrabungen, Urkunden, Schrifttum, Musikinstrumente, Masken, Schachspiel, Siegel, Buntmetall, Knochengeräte, Holz, Glas, Bernstein, Stein, Ton, Leder, Eisen). Moskau 1985
DRIVER, G. R. (1976), *Semitic Writing. From Pictograph to Alphabet*. London (2. Aufl.)
DU BOURGUET, S. J. (1980), *Die Kopten*. Baden-Baden
DUHOUX, Y. (1977), *Le disque de Phaestos. Archéologie, épigraphie, édition critique, index*. Louvain
– (1981), Les Etéocrétois et l'origine de l'alphabet grec, in: *L'Antiquité Classique* 50 (1981). 287–294
– (1982), *L'étéocrétois. Les textes – la langue*. Amsterdam
– (1985), *Mycénien et écriture grecque*, in: MORPURGO DAVIES/DUHOUX 1985. 7–74
DUNAND, M. (1945), *Byblia Grammata. Documents et recherches sur le développement de l'écriture en Phénicie*. Beirut
EGGEBRECHT, A. (Hrsg.) (1986a), *Das alte Reich. Ägypten im Zeitalter der Pyramiden* (Katalog-Handbuch des Roemer- und Pelizaeus-Museums in Hildesheim). Hildesheim – Mainz
– (1986b), *Glanz und Untergang des Alten Mexiko. Die Azteken und ihre Vorläufer* (Katalog-Handbuch des Roemer- und Pelizaeus-Museums in Hildesheim). Hildesheim – Mainz
EKSCHMITT, W. (1969), *Die Kontroverse um Linear B*. München
ELBERT, S. H./PUKUI, M. K. (1979), *Hawaiian Grammar*. Honolulu
ELIZARENKOVA, T. Y./TOPOROV, V. N. (1976), *The Pali Language*. Moskau
ELLMERS, D. (1968), Denkmäler frühen Christentums, in: *Sveagold und Wikingerschmuck* 1968. 151–167
EVANS, A. J. (1921), *The Palace of Minos*, I. London
FAULMANN, K. (1880), *Illustrierte Geschichte der Schrift. Entstehung der Schrift, der Sprache und der Zahlen sowie der Schriftsysteme aller Völker der Erde*. Wien (Neudruck: Nördlingen 1989)
FELDBUSCH, E. (1985), *Geschriebene Sprache. Untersuchungen zu ihrer Herausbildung und Grundlegung ihrer Theorie*. Berlin – New York
FELL, B. (1982), *Bronze Age America*. Boston – Toronto
FILIPOVIĆ, M. (Hrsg.) (1987), *Die Kunstschätze Bosniens und der Herzegowina*. Sarajevo

FISCHER, R. (1980), *Die schwarzen Pharaonen. Tausend Jahre Geschichte und Kunst der ersten innerafrikanischen Hochkultur*. Bergisch Gladbach

FISHMAN, J. A. (Hrsg.) (1974), *Advances in Language Planning*. The Hague – Paris

– (1977), *Advances in the Creation and Revision of Writing Systems*. The Hague – Paris

FIVAZ, D./SCOTT, P. E. (1977), *African Languages. A Genetic and Decimalised Classification for Bibliographic and General Reference*. Boston (Massachusetts)

FÖLDES-PAPP, K. (1987), *Vom Felsbild zum Alphabet. Die Geschichte der Schrift von ihren frühesten Vorstufen bis zur modernen lateinischen Schreibschrift*. Stuttgart – Zürich

FODOR, I./HAGÈGE, C. (Hrsg.) (1983–89), *Language Reform – History and Future. La Réforme des Langues – Histoire et Avenir*. Sprachreform – Geschichte und Zukunft, 4 Bde. Hamburg

FRAEHN, C. M. (1836), Ibn-Abi-Jakub El-Nedim's Nachricht von der Schrift der Russen im X. Jahrhundert n. Chr., in: *Mémoires de l'Académie impériale des sciences de St.-Pétersbourg*, VIe série, Bd. 3 (1836). 507–530, (Neudruck in: Haarmann 1976)

FRIEDRICH, J. (1939), *Entzifferungsgeschichte der hethitischen Hieroglyphenschrift*, Stuttgart

– (1954), *Entzifferung verschollener Schriften und Sprachen*. Berlin – Göttingen – Heidelberg

– (1966), *Geschichte der Schrift unter besonderer Berücksichtigung ihrer geistigen Entwicklung*. Heidelberg

FRITH, U. (1979), *Reading by Eye and Writing by Ear*, in: KOLERS/WROLSTAD/BOUMA 1979. 379–390

Frühe Schriftzeugnisse der Menschheit (Vorträge gehalten auf der Tagung der Joachim Jungius-Gesellschaft der Wissenschaften Hamburg am 9. und 10. Oktober 1969). Göttingen 1969

GABAIN, A. v. (1941), *Alttürkische Grammatik. Mit Bibliographie, Lesestücken und Wörterverzeichnis*. Leipzig

GALLAS, K. (1986), *Kreta. Von den Anfängen Europas bis zur kreto-venezianischen Kunst*. Köln (2. Aufl.)

GALLENKAMP, C. (1961), *Les Mayas. La découverte d'une civilisation perdue*. Paris

GAMILLSCHEG, E. (1950), Romanen und Basken, in: *Abhandlungen der Akademie der Wissenschaften und der Literatur in Mainz*; geistes- und sozialwissenschaftliche Klasse, Wiesbaden 1950. 15–50

GARDINER, A. H. (1916), The Egyptian Origin of the Semitic Alphabet, in: *Journal of Egyptian Archaeology* 3 (1916). 1ff.

GARIBAY, K./GARIBAY, A. M. (1953–1954), *Historia de la literatura nahuatl* (Geschichte der Literatur in Nahuatl), 2 Bde. Porrua, Mexiko, D. F.

GASTER, T. H. (1940), *The Archaic Inscriptions in Lachisch II*. London – New York

GAUR, A. (1984), *A History of Writing*. London

GELB, I. J. (1931–1942), *Hittite Hieroglyphs I–III*. Chicago

– (1952), *A Study of Writing – The Foundations of Grammatology*. London

– (1958), *Von der Keilschrift zum Alphabet – Grundlagen einer Schriftwissenschaft*. Stuttgart

GEORGIEV, V. I. (1969), Un Sceau inscrit de l'époque Chalcolithique trouvé en Thrace, in: *Studi Micenei ed Egeo-Anatolici* 9 (1969). 32–35

GERNET, J. (1963), La Chine. Aspects et fonctions psychologiques de l'écriture, in: *L'écriture et la psychologie des peuples. 22e semaine de la synthèse* (Ed.: Centre International de Synthèse). Paris

– (1970), *La Chine ancienne*. Paris

GIBSON, E. J./LEVIN, A. (1975), *The Psychology of Reading*. Cambridge, Mass.

GIMBUTAS, M. (1973), Old Europe c. 7000–3500 BC: The Earliest European Civilization Before the Infiltration of the Indo-European Peoples, in: *Journal of Indo-European Studies* 1 (1973). 1–21

- (1974), *The Gods and Goddesses of Old Europe, 7000 to 3500 BC. Myths, Legends and Cult Images.* London
- (1989), *The Language of the Goddess.* San Francisco
GINDIN, L. A. (1981), *Drevnejšaja onomastika vostočnych Balkan (Frakochetto-luvijskie i frako-maloazijskie izoglossy)* (Die älteste Onomastik der östlichen Balkanländer/Thrakisch-luvische und thrakisch-kleinasiatische Isoglossen). Sofia
GOCKEL, W. (1988), *Die Geschichte einer Maya-Dynastie. Entzifferung klassischer Maya-Hieroglyphen am Beispiel der Inschriften von Palenque.* Mainz
GOMEZ-MORENO, M. (1962), *La escritura Bastulo-Turdetana* (Die bastulo-turdetanische Schrift). Madrid
GOODY, J. (Hrsg.) (1968), *Literacy in Traditional Societies.* Cambridge
GORDON, C. H. (1968), *Forgotten Scripts. How They Were Deciphered and Their Impact on Contemporary Culture.* London
GRANDE, B. M. (1972), *Vvedenie v sravnitel'noe izučenie semitskich jazykov* (Einführung in das vergleichende Studium der semitischen Sprachen). Moskau
GRAPARD, A. G. (1983), Shinto, in: *KEJ*, Bd. 7, 125–132
GREEN, M. W. (1981), The Construction and Implementation of the Cuneiform Writing System, in: *Visible Language* 15 (1981). 345–372
GREENBERG, J. H. (1963), The Languages of Africa (*International Journal of American Linguistics* 29, 1; Part 2)
GRIFFITH, F. Ll. (1911–1912), *Meroitic Inscriptions*, 2 Bde. London
GRIMME, H. (1929), *Die altsinaitischen Buchstabeninschriften.* Berlin
GRIMES, B. (1978), *Ethnologue.* Huntington Beach/California
GROTHUSEN, K.-D. (1969), Das altrussische Birkenrindenschrifttum, in: *Frühe Schriftzeugnisse* 1969. 212–240
GURNEY, O. R. (1964), *The Hittites* (Pelican Books A 259). Harmondsworth (rev. 2. Aufl.)
GUTTORM, I./HOLMBERG, V. (1984–1987), *Davvin – Saamen kielen peruskurssi* (Davvin – Grundkurs des Lappischen), 4 Bde. Helsinki
HAARMANN, H. (1975), *Soziologie und Politik der Sprachen Europas.* München
- (1978), *Balkanlinguistik (2): Studien zur interlingualen Soziolinguistik des Moldauischen.* Tübingen
- (1979), *Der lateinische Einfluß in den Interferenzzonen am Rande der Romania. Vergleichende Studien zur Sprachkontaktforschung.* Hamburg
- (1979–1984), *Elemente einer Soziologie der kleinen Sprachen Europas*, 3 Bde. Hamburg
- (1986a), *Language in Ethnicity – A View of Basic Ecological Relations.* Berlin – New York – Amsterdam
- (1986b), Zum Fortleben des französischen Spracherbes in Vietnam – Fragmente einer romanischen ›Sprachlandschaft‹ in Ostasien, in: *Zeitschrift für romanische Philologie* 102 (1986). 479–490
- (1988), Allgemeine Strukturen europäischer Standardsprachenentwicklung, in: MATTHEIER 1988. 10–51
- (1989a) *Symbolic Values of Foreign Language Use: From the Japanese Case to a General Sociolinguistic Perspective.* Berlin – New York
- (1989b), Hieroglyphen- und Linearschriften: Anmerkungen zu alteuropäischen Schriftkonvergenzen, in: *Kadmos* 28 (1989). 1–6
- (1990a), *Language in Its Cultural Embedding. Explorations in the Relativity of Sign Systems.* Berlin – New York
- (1990b), Writing in Old Europe and Ancient Crete – A Case of Cultural Continuity, in: *Journal of Indo-European Studies* (im Druck)

HAARMANN, H. (Hrsg.) (1976), *Die Erforschung arabischer Quellen zur mittelalterlichen Geschichte der Slaven und Volgabulgaren.* Hamburg
HAAS, W. (Hrsg.) (1969), *Alphabets for English.* Manchester
– (1976), *Writing Without Letters.* Manchester
– (1982), *Standard Languages, Spoken and Written.* Manchester
HAAVIO, M. (1964), The Oldest Source of Finnish Mythology: Birchbark Letter No. 292, in: *Journal of the Folklore Institute,* I, 1/2 1964. 45
HAMBIS, L. (1954), Premier essai de déchiffrement de la langue K'itan, in: *Comptes rendus de l'Académie des Inscriptions* 1954. 121–134
HAMMARSTRÖM, M. (1920), Beiträge zur Geschichte des etruskischen, lateinischen und griechischen Alphabets, in: *Acta Societatis Scientiarum Fennicae* XLIX/2. Helsinki (VII + 58 S.)
– (1929), Om runeskriftens härkomst (Über die Herkunft der Runenschrift), in: *Studier i nordisk filologi* 20 (1929). 1 ff.
– (1930), Die antiken Buchstabennamen, in: *Arctos* I (1930). 3–40
HAUSCHILD, R. (1964), *Die indogermanischen Völker und Sprachen Kleinasiens.* Berlin
HAVELOCK, E. A. (1976), *Origins of Western Literacy.* Toronto
– (1982), *The Literate Revolution in Greece and Its Cultural Consequences.* Princeton, New Jersey
HEINE, B./SCHADEBERG, T. C./WOLFF, E. (Hrsg.) (1981), *Die Sprachen Afrikas* (mit zahlreichen Karten und Tabellen). Hamburg
HELCK, W. (1979), Einige Betrachtungen zu den frühesten Beziehungen zwischen Ägypten und Vorderasien, in: *Ugarit-Forschungen* 11 (1979/80). 357–363
HENDERSON, L. (Hrsg.) (1984), *Orthographies and Reading.* London
HEYERDAHL, T. (1986), *The Maldive Mystery.* London
HINTZE, F. (Hrsg.) (1973), *Sudan im Altertum.* Berlin
HINZ, E. (1978), *Analyse aztekischer Gedankensysteme. Wahrsageglauben und Erziehungsnormen als Alltagstheorie sozialen Handelns. Auf Grund des 4. und 6. Buches der »Historia General« Fray Bernadino de Sahaguns aus der Mitte des 16. Jahrhunderts.* Wiesbaden
HINZ, W. (1962), Zur Entzifferung der elamischen Strichschrift, in: IRANICA ANTIQUA 2 (1962). 1–21
HOFMANN, I. (1981), *Meroitisch,* in: HEINE/SCHADEBERG/WOLFF 1981. 301–304
HOOKER, J. T. (1980), *Linear B – An Introduction.* Bristol
HOSKING, R. F./MEREDITH-OWENS, G. M. (Hrsg.) (1966), *A Handbook of Asian Scripts.* London
IFRAH, G. (1987), *Universalgeschichte der Zahlen.* Frankfurt – New York (2. Aufl.)
IRMSCHER, J. (1986), (in Zusammenarbeit mit R. JOHNE) (Hrsg.) *Lexikon der Antike.* Leipzig (7. Aufl.)
ISAEV, M. I. (1979), *Jazykovoe stroitel'stvo v SSSR* (Die Sprachenstruktur der UdSSR). Moskau
JACOBSEN, T. (1988), *Sumer,* in: COTTERELL 1988. 72–83
JANSSON, S. B. F. (1968), Die literarischen nordischen Quellen zur Geschichte der Wikingerzeit, in: *Sveagold und Wikingerschmuck* 1968. 14–21
JEFFERY, L. H./MORPURGO-DAVIES, A. (1970), A New Archaic Inscription from Crete, in: *Kadmos* 9 (1970). 118–154
JENSEN, H. (1969), *Die Schrift in Vergangenheit und Gegenwart.* Berlin (3. Aufl.)
JUNKER, H. (1925), Das Awesta-Alphabet und der Ursprung der armenischen und georgischen Schrift, in: *Caucasica* II (1925)
KARAGEORGHIS, V. (1980), Fouilles a l'Ancienne-Paphos de Chypre: les premiers colons grecs, in: *Comptes rendus des séances de l'Académie des Inscriptions et Belles-Lettres* 1980. 122–136
– (1982), *Cyprus, from the Stone Age to the Romans.* London

Katičič, R. (1976), *Ancient Languages of the Balkans*, 2 Bde. The Hague – Paris
Kavanagh, J. F./Mattingly, I. G. (Hrsg.) (1972), *Language by Ear and by Eye*. Cambridge, Mass.
KEJ – Kodansha Encyclopedia of Japan, 9 Bde. Tokyo 1983
Kelm, A. (Hrsg.) (1968), *Vom Kondor und vom Fuchs – Hirtenmärchen aus den Bergen Perus (Ketschua und Deutsch)*. Berlin
Kho, S. (1987), *Koreans in Soviet Central Asia*. Helsinki
Kienast, B. (1969), Keilschrift und Keilschriftliteratur, in: *Frühe Schriftzeugnisse* 1969. 39–55
Klingenberg, H. (1969), Möglichkeiten der Runenschrift und Wirklichkeit der Inschriften, in: *Frühe Schriftzeugnisse* 1969. 177–211
Kloss, H. (1978), *Die Entwicklung neuer germanischer Kultursprachen seit 1800*. Düsseldorf (2. Aufl.)
Koestler, A. (1980), *The Thirteenth Tribe – The Khazar Empire and its Heritage*. London (3. Aufl.)
Kolers, P. A./Wrolstad, M. E./Bouma, H. (Hrsg.) (1979), *Processing Visible Language*. New York
König, F. W. (1965), *Die elamischen Königsinschriften*. Graz
König, V. (1986), *Schrift und Literatur (Die altmexikanische Bilderschrift, die aztekische Literatur)*, in: Eggebrecht 1986b. 140–154
Koskenniemi, K./Parpola, A. (1979), *Corpus of Texts in the Indus Script*. Department of Asian and African Studies, University of Helsinki, *Research Reports*, No. 1. Helsinki
– (1982), *A Concordance to the Texts in the Indus Script*. Department of Asian and African Studies, University of Helsinki, *Research Reports*, No. 3. Helsinki
Kovalevsky, P. (1964), *Bildatlas der Kultur und Geschichte der slawischen Welt*. München – Basel – Wien
Krause, W. (1966), *Die Runeninschriften im älteren Futhark* (mit Beiträgen von H. Jankuhn), I. Text, II. Tafeln. Göttingen
Krishnamurti, Bh. (1969), *Comparative Dravidian Studies*, in: Sebeok 1969. 309–333
Krishnamurti, Bh. (Hrsg.) (1986), *South Asian Languages. Structure, Convergence and Diglossia*. Delhi
Krupa, V. (1967), *Jazyk Maori* (Die Maori-Sprache). Moskau
Krusche, R. (1966), *Die Maya-Handschrift Codex Dresdensis*. Frankfurt a.M.
Kuckenburg, M. (1989), *Die Entstehung von Sprache und Schrift. Ein kulturgeschichtlicher Überblick*. Köln
Kunst und Land der Etrusker (Photographie: L. v. Matt, Texte: M. Moretti/ G. Maetzke/M. Gasser). Zürich – Würzburg 1969
La Farge, O. (1960), *Die Welt der Indianer*. Ravensburg
La legge veneziana sulle invenzioni (Das Venediger Patentrecht). Scritti di diritto industriale per il suo 500 anniversario (Schriften des Industrierechts zum 500. Jahrestag). Mailand 1974
László, Gy. (1974), *Steppenvölker und Germanen. Kunst der Völkerwanderungszeit*. Herrsching/Ammersee – Budapest
Lauškin, K. D. (1959), Novoe Onežskoe svjatilišče, čast' I. Novaja rasšifrovka nekotorych petroglifov Karelii (Das neue Onega-Heiligtum, Teil I. Neue Entzifferung einiger Petroglyphen Kareliens), in: *Skandinavskij sbornik* IV (1959). 83–111
– (1962), Novoe Onežskoe svjatilišče, čast' II. Opyt novoj rasšifrovki nekotorych petroglifov Karelii (Das neue Onega-Heiligtum, Teil II. Versuch einer Entzifferung einiger Petroglyphen Kareliens), in: *Skandinavskij sbornik* V (1962). 177–298
Lee, K.-M. (1977), *Geschichte der koreanischen Sprache*. Wiesbaden
Lespius, K. (1858), *Denkmäler aus Ägypten und Äthiopien*, Bd. XII. Berlin

LEWIN, B. – KIM, T. D. (1978), *Einführung in die koreanische Sprache.* Heilbronn (3. Aufl.)
LEWIS, G. (1983), *Implementation of Language Planning in the Soviet Union,* in: COBARRUBIAS/FISHMAN 1983. 309–326
LIDZBARSKI, M. (1898), *Handbuch der nordsemitischen Epigraphik,* 2 Bde. Weimar
– (1907), *Kanaanäische Inschriften.* Gießen
LIEBERMAN, S. J. (1980), Of Clay Pebbles, Hollow Clay Balls, and Writing: A Sumerian View, in: *American Journal of Archaeology* 84 (1980). 339–358
LIEBERMAN, S. J. (Hrsg.) (1976), *Sumerological Studies in Honor of Thorkild Jacobsen on His Seventieth Birthday June 7, 1974.* Chicago – London
LINDIG, W./MÜNZEL, M. (1976), *Die Indianer – Kulturen und Geschichte der Indianer Nord-, Mittel- und Südamerikas.* München
LINDQVIST, S. (1968), Gotländische Bildsteine, in: *Sveagold und Wikingerschmuck* 1968. 50–63
LINEVSKIJ, A. M. (1939), *Petroglify Karelii, čast'* I (Die Petroglyphen Kareliens, Teil I). Petrozavodsk
– (1940), *Očerki po istorii drevnej Karelii, čast'* I (Abriß der Geschichte des alten Karelien, Teil I). Petrozavodsk
LIPIN, L. A. (1973), *The Akkadian Language.* Moskau
LONG, J. (1987), *The Art of Chinese Calligraphy.* Poole – New York – Sydney
LOPES, D. (1940), *Textos em Aljamia Portuguesa – Estudo filológico e histórico* (Portugiesische Texte in arabischer Schrift/Aljamia – Eine philologische und historische Studie). Lissabon (2. Aufl.)
LÜDTKE, H. (1969), Die Alphabetschrift und das Problem der Lautsegmentierung, in: *Phonetica* 20 (1969). 147–176
LUDWIG, O. (1983), *Writing Systems and Written Language,* in COULMAS/EHLICH 1983. 31–43
MÄMPEL, U. (1985), *Keramik – Von der Handform zum Industrieguß.* Reinbek bei Hamburg
MARCUS, J. (1980), L'écriture zapotèque, in: *Pour la Science* 30 (1980). 48–63
MARGULIÉS, A. (1927), Zum Lautwert der Glagolica, in: *Archiv für slavische Philologie* 41 (1927). 87ff.
MARQUART, J. (1917), *Über den Ursprung des armenischen Alphabets in Verbindung mit der Biographie des heiligen Mast'oc.* Wien
MARSHACK, A. (1972), *The Roots of Civilization. The Cognitive Beginnings of Man's First Art, Symbol and Notation.* New York
MARSTRANDER, C. J. S. (1928), Om runerne og runenavnenes oprindelse (Über die Runen und die Entstehung der Runennamen), in: *Norsk Tidsskrift for Sprogvidenskab* 1 (1928). 5ff.
– (1929), De gotiske runeminnesmerker (Gotische Runendenkmäler), in: *Norsk Tidsskrift for Sprogvidenskab* 3 (1929). 67ff.
MASPÉRO, H. (1965), *La Chine antique.* Paris
MASSON, E. (1984), L'écriture dans les civilisations danubiennes néolithiques, in: *Kadmos* 23 (1984). 89–123
MASSON, O. (1961), *Les inscriptions chypriotes syllabiques.* Paris
MATTHEIER, K. J. (Hrsg.) (1988), *Standardisierungsentwicklungen in europäischen Nationalsprachen: Romania, Germania. Sociolinguistica* 2. Tübingen
MCLOUGHLIN, W. G. (1986), *Cherokee Renascence in the New Republic.* Princeton (New Jersey)
MEINHOF, C. (1931), Principles of Practical Orthography for African Languages, in: *Africa* 1 (1931). 228–239
MÉTRAUX, A. (1976), *Les Incas.* Paris
MIAOLING, L./PYE, M. (1984), *Everyday Chinese Characters – A Guide to the Written Language.* London

MILLER, R. A. (1971), *Japanese and the Other Altaic Languages.* Chicago – London

MINKOFF, H. (1975), Graphemics and Diachrony: Some Evidence from Hebrew Cursive, in: *Afroasiatic Linguistics* 1 (1975). 193–208

MOHLBERG, D. C. (1928), Il messale glagolitico di Kiew (sec. IX) ed il suo prototipo romano del sec. VI–VII, in: *Atti della Pontificia Accademia Romana di Archeologia,* s. III, memorie vol. II, Rom, 207–320

MORLEY, S. G. (1956), *The Ancient Maya.* Stanford (3. Aufl.)

MORPURGO DAVIES, A./DUHOUX, Y. (Hrsg.) (1985), *Linear B: A 1984 Survey.* Proceedings of the Mycenaean Colloquium of the VIIIth Congress of the International Federation of the Societies of Classical Studies (Dublin, 27 August–1st September 1984). Louvain – La-Neuve

MUSAEV, K. M. (1964), *Grammatika karaimskogo jazyka – Fonetika i morfologija* (Grammatik der karaimischen Sprache – Phonetik und Morphologie). Moskau

NICHOLSON, I. (1967), *Mexikanische Mythologie.* Wiesbaden

NORDENSKJÖLD, E. (1938), *A Historical and Ethnological Survey of the Cuna Indians.* Göteborg

ONG, W. J. (1982), *Orality and Literacy: The Technologizing of the Word.* London

PARPOLA, A. (1975), Tasks, Methods and Results in the Study of the Indus Script, in: *Journal of the Royal Asiatic Society,* 1975. 178–209

PETROVSKIJ, N. S. (1978), *Zvukovye znaki egipetskogo pis'ma kak sistema* (Die Lautzeichen der ägyptischen Schrift als System). Moskau

PINNOW, H.-J. (1964), *Die nordamerikanischen Indianersprachen – Ein Überblick über ihren Bau und ihre Besonderheiten.* Wiesbaden

PISCHEL, R. (1981), *Comparative Grammar of the Prakrit Languages.* Delhi

POPE, M. (1978), *Das Rätsel der alten Schriften. Hieroglyphen, Keilschrift, Linear B.* Bergisch Gladbach

PÖRTNER, R. (1971), *Die Wikinger-Saga.* Düsseldorf – Wien (3. Aufl.)

POWELL, M. A. (1981), Three Problems in the History of Cuneiform Writing: Origins, Direction of Script, Literacy, in: *Visible Language* 15 (1981). 419–440

PREM, H./RIESE, B. (1983), *Autochthonous American Writing Systems: The Aztec and Maya Examples,* in: COULMAS/EHLICH 1983. 167–186

PRIESE, K.-H. (1973), *Zur Entstehung der meroitischen Schrift,* in: HINTZE 1973. 273–306

QUIBELL, T. (1901), Wann starb das Koptische aus?, in: *Ägyptologische Zeitschrift* 39 (1901)

RADLOFF, V. V. (1894), *Die alttürkischen Inschriften der Mongolei.* St. Petersburg

RAISON, J./POPE, M. (1971), *Index du linéaire A.* Rom

RÄTSCH, C. (Hrsg.) (1986), *Chactun – Die Götter der Maya. Quellentexte, Darstellung und Wörterbuch.* Köln

REH, M. (1981), *Sprache und Gesellschaft,* in: HEINE/SCHADEBERG/WOLFF 1981. 513–557

RENFREW, C. (1969), The Autonomy of the South-East European Copper Age, in: *Proceedings of the Prehistoric Society* 35 (1969). 12–47

ROBERTSON, D. (1969), *Mexican Manuscript Painting of the Early Colonial Period.* New Haven, Conn.

RÜSTER, C. (1972), *Hethitische Keilschrift-Paläographie.* Wiesbaden

RUSPOLI, M. (1987), *The Cave of Lascaux. The Final Photographic Record.* London

SACHER, R./PHAN, N. (1985), *Lehrbuch des Khmer.* Leipzig

SAKELLARAKIS, J. A. (1985), *Musée d'Héracleion. Guide illustré du Musée.* Athen

Samarkand – Očik osmon ostidagi muzej/Samarkand – Muzej pod otkrytym nebom/Samarkand – A Museum in the Open. Taschkent 1986

SAMPSON, G. (1987), *Writing Systems.* London – Melbourne u. a.

SASSE, H.-J. (1981), *Die kuschitischen Sprachen,* in: HEINE/SCHADEBERG/WOLFF 1981. 187–215

SATO, HABEIN, Y. (1984), *The History of the Japanese Written Language*. Tokyo
SAWWATEJEW, J. (1984), *Karelische Felsbilder*. Leipzig
SCHARLAU, B. (1985), *Wie lasen die Azteken?*, in: SCHLIEBEN-LANGE 1985. 15–34
SCHARLIPP, W.-E. (1984), *Einführung in die tibetische Schrift*. Hamburg
SCHLIEBEN/LANGE, B. (Hrsg.) (1985), *Lesen – Historisch*. Göttingen
SCHMANDT-BESSERAT, D. (1979), An Archaic Recording System in the Uruk-Jemdet Nasr Period, in: *American Journal of Archaeology* 83 (1979). 19–48, 375
– (1981), From Tokens to Tablets: A Re-evaluation of the So-called »Numerical Tablets«, in: *Visible Language* 15 (1981). 321–344
SCHMITT, A. (1938), *Die Erfindung der Schrift*. Erlangen
– (1951), *Die Alaska-Schrift*. Marburg
– (1952), *Der Buchstabe H im Griechischen*. Münster.
SCHMÖKEL, H. (1974), *Das Land Sumer. Die Wiederentdeckung der ersten Hochkultur der Menschheit*. Stuttgart – Berlin u. a. (4. Aufl.)
SCHOTT, S. (1951), *Hieroglyphen. Untersuchungen zum Ursprung der Schrift*. Wiesbaden
SEBEOK, T. A. (Hrsg.) 1968, *Current Trends in Linguistics,* Bd. IV: *Ibero-American and Caribbean Linguistics*. The Hague
– (Hrsg.) (1969), *Current Trends in Linguistics,* Bd. V: *Linguistics in South Asia*. The Hague
– (Hrsg.) (1971), *Current Trends in Linguistics,* Bd. VII: *Linguistics in Sub-Saharan Africa*. The Hague
SETHE, K. (1906–09), *Urkunden der 18. Dynastie*. Leipzig
– (1917), Die neuentdeckte Sinaischrift und die Entstehung der semitischen Schrift, in: *Nachrichten der Göttinger Gesellschaft der Wissenschaften*, 1917. 437ff.
– (1939), *Vom Bilde zum Buchstaben. Die Entstehungsgeschichte der Schrift*. Leipzig
SEYBOLDT, P./CHIANG, G. K. (1979), *Language Reform in China. Documents and Commentary. White Plains,* New York
SHIGEMI, K. (1968), *Kana*. Tokyo
SIMÉON, R. (1885), *Dictionnaire de la Langue Nahuatl ou Mexicaine*. Paris (Nachdruck Graz 1963)
SIRK, J. CH. (1975), *Bugijskij jazyk* (Die buginesische Sprache). Moskau
STACCIOLI, R. A. (1967), *La lingua degli etruschi* (Die Sprache der Etrusker). Rom
STIEBNER, E. D./HUBER, H./ZAHN, H. (1985), *Ein Schriftmusterbuch – Schriften und Zeichen*. München (2. Aufl.)
STIEBNER, E. D./LEONHARD, W. (unter Mitarbeit von J. DETERMANN, P. LUIDL, A. HUBER) (1985), *Bruckmann's Handbuch der Schrift*. München (3. Aufl.)
STÖRK, L. (1981), *Ägyptisch*, in: HEINE/SCHADEBERG/WOLFF 1981. 149–170
STUBBS, M. (1980), *Language and Literacy: The Sociology of Reading and Writing*. London
Sveagold und Wikingerschmuck aus Statens Historiska Museum Stockholm (Katalog der Ausstellung 6. November 1968–6. Januar 1969, Kölnisches Stadtmuseum). Mainz 1968
TABOULET, G. (1955), *La geste française en Indochine,* Bd. 1. Paris
TATTON-BROWN, V. (1988), *Ancient Cyprus*. Cambridge, Mass.
TEMPLE, R. K. G. (1986), *China – Land of Discovery and Invention*. Wellingborough
TER-MIKELIAN, A. (1892), *Die armenische Kirche in ihren Beziehungen zur byzantinischen vom IV. bis zum XIII. Jahrhundert*. Leipzig
TETZLAFF, I. (1983), *Malta und Gozo. Die goldenen Felseninseln – Urzeittempel und Malteserburgen*. Köln (2. Aufl.)
THOMSEN, M.-L. (1984), *The Sumerian Language. An Introduction to its History and Grammatical Structure*. Kopenhagen

THOMSEN, V. (1893), Déchiffrement des inscriptions de l'Orkhon et de l'Iénissei, in: *Bulletin de l'Académie des Sciences et des Lettres de Danemark*
THOMPSON, J. E. (1968), *Die Maya. Aufstieg und Niedergang einer Indianerkultur.* München
TITOV, E. G. (1976), *The Modern Amharic Language.* Moskau
TORELLI, M. (1988), *Die Etrusker – Geschichte, Kultur, Gesellschaft.* Frankfurt–New York
TUCKER, A. N. (1971), *Orthographic Systems and Conventions in Sub-Saharan Africa,* in: SEBEOK 1971. 618–653
UIBOPUU, V. (1988), *Finnougrierna och deras språk* (Die Finno-Ugrier und ihre Sprachen). Lund
ULLMAN, B. L. (1927), The Etruscan Origin of the Roman Alphabet and the Names of the Letters, in: *Classical Philology* XXII (1927). 372 ff.
UMAPATŠI, T. Ch. (1987), *Russko-kannada učebnyj slovar'* (Russisch-kanaresisches Schulwörterbuch). Moskau
UMBERGER, E. (1986), *Schrift und Kalender (der Azteken),* in: EGGEBRECHT 1986b. 126–131
UNGER, U. (1969), Aspekte der Schrifterfindung. Das Beispiel China, in: *Frühe Schriftzeugnisse* 1969. 11–38
UNTERMANN, J. (Hrsg.) (1975–80), *Monumenta linguarum Hispanicarum,* 2 Bde. Wiesbaden.
VAILLANT, G. C. (1965), *Aztecs of Mexico. Origin, Rise, and Fall of the Aztec Nation.* Baltimore – Maryland
VAŠČENKO, A. V. (1989), *Istoriko-epičeskij fol'klor severoamerikanskich indejcev – Tipologija i poetika* (Die historisch-epische Volkskunst der nordamerikanischen Indianer-Typologie und Poetik). Moskau
VENTRIS, M./CHADWICK, J. (1956), *Documents in Mycenaean Greek.* Cambridge
VETTER, E. (1953), *Handbuch der italienischen Dialekte I. Texte mit Erklärung, Glossen, Wörterverzeichnis.* Heidelberg
VINOGRADOV, V. V. (Hrsg.) (1966), *Jazyki narodov SSSR,* t. 1: *Indoevropejskie jazyki* (Die Sprachen der Sowjetunion, Bd. 1: Die indogermanischen Sprachen). Moskau
VOEGELIN, C. F./VOEGELIN, F. M. (1961), Typological Classification of Systems with Included, Excluded and Self-sufficient Alphabets, in: *Anthropological Linguistics* 3/2 (1961). 55–94
– (1977), *Classification and Index of the World's Languages.* New York – Oxford – Amsterdam
WACHTER, R. (1989), Zur Vorgeschichte des griechischen Alphabets, in: *Kadmos* 28, 19–78
WALTERS, C. (1988), *Ancient Egypt,* in: COTTERELL 1988. 22–44
WATSON, W. (1966), *Early Civilization in China.* London
WEINREICH, M. (1980), *History of the Yiddish Language.* Chicago – London
WERBER, E. (1988), *The Sarajevo Haggadah.* Ljubljana
WESTENDORF, W (1969), Die Anfänge der altägyptischen Hieroglyphen, in: *Frühe Schriftzeugnisse* 1969. 56–87
WEULE, K. (1915), *Vom Kerbstock zum Alphabet. Urformen der Schrift.* Stuttgart
Winn, M. M. (1981), *Pre-Writing in Southern Europe: The Sign System of the Vinča Culture, ca. 4000 B.C.* Alberta (Canada)
– (1986), *The Signs of the Vinča Culture: An Internal Analysis; their Role, Chronology and Independence from Mesopotamia.* Ann Arbor, Michigan (gedruckte Fassung einer maschinenschriftlichen Dissertation von 1973)
WINTER, W. (1983), *Tradition and Innovation in Alphabet Making,* in: COULMAS/EHLICH 1983. 227–238
WOLFF, E. (1981a), *Die Erforschung der afrikanischen Sprachen: Geschichte und Konzeptionen,* in: HEINE/SCHADEBERG/WOLFF 1981. 17–43
– (1981b), *Die Berbersprachen,* in: HEINE/SCHADEBERG/WOLFF 1981. 171–185

World Archaeology, vol. 17,3 (1986): Early Writing Systems

WUNDERLICH, H. G. (1983), *The Secret of Crete*. Athen

YAMADA, T. (1983), Kanji, in: *KEJ*, Bd. 4. 141–143

ZAUZICH, K.-T. (1980), *Hieroglyphen ohne Geheimnis. Eine Einführung in die altägyptische Schrift für Museumsbesucher und Ägyptentouristen*. Mainz

ZAVADOVSKIJ, J. N. (1980), *Meroitskij jazyk* (Die meroitische Sprache). Moskau

ZIDE, A. R. K./ZVELEBIL, K. V. (Hrsg.) (1976), *The Soviet Decipherment of the Indus Valley Script: Translation and Critique*. The Hague – Paris

ZILLIACUS, H. (1935), *Zum Kampf der Weltsprachen im oströmischen Reich*. Helsinki

ŽUKOVSKAJA, L. P. (1959), *Novgorodskie berestjanye gramoty* (Die Birkenrindenurkunden von Novgorod). Moskau

ZYHLARZ, E. (1928), *Grundzüge der nubischen Grammatik im christlichen Frühmittelalter (Altnubisch)*. Leipzig

– (1934), Die unbekannte Schrift des antiken Südspaniens, in: *Zeitschrift der deutschen morgenländischen Gesellschaft* 88 (1934)

Bildnachweis

1 Sawwatejew, 1984. 3–6 Sveagold und Wikingerschmuck, 1968. 7 Staatsbibliothek Berlin. 9a Library of Congress. 10 Pinnow, 1964. 11 Cohen, 1958. 15–17 Marshack, 1972. 18/19 Ifrah, 1987. 20a Buchholz, 1969. 20b Laszlo, 1974. 22 Bodrogi, 1981. 23/24 Weule, 1915. 25 Stiebner-Leonhard, 1985. 26/27 Gimbutas, 1974. 28 Winn, 1986. 29/30 Gimbutas, 1974. 31/32 Winn, 1986. 33 Buchholz-Karageorghis, 1972. 34 Gimbutas, 1974. 36 Buchholz-Karageorghis, 1972. 37 Gelb, 1958. 38 Gimbutas, 1974. 39 Wunderlich, 1983. 40/41 Sakellarakis, 1985. 42 Staccioli, 1969. 43 Gimbutas, 1974. 44 Foto: Staatl. Museen zu Berlin. 45 Moortgat, 1940. 46 Foto: British Museum, London. 47–49 Störk, 1981. 50 Diringer, 1962; Long, 1987; Miaoling-Pye, 1984. 51 Ifrah, 1987. 52 Diringer, 1962. 54/55 DeFrancis, 1977. 56 Haarmann, 1988. 57 Beurdeley, 1974. 62 Gimbutas, 1974. 63 Bodrogi, 1981. 64 Nicholson, 1967. 65/67/69/70 Ifrah, 1987. 73 Foto: Staatl. Museen zu Berlin. 75 Ifrah, 1987. 77 Deimel, 1923–24. 78 Sampson, 1987. 79–81 Koskenniemi-Parpola, 1982. 88 Miaoling-Pye, 1984. 93 Yamada, 1983. 95/96 Long, 1987. 97 Sampson, 1987. 100/101 Jensen, 1969. 102–108 Ifrah, 1987. 115 Staatsbibliothek Berlin; Foto: Jürgen Liepe. 118/119 Stiebner-Leonhard, 1985. 120 Gelb, 1958. 121 Zauzich, 1980. 123 Sethe, 1917. 125/126/127 Zauzich, 1980. 128 Thomsen, 1984. 129/131 Lipin, 1973. 132 Gelb, 1952. 134 Friedrich, 1966. 135 Gelb, 1958. 136 Foto: Dr. W. Salchow, Köln. 137 Gurney, 1964. 138 Friedrich, 1939. 139 Staatl. Museen zu Berlin. 140 Evans, 1921. 141/142 Chadwick-Killen-Olivier, 1971. 143 Hooker, 1980. 144 Diringer, 1962; Hooker, 1980. 145 Hooker, 1980. 146 Friedrich, 1966. 147/148/150/151 Pinnow, 1964. 152/154 Jensen, 1969. 156 Diringer, 1962. 157 Ifrah, 1987. 163/164 Duhoux, 1981. 165 Foto: Nationalmuseum Athen. 167 Földes-Papp, 1987. 170 Torelli, 1988. 172 Friedrich, 1966. 175 Ephemeris f. semit. Epigraphik, Bd. 3, 1915. 176 Foto: Staatl. Museen zu Berlin. 182 Jensen, 1969. 185 Foto: Antikenmuseum Instanbul. 187 Foto: Bibliotheque Nationale Paris. 188 Foto: Staatl. Museen zu Berlin. 189 Lidzbarski, 1907. 190 Bardtke, 1952. 193 Földes-Papp, 1987. 199 Foto: Staatl. Museum für Völkerkunde, München. 200 Islamisches Museum, Kairo. Foto: W. Bruggmann. 201 Stiebner-Huber-Zahn, 1985. 203/209/210 Jensen, 1969. 211 Kőrösi-Csoma-Archiv, Budapest. 212 Foto: Seminar für Indologie der Universität Köln. 214 Jensen, 1969. 217 Faulmann, 1880. 218 Jensen, 1969. 222 Ajvazjan, 1987. 223 Brentjes, 1976. 224 Ajvazjan, 1987. 226/227/229 Jensen, 1969. 231 Faulmann, 1880. 233 Lewin-Kim, 1978. 234 Buchholz, 1969; Tatton-Brown, 1988. 235 Tatton-Brown, 1988. 236 Buchholz, 1969. 237 Tatton-Brown, 1988. 238 Buchholz, 1969. 239 Gelb, 1952. 242 Jensen, 1969. 246 Friedrich, 1939. 250 Jensen, 1969. 251 Fischer, 1980. 252 Emery, 1965. 253 Fischer, 1980. 254 Shinnie, 1976. 255 Fischer, 1980. 256 Staatl. Museen zu Berlin, Nr. 2254. 257 Hofmann, 1981. 258/259/261/263 Aoki, 1983. 266 Cohen, 1958. 267/270 Jensen, 1969. 272/273 Lidzbarski, 1907. 275/276 Wolff, 1981b. 277 Jensen, 1969. 280/281/284 Gomez-Moreno, 1962. 285 Friedrich, 1939. 288 Jensen, 1969. 291 Blohm, 1977. 292–294/296 Jensen, 1969. 297 Foto: British Museum, London. 299 Lepsius, 1858. 303 Foto: The Pierpont Morgan Library, New York. 304 Foto: British Museum, London. 309 Filipovic, 1987. 314/318/323 Jensen, 1969. 326 Atlas für Nord. Oldkyndidhed. 327 Sveagold und Wikingerschmuck, 1968. 330 Urs Graf-Verlag, Olten. 331 Deutsche Staatsbibliothek Berlin, Foto: Dt. Fotothek, Dresden. 333 Stiebner-Leonhard, 1985. 334 Foto: Staatl. Museen zu Berlin, Antikenabteilung. 335 Monaci, 1884–92. 337 Murhardsche Bibliothek der Stadt Kassel und Landesbibliothek. 340 Kelm, 1968. 341 Isaev, 1979. 343 Drevnij Novgorod, 1985. 344 Uibopuu, 1988. 346 Földes-Papp, 1987. 347/348 Jensen, 1969. 350 Isaev, 1979. 351 Musaev, 1964. 352 Royal Asiatic Society. 353 Foto: Staatl. Museum für Völkerkunde, München. 354 Lopes, 1940. 355 Isaev, 1979. 356 Jensen, 1969. 357/360 Gabain, 1941. 364/366 Jensen, 1969. 367 Isaev, 1979. 371 Jensen, 1969. 372 Radloff, 1894. 376a Hosking-Meredith-Owens, 1966. 376b Gaur, 1984. 377/381/382 Bühler, 1896. 384/385 Faulmann, 1880. 386 Jensen, 1969. 388 Faulmann, 1880. 389 Bühler, 1896. 390/391 Faulmann, 1880. 393 Sacher-Phan, 1985. 394 Bühler, 1896. 396 Sirk, 1975. 399 Faulmann, 1880. 400 Bühler, 1896. 401 Faulmann, 1880. 402 Umapatschi, 1987. 403/404 Faulmann, 1880. 405a Andronov, 1987. 406 Faulmann, 1880. 407 Barthel, 1969. 409 Berjonneau-Deletaille-Sonnery, 1985. 410 Bodrogi, 1981. 411 Ifrah, 1987. 412 Nicholson, 1967.

Die nicht aufgeführten Abbildungen basieren auf Vorlagen vom Autor.

Sachregister

(Schriftarten, Sprachen, Fachterminologie)

Abur-Schrift (der Syrjänen), 124
Adriatische Schriften, 450 ff.
Ägyptische Hieroglyphen, 13, 16, 18, 101 ff., 113, 127 ff., 140, 148, 214 ff., 267, 275, 384 ff.
Äthiopische Schrift, 327 ff.
Akkadisch, 16, 226 ff.
Alphabetschriften, 13, 17, 18, 267 ff., 555
Alpine Schriften, 455 ff.
Alteuropäische Schrift, 73 ff., 365
Altitalische Schriften, 452 ff.
Altkirchenslavisch, 443 f.
Altnubische Schrift, 442 f.
Altpersische Keilschrift, 381 ff.
Alttürkische Schrift, 516 ff.
Altungarische Schrift, 519 f.
Amharisch, 329 ff.
Arabisch, 117, 493 ff.
Arabische Schrift, 117, 319 ff., 493 ff.
Aramäisch, 299, 310, 332
Aramäische Schrift, 281, 299 ff., 501 ff.
Armenische Schrift, 342 ff., 488
Assyrisch, 226 f., 232
Avarisch, 478
Awesta-Alphabet, 332, 334, 348
Aztekische Faltbücher, 44 ff.
Aztekische Hieroglyphen, 135 f., 191, 198 ff., 553 f.

Berberische Schrift (tifinagh), 414 ff.
Bilderzählung, 34 f., 44 ff.
Bildsteine, 30 ff.
Bildtechnik, 14, 22 ff.
Brahmi-Schrift, 338 ff., 521 ff.
Bulgarisch, 485 f., 487

Burjatisch, 478, 512 f.
Byblos-Schrift, 242 ff., 268

Cherokesische Schrift, 258 f.
Chinesisch, 16, 18, 79, 115, 404
Chinesische Schrift, 106 ff., 124, 143, 171 ff., 394 ff., 556
Chinesische Siegelschrift, 183 f.
Chipewyan, 262
Churritische Keilschrift, 376
Cree-Schrift, 261 f.

Demotisch, 102, 105, 390, 439
Dene-Schrift, 263
Determinativ, 128 ff., 170, 219 f.
Devanāgarī-Schrift, 526 f.
Diakritische Zeichen, 121, 312 f., 321
Dravidische Sprachen, 165 f.

Elamische Keilschrift, 372 ff.
Elamische Strichschrift, 373 f.
Eskimo, 264 ff.
Etruskisch, 90, 92 f.
Etruskisches Alphabet, 289 ff., 450 ff.

Felsbilder, 22 ff.
Finnisch, 484 f., 490

Galik-Alphabet, 510 ff.
Ge'ez, 328 f.
Georgische Schrift, 350 ff., 488
Glagolitische Schrift, 444 ff., 479
Glyptik, 98 f.
Griechisch, 80, 220, 367, 370, 423

Griechisches Alphabet, 102, 282 ff., 293, 348, 423 ff., 437
Griechische Unzialschrift, 434 f., 437 f., 441, 446
Gupta-Schrift, 524 f.

Hangul, 355 ff.
Hebräische Quadratschrift, 307 ff.
Hethitisch, 234 ff.
Hethitische Hieroglyphen, 233 ff., 364
Hethitische Keilschrift, 376 ff.
Hieratisch, 104, 275
Hiragana, 115, 399 ff.
Homophone Wörter, 177 ff.

Iberische Schrift, 419 ff.
Ideogramm, 128 ff., 147, 170, 218, 228 f., 280, 383
Indische Schriften, 521 ff.
Indogermanische Sprachen, 165 f.
Indus-Schrift, 15, 19, 111, 161 ff., 393 f.

Japanisch, 13, 114, 395 ff.
Jiddisch, 315
Jüdische Sprachen, 315

Kalmükisch, 513 f.
Kambodschanische Schrift (Khmer-Schrift), 537 f.
Kannaḍa (Kanaresisch), 166, 543 f.
Karaimisch, 492 f.
Karelisch, 478
Karische Schrift, 429 ff.
Katakana, 115, 397 ff.
Keilschrift, 13, 15, 111, 156, 159, 223 ff., 235
Kekinowin, 38 ff.
Kharoṣṭhi-Schrift, 335 ff.
Koptische Schrift, 105, 436 ff.
Kretische Hieroglyphen, 18, 19, 88, 167 ff.
Kretische Schriften, 15, 134, 273, 276, 365 f.
Kufisch, 321
Kulturelle Identität, 16, 114 ff.
Kyprisch-syllabische Schrift, 365 ff., 423
Kypro-minoische Schrift, 365 ff.
Kyrillisches Alphabet, 13, 443 ff., 478 ff.

Lateinisches Alphabet, 13, 115, 294 ff., 465 ff.
Liḥjanische Schrift, 325

Linear A, 18, 51, 84 ff., 246 f., 250, 255, 267, 365 ff.
Linear B, 18, 243 ff., 267, 365 ff., 423
Logographie, 147 ff., 150 ff., 172 ff., 225
Logogramm, 207 ff.
Lydische Schrift, 426 ff.
Lykische Schrift, 426 ff.

Mā'il-Schrift, 320, 495
Malayalam, 166, 543, 545
Maltesisch, 117 f.
Mandäische Schrift, 306
Mandschurische Schrift, 515 f.
Manichäische Schrift, 502 ff.
Man'yōgana, 396
Maori, 114
Mašq-Schrift, 320, 495
Maya-Hieroglyphen, 135 f., 191 ff., 144 f., 549 f.
Meroitische Schrift, 389 ff., 442
Mnemotechnik, 29, 65
Moabitisch, 271
Mongolisch, 404 f., 514
Mongolische Schriften, 509 ff.
Moso-Schrift, 409 f.

Nabatäische Schrift, 302
Nesḫi-Schrift, 320 ff., 495 ff.
Nestorianische Schrift, 304 f.
Nichtrussische Sprachen der Sowjetunion, 488, 490 f.
Nom, 121, 122
Nordindische Schriften, 523 ff.
Numidische Schrift, 412 f.

Ogham-Schrift, 467 ff.
Olmekische Schrift, 547, 549 ff.
Oskische Schrift, 453 f.
Osterinselschrift, 188 ff.

Pali-Schriften, 533 ff.
Palmyrenische Schrift, 302 ff.
Passeba-Schrift, 510, 531 f.
Pehlevi-Schrift, 331 ff., 354
Phonographie, 147 ff., 212 ff.
Phonogramm, 218
Phönizisch, 237, 267, 269 f., 367
Phönizisches Alphabet, 13, 269 ff., 335, 410 ff.

Phrygische Schrift, 425
Piktographische Schrift, 15, 139 ff., 147, 150 ff.
Prakrit-Sprachen, 337
Punische Schrift, 411 f.

Quechua, 476 f.
Quipuschnüre, 56 ff.
Quoc Ngu, 121, 123

Rebusprinzip
– in der aztekischen Schrift, 205
– in der chinesischen Schrift, 181 f.
– in der sumerischen Schrift, 155
Rongorongo, 189 f.
Rumänisch, 485, 488 f.
Runenschrift, 18, 30, 458 ff.
– älteres Futhark, 458 f.
– jüngeres Futhark, 459 f.
– angelsächsische Runen, 461
Russisch, 479 ff., 490

Sabäische Schrift, 325 ff.
Ṣafatenische Schrift, 325 f.
Samaritanische Schrift, 308 f.
Sanskrit, 527
Scapulomantik, 110
Schlagwortprinzip
– in der Indus-Schrift, 166
– in der kretischen Hieroglyphenschrift, 167
– in der sumerischen Schrift, 154 f., 224
Schrift der Ch'itan, 408 f.
Schrift der Ju-chen, 409
Schrift der Lo-lo, 406 f.
Schrift der Miao-tse, 407
Schrift der Yao, 408
Segmentalschrift, 147, 211, 212 ff.
Semitische Sprachen, 226, 281
Serbisch, 487

Sidetische Schrift, 432
Silbenschrift, 17, 18, 147, 211, 225 ff., 267, 555
Singhalesisch, 451 f.
Sinai-Schrift, 277 ff.
Soghdische Schrift, 505 ff.
Sumerisch, 13, 16, 73, 95 f., 139 ff., 150 ff., 166, 223 ff.
Südindische Schriften, 542 ff.
Symboltechnik, 50 ff.
Syrische Schrift, 302 ff.
Syrjänisch, 125 f.

Tamilisch, 166, 545 f.
Tangutische Schrift, 407 f.
Telugu, 166
Thamudische Schrift, 325 f.
Tibetisch, 404 f.
Tibetische Schrift, 531 ff.
Tifinagh s. berberische Schrift
Tocharische Schrift, 525
Tscherkessisch, 500
Turdetanische Schrift, 415 ff.

Ugaritische Keilschrift, 380 f.
Uigurisch, 404 f.
Uigurische Schrift, 507 ff.
Ukrainisch, 485, 487, 490
Umbrische Schrift, 453 f.
Urartäische Keilschrift, 378 f.

Vietnamesisch, 119 ff.
Vinča-Kultur, 71 ff.

Wampum, 38 ff.
Westgotische Schrift, 432 ff.

Zapotekische Hieroglyphen, 549, 553
Zeremonialschrift, 88, 104

Namenregister

Aalto, P., 111
Akopjan, A. A., 343
Al Samman, T., 320, 395, 499
Andronov, M. S., 545
Aoki, H., 397, 401
Arakawa, S., 399
Archinos, 289
Arrianos, 432
Augustinus, 412
Autio, E., 28

Barthel, G., 541
Barthel, T. S., 188, 189, 190, 192, 394
Bayerl, G., 184
Best, J. G. P., 84, 250
Beurdeley, C., 127
Biedermann, H., 22
Bodrogi, T., 549
Bogoljubov, M. N., 505
Bork, F., 373
Bossert, H. T., 236
Brandis, J., 368
Breasted, J. H., 14
Brentjes, B., 344
Buchholz, H.-G., 365, 368, 372
Bühler, G., 335
Burrow, T., 393

Carter, H., 221
Chadwick, N. K., 467
Champollion, F., 101, 220
Clemens Alexandrinus, 101
Coulmas, F., 404

DeFrancis, J., 119, 121, 176
de Casparis, J. G., 538

Devoto, G., 452
Diakonoff, I. M., 154
Dhorme, E., 242
Diels, P., 443
Dillon, M., 467
Diodoros (Diodorus Siculus), 273, 389
Diringer, D., 111, 158, 372
Dosiadas, 283
Duhoux, Y., 88, 256, 282
Dunand, M., 269

Eggebrecht, A., 103
Ekschmitt, W., 251
Elizarenkova, T. Y., 535
Ellmers, D., 34
Evans, A., 245
Evans, J., 261

Faulmann, K., 15, 17, 355
Fell, B., 262
Fischer, R., 387, 389
Fivaz, D., 476
Földes-Papp, K., 288, 274, 286, 289, 296, 313, 332, 471
Forrer, E. O., 236
Fraehn, Ch. M. 479
Friedrich, J., 42, 150, 154, 242, 265, 268, 269, 299, 302, 342, 368, 373, 376, 379, 380, 406, 412, 423

Gabain, A. v. 516
Gallas, K., 246
Gallenkamp, C., 198
Gardiner, A. H., 278
Gaster, T. H., 278
Gaur, A., 523, 545

Gelb, I. J., 100, 140, 212, 213, 234, 235, 236, 243, 281, 361, 373
Georgiev, V. I., 84
Gernet, J., 108
Gimbutas, M., 70, 72, 73, 74, 80, 81, 95, 135
Gindin, L. A., 79
Gockel, W., 192
Gomez-Moreno, M., 422
Gordon, C. H., 250
Grande, B. M., 226
Grapard, A. G., 110
Greenberg, J. H., 390
Griffith, F. L., 390
Grimes, B., 18
Grothusen, K.-D., 481, 484
Guttorm, I., 476

Haarmann, H., 29, 73, 84, 90, 122, 404, 423, 485, 488, 501
Haavio, M., 484
Hambis, L., 409
Hammarström, M., 294, 458
Hauschild, R., 242
Helck, W., 103
Hepburn, J. C., 402
Herodot, 15, 271, 429
Heyerdahl, T., 393
Hinz, W., 373
Hofmann, I., 390
Holmberg, V., 476
Hooker, J. T., 255
Hrozný, B., 236
Humboldt, A. v., 11, 19, 203

Ifrah, G., 59, 373
Isaev, M. I., 478, 488

Jabobsen, T., 158
Jeffery, L. H., 284
Jensen, H., 42, 64, 154, 155, 184, 265, 278, 284, 294, 296, 312, 327, 338, 394, 414, 423, 434, 450, 458, 525, 535, 540
Junker, H., 333

Karageorghis, V., 282
Katičić, R., 79
Kho, S., 357
Kienast, B., 96, 99
Kim, T. D., 358

Kliment von Ochrid, 446
Klingenberg, H., 465
Koestler, A., 315
König, V., 45
Kopiewitsch, E., 484
Koskenniemi, K., 161, 166
Kovalevsky, P., 479
Krause, W., 462
Krishnamurti, Bh., 165
Krupa, V., 114
Kyrill(os), 443 ff.

Landa, D. de, 192
László, Gy., 61
Lauschkin, K. D., 28
Leonhard, W., 476
Lewin, B., 358
Lidzbarski, M., 310
Lieberman, S. J., 160
Lindqvist, S., 30
Linevskij, A. M., 27
Lipin, L. A., 226, 372

Mämpel, U., 362
Marguliés, A., 446
Marshack, A., 54, 56
Marstrander, C., 458
Masson, E., 73, 75, 84
McLoughlin, W. G., 261
Meriggi, P., 236
Mesrop, 343, 344, 345, 350
Method(ios), 443
Métraux, A., 58
Miller, R. A., 356
Morice, R. M., 264
Morley, S. G., 196
Morpurgo-Davies, A., 284

Ong, W. J., 556

Parpola, A., 161, 166
Petitot, F., 264
Pichol, K., 184
Piette, E., 63
Pinnow, H.-J., 39, 42, 261
Pischel, R., 337
Platon, 15, 271
Plinius der Ältere, 15, 274
Plutarch, 273
Priese, K.-H., 389

Quibell, T., 442

Radloff, V. V., 516
Reh, M., 477
Renfrew, C., 72
Rhodes, A. de, 119

Sahagun, B. de, 45
Sakellarakis, J. A., 82
Sampson, G., 96, 106, 161, 187, 225, 290, 296, 356, 402
Sawwatejew, J., 28
Sayce, A. H., 236
Schmandt-Besserat, D., 160
Schmidt, M., 368
Schmitt, A., 274
Schmökel, H., 98, 228
Scott, P. E., 476
Sequoya, 258
Sethe, K., 278
Shigemi, K., 401
Smith, G., 368
Spurius Carvilius Ruga, 296
Staccioli, R. A., 93
Stephan von Perm, 125
Stiebner, E. D., 476
Störk, L., 105, 437
Strabon, 274, 417

Taboulet, G., 121
Tacitus, 15, 273
Tatton-Brown, V., 370

Temple, R. K. G., 362
Ter-Mikelian, A., 352
Tetzlaff, I., 245
Thomsen, M.-L., 153, 154
Thomsen, V., 516
Thompson, J. E., 196
Titov, E. G., 329
Toporov, V. N., 535
Torelli, M., 94

Ullman, B. L., 296
Umberger, E., 554
Uyakoq, 265

Vaillant, G. C., 135, 554
Ventris, M., 245
Vetter, E., 452
Voegelin, C. F., 166
Voegelin, F. M., 166

Watson, W., 106
Weinreich, M., 315
Werber, E., 316
Winn, M. M., 74, 75, 80
Wolff, E., 414, 494
Wulfila, 432 f.
Wunderlich, H. G., 87

Zilliacus, H., 466
Žukovskaja, L. P., 481
Zyhlarz, E., 419